Elogios para
Gabriel García Márquez
Una vida

"Martin ha sacado todo el provecho posible de las oportunidades que ofrece la vida de Gabriel García Márquez... Nos demuestra con gran habilidad cómo un largo aprendizaje en el oficio de periodista condujo a la portentosa explosión de creatividad que produjo *Cien años de soledad*".
— *The Washington Post Book World*

"Una biografía rica y llena de recursos... Gabriel García Márquez indagó cada vez más (y a menudo encontró) en busca de la verdad que encierra lo fantástico y desentrañó las verdades que acechan en la lectura no literal de acontecimientos expuestos con talante literario, y una de las grandes virtudes de la biografía de Martin es su comprensión de este doble efecto". —*Slate*

"Un relato fascinante no sólo de la vida de un hombre sino también del tiempo y el lugar en que se desenvuelve... Un libro apasionante sobre uno de los más venerados maestros de la literatura moderna". —*St. Louis Post-Dispatch*

"Puede que los lectores crean que tienen entre manos una novela del realismo mágico, porque aquí encontrarán a la familia, los amigos y las leyendas populares que el autor llevó a la ficción... Martin ha sido sumamente certero en su recreación de la difícil infancia de Gabriel García Márquez y aborda sus sucesivas encarnaciones con claridad y sentido de la continuidad... Su erudición no tiene parangón. Cada uno de los poemas, editoriales de prensa y novelas de García Márquez son objeto de análisis magistrales".
—*Time Out New York*

"El lúcido estudio de Martin tiene un ritmo ágil, posee una gran riqueza en los detalles y trata tanto al autor como su obra con igual esmero, demostrando que es imposible separarlos, con lo cual también nos demuestra que el mundo sería un lugar mucho más pobre sin ellos". —*St. Petersburg Times*

"Absorbente... Comparable a una revelación... En casi todas sus páginas, el estudio de Martin abunda en agudas observaciones... Lleva a cabo una tarea magistral siguiendo la huella de la permanente evolución de un hombre, de su obra y del mundo que lo rodea. Martin ha entendido —en toda la medida en que un biógrafo es capaz de entenderlas— las motivaciones y experiencias que han orientado a Gabo, y todos aquellos que amamos las obras del gran escritor le estamos agradecidos por ello... Extraordinaria".

—*Los Angeles Times Book Review*

"*Gabriel García Márquez: Una vida* fascinará a todos aquellos interesados en un novelista cuyo éxito y atractivo pueden medirse con la influencia revolucionaria que ha ejercido en la literatura contemporánea... La biografía de Martin, un logro monumental de los estudios literarios latinoamericanos, se lee con placer, casi como una novela... Es una obra llena de nuevas revelaciones... Martin da muestras de un rigor meticuloso, una claridad poco común y una poderosa capacidad de síntesis... El libro de Martin es una prueba de que la biografía literaria es un género al que los estudiosos de la literatura latinoamericana han hecho notables contribuciones. Esta obra entretenida e impresionante será una referencia obligada durante décadas".

—*San Francisco Chronicle*

"Rica en detalles... Una introspección lúcida y a veces enjundiosa de la vida de Gabo, de su política y su obra... Una biografía que aguantará bien el paso del tiempo".

—*Pittsburgh Post-Gazette*

"En circunstancias normales, escribir una biografía de Gabriel García Márquez sería una empresa capaz de intimidar a cualquiera. Sin embargo, a partir de ahora habrá que manifestar una simpatía especial por cualquiera que intente abordar esa tarea... Si Martin ha dejado algún detalle sin investigar, no será fácil saber cuál podría ser".

—*The Christian Science Monitor*

GERALD MARTIN

Gabriel García Márquez
Una vida

Gerald Martin es el Profesor Emérito Andrew W. Mellon de Lenguas Modernas en la Universidad de Pittsburgh y profesor de Estudios Caribeños en la Universidad London Metropolitan. Durante veinticinco años fue el único nativo inglés miembro de los "Archivos" Asociación de Literatura Latinoamericana del Siglo xx en París, y ha sido presidente del Instituto Internacional de Literatura Iberoamericana en los Estados Unidos. Entre sus publicaciones se encuentra *Journeys Through the Labyrinth: Latin American Fiction in the Twentieth Century*, una traducción y edición crítica de *Hombres de maíz* de Miguel Ángel Asturias y varias contribuciones al *Cambridge History of Latin America*. Vive en Inglaterra.

Gabriel García Márquez

Una vida

Gabriel García Márquez

Una vida

GERALD MARTIN

Vintage Español
Una división de Random House, Inc.
Nueva York

In Memoriam:

A George Edward Martin y Sheila O'Keeffe,
a Dennis Shannon y Dorothy May Owen
y a sus nietas, Camilla Jane y Leonie Jasmine

Índice

PRIMERA PARTE

EL PAÍS NATAL: COLOMBIA
1899-1955

SEGUNDA PARTE

EN EL EXTRANJERO: EUROPA Y AMÉRICA LATINA
1955-1967

Tercera parte

HOMBRE DE MUNDO: FAMA Y POLÍTICA
1967-2005

Agradecimientos

Uno de los inconvenientes de acometer una biografía es que hay que pedir un sinfín de favores a infinidad de personas, la mayoría de las cuales responden con generosidad y buena voluntad, aunque su esfuerzo no les reporte absolutamente nada. Rara vez ha podido un biógrafo estar en deuda con tanta gente o, de hecho, quedar tan profunda y completamente agradecido a casi todos ellos; aunque, desde luego, las posibles deficiencias del libro deben atribuirse sólo a mí.

En primer lugar y por encima de todo, en Inglaterra (y Estados Unidos), le doy las gracias a Gail, mi esposa, que durante dieciocho años me ha ayudado a recabar información, a preparar y a escribir el libro, con una generosidad, una dedicación y, sobre todo, una paciencia extraordinarias; este libro es también suyo y sin su ayuda aún me quedarían años enteros para terminarlo. También quiero dar las gracias a mis hijas, Camilla y Leonie, que nunca se han quejado por haberlas desatendido ocasionalmente a ellas y a sus respectivas familias, a las que tanto queremos. En segundo lugar, a mi querido amigo John King, de la Universidad de Warwick, quien ha leído ambas versiones de este libro, incluida la más extensa, pero siempre en el momento y el modo oportunos para aliviar mis neurosis y potenciar al máximo mi tiempo y mis esfuerzos. Le estoy eternamente agradecido.

Gail Martin, Andrew Cannon y Leonie Martin Cannon (ambos abogados y expertos en literatura), Liz Calder y Maggie Traugott leyeron el manuscrito y aportaron sugerencias valiosísimas. Camilla Martin Wilks ofreció su asesoría crítica con los árboles genealógicos en un momento difícil.

Mi agradecimiento hacia Gabriel García Márquez y Mercedes Barcha no puede ser mayor. Pocas parejas atienden tantos compromisos públicos y privados como ellos, y aun así me han tratado con cortesía, generosidad y buen humor a lo largo de estas casi dos décadas, a pesar de que por ambas partes éramos conscientes, aunque no fuera necesario verbalizarlo, de que pocas invasiones de la privacidad son más exasperantes —o incluso trascendentales— que las reiteradas y siempre impredecibles peticiones y necesidades de un biógrafo. Sus hijos, Rodrigo y Gonzalo (y la esposa de éste, Pía), también han sido amables conmigo y me han brindado su ayuda. Sus secretarias, en especial Blanca Rodríguez y Mónica Alonso Garay, siempre han atendido mis solicitudes, y su prima Margarita Márquez Caballero, la secretaria de Bogotá, no sólo ha sido encantadora, sino también eficiente y servicial más allá del cumplimiento de sus responsabilidades. Carmen Balcells, la agente de García Márquez en Barcelona, ha hablado conmigo largo y tendido en varias ocasiones y ha facilitado sumamente mi tarea, tanto al principio como al final. Jaime Abello, director de la Fundación Nuevo Periodismo Iberoamericano de Cartagena, ha brindado un gran apoyo estos últimos años, al igual que su colega, mi inimitable e inolvidable amigo Jaime García Márquez; y sin Alquimia Peña, directora de la Fundación del Nuevo Cine Latinoamericano de La Habana, ni siquiera hubiera conocido a Gabriel García Márquez, para empezar. Más adelante, Antonio Núñez Jiménez puso a mi disposición su conocimiento de primera mano acerca de la relación entre García Márquez y Fidel Castro, así como las instalaciones de su Fundación de la Naturaleza y el Hombre en La Habana.

En Colombia, la generosidad, el conocimiento de su país y la habilidad para establecer contactos de mi amiga cachaca Patricia Castaño, me allanaron el camino y pusieron a mi alcance recursos impagables para un investigador extranjero; éste no sólo habría sido un libro distinto sin su ayuda y buen criterio, sino además una tarea mucho menos interesante y amena sin la amistad y la hospitalidad que tanto ella como su esposo, Fernando Caycedo, me han brindado. Gustavo Adolfo Ramírez Ariza ha contribuido a una comprensión más profunda de la relación de García Márquez con la capital del país (a pesar de que él mismo también es costeño), y asimismo me ha prestado su juiciosa y fundamental asistencia en relación con las ilustraciones y otros detalles (mis agradecimientos también a su madre, Ruth Ariza); Rosalía Castro, Juan Gustavo Cobo Borda, Margarita Márquez Caballero y Conrado Zuluaga me abrieron sus archivos personales en Colombia con una generosidad exenta de vacilaciones y me facilitaron material de fuentes indispensables. Heriberto Fiorillo ha tenido la amabilidad de poner a mi disposición los recursos de la nueva «La Cueva» y Rafael Darío Jiménez me ha guiado por Aracataca con gran discernimiento y buen humor.

En Colombia también he gozado del privilegio no sólo de reunirme en varias ocasiones con la madre de Gabriel García Márquez, Luisa Santiaga Márquez Iguarán de García, sino de que sus parientes me hayan tratado casi como a uno más de la familia («el tío Yeral»), sobre todo sus hermanos y hermanas, así como sus cónyuges e hijos. Puesto que las comparaciones son odiosas, estoy agradecido a todos por igual, no sólo por la información que me facilitaron, sino también por la extraordinaria experiencia humana que me han brindado, tanto individual como colectivamente: Margot García Márquez; Luis Enrique García Márquez y Graciela Morelli, e hijos; Aida Rosa García Márquez; Ligia García Márquez (la genealogista de la familia, una ayuda valiosísima para cualquier investigador); Gustavo García Márquez, y Lilia Travecero, y su hijo Daniel García Travecero; Rita García Márquez y Alfonso Torres, Alfonsito y todos los demás; Jaime García Márquez, Margarita Munive y Patricia Alejandra; Hernando (Nanchi) García Márquez y familia; Alfredo (Cuqui) García Márquez; Abelardo García y familia; Germaine (Emy) García; y por último, aunque no en orden de importancia, el inolvidable y muy añorado Eligio (Yiyo) García Márquez, su esposa Myriam Garzón y sus hijos, Esteban García Garzón y Nicolás García Garzón. Espero ofrecer una «biografía de la familia» más profusa en un volumen posterior.

Entre la larga parentela de la familia, he conocido y obtenido la generosa asistencia del escritor José Luis Díaz-Granados y su hijo Federico, su madre Margot Valdeblánquez de Díaz-Granados (otra de las memorialistas indispensables de la familia), José Stevenson, también distinguido escritor y buen amigo, cuyo conocimiento de Bogotá ha sido impagable, Óscar Alarcón Núñez (otro escritor; presumen de contar con varios en la familia), Nicolás Arias, Eduardo Barcha y Narcisa Maas, Miriam Barcha, Arturo Barcha Velilla, Héctor Barcha Velilla, Heriberto Márquez, Ricardo Márquez Iguarán en Riohacha, Margarita Márquez Caballero (mencionada anteriormente), Rafael Osorio Martínez y Ezequiel Iguarán Iguarán.

En París, Tachia Quintana de Rosoff siempre me ha acogido con cordialidad y me ha prestado su ayuda, como lo hizo también su difunto esposo, Charles Rosoff; me siento privilegiado de haberla conocido.

A lo largo y ancho del mundo, además de los mencionados anteriormente, entre las personas a las que he entrevistado se cuentan Marco Tulio Aguilera Garramuño, Eliseo (Lichi) Alberto, Carlos Alemán, Guillermo Angulo, Consuelo Araujonoguera («La Cacica»), Germán Arciniegas, Nieves Arrazola de Muñoz Suay, Holly Aylett, Carmen Balcells, Manuel Barbachano, Virgilio Barco, Miguel Barnet, Danilo Bartulín, María Luisa Bemberg, Belisario Betancur, Fernando Birri, Pacho Bottía, Ana María Busquets de Cano, Antonio Caballero, María Mercedes Carranza, Álvaro Castaño y Gloria Valencia, Olga Castaño, Rodrigo Castaño, José María Castellet, Fidel Castro Ruz, Rosalía Castro, Patricia Cepeda, Teresa (Tita) Cepeda, Leonor Cerchar, Ramón Chao, Ignacio Chaves, Hernando Corral, Alfredo Correa, Luis Carmelo Correa, Poncho Cotes, Luis Coudurier Sayago, Claude Couffon, Antonio Daconte, Malcolm Deas, Meira Delmar, José Luis Díaz-Granados, Eliseo Diego, Lisandro Duque, Ignacio Durán, María Jimena Duzán, Jorge Edwards, María Luisa Elío, Rafael Escalona, José Espinosa, Ramiro de la Espriella, Filemón Estrada, Etzael y Mencha Saltarén, y familia en Barrancas, Luis y Leticia Feduchi, Roberto Fernández Retamar, Cristo Figueroa, Heriberto Fiorillo, Víctor Flores Olea, Elida Fonseca, José Font Castro, Marcos María Fossy, Alfonso Fuenmayor (estoy en deuda con Alfonso por un recorrido inolvidable por el casco antiguo de Barranquilla), Carlos Fuentes, José Gamarra, Heliodoro García, Mario García Joya, Otto Garzón Patiño, Víctor Gaviria, Jacques Gilard, Paul Giles, Fernando Gómez Agudelo, Raúl Gómez Jattin, Katya González, Antonio González Jorge y Isabel Lara, Juan Goytisolo, Andrew Graham-Yooll, Edith Grossman, Óscar Guardiola, Tomás Gutiérrez Alea, Rafael Gutiérrez Girardot, Guillermo Henríquez, Jaime Humberto Hermosillo, Ramón Illán Bacca, Michael Jiménez, José Vicente Kataraín, Don Klein, Maria Lucia Lepecki, Susana Linares de Vargas, Miguel Littín, Jordi Lladó Vilaseca, Felipe López Caballero, Nereo López Mesa («Nereo»), Alfonso López Michelsen, Aline Mackissack Maldonado, «Magola» en La Guajira, Berta Maldonado («La Chaneca»), Stella Malagón, Gonzalo Mallarino, Eduardo Marceles Daconte, Joaquín Marco, Guillermo Marín, Juan Marsé, Jesús Martín-Barbero, Tomás Eloy Martínez y Gabriela Esquivada, Carmelo Martínez Conn, Alberto Medina López, Jorge Orlando Melo, Consuelo Mendoza, Elvira Mendoza, María Luisa Mendoza («La China»), Plinio Apuleyo Mendoza, Domingo Miliani, Luis Mogollón y Yolanda Pupo, Sara de Mojica, Carlos Monsiváis, Augusto (Tito) Monterroso y Barbara Jacobs, Beatriz de Moura, Annie Morvan, Álvaro Mutis y Carmen Miracle, Berta Navarro, Francisco Norden, Elida Noriega, Antonio Núñez Jiménez y Lupe Véliz, Alejandro Obregón, Ana María Ochoa, Montserrat Ordóñez, Jaime («El Mono») Osorio, Leonardo Padura Fuentes, Edgardo («Cacho») Pallero, James Papworth, Alquimia Peña, Antonio María Peñaloza Cervantes, Gioconda Pérez Snyder, Roberto Pombo, Eduardo Posada Carbó, Elena Poniatowska, Francisco (Paco) Porrúa, Gertrudis Prasca de Amín, Gregory Rabassa, Sergio Ramírez Mercado, César Ramos Hernández, Kevin Rastopolous, Rosa Regás, Alastair Reid, Juan Reinoso y Virginia de Reinoso, Laura Restrepo, Ana Ríos, Julio Roca, Juan Antonio Roda y María Fornaguera de Roda, Héctor Rojas Herazo, Teresita Román de Zurek, Vicente Rojo y Albita, Jorge Eliécer Ruiz, José («El Mono») Salgar, Daniel Samper, Ernesto Samper, María Elvira Samper, Jorge Sánchez, Enrique Santos Calderón, Lászlo Scholz, Enrique (Quique) Scopell y Yolanda Field, Elba Solano, Carmen Delia de Solano, Urbano Solano Vidal, José Stevenson, Jean Stubbs, Gloria Triana, Jorge Alí Triana, Hernán Urbina Joiro, Margot Valdeblánquez de Díaz-Granados, Germán Vargas, Mauricio Vargas, Mario Vargas Llosa, Margarita de la Vega, Roberto de la Vega, Rafael Vergara, Nancy Vicens, Hernán Vieco, Stella Villamizar, Luis Villar Borda, Erna Von der Walde, Ben Woolford, Daniel Woolford, el señor y la señora Wunderlisch, Martha Yances, Juan Zapata Olivella, Manuel Zapata Olivella, Gloria Zea y Conrado Zuluaga. Deseo expresar mi agradecimiento a todos ellos y me gustaría poder detallar con exactitud lo que cada uno de estos interlocutores ha hecho por mí o en qué me ha ilustrado, pero haría falta otro libro para ello.

También agradezco la información, las conversaciones y otras formas de asistencia u hospitalidad de, entre otros: Alberto Abello Vives, Hugo Achugar, Claudia Aguilera Neira, Guadalupe Beatriz Aldaco, Federico Álvarez, Jon Lee Anderson, Manuel de Andreis, Gustavo Arango, Lucho Argáez, Ruth Margarita Ariza, Óscar Arias, Diosa Avellanes, Salvador Bacarisse, Frank Bajak, Dan Balderston, Soraya Bayuelo, Michael Bell, Gene Bell-Villada, Giuseppe Bellini, Mario Benedetti, Samuel Beracasa, John Beverley, Fernando Birri, Hilary Bishop y Daniel Mermelstein, Martha Bossío, Juan Carlos Botero, Pacho Bottía, Gordon Brotherston, Alejandro Bruzual, Juan Manuel Buelvas, Julio Andrés Camacho, Homero Campa, Alfonso Cano, Fernando Cano, Marisol Cano, Ariel Castillo, Dicken Castro, Juan Luis Cebrián, Fernando

Cepeda, María Inmaculada Cerchar, Jane Chaplin, Geoff Chew y Carmen Marrugo, William Chislett, Fernando Colla y Sylvie Josserand, Óscar Collazos y Jimena Rojas, Susan Corbesero, Antonio Cornejo Polar, Sofía Cotes, Juan Cruz, George Dale-Spencer, Régis Debray, Jörg Denzer y Leydy Di Caicedo, Jesús Díaz, Mike Dibb, Donald Dummer, Conchita Dumois, Alberto Duque López, Kenya C. Dworkin y Méndez, Diamela Eltit, Alan Ereira, Cristo Figueroa, Rubem Fonseca, Juan Forero, Fred Fornoff, Norman Gall, Silvia Galvis (cuyo libro, *Los García Márquez*, es del todo indispensable), José Gamarra, Diego García Elío, Julio García Espinosa y Dolores Calviño, Edgard García Ochoa («Flash»), Verónica Garibotto, Rosalba Garza, César Gaviria y Ana Milena Muñoz, Luz Mary Giraldo, Margo Glantz, Catalina Gómez, Richard Gott, Sue Harper Ditmar, Luis Harss, Andrés Hoyos, Antonio Jaramillo («El Perro Negro»), Fernando Jaramillo, Carlos Jáuregui, Orlando y Lourdes Jiménez Visbal, Carmenza Kline, Michael Kool, John Kraniauskas, Henry Laguado, Patricia Lara, Catherine LeGrand, Patricia Llosa de Vargas, Fabio y Maritza López de la Roche, Juan Antonio Masoliver, Tony McFarlane, Pete McGinley, Max y Jan McGowan-King, María Emma Mejía, María del Pilar Melgarejo, Moisés Melo y Guiomar Acevedo, Sara de Mojica, Óscar Monsalve, Mabel Moraña, Patricia Murray, Delynn Myers, Víctor Nieto, Harley D. Oberhelman, John O'Leary, William Ospina, Raúl Padilla López, Michael Palencia-Roth, Alessandra María Parachini, Rafael Pardo, Felipe Paz, Conchita Penilla, Pedro Pérez Sarduy, Carlos Rincón, Manuel Piñeiro («Barbarroja»), Dagmar Ploetz, Natalia Ramírez, Arturo Ripstein, Jorge Eduardo Ritter, Isabel Rodríguez Vergara, Jorge Eliécer Ruiz, Patricio Samper y Genoveva Carrasco de Samper, Emilio Sánchez Alsina, Noemí Sanín, Amos Segala, Narcís Serra, Donald L. Shaw, Alain Sicard, Ernesto Sierra Delgado, Antonio Skármeta, Pablo Sosa Montes de Oca, Adelaida Sourdis, David Streitfeld, Gustavo Tatis Guerra, Michael Taussig, Totó la Momposina, Adelaida Trujillo y Carlos («Caturo») Mejía, Carlos Ulanovsky, Aseneth Velázquez, Ancizar Vergara, Erna Von der Walde, Dan Weldon, Clare White, Colin White, Edwin Williamson, Michael Wood, Anne Wright y Marc Zimmerman. De nuevo, me gustaría poder detallar cada una de sus contribuciones, muchas de ellas considerables, algunas inmensas. A quienes haya podido pasar por alto, mis más sinceras disculpas.

También doy las gracias a Roger MacDonald, bibliotecario de la Universidad de Portsmouth, Inglaterra, por la ayuda que me prestó con asiduidad al comienzo de este proyecto, y al legendario Eduardo Lozano, bibliotecario latinoamericano de la Universidad de Pittsburgh.

Dean Peter Koehler y Dean John Cooper, de la facultad de letras y ciencias de la Universidad de Pittsburgh, me ofrecieron su inestimable apoyo durante muchos años.

No puedo dejar de mencionar a Neil Belton, extraordinario editor, de quien partió la idea original de este libro; pasamos buenos momentos juntos. Mi agente, Elizabeth Sheinkman, entró en mi vida en un momento providencial y ha demostrado su iniciativa, su decisión y su cálido respaldo en todo momento; mis más sinceras gracias para con ella.

En penúltimo lugar, el equipo de Bloomsbury —Ruth Logan, Nick Humphrey, Phillip Beresford, la sensata e ingeniosa Emily Sweet, y el imperturbable Bill Swainson, cuyas aptitudes diplomáticas y su inspirado trabajo editorial fueron del todo cruciales— ha tratado a su réprobo autor con una paciencia y delicadeza más allá de los límites que dicta su oficio; no han escatimado esfuerzos y han hecho el libro mejor, y por ello mis más sinceros agradecimientos.

Y finalmente, el equipo español —mi primer contacto, Claudio López; mi heroica traductora en Barcelona, Eugenia Vázquez; nuestro brillante asesor lingüístico, el novelista colombiano Juan Gabriel Vásquez; y mi editor en Madrid, Miguel Aguilar, siempre paciente, inventivo y emprendedor— ha logrado sacar el libro que ustedes, los lectores hispanohablantes, tienen ahora en sus manos; quiero expresarles no solamente mi alivio sino también mi inmensa gratitud.

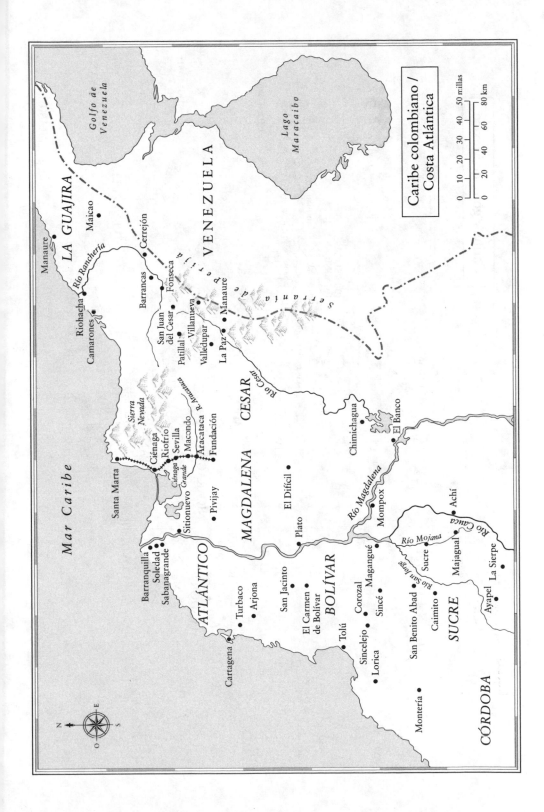

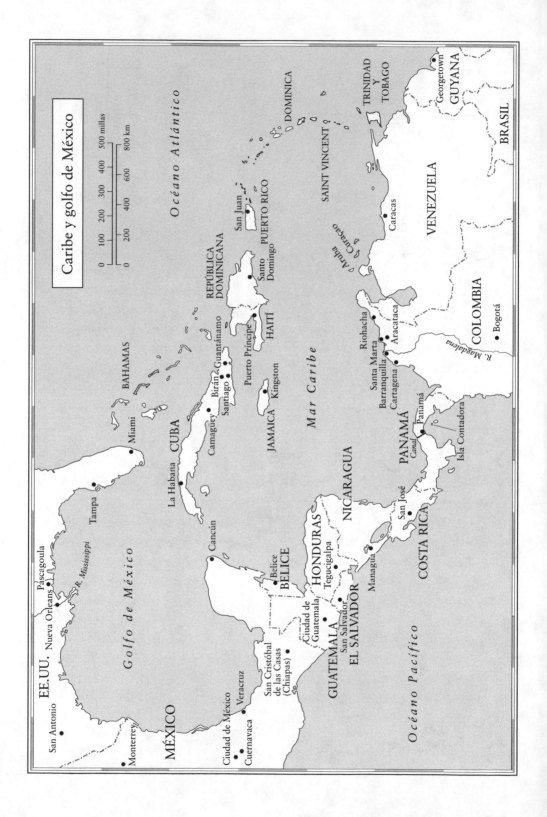

Caribe y golfo de México

Prefacio

Gabriel García Márquez, nacido en Colombia en 1927, es el escritor más célebre que ha dado el «tercer mundo» y el mayor exponente de una corriente literaria, el denominado «realismo mágico», que ha cobrado un asombroso vigor en otros países en vías de desarrollo y ha cosechado adeptos entre los novelistas que escriben sobre ellos, como es el caso de Salman Rushdie, por citar sólo un ejemplo obvio. García Márquez tal vez sea el novelista latinoamericano más admirado en el mundo entero, así como quizá el más representativo de todos los tiempos de toda América Latina; e incluso en el «primer mundo» que conforman Europa y Estados Unidos, en una época en la que cuesta encontrar grandes escritores reconocidos universalmente, su prestigio durante las cuatro últimas décadas no ha conocido rival.

En realidad, si tomamos en consideración los novelistas del siglo XX descubrimos que la mayor parte de los «grandes nombres» sobre los que la crítica actualmente coincide llegan hasta los años cincuenta (Joyce, Proust, Kafka, Faulkner, Woolf); pero en la segunda mitad del siglo, quizá el único escritor que ha cosechado verdadera unanimidad haya sido García Márquez. Su obra maestra, *Cien años de soledad*, publicada en 1967, apareció en el vértice de la transición entre la novela de la modernidad y la novela de la posmodernidad, y acaso sea la única publicada entre 1950 y 2000 que haya encontrado tal número de lectores entusiastas en prácticamente todos los países y culturas del mundo. En ese sentido, tanto en relación con el asunto que aborda —a grandes rasgos, la colisión entre «tradición» y «modernidad»— como su acogida, probablemente no sea excesivo considerarla la primera novela verdaderamente «global».

También en otros sentidos es García Márquez un caso excepcional. Es un escritor serio y no obstante popular —en la estela de Dickens, Victor Hugo o Hemingway—, que vende millones de ejemplares de sus libros y cuya celebridad no va muy a la zaga de la de deportistas, músicos o estrellas de cine. En 1982 fue el ganador del Premio Nobel de Literatura, y uno de los más populares en tiempos recientes. En América Latina, una región que no ha vuelto a ser la misma desde que García Márquez inventara la pequeña comunidad de «Macondo», todo el mundo lo conoce por su apodo, «Gabo», al igual que ocurría con el «Charlie» del cine mudo o con el futbolista «Pelé». A pesar de ser una de las cuatro o cinco personalidades más destacadas del siglo XX en su continente, García Márquez nació, como suele decirse, «en medio de ninguna parte», en un pueblo de menos de diez mil habitantes, la mayoría analfabetos, de calles sin asfaltar, carente de alcantarillado y cuyo nombre, Aracataca, también conocido como «Macondo», hace reír la primera vez que lo oyes (aunque su similitud con «Abracadabra» tal vez debería llamar a la cautela). Muy pocos escritores famosos de cualquier otra parte del mundo proceden de lugares tan apartados, aunque menos todavía son los que han vivido su época, en lo cultural y lo político, con la plenitud y la cercanía con las que lo ha hecho él.

García Márquez es ahora un hombre que vive en la abundancia, con siete residencias en lugares elegantes de cinco países distintos. En las últimas décadas se ha permitido pedir (o, con mayor frecuencia, rechazar) cincuenta mil dólares por una entrevista de media hora. Ha colocado sus artículos en casi cualquier periódico del mundo y ha cobrado por ellos sumas suculentas. Al igual que ocurre con los de Shakespeare, los títulos de sus libros se adivinan tras un sinfín de titulares de prensa de todo el planeta («cien horas de soledad», «crónica de una catástrofe anunciada», «el otoño del dictador», «el amor en los tiempos del dinero»). Se ha visto obligado a encarar y soportar el tremendo peso de su fama durante la mitad de su vida. Sus favores y su amistad han sido codiciados por los ricos, los famosos y los poderosos: François Mitterrand, Felipe González, Bill Clinton, la mayor parte de los presidentes de Colombia y México de los últimos tiempos, al margen de otras celebridades. Sin embargo, a pesar de su fulgurante éxito literario y económico, se ha mantenido fiel toda la vida a la izquierda progresista, a la defensa de buenas causas y a la creación de empresas positivas, entre ellas la fundación de reconocidas instituciones dedicadas al periodismo y al cine. Al mismo tiempo, su estrecha amistad con otro líder político, Fidel Castro, ha sido una fuente constante de controversia y críticas durante más de treinta años.

He estado diecisiete años trabajando en esta biografía.* Contrariamente a lo que me decía todo aquel con quien hablaba en los primeros
estadios del proyecto («No conseguirás acceder a él, y si lo haces, no
"cooperará"»), conocí a mi hombre a los pocos meses de acometer el
proyecto, y aunque no puede decirse que desbordara entusiasmo («¿Por
qué quieres escribir una biografía? Las biografías significan la muerte»),
se mostró cordial, hospitalario y tolerante. De hecho, siempre que me
han preguntado si ésta es una biografía autorizada, mi respuesta ha sido
invariablemente la misma: «No, no es una biografía autorizada, es una
biografía tolerada». No obstante, para sorpresa y gratitud mías, en 2006
el propio García Márquez dijo ante los medios de todo el mundo que
yo era su biógrafo «oficial». ¡Así que probablemente yo sea su único biógrafo oficialmente tolerado! Ha sido un privilegio extraordinario.

Como es bien sabido, la relación entre biógrafo y biografiado es
siempre una relación difícil; debo decir que en mi caso he sido inmensamente afortunado. En su condición de periodista profesional y escritor
que se sirve también de la vida de las personas a las que ha conocido al
urdir sus obras de ficción, García Márquez se ha mostrado paciente,
cuando menos. Después de conocerlo en La Habana en diciembre de
1990, dijo que secundaría mi propuesta con una única condición: «No
me hagas hacer tu trabajo». Creo que estaría de acuerdo en decir que no ha
sido así, y, por su parte, ha respondido prestándome su ayuda cuando
realmente la he necesitado. Para elaborar esta biografía he llevado a cabo
unas trescientas entrevistas, muchas de ellas con interlocutores cruciales
que ya no están entre nosotros, pero soy consciente de que Fidel Castro
y Felipe González tal vez no hubieran estado en la lista si Gabo no les hubiese transmitido de algún modo su confianza en mí. Espero que esa
confianza siga incólume ahora que está en situación de leer el libro.
Siempre se ha negado a brindarme la charla íntima y franca con la que
inevitablemente sueñan los biógrafos, por considerar esa clase de interac-

---

* Había superado ya los dos mil folios y seis mil notas al pie cuando al fin me di
cuenta de que tal vez nunca llegara a terminar el proyecto. Lo que el lector tiene en sus
manos es, por tanto, la versión abreviada de una biografía mucho más extensa, casi terminada, que tengo la intención de publicar dentro de unos pocos años, si la vida me
trata bien. Parecía sensato retrasar esa tarea titánica y extraer los hallazgos y conocimientos acumulados en una narración breve, relativamente compacta, mientras el objeto de este trabajo, ahora un hombre octogenario, sigue con vida y está todavía en situación de leerla.

ción «indecente»; sin embargo, habré pasado alrededor de un mes entero
en su compañía, en momentos y lugares distintos, a lo largo de los últimos diecisiete años, tanto en privado como en público, y creo que son
pocos los que han podido escuchar de sus labios algunas de las cosas que
me ha dicho. Aun así, nunca ha tratado de influir en mí en ningún sentido, y siempre ha comentado, con la combinación de ética y cinismo del
periodista nato: «Escribe lo que veas; yo seré lo que tú digas que soy».

Las fuentes documentales de la biografía estaban en español, todas las
obras se leyeron en español y la mayoría de las entrevistas se hicieron en
español; aun así, fue escrita en inglés. Además, huelga decirlo, el cauce
más normal es que una biografía, en especial la primera biografía completa, la escriba un compatriota del biografiado, que conoce el país de
origen tan bien como él mismo y que capta hasta los matices más insignificantes al comunicarse. No es mi caso —aparte del hecho de que
García Márquez sea una figura internacional, no solamente una celebridad colombiana—, pero como él mismo dijo exhalando un suspiro cuando mi nombre se mencionó en una conversación, y acaso no del todo
sinceramente: «Bueno, supongo que todo escritor que se respeta debería tener un biógrafo inglés». Sospecho que, a sus ojos, mi única virtud
era el amor y el apego que he profesado siempre al continente que lo vio
nacer.

No me ha sido fácil sortear las múltiples versiones que García Márquez ha ido sembrando con los años a propósito de prácticamente todos
los momentos determinantes de su vida. Al igual que a Mark Twain
—y es una comparación provechosa—, le encanta fabular, por no mencionar su deleite por los cuentos chinos; asimismo, le gustan las historias
redondas, no menos en el caso de los episodios formativos que componen la historia de su propia vida; al mismo tiempo, es pícaro y contrario
al academicismo, y de ahí nace su debilidad por falsear y tratar de desconcertar a periodistas y catedráticos para que pierdan la pista. Esto forma parte de lo que él llama «mamagallismo» (volveremos a dicha frase,
que por el momento podemos entender como el gusto por la tomadura
de pelo). Aun cuando sepas con absoluta seguridad que cualquier anécdota particular está basada en algo que «realmente» ocurrió, resulta en
extremo difícil encasillarla en un único molde, porque descubres que ha
contado la mayoría de las anécdotas célebres de su vida en varias versiones distintas, todas las cuales encierran al menos una parte de verdad. He
experimentado personalmente esta mitomanía, de la que yo también me

he contagiado con regocijo; aunque en mi vida particular, no en este libro, espero. A la familia García Márquez no dejaban de impresionarle
mi tenacidad y buena disposición para dedicarme a investigar ciertos aspectos en los que solamente «los perros rabiosos y los ingleses» (como
diría Noel Coward) tendrían la imprudencia de ahondar. Por esa razón
me ha resultado imposible aniquilar el mito que el propio García Márquez ha diseminado, y en el que desde luego cree, hasta tal punto que
en una ocasión —y al parecer esto es típico de mis obsesiones— pasé
una noche calado hasta los huesos por la lluvia en un banco de la plaza
de Aracataca, a fin de «empaparme del ambiente» del pueblo en el que,
según se dice, nació el sujeto de esta biografía.

Después de tantos años apenas puedo creer que el libro finalmente
cobre existencia y que en este momento me halle escribiendo el prefa-
cio. Un sinfín de hastiados biógrafos mucho más ilustres han llegado a la
conclusión de que el tiempo y el esfuerzo invertidos en la tarea no merecen la pena, y que sólo los insensatos y los ilusos acometen una empresa como ésta, acaso impulsados por la posibilidad de entrar en íntima
comunión e identificarse con los grandes, los justos o, simplemente, los
famosos. Tal vez me haya visto tentado de dar mi conformidad a esta
conclusión; pero si alguna vez hubo un asunto al que mereciera la pena
dedicar una cuarta parte de la propia vida, sin duda sería la extraordinaria trayectoria vital y profesional de Gabriel García Márquez.

Julio de 2008 y mayo de 2009

Prólogo
De orígenes oscuros
1800-1899

Una calurosa, asfixiante mañana de comienzos de la década de 1930, en la región costera tropical del norte de Colombia, una mujer contemplaba por la ventanilla del tren de la United Fruit Company las plantaciones de banano. Hilera tras hilera, titilaban entre la luz del sol y la sombra. Había embarcado en el vapor nocturno, asediado por los mosquitos, que atravesaba la gran ciénaga desde el puerto de la ciudad caribeña de Barranquilla, y ahora viajaba hacia el sur por la Zona Bananera con destino a Aracataca, el pequeño pueblo de interior donde varios años antes había dejado a su primer hijo, Gabriel, apenas un niño de pecho, a cargo de sus padres, ya entrados en años. Luisa Santiaga Márquez Iguarán de García había dado a luz a otros tres niños desde entonces, y ésta era la primera vez que regresaba a Aracataca desde que su esposo, Gabriel Eligio García, la llevó a vivir a Barranquilla y dejaran al pequeño «Gabito» al cuidado de sus abuelos maternos, Tranquilina Iguarán Cotes de Márquez y el coronel Nicolás Márquez Mejía. El coronel Márquez era un veterano de la cruenta guerra de los Mil Días que se libró durante el cambio de siglo, un adepto de por vida al Partido Liberal de Colombia y, en sus últimos años, tesorero de la municipalidad de Aracataca.

El coronel y doña Tranquilina se habían opuesto con inquina al noviazgo de Luisa Santiaga con el apuesto García. No solamente era pobre y forastero, sino también hijo ilegítimo, mestizo y, quizá lo peor de todo, ferviente incondicional del detestado Partido Conservador. Apenas llevaba unos días de telegrafista en Aracataca cuando puso los ojos en Luisa, uno de los mejores partidos entre las jóvenes casaderas del pueblo. Sus padres la mandaron fuera de la región a casa de varios parientes durante casi un año, a fin de quitarle de la cabeza su absurdo encaprichamiento con el atractivo recién llegado, pero de nada sirvió. En cuanto a García, si albergaba la esperanza de que al casarse con la hija del coronel haría fortuna, quedó decepcionado. Los padres de la novia se negaron a asistir a la boda que al fin logró organizar en la capital de la provincia, Santa Marta, y por añadidura perdió su puesto en Aracataca.

¿Qué iba pensando Luisa mientras miraba por la ventanilla del tren? Tal vez había olvidado las incomodidades de este viaje. ¿Acaso pensaba en la casa donde había pasado la niñez y la juventud? ¿Cómo iban a reaccionar todos ante su visita? Sus padres. Sus tías. Los dos hijos a los que hacía tanto que no veía: Gabito, el mayor, y Margarita, su hermana menor, que también vivía con los abuelos. El tren silbó al atravesar la pequeña plantación bananera de Macondo, que le trajo recuerdos de su propia infancia. Minutos después, Aracataca aparecía ante sus ojos. Y allí estaba su padre, el coronel, esperándola a la sombra... ¿Cómo la recibiría?

Nadie sabe lo que dijo. Sin embargo, sabemos lo que ocurrió a continuación.[1] De vuelta en el viejo caserón del coronel, las mujeres preparaban al pequeño Gabito para un día que no olvidaría jamás: «Ya está aquí, ya llegó tu mamá, Gabito. Está aquí. Tu mamá. ¿No oyes el tren?». El sonido del silbato llegó una vez más desde la estación cercana.

Gabito diría después que no guardaba recuerdo alguno de su madre. Lo había dejado antes de que pudiera retenerla en su memoria. Y si ahora cobraba algún sentido, era el de una ausencia súbita que sus abuelos nunca le habían explicado realmente; una ansiedad, como si hubiera algo de malo en ello. Por su culpa, tal vez. ¿Dónde estaba el abuelo? El abuelo siempre aclaraba las cosas; pero había salido.

Entonces Gabito los oyó llegar por el otro extremo de la casa. Una de sus tías llegó y lo llevó de la mano. Todo fue como en un sueño. «Tu mamá está adentro», dijo la tía, de modo que entró y al cabo de un instante vio a una desconocida, al fondo del salón, sentada de espaldas a la ventana, cuyos postigos estaban cerrados. Era una mujer hermosa que llevaba una pamela de paja y un vestido largo holgado, con mangas hasta las muñecas. Respiraba jadeante al calor del mediodía. A él lo invadió una extraña confusión, porque, a pesar de que la mujer le causó una grata impresión a primera vista, de inmediato se dio cuenta de que no la quería del modo en que le habían dicho que había que querer a una madre. No como quería al abuelo y a la abuela. Ni siquiera sentía por ella el cariño que sentía por sus tías.

La señora dijo: «¿Y no le vas a dar un abrazo a tu mamá?», y entonces ella se levantó y lo abrazó. Nunca olvidaría su aroma. No había cumplido un año cuando su madre lo dejó. Ahora tenía casi siete. Así que sólo entonces, porque ella había vuelto, lo entendió: su madre lo había abandonado. Y Gabito jamás se sobrepondría a ello, en buena medida porque nunca conseguiría afrontar los sentimientos que este hecho provocaba en él. Y entonces, muy pronto, lo abandonó de nuevo.

Luisa Santiaga, la díscola hija del coronel y madre del pequeño Gabito, había nacido el 25 de julio de 1905, en la pequeña ciudad de Barrancas, entre el territorio virgen de La Guajira y la provincia montañosa de Padilla, al este de la Sierra Nevada.[2] Cuando Luisa vino al mundo, su padre pertenecía a un ejército derrotado, el ejército del Partido Liberal, vencido por los conservadores en la gran contienda civil colombiana, la guerra de los Mil Días (1899-1902).

Nicolás Ricardo Márquez Mejía, el abuelo de Gabriel García Márquez, nació el 7 de febrero de 1864 en Riohacha, La Guajira, una ciudad polvorienta, salobre y calcinada por el sol de la costa atlántica al norte de Colombia. Era la minúscula capital de su región más agreste, el hogar de los temibles indios guajiros y refugio de contrabandistas y traficantes desde los tiempos de la colonia hasta la actualidad. Poco se conoce acerca de los primeros años de Márquez excepto que recibió solamente una educación elemental; sin embargo, le sacó partido y lo enviaron hacia el occidente por un tiempo, a vivir con su prima Francisca Cimodosea Mejía en la ciudad de El Carmen de Bolívar, al sur de la majestuosa ciudad colonial de Cartagena. Allí, la abuela materna de Nicolás, Josefa Francisca Vidal, se encargaba de criar a los dos primos. Más adelante, después de que Nicolás pasara unos años recorriendo toda la región costera, Francisca, soltera para el resto de sus días, se uniría a su familia y viviría bajo su techo. Nicolás pasó un tiempo en Camarones, un pueblecito de la costa Guajira a unos veinticinco kilómetros de Riohacha. Cuenta la leyenda que llevó a cabo incursiones precoces en una o más de las guerras civiles que con regularidad interrumpían la vida de la Colombia del siglo xix. Cuando regresó a Riohacha a la edad de diecisiete años, aprendió orfebrería bajo la tutela de su padre, Nicolás del Carmen Márquez Hernández. Era el oficio tradicional de la familia. Nicolás había terminado los estudios primarios, pero la suya era una familia de artesanos que no podía permitirse que siguiera en la escuela.

Nicolás Márquez era productivo en otros sentidos: al cabo de dos años de su regreso a La Guajira, el inquieto viajero adolescente había engendrado a dos hijos ilegítimos —«hijos naturales», los llaman en Colombia—, José María, nacido en 1882, y Carlos Alberto, nacido en 1884.[3] Su madre era una soltera excéntrica de Riohacha llamada Altagracia Valdeblánquez, emparentada con una influyente familia conservadora y mucho mayor que Nicolás. No sabemos por qué no se casó con ella. A ambos hijos les pusieron el apellido de la madre; a pesar del ferviente liberalismo de Nicolás, los dos se criaron como católicos devotos y conservadores incondicionales, pues en Colombia se acostumbraba hasta hace poco a que los hijos adoptaran la filiación política de sus padres; pero los chicos no habían sido criados por Nicolás, sino por la familia materna, y ambos lucharían contra los liberales —y por ende contra su propio padre— en la guerra de los Mil Días.

Justo un año después del nacimiento de Carlos Alberto, Nicolás, con veintiún años, se casó con una muchacha de su edad, Tranquilina Iguarán Cotes, que había nacido, también en Riohacha, el 5 de julio de 1863. Aunque Tranquilina era hija ilegítima, llevaba los apellidos de dos destacadas familias conservadoras de la región. Tanto Nicolás como Tranquilina eran, a todas luces, descendientes de familias blancas europeas, y a pesar de que Nicolás, un casanova incorregible, se entretuviera con mujeres de cualquier raza y color, las jerarquías esenciales de la piel clara a la oscura se mantendrían implícita o explícitamente en todos sus tratos, tanto de puertas adentro como de puertas afuera. Y era preferible que muchas cosas quedaran en la oscuridad.

Y así comenzamos a remontar a tientas los sombríos laberintos genealógicos que tan familiares resultarán a los lectores de la novela más célebre de Gabriel García Márquez, *Cien años de soledad*. En esa obra se esfuerza en no ayudar a sus lectores con recordatorios acerca de los detalles de las relaciones de familia; por lo común, sólo da los nombres de pila, y éstos se repiten obsesivamente generación tras generación. Esto acaba formando parte del desafío tácito que la obra plantea al lector, pero sin duda reproduce las confusiones y preocupaciones que el propio autor experimentó cuando, de niño, trataba de dar sentido a las enmarañadas redes históricas de la tradición de la familia.

Pongamos por caso a Nicolás, que fue hijo legítimo, pero no fue criado por sus padres, sino por su abuela. Esto no era nada inusual en una sociedad fronteriza que sustentaba su seguridad en el concepto de los clanes familiares. Como hemos visto, él tuvo dos hijos ilegítimos antes de cumplir los veinte años. Tampoco en ello había nada de extraño. Inmediatamente después se casó con Tranquilina, que, al igual que Altagracia, pertenecía a una clase superior a la suya, aunque, para compensar las cosas, era hija ilegítima. Además, era también prima hermana suya; esto tampoco resultaba raro en Colombia, y sigue siendo más común en América Latina que en la mayor parte del resto del mundo; no obstante, al igual que la ilegitimidad, lleva todavía un estigma. La pareja tenía una abuela común, Juanita Hernández, que viajó de España a Colombia en la década de 1820, y Nicolás descendía del matrimonio legítimo original, mientras que Tranquilina procedía de su segunda relación, ilegítima, que, tras quedar viuda, inició la señora con un criollo de Riohacha llamado Blas Iguarán, diez años menor que ella. Y así resultó que, tan sólo dos generaciones después, dos de los nietos de Juanita, Nicolás Márquez Mejía y Tranquilina Iguarán Cotes, primos hermanos, se casaron en Riohacha. Aunque ninguno de sus apellidos coincidían, su padre y su madre eran de hecho hijos de la audaz Juanita, y por ende hermanastros. Nunca sabías con certeza con quién te casabas. Y el pecado que ello entrañaba podía llevar a la condenación o, peor aún —como temen los miembros de la familia Buendía a lo largo de *Cien años de soledad*—, ¡a que naciera un hijo con cola de cerdo que pusiera fin al linaje!

Como es natural, el espectro del incesto, cuya sombra planea inevitablemente sobre un matrimonio como el de Nicolás y Tranquilina, añade otra dimensión, mucho más siniestra, al concepto de ilegitimidad. Y más adelante Nicolás sembró, tal vez, docenas de hijos ilegítimos después de casarse. Vivía, no obstante, en una sociedad profundamente católica, en la que se respetaban todas las jerarquías y esnobismos tradicionales, en la cual los órdenes más bajos correspondían a los negros o los indios (con quien, por descontado, ninguna familia respetable quería verse relacionada en ningún sentido, a pesar de que en Colombia prácticamente todas las familias, incluso las más respetables, tienen esa clase de parentesco). Esta mezcolanza caótica de raza y clase, con tantas posibilidades de ilegitimidad y un único camino, recto y estrecho, a la verdadera respetabilidad, es el mismo mundo en el que muchos años después crecería el pequeño García Márquez, y de cuyas perplejidades e hipocresías participaría.

Poco después de contraer matrimonio con Tranquilina Iguarán, Nicolás Márquez la dejó encinta —desde el punto de vista patriarcal, siempre es el mejor modo de dejar a una mujer— y pasó unos meses en Panamá, que por entonces todavía era parte de Colombia, trabajando con un tío suyo, José María Mejía Vidal. Allí engendraría a otra hija ilegítima, María Gregoria Ruiz, con la mujer que tal vez fuera el verdadero amor de su vida, la hermosa Isabel Ruiz, antes de regresar a La Guajira poco después del nacimiento de su primer hijo legítimo, Juan de Dios, en 1886.[4] Nicolás y Tranquilina tuvieron dos hijas más: Margarita, nacida en 1889, y Luisa Santiaga, que nació en Barrancas en julio de 1905, aunque ella insistiría casi hasta el final de sus días en que también era originaria de Riohacha, porque creía que tenía algo que ocultar, como se verá más adelante. Su esposo también sería hijo ilegítimo, y con el tiempo daría a luz a un hijo legítimo al que llamaron Gabriel José García Márquez. No es de extrañar que la ilegitimidad sea una obsesión en las obras de ficción de Gabriel García Márquez, por muy humorístico que sea el tratamiento que dé al tema.

Los hijos ilegítimos de Nicolás no tuvieron muertes atroces en la guerra civil, como el nieto predilecto del coronel fantasearía en su novela (en la que aparecen diecisiete bastardos).[5] Sara Noriega, por ejemplo, era la hija «natural» de Nicolás y Pacha Noriega (a ella misma también se la acabó conociendo por ese nombre); se casó con Gregorio Bonilla y se fue a vivir a Fundación, la población junto a la vía del tren después de Aracataca. En 1993, su nieta, Elida Noriega, a la que conocí en Barrancas, era la única persona del pueblo que aún conservaba uno de los pececillos de oro que tallaba Nicolás Márquez. Ana Ríos, la hija de Arsenia Carrillo, que se casó en 1917 con Eugenio Ríos, sobrino y socio de Nicolás, a quien le unía una estrecha relación (y que a su vez era pariente de Francisca Cimodosea Mejía, la cual también vivía con Nicolás), dijo que Sara se parecía mucho a Luisa, «la piel suave como el pétalo de una rosa y sumamente dulce»;[6] murió en torno a 1988. Esteban y Elvira Carrillo eran mellizos ilegítimos hijos de Sara Manuela Carrillo; Elvira, la querida tía Pa de Gabito, después de vivir con Nicolás en Aracataca, cerca del fin de su vida se marchó a Cartagena, donde su hermanastra menor, la legítima Luisa Santiaga, «la acogió y la ayudó a morir», según el testimonio de Ana Ríos. Nicolás Gómez era hijo de Amelia Gómez y, de acuerdo con otro informador, Urbano Solano, se fue a vivir a Fundación, igual que Sara Noriega.

El hijo mayor de Nicolás, el ilegítimo José María Valdeblánquez, fue de toda su prole el que alcanzó mayores logros, pues fue héroe de guerra, político e historiador. Se casó muy joven con Manuela Moreu y tuvieron un hijo y cinco hijas. El hijo de una de ellas, Margot, es José Luis Díaz-Granados, también escritor.[7]

Nicolás Márquez se marchó de la árida capital costera de Riohacha y se instaló en Barrancas mucho antes de ser coronel, pues ambicionaba convertirse en terrateniente, y la tierra era más barata y fértil en los montes que rodeaban esa ciudad. (García Márquez, no siempre fidedigno en estas cuestiones, dice que el padre de Nicolás le dejó allí algunos terrenos.) Pronto adquirió la hacienda de un amigo en un lugar que se conoce como El Potrero, en la falda de la sierra. La hacienda se llamaba El Guásimo, igual que un árbol frutal de la zona, y Márquez empezó a cultivar caña de azúcar, de la que hacía «chirrinche», un ron de destilación artesanal; se cree que comerció el licor ilícitamente, al igual que la mayoría de los hacendados de la zona. Con el tiempo adquirió otra hacienda más próxima al pueblo, junto al río Ranchería. La llamó El Istmo, porque para acercarse a ella hasta día de hoy hay que vadear algún cauce. Allí cultivó tabaco, maíz, caña de azúcar, frijol, yuca, café y bananos. La hacienda puede visitarse todavía, medio abandonada, con sus edificaciones deterioradas o en algunos casos ya desaparecidas; un añoso mango sigue en pie, cual ruinoso estandarte de familia, y todo el paisaje tropical destila melancolía y nostalgia. Tal vez esta imagen recordada no es sino fruto de la imaginación del visitante, porque sabe que el coronel Márquez dejó Barrancas bajo una sombra de sospecha que aún parece cernirse sobre toda la comunidad. Sin embargo, mucho antes de que esto ocurriera, la existencia sedentaria del coronel quedaría ensombrecida por la guerra.

Menos aún se sabe acerca de los primeros años del padre de Gabriel García Márquez de lo que se conoce a propósito de su abuelo. Gabriel Eligio García nació en Sincé, Bolívar, el 1 de diciembre de 1901, al otro lado de la inmensa ciénaga, incluso más allá del río Magdalena, durante la gran guerra civil en la que Nicolás Márquez tomaba parte activa y hacía gala de sus méritos. El bisabuelo de García fue al parecer Pedro García Gordón, de quien se decía que nació en Madrid a comienzos del siglo XIX. Desconocemos cómo o por qué razón acabó García Gordón en Nueva Granada, o con quién se casó, pero en 1834 tuvo un hijo llamado Aminadab García en Caimito, Bolívar (actualmente, departamento de Sucre). Según Ligia García Márquez, Aminadab se «casó» con tres mujeres distintas, que le dieron tres hijos. Entonces, «viudo», conoció a María de los Ángeles Paternina Bustamante, que había nacido en 1855 en Sincelejo, veintiún años más joven, y de su unión nacieron tres hijos más, Eliécer, Jaime y Argemira. Aunque la pareja no estaba casada, Aminadab reconoció a los hijos y les dio su apellido. La niña, Argemira García Paternina, vino al mundo en septiembre de 1887, en Caimito, el lugar de nacimiento de su padre. Sería la madre de Gabriel Eligio García a la edad de catorce años, y por ende, la abuela paterna de nuestro escritor, Gabriel García Márquez.[8]

Argemira pasó la mayor parte de su vida en la ciudad ganadera de Sincé. Era lo que en la cultura hispánica solía llamarse una «mujer del pueblo». Alta, escultural y de piel blanca, nunca se casó, sino que mantuvo relaciones con numerosos hombres y dio a luz a siete hijos ilegítimos de tres de ellos, en particular de un tal Bejarano[9] (todos sus hijos llevaron su apellido, García). Sin embargo, su primer amante fue Gabriel Martínez Garrido, que entonces se dedicaba a la enseñanza, aunque era el heredero de una estirpe de terratenientes conservadores; excéntrico hasta rozar el desvarío, había dilapidado casi toda su fortuna.[10] Sedujo a Argemira cuando ella tenía trece años y él veintisiete. Por desgracia, Gabriel Martínez Garrido estaba ya casado con Rosa Meza, originaria de Sincé, como su esposo: tuvieron cinco hijos legítimos, ninguno de los cuales se llamó Gabriel.

Así pues, el nombre por el que se conocería al futuro padre de Gabriel García Márquez toda la vida fue Gabriel Eligio García, no Gabriel Eligio Martínez García.[11] Cualquiera preocupado por estas cuestiones habría averiguado enseguida que era hijo ilegítimo. A finales de la década de 1920, no obstante, Gabriel Eligio compensaría estos inconvenientes. Del mismo modo que Nicolás Márquez había adquirido un importante rango militar durante la guerra y se había convertido en «coronel», también Gabriel Eligio, que había aprendido homeopatía por su cuenta, empezó a anteponer a su nombre el título de «doctor». El coronel Márquez y el doctor García.

Primera parte

El país natal: Colombia

1899-1955

1
De coroneles y causas perdidas
1899-1927

Quinientos años después de que los europeos toparan con el Nuevo Mundo, a menudo América Latina parece una decepción para sus habitantes. Es como si su destino hubiera sido determinado por Colón, «el gran capitán», que descubrió el nuevo continente por error, que equivocadamente lo llamó «las Indias» y murió lleno de amargura y desilusión a comienzos del siglo XVI; o por Simón Bolívar, que puso fin al gobierno colonial español a principios del XIX, pero murió consternado ante la desunión que reinaba en la región recién emancipada y atenazado por la sombría impresión de que «el que sirve a una revolución, ara el mar». Más recientemente, el destino de Ernesto «Che» Guevara, el icono revolucionario romántico por excelencia del siglo XX, que murió como un mártir en Bolivia en 1967, sólo confirmó la idea de que América Latina, el continente desconocido, la tierra del futuro, alberga grandiosos sueños y fracasos calamitosos.[1]

Mucho antes de que el nombre de Guevara recorriera el orbe, en un pequeño pueblo de Colombia que la historia sólo iluminó fugazmente durante los años en que la United Fruit Company, con sede en Boston, decidiera plantar allí bananeras a comienzos del siglo XX, un niño escuchaba absorto mientras su abuelo contaba relatos de una guerra que duró mil días y que al acabar le había hecho sentir también la amarga soledad de los vencidos, relatos de hazañas gloriosas de antaño, de héroes y villanos espectrales; historias que le enseñaron al niño que la justicia no se entrama de manera natural en la urdimbre de la vida, que el bien no siempre vence en el reino de este mundo, y que los ideales que llenan los corazones y el espíritu de muchos hombres y mujeres pueden ser derrotados e incluso desaparecer de la faz de la tierra. A menos que perduren en la memoria de quienes viven para contarla.

· · ·

A finales del siglo XIX, setenta años después de conseguir la independencia de España, la república de Colombia era un país de menos de cinco millones de habitantes controlado por una élite de tal vez tres mil propietarios de grandes haciendas, la mayoría de los cuales eran políticos y empresarios, y muchos también abogados, escritores o gramáticos. De ahí que la capital, Bogotá, fuera conocida como la «Atenas sudamericana». La guerra de los Mil Días fue la última y más devastadora de una veintena de guerras civiles nacionales y locales que habían arrasado Colombia durante el siglo XIX, libradas entre los liberales y los conservadores, los centralistas y los federalistas, la burguesía y los terratenientes, la capital y las provincias. En muchos otros países, el siglo XIX asistió a la victoria de los liberales o sus equivalentes en la histórica batalla, mientras que en Colombia los conservadores dominaron hasta 1930 y, tras un breve interludio liberal de 1930 a 1946, asumieron de nuevo el poder hasta mediados de los cincuenta y a día de hoy siguen siendo una fuerza poderosa. Ciertamente, Colombia es el único país donde a finales del siglo XX las elecciones generales se debatían aún entre un Partido Liberal y un Partido Conservador tradicionales, sin que otras fuerzas políticas lograran afianzarse de manera perdurable.[2] Esto ha cambiado en los últimos diez años.

Aunque la guerra se denominase «de los Mil Días», en realidad el conflicto había acabado antes casi de empezar. El gobierno conservador disponía de recursos sumamente superiores y los liberales quedaron a merced de las excentricidades de un líder carismático pero incompetente, Rafael Uribe Uribe. A pesar de eso, la guerra se prolongó durante poco menos de tres años, siendo cada vez más cruel, enconada e inútil. Desde octubre de 1900, ninguno de los dos bandos hacía prisioneros: se anunció una «guerra a muerte» cuyas sombrías consecuencias se dejan notar todavía en Colombia. Cuando todo acabó, en noviembre de 1902, el país estaba devastado y empobrecido, la provincia de Panamá estaba a punto de perderse para siempre y alrededor de cien mil colombianos habían perecido en la matanza. Durante décadas se sucederían enemistades y venganzas fruto del modo en que se había resuelto el conflicto. Esto ha hecho de Colombia un país paradójico, en el cual durante casi dos siglos los dos partidos mayoritarios han mantenido una amarga enemistad sin ocultarlo, si bien se han unido tácitamente a fin de garantizar que el pueblo nunca tuviera una verdadera representación. Ninguna nación latinoamericana ha padecido menos golpes de Estado o dictaduras en el siglo xx que Colombia, pero sus habitantes han pagado un altísimo precio por esa apariencia de estabilidad institucional.

La guerra de los Mil Días se libró a lo ancho y largo del país, pero el centro de gravedad poco a poco se desplazó hacia el norte, a las regiones de la costa atlántica. Por un lado, la sede del gobierno, Bogotá, nunca estuvo seriamente amenazada por los rebeldes liberales; por otro, éstos se retiraron indefectiblemente hacia las rutas de fuga que con frecuencia tomaban sus dirigentes para ir en busca de refugio a países vecinos cordiales o a Estados Unidos, donde trataban de reunir fondos y comprar armas para la próxima ronda de hostilidades. En esta época, el tercio norte del país, lo que se conoce como la «Costa» —sus habitantes son apodados «costeños»—, comprendía dos departamentos de enorme importancia: Bolívar al oeste, cuya capital era el puerto de Cartagena, y Magdalena al este, cuya capital era el puerto de Santa Marta, enclavada al pie de la imponente Sierra Nevada. Las dos ciudades más importantes a ambos lados de la Sierra Nevada —Santa Marta al oeste y Riohacha al este— y todas las ciudades que hay entre ambas bordeando la sierra —Ciénaga, Aracataca, Valledupar, Villanueva, San Juan, Fonseca y Barrancas— cambiaron de manos en múltiples ocasiones durante la guerra, y fueron el escenario de las hazañas de Nicolás Márquez y sus dos hijos mayores, ambos ilegítimos, José María y Carlos Alberto Valdeblánquez.

En algún momento a principios de la década de 1890, Nicolás Márquez y Tranquilina Iguarán se habían trasladado con sus dos hijos, Juan de Dios y Margarita, a la pequeña ciudad de Barrancas, en La Guajira colombiana, y alquilaron una casa en la calle del Totumo, a pocos pasos de la plaza. La casa aún sigue en pie. El señor Márquez puso una joyería, donde forjaba y vendía sus propias piezas —collares, anillos, brazaletes, cadenas y, su especialidad, pececillos de oro— y, a lo que parece, estableció un negocio rentable que hizo de él un miembro respetado de la comunidad. Su aprendiz, y a la larga socio, era un hombre más joven llamado Eugenio Ríos, casi un hijo adoptivo, con quien había trabajado en Riohacha tras traerlo de El Carmen de Bolívar. Ríos era el hermanastro de la prima de Nicolás, Francisca Cimodosea Mejía, con la que éste se había criado en El Carmen y a la que más tarde se llevaría consigo a Aracataca. Cuando empezó la guerra de los Mil Días, tras una larga época de frustración y resentimiento liberal, a los treinta y cinco años Nicolás Márquez se estaba haciendo un poco mayor para la vida aventurera. Además, había fundado una vida acomodada, fructífera y agradable en Barrancas, y procuraba afianzar su creciente prosperidad. Aun así, se unió al ejército de Uribe Uribe y peleó en las provincias de La Guajira, El Cesar y Magdalena, y existen testimonios de que luchó con mayor tesón y más tiempo que muchos otros. Es un hecho cierto que estuvo implicado en la contienda de buen principio cuando, en calidad de comandante, formó parte de un ejército liberal que ocupó su ciudad natal de Riohacha, y todavía seguía involucrado cuando el conflicto tocó a su fin, en octubre de 1902.

A finales de agosto de 1902, el ejército liberal, recientemente reforzado, bajo el mando de Uribe Uribe, que poco antes había llevado a cabo una de sus reapariciones imprevistas, había avanzado hacia el oeste bordeando la sierra desde Riohacha hasta la aldea de Aracataca, ya conocido bastión liberal, adonde llegó el 5 de septiembre. Allí Uribe Uribe mantuvo dos días de conversaciones con los generales Clodomiro Castillo y José Rosario Durán, además de otros oficiales entre los que se contaba Nicolás Márquez. Y fue allí, en Aracataca, donde tomaron la funesta decisión de luchar una vez más, la cual llevaría a su desastrosa derrota en la batalla de Ciénaga.

Uribe avanzó hacia Ciénaga a primera hora de la mañana del 14 de octubre de 1902. Las cosas empezaron a torcerse para los liberales desde el momento en que un buque de guerra del gobierno empezó a bombardear sus posiciones desde el mar. Uribe Uribe fue derribado de su montura y varias balas que agujerearon su guerrera no alcanzaron su persona de milagro (no era la primera vez que eso le ocurría). Exclamó, igual que lo hubiera hecho el coronel Aureliano Buendía de García Márquez: «¡Cuántos uniformes de repuesto se creen estos godos que tengo!». («Godos» era como los liberales llamaban a los conservadores.) El hijo adolescente de Nicolás Márquez, Carlos Alberto, murió como un héroe; su hermano mayor, José María, cuarto oficial al mando de la «División Carazúa» del ejército conservador, sobrevivió.

Dos días después, destrozado por la muerte de Carlos Alberto, José María salió de Ciénaga y se dirigió al campamento de los liberales derrotados, donde su padre, entre otros, se recuperaba de las heridas. José María llevaba un ofrecimiento de paz de los conservadores. A medida que su mula se acercaba a las tiendas de los liberales, una avanzadilla le interceptó y hubo de cabalgar con los ojos vendados para exponer a Uribe Uribe las condiciones de los conservadores. Nunca sabremos lo que ocurrió entre el hijo ilegítimo de diecinueve años y su padre rebelde en aquella ocasión histórica, ensombrecida por la muerte del hijo pequeño. Uribe Uribe discutió la propuesta de los conservadores con sus oficiales. Decidieron aceptar. El joven mensajero volvió cabalgando a Ciénaga y, entrada la noche, llegó a la estación de ferrocarril, donde una multitud enloquecida lo recibió y lo llevó a hombros a dar la buena nueva. Diez días después, el 24 de octubre de 1902, los dirigentes conservadores y Uribe Uribe con sus respectivos jefes del Estado mayor se encontraron en la plantación bananera de Neerlandia, no lejos de Ciénaga, para firmar el tratado de paz. Fue poco más que una hoja de vid tratando de ocultar una amarga verdad: los liberales habían sufrido una derrota catastrófica.

A finales de 1902, Nicolás Márquez regresó a Barrancas a reunirse con su esposa Tranquilina y procuró rehacer su vida. En 1905 nació su tercera hija, Luisa Santiaga, y las cosas parecían haber recobrado la normalidad.[3] Sin embargo, en 1908 Nicolás se vio envuelto en un violento episodio que cambiaría su destino y el de su familia para siempre, y que no le dejaría más remedio que marcharse de Barrancas. Todos allí conocían aún la historia cuando pasé por Barrancas ochenta y cinco años después, en 1993. Por desgracia, cada cual contaba una versión distinta. Sin embargo, nadie niega los hechos siguientes. Cerca de las cinco de la lluviosa tarde del lunes 19 de octubre de 1908, el último día de la semana de festividades de la Virgen del Pilar, mientras la procesión con su imagen avanzaba hacia la iglesia, a pocas calles de distancia, el coronel Nicolás Márquez, un político, terrateniente, orfebre y respetable hombre de familia de la localidad que por entonces contaba alrededor de cuarenta años, disparó y dio muerte a un hombre más joven llamado Medardo, sobrino de su amigo y compañero de armas, el general Francisco Romero. Algo que nadie niega tampoco es que Nicolás era un donjuán o, dicho sin ambages, un mujeriego empedernido. Para lectores de otras latitudes, esta reputación puede parecer contradictoria con la imagen de hombre de dignidad y buena posición que tenía entre sus vecinos. Sin embargo, cuando menos hay dos clases de celebridad que un hombre considera un bien muy preciado en sociedades de estas características: una es cultivar su buena reputación como tal, granjearse el respeto convencional, siempre mezclado con el temor, que debe saber cómo imponer; y la otra es su fama de donjuán, o de macho, que los demás divulgarán de buena gana, por lo general para su complacencia. El truco está en asegurarse de que ambas reputaciones se refuercen mutuamente.

La primera versión que oí fue tan convincente como cualquiera de las que le siguieron. Filemón Estrada había nacido en el mismo año en que tuvieron lugar los acontecimientos. Ahora estaba completamente ciego y aquella historia remota se mantenía vívida en su memoria, conservaba una intensidad que otros testimonios habían perdido. Filemón contó que Nicolás, que ya tenía varios hijos ilegítimos, había seducido a Medarda Romero, la hermana de su viejo amigo el general Romero, y luego, cuando aparecieron unos pasquines, creyó que él había fanfarroneado de ello mientras se tomaba unos tragos en la plaza. Hubo muchos rumores, la mayoría chismes a costa de Medarda, pero también algunos que implicaban a Tranquilina. Medarda le anunció a su hijo: «Esta calumnia hay que lavarla con sangre, hijo mío, no hay otro modo. ¡Y si no vas a buscarlo tú, me va a tocar ponerme tus pantalones y a ti ponerte mis faldas!». Medardo, un hábil tirador que había cabalgado con Nicolás en la guerra y entonces vivía en la aldea vecina de El Papayal, desafió e insultó a su antiguo comandante en repetidas ocasiones, tantas que éste se tomó en serio las advertencias y a partir de entonces estaba al acecho del joven. Medardo fue al pueblo el día de la fiesta, endomingado con una gabardina blanca, y tomó un atajo por un callejón que ya no existe. Al descabalgar de su montura con un manojo de forraje en una mano y una vela de peregrino en la otra, Nicolás le preguntó: «¿Estás armado, Medardo?». A lo que éste contestó: «No». «Bueno, recuerda lo que te advertí», y Nicolás disparó una vez, algunos dicen que dos. Una anciana que vivía al fondo de la calleja salió y le dijo: «Así que al final lo mataste». «La bala del honor venció a la bala del poder», contestó Nicolás. «Después de eso —dijo el ciego Filemón—, el viejo Nicolás Márquez se precipitó calle abajo, saltando charcos, con el revólver en una mano y el paraguas en la otra, y buscó a Lorenzo Solano Gómez, su compadre, que lo acompañó a entregarse. Fue encarcelado, pero después, su hijo José María Valdeblánquez, que era muy listo y casi abogado, lo sacó de la cárcel. Puesto que Medardo era hijo ilegítimo, no se sabía a ciencia cierta si se apellidaba Pacheco o Romero, de modo que Valdeblánquez dijo que no estaba claro quién había sido asesinado exactamente; se trataba de un tecnicismo jurídico, ¿sabe?, y así es cómo Valdeblánquez lo sacó.»

No fue otra que Ana Ríos —hija de Eugenio, el socio de Nicolás, que muy probablemente tenía más razones para saber la verdad que la mayoría— quien me contó que Tranquilina estuvo muy implicada en la tragedia.[4] Recordaba que era una mujer sumamente celosa, y no sin razón, pues Nicolás la engañaba una y otra vez. Medarda era viuda, y las viudas siempre dan que hablar en los pueblos; de ella se rumoreaba que era la amante habitual de Nicolás. Tranquilina se obsesionó con esa posibilidad, tal vez porque Medarda pertenecía a una clase más acomodada y por ello suponía un peligro mayor que las demás conquistas de su esposo. Se decía que Tranquilina había consultado a las brujas, que había traído agua del río para limpiar el umbral y que había rociado zumo de limón alrededor de la casa. Luego, según se cuenta, un día salió a la calle y gritó: «¡Hay un fuego en casa de la viuda Medarda! ¡Fuego! ¡Fuego!», a lo que un muchacho a quien había pagado para que esperara en el campanario de la iglesia de San José empezó a tocar alarma, y poco después ella vio como Nicolás se escabullía de casa de Medarda a plena luz del día (se supone que mientras su amigo el general se hallaba ausente).

Cuando prestó declaración ante las autoridades, a Nicolás Márquez le preguntaron si admitía haber matado a Medardo Pacheco, y dijo: «Sí, y si vuelve a la vida, lo mato otra vez». El alcalde, conservador, decidió proteger a Nicolás. Se mandaron ayudantes a recoger el cuerpo de Medardo. Voltearon el cadáver bajo la lluvia y le ataron las manos a la espalda antes de llevárselo. La mayoría de la gente acepta que Medardo provocó la confrontación y «se buscó» lo ocurrido; puede que así fuera, aunque los propios hechos parecen demostrar que fue Nicolás quien escogió cuándo, dónde y cómo llevar a cabo el enfrentamiento final. No disponemos de información suficiente para discernir cuán justificable o censurable pudo ser su acción; es evidente, no obstante, que no hubo en ella ni el más remoto heroísmo. Nicolás no era un finquero sedentario sino un curtido veterano de guerra, y el hombre al que mató furtivamente pertenecía a un rango militar inferior y era más joven que él.

Muchos en Barrancas creyeron que fue cosa del destino. En español, un acontecimiento como ése se considera una «desgracia», y se dice que en la familia de Medardo muchos se apiadaron del coronel y su infortunio. Sin embargo, llegó a hablarse de un linchamiento y se temieron disturbios, de modo que tan pronto pudieron sacarlo con garantías, enviaron a Nicolás custodiado por guardias armados a Riohacha, su ciudad natal. Ni siquiera allí se sentía a salvo, así que lo trasladaron a otra prisión en Santa Marta, al otro lado de la Sierra Nevada.[5] Al parecer, un pariente de Tranquilina con influencias logró que la sentencia se redujera a un año de cárcel, con «la ciudad como prisión» durante el segundo año. Tranquilina, los niños y otros miembros de la familia lo siguieron hasta allí unos meses más tarde. Algunos comentan que logró comprar su puesta en libertad con lo que sacaba de sus artesanías; que trabajó en un improvisado taller de joyería dentro de la cárcel e hizo peces, mariposas y cálices, y que después se valió de sobornos para salir. Nadie ha hallado todavía ningún documento en relación con el caso.

La familia García Márquez nunca afrontó plenamente las consecuencias de este suceso, y se adoptó una versión aséptica de la historia, según la cual en cierto momento surgió el rumor de que Medarda, que no era ninguna chiquilla, estaba otra vez «haciéndole un favor a algún lugareño». Uno de los amigos de Nicolás comentó el chisme mientras bebían en la plaza principal, a lo que éste dijo: «¿Será verdad?». La historia que llegó a oídos de Medarda sugería que el propio Nicolás había hecho correr el rumor, y le pidió a su hijo que defendiera su honra. Años después, Luisa recordaría a menudo que ante cualquier alusión a aquel episodio poco menos que innombrable, Tranquilina decía: «Y todo por una pregunta». En esta versión, el tiroteo es un «duelo», el muerto se lleva su merecido y el asesino se convierte en «la verdadera víctima» del asesinato.[6]

En 1967, inmediatamente después del éxito de *Cien años de soledad* (donde García Márquez ofrece una versión menos idealizada del asesinato que el resto de su familia), Mario Vargas Llosa le preguntó a su autor quién había sido la persona más importante de su infancia. García Márquez contestó:

> Era mi abuelo. Fíjense que era un señor que yo encuentro después en mi libro. Él, en alguna ocasión, tuvo que matar a un hombre, siendo muy joven. Él vivía en un pueblo y parece que había alguien que lo molestaba mucho y lo desafiaba, pero él no le hacía caso, hasta que llegó a ser tan difícil su situación que, sencillamente, le pegó un tiro. Parece que el pueblo estaba tan de acuerdo con lo que hizo, que uno de los hermanos del muerto durmió atravesado, esa noche, en la puerta de la casa, ante el cuarto de mi abuelo, para evitar que la familia del difunto viniera a vengarlo. Entonces mi abuelo, que ya no podía soportar la amenaza que existía contra él en ese pueblo, se fue a otra parte; es decir, no se fue a otro pueblo: se fue lejos con su familia y fundó un pueblo... Sí, Él se fue y fundó un pueblo, y lo que yo más recuerdo de mi abuelo es que siempre me decía: «Tú no sabes lo que pesa un muerto».[7]

Muchos años después, García Márquez me diría: «No sé por qué mi abuelo se enredó en ese asunto y por qué las cosas tuvieron que ser así, pero eran tiempos difíciles después de la guerra. Sigo creyendo que no le quedó más remedio que hacerlo».[8]

Puede que se trate de una mera coincidencia, pero octubre sería siempre el mes más aciago, la época de los malos augurios, en las novelas de Gabriel García Márquez.

Los movimientos de Nicolás Márquez después de su ignominiosa partida de Barrancas están rodeados de misterio.[9] Luisa, la madre de García Márquez, daba versiones distintas dependiendo de quién fuera su interlocutor.[10] A mí me contó que Tranquilina y ella viajaron en barco desde Riohacha a Santa Marta pocos meses después de que trasladaran allí a Nicolás (Luisa tenía sólo cuatro años), que lo pusieron en libertad al año siguiente y que la familia se mudó entonces a la vecina Ciénaga, donde vivieron otro año, para llegar a Aracataca en 1910. Ésta ha acabado por ser la historia oficial.

Sin embargo, la gente de Ciénaga insiste en que Nicolás y su familia pasaron allí tres años después de que saliera de prisión, de 1910 a 1913, y se trasladaron a Aracataca en 1913.[11] Puede que Nicolás utilizase Ciénaga como base desde la que explorar la región en busca de nuevas oportunidades; de ser así, podría haber empezado a trabar intereses políticos y comerciales en Aracataca, un pueblo en esencia liberal, antes de trasladar allí a su familia. También parece posible, no obstante, que una de las razones para permanecer en Ciénaga, fuera por un año o por tres, es que en dicha ciudad residía entonces Isabel Ruiz, a quien Nicolás había conocido en Panamá en 1885, en torno a la época en que se casó con Tranquilina, y que había dado a luz a una hija suya, María Gregoria Ruiz, en 1886.

Ciénaga, a diferencia de la colonial Santa Marta, era una moderna ciudad comercial, estridente y desenfrenada, centro además del transporte de la región. Por su ubicación a orillas del Caribe, servía de conexión con la Ciénaga Grande, que los barcos de vapor atravesaban para entrar en contacto con el tráfico por carretera tanto en dirección al río Magdalena y Bogotá, como a Barranquilla, una ciudad comercial y en rápida expansión; por añadidura, la primera línea de ferrocarril de la región unía Santa Marta y Ciénaga desde 1887, y se amplió entre 1906 y

1908, por la espina dorsal de la Zona Bananera, hasta Aracataca y Fundación.

La Zona Bananera está situada al sur de Santa Marta, entre la Ciénaga Grande y el río Magdalena por el oeste, el Caribe o el océano Atlántico por el norte, y por el este la gran ciénaga y la Sierra Nevada, cuyos picos más altos son el Colón y el Bolívar.[12] Por encima de ella se alza la Sierra Nevada, el hogar de los indios kogi, dados a la vida recluida y pacífica. Los primeros fundadores de Aracataca eran un pueblo muy diferente: los belicosos chimilas, un grupo de indios arhuacos. La tribu y su jefe eran los llamados cataca, «agua clara». Por eso dieron su nombre al río, de modo que su pueblo se llamó Aracataca («ara» es río en chimila), «el río de las aguas diáfanas».[13]

En 1887, los hacendados de Santa Marta introdujeron el cultivo del banano en la región. En 1905 se afincó allí la United Fruit Company, con sede en Boston. Llegaron trabajadores de todo el Caribe, entre ellos «cachacos» (el despectivo nombre que los costeños dan a sus compatriotas del interior del país, en especial de Bogotá),[14] y también otros llegados de Venezuela, Europa, e incluso el Medio y el Lejano Oriente: la «hojarasca», vilipendiada por los protagonistas de la primera novela de García Márquez que lleva ese mismo título. En apenas unos años, de ser un pequeño asentamiento, Aracataca se transformó en un municipio próspero, un «*Wild West boom town*», según la expresión de García Márquez. Adquirió la municipalidad en 1915, y pasó a participar plenamente del sistema político colombiano.

Quien de veras dirigía el municipio no era el coronel Márquez, como su nieto aseguraría con frecuencia, sino el general José Rosario Durán.[15] Durán era propietario de varias grandes plantaciones en los alrededores de Aracataca; había liderado las fuerzas liberales en las guerras regionales durante dos décadas y fue el verdadero referente de los liberales de Aracataca durante casi medio siglo. Nicolás Márquez había sido uno de sus subordinados militares más próximos, y quizá el aliado político en quien más confió entre 1910 y 1913. Así pues, fue Durán el que ayudó a Márquez a instalarse en la ciudad, a adquirir tierras en Ariguaní y otras propiedades en Aracataca, y a conseguir el puesto de recolector de impuestos del departamento y, posteriormente, el de tesorero municipal.[16] Estas responsabilidades, sumadas a su reputación militar, hicieron del coronel Márquez uno de los miembros sin duda más respetados y poderosos de la comunidad, por más que siempre estuviera a merced de la buena voluntad de Durán, y se viera sometido a las presiones de los cargos políticos del gobierno conservador y de los gerentes de la United Fruit Company.

La madre de García Márquez, Luisa, me contó que Nicolás fue nombrado «recolector de impuestos del departamento» de Aracataca a principios de siglo,[17] posiblemente en 1909, pero no llevó a su familia allí de inmediato dadas las precarias condiciones de salubridad en el pujante pueblo tropical, que por entonces albergaba a menos de dos mil habitantes y apenas empezaba a desarrollarse. Sin embargo, imaginémoslos a todos —el coronel Márquez; doña Tranquilina; sus tres hijos legítimos, Juan de Dios, Margarita y Luisa; su hija ilegítima, Elvira Ríos; la hermana de Nicolás, Wenefrida Márquez; su prima Francisca Cimodosea Mejía; y sus tres sirvientes indios, Alirio, Apolinar y Meme, comprados por cien pesos cada uno en La Guajira— llegando en el tren pintado de amarillo de la compañía bananera llenos de optimismo, en una visita de exploración, en agosto de 1910. Por desgracia, las inmediaciones de Aracataca eran todavía insalubres y estaban plagadas de enfermedades, y la tragedia golpeó a los recién llegados sin pérdida de tiempo, cuando Margarita, de veintiún años, murió de tifus. Siempre pálida, con el cabello rubio recogido en dos trenzas, era el orgullo y la alegría del coronel, y su supersticiosa familia tal vez interpretara su muerte como una especie de castigo por los pecados de su padre en Barrancas. Ahora nunca podrían casarla y prepararle el matrimonio que sin duda concebían, y todas sus esperanzas recaerían desde entonces en la pequeña Luisa. La tradición familiar cuenta que, poco antes de morir, Margarita se incorporó en la cama y, mirando a su padre, dijo: «Se apagan los ojos de su casa».[18] Su pálida presencia perviviría en la memoria colectiva, especialmente, por paradójico que parezca, en el daguerrotipo que le sacaron cuando tenía diez años; además, el aniversario de su muerte, el 31 de diciembre, nunca volvería a celebrarse en la casona amplia y confortable que el coronel empezó a construir cerca de la plaza Bolívar.

Nicolás Márquez, aunque nunca amasó riqueza y siempre esperó, en vano, la pensión prometida a todos los veteranos de la guerra civil, se convirtió en uno de los ilustres patricios de la comunidad, un pez gordo en un estanque de reducidas dimensiones, que acabó por ser dueño de una gran residencia de madera con suelos de cemento que en Aracataca se consideraría —y su nieto Gabriel no la tendría en menor valía—

una auténtica mansión, en comparación con los ranchos y las chozas donde moraban la mayoría de los lugareños.

Luisa, la hija del coronel, estaba a punto de cumplir diecinueve años y su padre tenía sesenta cuando en julio de 1924 llegó a la ciudad, procedente de su Sincé natal, un nuevo telegrafista llamado Gabriel Eligio García.[19] Para entonces hacía ya varios años que en Aracataca se disfrutaba de la «jai lai», o la gran vida. A Luisa la habían mandado al Colegio de la Presentación, el más respetado en la retrógrada ciudad de Santa Marta, si bien lo había dejado a la edad de diecisiete años a causa de su delicada salud. «No volvió al internado porque los abuelos dijeron que estaba muy flaca, muy acabada y les daba miedo que se fuera a morir como Margarita, la hija mayor», recuerda su hija Ligia.[20] Luisa sabía coser y tocaba el piano. La habían educado para que encarnara la mejora de posición social en la que Nicolás y Tranquilina esperaban hallar consuelo cuando se trasladaron de La Guajira a la Zona Bananera. Así que el coronel se quedó de una pieza ante la idea de que su hija, criada con tanto esmero, pudiera enamorarse de un despreciable telegrafista de piel oscura llegado de fuera, un hombre sin padre y con escasas perspectivas de futuro.

Cuando se conocieron, Nicolás Márquez y el pretendiente de su hija, Gabriel Eligio García, tenían poco en común salvo, irónicamente, un aspecto que en la obra de Gabriel García Márquez deviene un tema recurrente: una colección de hijos ilegítimos. Aunque Nicolás había nacido dentro del matrimonio y Gabriel Eligio fuera de él, ambos habían engendrado más de un hijo ilegítimo antes de casarse, con poco más de veinte años.

Gabriel Eligio había pasado la infancia y la juventud en la pobreza, aunque poco se conoce con detalle de su vida anterior; de hecho, parece que ni siquiera sus propios hijos le pidieron muchos pormenores: era siempre el lado Márquez el que de veras contaba, la parentela de La Guajira.[21] Se sabe, sin embargo, que tenía hermanastros, que se llamaban Luis Enrique, Benita, Julio, Ena Marquesita, Adán Reinaldo y Eliécer. Sabemos también que, con ayuda de unos parientes, completó la educación secundaria —un logro notable en cualquier lugar del mundo en aquellos tiempos—, y se dice que a comienzos de la década de 1920 se las arregló para iniciar unos cursos en la escuela de medicina de la Universidad de Cartagena, aunque pronto se vio obligado a abandonarlos. Más adelante les contaría a sus hijos que su padre, maestro de escuela, se había comprometido a financiar sus estudios, pero lo acuciaron problemas económicos y tuvo que faltar a su promesa. Sin medios para costearse los estudios, se marchó de casa y buscó trabajo en las provincias caribeñas de Córdoba y Bolívar, donde trabajó de telegrafista en pueblos pequeños, aunque ejerció también de médico homeópata, y recorrió toda la región fronteriza de ríos, ciénagas y selva. Es posible que fuera el primer telegrafista de Magangué, antes de trabajar en Tolú, Sincelejo y otros pueblos. En esa época, el puesto de telegrafista gozaba de indudable reputación entre las clases bajas, ya que implicaba la tecnología moderna de la maquinaria y se presumía que el operador era letrado. Era, asimismo, un trabajo duro y exigente. En Achí, un pequeño pueblo junto al río Cauca, al sur de Sucre, nació Abelardo, el primero de sus cuatro hijos ilegítimos, cuando Gabriel Eligio tenía sólo diecinueve años; volvió a meterse en problemas en Ayapel, en el límite de la provincia de Córdoba y lo que es hoy la provincia de Sucre, a orillas de una inmensa ciénaga. Allí, en agosto de 1924, pidió en matrimonio a su primer amor verdadero, Carmelina Hermosillo, después de que ella alumbrara a otra hija, Carmen Rosa. En un viaje a Barranquilla para hacer los preparativos, al parecer su pariente Carlos Henrique Pareja lo disuadió de tan cándida decisión,[22] y Gabriel Eligio huyó a la ciudad bananera de Aracataca, donde nuevamente encontró trabajo en la oficina de telégrafos. Para entonces era ya un consumado seductor, ávido de conquistas sexuales envueltas en poesía y canciones de amor. O, como su célebre hijo lo expresaría más adelante, «un perfecto caribe de los años treinta». Lo que significaba, entre otros atributos, ser hablador, extrovertido, hiperbólico y moreno, o muy oscuro, de piel.

Se presentó en la casa de Aracataca del coronel Nicolás Márquez con la carta de recomendación de un cura de Cartagena, un antiguo conocido del coronel. Por esta razón, según la versión del propio Gabriel Eligio, el coronel, famoso por su hospitalidad, le dedicó una calurosa bienvenida, lo invitó a comer y al día siguiente lo llevó a Santa Marta, donde su esposa Tranquilina y su única hija, Luisa, pasaban el verano cerca del mar. En la estación de Santa Marta, el coronel compró una alondra enjaulada y se la dio a Gabriel Eligio, para que obsequiara a Luisa con ella. Esto —francamente inverosímil, por otra parte— habría sido el primer error del coronel, aunque, de nuevo según Gabriel Eligio, no se enamoró de Luisa a primera vista. «Y para serle franco, Luisa no me impresionó, a pesar de que era muy bonita».[23]

Tampoco puede decirse que Luisa quedara impresionada por Gabriel Eligio. Siempre insistía en que no se vieron por primera vez en Santa Marta sino en Aracataca, tras la muerte de un niño del pueblo; mientras ella y otras jóvenes cantaban para enviar a la criatura a un lugar mejor, una voz masculina se unió al coro, y al volverse todas para ver de quién se trataba, vieron a un apuesto muchacho de chaqueta oscura con los cuatro botones abrochados. Las otras muchachas corearon «Vamos a casarnos con él», pero Luisa dijo que a ella le pareció «un forastero más».[24] Luisa, que no era ninguna incauta a pesar de su inexperiencia, estaba alerta, y durante mucho tiempo rechazó todas y cada una de sus insinuaciones.

La oficina de telégrafos estaba enfrente de la iglesia, detrás de la plaza principal de Aracataca, cerca del cementerio y apenas a un par de calles de la casa del coronel.[25] El recién llegado contaba con una segunda carta de recomendación, ésta dirigida al párroco. Desconocemos si el buen Padre advirtió que recibía frecuentes visitas femeninas a avanzadas horas de la noche, pero se dice que Gabriel Eligio no sólo disponía de una hamaca para sí, sino también de una cama bien engrasada para sus amantes en la trastienda de la estafeta. Era un aficionado al violín que no carecía de talento, y cuyo numerito de fiesta era «After the Ball» —el amargo vals de la edad dorada norteamericana que exhortaba a los jóvenes amantes a no dejar escapar sus oportunidades—, por lo que el sacerdote lo invitó a que acompañara con el violín al coro de las llamadas «Hijas de la Virgen». Fue como poner al zorro a jugar con los polluelos. Una de sus conquistas involucra a una maestra recién titulada, Rosa Elena Fergusson, con la cual llegó a rumorearse que habría boda; el rumor se propagó hasta tal punto que en una fiesta en casa de Luisa bromeó con la hija del coronel que ella sería su dama de honor, o tal vez su madrina. Esta broma, sin duda calculada para despertar en Luisa celos en caso de que sintiera cualquier atracción por Gabriel Eligio, les permitió llamarse «madrina» y «ahijado», y encubrir su intimidad, cada vez mayor, bajo la ficción de una relación formal que ninguno de los dos se tomaba en serio.

Gabriel Eligio era un hombre que sabía tratar a las mujeres, y por más señas, era apuesto. Si bien distaba mucho de ser un cínico, era descarado, y mucho más seguro de sí mismo de lo que cabría esperar de alguien con sus orígenes, cualificaciones y talento. En la zona del país de la que él procedía, las sabanas de Bolívar, los habitantes tenían fama de ser extrovertidos y bulliciosos, en marcado contraste con la aprensión, la introspección y la redomada suspicacia de los que, como Nicolás Márquez y Tranquilina, eran oriundos de las tierras fronterizas de La Guajira, que a comienzos del siglo XX aún se consideraban territorio indio. La afabilidad del coronel en público era contraria a su cerrazón guajira, hondamente arraigada, al apego a las viejas costumbres y los lugares antiguos, y a su recelo de los extraños. Además, lo último que necesitaba era un yerno sin titulación que se convirtiera en una carga más, cuando lo que él anhelaba era un enlace satisfactorio con una familia de mayores posibles y, por lo menos, tan respetable como la suya.

Luisa era algo delicada y un poco consentida; era la alegría de su padre. La leyenda habla de ella, tal vez con cierta exageración, como «la niña bonita de Aracataca».[26] En realidad no era hermosa como dictan los cánones, pero era atractiva, vivaz y refinada; aunque también algo excéntrica y, desde luego, bastante fantasiosa. Se hallaba encerrada en su casa y su clase social por un padre y una madre a los que quería y respetaba, pero cuya preocupación por su seguridad sexual y social se veía obsesivamente reafirmada por la historia díscola de su propio padre.[27] Además, como el mismo Gabito advertiría, la familia ya cultivaba una larga tradición —paradójicamente «incestuosa»— de rechazo a todos los pretendientes que vinieran de fuera, la cual hacía de los hombres «cazadores callejeros furtivos» y condenaba a las mujeres, con frecuencia, a la soltería. En cualquier caso, Luisa era infinitamente menos experimentada que el hombre que, ocho meses después de su llegada a Aracataca, centraría firmemente su atención en ella y se propondría hacerla su esposa.

Empezaron a cruzar miradas apasionadas en la misa del domingo, y en marzo de 1925, Gabriel Eligio buscó el modo de expresar sus sentimientos y pedirle la mano. Se detenía bajo los almendros frente a la casa, donde Luisa y su tía Francisca Cimodosea Mejía se sentaban a coser a la hora de la siesta o al caer el sol; en ocasiones aprovechaba la oportunidad de charlar con ella a la sombra del gran castaño del jardín, mientras la tía Francisca, azote de varios pretendientes de Luisa, merodeaba cerca de ellos como correspondía a una carabina, igual que la desventurada tía Escolástica de *El amor en los tiempos del cólera*.[28] Al fin, bajo aquel árbol monumental, hizo una de las propuestas matrimoniales menos galantes de los anales del folclore romántico: «Mire, señorita Márquez —le dijo—, anoche me desvelé pensando que tengo rigurosa necesidad de casarme. Y la mujer que yo tengo en el corazón es usted. No quiero a ninguna otra. Dígame si usted tiene alguna intención espiritual sobre mi persona, pero no se sienta forzada a complacerme, pues no crea que me estoy muriendo de amor por usted. Le doy veinticuatro horas para pensarlo».[29] Fue interrumpido por la temible tía Francisca; pero veinticuatro horas después, Luisa le mandó una nota con uno de los sirvientes indios en la que le proponía un encuentro secreto. Le dijo que dudaba de la seriedad de su propuesta, si no sería otro de sus devaneos; él repuso que no esperaría, había otros peces en el estanque. Ella precisaba que la tranquilizara, y él juró que, si lo aceptaba, nunca amaría a otra mujer. Se pusieron de acuerdo: se casarían y serían el uno para el otro. «Sólo la muerte» se lo impediría.

No tardó el coronel en advertir indicios preocupantes del encaprichamiento mutuo y decidió cortar la relación de raíz, sin darse cuenta de que a esas alturas ya había florecido plenamente. Cerró las puertas de su casa al telegrafista y se negó a dirigirle la palabra. Que García estuviera haciéndole la corte a su hija era un trago amargo que Nicolás y Tranquilina no estaban dispuestos a tolerar. En una ocasión en que el coronel era anfitrión de un acontecimiento social del que Gabriel Eligio no podía ser excluido, fue la única persona de la sala a la que no invitaron a sentarse. El joven estaba tan intimidado que incluso se compró un revólver. Sin embargo, no tenía ninguna intención de marcharse del pueblo. A Luisa sus padres le dijeron que era demasiado joven, aunque ya tenía veinte años y Gabriel Eligio veinticuatro. No cabe duda de que también debieron de hacerle notar que era de piel oscura e hijo ilegítimo, un empleado público vinculado al odioso régimen conservador contra el que el coronel había luchado en la guerra, y un miembro de la «hojarasca», los desperdicios humanos que el viento traía de fuera. Aun así, el noviazgo continuó en la clandestinidad: en la puerta de la iglesia después de misa, de camino al cine o en la ventana de la casa del coronel, si no había moros en la costa.

La tía Francisca le habló a su primo el coronel de las nuevas maniobras, y éste tomó medidas radicales. Dispuso que Luisa, escoltada por Tranquilina y una sirvienta, emprendiera un largo viaje a La Guajira, y que por el camino se quedara en casa de amigos y parientes. Incluso actualmente se trata de un recorrido incómodo y difícil, porque no ha llegado a terminarse ninguna carretera moderna. En aquella época, un buen trecho discurría por senderos al borde de los precipicios de las laderas más bajas de la Sierra Nevada, y nunca antes Luisa había montado en mula.

El plan del coronel fracasó rotundamente. Luisa burló la vigilancia de Tranquilina con la misma facilidad de la que él mismo siempre había hecho alarde. El veterano de tantas batallas no había contado con que Gabriel Eligio elaborara su propia «estrategia de campaña», y no debió subestimar los recursos de un telegrafista. *El amor en los tiempos del cólera* narra toda la historia de los mensajes en clave que circulaban con la ayuda de los telegrafistas de cada pueblo por el que pasaban madre e hija. Ana Ríos recordaba haber oído que la comunicación telegráfica era tan eficaz que cuando a Luisa la invitaron a un baile en Manaure, le pidió permiso a su futuro esposo para asistir. La respuesta, un sí, llegó aquel mismo día, y la muchacha bailó hasta las siete de la mañana.[30] Gracias a la solidaridad de sus compañeros telegrafistas fue posible que, cuando madre e hija tomaron tierra en Santa Marta a principios de 1926, Gabriel Eligio estuviera en el muelle para recibir a su amada, que descendió del barco con un «romántico» vestido rosado.

Como era de esperar, Luisa se negó a volver a Aracataca y se quedó en Santa Marta con su hermano Juan de Dios y su esposa Dilia, en la calle del Pozo. Es de imaginar el coste que este desafío supuso en términos de drama familiar. Dilia ya había sufrido en carne propia la hostilidad hacia los extraños de la familia Márquez Iguarán, que más parecía un clan, y con gusto se ofreció a ayudar a su cuñada, a pesar de que Juan de Dios mantenía una atenta mirada sobre las dos mujeres en nombre de su padre. Gabriel Eligio pudo visitar a Luisa los sábados y los domingos en condiciones de relativa libertad, hasta que tiempo después lo trasladaron a Riohacha, que se hallaba demasiado lejos para visitas de fin de semana. Luisa habló con el párroco de Santa Marta, monseñor Pedro Espejo, que antes lo había sido de Aracataca y mantenía una buena amistad con el coronel Márquez. El 14 de mayo de 1926, el cura le escribió al coronel para convencerlo de que los jóvenes estaban desesperadamente enamorados y que el matrimonio evitaría lo que misteriosamente denominó «peores desgracias».[31] El coronel transigió —debió de tomar conciencia de que apenas faltaban unas semanas para que Luisa cumpliera veintiún años— y la joven pareja se casó en la catedral de Santa Marta, a las siete de la mañana del 11 de junio de 1926. Era el día del Sagrado Corazón, emblema de la ciudad.

Gabriel Eligio diría que no invitó a sus suegros a la boda a causa de un sueño. Sin embargo, parece más probable que fueran ellos los que se negaran a asistir. Mario Vargas Llosa, quien obtuvo la mayor parte de la información de primera mano de García Márquez en 1969 y 1970, dice que el propio coronel insistió en que la pareja viviera «lejos de Aracataca».[32] Cuando se lo recordaban, Gabriel Eligio siempre replicaba que había complacido al coronel con mucho gusto. Mientras viajaban en barco a Riohacha, ambos mareados, le confesó a su flamante esposa que en sus primeros años de donjuán rural había seducido a cinco vírgenes y que tenía dos hijos ilegítimos. Aunque no podemos por menos que dudar que la hiciera partícipe del historial de su propia madre en el terreno sexual, el hecho de que el hombre con el que acababa de casarse admitiera sus propias fechorías debió de ser para ella una sorpresa sumamente desagradable. A pesar de ello, por el resto de sus días Luisa recordaría los meses que pasó con Gabriel Eligio en la casa que alquilaron en Riohacha como una de las épocas más felices de su vida.[33]

Luisa pudo quedar encinta la segunda noche después de la boda —caso que no lo fuera antes— y, según la leyenda familiar, la buena nueva prometía hacer más cordial la gélida relación entre Gabriel Eligio y el coronel. Se dice que se enviaron regalos a través de José María Valdeblánquez. Sin embargo, Gabriel Eligio no cedió hasta que un día llegó Juan de Dios de Santa Marta para decir que Tranquilina anhelaba ver a su hija embarazada y Gabriel Eligio le dio permiso para viajar a Aracataca y dar a luz allí.[34]

Luisa, con veintiún años cumplidos, regresó a su Aracataca natal una mañana de febrero, sin su esposo, tras casi dieciocho meses de ausencia. Estaba embarazada de ocho meses y llegaba mareada del barco, tras otra travesía turbulenta de Riohacha a Santa Marta. Unas semanas después, el domingo 6 de marzo de 1927, a las nueve de la mañana, en medio de una tormenta poco habitual para esa época del año, dio a luz a un niño, Gabriel José García Márquez. Luisa me contó que su padre había salido temprano a misa cuando las cosas «se ponían mal», pero cuando volvió a casa todo había acabado.

El niño nació con una vuelta de cordón alrededor del cuello —luego él mismo atribuiría su tendencia a la claustrofobia a aquel contratiempo temprano— y pesó, según se dijo, cuatro kilos doscientos gramos. Su tía abuela, Francisca Cimodosea Mejía, propuso que lo frotaran con ron y le echaran agua bendita, por si había algún otro percance. De hecho, el niño no sería bautizado oficialmente hasta los tres años y medio, junto con su hermana Margot, quien para entonces vivía también apartada con los abuelos. (Gabito conservaría un nítido recuerdo de su bautismo. Fue oficiado por el padre Francisco Angarita en la iglesia de San José de Aracataca, el 27 de julio de 1930, y los padrinos fueron los dos testigos de boda de sus padres, su tío Juan de Dios y su tía abuela Francisca Cimodosea.)

El coronel Márquez celebró el nacimiento. Su querida hija se había convertido en otra causa perdida, pero decidió considerar que incluso aquel revés no había sido más que una batalla, y tomó la determinación de ganar la guerra. La vida seguía, y a partir de entonces dedicaría todas sus energías, nada despreciables por entonces, al primogénito de su hija, a su nieto más reciente, a «mi Napoleoncito».

2

La casa de Aracataca

1927-1928

Mi recuerdo más vivo y constante no es el de las personas, sino el de la casa misma de Aracataca donde vivía con mis abuelos. Es un sueño recurrente que todavía persiste. Más aún: todos los días de mi vida despierto con la impresión, falsa o real, de que he soñado que estoy en esa casa. No que he vuelto a ella, sino que estoy allí, sin edad y sin ningún motivo especial, como si nunca hubiera salido de esa casa vieja y enorme. Sin embargo, aun en el sueño, persiste el que fue mi sentimiento predominante durante toda aquella época: la zozobra nocturna. Era una sensación irremediable que empezaba siempre al atardecer, y que me inquietaba aun durante el sueño hasta que volvía a ver por las hendijas de las puertas la luz del nuevo día.[1]

Con estas palabras recordaba Gabriel García Márquez, medio siglo después, en conversación con su viejo amigo Plinio Apuleyo Mendoza en París, la imagen más poderosa de su infancia «prodigiosa» en el pequeño pueblo colombiano de Aracataca. Gabito no pasó los primeros diez años de su vida junto a su madre y su padre y los muchos hermanos y hermanas que siguieron su llegada al mundo con puntual regularidad, sino en la casona de sus abuelos maternos, el coronel Nicolás Márquez Mejía y Tranquilina Iguarán Cotes.

Era una casa llena de gente —abuelos, tías, huéspedes de paso, sirvientes, criados indios—, pero también llena de fantasmas (por encima de todos, quizá, el de su madre ausente).[2] Años más tarde, cuando el tiempo o la distancia lo alejaran de allí, aquella casa seguiría obsesionándolo, y el esfuerzo por recuperarla, por recrearla y dominar los recuerdos que conservaba de ella sería en buena medida lo que lo convertiría en escritor. Era un libro que llevaba en su interior desde la infancia: los amigos recuerdan a Gabito con poco más de veinte años escribiendo ya una novela interminable a la que se refería como «La casa». Aquel viejo caserón de Aracataca perteneció a la familia hasta finales de la década de

1950, aunque otros inquilinos lo alquilaron después de que Gabriel Eligio se llevara a su esposa y a sus hijos de Aracataca, una vez más, en 1937. Con el tiempo reaparecería, intacta, aunque con cierto halo de alucinación, en la primera novela de García Márquez, *La hojarasca*, escrita en 1950. Sin embargo, no sería hasta más adelante que, en *Cien años de soledad* (1967), la obsesión se desarrollara plenamente y agotara todo su potencial, de modo que la infancia de Gabito —vívida al tiempo que angustiada, y a menudo aterradora— se materializara para toda la eternidad en el mundo mágico de Macondo; y en un punto en que, desde la casa del coronel Márquez, su visión del mundo abarcaría no sólo el pequeño pueblo de Aracataca, sino también el resto de su Colombia natal y, acaso, toda América Latina y aún más allá.

Tras el nacimiento de Gabito, Gabriel Eligio, que seguía trabajando en Riohacha y que aún estaba dolido, esperó varios meses para reunirse con su esposa. Renunció a su puesto en Riohacha, dejó la telegrafía para siempre y confió que en Aracataca podría ganarse la vida con la medicina homeopática. Sin embargo, puesto que carecía de titulaciones tanto como de posibles, y dado que, aunque la leyenda familiar sostenga lo contrario, al parecer su presencia en casa del coronel no era grata, finalmente decidió llevarse a Luisa a Barranquilla y, tras ciertas negociaciones poco claras, se acordó que Gabito se quedara con los abuelos.[3]

Por descontado se da que esta clase de arreglos en que ambos matrimonios llegaban a un acuerdo eran tan habituales que se consideraban casi normales en sociedades tradicionales con familias muy extensas y numerosas; sin embargo, resulta difícil entender que Luisa dejase a su primer hijo a una edad en la que podría haber seguido muchos meses amamantándolo. Fuera de toda duda está, en cambio, el firme compromiso con su esposo. A pesar de las críticas de sus padres, por encima de todos los defectos y excentricidades de Gabriel Eligio, tenía que amar de veras a su marido y se entregó, al parecer sin titubear, a su cuidado. Por encima de todo antepuso su esposo a su primogénito. Nunca sabremos lo que Luisa y Gabriel Eligio pensaron o qué se dijeron mientras tomaban el tren en Aracataca con dirección a Barranquilla, tras dejar atrás a su primer hijo. Sabemos, en cambio, que la primera iniciativa de la joven pareja fue un fracaso financiero y que, sin embargo, a los pocos meses Luisa volvía a estar encinta; volvió a Aracataca a dar a luz a su segundo hijo, Luis Enrique, que nacería el 8 de septiembre de 1928. Esto significa que tanto ella como el recién nacido estaban en Aracataca durante el período que culminó con la masacre de los peones bananeros de Ciénaga en diciembre de aquel año y los muchos asesinatos que posteriormente se cometieron en la propia Aracataca y sus alrededores. Uno de los recuerdos más tempranos de Gabito era el de los soldados que pasaban frente a la casa del coronel. Curiosamente, cuando Gabriel Eligio llegó para llevarse a la madre y a su nuevo hijo de regreso a Barranquilla en enero de 1929, bautizaron al recién nacido apresuradamente antes de marcharse, mientras que con Gabito no lo harían hasta julio de 1930.[4]

Observemos la cara del chiquillo de apenas un año que aparece reproducida en la cubierta de las memorias de García Márquez, *Vivir para contarla*. Su madre lo había dejado a cargo de sus abuelos varios meses antes de que se hiciera la fotografía, y ahora, meses después de que se tomara la instantánea, la madre había vuelto y había quedado atrapada por el drama de la huelga y la matanza que le siguió. Esta masacre no fue únicamente un acontecimiento de enorme importancia, incluso crucial, que cambiaría la historia de Colombia por coadyuvar directamente al regreso de un gobierno liberal en agosto de 1930, tras medio siglo de guerra civil y exclusión, y que uniría de ese modo al pequeño con la historia de su país; coincidió también con el momento en que la madre del niño podría habérselo llevado consigo a Barranquilla. En lugar de ello, se llevó a su nuevo hijo, Luis Enrique, recién bautizado, y dejó a Gabito en el caserón con sus abuelos, sentenciándolo así a asimilar este abandono, a vivir esta ausencia, a explicarse esta inexplicable secuencia de acontecimientos y, mediante la elaboración de esa historia, de algún modo a forjarse una identidad que, al igual que todas las identidades, vinculara sus propias circunstancias personales, con todas sus alegrías y sus crueldades, a las alegrías y las crueldades del mundo.

A pesar de sus recuerdos de soledad, Gabito no era el único niño que había en la casa, aunque sí el único varón. Su hermana Margarita vivió allí desde que Gabito tenía tres años y medio, y su prima adolescente, Sara Emilia Márquez, la hija ilegítima de su tío Juan de Dios a la que su esposa Dilia había rechazado (según algunos, aseguraba que la niña era en realidad hija de José María Valdeblánquez, no de su marido), también se crió allí, junto con ellos. Tampoco era la casa la mansión que García Márquez a veces ha dado a entender.[5] De hecho, en marzo de 1927, más que una casa eran tres construcciones distintas de madera con algunos muros de adobe, a las que había que sumar cierto número de edificaciones anexas y una gran extensión de tierra en la parte de atrás. Cuando nació Gabito, estas tres edificaciones principales tenían suelos de cemento escobillado, al estilo norteamericano, ventanas de acero con mosquiteras y techos rojos de cinc a dos aguas, si bien algunas de las edificaciones anexas conservaban las techumbres de hojas de palma tradicionales en Colombia. La entrada de la propiedad estaba protegida por almendros. En los primeros recuerdos de García Márquez, al acceder a la casa había dos construcciones a la izquierda; la primera de ellas era el despacho del coronel, contiguo a una pequeña sala para las visitas, seguida de un precioso patio y un jardín con un gigantesco jazmín —este jardín, donde crecían en abundancia rosas de vivos colores, jazmines, espicanardos, geranios y astromelias, siempre estaba lleno de mariposas amarillas— y, a continuación, otra serie de tres dependencias.

La primera de estas tres habitaciones privadas era el dormitorio de los abuelos, que no estuvo terminado hasta 1925, donde nació Gabito apenas dos años después.[6] Al lado de este dormitorio estaba el llamado «cuarto de los santos», donde en realidad durmió Gabito —en una hamaca, después de que la cuna se le quedara pequeña— durante los diez años que vivió con sus abuelos, acompañado a veces por su hermana menor, Margarita, por su tía abuela, Francisca Cimodosea, o por su prima, Sara Márquez —aunque en ocasiones con todas a la vez—, junto con un panteón de santos que no variaba nunca. Todos estaban iluminados día y noche con lámparas de aceite de palma, y a cada uno se le había encomendado que velara por un miembro en concreto de la familia: «Para que le fuera bien al abuelo, para que velara por los nietos, para que nadie se enfermara, para que protegiera el hogar, en fin ... una costumbre que venía desde la tatarabuela y que heredó mi mamá».[7] La tía Francisca pasó muchas horas de su vida rezando de rodillas. La última estancia era el «cuarto de los baúles», un trastero donde se amontonaban los bienes ancestrales y los recuerdos de familia traídos en el éxodo de La Guajira.[8]

A la derecha de la finca, al otro lado del sendero, había una serie de seis habitaciones que daban a una galería donde se alineaban grandes macetas de flores, y que la familia denominaba el «corredor de las begonias». Desandando el camino hacia la entrada, las primeras tres habitaciones de la edificación de la derecha constituían, junto con la oficina y la salita para recibir a las visitas de enfrente, lo que podría considerarse la parte pública de la casa. La primera era la habitación de invitados destinada a las visitas distinguidas (entre ellas, por ejemplo, el propio monseñor Espejo). También se alojó allí, sin embargo, a parientes y compañeros de batalla de toda La Guajira, Padilla y Magdalena, incluidos héroes de guerra liberales como Rafael Uribe Uribe y el general Benjamín Herrera.[9] Contiguo a estas dependencias estaba el taller de orfebrería del coronel, donde siguió practicando su oficio hasta poco antes de morir, aunque sus obligaciones municipales lo obligaron a hacer de su anterior profesión un mero entretenimiento.[10] A continuación estaba el amplio comedor, el verdadero centro de la casa, e incluso más importante para Nicolás que el taller de al lado; abierto al aire libre, allí podían sentarse diez comensales a la mesa, y aún quedaba sitio para unas cuantas mecedoras de mimbre en las que tomar una copa antes o después de la cena, cuando la ocasión se presentaba. Luego venía una tercera habitación, conocida como «el cuarto de la ciega», donde el fantasma más célebre de la casa, la tía Petra Cotes, hermana de Tranquilina, había muerto algunos años antes,[11] al igual que el tío Lázaro, y donde ahora dormían una u otra tía; luego había una despensa donde, de ser necesario, podían instalarse los huéspedes menos distinguidos, y por último, la gran cocina de Tranquilina, con su enorme horno panadero, abierta, al igual que el comedor, a todos los elementos. Allí la abuela y las tías hacían pan, pasteles y toda clase de dulces con los que agasajar a los huéspedes, y que además los indios de la casa vendían en la calle para complementar con ello los ingresos de la familia.[12]

Más allá de las habitaciones ocupadas por santos y baúles había otro patio con un cuarto de baño y un gran aljibe, donde Tranquilina bañaba a Gabito con parte de los cinco barriles de agua que José Contreras, el transportista, les entregaba a diario. En una ocasión inolvidable, el pequeño Gabito estaba trepándose al techo cuando abajo vio a una de sus tías, desnuda, dándose una ducha. En lugar de chillar y cubrirse, como esperaba, se limitó a saludarlo. O así lo recordaba el autor de *Cien años de soledad*. El patio junto al cuarto de baño daba, a la derecha, al jardín en el que se alzaba el mango; en un rincón, un gran cobertizo servía de taller de carpintería, la base desde donde el coronel llevaba a cabo sus renovaciones estratégicas en la casa.

Y a continuación, al fondo del predio, más allá del cuarto de baño y del mango, el nuevo y pujante pueblo de Aracataca, representado ostentosamente por la riqueza y la ambición de este caserón, parecía fusionarse con el campo en una extensión asilvestrada llamada La Roza.[13] Aquí estaban los guayabos, con cuya fruta Tranquilina hacía dulces en una gran cubeta de acero y cuyo aroma Gabito asociaría ya siempre al Caribe de su niñez. Allí se alzaba también el castaño inmenso, y ahora legendario, al que José Arcadio Buendía sería atado en *Cien años de soledad*. Bajo este árbol de ancha copa Gabriel Eligio García le había pedido a Luisa la mano mientras la «cancerbera», la tía Francisca, le gruñía desde las sombras. Entre el follaje había loros, guacamayos y trupiales, e incluso un perezoso habitaba en las ramas del árbol del pan. Y junto a la puerta trasera estaban los establos donde el coronel guardaba el caballo y las mulas, y donde las visitas amarraban las monturas cuando llegaban no sólo a almorzar, en cuyo caso las dejaban en la calle, sino para una estadía más larga.

Contigua a la casona había una construcción que para los niños sería siempre una casa de los horrores. La llamaban «la casa del muerto» y todo el pueblo contaba historias espeluznantes sobre ella, porque un venezolano llamado Antonio Mora siguió habitándola después de ahorcarse, y sus carraspeos y silbidos podían oírse claramente en el interior.[14]

En la época en que los primeros recuerdos de García Márquez quedaron grabados en su memoria, Aracataca era todavía una ciudad fronteriza violenta y dramática. Prácticamente todos los hombres llevaban machete, y los revólveres eran moneda corriente. Una de las primeras cosas que recuerda de la niñez es estar jugando en el patio exterior y ver pasar por delante de la casa a una mujer con la cabeza de su esposo envuelta en un trapo y el cuerpo decapitado detrás. Se acuerda de la decepción que le produjo que el cuerpo estuviera cubierto de harapos.[15]

El día, por tanto, traía consigo un mundo lleno de vida, diverso, en constante cambio, unas veces violento y otras veces mágico. La noche, por el contrario, era siempre igual, y lo aterraba. Recordaba que «era una casa enorme, donde se vivía verdaderamente en el misterio. En esa casa había un cuarto desocupado en donde había muerto la tía Petra. Había un cuarto desocupado donde había muerto el tío Lázaro. Entonces, de noche, no se podía caminar por esa casa porque había más muertos que vivos. A mí me sentaban, a las seis de la tarde, en un rincón y me decían: "No te muevas de aquí porque si te mueves va a venir la tía Petra que está en su cuarto, o el tío Lázaro, que está en otro". Yo me quedaba siempre sentado...».[16] No es de extrañar que el niño viera difuntos en el baño y en la cocina, junto a los fogones; incluso hubo una vez en que vio al demonio en su ventana.[17]

La vida cotidiana estaba controlada inevitablemente por Tranquilina, o Mina, como su esposo y otras mujeres la llamaban: una mujer menuda, inquieta, de ojos grises y mirada preocupada, cuyo cabello canoso, partido por una raya al medio y rematado en un moño recogido en el pálido cuello, enmarcaba un rostro a todas luces hispano.[18] García Márquez recordaba: «Haciendo un análisis de cómo era la vida de la casa, ahí en realidad el jefe de la casa era la abuela, y no sólo la abuela sino unas entidades fantásticas con las cuales ella tenía comunicación permanente y que eran las que indicaban qué se podía hacer ese día, qué no se podía hacer ese día; interpretaba los sueños, de acuerdo con los sueños se organizaba la casa ... estábamos como en el Imperio romano, gobernados por pájaros y truenos, por cualquier señal atmosférica, por cualquier cambio del tiempo, cambio de humor, de los sueños; realmente éramos manejados por dioses invisibles, aunque era gente muy católica».[19] Vestida de sempiterno luto o semiluto, y siempre al borde de la histeria, Tranquilina flotaba por la casa del alba al anochecer, cantando, tratando siempre de irradiar calma y confianza, pero consciente en todo momento de la necesidad de proteger a los niños a su cargo de los peligros, que acechaban en todo momento: almas en pena («¡Rápido, acuesta a los niños!»), mariposas negras («Esconde a los niños, alguien va a morir»), funerales («Levanta a los niños, o morirán también»)... Lo último que hacía por la noche era recordarles a los niños esos peligros.

Rosa Fergusson, la primera maestra de García Márquez, recordaba que Tranquilina era sumamente supersticiosa. Rosa y sus hermanas llegaban a primera hora de la tarde y la anciana les decía tal vez: «¿Saben que anoche sentí a una bruja...? Sí, cayó aquí, sobre el techo de la casa».[20] Cultivaba también el hábito de explicar sus sueños, al igual que muchos de los personajes femeninos de las novelas de García Márquez. En una ocasión contó a los invitados allí reunidos que había soñado que sentía un montón de pulgas en la cabeza; así que en su sueño se quitaba la cabeza, se la colocaba entre las piernas y empezaba a matar las pulgas una por una.[21]

Francisca Cimodosea Mejía, a la que todos llamaban tía Mama, era la más imponente de las tres tías que vivían en la casa durante la infancia de Gabito y, a diferencia de Tranquilina, tenía fama de no temerle a nada, fuera natural o sobrenatural. Hermanastra de Eugenio Ríos, el socio de Nicolás Márquez en Barrancas, se crió con su primo, el coronel, en El Carmen de Bolívar, y luego se trasladó con él de Barrancas a Aracataca tras el asesinato de Medardo. Era de tez oscura, robusta, con cabello negro semejante al de los indios guajiros, peinado en dos trenzas que unía en un moño cuando salía a la calle. Vestía de negro y llevaba botas de cordones que anudaba muy apretados; fumaba cigarros fuertes, mantenía una actividad permanente, mientras gritaba preguntas y daba órdenes con su vozarrón grave para disponer y organizar el día a los niños. Cuidaba de todo el mundo: de los miembros de la familia, de los niños abandonados de la calle y de los descarriados; elaboraba dulces especiales y caprichos para los invitados; bañaba a los niños en el río (con jabón carbólico si tenían piojos), los llevaba a la escuela y a la iglesia, los acostaba y les hacía decir sus oraciones, antes de abandonarlos a los colofones nocturnos de Tranquilina. Le habían confiado las llaves de la iglesia y el cementerio, y vestía los altares en las fiestas de guardar. También hacía las hostias para la iglesia —el párroco visitaba la casa con asiduidad— y los niños siempre ansiaban el momento de comerse los benditos restos. La tía Mama vivió y murió soltera. Y cuando pensó que llegaba su hora, empezó a coser su propia mortaja, igual que la Amaranta de *Cien años de soledad*.

Para los niños, la seguía en importancia la tía Pa, Elvira Carrillo, que había nacido en Barrancas a finales del siglo XIX. Era una de las hijas naturales del coronel, hermana gemela de Esteban Carrillo. Se mudó a Aracataca con veinte años y, a pesar de las tensiones del principio, Tranquilina la trató como si fuera su propia hija, y ella a su vez cuidó de Tranquilina hasta su muerte, en Sucre, muchos años después. Era de temperamento dulce, modesta y trabajadora, siempre entregada a la limpieza, la costura y la elaboración de los dulces que vendían, aunque ella misma prefería no aventurarse por las calles.

Otra tía, Wenefrida (tía Nana, la única hermana legítima de Nicolás), era también una presencia constante, aunque vivía en una casa de su propiedad. Había llegado a Aracataca con su esposo, Jesús Quintero, y allí moriría, en casa de Nicolás —pasó sus últimos días en el despacho de su hermano—, poco antes de que falleciera el propio coronel.

Había además numerosas sirvientas, que en su mayoría trabajaban a tiempo parcial, las cuales se encargaban de limpiar la casa y lavar la ropa y la vajilla. Era, ciertamente, una casa llena de mujeres, un hecho que destinó a Gabito, por una parte, a una relación especialmente estrecha, y desde luego decisiva, con el único hombre aparte de él —su abuelo— y, por la otra, a una desenvoltura con las mujeres y una dependencia de ellas que se prolongaría el resto de su vida. A los hombres, para Gabito, había que emularlos, como a su abuelo, o temerlos, como a su padre. Sus primeras relaciones con las mujeres fueron mucho más variadas y complejas. (Había varios sirvientes indios en la casa, que de hecho eran esclavos; el muchacho, Apolinar, apenas contaba como figura masculina, pues ni siquiera se lo consideraba un ser humano de pleno derecho.)

Cuando García Márquez leía cuentos de hadas, debió de sorprenderle que muchos de ellos los protagonizara un niño o una niña, e, invariablemente, participaran también los abuelos. Igual que él, Margot, Nicolás y Tranquilina. Era un mundo complejo desde un punto de vista psicológico, que él mismo le explicó a su amigo Plinio Mendoza: «Lo raro, pensándolo ahora, es que yo quería ser como el abuelo—realista, valiente, seguro—, pero no me podía resistir a la tentación constante de asomarme al mundo de la abuela».[22] Leonino y magnífico en la memoria de su nieto, «papá Lelo» imponía orden y disciplina en aquella manada de hembras, una casa llena de mujeres a las que había traído a Aracataca en busca de seguridad y de una respetabilidad renovada. Era campechano y franco, de opiniones directas y decididas. Es evidente que Gabito se sentía su descendiente inmediato y su heredero.

El coronel se llevaba consigo a su nieto a todas partes, todo se lo explicaba, y cuando se le presentaba una duda, lo llevaba a casa, sacaba el diccionario de la familia y subrayaba su propia autoridad con la definición que hallara allí.[23] Al nacer Gabito tenía sesenta y tres años, rasgos más bien españoles, como su mujer, y era fornido, de mediana estatura, con una frente despejada, profundas entradas y un poblado bigote. Llevaba gafas con montura dorada y, para entonces, ya era ciego del ojo derecho a causa del glaucoma.[24] La mayoría de los días llevaba un traje blanco inmaculado de los que suelen usarse en el trópico, sombrero de jipijapa y tirantes de colores vivos. Era un hombre franco y de buen corazón, cuya autoridad poco severa y confiada quedaba aligerada por el brillo de su mirada, que evidenciaba que comprendía la sociedad en la que vivía y que, aunque en toda circunstancia lo hacía lo mejor que podía, no era ningún mojigato.

Muchos años después, cuando García Márquez logró reconstruir estos dos modos de interpretar y contar la realidad, ambos imbuidos de un aire de certeza absoluta —el tono sentencioso, mundano y racionalizado de su abuelo, junto a las declaraciones premonitorias y sobrenaturales de su abuela— y aderezados por su propio e inimitable sentido del humor, sería capaz de desarrollar una visión del mundo, y una técnica narrativa correspondiente, que los lectores de cada nuevo libro reconocerían al instante.

Aunque derrotado en la guerra de los Mil Días, el coronel Márquez había logrado prosperar en la paz. Tras el fin de las hostilidades, el gobierno conservador había abierto la república a las inversiones extranjeras, y durante la Primera Guerra Mundial, y en los años que siguieron, la economía nacional creció a un ritmo sin precedentes. Las financieras estadounidenses habían invertido intensivamente en los sondeos petrolíferos, la minería y las plantaciones de banano, y el gobierno estadounidense pagó en cierto momento veinticinco millones de dólares al gobierno colombiano a modo de compensación por la pérdida de Panamá. Este capital se destinó a llevar a cabo diversas obras públicas con el objetivo de modernizar el país. Siguieron más préstamos, y todos aquellos dólares y pesos en circulación crearon una especie de histeria financiera que los historiadores colombianos denominan la «danza de los millones». Esos fugaces años de dinero fácil serían recordados por muchos como una época de prosperidad y oportunidades sin parangón en la costa del Caribe.

El banano es un árbol tropical que tarda entre siete y ocho años en crecer, y su fruto puede cosecharse y despacharse prácticamente en cualquier época del año. Trae consigo su propio envoltorio y, con los métodos de cultivo y transporte modernos, contribuiría a transformar los hábitos alimenticios y económicos de las grandes capitales del mundo. Los terratenientes locales, que iniciaban con retraso una apertura de la región costera del norte de Colombia, se vieron superados por los propios acontecimientos. A mediados de la década de 1890, el empresario norteamericano Minor C. Keith, que ya era propietario de vastísimas extensiones de tierra en Centroamérica y Jamaica, había empezado a comprar terrenos en los alrededores de Santa Marta. En 1899 fundó la United Fruit Company, cuyas oficinas estaban en Boston y su principal puerto de expedición, en Nueva Orleans. A la par que compraba la tierra, Keith adquiría acciones de la red ferroviaria de Santa Marta, hasta que al fin la compañía no sólo gestionaba el ferrocarril, sino que además era dueña de 25.500 de sus 60.000 acciones.[25]

Un crítico ha dicho que las propiedades que Minor C. Keith amasó en Colombia ascendían a una «patente de corso».[26] A mediados de la década de 1920, la zona era la tercera exportadora de bananas del mundo. Más de diez millones de racimos se despachaban cada año de los muelles de la United Fruit Company en Santa Marta. Sus ferrocarriles recorrían los casi cien kilómetros que separan Santa Marta de Fundación, con las treinta y dos estaciones que hay entre ellas. Había creado prácticamente un monopolio de la tierra, los sistemas de riego, las exportaciones por mar, el transporte desde Santa Marta por toda la Ciénaga Grande, el sistema de telégrafos, la producción de cemento, la red telefónica, la elaboración de carne y otros alimentos, y el hielo.[27] Al ser propietaria de las plantaciones y el ferrocarril, la United Fruit Company controlaba a efectos prácticos las nueve ciudades de la región. Indirectamente, también controlaba a la policía, los políticos y la prensa locales.[28] Una de las haciendas de mayor extensión de la United Fruit Company se llamaba Macondo: cincuenta y cinco hectáreas a orillas del río Sevilla, en el corregimiento de Guacamayal.

Las altas esferas de la clase dirigente de Santa Marta habían establecido ya vínculos con Nueva York, Londres y París, y aunque conservadores desde un punto de vista político, eran culturalmente sofisticados. Pero ahora la Gran Flota Blanca de la United Fruit Company puso al alcance de todos el contacto diario con Estados Unidos, Europa y el resto del Caribe. Al mismo tiempo, inmigrantes de distintas partes de Colombia —incluidas la península de La Guajira y las regiones de Bolívar a las que antiguamente huyeron muchos esclavos fugitivos— como de otras partes del mundo acudieron a trabajar en las plantaciones de banano, o establecieron pequeños negocios para abastecer las haciendas y a quienes trabajaban en ellas. Llegaron artesanos, comerciantes, barqueros, prostitutas, lavanderas, músicos y taberneros. Los gitanos iban y venían, pero de hecho casi todos los habitantes de la Zona Bananera eran nómadas por aquel entonces. Estas comunidades, cada vez mayores, quedaron conectadas al mercado internacional por los bienes de consumo: cines que cambiaban la cartelera dos o tres veces por semana, catálogos de los grandes almacenes Montgomery Ward, Quaker Oats, Vicks Vaporub, sal de fruta Eno, dentífrico Colgate y, en realidad, muchos de los artículos que se consumían en Nueva York o Londres.

La población de Aracataca en 1900 no pasaba de unos pocos cientos de habitantes, diseminados por el campo y concentrados en las riberas; en 1913 ascendía ya a tres mil, mientras que a finales de los años veinte se elevaba a cerca de veinte mil personas. Puesto que era el lugar más cálido y húmedo de toda la región, era también allí donde se producían los bananos más grandes; su cultivo requería un esfuerzo épico cotidiano por parte de los trabajadores, puesto que para la mayoría de los mortales el calor de Aracataca es difícil de soportar, incluso si uno permanece sentado o tumbado. Cuando en 1910 el coronel empezó a trasladar allí a su familia, la vía férrea unía ya Santa Marta y Fundación —el último pueblo de la región—, pasando por Ciénaga y Aracataca. Las plantaciones de banano crecían a ambos lados de la vía, a lo largo de poco menos de cien kilómetros.

Aracataca era una población en auge con los entretenimientos propios de este tipo de lugares. Los domingos se jugaba una lotería mientras una banda de música tocaba en la plaza principal. El carnaval de Aracataca, que se celebró por vez primera en 1915, era una atracción peculiar y, año tras año, un aluvión de cantinas improvisadas, tenderetes, pistas de baile, mercachifles, curanderos, herboristas y mujeres con trajes y máscaras exóticos invadía la plaza, y por allí se paseaban los lugareños con aire arrogante, vestidos con pantalones de soldado y camisas azules, todos envueltos en una nube de humo de habano, ron y sudor que la brisa salobre de la Ciénaga Grande esparcía por doquier. Se decía que en aquellos años dorados podía comprarse prácticamente todo: no sólo los bienes de consumo de cualquier lugar del mundo, sino las parejas de baile, los votos políticos o los pactos con el diablo.[29]

Incluso en su momento álgido, el pueblo nunca tuvo más de diez calles en cualquier dirección que se tomara. A pesar del calor abrasador, cualquiera que estuviera medianamente en forma podía recorrerlo de punta a punta en menos de veinte minutos. Había algunos coches. Las oficinas de la United Fruit Company estaban justo enfrente de la casa del coronel Nicolás Márquez, pegadas a la farmacia de su amigo venezolano, el doctor Alfredo Barbosa. Al otro lado de la vía del tren había otra comunidad, el campamento de los administradores de la compañía norteamericana, junto a un club de campo con extensiones de césped recreativas, pistas de tenis y una piscina, donde podía verse a «mujeres bellas y lánguidas, con trajes de muselina y grandes sombreros de gasa, que cortaban las flores de sus jardines con tijeras de oro».[30]

Durante la época bananera, Aracataca era un territorio donde ni siquiera Dios o la ley merecían más que un respeto limitado. En respuesta a una petición de los habitantes de la localidad, la diócesis de Santa Marta había enviado al primer párroco de Aracataca, Pedro Espejo, desde Riohacha, a tiempo parcial. Él fue quien inició la construcción de la parroquia, que llevó más de veinte años.[31] Fue él también el célebre cura que un día levitó durante una misa. Trabó una estrecha amistad con la familia Márquez Iguarán y se hospedaba en su casa siempre que estaba en Aracataca. Ahora, transcurridos muchos años, la calle en la que estaba aquel viejo caserón es la calle de Monseñor Espejo.

A finales de 1928 la edad dorada de Aracataca tocó a su fin violentamente. La United Fruit Company necesitaba mano de obra para construir la vía del ferrocarril y canales de riego, para desbrozar el terreno, plantar árboles y cosechar la fruta, y para cargar los trenes y los barcos en que se despachaban los bananos. Al principio se las había arreglado para dividir y administrar a los obreros sin problemas, pero poco a poco, en el transcurso de los años veinte, se organizaron en sindicatos, y en noviembre de 1928 elaboraron una petición, respaldada por una amplia mayoría, por la que reclamaban un aumento de salario, una jornada laboral más reducida y una mejora de sus condiciones laborales. La directiva rechazó estas exigencias, y el 12 de noviembre de 1928, treinta mil trabajadores de la Zona Bananera se declararon en huelga. García Márquez era un chiquillo de veinte meses.

Los huelguistas se movilizaron y aquel mismo día ocuparon las plantaciones. El dirigente del Partido Conservador, el presidente Miguel Abadía Méndez, respondió al día siguiente con el envío del general Carlos Cortés Vargas en calidad de jefe civil y militar, acompañado de una tropa de mil ochocientos soldados de las tierras altas. Cuando Cortés Vargas llegó a Santa Marta, él y sus oficiales fueron agasajados por la directiva de la United Fruit Company y los soldados se alojaron en barracones y almacenes de la compañía por toda la zona. Se decía que los dirigentes de la United Fruit Company organizaron fiestas desenfrenadas para los oficiales, en las que hubo damas de la localidad que fueron víctimas de abusos y ofensas, y prostitutas que montaron desnudas los caballos de los militares y desnudas se bañaron en las acequias de la compañía.[32]

El 5 de diciembre de 1928, al rayar el alba, tres mil trabajadores llegaron a Ciénaga con el propósito de ocupar la plaza y, tras hacerse con el control de la ciudad, controlar también las comunicaciones ferroviarias de toda la región. Junto con Ciénaga, Aracataca fue una de las zonas que más apoyó la huelga; al igual que hicieran los tenderos en Ciénaga, los comerciantes y terratenientes locales brindaron considerable material de ayuda a los huelguistas hasta el día de la matanza.[33] Al general José Rosario Durán lo respaldaba su reputación de empleador decente que procuraba mantenerse en buenas relaciones con el sindicato; de hecho, muchos conservadores lo consideraban abiertamente simpatizante de los «socialistas».[34] El 5 de diciembre a mediodía, el general Durán, que en los comunicados militares de la época se describía como «el líder liberal de toda la región»,[35] envió un telegrama a Santa Marta solicitando un tren que lo llevara a él y a sus adjuntos a esa ciudad, donde esperaba mediar entre los trabajadores y la compañía con la ayuda del gobernador Núñez Roca. Cortés Vargas accedió, sin duda a regañadientes, y el tren fue puntualmente enviado.[36] Durán y su delegación, entre los que estaba el coronel Nicolás Márquez, llegaron al fin a Ciénaga a las nueve de la noche. Los trabajadores los recibieron con entusiasmo y prosiguieron hasta Santa Marta con el propósito de negociar un acuerdo, pero cuál sería su sorpresa cuando al llegar fueron detenidos. La administración conservadora, la United Fruit Company y el ejército colombiano parecían resueltos a practicar una sangría saludable que diera a los obreros una lección.

En Ciénaga, una multitud de más de tres mil personas hacía frente al ejército.[37] Cada soldado iba armado con un rifle y una bayoneta, y frente a la estación se montaron tres ametralladoras. Se oyó una corneta y un oficial, el capitán Garavito, se adelantó y leyó el «Decreto número 1»: se había decretado el estado de sitio, se declaraba un toque de queda con efecto inmediato, no se permitiría la presencia de grupos de cuatro o más individuos, y si la muchedumbre no se dispersaba en cinco minutos, se abriría fuego. La multitud, que al principio había aclamado al ejército y coreado consignas patrióticas, estalló ahora en abucheos e insultos. Transcurridos unos minutos, el propio Cortés Vargas se adelantó e instó a la multitud a que se moviera, pues de lo contrario se dispararía contra ellos. Les dio un minuto más. En ese momento, una voz se alzó entre aquel mar de gente y gritó la inmortal réplica, que quedó registrada para siempre en *Cien años de soledad*: «¡Les regalamos el minuto que falta!». «¡Fuego!», gritó Cortés Vargas, y dos de las metralletas (la tercera se encasquilló) y doscientos o trescientos rifles que rodeaban la plaza abrieron fuego. Mucha gente cayó al suelo, y los que pudieron correr, corrieron.[38] Cortés Vargas aseguró luego que la descarga cerrada duró apenas unos segundos. Salvador Durán, el hijo del general, que estaba en su casa, al lado de la plaza, dijo que había durado cinco largos minutos; después, el silencio fue tal que oía el zumbido de los mosquitos en su habitación.[39] Se dijo que el ejército remató a los heridos con las bayonetas.[40] Se dijo también que Cortés Vargas había amenazado a todos los soldados con ejecuciones sumarias si aquella noche no obedecían sus órdenes.[41] Hasta las seis de la mañana los cadáveres no pasaron a disposición de las autoridades, y el balance oficial fue de nueve muertos y tres heridos.

¿Cuántos murieron? Cuarenta años después, en *Cien años de soledad*, García Márquez inventaría una cifra de tres mil, un total que muchos de sus lectores se tomarían al pie de la letra. El 19 de mayo de 1929, *El Espectador* de Bogotá publicó que hubo «más de mil» muertos. Asimismo, el cónsul estadounidense en Bogotá, Jefferson Caffery, en una carta fechada el 15 de enero de 1929 que no se dio a conocer hasta muchos años después, dijo que, según Thomas Bradshaw, director ejecutivo de la United Fruit Company, hubo «más de mil muertos». (En 1955, el por entonces vicepresidente de la United Fruit Company le diría a un investigador que se asesinó a 410 personas en la masacre y a más de mil en las semanas siguientes).[42] Las estadísticas aún hoy son motivo de discusión y amarga disputa.

Gabriel Eligio García estaba fuera, trabajando en Barranquilla, sin medios de ponerse en contacto con su familia, aunque el telegrafista de Aracataca le comunicó que todos estaban sanos y salvos. Luisa había dado a luz poco antes a Luis Enrique, y Gabriel Eligio estaba haciendo planes para llevarlos con él a Barranquilla. Siempre respaldó los cálculos aproximados del gobierno, e incluso disculpaba a Cortés Vargas, arguyendo que el esposo de una tía abuela de Gabito vecino de Ciénaga le dijo que no podían haber sido más que unas pocas víctimas, puesto que «no se echaba a nadie de menos».

Los prisioneros fueron ejecutados sumariamente los días que siguieron al baño de sangre. Un destacamento militar conducido por dirigentes de la United Fruit Company que pasó por Aracataca «hacía fuego por todas partes y contra todo el mundo».[43] En una noche desaparecieron ciento veinte trabajadores de Aracataca y al párroco, el padre Angarita, lo despertaron soldados en pleno sueño y se llevaron sus llaves del cementerio.[44] El padre Angarita permaneció despierto toda la noche siguiente, a fin de asegurarse de que otros 69 prisioneros no fueran ejecutados.[45] A lo largo de los tres meses siguientes a la masacre, autoridades y residentes destacados de Aracataca, entre los que se contaban el tesorero Nicolás R. Márquez y sus amigos Alfredo Barbosa —el boticario—

y el general venezolano exiliado Marco Freites, así como todo el consejo municipal, fueron convencidos para enviar cartas donde declararon
que el comportamiento de los militares durante el estado de sitio había
sido intachable y que habían obrado en beneficio de la comunidad.[46]
Esto debió de provocar reveses morales dolorosos y una sensación de
humillación poco menos que insufrible. El estado de sitio se prolongó
aún tres meses más.

La huelga y su estela amarga hicieron mella en la región, y aún hoy
es uno de los acontecimientos más controvertidos de la historia de Colombia. En 1929, Jorge Eliécer Gaitán, el político cuyo asesinato desen-
cadenaría la breve pero devastadora insurrección conocida como «el
Bogotazo», se convirtió, a la edad de veintiséis años, en un líder nacional, tras la vehemente campaña parlamentaria que inició en contra del
gobierno, el ejército y la United Fruit Company. Después de visitar el
escenario de la matanza y hablar con decenas de personas, a su regreso a
Bogotá elaboró un informe y habló ante la Cámara de los Representantes durante cuatro días en septiembre de 1929. Las pruebas más dramáticas que llevaba consigo eran el fragmento del cráneo de un niño y una
carta acusatoria del padre Angarita, el hombre que bautizaría a Gabriel
García Márquez sólo unos meses más tarde.[47] A resultas de la gran sensación que causó el testimonio de Gaitán, se revocaron las sentencias de
prisión de los trabajadores de Ciénaga. Los liberales, aunque todavía con
escasa fuerza y desorganizados a escala nacional, fueron impulsados a la
acción y empezaron a imponerse políticamente sobre su rival, iniciando
así su ascensión al poder, que culminó con su llegada al gobierno en
1930. El final de aquel período quedaría marcado por el asesinato de
Gaitán en abril de 1948, el suceso más importante y de mayor trascendencia de la historia del siglo xx en Colombia.

El deterioro de las relaciones entre la United Fruit Company y sus
trabajadores, así como el impacto que la masacre tuvo en la Zona Bananera, serían superados por la Gran Depresión en la que la región, y de
hecho todo el sistema de comercio global, quedaría sumida poco después. La caída repentina y devastadora hizo que la compañía se viera
obligada a recortar drásticamente sus operaciones. Ejecutivos y administradores se marcharon, y Aracataca inició un prolongado e imparable
declive, un período que coincidiría con la infancia de García Márquez y
los últimos años de la vida de su abuelo.

3
De la mano de su abuelo
1929-1937

Aunque las semillas de la decadencia de Aracataca estaban ya sembradas, transcurrieron años antes de que se dilucidaran plenamente todas las consecuencias, y la vida en casa del coronel siguió adelante más o menos como de costumbre. Al otro lado de la gran ciénaga, en Barranquilla, durante el día Gabriel Eligio trabajaba en una ferretería de la empresa Singer, pero hacía poco que había abierto su primera farmacia, un establecimiento modesto que atendía por las noches y los fines de semana, con la ayuda de Luisa. La joven pareja vivía en una miseria absoluta y a Luisa, consentida y acostumbrada a las atenciones de su madre y de sus tías, así como habituada a tener sirvientas, la vida debía de parecerle extremadamente dura.

El coronel y Tranquilina llevaron a Gabito a Barranquilla en noviembre de 1929, tras el nacimiento, el día 9 de ese mismo mes, del tercer hijo de Luisa: esta vez una niña, a la que llamaron Margarita. Con apenas dos años y medio, el recuerdo más vívido del chiquillo fue ver semáforos por primera vez. Sus abuelos lo llevaron de nuevo a Barranquilla en diciembre de 1930, con motivo del nacimiento de Aida Rosa, y vio entonces su primer avión, en una ciudad que en Colombia era pionera de los viajes aéreos.[1] También oyó la palabra «Bolívar» por vez primera, porque Aida Rosa nació el 17 de diciembre, exactamente cien años después de la muerte del gran libertador, y Barranquilla, al igual que toda América Latina, conmemoraba la fecha. Aunque Gabito no conservaría recuerdos nítidos de su madre ni de su padre, estas visitas debían de afectar intensamente a un chiquillo que trataba de comprender el mundo y el papel que desempeñaba en él.[2] Fue en esta última ocasión cuando Tranquilina, al ver que la pequeña Margarita era una criatura enfermiza y retraída que precisaba atención con urgencia, más allá de los medios de su acuciada joven madre, insistió en llevársela a Aracataca para criarla con Gabito.[3]

El período de formación en el desarrollo de Gabito se prolongó, por tanto, desde los dos años, cuando su madre se marchó por segunda vez, hasta poco antes de que cumpliera siete, cuando sus padres y hermanos regresaron a Aracataca. Los recuerdos de esos cinco años son los que realmente conforman los fundamentos del Macondo mítico, el mundo que han acabado por conocer los lectores de todo el mundo. Y aunque no es cierto que no mantuviera contacto con sus padres biológicos, desde luego no hubo una relación sostenida con ellos ni con ninguno de sus hermanos después de 1928, y no habría, por consiguiente, ninguna razón para que conservara recuerdos perdurables de ellos. Sus únicos padres fueron sus abuelos, y su única hermana, Margarita, conocida como Margot, cuya compañía no llegaría a colmarlo hasta que tuvo tres o cuatro años; pero entonces, hacia finales de 1933, el resto de la familia emprendió el regreso a Aracataca. Como es evidente, entre tener que explicarle continuamente que sus padres se habían ido (y por qué, y si algún día volverían, y cuándo) o correr un velo de silencio sobre sus orígenes, Nicolás y Tranquilina decidieron que, a la larga, esto último resultaría menos doloroso. Otros niños debieron de hacer preguntas, por supuesto, y García Márquez no pudo permanecer tan en la inopia como siempre ha mantenido. Cuesta imaginar que nunca se mencionara a Luisa en las oraciones antes de ir a la cama, por ejemplo. Sin embargo, parece claro que hablar de su madre y su padre era un tabú del que aprendió a alejarse todo lo posible.

Tanto en España como en América Latina, tradicionalmente el ámbito de las mujeres era la casa, mientras que la calle era el de los hombres. Fue su abuelo, el coronel, quien poco a poco lo rescató de aquel mundo femenino de superstición y premoniciones, de aquellas historias que parecían surgir del lado oscuro de la naturaleza misma, y quien lo instaló en el mundo de la política y la historia que era propio de los hombres; lo sacó, por así decirlo, a la luz del día. («Yo diría que la relación con mi abuelo fue el cordón umbilical que me mantuvo unido con la realidad hasta los ocho años.»)[4] Más adelante, con enternecedora ingenuidad, recordaría a su abuelo como «el patriarca natural del pueblo».[5]

La verdad es que los hombres realmente poderosos, los grandes terratenientes, rara vez ocupaban puestos políticos como el de tesorero o el de recolector de impuestos, que preferían dejar a cargo de parientes menos ilustres o de representantes políticos de clase media, que de ordina-

rio desconocían la ley.[6] Los alcaldes eran nombrados por los gobernadores, que a su vez eran designados por políticos de Bogotá en relación
con intereses locales, y los liberales como Nicolás Márquez debían negociar, normalmente por cauces harto humillantes, con el Partido Conservador y otras fuerzas locales, como la United Fruit Company. La
corrupción dominaba todo el sistema político, el cual se apoyaba en las
relaciones personales y en múltiples formas de influencia. Las personalidades locales de cierta importancia, como Márquez, obtenían extras
(carne fresca y otros lujos apetecibles, por ejemplo) del almacén de la
United Fruit Company, y a cambio se confiaba en ellos para salvaguar-
dar el orden establecido. Muchos de los recuerdos más vívidos de Gabito y Margot pertenecían a las expediciones de su abuelo al almacén de
la compañía bananera, en las que sólo había que cruzar la carretera. Era
como una cueva de Aladino de la que Gabito y el abuelo regresaban
triunfales, sorprendiendo y hechizando a Margot con mercaderías ma-
nufacturadas en el país o importadas de Estados Unidos.[7]

El tesorero municipal y recolector de impuestos se ocupaba básicamente de extraer ingresos para el municipio —y, en algunos casos, personales— de la única vía impositiva relevante que existía entonces, el
consumo de alcohol, lo que significaba que el propio salario del coronel
dependía en buena medida del bienestar económico, la embriaguez física y la promiscuidad sexual resultante de la «hojarasca» por la que tanto
desprecio sentía. No podemos saber si el propio Nicolás cumplía con sus
obligaciones concienzudamente, pero el orden establecido era de los
que no dejaban mucha libertad para la probidad personal.[8] Después de
1930, con el advenimiento al poder del Partido Liberal por primera vez
en cincuenta años, las cosas hubieran debido de ir a mejor para Nicolás,
que estuvo activamente implicado en la campaña de Enrique Olaya
Herrera, el candidato liberal, pero todos los datos que poseemos sugieren que gradualmente fueron a peor.

García Márquez ha recordado: «Era el único al que no le tenía miedo en la casa, nos entendíamos muy bien y él tenía la tendencia a seguir
el hilo de mi vocación».[9] El coronel adoraba a su pequeño nieto. Celebraba el día del cumpleaños de su Napoleoncito cada mes, y se plegaba
a todos sus caprichos. Sin embargo, Gabito no deseaba ser un guerrero,
ni siquiera un deportista, y los terrores lo dominarían de por vida: el
miedo a los fantasmas, a las supersticiones, a la oscuridad, a la violencia,
al rechazo.[10] Todos ellos tuvieron su origen en Aracataca durante su ni-

ñez angustiada, turbulenta. Aun así, su inteligencia y sensibilidad, incluso sus berrinches frecuentes, confirmaron a su indulgente abuelo en la creencia de que este niño era digno de él y estaba quizá destinado a la grandeza.[11]

No cabe duda de que mereció la pena educar al muchacho: él devendría el heredero de los recuerdos del anciano, de su filosofía de vida y su moralidad política; en definitiva, de su visión del mundo. El coronel seguiría viviendo a través de él. Fue él quien le habló de la guerra de los Mil Días, de sus hazañas y las de sus amigos, todos liberales heroicos. Y fue el coronel quien le explicó la presencia de las plantaciones de banano, de la United Fruit Company y de las residencias, los almacenes, las pistas de tenis y las piscinas de la compañía, así como de los horrores de la huelga de 1928. Batallas, cicatrices, tiroteos. Violencia y muerte. Incluso en la relativa tranquilidad de Aracataca, el anciano dormía siempre con un revólver bajo la almohada, si bien tras el asesinato de Medardo había dejado de llevarlo por la calle.[12]

Así pues, cuando Gabito tenía seis o siete años, era ya un colombiano hecho y derecho. Pensaba que su abuelo era un héroe, pero ni él se libraba de los caprichos de los directivos norteamericanos y los políticos conservadores. Había perdido la guerra, no la había ganado, e incluso aquel chiquillo debió de adivinar, vagamente, que tal vez su duelo no había sido el acto de heroísmo sin tacha que le habían llevado a creer. Años después, una de las anécdotas favoritas de la familia era la de Gabito sentado escuchando a su abuelo, parpadeando sin cesar y olvidándose incluso de dónde estaba.[13] Margot recuerda: «Gabito vivía pegadito al abuelo, oyendo todas las historias. Una vez vino un amigo de Ciénaga, de esos viejos que estuvieron en la guerra de los Mil Días con el abuelo. Gabito, siempre con sus orejas bien paradas, se hizo al lado del señor y resulta que la pata de la silla que le pusieron para que se sentara le cogió el zapato a Gabito. Calladito se aguantó, quietico se estuvo hasta que terminó la visita, porque pensaba él: "Si digo algo, seguro se dan cuenta de que estoy aquí y me echan para fuera"».[14]

En los últimos años de su vida, su madre me diría que «Gabito fue siempre viejo; de niño sabía tanto que parecía un viejito. Así era como lo llamábamos, "el viejito"». A lo largo de toda su vida, los amigos que tuvo solían ser considerablemente mayores y más experimentados que él, y a pesar de sus ideas políticas liberales, y con el tiempo socialistas, siempre se vería atraído, de manera consciente o inconsciente, por combina ciones de sabiduría, poder y autoridad en sus relaciones personales predilectas. No parece descabellado concluir que uno de los impulsos más fuertes que empujaron a García Márquez en su vida posterior sería el deseo de regresar al mundo de su abuelo.

La aportación más perdurable y decisiva de todas las del coronel Márquez consistió en ofrecerle un número de aventuras simbólicas, de incidentes memorables que se fijarían en la imaginación de su nieto hasta que, muchos años después, lograra fusionarlos en la imagen definitiva y definitoria de la primera línea de su novela más célebre. En una ocasión, cuando el niño era muy pequeño aún, el abuelo lo llevó al almacén de la compañía a ver los peces congelados en el hielo. Transcurridos muchos años, García Márquez recordaría:

> Lo toqué y sentí que me quemaba. Pero en esa primera frase de la novela [*Cien años de soledad*] yo necesitaba el hielo, porque en un pueblo que es el más caliente del mundo la maravilla es el hielo. Si no hace calor, no me sale el libro. Tanto calor hace que ya no hizo falta volver a mencionarlo, estaba en el ambiente.[15]

O, en consonancia con esto:

> La imagen inicial de *Cien años de soledad*, que es la del viejo que lleva al niño a ver el hielo, ya estaba en la primera tentativa que intitulé *La casa*, y después, al releer mi obra, la encontré también en *La hojarasca*, cuando el abuelo lleva al niño al entierro. Esta imagen del abuelo llevando al niño a conocer cosas la tengo perfectamente identificada porque mi abuelo me llevaba a mí a conocer todo lo que llegaba a Aracataca. En esa época estaba ahí la compañía bananera, la United Fruit Company, y todo lo que iba apareciendo en los Estados Unidos, todas las novedades técnicas, las traía esta compañía a Colombia, entre otras cosas el cine, la radio, así como cosas tan estupendas como el circo y los fuegos artificiales. Entonces a mí me parecía fascinante ir todos los días de la mano de mi abuelo a la llegada del tren a las once de la mañana ... Llegaban gitanos, llegaban enanos, toda clase de cosas; cuando llegó el circo, llegó un dromedario, un camello con cara de borrego; llegaron ferias enteras; los hombres armaban ruedas giratorias, ruedas de la fortuna, montañas rusas, caballitos. Mi abuelo me llevaba siempre de la mano a verlo todo; me llevó al cinematógrafo y, aunque no recuerdo películas, sí recuerdo imágenes. Mi abuelo no tenía noción de censura y ni a él ni a nadie le parecía malo que un niño de cinco, seis, siete años fuera a las películas cada vez que había estreno. Así es que se me

quedaron toda clase de imágenes, pero la más vívida y la que se repite siempre es la del viejo que lleva al niño de la mano.[16]

A su debido tiempo, pues, en la frase que abre su novela más famosa —«Muchos años después, frente al pelotón de fusilamiento, el coronel Aureliano Buendía había de recordar aquella tarde remota en que su padre lo llevó a conocer el hielo»— el autor transformaría las distintas imágenes de sus expediciones con el abuelo en una de las experiencias que marcan la personalidad de un hijo ficticio que acompaña a su padre, confirmando con ello de manera subliminal que, para él, Nicolás no fue solamente su abuelo, sino también el padre que sentía que nunca tuvo.

Así que durante casi una década el niño vivió con el anciano, y la mayoría de los días iba a caminar con él por el pueblo. Uno de sus paseos favoritos era el de los jueves en que se acercaban a la estafeta de correos para saber si había noticias de la pensión del coronel, por su participación en la guerra hacía veinticinco años. Nunca las hubo, un hecho que dejó en el niño una honda impresión.[17] Otro era ir a la estación a recoger la acostumbrada carta del hijo del coronel, Juan de Dios (el tío Juanito), pues ambos se escribían a diario; hablaban sobre todo de negocios y de los avatares de parientes y conocidos comunes.[18] De la estación volvían caminando por el breve bulevar que lleva el nombre de la fiesta patria de Colombia, Camellón 20 de julio, donde estaba la Escuela Montessori (el general Rosario Durán, buen amigo de Nicolás, había donado los terrenos);[19] luego seguían por la calle de los Turcos, pasaban por las Cuatro Esquinas y la farmacia de Alfredo Barbosa, y volvían a la casa de Carrera número 6, entre la calle Seis y la Siete; o quizá pasaran de largo la casa y la sede del Partido Liberal para llegar a la parroquia de San Jaime de la Sagrada Trinidad, que por entonces estaba en construcción y que contaba con tres pequeñas naves, treinta y ocho bancos de madera, muchos santos de yeso y una gran cruz con un cráneo y huesos atravesados en la base. (Gabito fue monaguillo allí, iba siempre a misa y estuvo muy vinculado a los asuntos de la iglesia a lo largo de su niñez.)[20] A continuación atravesaban la plaza Bolívar, donde los buitres se posaban en los edificios de alrededor, y seguían hasta la oficina de telégrafos donde Gabriel Eligio había trabajado (aunque si este hecho se mencionaba alguna vez no podemos saberlo). No muy lejos de allí estaba el cementerio, en una avenida de palmeras —allí están enterrados ahora el general Durán, el comerciante local José Vidal Daconte y la tía Wenefrida—, y luego se extendían unos terrenos que hasta hacía muy

poco habían sido campo abierto, que primero fueron bosques, luego pas-
tizales para el ganado, y ahora estaban cerrados por las interminables y perfectamente geométricas plantaciones de banana.

A Gabito en realidad lo había traído al mundo una mujer venezolana, Juana de Freites, la esposa del general exiliado Marco Freites, que había tenido problemas con el dictador Juan Vicente Gómez. Se convirtió
en el director del almacén de la United Fruit Company, y su casa formaba parte del complejo de oficinas de la compañía. La señora Freites no
fue sólo una presencia valiosísima en el nacimiento de Gabito, sino que
más tarde sería ella misma quien le contara a él y a sus amiguitos una serie de cuentos de hadas clásicos —¡todos situados en Caracas!— que con-
tribuirían al apego que siempre sintió por la capital de Venezuela.[21] Otro
venezolano que vivía al otro lado de la calle sin asfaltar frente a la casa
de Gabito era, por supuesto, el boticario Alfredo Barbosa, otra víctima de
Gómez. Ejerció de doctor a su llegada al pueblo, justo antes de la Primera Guerra Mundial, y se casó con una lugareña, Adriana Berdugo. A él
pertenecía la principal farmacia de Aracataca durante el auge bananero,
pero a finales de la década de 1920 sufrió episodios depresivos y pasaba
largos y ociosos días balanceándose en su hamaca.[22]

Una presencia más impasible y distante era la de los «gringos» que
trabajaban para la United Fruit Company y vivían en lo que más tarde
García Márquez denominaría el «gallinero electrificado» del complejo
residencial de la compañía, con casas provistas de aire acondicionado,
piscinas, pistas de tenis y extensiones de césped muy cuidadas. Estas criaturas que parecían de otro mundo habían sido responsables del desvío
del curso del río, habían desatado la huelga de 1928 y la matanza que le
siguió. Fueron ellos quienes habían construido el canal entre dos ríos
que, durante las lluvias torrenciales de octubre de 1932, contribuyó a las
inundaciones devastadoras que Gabito, con cinco años, contemplaba
hipnotizado desde la galería de la casa de su abuelo.[23]

El italiano Antonio Daconte Fama había llegado después de la Primera Guerra Mundial. Trajo las películas mudas que proyectaba en el
Olimpia, su sala de cine, el gramófono, la radio, e incluso bicicletas que
alquilaba a la asombrada población. Antonio Daconte vivía alternativamente con dos hermanas, una de las cuales sólo le dio sobrinos, y la otra
sólo sobrinas.[24] Muchos Dacontes viven todavía en Aracataca en la actualidad.

Algunos de los recuerdos indelebles de Gabito eran de «el Francés», en realidad un belga al que llamaban don Emilio, el cual había llegado también después de la Primera Guerra Mundial, con muletas y una bala en la pierna. Orfebre y ebanista de talento, don Emilio jugaba a las cartas o al ajedrez por las noches con el coronel, hasta el día en que fue a ver *Sin novedad en el frente*, volvió a casa y se mató con cianuro.[25] El coronel se ocupó del funeral y el episodio completo acabó en *La hojarasca* (donde él es «el doctor», amalgamado con el boticario venezolano depresivo Alfredo Barbosa) y en *El amor en los tiempos del cólera* (donde es Jeremiah de Saint-Amour). García Márquez recuerda:

> Al abuelo le dieron la noticia del suicidio un domingo de agosto cuando salíamos para la misa de ocho. Me llevó casi a rastras a la casa de El Belga, donde lo esperaban el alcalde y dos agentes de la policía. Lo primero que me estremeció en el dormitorio desordenado fue el fuerte olor de almendras amargas del cianuro que El Belga había inhalado para morir. El bulto del cadáver cubierto por una manta estaba en un catre de campamento. A su lado, sobre un banquillo de madera, estaba la cubeta donde se había vaporizado el veneno, y un papel con un mensaje en letras perfectas dibujadas a pincel: "No culpen a ninguno, me mato por majadero". Nada perdura en mi memoria con tanto ahínco como la visión del cadáver cuando el abuelo le quitó la manta de encima. Estaba desnudo, tieso y torcido, con el pellejo sin color cubierto de una pelambre amarilla, y sus ojos de aguas mansas me miraban como si siguieran vivos. Mi abuela Tranquilina Iguarán lo predijo cuando vio la cara con que regresé a casa: "Esa pobre criatura no volverá a dormir en paz por el resto de su vida". Así fue: la mirada del muerto me persiguió en sueños durante muchos años.[26]

Existen razones para creer que, en efecto, el cadáver de don Emilio persiguió la imaginación del susceptible chiquillo a lo largo de su infancia, y se fusionó con otros cadáveres, vistos o sólo imaginados; que ocupa un lugar preponderante en su primer relato publicado, que es una meditación sobre su propia condición de cadáver en potencia (o puede que más bien de antiguo cadáver); y que incluso después de *La hojarasca*, donde su disputado entierro es el drama central de la novela, aparecería una y otra vez por debajo de la superficie de su conciencia traumatizada. Tal vez se trate del biombo que ocultaba al cadáver del propio coronel, que Gabito no veía nunca.

En ocasiones el coronel salía con Gabito para dar una última «vuelta» antes de la hora de irse a la cama.

Yo recuerdo mucho que mi abuela me interrogaba mucho cuando regresaba de los paseos con mi abuelo ..., de qué lugares habíamos estado y una noche yo pasé con otras personas por una casa y me llamó muchísimo la atención ver a mi abuelo sentado en la sala de esa casa, desde lejos lo vi, sentado en la sala de esa casa como si fuera su casa. Lo que es curioso es que por algún instinto muy extraño yo no le hablé nunca de esto a mi abuela y ahora sé que era la casa de una amante que tenía mi abuelo, que fue una mujer que quiso ir a verlo cuando él murió y mi abuela no la dejó entrar, ella le pidió que le permitiera ver el cadáver y mi abuela dijo que no, que los cadáveres eran sólo para las esposas, las esposas legítimas.[27]

La mujer a la que su abuela no permitió entrar a ver el cuerpo sin vida de Nicolás era casi con toda seguridad Isabel Ruiz, quien al parecer se trasladó a Aracataca en la década de 1920.[28] Tranquilina llegó incluso a decirle que no tuviera nada que ver con una niña que había en su clase: «Tú y ella nunca deben casarse». Sin embargo, el muchacho no alcanzó a comprender el sentido de esta advertencia hasta mucho después.[29]

Mientras Gabito y el coronel salían en sus paseos y saludaban a los compañeros y conocidos del coronel, las mujeres de la casa se dedicaban siempre a organizar la hospitalidad, saludando la llegada de dignatarios, de los antiguos camaradas de guerra del coronel o sus amigotes del Partido Liberal; buena parte de ello implicaba ocuparse de los productos humanos de las fechorías del pasado, los cuales de costumbre llegaban en mulas, las ataban en la trasera de la casa y dormían en hamacas en «La Roza».[30] No obstante, la mayoría de los invitados llegaban en tren. «El tren llegaba hacia las once de la mañana y hay una frase de mi abuela que decía siempre: "Hay que hacer pescado y carne, porque no se sabe si al que viene le gusta la carne o el pescado". Entonces era siempre una gran sorpresa ver quién llegaba en el tren y quién estaba en el almuerzo.»[31] Sin embargo, ya a comienzos de los años treinta todo empezaba a cambiar. La huelga y la matanza de las plantaciones bananeras, en combinación con la Gran Depresión de 1929, habían cambiado el rumbo de las cosas y el fugaz período de prosperidad de Aracataca dio paso a los primeros atisbos de una brusca decadencia. A pesar de la masacre y del resentimiento de muchos ante la habitual arrogancia de la compañía, su presencia en Aracataca se recordaría con nostalgia durante los siguientes cincuenta años; más de una conversación especularía acerca de las posibilidades de que regresara, y con ello se traerían a colación los viejos tiempos de dinero fácil y agitación constante.[32] Los ingresos que Nicolás obtenía del licor y otras fuentes quedaron reducidos drásticamente, y no transcurrió mucho tiempo antes de que el constante caudal se redujera a un escaso goteo. En el caso de la familia Márquez Iguarán, por tanto, la sensación de pérdida permanente que persistía desde que se trasladaron de La Guajira se acrecentó ahora con la sensación de que los buenos tiempos de Aracataca quedaban atrás, y Nicolás y Tranquilina, que no gozaban de ninguna pensión, empezaron a mirar la pobreza de frente mientras se adentraban en una vejez incierta y amedrentadora.

A principios de 1934, Luisa volvió a Aracataca a ver a su primogénito y a su hija, y a hablar con sus padres. No pudo ser un encuentro fácil desde ningún punto de vista. Nunca la habían perdonado por desobedecer y avergonzar a sus padres ni por traer a un yerno inaceptable a la familia. A comienzos de 1933, la situación en Barranquilla estaba adquiriendo un cariz desesperado y probablemente había persuadido a Gabriel Eligio de que le permitiera negociar su regreso a Aracataca. Llegó a última hora de una mañana en el tren de Ciénaga. Margot estaba aterrada ante la presencia de una madre a la que desconocía y de quien temía que se la llevara.[33] Se escondió entre las faldas de la abuela. Gabito, que tenía seis años, camino de siete, estaba completamente desconcertado ante la llegada de aquella extraña, y su apuro fue notable cuando, al ver a cinco o seis mujeres en el salón, no supo cuál de ellas era su madre, hasta que ésta le hizo un gesto para que se acercara.[34]

En la época en que volvió a familiarizarse con Luisa, Gabito había iniciado su formación en la nueva escuela —cuyo nombre era en homenaje de Maria Montessori y que, de manera flexible, se fundaba en sus métodos— cerca de la estación de tren, en la avenida 20 de Julio. Se creía que el sistema de Montessori, limitado a las actividades del jardín de infancia, no hacía ningún mal, siempre que se inculcara una buena educación católica en el nivel de la enseñanza primaria. El método hace hincapié en el potencial creativo del niño, en el deseo innato de crecer y aprender, y en la individualidad; la iniciativa y la orientación personal se adquieren a través de los sentidos del propio niño. García Márquez diría después que era «como jugar a estar vivo».[35]

Dio la casualidad de que la primera maestra de Gabito, Rosa Elena Fergusson, fuera el primer amor que su padre tuvo en Aracataca (o, cuando menos, eso aseguraba Gabriel Eligio), y tal vez fue mejor que Gabito no tuviera noticia de ello. De Rosa Elena, que había nacido en Riohacha, se decía que era descendiente del primer cónsul británico de esa ciudad y que guardaba parentesco con el coronel William Fergusson, que fue secretario privado de Bolívar. Cursó magisterio en Santa Marta y siguió a su familia a Aracataca, donde tanto su padre como su abuelo trabajaron para la United Fruit Company, donde uno de sus parientes fue alcalde[36] y donde el Colegio Montessori abrió sus puertas en 1933. Gabito tuvo que repetir primero porque la escuela cerró por razones de funcionamiento a mitad de curso, y por consiguiente no aprendió a leer y escribir hasta los ocho años, en 1935.

Rosa Elena, que era grácil, dulce y hermosa, fue coronada en dos ocasiones reina del Carnaval de Aracataca. Se dedicaba a la poesía española del Siglo de Oro, la cual entusiasmaría toda la vida a su precoz alumno.[37] Ella fue su primer amor infantil —la proximidad física con ella suscitaba en él a un tiempo la emoción y la timidez— y alentó su aprecio por la lengua y el verso. Sesenta años después, Rosa Elena conservaba un recuerdo particularmente vívido de su célebre antiguo estudiante: «Gabito parecía un muñeco, con su cabello de color de la panela cuando se bate y su piel blanca rosada, un color extraño en Aracataca, y siempre estaba bien peinado y aseado».[38] Por su parte, García Márquez dijo que la señorita Fergusson «me inculcó el gusto de ir a la escuela, sólo por verla».[39] Cuando lo rodeaba con sus brazos para guiar su mano en la escritura, le provocaba unas «curiosas sensaciones» que no alcanzaba a explicarse.[40] La señorita Fergusson recordaba: «Era callado, de muy pocas palabras, vivía casi avergonzado. Sus compañeros lo respetaban y él se destacaba entre ellos por su aplicación, orden e inteligencia, pero no fue aficionado al deporte. Se sentía muy orgulloso de ser el primero en cumplir una orden».[41] Le enseñó a Gabito dos hábitos de trabajo fundamentales, la puntualidad y escribir sin errores, los cuales devendrían obsesiones que lo acompañarían siempre.

Gabito no había dado muestras de precocidad en el aprendizaje de la lectura o la escritura, ni tampoco pudo adquirir ambas en casa.[42] Sin embargo, mucho antes de empezar a leer había aprendido a dibujar por su cuenta, y ésta siguió siendo su actividad predilecta hasta los trece años. De muy pequeño, el anciano le había permitido incluso dibujar en las paredes de la casa. Por encima de todo, le encantaba copiar tiras cómicas de los periódicos de su abuelo.[43] También le gustaba explicar las tramas de las películas que el coronel lo llevaba a ver: «Me llevaba a cualquier clase de películas y yo recuerdo por ejemplo *Drácula* ... Cosa muy curiosa, él al día siguiente me hacía que le contara la película para ver si la había visto con bastante atención. Entonces no sólo se me grababa muy bien la película que había visto, sino que además me preocupaba y me esmeraba en recordarla porque sabía que el abuelo al día siguiente me hacía contársela, y yo le contaba la película pero completa, punto por punto; él quería saber si la había entendido».[44] Hasta tal punto transportaban las películas a aquel niño; pertenecía, claro está, a la primera generación de la historia para la que el cine, incluido el sonoro, constituyó una experiencia previa a la literatura escrita. Más tarde fue el coronel quien le inculcó el respeto por las palabras y el diccionario, que «lo sabía todo» y era más infalible que el Papa de Roma.[45] La sensación de exploración y descubrimiento permanentes que alentaba el sistema de Montessori debió de ser un complemento perfecto del sentido tradicional de certeza de Nicolás, basado en la autoridad y la atribución personal de poder.

Sin embargo, en las vidas de Gabito y Margarita se produjo entonces un cambio disonante. Gabriel Eligio, siempre pletórico de energía, aunque improvisador como de costumbre, sin cabeza para la economía, nunca había sido el más indicado para empezar de cero en una ciudad grande y tan efervescente como Barranquilla, que se hallaba en plena euforia de prosperidad cuando se trasladó allí. Así que las cosas tenían más probabilidades de ir cuesta abajo una vez que la crisis empezó a dejarse notar en Colombia. Se las había arreglado para adquirir una licencia para la venta de productos farmacéuticos, dejar su empleo en la ferretería y establecer no una, sino dos droguerías en el centro de la ciudad: «Pasteur I» y «Pasteur 2».[46] Esta iniciativa fracasó y la familia emprendió un confuso regreso a Aracataca. Luisa llegó primero con Luis Enrique y Aida, y se instaló en casa del coronel. Aunque después del nacimiento de Aida Rosa en diciembre de 1930 había tenido un descanso de tres años, tras dar a luz a sus cuatro primeros hijos en menos de cuatro años, ahora Luisa estaba de nuevo encinta. Gabriel Eligio, que siempre tenía otros «negocios» que atender, pasó largos meses ausente, y finalmente regresó para su cumpleaños, el 1 de diciembre de 1934, mucho después del alumbramiento de su quinta hija, Ligia, en agosto.[47]

Su llegada es una de las pocas fechas de estos primeros años que pueden determinarse con precisión, porque García Márquez recuerda con nitidez la llegada de un extraño: «Un hombre esbelto, moreno, dicharachero y simpático, con un vestido entero de dril blanco y un sombrero *canotier*. Un perfecto caribe de los años treinta».[48] El desconocido era su padre. La razón de que pueda recordarla con tanta exactitud es que alguien felicitó a Gabriel Eligio por su aniversario, y al preguntarle cuántos años tenía, Gabriel Eligio, nacido el 1 de diciembre de 1901, respondió: «La misma edad que Cristo». Unos días después, la primera expedición del muchacho con su nuevo padre fue al mercado para comprar los regalos de Navidad de todos los demás niños. Gabito hubiera podido sentirse privilegiado por esta experiencia; en cambio, lo que se le grabó en la memoria fue la desilusión que sintió al darse cuenta de que no eran el Niño Jesús ni Santa Claus quienes traían los regalos en Navidad, sino los padres.[49] El padre decepcionaría a su hijo a menudo en los años —y décadas— que siguieron. Nunca mantendrían una relación fácil ni estrecha.

Entonces, a comienzos de 1935, Gabriel Eligio puso una nueva farmacia —«G.G.», por Gabriel García— y logró convencer a las autoridades médicas del departamento de que le concedieran una licencia limitada para practicar la medicina homeopática, que le permitía diagnosticar y tratar a pacientes, así como prescribir y vender sus propios remedios como si fueran la única cura posible de las afecciones que identificaba. Se había dedicado a rastrear en revistas y publicaciones médicas y a llevar a cabo sus propios experimentos, con frecuencia espeluznantes. Pronto inventó un «jarabe menstrual» con la marca «GG», una triquiñuela digna de José Arcadio Buendía en *Cien años de soledad*, aquel incompetente soñador que inconfundiblemente alberga numerosos rasgos del padre del propio García Márquez, un progenitor peculiar, falto de sentido práctico pero indomable. La supervivencia económica nunca fue más que precaria, y las continuas subvenciones del coronel Márquez, también cada vez más empobrecido, eran humillantes pero necesarias. Antes del regreso de Gabriel Eligio, Luisa se había instalado temporalmente con sus padres, en ausencia de su excéntrico y díscolo esposo.[50] Rosa Elena Fergusson recordaba incluso que Nicolás inició una ampliación de la casa a fin de dar cabida a los recién llegados, tal vez con la esperanza de que su yerno, por el que no sentía ningún aprecio, no regresara.[51] Después de que Gabriel Eligio volviera, Luisa y él alquilaron una casa a un par de calles de la casa del coronel, y fue allí donde nació el sexto hijo de la pareja, Gustavo, el 27 de septiembre de 1935.

En la casa de sus jóvenes y depauperados padres —aunque a decir verdad pasaban más tiempo en el jardín y en la calle—, Luis Enrique y Aida crecían y se convertían en niños normales y sanos, revoltosos, inquietos, extrovertidos y sin complejos que se advirtiesen a primera vista. Entretanto, a Gabito y a Margot los educaban ancianos, y habían desarrollado una visión del mundo muy distinta, obsesiva y supersticiosa, fatalista y temerosa, aunque también concienzuda y eficiente; el comportamiento de ambos era intachable a pesar de su carácter temeroso, y pasaban más tiempo en casa que en la calle.[52] Gabito y Margarita debieron de sentir a un tiempo el inexplicable abandono de sus padres —¿Por qué yo? ¿Por qué nosotros?— y el privilegio de criarse en la casa de sus muy respetados y queridos abuelos. Fueron estos dos marginados, Margot y Gabito, quienes en la vida adulta mantendrían a flote al colectivo de la familia García Márquez.

Adaptarse a la nueva situación resultó sumamente difícil.[53] Aida recuerda que Gabito era muy celoso del afecto de sus abuelos, y lo observaba todo y no quitaba ojo a sus hermanos cuando visitaban la casa, procurando asegurarse de que permanecieran allí lo menos posible. Nadie iba a interponerse entre él y su abuelo. Antonio Barbosa, el hijo del boticario, que vivía enfrente y era diez años mayor que Gabito, aunque buen amigo de la familia, recuerda que era un pollerón («niño de faldas»), remilgado, que se entretenía con peonzas y cometas, pero que nunca jugaba a fútbol con los niños de la calle.[54]

Quizá porque no lo alentaron a ser intrépido, Gabito desarrolló una imaginación poderosa a través del dibujo, la lectura, las visitas al cine y sus propias interacciones con los mayores. Al parecer se volvió algo fanfarrón, tratando siempre de impresionar a las visitas con sus ideas extravagantes y divertidas anécdotas, historias que debían ser cada vez más desmesuradas a fin de alcanzar el efecto deseado. Tranquilina estaba convencida de que era clarividente. Era inevitable que algunos adultos interpretaran su amor por contar cuentos y por la fantasía como una tendencia a la falsedad, y durante el resto de su vida García Márquez se enfrentaría al problema de que otra gente cuestionara su veracidad.[55] Tal vez ningún escritor contemporáneo plantee en su obra con tanta convicción, y tan misteriosamente, la relación entre la verdad, la ficción, la verosimilitud y la sinceridad como lo hace él.

Los dos niños mayores siguieron siendo patrimonio de sus abuelos, como demuestra una elocuente anécdota de Margot:

> El abuelo no permitía que nadie nos dijera nada. Una vez, recuerdo, ya estábamos grandecitos y nos dieron permiso de ir a la casa de mi mamá. Cuando salíamos, como a las diez de la mañana, mi abuela estaba partien-

do un queso, nosotros nos antojamos y la abuela nos dio un pedazo. Llegamos a la casa y resulta que a Luis Enrique y a Aida les habían dado, en ayunas, purgante contra los parásitos y no podían comer yo no sé durante cuántas horas. Naturalmente, estaban muertos de hambre y apenas nos vieron con el queso, nos pidieron y se lo dimos. Cuando mi papá se dio cuenta, salió y nos dio una insultada tremenda. Gabito me dijo: «Corre, corre, Margot, que nos van a pegar», me agarró de la mano y pegamos carrera. Llegamos a la casa todos asustados, yo llorando. El abuelo nos preguntó qué nos había pasado y cuando le contamos, se fue para donde mi papá a reclamarle: que por qué nos había gritado, que por qué nos había amenazado.[56]

En 1935, sin embargo, el viejo mundo conocido empezó verdaderamente a tocar a su fin. Un día, a las seis de la mañana, Nicolás, que para entonces tenía más de setenta años, se encaramó a una escalera de mano apoyada contra una de las paredes laterales de la casa para rescatar al loro de la familia, que había quedado atrapado en la arpillera colocada sobre los grandes aljibes del techo a fin de impedir que las hojas de los mangos cayeran dentro. Por alguna razón perdió el equilibrio y cayó al suelo, y apenas era capaz de respirar. Margot recuerda que todo el mundo gritaba: «¡Ay, se cayó, se cayó!».[57] A partir de ese momento, el anciano, que hasta entonces gozaba todavía de buena salud para sus años, inició un rápido deterioro físico. Fue entonces cuando Gabito, espiando con motivo de la visita de un médico, vio una herida de bala en la ingle de su abuelo, la innegable marca de un guerrero. Sin embargo, después de su caída, el viejo luchador nunca volvió a ser el mismo. Empezó a caminar con bastón y a padecer una serie de achaques que en poco tiempo lo llevarían a la muerte. Después del accidente, los paseos por el pueblo se acabaron súbitamente, y la magia de la relación del niño con su abuelo —basada por encima de todo en la seguridad— empezaría a desvanecerse. El coronel incluso tuvo que pedirle a Gabriel Eligio y Luisa que recolectaran impuestos y otros pagos en su nombre, lo que debió de suponer un golpe desmoralizante para su orgullo.

A principios de 1936, Gabito se trasladó a la escuela pública de Aracataca.[58] De repente se había convertido en un lector obsesivo. Su abuelo y la señorita Fergusson ya le habían abierto los ojos al aprendizaje, y el diccionario había empezado a dictar las leyes; pero el libro que más espoleó su imaginación fue *Las mil y una noches*, que halló en uno de los viejos baúles de su abuelo, y el cual al parecer condicionó su interpretación de buena parte de lo que sucedía en la Aracataca de la época, en parte mercado persa, en parte Salvaje Oeste. Durante mucho tiempo no tuvo conocimiento del título de aquel volumen, porque le faltaba la cubierta; cuando al fin lo descubrió, a buen seguro debió de poner en relación las exóticas y mitológicas «mil y una noches» con la más local e histórica guerra de los Mil Días.[59]

Ahora que el coronel era prácticamente un inválido, Gabriel Eligio se sintió capaz de reafirmar sus derechos sobre los dos hijos que antes había cedido en acogida. Así pues, tan pronto como Gabito aprendió a leer y escribir, con todas las maravillas que ello entraña, su padre, siempre audaz e inquieto, decidió llevarse a la familia a su Sincé natal. Y esta vez Gabito también estaría incluido: se lo llevaría de su hogar, de la compañía de sus abuelos y su hermana Margot aquel hombre al que apenas conocía, que ya había decidido que su hijo era por encima de todo un embustero nato, un muchacho que «iba a una parte, veía algo y llegaba a la casa contando otra cosa. Lo agrandaba todo».[60] En diciembre de 1936, este padre aterrador, a su vez un fabulador de tomo y lomo, se fue acompañado de Gabito y Luis Enrique a sondear el terreno en Sincé, con el propósito de ver si las perspectivas eran mejores que la realidad de Aracataca, cada vez más desalentadora.[61]

Gabriel Eligio inscribió a los muchachos a estudiar con un maestro local, aunque las autoridades no reconocerían estas clases y Gabito perdería de nuevo otro año escolar. ¡No es de extrañar que al final decidiera rebajar su edad para compensar todos los años de escuela perdidos! Ahora los dos chicos tuvieron la oportunidad de conocer a su pintoresca abuela paterna, Argemira García Paternina, aún soltera con sus más de cuarenta años. Había dado a luz a Gabriel Eligio con catorce y después tuvo por lo menos seis hijos más, de al menos otros tres hombres. «Era una mujer extraordinaria, ahora me doy cuenta —diría García Márquez sesenta años después—, el espíritu más libre que he conocido jamás. Tenía una cama de más lista a cualquier hora para cualquiera que quisiera dormir con alguien. Tenía su propio código moral y le importaba un carajo lo que los demás pensaran de ello. Claro que en aquella época creíamos que todo era muy normal. Algunos de sus hijos, mis tíos, eran más jóvenes que yo, y yo jugaba con ellos, salíamos y cazábamos pájaros y cosas así; nunca me preocupó para nada, era el mundo social en el que vivíamos. Sabrás que los terratenientes seducían o violaban a niñas de trece años en aquellos tiempos y luego simplemente les daban de lado. Mi padre volvió a verla ya de adulto con su familia cuando ella tenía más de cuarenta años, y se indignó al enterarse de que estaba embarazada de nuevo. Ella sólo se echó a reír y dijo: «¿Y a ti qué te importa, cómo crees que viniste tú al mundo?».[62]

Los recuerdos que Gabito conservó de su estancia eran fragmentarios y sin duda dolorosos, a pesar de que más adelante bromeara al respecto. No es difícil imaginar la angustia de dejar a su abuelo enfermo y el contraste cultural al conocer el lado menos respetable de la familia. Al igual que Aracataca, Sincé era un pueblo compacto con una plaza central aún mayor, la habitual iglesia de tarta de bodas, la consabida estatua de Bolívar y una población de aproximadamente nueve mil habitantes. Su economía se basaba en el ganado, el arroz y el maíz y, como muchas regiones dedicadas a la cría de reses, la política era en esencia conservadora. La abuela Argemira, conocida como «mama Gime», vivía en una plazuela en una pendiente, alejada de la plaza principal, en una minúscula casa de madera de dos habitaciones pintada de blanco con techo de hojas de palma. Fue allí donde había tenido a todos sus hijos.[63] La experiencia debió de mostrarle a Gabito un mundo diferente. Ya no era el niño protegido del coronel Márquez y no tuvo más remedio que adaptarse a las maneras más salvajes de sus tíos y primos ilegítimos, por no mencionar los hábitos de su propio hermano menor, Luis Enrique, cada vez más rebelde e irresponsable.

Entretanto, en Aracataca la vida era cada vez más dura de sobrellevar. El punto culminante llegó a principios de marzo de 1937 cuando, dos años después de su accidente, el coronel Márquez murió en Santa Marta a raíz de una bronconeumonía. Nunca había logrado recuperarse de las secuelas de su caída de la escalera en 1935. El anciano había quedado desolado por la muerte de su hermana Wenefrida, que falleció en su casa el 21 de enero de 1937, y sólo podemos imaginar lo que la partida de su querido «Napoleoncito» había hecho a la moral del viejo soldado. Su hijo Juan de Dios trasladó al coronel a Santa Marta a comienzos de 1937 para una intervención de garganta. En marzo contrajo neumonía, y murió el 4 de ese mismo mes a la edad de setenta y tres años, en la ciudad donde acabó sus días otro luchador, Simón Bolívar, y en cuya catedral reposaban sus restos.

El coronel Márquez fue enterrado aquel mismo día en el cementerio de la ciudad de Santa Marta, y el periódico El Estado dejó constan-

cia de su fallecimiento en un breve obituario. Margot recuerda con toda
nitidez el funeral en Santa Marta.

> Lloré todo el santo día, nada me consolaba. Gabito no estaba con no-
> sotros porque se había ido con mi papá y Luis Enrique a Sincé, en otra
> aventura de esas que emprendía mi papá. Gabito regresó a Aracataca varios
> meses después de la muerte de papá Lelo y tal vez por eso no recuerdo su
> reacción; seguro debió de ser de profunda tristeza porque los dos se que-
> rían mucho, eran inseparables.[64]

Gabito, en Sincé, tuvo noticia de la muerte indirectamente, al oír
una conversación entre su padre y su abuela. Muchos años después diría
que fue incapaz de llorar ante la noticia, y que sólo de mayor pudo tomar conciencia de la importancia que el anciano entrañaba para él. Incluso le quitó hierro al asunto:

> Mi preocupación era otra. En esa época me pegaban piojos en la es-
> cuela y eso me causaba mucha vergüenza. Una vez oí que alguien dijo que
> cuando uno se moría se le salían los piojos. Entonces recuerdo que me
> preocupé mucho: coño, si ahora me muero se van a dar cuenta que tengo
> piojos. Así que en esas circunstancias era difícil que me impresionara la
> muerte del abuelo. En realidad, a mí me empezó a hacer falta él cuando,
> siendo ya grande, no encontré con quién sustituirlo, porque nunca fue sus-
> tituido por mi padre.[65]

Los recuerdos extravagantes y las hipérboles provocadoras, el acostumbrado soslayo de las emociones personales y las negaciones implícitas,
ocultan un hecho más simple y brutal: el niño nunca pudo dolerse por
el ser al que más quiso durante una infancia dolorosa e incomprensible, el
ser de quien manaba toda la sabiduría y toda su percepción de seguridad.
Rodeado ahora por sus familiares directos, por su verdadera familia, que
lo había abandonado cuando no era más que un recién nacido, el pequeño Gabito quedó despojado de todo. En abril de 1971, en respuesta a la
pregunta de un reportero sobre la muerte de su abuelo, y frente a frente
a su padre biológico, García Márquez declaró, con su característica —y
en este caso también cruel— propensión a la exageración: «Ocho años
tenía cuando murió. Desde entonces nada importante me ha ocurrido.
Todo me ha resultado bastante plano».[66] Gabriel Eligio regresó con los
dos chicos fugazmente a Aracataca para persuadir a Luisa de que se fuera

con ellos a Sincé. Decididamente, a Luisa la idea no le entusiasmó en absoluto. En 1993 me dijo: «No quería ir: imagínese, una familia joven y todas nuestras cosas. En tren hasta Ciénaga, en barco a Cartagena y por carretera hasta Sincé. Pero siempre hacía lo que él quería, y él era un gran viajero, un aventurero. Alquilamos dos carros, con Luis Enrique y Gabito en el primero, y su papá detrás en el segundo, que se volcó una vez por el camino».[67] Sólo su prima, Sara Márquez, recien casada, se quedó en el viejo caserón de Aracataca con Tranquilina y la tía Francisca.

La respuesta de Margot a todos estos cambios en las peripecias de la familia fue amarga: «En la casa de la abuela vivimos hasta cuando empezó a faltar la plata y ella tenía que vivir de lo que le enviaba mi tío Juanito; entonces se dispuso que Gabito y yo pasáramos a la casa paterna ... Salir de la casa de los abuelos para la casa de mis papás fue terrible. Yo venía de un ambiente tranquilo y pasé a vivir con esos diablos que eran mis hermanos, sumado al carácter de mi papá que era fuerte y gritón. No perdonaba una. A Aida le daba unas *limpias* tremendas, y ella, como si nada. Yo pensaba: "Si a mí me llega a tocar, yo me tiro al río". Yo no hacía nada con tal de que no me regañara ni me gritara. Lo mismo le pasaba a Gabito, él tampoco lo desafiaba».[68]

Sin embargo, las cosas en Sincé empezaban a torcerse. Gabriel Eligio había invertido en ganado, sobre todo en rebaños de cabras, pero la iniciativa acabó en desastre y la familia regresó a Aracataca al cabo de unos pocos meses. Gabriel Eligio no acompañó a su esposa y sus hijos todo el trayecto, sino que se quedó en Barranquilla, donde empezó a buscar medios para poner de nuevo una farmacia allí. En Aracataca, el resto de la familia quemó la ropa del coronel en el patio de la casa y, de algún modo, Gabito vio el espectro del anciano entre las llamas. Gabito trató de aceptar la pérdida de su abuelo, el desmoronamiento de su abuela —la cual empezaba a perder la vista y estaba desconsolada sin el que había sido su esposo durante más de cincuenta años— y la decadencia simultánea de la temible tía Francisca, que había estado al lado de Nicolás aún más tiempo que su propia mujer. Para Gabito fue el fin de todo un mundo. Inmerso en esta pena, que era incapaz de reconocer siquiera, y ahora completamente en manos de la familia que lo había abandonado tantos años atrás, parecía reacio a reintegrarse en la vida de los demás niños de Aracataca.

Luis Enrique, menos reflexivo que él, y sin la carga del doloroso bagaje psicológico de su hermano, se metió de nuevo de lleno en la vida del pueblo caribeño en el que habían nacido, cuyo atractivo el hipersensible Gabito sólo sabría apreciar muchos años después, cuando mirara atrás, compungido y atenazado por la nostalgia, y viera no sólo el mundo que había perdido, sino también toda la diversión que dejó pasar. Ambos regresaron a la escuela pública para chicos. Luis Enrique recuerda que los gitanos y el circo pronto dejaron de pasar por allí y que, al igual que la familia García Márquez, mucha gente se preparaba para marcharse: «Inclusive, se fueron las prostitutas, que antes ejercían su oficio en La Academia, que así llamaban allá la casa de placer ... Yo, claro, jamás pisé ese salón de baile, todo me lo contaban los amigos».[69]

Gabito vería en Aracataca durante muchos años un lugar mucho más sombrío que su despreocupado y bullicioso hermano menor, como ilustraría su primer retrato literario, *La hojarasca*. Aunque tiempo después hablaría del pueblo con una suerte de afecto, siempre temería regresar allí. Hasta que cumplió cuarenta años no pudo alcanzar la distancia suficiente para verlo a través del filtro picaresco que Luis Enrique había desarrollado ya de niño.

El final había llegado para todos ellos, y Gabito, ahora con once años, estaba a punto de abandonar «[aquel] pueblo ardiente y polvoriento donde mis padres me aseguran que nací, y en el cual sueño que estoy —inocente, anónimo y feliz— casi todas las noches. En ese caso no sería tal vez el mismo que soy, pero acaso hubiera sido alguien mucho mejor: un personaje simple de las novelas que nunca hubiera escrito».[70]

4

Años de colegio:
Barranquilla, Sucre, Zipaquirá

1938-1946

Gabriel Eligio se marchó a Barranquilla llevándose sólo a Gabito, con el propósito de establecer la farmacia y disponer lo necesario para empezar allí de nuevo con su familia. Les llevó dos meses. Gabito, con once años, advirtió que su padre lo trataba mejor cuando no había nadie más ante quien alardear. Sin embargo, pasaba solo buena parte del tiempo y a Gabriel Eligio con frecuencia se le olvidaba darle de comer. Incluso hubo una ocasión en que el muchacho se halló caminando sonámbulo por una avenida del centro de la ciudad, lo que sugiere una alteración emocional seria.[1]

Barranquilla estaba enclavada a orillas del río Magdalena, en el punto donde se ensancha y se abre al mar del Caribe. En medio siglo había pasado de ser una simple aldea, encajada entre los puertos coloniales históricos de Cartagena y Santa Marta, a convertirse tal vez en la ciudad más dinámica de la nación. Era la esperanza de la industria naviera colombiana y la sede de su aviación. Era la única conurbación con una población inmigrante extranjera significativa, lo que en cierto sentido hacía de ella una capital con un marcado sentido de su propia modernidad, algo improvisada, en comparación con el tradicionalismo andino y sombrío de Bogotá y con el conservadurismo de su vecina aristocrática, Cartagena. Bullía de negocios dedicados a la importación y la exportación, nacionales tanto como extranjeros, de fábricas y talleres —una compañía aérea alemana, fabricantes holandeses, productores de alimentos italianos, tiendas árabes, promotoras inmobiliarias norteamericanas— así como de una plétora de pequeños bancos, institutos comerciales y escuelas. Muchas de las firmas las fundaron judíos emigrados de las Antillas holandesas. Barranquilla era el punto por el que entraban los viajeros del extranjero, y el lugar por el que salían quienes se dirigían a

Bogotá, ya fuera por río o por aire. El carnaval que allí se celebraba era el más famoso del país, y muchos barranquilleros viven aún hoy en día impacientes y expectantes a que llegue la señalada semana de febrero en que la comunidad, ya efervescente de por sí, estalle una vez más en el jolgorio.

En Sincé, así como durante el fugaz retorno a Aracataca, las relaciones se habían diluido hasta cierto punto por la presencia de los numerosos miembros de las dos nutridas familias. Sin embargo, cuando llegaron a Barranquilla a finales de 1938, tras dejar a Tranquilina y las tías en Aracataca, los García Márquez se hallaron por primera vez juntos y sin más compañía que el núcleo familiar. A Gabito y Margot, que en silencio lloraban a su abuelo y la ausencia de su abuela, ahora enferma, les resultó sumamente difícil adaptarse a la situación, que parecía imposible de soportar, aunque no les quedó más remedio. Ambos sabían que el otro sufría, pero nunca hablaban de ello. Además, su madre padecía también una profunda pena, y se había trasladado a Barranquilla con gran renuencia y un resentimiento evidente. La farmacia estaba en pleno centro de la ciudad, mientras que la nueva casa estaba en el Barrio Abajo, tal vez el distrito más conocido y popular de Barranquilla. Era una vivienda pequeña pero pretenciosa, por sorprendente que parezca; Gabriel Eligio se había dado cuenta de que Luisa, que esperaba otro bebé, no estaba de humor para el estoicismo. Aunque sólo disponía de dos dormitorios, en el salón principal se erigían cuatro columnas dóricas, y sobre el tejado había una torrecilla postiza pintada de rojo y crema. Los lugareños la llamaban «el castillo».

Casi de inmediato quedó claro que la nueva farmacia sería otro fracaso calamitoso. Abrumado por su mala fortuna, Gabriel Eligio se marchó de nuevo en busca de prados más verdes y dejó a su mujer embarazada sin medios para subsistir y mantener a sus hijos. Llegaron entonces los peores momentos para la familia. Gabriel Eligio viajaba de un lado a otro por la cuenca norte del río Magdalena, tratando a los pacientes que se le presentaran, aceptando trabajos temporales y en busca de nuevas ideas. Luisa no pudo por menos que preguntarse con frecuencia si alguna vez iba a volver. Dio a luz a una niña, Rita, que nacería en julio de 1939; la tía Pa viajó a Barranquilla para asistir a Luisa en ausencia de Gabriel Eligio, y García Márquez comenta en sus memorias que la niña se llamó Rita en honor a santa Rita de Cascia, cuyo derecho a la fama moral fue «la paciencia con que sobrellevó el mal carácter del marido extraviado».[2] Luisa Santiaga tendría aún cuatro hijos más, todos varones.

Se vio obligada a depender de la generosidad de su hermano Juan de Dios, contable en Santa Marta, que era ya quien se ocupaba de mantener a Tranquilina y las tías de Aracataca.[3] No obstante, resultó que Luisa tenía una capacidad de resistencia, un sentido práctico y una sensatez que Gabriel Eligio nunca logró explotar. Era una mujer callada y dulce, que podía parecer pasiva e incluso pueril, y que sin embargo se las ingenió para criar y proteger a sus once hijos sin ni siquiera contar con dinero suficiente para alimentarlos, vestirlos y educarlos con holgura. Mientras que el sentido del humor de Gabriel Eligio era un poco grosero y siempre excéntrico, Luisa poseía un incisivo sentido de la ironía —que también contenía— y un sentido del humor que iba de la mordacidad a la manifiesta alegría, y que ha sido inmortalizado en cierto número de los personajes femeninos de su hijo, entre los que destaca la inolvidable Úrsula Iguarán de *Cien años de soledad*. El período de Barranquilla, durante el cual Gabito y su madre lucharon hombro con hombro contra la verdadera pobreza, estableció entre ellos un nuevo vínculo que nunca más se rompería: García Márquez, haciendo hincapié en la importancia del mismo, aunque ocultando su dolor, diría que su relación con ella fue una relación seria, «tal vez la relación más seria que he tenido en mi vida».[4]

A pesar de las privaciones, Luisa decidió matricular a Gabito en la escuela, a fin de que completara la educación primaria. Era el mayor e intelectualmente el más dotado, y como tal encarnaba la mejor esperanza de futuro de la familia. El director del Colegio Cartagena de Indias, Juan Ventura Casalins, adoptó una actitud protectora para con su nuevo alumno, y los ánimos que le infundía un hombre adulto bien dispuesto hacia él debieron de ser providenciales. Aun así, de sus años de colegio García Márquez recuerda sobre todo la soledad y el vencer grandes padecimientos y tribulaciones. Se sumergió en libros como *La isla del tesoro* o *El conde de Montecristo*.

También se vio obligado a buscar un verdadero trabajo, y ganaba unos pocos pesos pintando carteles para un almacén llamado El Toquío, que estaba —y está aún— al lado de su antigua casa. El muchacho pintaba mensajes del tendero del estilo de «Pregunte por lo que no vea» o «El que fía salió a cobrar». En una ocasión memorable cobró veinticinco pesos por pintar el letrero del autobús local (los autobuses de Colombia son los más llamativos de toda América Latina). En otra, participó en un concurso radiofónico de talentos en el cual recuerda haber cantado «El cisne», un conocido vals, pero por desgracia quedó segundo; recuerda también que a su madre, que había avisado a todos sus amigos y parientes y que, como es natural, albergaba esperanzas de ganar el premio —cinco pesos—, le costó ocultar su desilusión. También consiguió trabajo con un impresor local, y entre sus tareas estaba repartir folletos por las calles. Lo dejó después de encontrarse con la madre de uno de sus amigos de Aracataca, que le gritó: «Dile a Luisa Márquez que piense en lo que dirían sus padres si vieran a su nieto preferido repartiendo propaganda para tísicos en el mercado».[5]

El propio Gabito era un niño enfermizo a esta edad, pálido, desnutrido y físicamente poco desarrollado. Luisa trataba de protegerlo de la tuberculosis dándole Emulsión de Scott, la famosa marca de aceite de hígado de bacalao, mientras su marido estuvo fuera, y Gabriel Eligio diría que cuando regresó a casa de sus viajes Gabito apestaba a pescado. Uno de sus recuerdos de infancia más espeluznantes era el de una lechera que a menudo visitaba la casa y que un día le dijo con poquísimo tacto a Luisa Santiaga, delante del niño: «Perdone que se lo diga, señora, pero creo que este niño no se le va a criar».[6]

En una de las esporádicas ocasiones en que hablaban por teléfono con el cabeza de familia, al que no veían hacía mucho tiempo, Luisa dijo que no le gustó el tono de su voz, y en el transcurso de la siguiente llamada lo exhortó a volver a casa. Acababa de estallar la Segunda Guerra Mundial, y tal vez por ello se sentía especialmente insegura. Gabriel Eligio envió un telegrama que decía simplemente: «Indeciso». Oliéndose algo sospechoso, la mujer le dio una alternativa categórica: o volvía a casa de inmediato o llevaría a todos los niños adondequiera que estuviese. Gabriel Eligio cedió y al cabo de una semana estaba en Barranquilla. En un abrir y cerrar de ojos empezó a soñar con nuevas iniciativas. Recordaba con nostalgia un pequeño pueblo ribereño llamado Sucre, que había visitado de muy joven. Tenía en mente a una mujer, sin duda. Una vez más, contrajo un préstamo con un mayorista farmacéutico, cuyas medicinas se comprometió a distribuir, y en un par de meses la familia se marchaba de la ciudad más moderna de Colombia en dirección a un pequeño y estancado municipio rural. Como de costumbre, Gabriel Eligio se adelantó al nuevo destino y dejó a Luisa, de nuevo embarazada, a cargo del traslado o la venta de los efectos familiares —en esta ocasión vendió la mayoría— y de sus siete hijos. Gabito, a quien ya se le habían encomendado tareas impropias para su edad cuando fue a sondear el terreno a Barranquilla con su padre un año y medio antes, ahora se vio realzado en su papel de hombre de la familia. Se ocupó de prácticamente todos los preparativos, entre ellos hacer las maletas, contratar el camión de mudanzas y comprar los billetes del vapor para llevar a su familia río arriba hasta Sucre.

Por desgracia, quien le vendía los billetes cambió las normas a media transacción, y Luisa vio que el dinero no le alcanzaba porque la compañía decía que todos los niños debían pagar la tarifa íntegra. Desesperada, se dispuso a no moverse de allí hasta salirse con la suya, y lo consiguió. Años después, la propia Luisa, conversando conmigo en Barranquilla a la edad de ochenta y ocho años, recordaba aquella odisea: «A los doce años, Gabito tuvo que organizar el viaje, por ser el mayor. Todavía puedo verlo contando a los niños en la cubierta del barco de vapor que subía por el río y de pronto, muerto de pánico: "¡Falta uno!", dijo. Y era él. Era que no se había contado a él mismo».[7]

La embarcación fluvial los llevó al sur hasta Magangué, la ciudad más grande de la cuenca norte del Magdalena. De allí tuvieron que pasar a una lancha que remontaba el río San Jorge, de menor cauce, y después el Mojana, mucho más angosto, con ciénagas y jungla a ambos lados; una gran aventura que abrió desmesuradamente la imaginación de los niños. Gustavo, el hijo menor, sólo tenía cuatro años, y la llegada a Sucre en noviembre de 1939 es uno de sus recuerdos tempranos más vívidos:

A Sucre nos fuimos en lancha y de la lancha nos bajamos por un tablón. La escena se me quedó grabada: mi mamá bajando por el tablón, vestida toda de negro, con botones de nácar en los puños del traje. Ella tendría unos treinta y cuatro años. Recordé este episodio mucho después, cuando yo tenía treinta años, pero fue como si estuviera mirando un retrato y entonces me di cuenta de que ella llevaba en la cara un gesto de resignación. Eso es fácil de entender, porque mi mamá había sido educada en un colegio de monjas y había sido la hija predilecta de un hogar, prácticamente el más importante del pueblo; en fin, era una muchacha consentida, que tomaba clases de pintura y de piano y que, de golpe, tuvo que irse a vivir a este pueblo donde las culebras se entraban a las casas y no había luz; un pueblo que en invierno se inundaba al punto de que la tierra desaparecía bajo el agua y enseguida aparecían los enjambres de mosquitos. A la edad de cuatro años yo no podía entender aquella cara que llevaba mi mamá, pero a los treinta sí pude interpretar esa expresión.[8]

Sucre era un pequeño pueblo de unos tres mil habitantes, sin acceso a ninguna parte, ni por carretera ni por ferrocarril. Era como una isla flotante perdida en una celosía de ríos y arroyos entre lo que otrora había sido una densa jungla tropical, que empezaba a ralear a causa del constante empeño del ser humano, pero que todavía estaba cubierta de árboles y maleza, con grandes claros para el ganado y campos de arroz, caña de azúcar y maíz. Se cultivaban también bananas, cacao, yuca, batata y algodón. El paisaje cambiaba de continuo, y oscilaba entre la selva de monte bajo y la sabana, dependiendo de la estación y del caudal de los ríos. Habían llegado inmigrantes de Egipto, Siria, el Líbano, Italia y Alemania entre 1900 y mediados de los años veinte. Los habitantes más prósperos vivían alrededor de la gran plaza del pueblo, la cual de hecho no era una plaza convencional, sino una extensión de más de ciento cincuenta metros de largo y unos treinta de ancho, con el río en un extremo, la iglesia al otro, y una hilera de casas de dos plantas pintadas de colores vivos a ambos lados. Aquí era donde Gabriel Eligio había alquilado su nueva casa, e instaló la farmacia en la planta baja.

Poco después de su llegada, Luisa insistió en plantear la cuestión de la educación secundaria de Gabito, y convenció a su renuente esposo de que debían mandarlo al Colegio San José, en Barranquilla, sobre el cual había hecho averiguaciones antes de su partida. «Allí se hacen los gobernadores», le dijo.[9] El propio Gabito tal vez se sintiese de nuevo rechazado, pero decidió afrontar la situación con valentía:

> Yo le temía al colegio como a un calabozo, me espantaba la sola idea de vivir sometido al régimen de una campana, pero también era la única posibilidad de gozar de mi vida libre desde los trece años, en buenas relaciones con mi familia, pero lejos de su orden, de su entusiasmo demográfico, de sus días azarosos, y leyendo sin tomar aliento hasta donde me alcanzara la luz.[10]

Un amigo ha descrito su apariencia de aquellos tiempos: «Tenía la cabeza grande y ancha, y áspera la pelambrera. Tenía una nariz ordinaria y larga como aleta de tiburón. Tenía una verruga que empezaba a crecerle al lado de la nariz. Tenía una apariencia de mitad indio y mitad gitano. Era un muchacho flaco y taciturno, que asistía al colegio por obligación».[11] Tenía poco menos de trece años e iba muy atrasado en sus estudios. Durante los primeros quince meses tras regresar a la

ciudad costera se quedó en casa de José María, uno de sus primos Valdeblánquez, con su esposa Hortensia y su hijita. Dormía en el salón, en
un sofá. A pesar de que dudaba de sí mismo y de la competencia de
otros muchachos de talento, los resultados de Gabito en la escuela fueron constantemente excelentes, sin excepción. Alcanzó celebridad por
sus ejercicios literarios, titulados «Bobadas mías» —poemas satíricos sobre sus compañeros de colegio y acerca de normas severas o absurdas—,
los cuales, cuando captaron la atención de sus profesores, le pedían que
recitara con asiduidad.[12] También publicó cierto número de piezas breves y poemas en la revista del colegio, *Juventud*, y le confiaron una serie de cargos de confianza y responsabilidad durante los tres años que
pasó allí. Por poner un ejemplo, el alumno con las mejores notas de la
semana izaba la bandera nacional por la mañana, antes de empezar las
clases, y fue una tarea que Gabito desempeñó durante largos períodos
del año escolar. Hay una fotografía suya en la revista de la escuela en la
que aparece con sus medallas; mira a la cámara ligeramente de soslayo
y un poco avergonzado, como si tuviera razones para dudar de la justicia de su éxito. Éste sería un sentimiento que lo perseguiría a lo largo
de los años.

Al final del primer año, el adolescente García Márquez volvió a casa
para los dos meses de vacaciones anuales de diciembre y enero. Inevitablemente había nacido otro niño, prematuramente en esta ocasión: su
hermanito Jaime, que fue sietemesino, destinado a padecer durante siete años problemas de salud; Gabito fue su padrino, y posteriormente Jaime se convertiría en el hermano con quien Gabito mantendría una
relación más estrecha. Para entonces, la familia se había acomodado al
nuevo entorno y Gabito, como de costumbre, tuvo que ponerse al día
de muchas cosas. Sus hermanos y hermanas acabaron por verlo como
una especie de hermano ocasional que aparecía de vez en cuando, un
chico callado, tímido y algo solitario; el mayor y el más distante. Estas
ausencias regulares, al comienzo mismo de la adolescencia, hicieron más
profundo el abismo entre el muchacho y su padre, que nunca lo comprendía y parecía no intentarlo siquiera. No se olvidaba, sin embargo, de
su hermana Margot, que seguía igual de amedrentada ante su padre y a
la cual su madre nunca podía dedicar tiempo. Ella lo echaba muchísimo
de menos. («Éramos casi como gemelos», ha declarado en alguna ocasión.) Consciente de la soledad de su hermana, Gabito escribió religio-
samente a Margot todas las semanas que estuvo fuera.[13]

Le horrorizaba tener que ir a casa. Si para saber de Sucre tuviéramos que recurrir a las declaraciones de García Márquez entre 1967 y su autobiografía de 2002, apenas sabríamos nada, aparte de la evidencia indirecta de novelas como *La mala hora* o *El coronel no tiene quien le escriba*, escritas en la década de los cincuenta, y *Crónica de una muerte anunciada*, de principios de los ochenta. Las declaraciones que hacía a regañadientes meramente confirmaban la impresión deprimente y lúgubre que dejan esas novelas.

Sucre era el pueblo anónimo, la contrapartida oscura y maligna de Macondo; ni siquiera lo llamaría por su nombre, del mismo modo que rara vez mencionaba a su padre, con quien tanto identificaba aquel lugar en su mente (el título original de *La mala hora* era «Este pueblo de mierda»). Sin embargo, para los niños más pequeños, en particular para Rita y los otros cuatro que nacieron allí, era un paraíso tropical de río, jungla, animales exóticos y libertad.

Éste fue también el período más próspero de Gabriel Eligio como farmacéutico y homeópata, y no solamente trabajaba por cuenta propia, sino también en conexión con el consultorio médico local. Para tales sobresueldos le fue útil su filiación política, puesto que Sucre, a diferencia de Aracataca, era una ciudad en su mayoría conservadora. Al mismo tiempo, la violencia nunca se hallaba muy lejos de la superficie. El día en que bautizaron a Jaime, a un trompetista local le cortaron el cuello en el mismo momento en que se esforzaba por tocar la nota más alta y delirante. Algunos dijeron que la sangre salió disparada tres metros. Luis Enrique se enteró del incidente enseguida y salió a la carrera, pero para cuando llegó, el desventurado casi se había desangrado, aunque el cuerpo aún palpitaba.[14] Nada tan dramático ocurriría de nuevo en público hasta que en enero de 1951 Cayetano Gentile, un amigo de la familia que vivía en la casa contigua, fuese asesinado frente a todo el pueblo y la vida de todos ellos cambiara irremediablemente.

Gabito se encontró con que las infidelidades de su padre habían dado lugar a una alteración discordante de la organización de la familia. Cuando subía la pendiente desde la lancha a su regreso a Sucre a finales de 1940, fue a abrazarlo una joven vivaracha que dijo ser su hermana Carmen Rosa; aquella misma noche descubrió que su otro hermanastro, Abelardo, estaba también en el pueblo, trabajando de sastre. La presencia de Abelardo debió de suponer un golpe especial. El único consuelo que Gabito había hallado para estar con esta familia a la que casi no conocía era ser el mayor de los hermanos, y ahora incluso eso se lo habían arrebatado: no era el primogénito de su padre, sino sólo el de su madre.

Las frustraciones en la carrera de Gabriel Eligio y su complejo de inferioridad profesional explican en parte el problema entre él y Gabito, que siempre lo observaba con ojos de extraño. La mayoría de los hijos de Gabriel Eligio creían las historias que les contaba de su experiencia y sus logros como médico.[15] Gabito, que a esas alturas conocía más mundo, era sin duda más escéptico que sus hermanos y hermanas. Evidentemente, Gabriel Eligio leía y sabía mucho; además, tenía el arrojo y la entereza de seguir sus propias intuiciones, mientras eran sus pacientes quienes asumían los riesgos. Había obtenido el título de homeópata en Barranquilla y, compaginándolo con su trabajo de farmacéutico, dedicó las horas que pudo a obtener con grandes esfuerzos una titulación de la Universidad de Cartagena que le garantizase el pleno reconocimiento como doctor. Al fin, tras largas negociaciones, le concedieron el título de «Doctor en Ciencias Naturales», si bien empezó a hacerse llamar «doctor» mucho antes de eso.[16] Parece dudoso que Gabito se tomara nunca demasiado en serio el supuesto título de su padre; por otra parte, sin duda prefería con mucho el título de «coronel».

El propio Gabriel Eligio a menudo alardeaba de que sus técnicas distaban mucho de ser ortodoxas:

> Cuando me llamaban a ver a un enfermo, el corazón me decía con su tac-tac lo que tenía. Yo lo oía con mucho cuidado. «Esto es del hígado», me decía, y le daba yo un colagogo, cardillo de cabra o algo así... El corazón también me decía: «Este hombre se va a morir hablando». Entonces yo les decía a sus familiares: «Este hombre va a morir hablando...». Pero después todo eso se me fue, se me fue yendo, hasta que se acabó.[17]

No es de extrañar que los teguas («tegua» es una palabra peyorativa que significa cualquier cosa entre un curandero occidental y un herborista indio), y de hecho todos los homeópatas, tuvieran fama de ser libertinos sexuales en la Colombia de entonces. A fin de cuentas eran viajeros expertos a quienes nada los unía a la mayoría de lugares por los que pasaban, que podían acceder como nadie al sexo opuesto y que tenían una explicación siempre a punto para cualquier comportamiento desconcertante. Una mujer de una aldea cercana contrató a un abogado que acusó a Gabriel Eligio de haberla violado bajo los efectos de la anestesia, y aunque él negó el cargo de violación, más grave, admitió ser el padre del hijo de aquella mujer.[18] Mantener relaciones sexuales con un paciente también infringía la ley, pero se las arregló para salir impune del que tal vez fue el momento más delicado de su carrera, cuando hubiera podido perderlo todo. Más adelante, otra mujer salió al paso para decir que su nieta también había quedado encinta del doctor García y que ella no podía cuidarla. Luisa, tras las inevitables discusiones y reproches, hizo lo mismo que había hecho su madre antes que ella y aceptó que los hijos de su marido eran también suyos. Como reconocería el propio García Márquez: «Estaba enojada, y mucho, pero aceptó a los niños y yo la escuché un día decir aquella frase de "Es que la misma sangre de mis hijos no puede ir rondando por ahí"».[19]

En sus primeras vacaciones anuales, Gabito no sólo tuvo que asimilar la aparición de Abelardo y Carmen Rosa, así como las misteriosas noticias a media voz sobre otro hermanastro ilegítimo; una nueva experiencia traumática le aguardaba aún. Recibió un mensaje de su padre que lo emplazaba en lo que resultó ser un burdel local, La Hora. La mujer que le abrió la puerta lo miró de hito en hito y dijo: «Claro, ven por aquí». Lo condujo hasta una habitación en penumbra, lo desnudó y, tal y como dijo la primera vez que mencionó el incidente en público, lo «violó». Más tarde recordaría que fue lo más horrible que le había sucedido en toda su vida, porque no sabía qué estaba ocurriendo y tuvo la absoluta certeza de que iba a morir.[20] Por si fuera poco, la prostituta le recomendó a Gabito sin muchas contemplaciones que le pidiera a su hermano menor, a todas luces un habitual, que le diera algunas lecciones. Debió de culpar a su padre de esta experiencia sórdida, espantosa y humillante. De hecho, es más que probable que, siguiendo una arraigada tradición en América Latina —lo que los brasileños solían llamar «mandar al chico a comprar golosinas»—, Gabriel Eligio realmente lo organizara todo.

El segundo año en San José comenzó igual que el primero. García Márquez siguió siendo la estrella literaria del colegio y gozaba de una popularidad discreta. Escribió una entretenida crónica a propósito de una excursión con la escuela al mar en marzo de 1941, cuya lectura es un placer, pues desborda de buen humor, entusiasmo juvenil y puro brío y nervio: «El padre Zaldívar nos dijo que entonáramos un cántico a la Virgen y así lo hicimos a pesar de que algunos querían un porro como "A la vaca vieja" o "El pollo pelongo"». La crónica acaba así: «El que quiera saber

quién escribió estas tonterías, que le dirija una carta a GABITO». Fue uno
de los «listos», alérgico a los deportes y las peleas, y solía sentarse a leer a
la sombra durante el recreo mientras los demás jugaban a fútbol. Sin embargo, al igual que hicieran muchos otros estudiantes aplicados y poco
atléticos antes y después, aprendió a ser divertido y a defenderse con una
lengua afilada.

Sin embargo, este enigmático adolescente encerraba mucho más
de lo que se veía a primera vista. Los florecientes estudios de Gabito
quedaron interrumpidos en 1941 por una larga ausencia de San José,
durante la cual perdió la segunda mitad del curso académico a raíz de
un trastorno emocional que llegó a su punto crítico en mayo. Gabriel
Eligio, siempre indiscreto, habló de ello en una entrevista en 1969, poco
después de que su hijo alcanzara la fama: «Se le presentó una como esquizofrenia fregada, unas rabias tremendas y tal. Hubo un momento
en que le tiró al padre, a un famoso jesuita, con un tintero. Entonces
me escribieron contándome qué estaba pasando y que consideraban
que debía retirarlo. Lo retiré».[21] Se comenta en la familia que Gabriel
Eligio tenía la intención de trepanar la cabeza de su hijo «en el lugar
donde se ubican la conciencia y la memoria», y que tan sólo la amenaza de Luisa de hacer públicos sus planes lo contuvo.[22] No cuesta
imaginar el efecto de un plan de esta clase en un muchacho que, en
cualquier caso, no tenía ninguna fe en el doctor de la casa y que debió
de quedarse petrificado ante la idea de que su padre se metiera, literalmente, en su cabeza.

Cuando el desdichado Gabito llegó a Sucre, su hermanastro, Abelardo, le dijo sin ambages que lo que necesitaba era «una buena pierna»
y le procuró una continua sucesión de muchachas jóvenes bien dispues-
tas que le brindaron experiencias sexuales tempranas, mientras el resto
de los chicos de San José estaban ocupados rezándole a la Virgen. Estas
aventuras precoces hicieron que García Márquez —que hasta entonces,
como es lógico, se sentía menos hombre que otros en una sociedad profundamente machista— se sintiera conocedor de los entresijos del sexo,
una confianza que en adelante nunca lo abandonaría a pesar de otros
complejos que pudiera tener, y que le daría seguridad ante numerosas
preocupaciones y reveses.[23]

Fue en este punto cuando un enigmático personaje llamado José Palencia, hijo de un terrateniente local, apareció en escena. Al igual que
Luis Enrique, el hermano de Gabito, Palencia era un músico de talento

y un gran «parrandero» (bebedor, cantante, seductor) con quien Gabito entabló una buena amistad que se prolongaría durante sus años en Bogotá. Por añadidura, era atractivo y un bailarín consumado, una habilidad que Gabito, un excelente cantante, aún no dominaba. Palencia protagonizaría numerosas anécdotas picarescas, e incluso melodramáticas, en los años venideros, antes de un fallecimiento prematuro, aunque no del todo inesperado. Un amigo como éste fue un nuevo estímulo para un adolescente en formación.

A su regreso al colegio, en febrero de 1942, el joven García Márquez recibió la calurosa bienvenida de alumnos y profesores. Aunque le resta importancia a la experiencia en sus memorias, debió de sentirse incómodo y humillado por su ausencia y las explicaciones que hubo de inventar. Su padre se llevó buena parte de los laureles por su «curación». Ahora ya no se quedó en casa de José María y Hortensia Valdeblánquez, que ya tenían dos hijos, sino con el tío de su padre, Eliécer García Paternina, un empleado de banco conocido por su probidad y su generosidad, y cuya gran pasión en la vida era la lengua inglesa. Valentina, la hija de Eliécer, era una gran lectora, al igual que Gabito, y lo llevó a las reuniones del grupo de poetas locales Arena y Cielo.[24]

Un día, mientras estaba esperando en casa de uno de los poetas, una «blanca vaciada en un molde de mulata» llegó de visita. Se llamaba Martina Fonseca y estaba casada con un «negrazo» de más de metro ochenta, práctico de un buque. Gabito contaba apenas quince años y era poco corpulento para su edad. Habló con ella un par de horas mientras esperaban al poeta. Después volvió a verla esperándolo —dice él— en el banco de un parque, a la salida de la iglesia el Miércoles de Ceniza. Lo invitó a su casa y se embarcaron en una intensa aventura sexual, un «amor secreto que ardió a fuego loco» por el resto del año escolar. Con frecuencia el práctico pasaba fuera doce días seguidos, y los sábados correspondientes, Gabito, que debía estar de vuelta en casa del tío Eliécer a las ocho, fingía ir a la sesión de tarde del cine Rex. Sin embargo, al cabo de unos meses Martina dijo que creía que lo mejor sería que se marchara a otro sitio a estudiar, porque «así te darás cuenta de que lo nuestro no será nunca más lo que ya fue».[25] Se marchó llorando y, tan pronto regresó a Sucre, anunció que no pensaba volver al Colegio San José ni a Barranquilla. Su madre, según esta versión, dijo: «Si no es allá tendrá que ser en Bogotá». Su padre dijo que no había dinero para eso y Gabito, que de repente tomó conciencia de que a fin de cuentas quería seguir estudiando, le espetó: «Hay becas». Unos días más tarde llegó la recompensa: «Alista tus vainas —dijo Gabriel Eligio— que te vas para Bogotá».[26]

Gabito partió para la capital en enero de 1943 a probar fortuna. Incluso esto suponía un riesgo para la familia, porque el viaje a Bogotá era una inversión considerable tratándose de un muchacho que fácilmente podía suspender el examen de acceso. Bogotá era, en efecto, otro país, y llegar allí entrañaba un viaje largo e intimidatorio. Su madre le retocó uno de los viejos trajes negros de su padre, y toda la familia fue a despedirlo al muelle. Gabriel Eligio, que nunca desaprovechaba la ocasión de viajar, inició con Gabito su periplo en una pequeña lancha que los llevó por los ríos Mojana y San Jorge, y a continuación por el anchuroso Magdalena, hasta la ciudad de Magangué. Allí Gabito dijo adiós a su padre y tomó la embarcación fluvial *David Arango* en dirección sur, hasta Puerto Salgar, un viaje que por lo general duraba una semana, pero en ocasiones tres si las aguas estaban bajas y el barco de vapor quedaba encallado en algún bajío. Aunque lloró la primera noche, lo que de antemano le había parecido desalentador se convirtió en una revelación.[27] El barco estaba lleno de otros costeños jóvenes, muchachos llenos de esperanzas que, como él, viajaban a la capital por primera vez en busca de becas, o escolares y universitarios más afortunados que ya estaban matriculados y regresaban después de las largas vacaciones. Acabaría por recordar estos viajes como fiestas flotantes durante las cuales, junto con el resto de los jóvenes a bordo, cantaba boleros, vallenatos y cumbias con que entretenerse y ganar unos pocos pesos, en aquel «buque fluvial de rueda de madera que iba dejando un rastro de valses de pianola por entre la fragancia dulce de gardenias y salamandras podridas de los afluentes ecuatoriales».[28]

Unos días después, cuando Gabito abandonaba la embarcación fluvial al término del recorrido, sus compañeros más expertos, burlándose del hatillo tropical que su madre le había obligado a llevar —una estera de hoja de palma, una hamaca de fibra, una tosca manta de lana y un orinal de emergencia—, se lo arrebataron y lo arrojaron al río, señalando con ello el acceso a la civilización de aquel «corroncho», el apelativo de desprecio con que en Bogotá hablan del costeño, que da a entender que todos ellos son ordinarios e ignorantes e incapaces de discernir el buen comportamiento del malo.[29] Era como si nada de lo que supiera o poseyera fuese a serle de utilidad en Bogotá, entre los taimados y altaneros cachacos.

En Puerto Salgar, a los pies de los Andes orientales, los pasajeros subieron al tren que los llevaría a Bogotá. A medida que la locomotora ascendía y se adentraba en los Andes, el estado de ánimo de los costeños cambiaba por momentos. Con cada curva de la vía, más frío y enrarecido estaba el aire, y cada vez costaba más respirar.[30] La mayoría de ellos empezaron a temblar y a padecer dolor de cabeza. A 2.500 metros de altura alcanzaron la Meseta y el tren empezó a acelerar hacia la capital por la sabana de Bogotá, un altiplano de casi quinientos kilómetros de longitud y ochenta de anchura, de un lúgubre verde oscuro bajo las lluvias que arrecian todo el año, pero de un color esmeralda resplandeciente cuando el intenso sol andino ilumina el paisaje desde el cielo cobalto. La sabana estaba salpicada de pequeños poblados indígenas de cabañas de adobe gris con techumbres de paja, sauce y eucalipto, e incluso las moradas más humildes estaban decoradas con flores.

El tren llegó a la capital a las cuatro de la tarde. García Márquez ha comentado con frecuencia que fue el peor momento de su vida. Él pertenecía al mundo del sol, el mar, la exuberancia tropical, las costumbres sociales relajadas y una relativa ausencia de ropa y de prejuicios. En la sabana, en cambio, todo el mundo iba embozado en una ruana, o poncho colombiano; y en la lluviosa y gris Bogotá, acorralada contra las montañas de los Andes a 2.640 metros de altitud, parecía hacer aún más frío que en la sabana; además, las calles estaban transitadas por hombres de traje oscuro, chaleco y abrigo, como los ingleses que transitaban por la City de Londres, mientras que no se veían mujeres por ninguna parte. Con desgana, tras dejar escapar un sentido suspiro, el muchacho se puso el sombrero negro de fieltro que le habían dicho que todo el mundo llevaba en Bogotá, descendió del vagón y tiró de su pesado baúl metálico hasta depositarlo en el andén.[31]

No había nadie esperándolo. Se dio cuenta de que apenas podía respirar. Lo envolvía por todas partes el olor a hollín, nuevo para él. A medida que la estación y la calle iban quedando desiertas, Gabito lloró por el mundo que había dejado atrás. Era un huérfano: no tenía familia, ni sol, ni idea de qué iba a hacer. Por fin, un pariente lejano llegó y lo llevó en taxi a una casa cerca del centro de la ciudad. Si en las calles todo el mundo vestía de negro, en el interior todos llevaban ponchos y batines.

Cuando García Márquez se metió en la cama aquella primera noche, se levantó de un salto al instante y gritó que alguien le había empapado la cama. «No —le dijeron—, así es Bogotá, tendrás que acostumbrarte.» Pasó la noche en vela y volvió a llorar por el mundo que había perdido.

Cuatro días después, por la mañana temprano, guardaba cola en la puerta del Ministerio de Educación, en Jiménez de Quesada, la gran avenida que recibe el nombre del español que conquistó Colombia y fundó Bogotá.[32] La cola parecía interminable; empezaba en el tercer piso del edificio del ministerio y se extendía dos manzanas por la avenida Jiménez. García Márquez estaba casi al final. Su desesperación iba en aumento conforme pasaba la mañana. Y entonces, algo después de mediodía, sintió que le tocaban en el hombro. En el barco de vapor de Magangué había conocido a un abogado de la Costa, Adolfo Gómez Támara, que durante el viaje había estado devorando libros: *El doble*, de Dostoievski, y *El gran Meaulnes*, de Fournier, entre otros. Gómez Támara había quedado impresionado por cómo cantaba García Márquez y le había pedido que le escribiera la letra de uno de los boleros, para poder cantárselo a su novia en Bogotá. A cambio, le había regalado su ejemplar de *El doble*. El joven, tiritando de frío, le habló de su desesperada intención de obtener una beca. Por increíble que parezca, el elegante abogado resultó ser nada menos que el director nacional de las becas de educación, y de inmediato condujo al atónito aspirante al principio de la cola, hasta un amplio despacho. La petición de García Márquez se cursó y se inscribió para el examen, que tuvo lugar en el Colegio de San Bartolomé, la academia del casco antiguo de Bogotá donde se habían educado los colombianos de clase alta desde los tiempos de la colonia. Aprobó y le ofrecieron plaza en una escuela nueva, el Liceo Nacional de Varones de Zipaquirá, a unos cincuenta kilómetros de la ciudad. García Márquez hubiese preferido ir al prestigioso San Bartolomé de Bogotá, pero se esforzó por disimular su decepción.

Carecía de tiempo y de dinero para viajar a casa y celebrarlo con su familia, orgullosa y entusiasmada con la noticia. Nunca había oído hablar de Zipaquirá, pero allá dirigió sus pasos y llegó en tren el 8 de marzo de 1943, dos días después de cumplir dieciséis años. Zipaquirá era una pequeña ciudad colonial, típicamente andina, con el mismo clima que en Bogotá. Había sido el centro económico del imperio indígena chibcha, basado en las minas de sal que aún hoy son la principal atracción del turismo. La imponente plaza principal estaba rodeada por colosales casas coloniales de balcones azules y toscos tejados rojos con aleros, y a ella daba una catedral pálida con campanarios simétricos, que parecían demasiado altos para lo que, en aquellos tiempos, era en verdad poco más que un pueblo grande.

En Zipaquirá menudeaban pequeños talleres con chimeneas ennegrecidas que procesaban la sal por medio de la evaporación, tras lo cual el producto se vendía de nuevo al gobierno. Sobre la pequeña comunidad caían los residuos. Para un muchacho de la Costa, el clima y el ambiente resultaban fríos, sombríos y opresivos. La escuela acababa de fundarse, pero estaba alojada en un viejo edificio colonial. El antiguo Colegio de San Luis Gonzaga era una construcción austera de dos pisos que databa del siglo XVII y se organizaba alrededor de un patio interior flanqueado por arcos de la época.[33] Las instalaciones comprendían el despacho y las dependencias privadas del rector, la secretaría, una magnífica biblioteca, seis aulas y un laboratorio, además de un almacén, una cocina y refectorio, aseos y duchas; en la primera planta estaba el gran dormitorio para los aproximadamente ochenta internos que pernoctaban en la escuela. Obtener una beca para Zipaquirá, diría luego, fue como ganarse un tigre en una rifa. El colegio fue «un castigo» y «ese pueblo helado fue una injusticia».[34]

Aunque no lo apreciara entonces, García Márquez se benefició de dos circunstancias únicas en la historia de Colombia. Los conservadores habían abandonado la educación secundaria estatal en 1927 para dejarla en manos del sector privado, sobre todo de la Iglesia, pero cuando Alfonso López Pumarejo fue elegido presidente en 1934, declaró una «revolución en marcha». Por única vez en toda la historia de la nación, un gobierno, inspirado en parte por la Revolución mexicana y por las precarias reformas de la izquierda en la España republicana, se propuso unificar y democratizar el país y crear un nuevo tipo de ciudadano. Uno de los instrumentos fundamentales para esta transformación debía ser un sistema educativo verdaderamente nacionalista, y el primer «colegio nacional» que se fundó fue, precisamente, el Liceo Nacional de Zipaquirá. En este momento había sólo cuarenta mil estudiantes de secundaria en toda Colombia, y aquel año apenas seiscientos de ellos se graduaron (de los cuales nada más diecinueve fueron mujeres). La mayoría de colombianos tenía solamente una vaga idea de la complejidad regional de su país, pero a Zipaquirá iban a parar muchachos de todas las latitudes.[35]

Los profesores de Zipaquirá eran excepcionales. Muchos de ellos habían sido rechazados por otros colegios por su orientación progresista. Solían ser idealistas amantes del trabajo duro, de ideario liberal o incluso marxista, y los habían enviado a Zipaquirá para impedir que contaminaran la mentalidad de los chicos de clase alta de Bogotá. Eran todos especialistas en sus materias, y la mayoría había pasado por la Escuela Normal Superior bajo la tutela de uno de los grandes educadores de Colombia, el psiquiatra costeño José Francisco Socarrás, pariente de uno de los viejos compañeros de batalla del coronel, y puede que incluso de la esposa de éste, Tranquilina.[36] Socarrás era de la opinión de que había que exponer a los jóvenes colombianos a todas las ideas, sin excluir las corrientes socialistas. Muchos de estos profesores eran recién licenciados, y entablaban una relación relajada e informal con los alumnos. La jornada escolar era exigente. A las seis de la mañana los despertaba la campana, y a las seis y media García Márquez se había dado una ducha fría, se había vestido, se había limpiado los zapatos y las uñas y se había hecho la cama. No había uniforme, pero la mayoría de los alumnos llevaban saco azul, pantalón gris y zapatos negros.

García Márquez se las apañaba lo mejor que podía con prendas heredadas de su padre, y durante unos cuantos años se avergonzaría de tener que llevar chaquetas raídas demasiado largas de mangas, que por lo menos lo ayudaban a no pasar frío en aquella escuela sin calefacción. A las nueve de la noche, tras dejar atrás las clases y los deberes, los muchachos subían al dormitorio, donde poco después de la llegada de García Márquez al centro se instituyó una memorable tradición. Había un pequeño cubículo en el que los profesores dormitaban y desde el cual, antes de que se apagaran las luces, un profesor se sentaba a leer a los chicos desde la ventana mientras se quedaban dormidos (por lo común, algún clásico popular del estilo de *El hombre de la máscara de hierro*, pero a veces incluso obras de mayor peso, como *La montaña mágica*).[37] Según García Márquez, el primero de los autores fue Mark Twain, un recuerdo de lo más apropiado para un hombre que estaría destinado a ser, entre otras cosas, el Mark Twain de su tierra: símbolo del país, definidor de un sentido del humor nacional y cronista de la relación entre el centro y las provincias. En el dormitorio había camas de hierro con tablas a modo de somier, y eran estas tablas las piezas más codiciadas que se robaban los muchachos unos a otros. García Márquez se hizo famoso por los espantosos sueños que hacían que despertara a todo el dormitorio en plena noche con sus gritos. Había heredado esta propensión de su madre, Luisa; sus peores pesadillas «no sucedían en ensueños pavorosos, sino al contrario, en episodios felices con personas o lugares comunes que de pronto me revelaban un dato siniestro con una mirada inocente».[38] Su reciente lectura de *El doble*, de Dostoievski, no debió ser precisamente una ayuda.

Los sábados había clases hasta mediodía, tras las cuales los alumnos tenían libre hasta las seis para pasear por el pueblo, ir al cine u organizar bailes —si eran afortunados— en casa de las muchachas del pueblo. El sábado podían jugar a fútbol, aunque los costeños preferían el béisbol. Los domingos tenían el día libre hasta las seis, y aunque en la escuela había un sacerdote que daba clase de religión, no había misa diaria y la asistencia a la iglesia no era obligatoria, ni siquiera en domingo; a pesar de ello, García Márquez solía asistir, tal vez para no tener que mentirle a su madre en las cartas que enviaba a casa. Tal libertad era extraordinaria en la Colombia de los años cuarenta. Y como García Márquez reflexionaría más adelante, con tres comidas decentes al día y más independencia —una suerte de «autonomía supervisada»— que en casa de uno, muchas fueron las razones por las que a fin de cuentas mereció la pena vivir en Zipaquirá. Siempre agradecería al colegio la base que le dio en historia colombiana y latinoamericana. Sin embargo, como no podía ser de otro modo, la literatura era su asignatura predilecta, y estudió todo desde los griegos y los romanos hasta las obras españolas y colombianas recientes. Su ortografía era, entonces igual que ahora, sorprendentemente errática (aunque no tan deficiente como sus pésimas dotes en matemáticas); se consolaba al pensar que también corrían rumores sobre la lamentable ortografía del gran Simón Bolívar. Más adelante diría que su mejor profesora de ortografía había sido Luisa, su madre; a lo largo de sus años de colegio le devolvía corregidas las cartas que le había enviado.

Los fines de semana organizaban algún partido, jugaba un poco al fútbol con sus amigos en los jardines del colegio, iba al cine o paseaba por las calles y los prados altos de Zipaquirá bajo los eucaliptos. En ocasiones, el domingo tomaba el tren a Bogotá, a cincuenta kilómetros, para visitar a sus parientes costeños; con motivo de una de esas visitas, un amigo le presentó en la calle a un primo lejano, Gonzalo González, que trabajaba para el periódico *El Espectador*. González, que también había nacido en Aracataca, dejó una rara instantánea del joven que García Márquez era entonces:

Tendría 17 años, no pesaría 50 kilos. No vino hacia mí ... No dijo nada antes de que yo hablara y por todo eso sospeché que aquel niño era un hombre metódico, caviloso, disciplinado. No se movió de donde estaba, con un zapato viejo pero limpio sobre el filo del andén y el otro, rezagado, sobre el asfalto de la carrera Séptima con calle Dieciséis de Bogotá. Tal vez era un tímido sin miedo exterior. Circunspecto, casi un poco triste, y en todo caso solo, desconocido. Disuelto el recelo inicial, empezó a mostrarse dispuesto a la comunicación y a la clase de efusión controlada que más tarde le oí llamar «el show de simpatía». A los pocos minutos ya estaba hablando de libros.[39]

La lectura era la principal actividad de este evasivo joven en Zipaquirá. En Barranquilla había leído cuanta novela barata de Julio Verne y Emilio Salgari había encontrado, así como bastante poesía popular para toda una vida, además de los clásicos del Siglo de Oro español. Conocía muchos de aquellos poemas de memoria. Ahora el adolescente solitario empezaba a leer cualquier libro que cayera en sus manos. Agotó toda la biblioteca de literatura y a continuación pasó a los libros de historia, psicología, marxismo —sobre todo Engels—, e incluso las obras de Freud y las profecías de Nostradamus. Al mismo tiempo, se aburría con las exigencias y rigores de su educación formal y pasaba el día soñando despierto, a tal punto que corrió verdadero riesgo de perder su beca. No obstante, con apenas una o dos semanas de estudio dejó a sus compañeros y profesores atónitos al obtener notas excelentes en todas las materias y convertirse en el «primero de la clase».

A finales de 1943, Gabito regresó de nuevo a Sucre. Volver a este pueblo ribereño sería una constante durante sus años de colegio, en Barranquilla y Zipaquirá, de universidad, en Bogotá, y cuando ya trabajara en Cartagena y Barranquilla, hasta que la familia se trasladara a Cartagena en 1951. Aquí, o en otros pueblos próximos, hallaría los modelos de muchos de sus personajes más célebres, entre ellos la «cándida Eréndira» que da nombre a una colección de relatos, o la prostituta que él llamaría María Alejandrina Cervantes en *Crónica de una muerte anunciada*. Durante aquel primer año fuera de casa, en Zipaquirá, a finales de marzo había nacido el noveno hijo de la familia, Hernando («Nanchi»), y Gabriel Eligio, mujeriego incorregible, durante el embarazo de su mujer había vuelto a meterse en líos con el nacimiento de un nuevo hijo ilegítimo. Esta vez, tanto Luisa como su hija mayor, Margot, habían aunado sus fuerzas ante el ultraje, y durante un tiempo incluso Gabriel Eligio pensó que tal vez había ido demasiado lejos; como de costumbre, no obstante, logró convencerlas.[40]

Durante estas vacaciones, García Márquez tuvo otra tórrida experiencia sexual, en esta ocasión con una joven negra voluptuosa a la que él llama la «Nigromanta» (el mismo nombre que le atribuiría a una mujer sensual de piel negra en el penúltimo capítulo de *Cien años de soledad*), casada con un policía. Luis Enrique ha contado parte de la historia:

> Cualquier medianoche, Gabito se encontró con un policía en el puente de los Álvarez, en Sucre; el policía se iba para la casa de su mujer y Gabito venía de la casa de la mujer del policía. Se saludaron, el policía le preguntó a Gabito por la familia y Gabito le preguntó al policía por su mujer. Y si ése es el cuento que conoce mi mamá, es de imaginar los que conoce y no cuenta. Inclusive, éste no lo cuenta completo, porque el final es que el policía le dijo a Gabito que le prestara candela para encender un cigarrillo y cuando se acercó para encenderlo, el policía hizo un gesto malicioso y le dijo: «Mierda, Gabito, tu vienes de La Hora y tienes un olor a puta que no se lo brinca un chivo».[41]

Semanas después, según la versión del propio García Márquez, el policía lo pilló en la cama con su mujer (dio la mala suerte de que se quedó dormido) y lo amenazó con hacer una ruleta rusa en la que Gabito fuera el único participante. El agente del orden se aplacó, no sólo porque compartía las mismas tendencias políticas que el padre de García Márquez, sino también porque recordaba con gratitud una ocasión reciente en que Gabriel Eligio lo había curado de una gonorrea que ningún otro doctor había logrado erradicar.[42]

Gabito se hacía mayor y al fin empezaba a aparentar su edad. Sus coetáneos de Zipaquirá lo recuerdan en esa época delgado, con ojos desorbitados, temblando siempre y quejándose del frío. Su cabello, antes peinado y con raya, poco a poco se tornó en lana de acero, que nunca más volvería a domar del todo.[43] Dejó de intentar parecerse a los cachacos —ropa sombría, pulcra; cabello con brillantina y peinado en toda ocasión— y empezó a hacer virtud de quién era y lo que era. Dejó crecer a su capricho un incipiente bigote costeño. El anterior rector había sido sustituido por un joven poeta, Carlos Martín, de sólo treinta años y tan apuesto como un galán de cine. Era miembro del movimiento poético Piedra y Cielo, muy en boga, que estaba causando furor en Bogotá. Estos poetas, que habían tomado su nombre de la obra del español Juan Ramón Jiménez, no se habrían considerado revolucionarios en la mayoría de las repúblicas latinoamericanas de la época. En cambio, Colombia, una tierra que siempre había albergado más poesía que prosa —salvo por los discursos, otra especialidad nacional—, era también hogar del conservadurismo literario. Su tradición poética es muy rica, una de las más poderosas en un continente que ha dado poetas de enorme talla, pero opera en una veta inusualmente estrecha, subjetivista, y la realidad social e histórica de la nación estaba casi por completo ausente de la literatura de aquellos años. Nuevos poetas colombianos como Eduardo Carranza, Arturo Camacho Ramírez, Jorge Rojas y Carlos Martín reflejaban las obras de Jiménez y la ulterior Generación del 27 española, junto a poetas de vanguardia latinoamericanos como Pablo Neruda, quien había visitado Bogotá y trabado contacto con el grupo en septiembre de 1943.

Durante los seis meses siguientes, el poeta Martín sustituyó al modesto profesor Carlos Julio Calderón Hermida en las clases de literatura española. García Márquez ya estaba escribiendo poesía bajo el pseudónimo de «Javier Garcés». Martín se centraba especialmente en las obras de Rubén Darío, el gran nicaragüense que había revolucionado, prácticamente sin ayuda de nadie, el lenguaje poético tanto de España como de América Latina entre 1888, cuando apareció *Azul*, y 1916, fecha de su muerte. Darío, cuya infancia guardaba inquietantes paralelismos con la de García Márquez, se convertiría en uno de los principales dioses del Olimpo poético de los jóvenes colombianos.[44] García Márquez empezó a componer poemas «al estilo de...», pastiches de las técnicas de grandes figuras españolas como Garcilaso de la Vega, Quevedo y Lorca, y de latinoamericanos como Darío y Neruda. Escribía sonetos por encargo de otros chicos, con los cuales obsequiaban a sus novias, y en una ocasión una de las destinatarias, desavisada, le recitó uno de ellos.[45] Escribía también poemas de amor para sí mismo, inspirados en sus relaciones con las muchachas del lugar. Transcurridos los años, es curioso que García Márquez se haya avergonzado de estas primeras tentativas hasta el punto de negar la autoría de muchas de ellas.

Los alumnos costeños organizaban bailes en el pueblo siempre que tenían ocasión. Por este procedimiento, entre otros, conoció a buen número de chicas. Una de ellas, Berenice Martínez, compartió con él un breve pero a todas luces apasionado romance hacia el final de su estancia en Zipaquirá. Nació el mismo mes que García Márquez y recordaba en 2002

—para entonces era una viuda con seis hijos residente en Estados Unidos— que se enamoraron «a primera vista» y que, por encima de todo, compartían el entusiasmo por los boleros, entonces en boga, que se cantaban uno al otro mientras duró el romance.[46] También, recordaría García Márquez, «la menos olvidable no fue el amor de nadie, sino el hada de los adictos a la poesía. Se llamaba Cecilia González Pizano y tenía una inteligencia veloz, una simpatía personal y un espíritu libre en una familia de estirpe conservadora, y una memoria sobrenatural para toda la poesía».[47] A Cecilia la llamaban «la Manquita», al modo hispano, un tanto cruel, porque solamente tenía una mano y suplía su ausencia con una manga larga. Era una muchacha rubia, bonita y vivaracha con la cual Gabito hablaba siempre de poesía. La mayoría de chicos daban por hecho que era su novia.

Y hubo otras aventuras, escapadas nocturnas al teatro, muchachos que ayudaban a otros a descender por sábanas anudadas y fugarse en la oscuridad para acudir a alguna cita ilícita. El portero del colegio nunca parecía sorprender a nadie en plena huida, y los alumnos llegaron a la conclusión de que, tácitamente, era su cómplice. García Márquez inició una relación con una mujer más mayor, la esposa de un médico, y durante las ausencias de su marido la visitaba de noche en su alcoba, al final de un laberinto de habitaciones y pasillos en una de las viejas casas coloniales de Zipaquirá. Esta experiencia, digna de un cuento de Boccaccio, se recuerda en la inolvidable escena al principio de *Cien años de soledad*, en la que el joven José Arcadio vive su primera experiencia sexual después de buscar el camino a tientas en la oscuridad por una casa llena de cuerpos durmientes en hamacas.[48] Carlos Martín conocía a todos los poetas destacados de su generación, y unos meses después de su llegada invitó a los dos más influyentes, Eduardo Carranza y Jorge Rojas, a dar una charla en Zipaquirá. García Márquez y un amigo tuvieron el privilegio de entrevistarlos en la gran casa colonial que Martín había alquilado en la plaza principal del pueblo. Éste fue el primer contacto que establecía con literatos vivos de alto nivel, y se sintió a un tiempo encantado y abochornado cuando Martín lo presentó ante los dos célebres visitantes como «un gran poeta».[49] Por desgracia, la revista que los muchachos habían fundado, *La Gaceta Literaria*, se convirtió en una víctima inverosímil de los acontecimientos de la política nacional, y también sería la primera experiencia de García Márquez con la violencia que amenazaba a la nueva Colombia que el presidente López Pumarejo trataba de crear. El 10 de julio de 1944, López Pumarejo, a los dos años de su segundo mandato, fue secuestrado en la ciudad de Pasto en un intento golpista apoyado por el político archiconservador Laureano Gómez, que los liberales apodaban «el Monstruo». López Pumarejo, bajo presiones cada vez mayores, renunciaría al cargo el 31 de julio de 1945, y otro liberal, Alberto Lleras Camargo, asumiría el último año de legislatura en un clima de tensión creciente. Carlos Martín, en su condición de director del centro, había enviado un telegrama de apoyo al palacio de gobierno días después de la intentona de golpe de Estado. Al cabo de poco, el alcalde conservador de Zipaquirá se presentó en el colegio con un destacamento policial y confiscó toda la tirada del primer número de *La Gaceta Literaria*, que se había llevado expresamente a imprimir a un taller de Bogotá. Al cabo de unos días, el nuevo rector recibió una llamada telefónica del ministro de Educación, lo citaron en su despacho y le pidieron que dimitiera.

García Márquez volvió a las clases del señor Calderón Hermida y siguió leyendo por su cuenta. Ha comentado que hallaba las obras de Freud tan especulativas e imaginativas como las de Julio Verne,[50] y le inspiraron para presentar una redacción titulada «Un caso de sicosis obsesiva», escrita, irónicamente, durante un castigo.[51] Era sobre una muchacha que se convertía en mariposa, volaba lejos y pasaba por una serie de peripecias extraordinarias. Cuando los compañeros de clase de García Márquez se burlaron de tal cursilería, el profesor se apresuró a interceder y a alentarlo, y le dio consejos prácticos en cuanto a la organización de su prosa y los instrumentos retóricos que podía utilizar. La historia circuló por todo el colegio hasta que llegó al secretario del centro, que proféticamente dijo que le recordaba a *La metamorfosis* de Kafka.

Se trata de un detalle sorprendente, porque García Márquez ha dicho siempre que tuvo noticia de Kafka por primera vez en Bogotá en 1947, y que el impacto que causó en él caló directamente en sus primeros cuentos publicados.[52] Sin embargo, parece que pudo haber leído a Kafka en el colegio. Un dato interesante es que *El doble*, con el cual lo obsequió Gómez Támara, no sólo es una de las obras más extrañas de Dostoievski, como su autor observó en su momento, sino también una de las menos conocidas. Alguien que la había leído, no obstante, era Franz Kafka. La idea de que todos albergamos más de una personalidad, más de una identidad, debió de parecerle un gran consuelo y de todo punto terapéutica a un joven como García Márquez, que estaba mucho más afligido de lo que dejaba traslucir, que ya había pasado por problemas emocionales de cierta gravedad en su anterior escuela, y que ahora no sólo se enfrentaba a un desafío mucho mayor a su confianza y a la opinión que tenía de sí mismo, sino también a una necesidad de responder a las polvorientas convenciones de Bogotá en lo tocante a autoridad, gusto y civismo. El señor Calderón reivindicaría más adelante haberle dicho a su brillante alumno, considerado entonces por muchos observadores mejor artista gráfico que escritor, que se convertiría en «el mejor novelista de Colombia».[53] No cabe duda de que semejante apoyo moral debió de ser impagable.

A pesar de sus bufonadas extracurriculares y la atención intermitente a sus obligaciones académicas, el prestigio de García Márquez en el colegio seguía creciendo. El último día de 1944, al final de su segundo año allí, *El Tiempo*, el diario más importante de Colombia, publicaría en el suplemento literario uno de sus poemas, bajo su pseudónimo de Javier Garcés. Esto ha dado pie a momentos embarazosos para su autor durante casi sesenta años, pero entonces probablemente le pareció un reconocimiento maravilloso a un muchacho de diecisiete años a quien aún le restaban dos años para acabar la educación secundaria.[54] El poema, «Canción», estaba dedicado a una amiga, Lolita Porras, que había muerto trágicamente poco antes. Lo encabezaba el epígrafe de un poema de Eduardo Carranza, el cabecilla del grupo Piedra y Cielo, y empezaba así:

CANCIÓN
«Llueve en este poema»
E. C.

> Llueve. La tarde es una
> hoja de niebla. Llueve.
> La tarde está mojada
> de tu misma tristeza.
> A veces viene el aire
> con su canción. A veces...
> Siento el alma apretada
> contra tu voz ausente.
>
> Llueve. Y estoy pensando
> en ti. Y estoy soñando.
> Nadie vendrá esta tarde

a mi dolor cerrado.
Nadie. Sólo tu ausencia
que me duele en las horas.
Mañana tu presencia
regresará en la rosa.

Yo pienso —cae la lluvia—
en tu mirada tierna.
Niña como las frutas,
grata como una fiesta,
hoy está atardeciendo
tu nombre en mi poema.[55]

García Márquez juzgaría que los versos que escribió durante sus años de colegio: «Eran simples ejercicios técnicos sin inspiración ni aspiración, a los que no atribuía ningún valor poético porque no me salían del alma».[56] Pero, de hecho, una primera lectura del poema —por no mencionar el asunto que trata— sugeriría una fuerte carga emocional.

Hay que reconocer que el aspecto técnico, aunque prometedor, carece de originalidad; es un pastiche, y no malo, por cierto, del Neruda de los años veinte. Sin embargo, eso encierra probablemente una importancia menor. La verdad parece ser que a García Márquez no le incomodan únicamente los atajos técnicos de sus inicios poéticos, completamente comprensibles en la más «poética» de las repúblicas latinoamericanas, sino también —y mucho más embarazoso para él— las emociones que de otro modo no hubiera expresado y que lo embargaban en la adolescencia.

Su prestigio literario en alza, una prolongación del talento juvenil que había dejado entrever en Barranquilla, explica sin duda por qué García Márquez fue quien pronunció el discurso de la ceremonia de graduación el 17 de noviembre de 1944, en el cual se despedía de los muchachos dos cursos mayores que él. El tema elegido para el discurso fue la amistad, uno de los leitmotivs de su vida en el futuro.

En 1944, el viaje a casa lo llevó solamente hasta Magangué. La familia García Márquez había hallado la felicidad y creía haber encontrado su lugar en Sucre; pero la felicidad era siempre una experiencia pasajera para Gabriel Eligio, que de repente decidió trasladar a su prole río abajo, a Magangué, una ciudad calurosa, llana y que crecía sin orden ni concierto rodeada de ciénagas, en un promontorio que se alzaba por encima del Magdalena, la ciudad ribereña más importante entre Barranquilla y Barrancabermeja, y el principal enlace por carretera entre el río y el oeste del país. Hay razones para creer que Gabriel Eligio huía del escenario de sus andanzas y vergüenzas, pero esto no le impidió adoptar un enfoque punitivo de las fechorías de su segundo hijo varón, Luis Enrique, al que enviaron a un reformatorio de Medellín durante dieciocho meses.

Fue en Magangué donde las hermanas de Gabito recuerdan haber conocido a la que sería su mujer, Mercedes Barcha. El propio García Márquez siempre ha asegurado que ella tenía nueve años cuando la conoció, lo que situaría su primer encuentro en algún punto entre noviembre de 1941 y noviembre de 1942 —aun antes de marcharse a Zipaquirá—, y que incluso entonces supo (a la edad de catorce años) que se casaría con ella.[57] Mercedes, por su parte, que dice no recordar «casi nada del pasado», ha confirmado que conoció a su futuro marido cuando no era más que «una niña».[58] Entonces, a comienzos de 1945, García Márquez escribió un poema titulado «Soneto matinal a una colegiala ingrávida», y existen motivos de peso para suponer que la colegiala en cuestión no era otra que Mercedes Barcha. Estaba acabando su último curso en la escuela primaria. El poema circuló tanto por Zipaquirá como por Magangué, y es otro pastiche entusiasta de la poesía de Neruda. La versión que se conserva se titula simplemente «Niña» y va firmada por Javier Garcés:

NIÑA

Al pasar me saluda, y tras el viento
que da el aliento de su voz temprana,
en la cuadrada luz de mi ventana
no se empaña el cristal, sino el aliento.

Es tempranera como la mañana,
cabe en lo inverosímil como un cuento,
y mientras cruza el hilo del momento,
vierte su sangre blanca la mañana.

Si se viste de azul y va a la escuela,
nadie adivina si camina o vuela,
porque es como la brisa, tan liviana

que en la mañana azul nadie precisa
cuál de las tres que pasa es la brisa,
cuál es la niña y cuál es la mañana.[59]

Si el soneto está realmente dedicado a Mercedes, es una de las pocas cosas que García Márquez ha dicho nunca sobre ella sin un deje de humor o ironía.

El regreso al colegio en febrero de 1945 debió de provocarle sentimientos encontrados. Le había dado por fumar hasta cuarenta o cincuenta cigarrillos diarios, un hábito que mantendría las tres décadas siguientes.[60] Durante las clases hallaba frecuentes excusas para refugiarse en los lavabos y esperaba con ansiedad la hora del recreo. Actuaba en parte como un rebelde decepcionado por el sistema, en parte como una especie de poeta maldito a quien ningún sistema pudiera satisfacer jamás. Empezó a fingir aburrimiento en todas las clases salvo en literatura, y consideraba poco menos que intolerable tener que trabajar en materias que no le interesaban. Siempre ha expresado asombro ante su éxito académico y ha especulado que sus profesores en realidad lo calificaban por la supuesta inteligencia de su personalidad, no por sus verdaderos méritos.

A pesar de sentirse alienado, su comportamiento y su historial académico le valieron ser uno de los tres elegidos para acompañar al rector cuando éste viajó al Palacio Nacional de Bogotá a solicitar recursos al presidente Lleras Camargo, el sustituto de emergencia de López Pumarejo, para una visita de estudios a la costa. Lleras no sólo aceptó, sino que además asistió a la ceremonia de graduación del colegio al final del curso. García Márquez acabaría conociendo bastante bien a este consumado político liberal en los años venideros, y establecería con él una de sus curiosas y ambivalentes relaciones con los grandes y poderosos de Bogotá. De lo que no cabe duda es que dieciocho años fue una edad precoz para mantener audiencia con un presidente y acceder por vez primera a la sede del gobierno. Éste fue el mismo año en que García Márquez hizo el discurso que más éxito le reportó, y además el único que improvisó jamás. Cuando acabó la Segunda Guerra Mundial, la euforia se desató en el colegio y le pidieron que dijera unas palabras. Declaró que Franklin D. Roosevelt había conseguido, al igual que hiciera El Cid, el gran héroe español, «ganar batallas después de muerto». La frase fue celebrada no sólo en la escuela, sino por toda la ciudad, y la reputación oratoria de García Márquez creció aún más.[61]

A finales de 1945 regresó a Sucre. Su padre había cerrado la farmacia de Magangué, volvió varios meses a sus erráticas andanzas y dejó a Luisa, de nuevo embarazada (cuando no estaba encinta apenas le permitía salir), al frente de la numerosa prole en una casa grande y llena de recovecos. A su retorno, trasladó a su familia de nuevo a Sucre, a una vivienda distinta a unas manzanas de la plaza, y renunció a la farmacia para dedicarse de pleno a la homeopatía. El décimo hijo, Alfredo («Cuqui»), había nacido en febrero y de hecho era Margot quien se ocupaba de él.

Gabito se permitió ahora descarriarse completamente de la mano de su hermano menor, que tenía buen corazón, pero era incorregible. Enseguida se unió al grupo musical de Luis Enrique, pasaba fuera toda la noche, frecuentaba los burdeles locales y se gastaba su parte del dinero que la banda ganaba bebiendo sin freno por primera vez en su vida. Por Navidad, en lugar de hacer su contribución acostumbrada al concurso de carrozas durante los festejos de fin de año, desapareció en el vecino pueblo de Majagual durante diez días, y se dio la gran vida en un prostíbulo. «La culpa fue de María Alejandrina Cervantes, una mujer inverosímil que conocí la primera noche, y con quien perdí la cabeza en la parranda más fragorosa de mi vida.»[62]

Después de muchos suspiros y silencios, Luisa al fin le preguntó a su primogénito qué estaba ocurriendo, y él respondió: «Estoy hasta la coronilla de toda esta vaina». «¿De nosotros?» «De todo.» Dijo que estaba asqueado de la vida que llevaba, harto de la escuela y de las expectativas puestas en él. No era ésta una respuesta que su madre pudiera transmitirle a Gabriel Eligio, así que la rumió un tiempo y finalmente sugirió que la solución era que Gabito, al igual que casi todos los jóvenes ambiciosos de América Latina en aquella época, estudiase derecho. Al fin y al cabo, dijo astuta, era una buena formación para un escritor, porque «dicen que si te lo propones podrías ser un buen escritor». Según sus memorias, la primera respuesta de Gabito a su madre a propósito de este asunto fue negativa: «Si hay que ser escritor tendría que ser de los grandes, y a ésos ya no los hacen». El lector debe afrontar el hecho de que, aunque el joven no había leído aún a Joyce o Faulkner, no estaba interesado en pertenecer a la raza que estos «pobres» escritores del siglo xx podían representar, alejada de la estirpe de los ganadores natos: ¡en el fondo de su joven corazón deseaba ser Dante o Cervantes! Luisa no desistió ante su objeción y los días que siguieron llevó a cabo una brillante negociación sin necesidad de que padre e hijo discutieran siquiera el asunto cara a cara: Gabriel Eligio aceptó, aunque con porte trágico, que su hijo no siguiera sus pasos en medicina; y Gabito aceptó que no sólo iba a acabar el bachillerato, sino que a continuación también estudiaría derecho en la Universidad Nacional. Así se evitó una rebelión adolescente descontrolada y una crisis familiar desastrosa.[63]

García Márquez, ahora impúdico en el terreno sexual, debió de quedar estupefacto al acercarse las Navidades cuando descubrió que la colegiala incorpórea de Magangué se había trasladado a Sucre. Su nombre completo era Mercedes Raquel Barcha Pardo, y era hija, como él, de un farmacéutico, a quien Gabriel Eligio conocía desde hacía muchos años, desde que de joven recorriera los ríos y las junglas de la cuenca del Magdalena, a principios de los años veinte. Había nacido el 6 de noviembre de 1932. Al igual que Gabito, era también la mayor de sus hermanos; la suya era una hermosura misteriosa, tenía altos pómulos y ojos oscuros almendrados, cuello esbelto y elegante porte. Vivía en la plaza principal, enfrente de Cayetano Gentile, un buen amigo de Gabito, que a su vez vivía en la casa contigua a la de los García Márquez antes de que se trasladaran a Magangué.

La madre de Mercedes, Raquel Pardo López, pertenecía a una familia de ganaderos, al igual que su padre; sin embargo, éste, Demetrio Barcha Velilla, era en parte descendiente de emigrados de Oriente Medio, aunque él había nacido en Corozal y era católico. El padre de Demetrio, Elías Barcha Facure, venía de Alejandría, aunque probablemente era de origen libanés: de ahí, es de suponer, la «sigilosa belleza de una serpiente del Nilo» de Mercedes.[64] Elías había obtenido la nacionalidad colombiana el 23 de mayo de 1932, seis meses antes de que naciera Mercedes. Murió casi centenario, y leía la fortuna en los posos del café. «Mi abuelo era un egipcio puro —me dijo—. Me ponía a brincar sobre sus rodillas y me cantaba en árabe. Siempre vestía de lino blanco, con corbata negra, reloj de oro y sombrero de paja, como Maurice Chevalier. Se murió cuando yo tenía unos siete años.»[65]

Mercedes Raquel, que llevaba el nombre de su madre y el de su abuela, era la mayor de los seis hijos de Demetrio y Raquel. La familia se trasladó a Majagual después de que naciera ella, luego volvió a Magangué y, por último, al cercano Sucre. Demetrio se ocupaba de varios negocios, entre ellos los suministros generales, pero al igual que Gabriel Eligio García, se había especializado en farmacia.

Mercedes había pasado su primer año en el colegio de monjas franciscanas del Sagrado Corazón, en Mompox, al otro lado del río, frente a Magangué. Estaba a tan sólo una calle de la famosa torre octagonal de la iglesia de Santa Bárbara, en la plaza principal de la pequeña ciudad colonial, tal vez la mejor conservada de Colombia.[66]

En Magangué, una amiga de su infancia me dijo: «Mercedes siempre llamaba mucho la atención, tenía una buena figura, alta y delgada. Aunque, la verdad, su hermana María Rosa era más bonita. Pero a Mercedes siempre le echaban más piropos».[67] En aquella época ayudaba ya en la farmacia de la familia, y los niños García Márquez a menudo la veían cuando iban a hacerle recados a su padre. Todos ellos advirtieron, entonces y más adelante, que Mercedes tenía un fuerte concepto de sí misma y que ejercía una autoridad sosegada. Gabito, que rara vez acometía algo directamente, con frecuencia se pasaba por allí a hablar con el padre de Mercedes, Demetrio Barcha; siempre tuvo predilección por los hombres mayores que él, y Demetrio contaba con la gran virtud de ser liberal, a pesar de su amistad con Gabriel Eligio. La propia Mercedes siempre ha hecho hincapié en que ella estaba de lo más tranquila y que no se daba cuenta de las intenciones de su admirador, perdidamente enamorado. De ordinario ni siquiera hacía ademán de advertir la presencia de Gabito, y cuando pasaba su padre, la miraba por encima de las gafas y la reprendía sin dureza: «Saluda». Mercedes le contó a Gabito que su padre decía siempre que «todavía no ha nacido el príncipe que se va a casar conmigo». ¡Me aseguró que durante años creyó que Gabito estaba enamorado de su padre!

En el transcurso de aquellas vacaciones navideñas, 1945-1946, tuvo la oportunidad de aproximarse a aquella muchacha serena, distante, cuando coincidieron en una fiesta. En *Crónica de una muerte anunciada*, el narrador recuerda: «Muchos sabían que en la inconsciencia de la parranda le propuse a Mercedes Barcha que se casara conmigo, cuando apenas había terminado la escuela primaria, tal como ella misma me lo recordó cuando nos casamos catorce años después».[68] Días después de la fiesta, la vio en la calle paseando a dos chiquillos y ella se rió: «Sí, son míos». Él interpretó esta broma adulta, en boca de una persona joven tan enigmática, como una señal secreta de que estaban en la misma sintonía. Durante años eso le daría fuerzas para seguir adelante.

El regreso de García Márquez a Zipaquirá para su último curso comenzó con una nota sofisticada. Se había comprometido a lograr que su alocado amigo José Palencia se matriculara en el Liceo Nacional, después de haber suspendido el último curso en Cartagena. A cambio, Palencia le compró un billete de avión y volaron a Bogotá en un DC-3 no presurizado, un viaje que llevaba cuatro horas en lugar de dieciocho días.[69] Palencia alquiló una gran habitación en la mejor casa de la plaza, con vistas a la catedral desde su ventana. Esto le ofrecería a García Márquez un refugio idóneo y acorde con su categoría de alumno de último año. Palencia le obsequió con un traje oscuro para expresarle su gratitud. El bochorno de García Márquez con sus ropas raídas y heredadas, que lo habían perseguido a lo largo de sus años de colegio, tocaba a su fin.

A principios de aquel último curso García Márquez cumplió diecinueve años. Era un poeta publicado, que gozaba de prestigio considerable entre sus compañeros de clase, a quienes a menudo divertía con versos cómicos y satíricos, con los poemas que escribía especialmente para sus novias, o con las caricaturas que dibujaba de alumnos y profesores. Incluso a esta edad todavía lo asaltaban pesadillas que aterrorizaban a los otros internos y profesores casi tanto como a él, y aquel último año lo trasladaron a un dormitorio más pequeño, donde hubiera menos víctimas de sus alaridos.

Toda Colombia se hallaba ahora con los nervios a flor de piel. Los conservadores, como era de prever, habían derrotado al dividido Partido Liberal en las elecciones generales, y cuando García Márquez se graduó, en noviembre de 1946, estaban ya cobrándose su siniestra venganza en sus enemigos políticos y quienes los apoyaban, en especial en las áreas rurales, donde a los campesinos se les habían dado razones para esperar que la reforma agraria estaría en la agenda política. Eso nunca iba a ocurrir. A los recortes de los conservadores se le sumó un toque añadido de histeria por la creciente popularidad del cada vez más estridente Jorge Eliécer Gaitán, ahora líder indiscutido de los liberales y ya proclamado candidato a las elecciones de 1950. La «Violencia», la horrible oleada de crímenes que acabó con un cuarto de millón de colombianos desde finales de la década de 1940 hasta los años sesenta, suele fecharse a partir de abril de 1948, pero ya había comenzado durante los últimos años de García Márquez en Zipaquirá.

Nervioso por los exámenes y desesperado por cumplir la promesa a su madre, García Márquez al fin consiguió el excelente resultado en el examen final que su talento sin duda merecía. Pero tuvo la suerte de su parte. Durante el período de repaso previo a la prueba, él y Palencia salieron toda la noche y bebieron como cosacos. Estuvieron a punto de ser expulsados y no les permitieron examinarse, lo que significaba que no iban a poder graduarse como «bachilleres» durante otro año más. Sin embargo, el director tomó conciencia de lo vergonzoso y en cualquier caso lamentable que sería que su mejor alumno acabara así su carrera; revocó la decisión y acompañó en persona a los dos delincuentes a examinarse, aunque con retraso, en Bogotá.[70] Más adelante, García Márquez reconocería: «Todo lo que aprendí se lo debo al bachillerato».[71]

Así que el héroe se fue a casa, aún convencido de que sus logros eran fruto de un astuto ardid, y por esa misma razón, falto de verdadera confianza en sí mismo; sin embargo, también intuía vagamente que para engañar a todo el mundo, como creía haber hecho, era probable que tuviera aún más talento de lo que pensaban los demás. Estaba decidido, por último, a pesar del sentimiento de culpa que lo embargaba, a seguir engañando a la familia, a hablar como si pensara llevar adelante el proyecto de estudiar derecho, mientras en realidad seguiría su propio camino en la vida.

Poco después de regresar de Magangué a Sucre, Gabriel Eligio, mientras tenía de nuevo en alquiler una vivienda a cierta distancia de la plaza del pueblo, se propuso construir su propia casa: un ambicioso y utópico proyecto de una sola planta en medio de un campo de mangos, a unos cincuenta metros del Mojana, en la orilla norte. ¿Acaso había decidido al fin echar raíces? La familia acabaría por referirse a su nuevo hogar como «la casa quinta», pero Gabito, para quien no había más que una casa en el mundo, la llamaba «el hospital», porque su padre puso allí su consulta y laboratorio, y porque estaba pintada de blanco; y además porque le dolían incluso los logros más insignificantes de su padre.

Aun así, y a pesar de que no podía compararse con las residencias relativamente majestuosas de la plaza del pueblo, la nueva casa era de unas dimensiones sorprendentes para Sucre. Jaime García Márquez recuerda una casa magnífica, aunque sin electricidad, de la que sí disponían en Aracataca; y tampoco había agua corriente ni sanitarios en condiciones (mientras que en Aracataca había fosa séptica). La familia utilizaba lámparas de aceite, alrededor de las cuales revoloteaba siempre un enjambre de insectos tropicales. Por la noche con frecuencia hallaban serpientes enroscadas en los alféizares de las ventanas. Una vecina, la señorita Juana, solía cocinar y limpiar la casa, jugaba con los niños y les contaba cuentos aterradores.

Se había producido otro gran cambio en las circunstancias familiares, como rememora Ligia:

> Allá llegaron a vivir la abuela Tranquilina y la tía Pa, una media hermana de mi mamá, hija del abuelo Nicolás. La tía Pa podía predecir las sequías y las lluvias, porque sabía los secretos de la naturaleza, aprendidos de los indios guajiros ... A la tía Pa la quisimos mucho porque nos ayudó a criar. Ella fue la que me contó muchas cosas de los antepasados de la familia...[72]

García Márquez recuerda que Tranquilina estaba ciega y demente y no se desvestía mientras la radio estuviera encendida, porque imaginaba que los dueños de aquellas voces que oía la estaban observando.[73]

Existe, sin lugar a dudas, una historia conmovedora en relación con aquella nueva casa. Gabito se sentía especialmente incómodo ante los festejos que rodearon su regreso a Sucre a finales de 1946. Allí estaba su padre, con quien mantenía una relación espinosa y al cual se proponía engañar y defraudar tanto en el futuro inmediato como a largo plazo, en un gran momento de triunfo mutuo: Gabito era «bachiller», una rara proeza en aquellos tiempos, incluso entre las clases medias; y Gabriel Eligio había construido una casa magnífica y estaba resuelto a recordarle a todo el mundo lo que había conseguido, al tiempo que celebraba el éxito académico de su hijo. Aida Rosa recuerda: «Nunca se me olvidará la fiesta que hizo mi papá en Sucre cuando Gabito se graduó de bachiller. Don Gabriel Eligio echó la casa por la ventana. Invitó a todo el pueblo, mandó matar un cerdo, repartió trago y bailamos toda la noche».[74]

Gabito pasó lejos de la familia todo el tiempo posible durante estas vacaciones de transición, y las acabó en cuanto halló la ocasión. Había completado sus estudios secundarios y había acumulado, aunque no podía imaginarlo, toda la educación formal que iba a necesitar en la vida. Todavía no sabía con certeza lo que haría, pero por el momento lo que le esperaba era un regreso a la lúgubre ciudad andina de Bogotá, y años de estudio en pos de una titulación universitaria y una profesión que de antemano le parecían profundamente alienantes, y que esperaba no tener que ejercer jamás.

5

El estudiante universitario y el Bogotazo

1947-1948

Gabriel García Márquez se matriculó en la Universidad Nacional de Colombia el 25 de febrero de 1947. Esto entrañaba pasar cuatro o cinco años en Bogotá, lo que debió parecerle una perspectiva desalentadora a un joven que ya sabía que detestaba el lugar. El viaje épico de Sucre a la capital de las tierras altas en vapor fluvial y tren no fue el jolgorio lleno de expectativas que había experimentado en ocasiones anteriores. La propia Colombia se hallaba sumida en un estado de temor hosco, con un gobierno conservador en minoría recién electo y decidido a aferrarse al poder, y una mayoría liberal que sufría un paroxismo de frustración ante el mal cálculo de su partido al permitir que dos candidatos, Turbay y Gaitán, se presentaran contra el conservador Ospina Pérez.

Gabriel Eligio había deseado que su hijo fuera médico, o si no, sacerdote o abogado. Lo había mandado a estudiar a la capital con el propósito de marcar una distinción social, y también de obtener un beneficio económico. Con los conservadores en el poder, a buen seguro se harían fortunas. La literatura no era más que un pasatiempo arriesgado. Gabito se las había arreglado para evitar la confrontación por el momento; pero la polémica licenciatura en leyes era ahora un pretexto, y Gabito se vería obligado al fin a convertirse en el mentiroso que su padre siempre había dicho que era.

Situada en un paraíso montañoso de sal, oro y esmeraldas, el emplazamiento mítico de El Dorado, Bogotá fue fundada el 6 de agosto de 1538 por el explorador andaluz Gonzalo Jiménez de Quesada, que denominó la ciudad Santa Fe. En un principio se conocía como Santa Fe de Bacatá, que luego derivó en Santa Fe de Bogotá. Durante décadas se omitió el «Santa Fe», pero se restauró brevemente bien entrado el siglo xx, como si el título religioso pudiera de algún modo redimir a la ciudad y elevarla una vez más por encima del país salvaje que preside desde su trono verde esmeralda. Históricamente, Bogotá siempre ha sabido imponer sus criterios políticos y culturales sobre el resto de la nación; sin embargo, a más de 2.600 metros sobre el nivel del mar, esta ciudad a menudo fría y por lo común lluviosa constituye una extraña capital para un país tan diverso, esencialmente tropical. En 1947 contaba con una población de setecientos mil habitantes: los «cachacos» (que podría traducirse por «petimetres» o «dandis»).[1]

Bogotá se ha considerado tradicionalmente el lugar donde se habla el español más «puro» de todo el mundo, sin excluir la propia España.[2] En la década de 1940 casi todos los políticos de Colombia eran abogados, y muchos de ellos, en particular los abogados liberales, daban clases en la Universidad Nacional. La nueva ciudad universitaria, un hito de la arquitectura *art decó* que se había inaugurado en 1940 y quedó más o menos terminada en 1946, estaba situada en las afueras de Bogotá, con la gran sabana como telón de fondo. En la época de García Márquez había más de cuatro mil estudiantes, la mitad de los cuales eran de provincias. La derecha política consideraba la universidad un semillero del comunismo.

El nuevo alumno había encontrado una casa de huéspedes en la antigua calle Florián, actualmente carrera Ocho, cerca de la esquina con la avenida Jiménez de Quesada; una pensión en la que vivía un buen número de estudiantes costeños. La calle Florián era una de las más antiguas y conocidas de la ciudad, y corría paralela a la más famosa de todas: la Séptima. La pensión de García Márquez se encontraba a unos trescientos metros de la intersección de la Séptima y Jiménez de Quesada, lo que por lo general se consideraba el centro estratégico de la ciudad e incluso era exaltado por algunos patriotas locales como «la mejor esquina del mundo». En el segundo piso de esta casa de huéspedes, García Márquez compartía habitación con varios estudiantes costeños, entre ellos el irrefrenable José Palencia. Las habitaciones eran cómodas, aunque no lujosas, pero a pesar del precio reducido de la comida y el alojamiento, a García Márquez le costaba arreglárselas. Iba invariablemente apurado de dinero: «Siempre tenía la sensación de que me faltaban los últimos cinco centavos». Nunca le ha dado excesiva importancia a los aspectos más dolorosos de esta cuestión, pero a pesar de los esfuerzos de Gabriel Eligio, destinados a que su familia estuviera siempre por encima de los campesinos y proletarios, la pobreza y las humillaciones que trae consigo fueron una constante de la infancia y la juventud de Gabito. Y más adelante también.

Sus recuerdos angustiados de esta época le recuerdan a uno el comentario de Kafka de que al estudiar derecho se «alimentaba intelectualmente de auténtico serrín, que además miles de mandíbulas habían masticado previamente».[3] Entre los profesores figuraba el hijo de un ex presidente, Alfonso López Michelsen, que a su vez sería presidente en el futuro. Aquel primer año García Márquez suspendería Estadística y Demografía, y obtendría un aprobado raspado en Derecho constitucional, que estudió con López Michelsen, quien cuarenta y cinco años más tarde me confesó: «No, no era un buen estudiante. Pero por los orígenes costeños de mi familia, todos los estudiantes de Padilla y Magdalena venían a mi curso; sabían que los aprobaría».[4]

Un compañero de clase, Luis Villar Borda, recuerda:

> Conocí a Gabo en los primeros días. Había quizá un centenar de alumnos nuevos en derecho —de los que sólo tres eran mujeres— organizados en dos grupos por orden alfabético. Gabo estaba en el primero y yo en el segundo. Yo estaba muy interesado en la asignatura, al contrario que él. Empezó enseguida a faltar mucho a clase. Solíamos hablar de literatura: Dos Passos, Hemingway, Faulkner, Hesse, Mann y los rusos. Apenas de literatura colombiana, sólo de algunos poetas como Barba Jacob, De Greiff, Luis Carlos López. A mediodía regresábamos al centro de la ciudad y nos íbamos a los cafés, que era donde todos estudiábamos. Si vivías en una pensión, no había lugar para trabajar. Los dueños de los cafés dejaban a los estudiantes apoderarse de un rincón, igual que los clientes asiduos.[5]

En ocasiones, García Márquez y sus amigos costeños organizaban improvisados bailes los sábados por la noche. Entonces, los domingos por la mañana, a las nueve, los jóvenes costeños caminaban hasta la Séptima avenida con la calle Catorce hasta la emisora de radio desde donde se emitía «La hora costeña», y bailaban en la calle. Para entonces, García Márquez era un orgulloso representante de su cultura y compensaba su pobreza vistiéndose de un modo aún más estridente de lo que había empezado a hacer en el Colegio San José. Corría la primera gran era de la música «latina», y García Márquez la vivió desde dentro.[6]

También hizo amistades entre los rígidos cachacos, y algunos desempeñarían un importante papel en su futuro. Uno de ellos era Gonzalo Mallarino, cuya madre se encariñaría con este costeño de figura chaplinesca, insignificante y triste.[7] Otros eran Villar Borda, Camilo Torres —que después alcanzaría fama en todo el continente como sacerdote mártir de la guerrilla—,[8] y uno de sus grandes amigos de por vida, Plinio Apuleyo Mendoza, hijo de un destacado político de Boyacá —Plinio Mendoza Neira, que por entonces era tal vez el aliado más estrecho de Gaitán— y unos años más joven que García Márquez.

Algunos de los contemporáneos de García Márquez lo contemplaban, al parecer, con cierto deje de lástima. Plinio Mendoza dice que muchos lo miraban con desdén, como una «causa perdida». Recuerda el día en que Villar Borda le presentó en el café Asturias a un joven costeño: «Abriéndose paso entre las mesas atestadas, virando sobre el funerario enjambre de trajes y sombreros oscuros, nos sorprende el relámpago de un traje tropical, color crema». Pero también quedó asombrado por el porte y el comportamiento del recién llegado. Cuando la camarera se acercó a la mesa, el costeño la miró de arriba abajo y susurró insinuante: «¿Esta noche?», tras lo cual le colocó la mano en el trasero. Ella, indignada, lo apartó y se marchó con teatral disgusto.[9]

Tras los atuendos vistosos, el «mamagallismo» costeño[10] y el orgullo adolescente («¿Problemas, yo?», «¿Solo, yo?»), García Márquez era un joven profundamente solitario, con sentimientos sumamente contradictorios acerca de su propia valía. Su vida ahora, a pesar de las nuevas amistades, se caracterizaba por la soledad, la alienación, la desorientación y la falta de vocación; aunque también por su actitud desafiante: tras el papel del costeño efervescente se adivinaba la necesidad de protegerse. A fin de escapar de la soledad de los domingos, hacía interminables viajes en tranvía por la ciudad gris, monótona, leyendo y reflexionando.[11] En ocasiones aceptaba una invitación de Gonzalo Mallarino, también amigo de Camilo Torres y Villar Borda. Mallarino, nacido sólo cuatro días después de García Márquez, era de ilustre cuna. Me dijo: «Los fines de semana en Bogotá podían ser muy largos para alguien de fuera. Gabo me visitaba con frecuencia los domingos. Siempre tomábamos chocolate con arepas. Mi madre, que se quedó viuda cuando yo tenía nueve años, le tenía lástima; le parecía que estaba muy solo y siempre era cariñosa con él. Ella era de provincia, igual que él, y sabían instintivamente cómo hablarse».[12]

Tanto Mallarino como Villar Borda advirtieron que García Márquez, desde que inició sus estudios en la universidad, resguardado tras su máscara costeña, seguía desarrollando su vocación literaria, aunque fuera renuente a admitir esa ambición, por si fracasaba. Desde luego, entre los atractivos del derecho y los de la literatura no había punto de comparación. Era un pez fuera del agua, con su pelo anárquico y crecido, sus gastados pantalones de colores y sus estrafalarias camisas a cuadros, rebelándose conscientemente con todos y cada uno de sus movimientos.

Villar Borda y Camilo Torres editaban una página literaria llamada «La Vida Universitaria», un suplemento que salía los jueves con el diario *La Razón*, donde se publicaron dos de los poemas «piedracielistas» que compuso García Márquez.[13] «Poema en un caracol» apareció el 22 de junio, apenas semanas antes de que Torres tomara la fatídica decisión de abandonar la universidad y ordenarse sacerdote.[14] El poema terminaba así:

VIII

Que era mi mar el mar eterno,
mar de la infancia, inolvidable,
suspendido de nuestro sueño
como una paloma en el aire.

XII

Y era el mar del primer amor
en unos ojos otoñales...
Un día quise ver el mar
—mar de la infancia— y ya era tarde.[15]

Era el poema de un muchacho profundamente consciente no sólo de que había dejado atrás la infancia, sino también de que había perdido su otro hogar, la costa del Caribe, la tierra del mar y el sol.

Algo kafkiano era lo que iba buscando García Márquez en aquella espectral ciudad andina, y a Kafka encontró al fin. Una tarde, un amigo costeño le prestó un ejemplar de *La metamorfosis*, traducido por un escritor argentino llamado Jorge Luis Borges.[16] García Márquez volvió a la pensión, se quitó los zapatos y se tumbó en la cama. Leyó la primera línea: «Una mañana, tras un sueño intranquilo, Gregorio Samsa se despertó convertido en un monstruoso insecto». García Márquez recuerda que pensó, fascinado: «¡Mierda, así es como hablaba mi abuela!»[17]

Indudablemente, Kafka abrió su imaginación —entre otras cosas, nutrió también su capacidad de concebirse como escritor—, y de ahí en adelante le hizo constar que incluso los episodios más fantásticos pueden narrarse de un modo realista, con total naturalidad. Sin embargo, lo que García Márquez tomó de Kafka en primer lugar parece harto distinto de lo que ha dicho en retrospectiva. Ante todo, evidentemente, Kafka abordaba la alienación de la existencia urbana; pero por debajo de la superficie, tiñendo todo cuanto escribía, subyacía el terror que sentía ante otra autoridad, la de su padre: el desprecio y la veneración que a un tiempo despertaba en él su tiránico progenitor.

Cuatro años antes, a su llegada a Bogotá, García Márquez había leído *El doble*, de Dostoievski, situado en un San Petersburgo aún más represivo que la ciudad colombiana. La visión de Kafka desciende directamente de aquella novela, y la honda impresión que causó en el joven escritor no deja lugar para la duda. García Márquez había descubierto el modernismo europeo;* más aún, había descubierto que, lejos de la mera complejidad y pretenciosidad, las innovaciones del modernismo habían surgido del espíritu de una época, de la estructura de la realidad como entonces se percibía, y que podían ejercer en él una influencia directa, incluso en su remota capital latinoamericana.

Los protagonistas de *El doble* y *La metamorfosis* son ambos víctimas de una personalidad escindida, personajes hipersensibles y aterrados ante la autoridad, y quienes, al interiorizar las deformaciones del mundo exterior, llegan a la conclusión de que son ellos mismos los que, en última instancia, están enfermos, son deformes o pervertidos, se hallan fuera de lugar. Muchos jóvenes se ven acosados por impulsos contradictorios y perciben con actitud defensiva y agresividad sus capacidades y su relación con los demás; sin embargo, es a todas luces inusual la brecha entre la confianza de García Márquez en sí mismo —rayana en una arrogancia fuera de lo común y en ocasiones sorprendente (era el nieto del coronel, y estaba orgulloso de serlo)— y la inseguridad y el sentimiento de inferioridad que simultáneamente dejaba traslucir (era el hijo del curandero, el padre que lo había abandonado y al que acaso se pareciera); ese antagonismo creó en su interior una dinámica que le permitió desarrollar la ambición oculta que ardería en su interior como una llama intensa e inextinguible.

Al día siguiente de leer *La metamorfosis*, García Márquez se sentó a escribir un relato que se titularía «La tercera resignación». Fue el primer

---

* Téngase en cuenta que con el concepto «modernismo» el autor se refiere en varias ocasiones a lo largo de la obra a la corriente vanguardista de raigambre anglosajona, y no al modernismo en las letras españolas, de características y cronología distintas, que vendría representado por la figura de Ruben Darío. (*N. de la t.*)

trabajo de alguien preparado para pensar en sí mismo como un autor con algo serio que ofrecer. Ya suena algo a «García Márquez» y sorprende por ser ambicioso, hondamente subjetivo, y plagado de absurdo, soledad y muerte. Da comienzo a lo que será una constante en su obra: construir una historia en torno al motivo de un cadáver insepulto.[18] Con el tiempo, sus lectores descubrirían que García Márquez ha vivido con tres terrores primordiales, conectados entre sí, a la par que increíblemente contradictorios: el terror a la muerte y a ser enterrado (o, peor, a ser enterrado vivo); el terror a tener que enterrar a otros, y el terror a que alguien, cualquiera, no reciba sepultura. «Un muerto puede ser feliz con su situación irremediable —declara el narrador de su primer relato, una persona que no sabe a ciencia cierta si está muerta o viva, o ambas cosas a la vez, o sucesivamente—. Pero un vivo no puede resignarse a ser enterrado vivo. Sin embargo, sus miembros no respondían a su llamada. No podía expresarse, y era eso lo que le causaba terror; el mayor terror de su vida y de su muerte. Lo enterrarían vivo.»[19]

A modo de compensación, el cuento de García Márquez parece proponer una nueva genealogía telúrico-histórica americana, fundada en la concepción del árbol de familia:

> Estaba tronchado como un árbol de veinticinco años ... En el polvillo bíblico de la muerte. Acaso sienta entonces una ligera nostalgia; nostalgia de no ser un cadáver formal, anatómico, sino un cadáver imaginario, abstracto, armado únicamente en el recuerdo borroso de sus parientes. Sabrá entonces que va a subir por los vasos capilares de un manzano y a despertarse mordido por el hambre de un niño en una mañana otoñal. Sabrá entonces —y eso sí le entristecía— que ha perdido su unidad.[20]

Evidentemente, el horror a quedar atrapado en una casa, entre la vida y la muerte, al igual que en un ataúd (y, probablemente, que en la memoria), aparece aquí mitigado por la idea de la propia individualidad perdida en fusión con un árbol, el símbolo en el que se aúnan la naturaleza y la historia (el árbol familiar generacional). El patetismo de un impulso genealógico de esta hondura en un hombre tan joven, alguien que fue separado de su madre y su padre poco después de nacer, y alejado también de los hermanos y hermanas que vendrían después, no requiere elaboración alguna. Y no hay necesidad de ser un psicoanalista titulado para preguntarse si este joven escritor no sentía inconscientemente, al volver la vista atrás a su infancia, que sus padres lo habían enterrado en vida en la casa de Aracataca; y que si su verdadero ser estaba enterrado dentro de un segundo yo, la nueva identidad que había tenido que forjar, a la manera de Hamlet, para protegerse de los verdaderos sentimientos hacia su madre y de los instintos, tal vez asesinos, hacia el usurpador —Gabriel Eligio— que tardíamente reivindicaría ser su padre, cuando él, Gabito, sabía a la perfección que su padre era en realidad el coronel Nicolás Márquez, el hombre que, admirado y respetado por cuantos lo conocían, había presidido con benignidad sus primeros años de vida y después había desaparecido. A continuación sigue lo que podría ser una bravata literaria (una forma de satisfacer los deseos por medio de la fantasía), o tal vez la sensación genuina de que el escritor ha alcanzado la sabiduría (¿y acaso la «resignación»?): «Pero toda aquella terrible realidad no le causaba ninguna inquietud; al contrario, era feliz allí, solo con su soledad».

A pesar de que la historia carece de fluidez, ejerce un curioso efecto hipnótico y está narrada con una confianza inequívoca que trasciende lo meramente literario, y hace gala de una decisión sorprendente en un escritor novato. El final es puro García Márquez:

> Resignado oiría las últimas oraciones, los últimos latinajos mal respondidos por los acólitos. El frío lleno de polvo y de huesos del cementerio penetrará hasta sus huesos y tal vez disipe un poco ese «olor». Tal vez —¡quién sabe!— la inminencia del momento le haga salir de ese letargo. Cuando se sienta nadando en su propio sudor, en un agua viscosa, espesa, como estuvo nadando antes de nacer en el útero de su madre. Tal vez entonces esté vivo.
>
> Pero estará ya tan resignado a morir, que acaso muera de resignación.[21]

Los lectores de *Cien años de soledad*, *El otoño del patriarca* y *El general en su laberinto*, escritas, respectivamente, veinte, veinticinco y cuarenta años después, reconocerán el tono, los temas y los recursos literarios. Es a todas luces, y aunque parezca contradictorio (dada la naturaleza mórbida de la voz narrativa), un conato de autoridad.

El 22 de agosto, una o dos semanas después de escribir este relato, leyó en la columna de Eduardo Zalamea Borda «La Ciudad y el Mundo», que aparecía a diario en *El Espectador*, el llamamiento de este periodista: «Espero con verdadera ansiedad las [colaboraciones] que me envíen los nuevos poetas y cuentistas desconocidos e ignorados por falta de una adecuada y digna divulgación de sus escritos».[22] Zalamea Borda, que simpatizaba con el comunismo, era uno de los columnistas de prensa más respetados. García Márquez envió su cuento. Dos semanas después, para gran alegría y estupefacción suyas, estaba sentado en el café Molino cuando vio el título de su relato a toda página en el suplemento del fin de semana. Exaltado, salió corriendo en busca de un ejemplar, pero se dio cuenta de que, como de costumbre, le «faltaban cinco centavos». Así que volvió a la pensión, pidió dinero a un amigo y salieron a comprar el periódico, *El Espectador* del sábado 13 de septiembre de 1947. Allí, en la página 12, estaba «La tercera resignación», de Gabriel García Márquez, con una ilustración del artista Hernán Merino.

Estaba eufórico, inspirado. Seis semanas después, el 25 de octubre, *El Espectador* publicó otra de sus historias, «Eva está dentro de su gato», que volvía sobre el tema de la muerte y las reencarnaciones posteriores a propósito de una mujer, Eva, quien, obsesionada con el deseo de comerse no una manzana sino una naranja, decide transmigrar a través del cuerpo de su gato, y se halla, tres mil años después, atrapada —enterrada— en un mundo nuevo y confuso. Es una mujer bella, desesperada por escapar a las atenciones de los hombres; una mujer cuyo atractivo físico ha empezado a dolerle igual que si se tratara de un tumor maligno. Se ha dado cuenta de que por sus arterias corren insectos diminutos:

> Ella sabía que venían de atrás, que todos los que llevaron su apellido tuvieron que soportarlos, que tuvieron que sufrirlos como ella cuando el insomnio se hacía invencible hasta la madrugada. Eran esos insectos los mismos que pintaban ese gesto amargo, esa tristeza inconsolable en el rostro de sus antepasados. Ella los había visto mirar desde su apagada existencia, desde su retrato antiguo, víctimas de esa misma angustia.[23]

Tanto *Cien años de soledad*, en su obsesión genealógica, como la versión primitiva de ésta, «La casa» —que pronto empezaría a gestarse, o puede que ya lo estuviera haciendo—, pueden adivinarse en este notable pasaje.

Apenas tres días después de la publicación de su segundo relato, su inesperado mecenas literario anunció en su columna la aparición de un nuevo talento en la escena nacional, alguien que estaba en su primer año de universidad y aún no tenía veintiún años. Zalamea declaró con rotundidad: «Con Gabriel García Márquez nace un nuevo y notable escritor».[24] Un efecto indirecto de la confianza depositada en él fue que García Márquez sintió que el descuido de sus estudios y la pasión obsesiva que sentía por la lectura y la escritura se justificaban con mayor derecho.

Más de medio siglo después, el escritor de fama mundial comentaría que sus primeros relatos eran «inconsecuentes y abstractos, y algunos disparatados, y ninguno se sustentaba en sentimientos reales».[25] De nuevo, la interpretación inversa se insinúa tras sus palabras: que detestaba sus poemas y relatos tempranos precisamente porque estaban «basados en sentimientos reales», y que más tarde aprendió a encubrir —aunque no a eliminar del todo— el bisoño romanticismo y el sentimentalismo que lo dejaban expuesto en toda su vulnerabilidad, y que posteriormente podían delatarlo. También podría ser que no estuviera dispuesto a conceder a Bogotá el mérito de haberse convertido en escritor.[26]

García Márquez se quedó en Bogotá durante las vacaciones navideñas de 1947. Era caro permanecer en la pensión, pero más costoso aún era el billete de regreso a Sucre. Mercedes seguía ajena a sus intentos de acercamiento. Además, su abuela había muerto y su madre estaba a punto de tener otro hijo más. Por encima de todo, sin embargo, y a pesar de haber aprobado por los pelos los exámenes, con sólo los suspensos en Estadística y Demografía, ahora ya sabía que no iba a dedicarse a la abogacía y se resistía a enfrentarse a Gabriel Eligio en este sentido. El éxito de sus dos primeros relatos dejaba entrever otro camino para él en la vida, y prefirió aprovechar al máximo esta independencia, acaso provisional.

Fue probablemente durante estas vacaciones cuando empezó un cuento nuevo, «La otra costilla de la muerte». Si la primera historia era una meditación sobre la propia muerte, ésta era más bien una reflexión sobre la muerte de otros (o puede que sobre la muerte del otro que uno mismo alberga en su interior, el doble; en este caso, un hermano). En consonancia con ello, por tanto, la voz narrativa alterna entre la tercera y la primera persona, al estilo modernista. De nuevo nos hallamos tácitamente en una ciudad, pero ahora predominan motivos como el gemelo, el doble, la identidad, el espejo (incluido ese espejo interior, la conciencia). Este hermano, que ha muerto de cáncer, y por quien el narrador siente un terror mortal, ahora se transforma en otro cuerpo

> que venía más allá del suyo, que había estado con él hundido en la noche líquida del vientre materno y se remontaba con él por las ramas de una genealogía antigua; que estuvo con él en la sangre de sus cuatro pares de bisabuelos, y vino desde el atrás, desde el principio del mundo, sosteniendo con su peso, con su misteriosa presencia, todo el equilibrio universal ... su otro hermano ... que nació trabado en su calcañal y que vino dando

tumbos de generación en generación, noche a noche, de beso en beso, de amor en amor, descendiendo por arterias y testículos hasta llegar, como en un viaje nocturno, a la matriz de su madre reciente.[27]

Esta obsesión genealógica, dinástica, y la exploración paralela del universo entero (tiempo, espacio, materia, espíritu, idea; vida, muerte, entierro, corrupción, metamorfosis) conforman una estructura lógica y sensorial que, una vez explorada y elaborada de manera explícita, en apariencia desaparecerá de la obra de García Márquez, pero de hecho devendrá implícita y sus manifestaciones se moderarán, estratégicamente, a fin de sacarles el máximo partido. Este primer García Márquez, en tanto que personaje literario, es un ser angustiado, hipersensible, hipocondríaco: kafkiano. Alejado, en definitiva, de su identidad narrativa posterior, construida con minuciosidad, y que sería más bien de corte cervantino. Aparentemente con escasa ayuda de otros escritores colombianos o latinoamericanos —a los más conocidos de los cuales da la impresión de que apenas los ha leído—, el García Márquez de los inicios aborda las cuestiones esenciales de América Latina a propósito de la genealogía («estar», existencia, historia) y la identidad («ser», esencia, mito). Éstas constituyen sin duda la problemática latinoamericana fundamental de la época: la genealogía deviene inevitablemente un asunto crucial en un continente que no cuenta con un mito de origen satisfactorio, donde todo está a disposición de cualquiera. Este García Márquez no ha tratado la cuestión de la legitimidad (que es lo que de veras lo atormenta y que desde luego está implícita aquí). A pesar de ello, este narrador es también sin lugar a dudas un problema para sí mismo.

Al cabo, las largas vacaciones terminaron y las cosas finalmente empezaron a ir a mejor. Al comienzo del nuevo año universitario, en 1948, Luis Enrique llegó a Bogotá, teóricamente para reemprender sus estudios secundarios; en la práctica, aceptó un puesto con Colgate-Palmolive que Gabito le había conseguido, y además se entregó como de costumbre a armar jaleo en su tiempo libre. Para entonces, su tío Juanito (Juan de Dios) se había trasladado a Bogotá a trabajar para la burocracia del Estado, tras la muerte de Tranquilina, su madre. Luis Enrique trajo consigo un regalo que supuestamente debía mantener en secreto para obsequiárselo a Gabito el día en que cumpliera veintiún años, el 6 de marzo. Sin embargo, cuando su hermano y los amigos le dijeron en el aeropuerto que no tenían dinero para celebrar su llegada, Luis Enrique reveló con picardía que la sorpresa dentro del paquete era una máquina de escribir nueva.

El siguiente paso fue ver al empleado de un *Montepío*, en el centro de Bogotá, abriendo el estuche, accionando el rodillo, del cual extrajo un papel escrito; me acuerdo que lo miró y dijo: «Esto debe ser para alguno de ustedes». Uno de los amigos lo cogió y leyó en voz alta: «Felicitaciones. Te soltamos la perra. En adelante, tuyo es el camino. Gabriel, Luisa, marzo 6 de 1948». Entonces el empleado de la casa de empeño preguntó: «¿Cuánto necesitan?», y el dueño de la máquina contestó: «Todo lo que dé».[28]

Con el nuevo salario de Luis Enrique y algún dinero adicional que Gabito ganaba ofreciendo ilustraciones a los periódicos por mediación de un amigo, el nivel de vida mejoró notablemente en el curso de las semanas —a lo que siguieron aventuras en las que se mezclaban vino, mujeres y canciones— y Luis Enrique renovó su alianza de bandoleros con el alocado José Palencia. Entretanto, Gabito, para entonces el más prestigioso de los muchos estudiantes de la universidad con pretensiones literarias, faltaba a clase más aún mientras se dedicaba con mayor celo que nunca a leer y escribir literatura, lo cual lo tenía ocupado entre otras cosas en la lectura de otra obra maestra del modernismo anglosajón, el *Ulises* de James Joyce.

En aquel preciso momento, nubes de tormenta política se cernían con rapidez sobre Colombia y tomaban rumbo directamente a Bogotá. Jorge Eliécer Gaitán, un destacado abogado que se había imbuido de un potente cóctel político en el cual se mezclaban la revolución mexicana, el marxismo y Mussolini, fue el político más carismático de la historia de Colombia del siglo XX y uno de los dirigentes políticos más aclamados de América Latina en una era de políticas populistas. Era el héroe del proletariado en alza, y de buena parte de las clases medias o bajas que habitaban las ciudades, en rápida expansión. García Márquez sabía que la nación había puesto los ojos en él por vez primera en 1929, cuando hizo suyo el caso de los trabajadores de las bananeras masacrados en Ciénaga en diciembre de 1928. García Márquez no sabía, en cambio, que entre sus informantes más valiosos estuvo el padre Francisco Angarita, el hombre que lo había bautizado en Aracataca, y posiblemente también estuviera el coronel Nicolás Márquez. Gaitán se había hecho cada vez más fuerte a pesar del revés electoral provocado por la división del Partido Liberal al que pertenecía; se había hecho con el liderazgo y había empezado a practicar un estilo de política nunca antes vista en una de las repúblicas más conservadoras de América Latina. Algunos lo apodaban «la Lengua», otros «la Garganta»: tales eran el poder de su oratoria y la potencia de su voz. García Márquez rara vez ha hablado de Gaitán en entrevistas públicas hasta hace muy poco, probablemente porque su propia ideología política siempre se ha situado muy a la izquierda de cualquier populismo latinoamericano desde principios de la década de 1950, y en parte también, qué duda cabe, porque en abril de 1948, aunque instintivamente se adscribía a los liberales, su conciencia política apenas se había desarrollado.

En abril de 1948 se celebraba la novena Conferencia Panamericana en el centro de Bogotá, al tiempo que estaba en marcha la creación de la Organización de Estados Americanos a instancias de Estados Unidos. El viernes 9, justo pasada la una de la tarde, Gabriel García Márquez se sentaba a comer en su pensión de la calle Florián con Luis Enrique y algunos de sus amigos costeños. Jorge Eliécer Gaitán abandonaba en ese preciso instante su bufete, con el propósito de bajar a pie por la Séptima avenida y almorzar con su colega del Partido Liberal, Plinio Mendoza Neira, y otros compañeros. Al llegar al número 14-55, entre la avenida Jiménez y la calle Catorce, un obrero desempleado llamado Juan Roa Sierra cruzó la calle desde el café del Gato Negro y le descerrajó tres o cuatro disparos a quemarropa. Gaitán cayó en el pavimento, a tan sólo unos metros de «la mejor esquina del mundo». Era la una y cinco. Antes de que levantaran el cuerpo del suelo, Plinio Apuleyo Mendoza, de dieciséis años, que había ido a encontrarse con su padre, se inclinó y contempló con horror el rostro del dirigente moribundo. Gaitán fue conducido a toda prisa a la Clínica Central en un coche privado, pero poco después de su llegada dictaminaron su muerte, para desconsuelo y consternación de la multitud congregada a las puertas de la clínica.

Ése fue el asesinato. A continuación llegó el Bogotazo. Una oleada de furia e histeria recorrió la ciudad. Bogotá se alzó en tumulto. Esa misma tarde se produjeron disturbios, saqueos y muertes. La masa liberal dio por hecho que los conservadores estaban detrás del crimen; en cuestión de minutos Roa había sido asesinado y su cuerpo maltrecho fue arrastrado desnudo por las calles en dirección al palacio de gobierno. El centro de Bogotá, convertido en su totalidad en el símbolo del sistema político reaccionario de Colombia, empezó a arder.[29]

García Márquez corrió sin demora al lugar del asesinato, pero el cuerpo moribundo de Gaitán estaba ya camino del hospital —hombres y mujeres llorosos empapaban sus pañuelos en la sangre del dirigente caído— y el cadáver de Roa había desaparecido, arrastrado por el gentío. Luis Villar Borda recuerda haberse encontrado a García Márquez entre las dos y las tres de la tarde, a unos pasos de donde Gaitán se había desplomado. «Me sorprendió mucho verle. "Nunca fuiste muy devoto de Gaitán", le dije. "No —dijo él—, pero han prendido fuego a mi pensión y he perdido todos mis relatos".»[30] (Esta historia, tan exagerada, adquiriría categoría mítica con el paso de los años.) Durante esa misma salida, García Márquez se encontró en la calle Doce con su tío, el profesor de derecho Carlos H. Pareja, cuando se apresuraba a volver a la pensión, aún intacta, a acabar su almuerzo. Pareja paró a su joven sobrino en la calle y lo instó a que fuera sin pérdida de tiempo a la universidad y organizara a los estudiantes en pro del alzamiento liberal. García Márquez se puso en camino de mala gana, pero cambió de parecer tan pronto como perdió de vista a Pareja, y desandó el camino en medio del caos —Bogotá era entonces un lugar mortalmente peligroso— hasta la pensión de Florián.

Luis Enrique y los demás costeños habían emprendido una especie de celebración apocalíptica. Por la radio, detrás del barullo ya podía oírse al tío Carlos y al escritor Jorge Zalamea (destinado a convertirse, al igual que su primo hermano Eduardo Zalamea Borda, en otra figura significativa en la vida de García Márquez) instando al pueblo colombiano a alzarse contra los ruines conservadores que habían asesinado al mayor líder político del país y única esperanza de su futuro. Pareja, cuya librería radical fue pasto de las llamas, tronaba que «la vida de Gaitán vale muchas vidas conservadoras».[31] Gabito, Luis Enrique y sus amigos oyeron su llamamiento a las armas en la radio de la pensión, pero no respondieron a él.

No lejos de allí, otro joven latinoamericano de veintiún años estaba también fuera de sí, pero de alegría y entusiasmo. Fidel Castro era un líder estudiantil cubano que había viajado a Bogotá con la delegación que participaba en el congreso de estudiantes organizado en oposición a la Conferencia Panamericana. Castro se olvidó por completo del Congreso de Estudiantes Latinoamericanos y se echó a las calles, tratando de imponer cierta especie de lógica revolucionaria a las acciones violentamente erráticas del alzamiento popular. Sólo dos días antes había entrevistado al dirigente, ahora mártir, en su despacho de carrera Siete, y al parecer había impresionado al político colombiano. Aunque cuesta de creer, habían acordado encontrarse de nuevo el 9 de abril a las dos de la tarde: el nombre de Fidel Castro se halló anotado a lápiz en la agenda de Gaitán entre las citas de aquel día. No es de extrañar que el gobierno conservador colombiano y la prensa de derechas aseguraran poco después que Castro había estado involucrado en el complot para asesinar a Gaitán, o en la conspiración para desestabilizar la Conferencia Panamericana, o en ambos asuntos. Por momentos, Castro debió de estar a no más de un par de cientos de metros de su futuro amigo, García Márquez.[32] En retrospectiva, el Bogotazo sería tan crucial para el conocimiento de Castro de la política revolucionaria como los posteriores acontecimientos de Guatemala en 1954 lo serían para su futuro camarada, el Che Guevara.[33]

Mientras Castro empezaba a organizar una revolución que nunca llegaría, García Márquez lamentaba la pérdida de su máquina de escribir —la casa de empeños había sido saqueada— y ensayaba una explicación para sus padres. Sin embargo, cuando el humo empezó a entrar por las paredes de la pensión procedente de la sede del estado de Cundinamarca que había detrás del inmueble, los hermanos García Márquez organizaron a sus amigos de Sucre y se marcharon a la nueva casa de su tío Juanito, a sólo cuatro calles de allí. La pandilla de amigos y hermanos se unió al saqueo generalizado, y Luis Enrique salió corriendo con un traje azul cielo que su padre llevaría durante años venideros en ocasiones especiales. Gabito encontró un elegante maletín de piel de becerro que devino su bien más preciado. Sin embargo, el objeto que más valoraron fue un botellón de quince litros en el que Luis Enrique y Palencia vertieron todas las variedades de licor que pudieron hallar antes de llevarlo, triunfales, hasta casa del tío Juanito.

Margarita Márquez Caballero, entonces una niña, que es hoy la secretaria personal de García Márquez en Bogotá, conserva un vivo recuerdo de la llegada de su primo favorito, el hermano de éste y sus amigos. La casa estaba llena de refugiados costeños, y por la noche, borrachos del licor ilícito, los jóvenes acompañaron al tío Juanito a la azotea del edificio y contemplaron con estupefacción el centro de la ciudad en llamas.[34] Entretanto, en Sucre, la familia temía lo peor, como recuerda Rita: «La única vez que vi a mi mamá llorando fue el 9 de abril. Esa vez sí la noté muy agitada porque Gabito y Luis Enrique estaban en Bogotá y las noticias del asesinato de Gaitán la pusieron muy mal. Me acuerdo que, como a las tres de la tarde, se arregló rapidito y salió para la iglesia. Iba a darle gracias a Dios porque ya le habían avisado que sus dos hijos estaban a salvo. Me llamó la atención verla salir porque ella nunca salía, siempre en la casa pendiente de nosotros».[35]

En Bogotá, los jóvenes costeños permanecieron tres días sin salir a la calle. El gobierno había impuesto el estado de sitio y los francotiradores seguían liquidando esporádicamente a quienes se aventuraban a salir. El centro de la ciudad continuaba ardiendo. La universidad se cerró y la mayor parte del casco antiguo de Bogotá estaba en ruinas. Sin embargo, el gobierno conservador había sobrevivido y los dirigentes políticos liberales habían alcanzado un acuerdo poco satisfactorio con el presidente Ospina Pérez, inesperadamente valeroso, quien devolvió a algunos de ellos al gabinete, pero que a efectos reales los volvería a dejar fuera del poder como partido durante otra década. Tan pronto creyeron seguro volver a la calle, los dos hermanos empezaron a buscar billetes para la costa, pues sus padres los habían instado a regresar a Sucre en avión en cuanto fuera posible. Luis Enrique había decidido probar suerte en Barranquilla, donde lo esperaba su último amor, y Gabito había tomado la determinación de proseguir sus estudios de derecho en la Universidad de Cartagena; o por lo menos eso pensaba hacer creer. Poco más de una semana después de los catastróficos sucesos del 9 de abril, Gabriel García Márquez, su hermano Luis Enrique y el joven agitador cubano Fidel Castro Ruz partieron de Bogotá en aviones diferentes hacia los respectivos destinos que les deparaba la historia.

En cuanto a Colombia, ha acabado por ser un cliché histórico, pero cierto a pesar de todo, que la muerte de Gaitán y el Bogotazo que le siguió dividieron la historia del siglo xx de la nación en dos. Lo que Gaitán pudiera haber conseguido o no pertenece al terreno de la especulación. Desde entonces, ningún político ha enardecido a las masas como lo hizo él, y Colombia se ha ido alejando progresivamente de la resolución de sus verdaderos problemas políticos cada año que ha transcurrido desde que murió. Fue la crisis posterior a su asesinato la que engendró los movimientos de guerrilla que siguen comprometiendo la vida política del país hasta el día de hoy. Si puede decirse que la guerra de los Mil Días mostró a las clases altas la necesidad de unirse contra el campesinado, el Bogotazo puso en evidencia de manera similar el peligro que representaban las masas urbanas proletarias. Fue, no obstante, en las zonas rurales donde la reacción sería más brutal, pues marcaba el comienzo de veinticinco años de una de las guerras civiles más cruentas y costosas del mundo: la Violencia.

En cuanto a García Márquez, puede decirse de él con justicia que, a diferencia de muchos otros que se vieron atrapados en los acontecimientos, el Bogotazo fue un suceso que le vino rodado. Interrumpió su carrera de derecho en la universidad más prestigiosa del país y fue un acicate para un joven que buscaba una excusa para dejar los estudios; asimismo, le ofreció un pretexto irrefutable para abandonar un lugar que detestaba y regresar a su amada costa, aunque no antes de adquirir cierta familiaridad con la capital, que sería crucial para darle una conciencia nacional más amplia. Nunca volvería a tomarse completamente en serio a los dos partidos en el poder. A pesar de que tardó en desarrollar una conciencia política madura, hubo lecciones significativas que García Márquez había asimilado ya acerca de la idiosincrasia de su país; dado que había perdido o abandonado la mayoría de sus posesiones materiales, estas nuevas lecciones fueron quizá los bienes más valiosos que el joven se llevaba consigo en el avión a Barranquilla y Cartagena.

6

Regreso a la Costa: un aprendiz de periodista en Cartagena

1948-1949

García Márquez aterrizó en Barranquilla en un avión Douglas DC-3 el 29 de abril de 1948. Luis Enrique, que había llegado dos días antes, se quedó en Barranquilla y empezó a buscar empleo; pronto consiguió un puesto con la compañía aérea LANSA y trabajaría allí durante los siguientes dieciocho meses. Entretanto, todos los sistemas de transporte del país seguían sumidos en el caos que siguió al Bogotazo, y Gabito, con una pesada maleta y un traje oscuro de paño grueso igual de engorroso, se halló encaramado en lo alto de un camión de correos bajo el calor abrasador de la costa caribeña, con rumbo a Cartagena.[1]

Cartagena era una mera sombra de su antiguo ser. Cuando llegaron los españoles por vez primera, en 1501, se convirtió en un bastión fundamental del orden colonial, puesto que unía España con el Caribe y Sudamérica y, en poco tiempo, fue una de las ciudades más importantes para el envío y la venta de esclavos en todo el Nuevo Mundo. A pesar de este antecedente ignominioso, se había convertido también en una de las ciudades más refinadas y pintorescas de toda América Latina (y lo sigue siendo).[2]

Sin embargo, después de alcanzar la independencia en el siglo xix, Barranquilla creció y acabó por ser la gran ciudad comercial que Colombia requería, mientras que Cartagena se estancó, curó sus heridas y sus agravios, y se consoló con conocer su pasado glorioso y su belleza asolada. Esta ciudad decadente fue el nuevo hogar de García Márquez. Había regresado al Caribe, un mundo donde el cuerpo humano se aceptaba por lo que era, en su hermosura, su fealdad y su fragilidad; estaba de vuelta en el reino de los sentidos. Nunca antes había visitado la heroica ciudad y quedó impresionado, a un tiempo, por su magnificencia y su desolación.

Cartagena no había escapado por entero a los efectos del Bogotazo, pero, al igual que la Costa en su conjunto, había recuperado con celeridad cierta normalidad incómoda, a pesar del estado de sitio, el toque de queda y la censura. El joven fue directamente al hotel Suiza, en la calle de las Damas, que hacía las veces de residencia de estudiantes, y descubrió que su acaudalado amigo José Palencia no había llegado aún. El propietario se negó a cederle una habitación a crédito y no le quedó más remedio que vagar por la vieja ciudad amurallada, con hambre y sed, y al fin tumbarse en un banco de la plaza principal con la esperanza de que Palencia apareciera pronto. No fue así. García Márquez se quedó dormido en el banco y dos policías lo arrestaron por infringir el toque de queda, o posiblemente porque no disponía de un cigarrillo que ofrecerles. Pasó la noche en el suelo de una celda de la comisaría. Así se inició en Cartagena; los augurios no eran buenos. Palencia apareció por fin al día siguiente, y los dos muchachos fueron admitidos en la residencia.[3]

García Márquez fue a la universidad, a tan sólo un par de manzanas, y se las ingenió para convencer a las autoridades, que lo examinaron frente a sus posibles compañeros de clase, de que lo aceptaran por lo que quedaba del segundo año de la licenciatura de derecho, incluyendo el aprobado de las asignaturas que había suspendido el año anterior. Volvía a ser un estudiante. Él y Palencia siguieron donde lo habían dejado en Bogotá: continuaron bebiendo y de farra a pesar del toque de queda, y por lo general se comportaban como estudiantes ociosos de clase alta, algo que Palencia era pero que García Márquez difícilmente podía permitirse emular. Esta situación idílica tocó a su fin al cabo de sólo unas semanas, cuando el inquieto Palencia decidió seguir el viaje y García Márquez se mudó al dormitorio colectivo de arriba, que costaba treinta pesos al mes con pensión completa y lavandería.

Entonces intervino la mano del destino. Mientras paseaba sin rumbo por la calle de la Mala Crianza, en el viejo barrio de esclavos de Getsemaní, colindante a la ciudad amurallada, tropezó con Manuel Zapata Olivella, el doctor negro al que había conocido el año anterior en Bogotá. Al día siguiente, Zapata, filántropo conocido por sus numerosos amigos y más adelante uno de los escritores y periodistas más destacados de Colombia, llevó al joven a las oficinas del periódico *El Universal*, en la calle San Juan de Dios, justo al doblar la esquina desde su pensión, y le presentó al editor ejecutivo, Clemente Manuel Zabala. Quiso la suerte que Zabala, que era amigo de Eduardo Zalamea Borda, hubiera leído los relatos de García Márquez en *El Espectador* y fuera ya admirador suyo. A pesar de la timidez del joven, lo contrató como columnista y, sin hablar de plazos ni de condiciones, dijo que esperaba verlo allí al día siguiente e imprimir su primer artículo al otro día.

Da la impresión de que en esa época García Márquez concebía el periodismo sólo como un medio para alcanzar un fin, y que lo consideraba una forma de escritura inferior. A pesar de ello, en este momento, y con veintiún años recién cumplidos, lo contrataron de periodista precisamente por su prestigio literario preexistente. Se puso en contacto con sus padres de inmediato para decirles que a partir de entonces podría mantenerse mientras estudiara. Dada su intención de abandonar esos estudios en cuanto le fuera posible, y desde luego su decisión de no ejercer jamás la abogacía aun cuando se licenciase, a buen seguro que el mensaje alivió su conciencia.

El Universal era también un periódico nuevo. Lo había fundado apenas diez semanas antes el doctor Domingo López Escauriaza, un político liberal patricio que había sido gobernador y diplomático, y que ahora, a la luz de la creciente violencia por parte de los conservadores, había decidido abrir un nuevo frente en la guerra de propaganda que se libraba en la Costa. Eso había sido un mes antes del Bogotazo. No había ningún otro periódico liberal en aquella ciudad, muy conservadora.

Todo el mundo coincide en que Zabala fue la baza del periódico. Tales fueron la entrega y la lucidez del editor ejecutivo que *El Universal* emergió, pese a sus modestas oficinas, como un modelo de coherencia política y, según los estándares de la época, escritura de calidad. El buen manejo de la pluma sería providencial para el nuevo colaborador. Zabala era un hombre de unos cincuenta y cinco años, menudo y nervioso, oriundo de San Jacinto, con rasgos y cabello «indios». De tez oscura y con una barriga incipiente, siempre llevaba gafas y rara vez se le veía sin un cigarrillo en la mano. Era también, se rumoreaba, un homosexual discreto, que se teñía el cabello de negro para desafiar el paso del tiempo y vivía solo en una pequeña habitación de hotel. Había sido colega político de Gaitán, y se decía que también secretario privado del general Benjamín Herrera en su juventud y que había participado en *El Diario Nacional*, el periódico fundado por Herrera. En la década de 1940 había trabajado en el Ministerio de Educación y después había colaborado estrechamente con la revista de Plinio Mendoza Neira, *Acción Liberal*.

Zabala le presentó a García Márquez otro joven que acababa de incorporarse a la plantilla, Héctor Rojas Herazo, un poeta y pintor de veintisiete años del puerto caribeño de Tolú. No reconoció a García Márquez, pero había sido su profesor de Arte durante un breve lapso ocho años antes, en el Colegio San José de Barranquilla. Fue otra de las extraordinarias coincidencias que ya empezaban a salpicar la vida de García Márquez; Rojas Herazo estaba a su vez destinado a convertirse en uno de los poetas y novelistas más destacados del país, así como en un pintor de éxito.[4] De facciones marcadas y aspecto leonino, era más estridente y corpulento, más dogmático y en apariencia más apasionado que su nuevo amigo, expansivo y quisquilloso al mismo tiempo.

Pasada la medianoche, una vez que Zabala hubo revisado y corregido todos los artículos de todas y cada una de las ocho páginas del periódico, invitó a sus dos jóvenes protegidos a cenar. Los periodistas estaban exentos del toque de queda, y García Márquez se embarcó ahora en una nueva vida, que duraría muchos años, en la que pasaba buena parte de la noche trabajando y dormía, en caso de que lo hiciera, durante buena parte del día. Esto no resultaría fácil en Cartagena, donde las clases de derecho empezaban a las siete de la mañana y García Márquez llegaba a casa a las seis. El único lugar abierto a altas horas de la noche era un restaurante y bar al que apodaban «La Cueva», situado frente al mar, detrás del mercado público, regentado por un joven homosexual negro de exquisita belleza llamado José de las Nieves.[5] Allí, los periodistas y otras aves nocturnas comían filetes, mondongo y arroz con marisco.

Después de que Zabala regresara a su solitaria habitación de hotel, García Márquez y Rojas Herazo deambularon por la zona portuaria, empezando desde el paseo de los Mártires, donde nueve bustos conmemoran la muerte en 1816 de algunos de los primeros rebeldes contra el Imperio español.[6] Entonces, García Márquez se fue a casa a trabajar. Tras unas pocas horas de ansiedad, aunque embriagado de su propia retórica, salió un momento a mostrarle al jefe su primera columna. Zabala la leyó y dijo que estaba bastante bien escrita, pero no servía. En primer lugar, era demasiado personal y literaria en exceso; en segundo lugar, ¿acaso no se había dado cuenta de que trabajaban bajo un régimen censor? Encima del escritorio de Zabala había un lápiz rojo. Lo cogió. Enseguida, la combinación del talento natural del propio García Márquez y el celo profesional de Zabala dio lugar a artículos que desde el principio fueron amenos, absorbentes e indudablemente originales.[7] Todas las columnas firmadas por García Márquez en *El Universal* aparecerían bajo el epígrafe «Punto y Aparte». La primera, la que recibió la máxima atención del editor, era un artículo político acerca del toque de queda y el estado de sitio, disfrazados con astucia bajo una aparente meditación general sobre la ciudad. El joven escritor preguntaba, proféticamente, cómo en una era de violencia política y deshumanización podía esperarse que de su generación salieran «hombres de buena voluntad». Es evidente que el inexperto periodista se había radicalizado de repente tras los acontecimientos del 9 de abril. El segundo artículo fue también digno de atención.[8] Si el primero era tácitamente político en el sentido tradicional, el segundo fue casi un manifiesto de política cultural: era una defensa del humilde acordeón, un vagabundo entre los instrumentos musicales, pero componente esencial del vallenato, una forma musical desarrollada en la Costa por músicos normalmente anónimos y, para García Márquez, símbolo de la gente de la región y de su cultura, sin mencionar que también lo era de su propio deseo por desafiar las ideas preconcebidas de la clase dirigente. El acordeón, insistía, no sólo es vagabundo sino además proletario. El primer artículo había sido un rechazo del tipo de política que llegaba de Bogotá; el segundo abrazaba las raíces culturales del escritor, recién recuperadas.[9]

Por primera vez, el futuro de Gabriel García Márquez estaba moderadamente garantizado. Tenía un empleo, que por añadidura otros reconocían que se le daba bien. Era periodista. Continuaría estudiando derecho esporádicamente y sin entusiasmo, pero había hallado un camino para no seguir la carrera de abogado y que en cambio lo adentraba en el mundo de la prensa y la literatura. Nunca volvería la vista atrás.

A lo largo de los veinte meses siguientes escribió 43 piezas firmadas y muchas otras contribuciones que no llevaban su nombre para *El Universal*. Se trataba en esencia de un periodismo ostensiblemente a la antigua, de comentario y creación literaria, destinado más al entretenimiento que a ofrecer información política, más próximo de hecho al género de las «crónicas» diarias o semanales que no habrían estado desfasadas en un periódico latinoamericano de los años veinte. Por otra parte, una de las tareas de García Márquez consistía en cribar los teletipos que llegaban, a fin de seleccionar nuevos artículos y proponer cuestiones para los comentarios y las extrapolaciones literarias que tan importantes eran en el periodismo de aquella época. Esta práctica diaria debió de curtirlo en el modo en que los acontecimientos de la vida cotidiana se convierten en «noticias», en «historias» que de inmediato desmitificaban la realidad ordinaria y le ofrecían un poderoso antídoto para sus recientes incursiones en las obras de Kafka. Prácticamente en todas partes, los periodistas de esta época estaban obligados a adoptar el enfoque pragmático, a «remangarse» como era propio en las prácticas periodísticas estadounidenses, y de buen principio García Márquez se sintió en este registro como pez en el agua. Haría de él un tipo de escritor muy distinto de la mayoría de sus coetáneos latinoamericanos, para quienes Francia y el estilo de hacer las cosas en este país eran aún modelos a seguir en una era en la que la propia Francia empezaba a perder la hegemonía de la modernidad artística.

A pesar de lo mucho que le quedaba por aprender, la originalidad del nuevo columnista se dejó notar desde el comienzo, y debió de ser una alegría para el editor que lo había contratado. Sólo tres meses después, en su artículo sobre Jorge Artel, el escritor afrocolombiano de Cartagena, hacía implícitamente un llamamiento a una literatura a la vez local y continental, la cual representara a «nuestra raza» —una perspectiva asombrosa si tenemos en cuenta que el nieto del coronel Márquez tenía veintiún años— y concediera a la costa atlántica «nombre propio».[10]

A mediados de julio de aquel primer año, la policía conservadora mató a varias familias liberales en El Carmen de Bolívar, la ciudad en la que el abuelo de García Márquez se había criado junto a la tía Francisca. El Carmen tenía una tradición política liberal larga y gloriosa. Además, era casualmente la ciudad de cierta entidad más próxima a San Jacinto, pueblo natal de Zabala, así que ambos hombres se tomaron un interés especial en los acontecimientos que tenían lugar allí, y entre los dos llevaron a cabo una campaña basada en el eslogan «¿Qué pasó en El Carmen de Bolívar?». En vista de los desmentidos y la inercia del gobierno, la amarga broma de Zabala siempre que reanudaba la campaña era concluir diciendo que, sin duda, en El Carmen de Bolívar no había pasado absolutamente nada.[11] Es casi la frase exacta que García Márquez utilizaría sobre su ciudad inventada, Macondo, en una escena célebre de *Cien años de soledad* tras el episodio vertebrador de la masacre de los trabajadores de las bananeras.

En cierto sentido, no podría haber sido un momento peor para hacerse periodista en Colombia. La censura se impuso justo después de los sucesos de abril de 1948, si bien con menos brutalidad en la Costa que en el interior del país. García Márquez empezó a ejercer el periodismo a causa de la Violencia, pero la Violencia limitaba severamente la tarea de un periodista. Durante los siete años siguientes, a lo largo de los mandatos de Ospina Pérez, Laureano Gómez, Urdaneta Arbeláez y Rojas Pinilla, aunque con intensidad variable, la censura gubernamental permanecería activa sin interrupción. Tanto más significativo, por lo tanto, que el primer artículo de la carrera de García Márquez, fechado el 21 de mayo 1948, implicase un claro posicionamiento político hacia la izquierda. Nunca se apartaría de esta perspectiva amplia; tampoco nunca ésta, en última instancia (como solían decir los marxistas), constreñiría o distorsionaría su obra de ficción.

Apenas dos semanas después de empezar en *El Universal*, García Márquez pidió una semana de vacaciones y viajó hasta Barranquilla, siguió a Magangué, y al fin llegó a Sucre para visitar a su familia. Si se detuvo en Mompox para tratar de ver fugazmente a Mercedes no lo sabemos. Cuando partió ya debía haberse dado cuenta de que su nuevo salario no era lo que había dado a entender a sus padres, pero evidentemente le faltó valor para desengañarlos. No era sólo su primera visita tras el Bogotazo, sino la primera vez que volvía a casa desde que se había marchado a la capital para ingresar en la universidad, en febrero de 1947, más de un año antes. Por consiguiente, era la primera vez que veía a su madre desde la muerte de su abuela, y también la ocasión en que conocería al último de sus hermanos, Eligio Gabriel, que llevaba, igual que él aunque por completo, el nombre de su padre. En años venideros, García Márquez, que era veinte años mayor que Eligio Gabriel, a menudo comentaría en tono de broma que el niño se llamaba así porque «mi madre me había perdido, pero quería asegurarse de que siempre hubiera un Gabriel en la casa». De hecho, cuando él mismo asistió el parto de Eligio Gabriel, al que la familia apodaría Yiyo, en noviembre de 1947, Gabriel Eligio declaró: «A éste lo voy a poner Gabriel, porque Gabito no se parece a mí. Éste sí es Martínez y por eso lo voy a poner Gabriel, como mi papá y como yo».[12]

Gabito regresó a Cartagena. Sólo entonces, el 17 de junio, se inscribió formalmente en la universidad, aunque hacía semanas que había superado la entrevista. Desde el punto de vista profesional le iban bien las cosas, pero económicamente estaba al borde del desastre. A pesar de que a efectos prácticos era un periodista en nómina, García Márquez cobraba por artículos. Aunque nunca se le dieron bien las matemáticas y no prestaba mucha atención a las cuestiones monetarias, su amigo Ramiro de la Espriella calculó posteriormente que le pagaban 32 centavos —un tercio de peso— por artículo escrito, fuera firmado o no, y prácticamente nada por sus otras obligaciones. Eso estaba por debajo de cualquier salario mínimo que pueda imaginarse. A finales de junio lo habían echado de la pensión y había vuelto a dormir en bancos, en las habitaciones de otros estudiantes y, famosamente, sobre los rollos de papel de prensa de las oficinas de *El Universal*, el único lugar que nunca cerraba. Una noche, mientras caminaba con varios compañeros por el parque Centenario, donde se sentaban en la escalinata del monumento del *Noli Me Tangere* a beber, fumar y hablar, otro periodista, Jorge Franco Múnera, le preguntó qué tal le iba en la pensión, y García Márquez confesó la verdad. Aquella misma noche, Franco Múnera lo llevó a casa de su familia, en la calle Estanco del Aguardiente, esquina Cuartel del Fijo, cerca del Teatro Heredia, en el casco antiguo. La familia acogió al estudiante hambriento y sin hogar con los brazos abiertos, en especial la madre de Jorge, Carmen Múnera Herrán.[13] Las madres de los demás siempre lo prohijaban. Se alojaría en su casa de forma intermitente, procurando acallar su conciencia comiendo lo menos posible durante el resto de su estancia en Cartagena.

Así que en esta época las estrecheces asediaban a García Márquez aún más que en su temporada en Bogotá, y ahora se habituó a no prestar apenas atención a sus necesidades fisiológicas. Incluso aquí, en la Costa, era célebre por sus chillonas camisas de muchos colores —por lo común sólo tenía la que llevaba puesta— y sus chaquetas de cuadros, que llevaba encima de pantalones de paño negros de algún traje viejo, calcetines amarillo canario que le caían hasta los tobillos y mocasines polvorientos que no lustraba nunca. Lucía un incipiente bigote ralo, y su cabello oscuro y desordenado rara vez veía un peine. Incluso después de que le ofrecieran la habitación en casa de los Franco Múnera, dormía allá donde el cansancio y el alba lo sorprendían. Estaba flaco como un palillo y los amigos, enternecidos por que siempre conservara el buen humor y jamás pareciera compadecerse de sí mismo o pidiera ayuda, en repetidas ocasiones reunían dinero entre todos para invitarlo a comer e incluirlo en sus excursiones nocturnas.

Las opiniones de amigos y conocidos eran diversas. Mucha gente, en especial los más conservadores, lo consideraban un excéntrico, incluso un lunático, y no era raro que lo tomaran por homosexual.[14] Hasta un amigo como Rojas Herazo, al mirar atrás, lo recuerda «tan modosito».[15]

Tanto Rojas como otro amigo, Carlos Alemán, tienen grabado el aire juvenil de García Márquez, su andar saltarín —que nunca ha perdido— y su tendencia a bailar con regocijo cuando alguien le daba una idea nueva o su excitación al ocurrírsele algo para un relato.[16] Los conocidos lo recuerdan tamborileando siempre con los dedos sobre la mesa mientras aguardaba la comida, o en cualquier otra superficie que tuviera a mano, tarareando o cantando a voz en grito, la música siempre traspasándolo de uno u otro modo.[17]

García Márquez aprendió todo lo que sus nuevos amigos y colegas tenían que enseñarle. Asimismo, desarrolló algunas ideas clave acerca de su vocación con precocidad asombrosa. Por ejemplo, recuperó la ocasión en que George Bernard Shaw declaró que en adelante pensaba dedicarse a los eslóganes publicitarios y a hacer dinero; García Márquez comentó que esa frase daba que pensar a quienes, como él mismo, estaban «empeñados en no escribir por comercio y, sin embargo, lo hacemos por vanidad».[18]

La vida en Cartagena cayó en la rutina. Faltaba a la mayoría de las clases, aunque no todos los profesores llevaban un control de asistencia, y los de tendencia liberal simpatizaban con las escaramuzas periodísticas que el joven periodista mantenía con los censores y con las autoridades en general, quienes en más de una ocasión enviaban patrullas militares a las oficinas del periódico para intimidar al personal.

Entre las relaciones más destacadas que cultivaba cabe destacar a Gustavo Ibarra Merlano, un estudioso de los clásicos que se había graduado en la Escuela Normal de Bogotá y ahora daba clases en un instituto local, a escasos metros de la sede de *El Universal*. Ibarra Merlano era ya un buen amigo de Rojas Herazo. Pasear sin rumbo con ellos dos no le costaba dinero a García Márquez —ni implicaba que nadie le dispensara caridad—, pues no bebían ni iban de parranda, y se dedicaban sobre todo a hablar de asuntos elevados relacionados con la poesía o la filosofía religiosa.[19]

García Márquez también tenía otros amigos cuyas inclinaciones eran menos austeras. De entre ellos destacaban los hermanos De la Espriella, Ramiro y Óscar, con quienes se encontró ocasionalmente en 1948 y con más asiduidad en 1949, y cuyos intereses no sólo eran de carácter mucho más político —en el terreno del liberalismo radical e incluso el marxismo—, sino también mucho más mundanos. Con ellos y otros amigos García Márquez pasaba el rato bebiendo y visitando burdeles.

Tres artículos sorprendentemente provocativos publicados en julio de 1948 dan a entender que en la época García Márquez pudo estar enamorado de cierta joven mujer de la noche, y es posible que desarrollara, justo entonces, las actitudes hacia el sexo y el amor que caracterizarían su obra posterior. En el primero de ellos hace un inventario bastante explícito del cuerpo de una muchacha mientras medita: «Y pensar que todo esto estará alguna vez habitado por la muerte», y concluye así el primer párrafo: «[Y pensar] que este dolor de estar dentro de ti, y lejano de mi propia sustancia, ha de encontrar alguna vez su remedio definitivo». Con razón las matronas católicas reaccionarias de Cartagena no osaban abrir las páginas de *El Universal* más de lo que se hubieran atrevido a caminar desnudas por la plaza Bolívar.

Para cuando aparece el tercero de los artículos, el joven escritor ha descubierto ya una de sus ideas fundamentales, que más adelante adoptará forma clásica en la novela *El amor en los tiempos del cólera*: que el amor puede durar para siempre, pero es mucho más probable que florezca y se extinga en un lapso fugaz, igual que una enfermedad.[20] Pocos hombres olvidarán fácilmente la primera impresión de las mujeres voluptuosas, ligeras de ropa, de ciudades portuarias del Caribe como Cartagena o La Habana, y García Márquez vivió en su juventud costeña los buenos tiempos de la prostituta caribeña. En cambio, en lo tocante a novias serias, respetables, Ramiro de la Espriella sólo recuerda que mencionara a una, Mercedes, que era entonces una colegiala de dieciséis años. «Era un pelaíto ahí, insignificante, barroso, con rostro más bien palúdico. Yo no sé qué le vería Mercedes, parecía muy débil, físicamente no tenía ningún atractivo ... Si alguien lo veía en la calle podía confundirlo con un mensajero.»[21]

La familia de Mercedes y la mayor parte de la de García Márquez seguían en Sucre, pero Luis Enrique vivía en Barranquilla y con frecuencia iba a Cartagena a pasar el fin de semana o las vacaciones: «Gabito estaba en Cartagena haciendo lo mismo que en Bogotá, fingiendo que estudiaba derecho, pero en realidad escribiendo».[22] Era la época dorada de los tríos de bolero latinoamericanos, como Los Panchos, y el sueño de Luis Enrique era formar su propio trío. «Mi papá se hubiera escandalizado mucho más con eso que con Gabito escribiendo.»[23]

En torno a esta época, Zabala recibió un mensaje de Zalamea Borda, desde Bogotá, en el que le preguntaba cómo iban las actividades literarias de su joven protegido. En realidad García Márquez no había vuelto a insistir con sus relatos en aquel período, pero nunca tenía un no para Zalamea y revisó rápidamente «La otra costilla de la muerte», que apareció en *El Espectador* el 25 de julio de 1948. Debió de ser halagador y sumamente reconfortante saber que un personaje destacado e influyente seguía pensando en él y velando por sus intereses en Bogotá.

El 16 de septiembre de 1948, García Márquez viajó a Barranquilla enviado por el periódico y, en lugar de volver en autobús directamente a Cartagena, decidió ir a ver a algunos colegas periodistas que le habían recomendado sus amigos. Resultó ser otra decisión histórica. Se dirigió a las oficinas de *El Nacional*, donde trabajaban Germán Vargas y Álvaro Cepeda. Pertenecían a una informal fraternidad bohemia que con el tiempo se conocería como «grupo de Barranquilla».[24] La contribución apasionada, aunque sensata, de García Márquez a las discusiones literarias de aquella primera noche impresionó al tercer miembro del grupo, Alfonso Fuenmayor, que era el editor adjunto del periódico liberal *El Heraldo* y le pidió a García Márquez que lo visitara antes de regresar a Cartagena.

Fue una alegría para García Márquez descubrir que estos periodistas que parecían curtidos en muchas batallas estaban al tanto de su reputación y lo acogían como a un hermano largo tiempo ausente. Le presentaron al gurú literario local, el escritor catalán Ramón Vinyes, y después emprendieron un lento recorrido por bares y burdeles que acabó en el legendario establecimiento de la Negra Eufemia, que con el tiempo quedaría inmortalizado en *Cien años de soledad*. Allí García Márquez selló su triunfo personal y su vínculo con el grupo cantando mambos y boleros durante más de una hora. Pasó la noche en casa de Álvaro Cepeda, quien, a diferencia de los demás, era de su misma edad y compartía con él el gusto por las camisas floreadas y los blusones de pintor, llevaba el pelo aún más largo y calzaba sandalias, como un hippy pionero.

Cepeda era estridente, grandilocuente y dogmático. Le mostró a García Márquez una pared llena de libros, sobre todo norteamericanos e ingleses, y bramó: «Éstos son los mejores libros del momento, los únicos que merecen leerse de los únicos que saben escribir. Llévese todos si quiere».

A la mañana siguiente, según se cuenta en las memorias, García Márquez salió de allí con una novela llamada *Orlando* de una escritora de la que nunca había oído hablar, Virginia Woolf, a quien Cepeda parecía conocer en persona, pues la llamaba la «vieja Woolf», del mismo modo que era evidente que todo el grupo mantenía una estrecha relación con su autor predilecto, William Faulkner, al que solían aludir como «el viejo».[25] Al cabo de todos los años transcurridos, el entusiasmo de estos tipos exigentes por la obra de la recatada señora Woolf no deja de sorprender. Los amigos recuerdan que García Márquez quedó especialmente impresionado en ese momento por una línea, al parecer impropia de una dama, que aseguraba haber leído en una de sus novelas: que «el amor es quitarte las bragas», una traducción libérrima de *love is slipping off one's petticoat*, de *Orlando*.[26] Esta cita pudo tener un impacto mayor en su visión del mundo de lo que pudiera parecer a primera vista. En cualquier caso, le dijo a todo el mundo que «Virginia» era «mucha vieja macha».[27]

La época de los exámenes del segundo año de carrera se aproximaba y García Márquez estaba desesperado. Su asistencia había sido más que errática —constan quince ausencias oficiales— y había asimilado poco de lo que había oído en clase. Un compañero de estudios de aquella época recuerda que García Márquez «trabajaba hasta las tres de la mañana, hora en que se cerraba la edición. Allí se quedaba a dormir sobre los grandes rollos de papel esperando la mañana, pues teníamos clases todos los días a las siete. Él se presentaba a clases y nos decía que él sólo podía bañarse más tarde, pues nunca le daba tiempo para hacerlo en la mañana».[28] Aprobó el curso, pero un suspenso en Derecho romano volvería a perseguirlo varios años y tal vez fue decisivo para garantizar que nunca se licenciara como abogado.

Entretanto, su contacto con el grupo de Barranquilla había logrado inspirarlo —y le había infundido confianza— para ponerse a trabajar en su primera novela, que tituló «La casa». En ella abordaba su propio pasado y, de hecho, posiblemente fuera una novela a la que le hubiera estado dando vueltas desde hacía tiempo. Inicialmente trabajó en este proyecto la segunda mitad de 1948, y con mayor ahínco a comienzos de 1949. Su amigo Ramiro de la Espriella y su hermano Óscar vivían en la gran residencia decimonónica de sus padres, en la calle Segunda de Badillo de la antigua ciudad amurallada. García Márquez era una visita habitual, que a menudo iba a comer e incluso dormía allí de vez en cuando. En la casa había una nutrida colección de libros, y con frecuencia podía encontrarse a García Márquez leyendo obras de historia colombiana en la biblioteca. Óscar, el mayor de los dos hermanos, recuerda: «Mi papá decía: "Oiga, usted tiene valor civil", por la forma como se vestía ... Mi mamá lo quería como a un hijo. Se la pasaba allá. Se presentaba con un rollo de papeles envueltos y amarrados con una corbata, eso era lo que estaba escribiendo, entonces desenrollaba sus vainas y se sentaba a leérnoslas».[29]

De los fragmentos que se conservan y que posteriormente se publicaron en *El Heraldo* de Barranquilla, vemos que la novela se situaba en una casa que guarda semejanzas con la de los abuelos de García Márquez, y recuerda vagamente a Faulkner en cuanto a temática, aunque no en lo tocante al estilo; no carecía de interés y era prometedora, a pesar de cierta horizontalidad, y ninguno de los extractos existentes sugieren la influencia de Faulkner, Joyce, ni siquiera de Virginia Woolf. Participaban en ella personajes parecidos a su abuelo, su abuela y sus antepasados; un lugar con ecos de Aracataca; una guerra parecida a la de los Mil Días. Sin embargo, en esta ocasión nunca logró ir más allá de una narración algo episódica, superficial y falta de vida. Al parecer, García Márquez no lograba escapar de la casa. O, por decirlo de otro modo, no era capaz de separar «La Casa» de la casa, la novela de su fuente de inspiración. Aun así, es imposible poner en duda que aquí, en asombrosa medida, se halla el germen de *Cien años de soledad*, con los temas de la soledad, el destino, la nostalgia, el patriarcado y la violencia, a la espera del tono y la perspectiva inconfundibles que tardarían más de una década en revelarse. La verdad, en parte, es que García Márquez no podía ironizar plenamente sobre su propia cultura; era por entonces inconcebible atreverse a ridiculizar cualquier cosa relacionada con Nicolás Márquez, ni siquiera que resultara divertido. Por curioso que parezca, pues, todavía no se le había ocurrido poner en relación el mundo fantástico de Kafka con el mundo real de sus propios recuerdos.[30]

En marzo de 1949, de repente cayó gravemente enfermo. Según su propio testimonio, fue una confrontación por cuestiones políticas con Zabala lo que desencadenó la crisis. Una noche de finales de marzo, García Márquez estaba en La Cueva sentado a la mesa con Zabala mientras el editor daba cuenta de su cena a altas horas. El comportamiento de García Márquez había ido degenerando desde que iniciara sus viajes a Barranquilla, trabajaba de manera irregular en *El Universal* y daba indicios de una rebeldía adolescente sin objeto concreto causada por su relación con Álvaro Cepeda. Zabala dejó de comer la sopa, miró por encima de sus lentes y dijo con tono ácido: «Dime una vaina, Gabriel: ¿en medio de tantas pendejadas que haces has podido darte cuenta de que este país se está acabando?».[31] Dolido, García Márquez continuó bebiendo y se quedó profundamente dormido en un banco del paseo de los Mártires. Se despertó a la mañana siguiente al final de una tormenta tropical con la ropa empapada y los pulmones encharcados. Le diagnosticaron neumonía, de modo que regresó a Sucre para pasar en casa de sus padres el tiempo que durara la convalecencia; no significaba necesariamente que fuera el destino ideal para un enfermo de los bronquios, porque las aguas que rodeaban Sucre habían crecido más que nunca y el pueblo estaba inundado como con tanta frecuencia se plasmaría en *La mala hora* o *Crónica de una muerte anunciada*.

Esta vuelta a casa sería trascendente. García Márquez ha dicho que temía que la estancia durase seis meses, aunque en definitiva no llevó mucho más de seis semanas. Sin embargo, no sólo era el período más largo que pasaba con su familia desde hacía años, sino también una visita en la que de antemano sabía que no podría salir de casa durante mucho tiempo. No se dio cuenta entonces, pero una revolución inconsciente y silenciosa empezaría a operarse en su interior ahora que varios de sus hermanos y hermanas estaban creciendo; una revolución demasiado lenta para que surtiera efecto de inmediato, pero crucial a largo plazo en su imaginación y en su perspectiva literaria e histórica. Podría decirse que empezó a añadir personas vivas a los muertos que ya asediaban su imaginación.

Ahora que era periodista, García Márquez empezó también a fijarse en Sucre. Una de las leyendas locales más interesantes de la región giraba en torno a la Marquesita de La Sierpe, una mujer española de rubios cabellos que había vivido en la remota colonia de La Sierpe y nunca se casó ni mantuvo trato carnal con ningún hombre. Tenía poderes mágicos, una hacienda tan extensa como varios municipios y vivió más de dos siglos. Cada año recorría la región sanando a los enfermos y dispensando favores a aquellos a quienes protegía. Antes de morir hizo desfilar su ganado frente a la casa, lo que llevó nueve días, hasta que el pisoteo de las reses sobre el terreno húmedo dio lugar al fin a la Ciénaga de La Sierpe, al sudoeste de Sucre, entre los ríos San Jorge y Cauca. A continuación enterró el resto de sus bienes y tesoros más preciados en el cenagal, junto con el secreto de la vida eterna, y distribuyó el resto de sus riquezas entre las seis familias que la habían servido.[32]

Esta leyenda, que a García Márquez le contó su amigo Ángel Casij Palencia —el primo de José Palencia—, junto con otras que él mismo recogería, no sólo contribuyó a sentar las bases de una serie de artículos brillantes que escribiría tres o cuatro años después, sino que inspiraría también su propia creación literaria de la Mamá Grande, la cual sería el primer indicio inconfundible del estilo del García Márquez maduro, a finales de la década de los cincuenta. Otro ingrediente fue una acaudalada vecina de Sucre que vivía en la casa contigua de los Gentile Chimento, amigos de la familia. Se llamaba María Amalia Sampayo de Álvarez, una mujer que desdeñaba la educación y la cultura y se jactaba sin cesar de su riqueza. Cuando murió, en 1957, se organizaron unos funerales extravagantes y sumamente grotescos.[33] Otra historia también extraordinaria era la de una muchacha de once años a quien su abuela obligó a prostituirse; muchos años después se convertiría en varios personajes de ficción, entre los que destaca la famosa Eréndira.[34]

En realidad, la cuestión de su evolución como narrador se puso ahora en evidencia de la manera más dramática. García Márquez había insinuado en una carta a sus amigos de Barranquilla que con gusto recibiría una remesa de libros para contrarrestar la jungla de Sucre y la zafiedad del hogar de sus padres.[35] Los libros llegaron, como era de esperar. Entre ellos estaban *El ruido y la furia*, *El villorrio*, *Mientras agonizo* y *Las palmeras salvajes*, de Faulkner; *La señora Dalloway*, de Virginia Woolf; *Manhattan Transfer*, de Dos Passos; *De ratones y hombres* y *Las uvas de la ira*, de Steinbeck; *El retrato de Jenny*, de Nathan, y *Contrapunto*, de Huxley. Por desgracia, el resultado de leer estas deslumbrantes obras de la literatura modernista anglosajona fue que el trabajo de «La casa» se ralentizó hasta quedar poco menos que interrumpido.[36] Además, a medida que empezaba a recobrar la salud, volvía a sus pasatiempos habituales. Nunca llegó a ir a La Sierpe, sino que volvió a su relación con la voluptuosa Nigromanta (quien para entonces había perdido a su esposo), para disgusto de Luisa Santiaga. También hizo nuevos amigos. Uno de ellos, Carlos Alemán, de Mompox, que ya había sido elegido para la asamblea departamental, recuerda su llegada a Sucre en mayo de 1949: «En medio de la multitud que saludaba nuestro arribo desde las barracas, se destacaba un hombre de exótica vestimenta: tenía albarcas trespuntás, un pantalón negro y una camisa amarilla. Yo le pregunté a Ramiro: "¿Quién es ese papagayo?", y él me contestó: "Es Gabito"».[37]

Así pues, García Márquez, que supuestamente aún convalecía de su enfermedad, se unió al grupo con su amigo Jacobo Casij, otro militante liberal, y navegaron por toda la región del Mojana en tres lanchas, todas ellas pertrechadas con banderas del partido, barriles de ron y una banda de música. Los partidarios liberales vitoreaban desde las riberas y los dirigentes locales, algunos terratenientes liberales, organizaban fiestas y encuentros allá donde tocaban tierra. Óscar de la Espriella reflexionaba tiempo después: «Eran reuniones para organizar movimientos subversivos que nunca se llevaron a efecto porque el jefe del partido, que era Carlos Lleras, no daba la orden. A esas reuniones también iba Gabito; él en esa época era marxista, todos éramos marxistas».[38]

A mediados de mayo, García Márquez se sintió con fuerzas para reemprender sus actividades en Cartagena. En calidad de miembro recién elegido de la asamblea departamental, su amigo Carlos Alemán no dejaba traslucir más engreimiento que antes, sino que aprovechaba su nueva condición y su presupuesto para organizar frecuentes juergas, en las que su amigo, con menos recursos económicos, comía para una semana e invariablemente acababa en un burdel.[39]

Cuando García Márquez regresó de Sucre y escribió su siguiente columna de opinión —entonces un fenómeno sumamente raro—, acerca de la elección de la reina del concurso estudiantil de belleza, no lo firmó como Gabriel García Márquez sino con el pseudónimo de «Septimus», inspirado por el personaje del mismo nombre que aparece en *La señora Dalloway*, de Virginia Woolf.[40] Este primer artículo de Septimus, «Viernes», es notable por su tono confiado, casi arrogante, e incluye la siguiente declaración, desafiante: «Somos los estudiantes y hemos descubierto la fórmula del estado perfecto, la concordia entre las diferentes clases sociales, la equidad del salario, la liquidación por partes iguales de la plusvalía, la disolución de los parlamentos remunerados y la colectiva abstinencia electoral».

García Márquez había descuidado mucho sus estudios de leyes antes de caer enfermo, y después los desatendió aún con mayor determinación. Era conocido por proclamar su aversión por el derecho y organizar partidos de fútbol improvisados en los augustos pasillos de la universidad. En el caso de que llegara a licenciarse de abogado, corría el riesgo de verse tentado —u obligado, tanto por su familia como por su conciencia— a ejercer la profesión. Los estudios de derecho en Cartagena eran aún más tediosos que en Bogotá. Al final del curso suspendió Derecho médico (¿un golpe bajo para Gabriel Eligio?) y el seminario de Derecho civil, aunque aprobó por los pelos esa asignatura y más desahogadamente otras cinco materias. Incluso esto era un milagro en vista de sus numerosas ausencias. Sin embargo no recuperó Derecho ro mano y, por tanto, pasó al cuarto año con tres asignaturas pendientes.[41]

El 9 de noviembre en Bogotá, percibiendo las divisiones y las flaquezas del liderazgo liberal, el gobierno conservador vigente volvió a imponer el estado de sitio y cerró el Congreso: fue el llamado «golpe institucional». Días después se decretó el toque de queda a las ocho de la tarde. El hecho de que los liberales no reaccionaran alentó a los conservadores a perder toda cautela y la Violencia —redoblada— llenó el país entero de cadáveres, sobre todo en las zonas rurales, aunque, como solía ocurrir, se dejó notar menos en las costas del norte que en el resto de las regiones.

En el resto del mundo, este período (1948-1949) fue también un momento extraordinario; uno de los momentos más intensos y decisivos de todo el siglo XX. García Márquez había estado en Bogotá mientras allí se sentaban las bases del nuevo sistema intraamericano (en gran medida en interés de Estados Unidos, que hacía muy poco había logrado predominar en las conversaciones en Europa acerca de la creación de Naciones Unidas y había dispuesto, en un gesto cargado de simbolismo, trasladar las reuniones del nuevo organismo de Londres a Nueva York). El presidente Truman, responsable no hacía mucho de la decisión de dejar caer dos bombas atómicas sobre Japón, había declarado ahora una cruzada a escala mundial contra el comunismo —se había fundado la CIA en 1947 como parte de la lucha anticomunista— y el Papa había prestado su apoyo tácito a la línea norteamericana; Truman había sido reelegido en virtud de estas circunstancias. El estado de Israel se había fundado con el pleno apoyo de las naciones occidentales y se había creado la OTAN; la Unión Soviética había impuesto un bloqueo sobre Berlín, mientras que Estados Unidos había respondido con la creación de un puente aéreo. Después, la Unión Soviética había puesto a prueba su propia bomba atómica y el 1 de octubre de 1949 se había fundado la República Popular China. Cuando García Márquez finalmente tomó la decisión de agarrar el timón de su propia vida y marcharse de Cartagena, el nuevo orden internacional que regiría el mundo durante la Guerra Fría, recientemente declarada, y más allá, estaba sólidamente instaurado. Éste sería el telón de fondo de su época y su vida adulta.

Fue en este momento cuando Manuel Zapata Olivella, el errante doctor, escritor y revolucionario negro, se cruzó de nuevo en el camino de García Márquez, como ocurriría en otras ocasiones futuras. En ésta se lo llevó consigo y le ofreció su primer encuentro con la antigua provincia de Padilla, el escenario de las andanzas del coronel Márquez en la guerra de los Mil Días.

Zapata Olivella acababa de licenciarse por la Universidad Nacional de Bogotá; aunque había nacido en Cartagena, estaba viajando para ejercer su nueva profesión en el pequeño pueblo de La Paz, en las estribaciones de la Sierra Nevada, a poco más de quince kilómetros de Valledupar. Zapata invitó a García Márquez a que lo acompañara a su nuevo lugar de residencia, y el joven aprovechó la oportunidad sin dudarlo. Allí, en La Paz y Valledupar, conoció por primera vez a los cantantes de vallenato y merengue en su entorno natural; en particular, al influyente acordeonista afrocolombiano Abelito Antonio Villa, el pionero en la grabación del vallenato.[42]

Cuando regresó a Cartagena ya se había decidido: era hora de marcharse. Barranquilla sería un lugar mucho más conveniente desde el cual volver la mirada hacia su patrimonio cultural. Su última aparición pública en Cartagena tuvo lugar en una fiesta el 22 de diciembre para celebrar la publicación de la novela *Neblina azul*, de su amigo Jorge Lee Biswell Cotes, de diecisiete años, a la que García Márquez condenó con un elogio poco entusiasta en una reseña condescendiente y reprobatoria que apareció *El Universal*.

Óscar de la Espriella recuerda a García Márquez cantando lo que anunció como «el primer vallenato que aprendí», y cuya letra empezaba así: «Te voy a dar un ramo de nomeolvides para que hagas lo que dice el significado».[43] Algunos escritores de Cartagena se han valido de esta frase para insinuar de manera tácita que García Márquez ha «olvidado» injustamente —de hecho, que ha repudiado— no sólo la ciudad, con sus valores esnob y reaccionarios de clase alta, sino también a los amigos que lo ayudaron, los colegas que lo inspiraron y, por encima de todo, al editor que lo quiso y lo formó, Clemente Manuel Zabala, a quien García Márquez casi nunca mencionó en público hasta el prólogo de *Del amor y otros demonios*, en 1994.[44]

El joven se mostraría notoriamente desagradecido con ciertos individuos en los años venideros, y de manera sistemática ha restado importancia a la contribución del período de Cartagena a su evolución; sin embargo, también es evidente que los escritores de Cartagena reivindican ahora en exceso el impacto de la ciudad y sus intelectuales en el novelista en ciernes, y subestiman cuánto sufrió el trato que recibió allí. García Márquez fue un niño pobre durante sus siete años de colegio, dependiente de las becas y de la benevolencia de los demás. En Bogotá anduvo siempre escaso de dinero, y en Cartagena —al igual que después en Barranquilla— rozaría la indigencia. De algún modo se las arreglaba para sonreír y mostrarse casi siempre positivo durante estos años; todos los testigos, tanto quienes le profesan simpatía como los que no, confirman que prácticamente nunca expresaba lástima de sí mismo o pedía favores. Cómo mantuvo su ecuanimidad, cómo se aferró a su confianza, cómo levantó su determinación y logró crear y fortificar una vocación en estas adversas circunstancias, con una familia en la que había otros diez hermanos menores viviendo en relativa pobreza, es algo que puede explicarse tan sólo con palabras como valentía, entereza y tesón inquebrantable.

7

Barranquilla, un librero y un grupo bohemio

1950-1953

«Hombre, yo creo que él se fue a Barranquilla buscando más aires, más libertad y una mejor remuneración.»[1] Así explicó Ramiro de la Espriella, más de cuarenta años después, la decisión de su amigo de trasladarse de la histórica ciudad de Cartagena al efervescente puerto marítimo de Barranquilla, a unos ciento treinta kilómetros al este. Cuando García Márquez dejó Cartagena hacia finales de diciembre de 1949, el toque de queda se había impuesto de nuevo y no le fue fácil llegar a Barranquilla para última hora de la tarde, antes de que entrara en vigor. Disponía de doscientos pesos que su madre, Luisa, le había deslizado en el bolsillo en secreto, y de una suma indeterminada de uno de sus profesores de universidad, Mario Alario di Filippo. Llevaba el borrador de «La casa» en el maletín de cuero que había hurtado en el saqueo de Bogotá y, como de costumbre, perderlo le angustiaba más que la posibilidad de perder su dinero. Estaba eufórico, a pesar de la perspectiva de pasar otras Navidades solo. A fin de cuentas, como reconocería más tarde incluso un amante de Cartagena: «Llegar a Barranquilla en aquel tiempo era como volver al mundo, al sitio donde de verdad las cosas estaban sucediendo».[2] Y García Márquez contaba con la promesa de Alfonso Fuenmayor de que movería cielo y tierra para conseguirle un empleo en *El Heraldo*.

Barranquilla era un lugar prácticamente sin historia, donde apenas había edificios distinguidos; en cambio era moderna, emprendedora, dinámica y hospitalaria, y estaba asimismo alejada de la Violencia que asolaba el interior del país. Rozaba el medio millón de habitantes. Me dijo García Márquez en 1993: «Barranquilla me permitió ser escritor. Tenía la población inmigrante más elevada de Colombia —árabes, chinos, etcétera—. Era como Córdoba en la Edad Media. Una ciudad abierta, llena de personas inteligentes a las que les importaba un carajo ser inteligentes».[3]

El fundador espiritual de lo que más tarde se conocería como el grupo de Barranquilla era el catalán Ramón Vinyes, destinado a convertir-

se en el viejo y sabio librero catalán de *Cien años de soledad*.[4] Nacido en
el pueblo de montaña de Berga en 1882, se crió en Barcelona y sentó
una reputación menor en España antes de emigrar a Ciénaga en 1913.
Rumores acerca de su posible homosexualidad perviven en Barranquilla hasta día de hoy, y parecen fundados. Por consiguiente, es posible
que los dos mentores decisivos de García Márquez en su período caribeño, Zabala y Vinyes, fueran homosexuales. Cuando García Márquez
lo conoció —y fue una relación pasajera— Vinyes rondaba ya los setenta años. Estaba algo entrado en carnes, tenía una mata de pelo blanco y
un tupé incontrolable como el de una cacatúa. Su aspecto era a un tiempo imponente y benévolo. Aunque no fuera un gran bebedor, tenía excelentes dotes de conversador y un sentido del humor fino y mordaz; a
veces podía ser brutalmente sincero.[5] Gozaba de enorme prestigio entre
los miembros del grupo. Sabía que no era un escritor sensacional, pero
era muy leído y su concepto de la literatura era amplio y perspicaz a un
tiempo. Nunca amasó mucho dinero, pero tampoco se preocupaba por
ello. Fue Vinyes quien dio cohesión al grupo y le infundió la confianza
para creer que incluso en una ciudad desconocida, donde en apariencia
no había cultura, ni historia, ni universidad, ni clase dirigente cultivada,
era posible ser culto. Y fácil ser moderno. Uno de sus lemas, que García Márquez nunca olvidó, era: «Si William Faulkner estuviera en
Barranquilla, estaría sentado en esta mesa».[6] Y probablemente fuera cierto. Uno de sus temas fundamentales era que el mundo se estaba convirtiendo en una «aldea global», muchos años antes de que Marshall McLu-
han acuñara la idea.

Alfonso Fuenmayor, nacido en 1917 e hijo del respetado escritor
José Félix Fuenmayor, era el más callado y tal vez el más serio de los
miembros jóvenes, pero desempeñó un papel capital. Primeramente,
por su conexión directa con la generación anterior. En segundo lugar,
porque fue él quien aglutinó a todos los demás a través de las relaciones
que previamente mantenía con ellos. Y tercero, porque fue él quien le
sugirió a García Márquez antes que nadie que se pasara a *El Heraldo*,
donde él mismo trabajó durante veintiséis años. Versado en literatura española, inglesa y francesa, tenía mirada de miope, era silencioso y sensato, aunque un bebedor tan consumado como los demás, y un decidido
engrasador de los engranajes colectivos. Su acentuado tartamudeo ten-
día a mejorar con ron o whisky. Era aficionado a la literatura clásica y
los diccionarios, y sin lugar a dudas el más erudito y leído del grupo.

Germán Vargas era el amigo más íntimo de Fuenmayor, así como su socio, y había nacido en Barranquilla en 1919. Alto, con ojos verdes escrutadores, era un lector insaciable, aunque lento y minucioso en todo lo que hacía, y dejaba traslucir cierta dureza de carácter. Si Fuenmayor, a pesar de su seriedad, no podía evitar la torpeza y el descuido y era siempre divertido, Vargas era pulcro, vestía camisas blancas, y se le consideraba prudente —aunque en ocasiones despiadado— en sus juicios[7] y persona de confianza. (A él le enviaría posteriormente García Márquez sus manuscritos para conocer una primera impresión, y a él le escribiría para pedirle envíos de libros o dinero de emergencia.) Fumaba más de la cuenta, cuanto más negro el tabaco mejor, y él y Fuenmayor, a pesar de ser los más sedentarios, eran los más bebedores de la pandilla y se habían especializado en una pócima cuyos ingredientes principales eran «ron, limones y ron».[8]

Álvaro Cepeda Samudio era el motor activo del grupo: atractivo, tarambana, con la sonrisa más deslumbrante del mundo e irresistible para las mujeres —sus aventuras con algunas de las artistas más destacadas de Colombia son bien conocidas—, y aun así, con intereses típicamente masculinos; a raíz de su muerte prematura en 1972 devino una leyenda en Barranquilla.[9] Nació en la ciudad el 30 de marzo de 1926, aunque siempre afirmaba que había nacido en Ciénaga, donde había tenido lugar la matanza de las bananeras, porque deseaba asociar su llegada al mundo con este trágico acontecimiento, en el cual los abominables cachacos habían asesinado a costeños inocentes. Su padre, un político conservador, perdió el juicio y murió cuando Álvaro era niño, envolviéndolo de un olor a tragedia que su personalidad adulta expansiva e inolvidable no dejaba traslucir. Cepeda era un amasijo de contradicciones, que él resolvía con divertidísima bravuconería. Parecía un vagabundo, pero había heredado dinero mientras estaba en Norteamérica, entre 1949 y 1950, y siempre mantuvo estrechos vínculos con aristócratas locales, incluido el empresario de Barranquilla Julio Mario Santo Domingo, que pasó brevemente por el grupo y después se convirtió en el hombre más rico de Colombia y amasó una de las mayores fortunas de América Latina.

Aún más turbulento y suicida era Alejandro Obregón. También estaba ausente de Barranquilla cuando García Márquez llegó, y de hecho Obregón permaneció en Europa la mayor parte del tiempo que García Márquez pasó en Barranquilla; sin embargo, hizo visitas ocasionales y fue un miembro esencial del grupo, tanto antes como después de la estancia de García Márquez. Obregón era un pintor nacido en Barcelona en 1920. Su familia era propietaria de una fábrica textil en Barranquilla y del hotel de lujo de la ciudad, el Prado. Casado y divorciado varias veces, y tan atrayente para las mujeres como Cepeda, Obregón era el arquetipo del pintor apasionado, y a mediados de los años cuarenta su reputación iba en aumento.[10] En la segunda mitad del siglo se convirtió en el pintor más célebre de Colombia, antes del surgimiento de Fernando Botero, y sin lugar a dudas el más querido y admirado. Su atuendo habitual eran un par de pantalones cortos, sin más. Sus hazañas son legendarias en Barranquilla: enfrentarse sin ayuda de nadie a varios marines estadounidenses después de que maltrataran a una prostituta; comerse el gran grillo amaestrado de un compañero de copas de un solo bocado; romper la puerta de su bar favorito a lomos de un elefante alquilado en un circo local; hacer de Guillermo Tell con sus amigos utilizando botellas en lugar de flechas; disparar a su perro predilecto un tiro en la cabeza después que quedara paralizado tras un accidente, y decenas de anécdotas más.

Éstos eran, pues, los principales actores de lo que más tarde se conocería como el grupo de Barranquilla, organizadores de la parranda permanente a la que García Márquez fue invitado a principios de la década de 1950. Había muchos otros, casi todos pintorescos e individualistas. Germán Vargas, al referirse en un texto de 1956 a los entusiasmos heterogéneos del grupo, hablaba de sus amigos en términos que eran «posmodernos» *avant la lettre*: «Desprejuiciados, pueden acercarse con el mismo interés a hechos tan diferentes como el *Ulises* de Joyce, la música de Cole Porter, la técnica de Alfredo di Stéfano o de Willie Mays, la pintura de Enrique Grau, la poesía de Miguel Hernández, la sabiduría de René Clair, los merengues de Rafael Escalona, la fotografía de Gabriel Figueroa, la vitalidad del Negro Adán o de la Negra Eufemia».[11] Consideraban que la amistad era más importante incluso que la política. A este respecto, casi todos eran liberales, aunque Cepeda se inclinara hacia posturas anarquistas y García Márquez tendiera a las socialistas. García Márquez diría con posterioridad que, entre todos, sus amigos tenían cualquier libro que uno pudiera desear; le citaban uno en el burdel a altas horas de la noche y luego se lo daban a la mañana siguiente, y lo leía todavía ebrio.[12]

El grupo parecía antiburgués, pero en realidad era más bien antiaristocrático; Cepeda y Obregón estaban vinculados a algunos de los intereses políticos, económicos y sociales más importantes de la ciudad. Su postura más sorprendente —sumamente rara en América Latina en esta época— era su simpatía por lo norteamericano. En tanto que Bogotá, y la mayor parte de América Latina, estaba aún subyugada por la cultura europea, el grupo de Barranquilla identificaba Europa con el pasado y la tradición, y prefería el ejemplo cultural más directo y moderno que ofrecía Estados Unidos. Naturalmente, esta preferencia no atañía a las cuestiones políticas, ni carecía de sentido crítico; pero, para bien o para mal, colocó al grupo veinticinco años por delante de casi cualquier otro movimiento literario o intelectual relevante de América Latina.

Este posicionamiento los hacía también contrarios a los cachacos, ninguno más que Cepeda, que a un tiempo era un partidario ferviente de la cultura popular caribeña —en detrimento de la andina— así como un gran modernizador. Años después abogaría por la creación de una República del Caribe. En una entrevista de 1966 con el periodista de Bogotá Daniel Samper declararía que los costeños «no somos transcendentalistas ... no le ponemos misterios a nada. No decimos mentiras ni somos hipócritas como los cachacos».[13] Samper, cachaco, no concebía que ninguno de sus compatriotas pudiera ser así, y se encaprichó con aquella personalidad que superaba la realidad. Cepeda fue uno de los primeros entusiastas de escritores como Faulkner y Hemingway, que no estaban para tonterías, y el primer exponente del pasatiempo favorito del grupo, el «mamagallismo».

Su territorio eran unas cuantas calles del centro de Barranquilla. García Márquez diría más tarde que «en la calle de San Blas comenzaba el mundo», o la calle Treinta y cinco, según la reciente nomenclatura.[14] De hecho, a sólo una manzana de San Blas, entre Progreso (carrera Cuarenta y uno) y 20 de Julio (carrera Cuarenta y tres), se concentraban la Librería Mundo, el Café Colombia, el Cine Colombia, el Café Japy y la Lunchería Americana; a una manzana hacia el norte estaba el América Billares y hacia el este, el Café Roma, en el paseo Simón Bolívar. Y detrás estaba el parque Colón, donde vivía Vinyes, junto al mercado callejero, con vistas a la iglesia de San Nicolás, conocida como la «catedral de los pobres», apenas a unos pasos de las oficinas de *El Heraldo*.[15]

La Librería Mundo pertenecía a un antiguo comunista llamado Jorge Rondón Hederich, a quien se consideraba sucesor espiritual de la librería que había regentado el propio Vinyes y que quedó destruida por el fuego en los distantes años veinte.[16] Era allí adonde García Márquez dirigía sus pasos siempre que llegaba a la ciudad y el lugar donde su madre lo encontraría cuando fuera en su busca unas semanas después de su llegada.[17] Si seguían bebiendo más allá de la medianoche, el grupo se trasladaba a uno de los muchos burdeles de Barranquilla, con frecuencia en el Barrio Chino, aunque el destino predilecto era el prostíbulo de la Negra Eufemia, por entonces en los límites de la ciudad, a más de treinta calles.[18]

García Márquez era el más joven de todo el grupo, el más ingenuo e inexperto; según Ibarra Merlano, García Márquez no sólo no decía tacos en Cartagena, sino que además le disgustaba que otros lo hicieran. Nunca fue un gran bebedor y desde luego no era amante de las peleas; en cambio, todo apunta a que era un fornicador discreto, pero regular. Germán Vargas comentó con posterioridad: «Era muy silencioso, discreto, callado, hablaba pasito como Alfonso y como yo ... Es lógico, porque, a decir verdad, él era el más pueblerino del grupo ... Todos admirábamos, como ahora, su gran disciplina, su capacidad y su dedicación al trabajo literario».[19] Era aún, y lo sería muchos años, el que no tenía casa, ni dinero, ni esposa, ni siquiera una novia en condiciones. (Su relación con Mercedes, medio imaginaria, lo salvó de la condena de tener que encontrar una novia real.) Daba el perfil del eterno estudiante, o del artista bohemio. Con el tiempo diría que, aunque fue una época feliz, nunca esperó superarla.[20]

No podía permitirse pagar un alquiler como es debido. Acabó viviendo en un burdel que ostentaba el nombre de Residencias New York, en un edificio que Alfonso Fuenmayor había apodado el «Rascacielos» porque tenía cuatro plantas, algo infrecuente en Barranquilla por aquella época. Situado en la calle Real, conocida popularmente como «la calle del crimen», estaba casi enfrente de las oficinas de *El Heraldo* y muy cerca de donde Vinyes vivía, en la plaza Colón. Los bajos del edificio estaban destinados a notarios y sus bufetes. En las plantas superiores estaban las dependencias de las prostitutas, administradas con rigor por la madame, Catalina la Grande.[21] García Márquez alquiló una de las habitaciones en lo alto del edificio, por un peso cincuenta la noche. La habitación, más bien un cubículo, era de tres metros cuadrados. Una prostituta llamada María Encarnación le planchaba sus dos pares de pantalones y sus tres camisas una vez por semana. A veces no tenía dinero para pagar el alquiler, y entonces le daba en depósito al portero, Dámaso Rodríguez, una copia de su último manuscrito.[22]

Vivió en estas condiciones, entre el bullicio que llegaba de la calle y los variopintos ruidos, discusiones y peleas propios del burdel, por espacio de casi un año. Trabó amistad con las prostitutas e incluso les escribía cartas. Ellas le prestaban jabón, compartían con él su desayuno, y de vez en cuando él las correspondía cantando algún que otro bolero o vallenato. Se sintió especialmente agradecido cuando, unos años después, su ídolo de otros tiempos, William Faulkner, declaró que no había mejor lugar para un escritor que un burdel: «Por las mañanas hay calma y silencio, y por las noches hay jolgorio, licor y gente interesante con la que hablar».[23] García Márquez oyó muchas conversaciones reveladoras del otro lado del frágil tabique de su habitación, y las aprovecharía en episodios literarios por venir. Otras veces daba paseos nocturnos sin rumbo con un amigo taxista, el «Mono» Guerra. De ahí en adelante siempre consideraría a los taxistas un dechado de sentido común.

Conservó el pseudónimo «Septimus», que había adoptado en Cartagena, y tituló su columna diaria «La Jirafa», un tributo secreto a su musa de adolescencia, Mercedes, célebre por su largo y esbelto cuello. Desde el principio, estas columnas irradiaban un nuevo resplandor, aunque —el régimen censor seguía vigente— fueran con frecuencia de escasa enjundia.

García Márquez mantenía, sin embargo, su perspectiva política, y su impertinencia, hasta donde le era posible. Al comienzo de su carrera en *El Heraldo*, demostró que no era afecto al populismo peronista que estaba tentando a otros latinoamericanos de izquierdas. A propósito de la visita de Eva Perón al viejo continente, escribió: «Vino después, como segundo acto, la famosa correría de Eva por Europa. En un aparatoso gesto de demagogia internacional, despilfarró en el proletariado de Italia —más por espectacularidad que por sentimiento caritativo— casi todo un Ministerio de Hacienda. En España, los cómicos estatales la recibieron con un entusiasmo de colegas magnánimos».[24] El 16 de marzo de 1950 salió indemne de un artículo que advertía la extraordinaria oportunidad que se le presentaba al barbero que afeitaba al presidente de la república cada día al empuñar su afilada navaja;[25] el 29 de julio de 1950 escribió con aire despreocupado, como si se tratara de un conocido suyo, sobre una visita a Londres de Ilya Ehrenburg, uno de los propagandistas más eficaces de la Unión Soviética,[26] y el 9 de febrero de 1951 declararía sin ambajes que «ninguna doctrina política me repugna tanto como el falangismo».[27] (En ese momento Colombia, bajo el régimen de Laureano Gómez, fue el primer país de América Latina en res-

tablecer plenamente sus relaciones con la España de Franco —a pesar de
las advertencias de Naciones Unidas en sentido contrario—, y era evidente que el presidente de buena gana habría impuesto una administración similar a la del Caudillo.)

Si uno de sus principales problemas era la censura, uno de los motivos recurrentes que utilizaba era la búsqueda de un tema. Y ambos asuntos se abordan con gran sentido del humor en un artículo titulado «La peregrinación de la jirafa», acerca de su tarea cotidiana:

> La jirafa es animal vulnerable a los más imperceptibles resortes editoriales. Desde el instante en que se piensa —aquí, frente a la Underwood— la primera palabra de esta nota diaria ... hasta las seis de la mañana del día siguiente, la jirafa es ya triste e inerme animal indefenso, que puede romperse una coyuntura a la vuelta de cualquier esquina. En primer término, hay que tener en cuenta que esto de escribir todos los días catorce centímetros de simplicidades, es cosa poco grata por muy temperamentalmente simple que sea quien lo hace. Luego, viene el problema de las dos censuras. La primera, que está aquí mismo, a mi lado, sonrosadamente sentada junto al ventilador, dispuesta a no permitir que la jirafa tenga colores distintos a los que natural y públicamente puede tener. Viene después la segunda censura, acerca de la cual no se puede decir nada sin peligro de que el largo cuello sea reducido a su mínima expresión. Finalmente el indefenso mamífero llega a la oscura cámara de los linotipos, donde se pasan, de sol a sol, esos calumniados colegas convirtiendo en plomo lo que originalmente fue escrito en livianas y transitorias cuartillas.[28]

En muchos de estos artículos sentimos no sólo la «alegría de vivir», sino el goce de la escritura. Fue en estas primeras semanas de 1950 cuando experimentó por vez primera este goce en un largo período de tiempo.

Justo cuando García Márquez empezaba a acostumbrarse a su nueva vida, recibió una visita inesperada. A la hora del almuerzo del sábado 18 de febrero, en vísperas del Carnaval, su madre, Luisa Santiaga, que había viajado río abajo desde Sucre, dio con él en la Librería Mundo. Sus amigos habían tenido la discreción de no dirigirla al «Rascacielos». Este momento sería el escogido por García Márquez para iniciar su narración autobiográfica en *Vivir para contarla*. La familia volvía a pasar apuros económicos y Luisa Santiaga iba camino de Aracataca para iniciar la venta del viejo caserón de su padre. El viaje que madre e hijo estaban a punto de emprender era exactamente el mismo recorrido que Luisa había llevado a cabo en solitario más de quince años atrás, cuando regresó a Aracataca para encontrar a un chiquillo al que había dejado hacía varios años y que no guardaba recuerdo de ella. Ahora había vuelto de nuevo, un par de semanas antes de que Gabito cumpliera veintitrés años.[29]

Terminó su artículo para la edición del día siguiente, y después, Luisa y él cruzaron la gran zona pantanosa en la lancha de las siete hasta Ciénaga, un viaje recuperado con inolvidable maestría en sus memorias. De Ciénaga fueron a Aracataca, en el mismo tren amarillo que unía ambas poblaciones tantos años antes. Llegaron a Aracataca y caminaron por las calles desiertas, procurando protegerse a la sombra de los nogales.[30] García Márquez considera esta visita la experiencia más importante de toda su vida, y le atribuye la confirmación definitiva de su vocación literaria y la catálisis de lo que considera su primera obra seria, la novela *La hojarasca*. Por esa razón, *Vivir para contarla* se inicia con este episodio, y no con su llegada al mundo; y es, sin asomo de duda, un tour de force narrativo que insufla vida a todas sus memorias.

El efecto de este regreso sobre el pasado fue asombroso. Cada calle parecía hacerlo retroceder en el tiempo hacia la casa en que nació. ¿Era esto el Aracataca de su niñez: estas casas destartaladas, estas calles polvorientas, esta iglesia de miniatura que se estaba viniendo abajo? Las concurridas avenidas arboladas de sus recuerdos estaban desiertas, y daba la impresión que nunca más cobrarían vida. Todos y todo cuanto veía parecía cubierto de polvo y había envejecido hasta un punto que no hubiera alcanzado a imaginar; los adultos que encontraba a su paso parecían enfermos, exhaustos y abatidos; los de su generación, mayores de lo que su edad haría esperar; sus hijos, lánguidos y panzudos; el pueblo parecía tomado por perros abandonados y buitres.[31] Era como si todos los demás estuvieran muertos y únicamente su madre y él estuvieran vivos. O como si, al igual que sucede en un cuento de hadas, él mismo hubiera estado muerto y sólo ahora hubiera vuelto a la vida.

Cuando los dos viajeros llegaron a la esquina oblicua de la vieja casa de sus abuelos, en la avenida de Monseñor Espejo, Luisa y Gabito se detuvieron en la antigua farmacia del doctor venezolano Antonio Barbosa. Detrás del mostrador, su esposa, Adriana Berdugo, trabajaba en su máquina de coser, y Luisa le susurró: «Comadre». La mujer se volvió, estupefacta, y trató de responder, pero no pudo; las dos se abrazaron sin mediar palabra y sollozaron durante varios minutos. García Márquez contempló la escena, aturdido por la confirmación de que no sólo era la distancia lo que lo había separado de Aracataca, sino también el tiempo. Antiguamente sentía temor del viejo boticario, y verlo ahora daba lástima, flaco como un junco seco y mustio, el cabello le raleaba y le faltaban casi todos los dientes. Cuando le preguntaron cómo estaba, el anciano balbució, con tono casi acusador: «Ustedes no pueden imaginarse por las que ha pasado este pueblo».[32]

Años después, García Márquez diría: «Lo que en realidad me ocurrió en aquel viaje a Aracataca fue que tomé conciencia de que todo lo que me había acontecido en la infancia tenía un valor literario que sólo entonces empezaba a apreciar. Desde el momento en que escribí *La hojarasca* me di cuenta de que quería ser escritor y que nadie podía impedírmelo, y que lo único que podía hacer era tratar de ser el mejor escritor del mundo».[33] Además de las ironías que entraña todo regreso, la visita fue en sí misma un completo fracaso: su madre no logró llegar a un acuerdo con los inquilinos de la casa. De hecho, todo el viaje había nacido de un malentendido, y en cualquier caso Luisa estaba indecisa respecto a la venta. En cuanto a él, hasta que escribió sus memorias, donde describe con lujo de detalles el recorrido que Luisa y él hicieron por el viejo caserón venido a menos, siempre había insistido en que no fue capaz de entrar en la casa en aquella ocasión y en que nunca había vuelto a poner un pie en ella: «Si lo hago, dejaré de ser escritor. La clave está en el interior».[34] Sin embargo, en las memorias entra en la casa.

Asegura que decidió inmediatamente abandonar «La casa» y tomar un rumbo distinto. A primera vista, puede parecer sorprendente: uno pensaría que un regreso a la casa lo motivaría a volver a trabajar en la novela que había inspirado, en lugar de ampliar el foco a fin de incluir todo el pueblo en el que estaba situada, como de hecho ocurrió. Sin embargo, lo cierto es que la casa que se evocaba en «La casa» no era, en definitiva, la casa real, sino una ficción destinada a ocultarla. Ahora, al fin, se preparaba para enfrentarse abiertamente al edificio que lo obsesionaba desde hacía tantos años y reconstruir a su alrededor el viejo pueblo, que todavía se conservaba en su imaginación. Así nació Macondo.

Es imposible no pensar en Proust. Salvo porque García Márquez siente que, aunque Aracataca esté muerto en muchos sentidos, él a fin de cuentas está vivo. Milagrosamente ha recuperado a su madre: no tiene recuerdos de haber convivido en la casa con ella, pero ahora, al fin, la han visitado juntos; y es la primera vez en su vida en la que ha emprendido un viaje solo con ella.[35] Naturalmente, aunque no lo diga —no dice nada de esto—, su encuentro en la Librería Mundo el día anterior recrea la historia de su «primer» encuentro (el primero que recuerda), cuando tenía seis o siete años, porque en la escena posterior también, al igual que un personaje inspirado por Edipo Rey, el narrador —el propio García Márquez— le hace decir: «Soy tu madre».

La visita no sólo avivó su memoria y le hizo adoptar otra actitud hacia su pasado; también le mostró el camino para escribir la nueva novela. Ahora vio su pueblo natal por la lente que le habían ofrecido Faulkner y los otros modernistas europeos de los años veinte: Joyce, Proust y Virginia Woolf. «La casa» se había concebido en realidad como una novela decimonónica, inspirada por los libros que admiraban en el círculo de Cartagena, obras como *La casa de los siete tejados*, de Hawthorne; ahora la escribiría como una narración estructurada por la conciencia de las múltiples dimensiones del tiempo. Ya no estaba enterrado en aquella casa gélida con su abuelo. Había logrado escapar.

Era evidente que algún cambio de hondo calado se estaba operando en su manera de entender la relación entre literatura y vida cuando, unas semanas después, escribió un artículo titulado «¿Problemas de la novela?», que desdeña la mayor parte de las obras de ficción que se escribían en la Colombia de la época, y luego declara:

> Todavía no se ha escrito en Colombia la novela que esté indudable y afortunadamente influida por Joyce, por Faulkner o por Virginia Woolf. Y he dicho «afortunadamente» porque no creo que podríamos los colombianos ser, por el momento, una excepción al juego de las influencias. En su prólogo a *Orlando*, Virginia confiesa sus influencias. Faulkner mismo no podría negar la que ha ejercido sobre él el mismo Joyce. Algo hay —sobre todo en el manejo del tiempo— entre Huxley y otra vez Virginia Woolf. Franz Kafka y Proust andan sueltos por la literatura del mundo moderno. Si los colombianos hemos de decidirnos acertadamente, tendríamos que caer irremediablemente en esta corriente. Lo lamentable es que ello no haya acontecido aún, ni se vean los más ligeros síntomas de que pueda acontecer alguna vez.[36]

Indudablemente, García Márquez iba camino de convertirse en un hombre nuevo; ya no estaba exiliado de su propia vida, había recuperado su niñez. Y había descubierto —o tal vez sea más preciso decir que había dejado al descubierto— una nueva identidad. Se había reinventado a sí mismo. Y todo ello al percibir, en una suerte de fugaz revelación, cómo los escritores de vanguardia de los años veinte habían aprendido a ver el mundo desde el interior de su propia conciencia artística.

Pocos de sus amigos, ni en Cartagena ni en Barranquilla, sabían mucho acerca de sus orígenes. Ahora el «muchacho de Sucre» pasó a ser el «muchacho de Aracataca», y nunca volvería a cambiar su lugar de procedencia. Si existen razones de peso para creer que en esta fase «La casa» era en parte una novela de Sucre, ahora evolucionaría para ser una novela de Aracataca, aunque bajo un alias: Macondo. En poco tiempo, en efecto, el primer libro daría paso por entero al nuevo, y García Márquez escribiría algo mucho más directamente autobiográfico. Ahora las bromas que contaba a sus amigos y colegas tomaban un giro distinto: por ejemplo, que había vuelto «a casa» para obtener su certificado de nacimiento y el alcalde carecía de un sello oficial, así que pidió una banana grande; cuando la trajeron, la cortó por la mitad y selló el documento con ella.[37] García Márquez aseguró a sus amigos que la historia era cierta, aunque no podía probarlo en ese momento porque había dejado el certificado en el «Rascacielos». Todos estallaron en carcajadas, pero lo creyeron a medias. Hubiera o no un certificado para demostrarlo, había nacido el contador de cuentos de Aracataca. Al fin sabía quién era.

Poco después de su regreso a Aracataca con Luisa Santiaga en febrero de 1950, escribió una «Jirafa» titulada «Abelito Villa, Escalona & Co.».[38] Este artículo, que demuestra que el viaje en compañía de su madre le recordó otros viajes que ya había hecho y, con igual relevancia, inspiró otros que pensaba hacer en el futuro, recordaba sucintamente la expedición de noviembre de 1949 con Zapata Olivella, y celebraba las vidas y las aventuras de los trovadores errantes de las regiones de la Magdalena y Padilla. Exaltaba en particular el trabajo de otro joven que sería fundamental no sólo para su conocimiento del vallenato, sino también para su participación directa en la cultura del interior atlántico. El joven era Rafael Escalona, el compositor de vallenatos que había hablado con Zapata Olivella acerca de García Márquez, y al leer ahora la favorable reseña que éste había escrito a propósito de su música quiso conocerlo.[39] Su primer encuentro en solitario (es posible que en realidad se conocieran el año anterior) se produjo en el café Roma de Barranquilla, el 22 de marzo de 1950, cuando aún no hacía dos semanas de la publicación del artículo sobre el viaje de 1949 y había pasado menos de un mes del viaje en compañía de Luisa Santiaga, que le cambió la vida. Para impresionar al joven trovador, García Márquez llegó a su cita del café Roma cantando una canción suya, «El hambre del liceo». Existe una fotografía excepcional de aquellos tiempos donde vemos a García Márquez cantándole a Escalona una de sus canciones, mientras marca el compás sobre un mostrador, con los labios fruncidos en un gesto característico que no sólo hace al cantar, sino también al fumar o en el gracioso mohín que dedica a mujeres y hombres por los que tiene debilidad.[40]

El 15 de abril de 1950, Vinyes dejó a sus discípulos y regresó a su país. Antes de su partida se organizó una cena de despedida, una auténtica última cena. En la fotografía tomada aquella noche, Vinyes, eufórico, rodea con un brazo a un desconsolado Alfonso Fuenmayor; junto a ellos, el único hombre sin chaqueta o corbata, sino con una camisa tropical coloreada, es el más joven de los presentes, Gabriel García Márquez, delgado como «una espina de pescado», como recientemente lo había descrito una camarera del salón América Billares, con los ojos relucientes, encantado de estar allí, con una expresión a un tiempo ingenua y sardónica, pero sobre todo rebosante de energía y vida.

Poco después, Alfonso Fuenmayor lo convenció para que escribiera en una nueva revista semanal independiente, producida al estilo de los tabloides en el taller de *El Heraldo*, llamada *Crónica*, que se dio a conocer el 29 de abril de 1950 y sobrevivió hasta junio de 1951.[41] García Márquez se convirtió en el hombre orquesta de *Crónica*, así como en su director; algunas de sus colaboraciones se extraían, con cierta urgencia, de la vida real. Su relato «La mujer que llegaba a las seis» nació del desafío de Fuenmayor al decirle que no era capaz de escribir un cuento policíaco. García Márquez recordó una anécdota acerca de los primeros intentos de Obregón para hallar, en la católica Barranquilla, una modelo que posara desnuda. Sus amigos emprendieron la búsqueda de una prostituta dispuesta a hacerlo, y al fin localizaron a una candidata prometedora; la mujer le pidió a Obregón que antes escribiera una carta en su nombre a un marinero de Bristol, accedió a acudir a la Escuela de Bellas Artes al día siguiente y después... desapareció.[42] «La mujer que llegaba a las seis» trata de una prostituta que al parecer acaba de matar a un cliente y entra en un bar para conseguir una coartada. La deuda con otro de los autores que despertaban entonces su entusiasmo, Hemingway (tal vez en concreto con «Los asesinos»), es palmaria.[43] Se trata de un caso raro en que un cuento de García Márquez se sitúa directa y reconociblemente en la Barranquilla de su época.

«La noche de los alcaravanes» fue otro cuento aún más logrado, que cosechó la admiración de entendidos como Mutis y Zalamea Borda en Bogotá. Se había gestado en una de las visitas al burdel de la Negra Eufemia en Las Delicias, donde la pandilla solía aparecer casi cada noche. Fuenmayor insistiría después, como si la idea nunca se le hubiera ocurrido a él, de que desde luego no iban allí en busca de mujeres, «las muchachitas que se acostaban por hambre», sino a comprar una botella de ron por trece pesos y ver a los marineros yanquis tambaleándose por el suelo entre los alcaravanes que allí vivían, como si hubieran perdido a sus parejas y trataran de bailar con las aves zancudas de plumaje encarnado. Una noche, García Márquez se estaba quedando dormido allí, y Fuenmayor lo despertó con sacudidas y dijo: «¡Quieto, carajo, que los alcaravanes te van a sacar los ojos!» (En Colombia se cree que los pájaros dejan ciegos a los niños porque ven peces moviéndose en sus ojos.) Así que García Márquez fue directamente a la oficina a escribir la historia de tres amigos en un burdel a quienes las aves dejan ciegos, sólo por llenar un espacio en *Crónica*. El propio autor diría con posterioridad que fue la primera pieza literaria que escribió sin avergonzarse de ella durante medio siglo.

Estaba hipnotizado por los hitos literarios de los modernistas europeos y norteamericanos de los años veinte y treinta; pero estaba fascinado también por la fama y la gloria que habían alcanzado, y el uso que habían hecho de ello algunos escritores, en particular Faulkner y, por encima de todos, Hemingway, al desarrollar mitos de sí mismos y de su escritura. El Premio Nobel de Literatura de 1949 había quedado vacante porque, aunque Faulkner había obtenido el voto abrumador de la mayoría, no había alcanzado la unanimidad. El 8 de abril García Márquez había escrito ya un artículo, «Otra vez el Premio Nobel», en el cual vaticinaba que Faulkner, a quien siempre llamaba «el maestro Faulkner», nunca ganaría el premio, porque era un escritor demasiado bueno. Cuando de hecho le concedieron a Faulkner el galardón de 1949 retrospectivamente en noviembre de 1950, García Márquez declaró que deberían de habérselo concedido antes, pues Faulkner era «el novelista más grande del mundo actual y uno de los más interesantes de todos los tiempos», alguien que ahora habría de asumir «el incómodo privilegio de ponerse de moda».[44] Mucho después esclarecería el gran dilema —¿Faulkner o Hemingway?— al comentar que Faulkner había nutrido su sensibilidad literaria, mientras que Hemingway le había enseñado el oficio de escritor.[45]

Tras alcanzar la celebridad, García Márquez se vio asediado reiteradamente por la cuestión de hasta qué punto le había «influido» Faulkner. Por debajo de esta pregunta había, invariablemente, otra más siniestra: si había «plagiado» a Faulkner; en pocas palabras, si carecía de verdadera originalidad. Quizá, dados los extraordinaros paralelismos entre los orígenes de ambos, lo más destacable es que García Márquez no estuviera aún más influido por Faulkner, en especial si tenemos en cuenta que el norteamericano era sin lugar a dudas el escritor predilecto de todo el grupo de Barranquilla. La influencia de Virginia Woolf sobre García Márquez, igualmente decisiva, se menciona con mucha menor frecuencia; y la de James Joyce apenas nunca. Puesto que sus referencias fueron muchas, y su propia originalidad inconfundible, no es de extrañar que García Márquez acabara cansándose de los intentos de reducirlo al estatus de Faulkner colombiano, a pesar de su entusiasmo pasajero por el de Mississippi y todos los aspectos que tenían en común. Prácticamente no disponemos de documentos privados escritos por García Márquez en este período; ni siquiera se han conservado manuscritos de sus relatos y novelas. Sin embargo, en algún momento entre mediados de 1950 y, pongamos, octubre de ese mismo año, García Márquez, posiblemente bajo alguna influencia al margen de la literatura —alcohol, tal vez—, escribió una carta de dos páginas a su amigo Carlos Alemán, de Bogotá. Milagrosamente, la carta se ha conservado y he aquí un extracto de la misma:

no tengoladirccióndejuanbteenvíounacartaparaél
alemán escribo para contestarte el disparate epistolar que a tu vez me escribiste como estoy demasiado ocupado creo que no tendré tiempo de poner puntos comas puntoycomas y demas signos otrograficos en esta carta dificilmente tengo tiempo para poner las letras lastima que no exista la telepatia para contestarte por telepatico correo que debe ser el mejor puesto que no podria estar sometido a la censura con ya sabes estamos semanalmentehaciendocronica lo que no nos da tiempo para hacer incursiones en busca de yerbajos estupefacientes asi que por lo pronto vas a tener que conformarte con picha de caiman comun y corriente mientras quiebra cronica y podemos regresar a nuestros predios del hijo de la noche aurelianobuendia te manda saludes igualmente su hija remedios medio puta que se salio al fin con el vendedor de maquinas singer el otro hijo tobias tambien se metio a policia y los mataron asi que solo queda la nina que no tiene nombre ni lo tendra sino a quien todos llamaran simplemente la nina todo el dia sentada

en su mecedor oyendo el gramofono que como todas las cosas de este mundo se dano y ahora se creo el problema en la casa porque lo unico que sabe de herreria en el pueblo es un zapatero italiano que nunca en su vida ha visto un gramofono zapatero va a la casa y trata de martillarcompone-rremendar cuerda inutilmente mientras tanto muchachito del agua yendo-entrandoechandoaguasilbandopiezas gramofono en cada casa ha ido di-ciendogramofonocoronel aureliano se dano esa misma tarde gente ha corrido vestirsecerrarpuertasponersezapatospeinarse para ir a casa del coro-nel este por su parte no esperaba visita pues gente del pueblo no habia vuelto a su casa enquince anos desde cuando se negaron enterrar cadaver gregorio por miedo a la policia y coronel insulto curas pueblo copartidar-rios retirose concejo y encerrose en su casa de tal suerte que solo quince anos despues cuando se danarevientacuerda el gramofono la gente vuelve a la casa y coge al coronel y a su esposa dona soledad completamente des-prevenidos ... la mujer pasa toda la noche en un rincón sin hablar a nadie y cuando dona soledad apenada logra llegar donde ella ya esta amanecien-do y la gente se va esta bueno son vainas son vainas tu sabes que como el hijo se mete a policia cuando la policia trae el entierro del hijo del coronel este esta sentado a la puerta como todos los dias y cuando ve venir el en-tierro le tira las puertas en la casa esta bueno son vainas es como si esto su-cediera en mompos bueno eso es para que veas como va el novelon en cuanto a lo demas te dire que german alfonso figurita pasamos la vida ha-blandoescribiendopensandohaciendocronica pero no ya como antes be-biendoputeandofumandocigarrillosyerba porque la vida no puede ser esa si no te gusta virginia te vas al carajo a ramiro le gusta y sabe de novela mas que tu asi que te vas al carajo dile a ramiro que yo le debo carta pero que me escriba que en diciembre pido vacaciones en cronica y me tiene que guardar puesto en el apartamento don ramon se fue y escribio todos estamos bien tito brinqueit eduardo putieit viejo fuenmayor hecho un be-rraco todos te saludamos y te deseamos felicespascuasprospero ano nuevo tu amigo que mucho te estima gabito[46]

Esta carta es una revelación. Además de la influencia de Joyce, que rara vez se menciona —lo mismo ocurre con Virginia Woolf—, y la ví-vida impresión que da de la vida de García Márquez en Barranquilla y el gran entusiasmo que despierta en él, también muestra a un hombre joven que sigue pensando como un adolescente impresionable, total-mente obsesionado con su propio proceso creativo e inmerso en las his-torias que él mismo crea; pero los familiarizados con su evolución en-treverán además a un escritor serio y comprometido en plena transición entre un proyecto largo tiempo acariciado, «La casa», y el nuevo, *La hojarasca*, al tiempo que escribe su columna diaria y varios relatos que más tarde se recogerán en antologías. El coronel Aureliano Buendía es, qué duda cabe, el personaje más conocido que ha creado García Márquez, y aquí está. Sin embargo, pronto quedará al margen y su nombre no será más que una mera mención legendaria en un libro tras otro, hasta que al fin llegue su momento a mediados de la década de los sesenta; pero no por ahora. Es evidente que García Márquez no había renunciado aún a «La casa», a pesar de lo que más tarde afirmara en sus memorias. Seguía trabajando en detalles que, elaborados y modificados, acabarían formando parte de *Cien años de soledad*.

Así que quizá el detalle de mayor interés de la carta sea la explicación de los problemas del coronel con los vecinos del lugar y el motivo de que haya cerrado su casa: por alguna razón que no se especifica, no lo dejaban enterrar a su criado Gregorio, así que él mismo le dio sepultura bajo el almendro del patio.[47] Aquí se halla, inequívocamente, uno de los primeros gérmenes, no sólo de *La hojarasca*, una novela en la que el coronel se ve asediado porque se halla en el deber de disponer el entierro de un hombre odiado por el pueblo en el que vive, sino también de *Cien años de soledad*, donde uno de los personajes principales es atado a un árbol en el patio y otro muere debajo de él.

El lector atento puede también adivinar otra influencia de esta época. García Márquez había incluido relatos del brillante escritor argentino Jorge Luis Borges en varias ediciones de *Crónica*. Precisamente en agosto de 1950, el mismo mes en que fue investido presidente el reaccionario Laureano Gómez, la lectura que García Márquez hizo del gran exponente de la «literatura fantástica» parece haber dado sus frutos. Borges era notable por tomar sus influencias de cualquier fuente y procedencia, y en algunos de sus ensayos abordaba ya la idea de que el concepto de las «influencias» era confuso, porque «cada escritor crea a sus precursores». No sólo se trataba de una actitud enormemente liberadora por parte de un escritor latinoamericano, sino que además la falta de respeto de Borges por las fuentes que utilizaba era también sumamente alentadora. En ocasiones se le ha denominado el «Kafka latinoamericano», pero en Kafka no hallamos nunca esta ironía cargada de buen humor. Doblemente apropiado, pues, que en una época en que García Márquez recoge muchas de las ideas de Borges (aunque sin reconocer esta nueva influencia), optara por escribir un relato satírico acerca de un suicidio que tituló «Caricatura de Kafka».[48] Puede afirmarse que en este momento García Márquez despacha a Kafka (y su «influencia» sobre él) al pasado, y de ahí en adelante considerará los temas que Kafka aborda a través de la óptica, más fantasiosa, de Borges. Se diría que parte del problema de «La casa» era que contenía una dosis excesiva de Kafka; *Cien años de soledad* sería, llegado el momento, una obra marcadamente borgesiana.

La hojarasca, la novela emergente, trataría sobre concepciones diferentes del honor, el deber y la ignominia. Un coronel, uno de los aristócratas reconocidos del pueblo de Macondo, ha jurado hacerse cargo del entierro de su amigo, el «doctor» belga (un personaje basado, claro, en el don Emilio de la Aracataca de la infancia de García Márquez); pretende cumplir con la palabra dada, en contra de los deseos de su esposa y su hija, a pesar de que el doctor traicionó su hospitalidad acostándose con su criada y de que a los vecinos del lugar les gustaría que el doctor se «pudriera», porque muchos años atrás se había negado a atender a los heridos del pueblo tras un conflicto político. Ahora el belga ha cometido un crimen aún peor contra las leyes divinas tal y como los católicos las interpretan —su suicidio—, y el coronel únicamente puede aspirar a enterrarlo en tierra no consagrada.

Pese a su línea argumental moralista, una variación sobre el tema de la *Antígona* de Sófocles, *La hojarasca* es también, si nos atenemos puramente a los hechos, la más autobiográfica de todas las novelas de García Márquez. Los personajes centrales son una santa trinidad en forma de romance familiar a tres bandas basado en Gabito, Luisa y Nicolás; pero si el niño, la madre y el abuelo habían de fundamentarse en estas personas reales, tal elección exigió la supresión de otros individuos de carne y hueso, a destacar la de Tranquilina (en la novela, la abuela ha muerto y es sustituida por una segunda esposa), los hermanos y hermanas de Gabito (el niño es hijo único) y, sobre todo, el verdadero padre de Gabito, Gabriel Eligio García. En este caso, la supresión de esta figura es una mera sustitución. Hay un personaje basado en gran medida en Gabriel Eligio, que además es el padre del niño en la novela; sin embargo, su nombre es Martín —el segundo apellido de Gabriel Eligio era Martínez, y de haber sido hijo legítimo hubiese sido el primero— y sus motivaciones para casarse carecen de todo escrúpulo y sirven a sus propios fines. Deja a su esposa al cabo de poco tiempo (al parecer, los sentimientos de la madre hacia él siempre fueron tibios), abandona Macondo, y el niño no piensa en él en toda la novela. Obviamente, García Márquez pudo fantasear a través de la escritura que su madre nunca amó realmente a Gabriel Eligio, y que fue su padre quien quedó separado de ella; no él, Gabito, el hijo.[49]

La novela se escinde en una escala de tiempo dual, faulkneriana. Los tres personajes principales pasan media hora —entre las dos y media y las tres de la tarde del 12 de septiembre de 1928— sentados en la habitación donde ha muerto el doctor, mientras aguardan a que lo coloquen en el ataúd y se lo lleven; se hallan en un estado de gran tensión porque temen que los vecinos, que odian al doctor, traten de impedir que el funeral se celebre. Sin embargo, a lo largo de esa media hora repasan también toda la historia de la familia del coronel, originaria de La Guajira, en *flash-backs* a los que asistimos de manera fragmentaria a través del flujo de conciencia de cada uno de ellos. Es una versión más compleja, aunque también más estática y maquinal, de *Mientras agonizo* de Faulkner: la novela planteada como un relato de intriga, un laberinto o un rompecabezas que el lector ha de resolver. He aquí el clásico ejemplo de un escritor joven deslumbrado por genios de la talla de Faulkner, Woolf y, probablemente, Borges, que trata de hacerlo explícito al tiempo que procura ocultarlo.

Nos hallamos al mismo tiempo, pues, ante un regreso y un distanciamiento: a todas luces una experiencia sumamente impactante y distintiva en la que se fusionan las emociones y el intelecto, el pasado y el presente. Si la percepción de la realidad colombiana todavía no es cruelmente satírica, es porque García Márquez no desea incluir a su abuelo en la condena o teñir su propio pasado de un exceso de amargura (¡o de ilusoriedad!) en retrospectiva; en este punto, el coronel es una figura contradictoria, pero en esencia digna de admiración, tratada sólo con ligerísima ironía. Aun así, en este regreso a su lugar de nacimiento, García Márquez se ha dado cuenta de que Macondo ya ha sido devastado por una fuerza que sus habitantes identifican con el destino, pero que él, ahora, entiende que es la historia.

Muchos años después, en 1977, García Márquez comentaría: «Le tengo un gran cariño a *La hojarasca*. Inclusive una gran compasión a ese tipo que la escribió; lo veo perfectamente: es un muchacho de veintidós, veintitrés años, que cree que no va a escribir nada más en la vida, que es su única oportunidad, y trata de meterlo todo, todo lo que recuerda, todo lo que ha aprendido de técnica y de malicia literarias en todos los autores que ha visto».[50] Continuaría trabajando en *La hojaras-ca* de manera intermitente durante varios años más, pero el libro ya no se detendría. Y aunque este joven nunca sería complaciente consigo mismo, si trabajaba con denuedo y la suerte lo acompañaba, su futuro literario estaría asegurado. No era, sin embargo, un hombre sobre el que pudiera escribirse el lugar común y decir que a partir de entonces nunca miraría atrás.

García Márquez tenía que ganarse la vida, claro está, y continuaba entregando sus «Jirafas» para *El Heraldo* casi a diario, al tiempo que ejercía de motor del *Crónica*. Prácticamente todo lo que escribía por entonces, por insustancial y apresurado que fuera, estaba tocado hasta cierto punto por la gracia del descubrimiento y la creación. Desde un punto de vista biográfico, sin embargo, el artículo más relevante de este período es el que apareció el 16 de diciembre de 1950 con el título de «La amiga». Era, en resumen, una reacción pública ante el entusiasmo que había despertado en él su reencuentro con Mercedes Barcha, en un texto cuyo tono sereno apenas puede contener la excitación del episodio. Esta «amiga» aparece descrita como Mercedes era, y es aún hoy, parecida a «una mujer oriental», con «ojos oblicuos», «pómulos pronunciados», «la piel quemada» y una actitud de «burla cordial». Mercedes estaba en la ciudad porque su familia había abandonado el hogar algunos meses atrás huyendo de la Violencia, que había llegado a Sucre con ímpetu.

El noviazgo de Gabriel García Márquez y Mercedes Barcha es un enigma de principio a fin.[51] Ambos siempre han bromeado a propósito de que él reitere que decidió que sería su esposa cuando ella sólo contaba nueve años, y de la insistencia de Mercedes en que casi no se había fijado en él hasta poco antes de que se marchara a Europa en 1955. El artículo de diciembre de 1950, que por supuesto no puede tomarse al pie de la letra, dice que hacía tres años desde que sus protagonistas se habían visto por última vez. De hecho, 1947 fue el año en que García Márquez se graduó de Zipaquirá, fue a casa a pasar el verano y luego se marchó a la universidad, a Bogotá; después de eso visitó a su familia lo menos posible, y en cualquier caso Mercedes no estaba en Sucre, pues estudiaba en un colegio de monjas de Medellín y únicamente volvía a casa para las vacaciones, al acabar el curso. Abundan los rumores de que Gabito solía rondar por Mompox antes de 1947, cuando ella estudiaba allí, y Ramiro de la Espriella recuerda que su amigo solía hablar de ella en Cartagena en 1949; sin embargo, al parecer hubo muy poco contacto o comunicación entre ambos en los seis años que transcurrieron desde que se conocieron hasta su encuentro a finales del que debe ya considerarse el año más decisivo en la vida de García Márquez.

Todo apunta a que antes de que se encontraran llevaba tiempo esperando a que Mercedes regresara del colegio para pasar las Navidades en Barranquilla. En primer lugar, dejó al fin el «Rascacielos» y se mudó a una casa de huéspedes respetable regentada por las hermanas Ávila, a las que conoció a través de sus contactos de Sucre y que vivían en la parte alta de la ciudad, a pocas calles del hotel Prado, cerca de donde vivía también su amiga poeta Meira Delmar.[52] La casa también resultó estar muy próxima a la nueva farmacia que Demetrio Barcha había puesto en la esquina de la calle Sesenta y cinco y la avenida 20 de Julio. Por añadidura, García Márquez había cambiado su imagen: llevaba el pelo más corto, el bigote rasurado con mayor esmero, y lucía traje y corbata, así como unos zapatos decentes en lugar de sus sandalias tropicales. La reacción de sus amigos fue despiadada, y algunos de ellos predijeron que no lograría volver a escribir una palabra tan pronto dejase el «Rascacielos». La mudanza coincidió, evidentemente, tanto con la conciencia de que su nueva novela —una novela sobre él y su propia vida— era ahora una realidad cierta, como con la resolución de encontrarse con Mercedes. Era, a fin de cuentas, un hombre nuevo en muchos sentidos, y podía ofrecerle más a una mujer que en el pasado.

Su timidez seguía siendo un problema, no obstante, y la familia todavía bromea al respecto hoy en día. Ligia García Márquez recuerda: «Se pasaba horas hablando con Demetrio en la farmacia de Barranquilla, que estaba pegada a la casa de ellos. La visita era para Demetrio, pero el run-run seguía y cuando le decían a Mercedes: "Oye, que Gabito sigue enamorado de ti", ella contestaba: "Ajá, estará porque desde que llega, es con mi papá con quien habla. A mí ni siquiera me dice buenas tardes"».[53] El propio García Márquez ha admitido que durante diez años fue el típico «esquinero», que merodeaba con la esperanza de atisbar a la altiva e irónica Mercedes, padeciendo agonías de frustración e incluso alguna que otra humillación por parte de una muchacha a la que, al parecer, durante mucho tiempo le costó tomarlo en serio y mostraba muy poco interés por él.[54] Los miembros del grupo de Barranquilla más adelante recordaban dar vueltas sin cesar en el jeep de Cepeda, y a García

Márquez pidiéndole a Cepeda que pasara despacio por delante de la farmacia, donde a veces Mercedes ayudaba durante las vacaciones y cuando dejó el colegio, sólo por si alcanzaba a verla fugazmente, ajeno a la mofa de sus amigos, que tenían una actitud muy distinta hacia las mujeres. La propia Mercedes, que únicamente ha concedido dos entrevistas a la prensa (una de ellas a su hermana, con el título, no carente de guasa, «Gabito esperó a que yo creciera»), me dijo en 1991: «Solamente salí con Gabo en grupo. Pero tenía una tía palestina que nos alcahueteaba y trataba de reunirnos a la menor ocasión; siempre empezaba las frases diciendo: "Cuando te cases con Gabito..."».

Sea como fuere, aquellas Navidades de 1950 Gabito finalmente convenció a Mercedes de que le diera una oportunidad y la llevó a bailar al Prado en varias ocasiones. Ella se mostraba socarronamente ambigua, sin rechazar de plano los avances del joven, y él optó por creer que habían llegado a alguna clase de acuerdo tácito y que tenía posibilidades. Ésta era una situación completamente nueva.

Alguien que conoce cuando menos algún detalle acerca de estas primeras citas es Aida García Márquez, a quien sus padres desterraron a Barranquilla para mantenerla alejada de su amado pretendiente, Rafael Pérez. Me contó: «Mercedes no era mi mejor amiga, pero yo sí era la de ella. Íbamos a bailar juntas al Prado, y yo bailaba con su papá para que Gabito pudiera estar con Mercedes».[55]

Así pues, García Márquez empezó 1951 con los ánimos más optimistas que quepa imaginar, sin saber que su nueva vida, organizada con tanto esmero y después de grandes esfuerzos, estaba a punto de desmoronarse cruelmente. El 23 de enero tuvo de nuevo noticias de Mercedes. Una escueta nota le informaba de que su amigo Cayetano Gentile había sido asesinado en Sucre. Las dos familias estaban muy unidas —la madre de Cayetano, Julieta, era madrina de Nanchi— y García Márquez averiguaría con posterioridad que varios de sus hermanos habían sido testigos de lo ocurrido; los únicos ausentes de Sucre en ese momento eran Aida, Gabriel Eligio, que asistía en Cartagena a una conferencia del Partido Conservador, y el propio Gabito.

Cayetano Gentile había sido asesinado por los hermanos de Margarita Chica, la muchacha que había compartido habitación con Mercedes en Mompox. En su noche de bodas, Margarita le había revelado a su esposo que no era virgen, y él la había devuelto a su familia porque la mercancía no estaba intacta. Uno de los rumores que corría en Mompox era que la había violado un policía durante la Violencia y que fue incapaz de decir la verdad por temor a las represalias. Así que dijo que había sido Cayetano Gentile, de hecho un antiguo novio, quien le había arrebatado la virginidad.[56] La verdad nunca se conocerá. Sus hermanos salieron de inmediato con el propósito de limpiar la honra de la familia y dieron muerte al supuesto culpable, en la plaza principal de Sucre, frente a todo el pueblo. Ésta es la historia que García Márquez convertiría en su novela *Crónica de una muerte anunciada* treinta años después, en 1981. Fue un asesinato salvaje y un acto que obsesionaría a García Márquez y a toda su familia durante décadas.

Una semana más tarde, antes de disponer de tiempo siquiera para conocer detalles de este suceso atroz, recibió el mensaje de que, en lugar de regresar a Sucre tras su conferencia, Gabriel Eligio había llegado a Barranquilla. Gabito cogió el autobús al centro y se encontró con su padre, presa del pánico, en el café Roma: también él había oído la noticia. Él y Luisa Santiaga ya habían temido por el futuro de la familia a causa de la creciente violencia política, y este bárbaro crimen fue la gota que colmó el vaso. Había estado en Cartagena con Gustavo, en adelante su hombre de confianza, y ya había indagado entre sus amigos conservadores y los parientes que tenía en la ciudad, y estaba disponiéndolo todo para trasladar allí a la familia. Quería que Gabito los ayudara a instalarse y que luego volviera a Cartagena para echar una mano ante una situación económica que sin duda era difícil, si no desesperada. Además, dijo Gabriel Eligio, la ventaja era que Gabito podría retomar sus estudios de derecho.[57]

A primera vista extrañaban los temores de Gabriel Eligio. Sucre era en esencia territorio conservador, y él mismo se había involucrado en la política local y debería haber podido contar con protección; era de liberales como Demetrio Barcha de quienes uno esperaba que huyeran —como había ocurrido—, en tanto que la familia García Márquez parecía en una buena situación. Además, el asesinato de Cayetano no tuvo motivaciones políticas. Sin embargo, en aquella época empezaron a aparecer pasquines difamatorios que eran un síntoma cifrado de la desintegración de la sociedad, y están dedicados no sólo a los asuntos políticos, en particular a la corrupción, sino, por encima de todo, a acusaciones de tipo sexual concebidas para arruinar la reputación de las personas. Proliferaron las venganzas. Y, por supuesto, Gabriel Eligio llevaba a sus espaldas escándalos sexuales de los que preocuparse. (Además, a decir verdad, Gabriel Eligio había pasado hacía poco un bache económico en Sucre, desde que un auténtico doctor se instalara en la zona del pueblo en la que él solía pasar consulta.) Acongojado, Gabito accedió con desgana a las exigencias de su padre, y Gabriel Eligio regresó a Sucre para organizar el éxodo. Luisa estaba desconsolada. Ligia recuerda: «Conforme lloró cuando llegó, lloró cuando se fue».[58] La familia había vivido en Sucre durante más de once años. Jaime, Hernando, Alfredo y Eligio Gabriel habían nacido allí; Tranquilina había muerto allí. Y Gabriel Eligio, por una vez, había alcanzado durante algún tiempo cierto prestigio y autoridad en el pequeño pueblo rodeado de agua. Incluso había construido en Sucre su primera casa. Sin embargo, la familia García Márquez al completo, al igual que hicieran los Barcha poco antes que ellos, y Gabito y Luis Enrique en 1948, se convirtieron ahora en refugiados de la Violencia.

Para Gabito fue un desastre; tan sólo podemos columbrar la angustia con la que consintió que lo arrastraran de nuevo al seno de una familia con la que casi nunca había vivido durante un período de tiempo significativo. Negoció con la dirección de El Heraldo continuar mandando sus «Jirafas» desde Cartagena. Generosamente, accedieron a darle seiscientos pesos por adelantado a cambio de que siguiera escribiendo seis meses la columna y siete editoriales por semana —a menudo políticamente comprometedores—, lo cual hizo de su vida una pesadilla, pero facilitó las cosas a Fuenmayor.

El primer año fue absolutamente caótico. Ninguno de los niños fue a estudiar fuera, y los más pequeños ni siquiera empezaron la escuela. Después de todos los fracasos acumulados, Gabriel Eligio hubiera tenido que saber que no saldría adelante como farmacéutico en Cartagena, pero volvió a intentarlo por un breve tiempo. También intentó con poco entusiasmo seguir ejerciendo de médico, pero Cartagena no era un lugar prometedor para un curandero, y antes de que transcurriese un año ya se había embarcado de nuevo en sus viajes, errando por la región de Sucre como doctor itinerante, al igual que había hecho catorce años atrás, cuando se trasladaron a Barranquilla. Gabriel Eligio ya nunca lograría mantener a su esposa y a sus hijos por sí solo. Pasarían diez años antes de que la familia pudiera decir siquiera que empezaba a levantar cabeza, y entonces sólo porque la mayoría de los hijos se habían ido de casa y Margot asumía la mayor parte de las cargas.

Parece posible que Gabito regresara a Cartagena con la esperanza de no tener que quedarse mucho tiempo, pero apremiado por la necesidad de dar muestras de buena voluntad en ayudar a su familia a instalarse en este nuevo contexto, caro y no necesariamente acogedor, volvió a rastras a *El Universal*, con el rabo entre las piernas, y se sorprendió gratamente al ver que Zabala, López Escauriaza y todos sus antiguos colegas lo recibían con los brazos abiertos; y aún más satisfecho cuando le ofrecieron un salario mensual superior al que le pagaban en Barranquilla.[59]

Lo que no hizo fue retomar los estudios. Al ir a matricularse, aunque a regañadientes, se dio cuenta de que no había suspendido dos, sino tres asignaturas al final de 1949, lo que significaba que en lugar de hacer cuarto tenía que repetir todo el tercer año.[60] Rápidamente abandonó la idea, pero su padre se enteró de la decisión y perdió los estribos con su evasivo hijo mayor. Gustavo recuerda que Gabriel Eligio se enfrentó a Gabito acerca del asunto, en un lugar tan apropiado para el caso como el paseo de los Mártires, justo en el exterior del recinto amurallado de la ciudad. Cuando oyó a su hijo admitir que había decidido abandonar derecho y centrarse en la escritura, Gabriel Eligio dijo una frase que ha devenido legendaria en la familia: «Comerás papel», bramó.[61]

La llegada de esta numerosa y revoltosa familia empobrecida a su mundo urbano debió de ser sumamente vergonzante, por no decir humillante, para un joven acostumbrado a ocultar sus propias penurias y complejos bajo un uniforme y una actitud de payaso. La primera noche que pasó en la nueva casa, García Márquez recuerda tropezar con un saco que contenía los huesos de su abuela, el cual Luisa Santiaga había traído consigo para volverlos a enterrar en su nueva ciudad.[62] La ironía y diversión que provocaban en Ramiro de la Espriella los apuros de la familia se resumió en el nombre con el que se refería a Gabriel Eligio en aquella época: «el semental».[63] Tampoco los sentimientos de Gabriel Eligio por su hijo quedaban ocultos de la mirada pública. En una ocasión, cuando Carlos Alemán se encontró con Gabriel Eligio y le preguntó por Gabito, el padre se quejó a voz en grito de que su hijo nunca aparecía cuando se le necesitaba. «Si lo ve, salúdeme a ese espermatozoide peripatético», rugió.[64] Y cuando De la Espriella, tratando de defender a Gabito de alguna otra crítica, dijo que ahora se le consideraba «uno de los mejores cuentistas del continente», su padre estalló: «¿Cuentista? ... Embustero es lo que es. Desde chiquito es así».[65]

A principios de julio, tras saldar su deuda, García Márquez cesó de mandar «Jirafas» a *El Heraldo* y no se volvieron a publicar hasta febrero de 1952. Entretanto seguía adelante con sus proyectos, como buena-

mente podía en medio del caos familiar. Un incidente que Gustavo trajo a la memoria da la medida de su ambición: «Él, por ejemplo, no se
acuerda cuando ... me dijo: "Oye, ayúdame aquí" y sacó los originales
de *La hojarasca* para leerlos. En medio de la lectura estábamos cuando, de
pronto, Gabito se paró y dijo: "Esto es bueno, pero yo voy a escribir una
vaina que se va a leer más que *El Quijote*"».[66] En marzo, García Márquez
vio publicado otro de sus relatos en Bogotá, «Nabo, el negro que hizo esperar a los ángeles».[67] Éste es el primer cuento que suena a un título «García Márquez» y que tiene algo del estilo de sus obras posteriores.[68]

Alrededor de esa época, un político y aventurero peruano exiliado,
Julio César Villegas, el representante en Bogotá de la influyente editorial Losada de Buenos Aires, que en aquellos tiempos podía dar la fama
a cualquier escritor latinoamericano, viajaba por el país, incluyendo la
Costa, en busca de material prometedor, y le dijo a García Márquez que
si terminaba la obra que tenía entre manos y la enviaba a Losada, se tomaría en consideración para publicarla en Buenos Aires como exponente de la ficción colombiana contemporánea. En un estado de gran excitación, García Márquez se puso a trabajar en su manuscrito con vigor y
entusiasmo renovados. Para mediados de septiembre, la primera versión
de *La hojarasca* estaba más o menos acabada.

Fue entonces cuando llegó a Cartagena un joven que se convertiría
en uno de los amigos de García Márquez de por vida: el poeta, viajero
y ejecutivo Álvaro Mutis, tal vez el único escritor colombiano del último medio siglo de quien pueda decirse que trataría con García Márquez
en igualdad de condiciones.[69] García Márquez lo describiría posteriormente como «uno de nariz heráldica y cejas de turco, con un cuerpo
enorme y unos zapatos minúsculos como los de Buffalo Bill».[70] Pasó
parte de su infancia en Europa tras la muerte de su padre, cuando tenía
nueve años, y estaba emparentado con el botánico hispano-colombiano
de la época de la colonia José Celestino Mutis. Su primer poema publicado, «El 204», había aparecido en *El Espectador* poco antes de que lo
hiciera el primer relato de García Márquez, y el segundo, «Las imprecaciones de Maqroll el Gaviero», se publicó un par de semanas después.
Del mismo modo que García Márquez había inventado ya a su Aureliano Buendía, también Mutis había creado ya a Maqroll, un personaje
destinado asimismo a la posteridad. A estas alturas, Mutis había trabajado ya durante un tiempo en la Compañía Colombiana de Seguros, había pasado cuatro años en la Cervecería Bavaria como jefe de publici

dad, y a continuación fue durante casi dos años presentador de radio; ahora era jefe de publicidad de LANSA, la misma aerolínea en la que Luis Enrique había estado empleado; de ahí la legendaria capacidad de Mutis para conseguir vuelos con escasa antelación.[71] Mutis acababa de conocer en Bogotá al antiguo compañero de colegio de García Márquez, Gonzalo Mallarino, y en un gesto característico arrastró a su nuevo amigo al encuentro con el mar el mismo día que descubrió que Mallarino nunca lo había visto.

El fin de semana fueron a buscar a Gabito a *El Universal*, y luego se marcharon a Bocagrande a tomar una copa en la terraza del pequeño hotel en el que se hospedaban. Mientras bebían, una tormenta tropical fue cobrando fuerza a su alrededor, arrastrando grandes nubarrones desde el Caribe blanquigrís. En pleno aguacero, mientras los cocos estallaban a su alrededor, del caos apareció García Márquez tambaleándose, tan flaco que daba pena, pálido y con su habitual mirada desorbitada, su bigotillo ya ensanchándose en un mostacho y la inevitable y característica camisa tropical.[72] «¿Qué es la vaina?», exclamó, como saludaría siempre que se encontrase con Álvaro Mutis a lo largo de los cincuenta años que siguieron.[73] Así que los tres amigos pasaron varias horas desgranando la vaina: la vida, el amor y la literatura, entre otros asuntos.

Cuesta imaginar dos personalidades más diferentes que Mutis y García Márquez, y sin embargo su amistad se ha prolongado más de medio siglo. Su única pasión común es Joseph Conrad, y no se pusieron de acuerdo sobre William Faulkner desde el instante mismo en que se conocieron. Mutis me dijo en 1992: «Trataba de hacerse el típico costeño, pero al cabo de cinco minutos me di cuenta de que era un tipo sumamente serio. Era un viejo en el cuerpo de un joven». La visita no pudo ser más oportuna, porque Mutis, cuya red de contactos siempre ha dejado boquiabiertos a sus amigos, conocía al agente de Losada, Julio César Villegas, y apremió a García Márquez a que siguiera adelante con el trabajo y enviara el manuscrito lo antes posible. García Márquez se puso manos a la obra para poner en limpio su caótico manuscrito, y cuando unas semanas después Mutis volvió a Cartagena, se llevó consigo la versión terminada de vuelta a Bogotá y la envió por avión a Buenos Aires. Fue un acto profético; muchos años después, el mismo Álvaro Mutis llevaría en persona una copia por duplicado de *Cien años de soledad* a Buenos Aires para que otra gran editorial argentina, Sudamericana, considerara su publicación.

A principios de diciembre de 1951, García Márquez se presentó en las oficinas de *El Heraldo* en Barranquilla y en respuesta a la extrañeza de Alfonso Fuenmayor dijo: «Estoy hasta los huevos, maestro».[74] Ahora que la novela estaba acabada, no podía resistir por más tiempo las tensiones de vivir con su familia en Cartagena y eximir a un desagradecido Gabriel Eligio de sus responsabilidades. Claro que el momento de su regreso a buen seguro tuvo algo que ver con que hubieran empezado las vacaciones de verano y Mercedes Barcha estuviera de nuevo en Barranquilla, tras completar el quinto año de secundaria en el tiránico colegio de las monjas salesianas de Medellín, donde las muchachas debían bañarse por turnos especialmente planificados («para que ninguna de nosotras —me aclaró— viera nunca ninguna parte del cuerpo de otra chica»). García Márquez se volvió a alojar en casa de las hermanas Ávila, a pesar del gasto suplementario que ello entrañaba, y no en el «Rascacielos».

A primeros de febrero recibió una carta de Losada a través de la oficina de *El Heraldo*. Acaso sea la mayor desilusión de su vida. García Márquez había dado por hecho que la publicación de *La hojarasca* era poco menos que segura, y fue un golpe durísimo saber que el comité editorial de Buenos Aires había rechazado el libro y, por así decirlo, lo había rechazado a él. Porque dicho comité había enviado una carta demoledora de su presidente, Guillermo de Torre, uno de los críticos literarios más destacados de España que estaba entonces en el exilio y casualmente era además cuñado de Jorge Luis Borges, a quien García Márquez tanto admiraba. La carta le concedía al principiante escritor cierto talento poético, pero declaraba que no tenía futuro como novelista y sugería, con escasa delicadeza, que buscara otra profesión.

Todos los amigos de García Márquez, no menos desconcertados que él, acudieron a ofrecerle apoyo y lo ayudaron a sobreponerse; lo cual no fue lo de menos, porque corría riesgo de caer enfermo a causa de la impresión y la consternación que le provocó la noticia. Álvaro Cepeda resopló: «Es que los españoles son muy brutos», y los demás corroboraron su propia opinión sobre la novela, en contra del juicio de De Torre.[75]

El resto de 1952 siguió ganándose el sustento en *El Heraldo*, donde sus «Jirafas» aparecieron a lo largo del año. Nunca volvieron a alcanzar la refrescante originalidad y el entusiasmo de su primer año mágico.[76] Al cabo de poco, sin embargo, Septimus murió y García Márquez no volvió a escribir más «Jirafas», aunque ni él ni ningún otro miembro del grupo hayan dado una explicación adecuada de cómo o por qué la relación con *El Heraldo* tocó a su fin. La verdad es que, a pesar de sus bravatas, el rechazo de *La hojarasca* había sido un golpe devastador, asqueante. Su confianza había quedado ferozmente herida y continuar con las «Jirafas» parecía tener poco sentido; ¿de qué le habían servido?, ¿adónde lo había llevado el arduo trabajo? Sin duda porque se veía fracasado, cuando menos de cara al público, se había sentido moralmente obligado a hacer un gesto al estudiar abogacía y tratar de salvar a la familia. Y al ver que, una vez más, no iba a salir bien, se vio completamente perdido.

Irónicamente, fue quien antes lo había llevado a la perdición, el agente de Losada Julio César Villegas, el que le ofreció una salida desesperada a su situación, y la aceptó. Villegas había iniciado su propio negocio de venta de libros, y un día en que García Márquez estaba en Barranquilla, apareció, lo llevó al hotel Prado y, sirviéndole un whisky tras otro, lo despidió al fin con una promesa de empleo y un maletín de vendedor de libros. Gabriel García Márquez, que se había proclamado a sí mismo aspirante a escribir «el próximo *Quijote*», era ahora un viajante que vendía enciclopedias y manuales de medicina y ciencia a domicilio por los pueblecitos y aldeas del nordeste de Colombia. No pudo por menos que pensar que se había convertido en su padre.

Por fortuna, García Márquez siempre ha tenido buen talante y un sentido de la ironía muy cervantino. Podría soportarlo. O casi. El consuelo, huelga decirlo, era que ahora se le presentaba la oportunidad de ahondar en la historia de su familia al volver sobre los pasos que sus abuelos dieron tantos años antes, mientras recorría las carreteras polvorientas del valle de Upar, entre la Sierra Nevada y el río Cesar. Éste no era el mundo de Guillermo de Torre, sino el suyo. Le vino muy bien, antes de marcharse en su primer viaje, encontrarse con su hermano Luis Enrique en Santa Marta. Luis Enrique, que se había casado el octubre anterior, ya sentía que el matrimonio era una camisa de fuerza de la que trataba de liberarse casi a toda costa. Había estado implicado en una serie de trabajos reales y ficticios, primero en Ciénaga y luego en Santa Marta; ahora no dejó pasar la ocasión de irse de excursión con su hermano. Los dos fueron juntos a Ciénaga, y Gabito empezó su nuevo trabajo en uno de los pueblos donde sus abuelos habían vivido por poco tiempo antes de irse a Aracataca. Luis Enrique lo acompañó a continuación en su primer arco por Guacamayal, Sevilla, Aracataca, Fundación y

Copey hasta Valledupar, La Paz y Manaure, tratando de captar en particular a doctores, abogados, jueces, notarios y alcaldes.

Después del regreso de Luis Enrique a Ciénaga, Gabito fue a ver a Rafael Escalona, quien lo acompañó durante una semana por los pueblos de La Guajira: Urumita, Villanueva, El Molino, San Juan del Cesar y, posiblemente, Fonseca. Por el camino se les unió Zapata Olivella, y juntos organizaron una parranda itinerante, una especie de reñida *jam session* de vallenato en la que estuvieron implicados varios participantes y enormes cantidades de licor; una sesión que en este caso incluyó a amigos y parientes como Luis Carmelo Correa, de Aracataca, y Poncho Cotes, un primo de García Márquez que era íntimo amigo de Rafael Escalona.[77] Cuarenta y cinco años después, Zapata me dijo: «Hacíamos excursiones de fiesta. Por la noche llegaba un carro y uno se levantaba a la mañana siguiente enguayabado en La Guajira o en la Sierra Nevada, así era la vida en esa época; íbamos al rancho de alguien y comíamos sancocho, o atravesábamos la serranía de Perijá en carro hasta Manaure; pero siempre acabábamos tomando trago con los mejores acordeonistas de la época, Emiliano Zuleta, Carlos Noriega, Lorenzo Morales».[78] Así pues, Escalona llevó a su amigo, acostumbrado ya a la ciudad, a conocer a los trovadores camperos y a los personajes legendarios de la región.

Hoy en día se considera que el centro histórico activo del vallenato (o sea, «nacido en el valle») es Valledupar, la capital del Cesar, situada en el valle de Upar. Una vez escuchados, los vallenatos tradicionales se reconocen enseguida: tienen un ritmo torrencial, con mucho *swing*, que nace de la combinación instrumental, poco corriente, del acordeón europeo, el tambor africano y la guacharaca india, todos conducidos por la potente voz masculina, enérgica y desafiante, del cantante, que suele ser el propio acordeonista.[79] Una canción de Alonso Fernández Oñate sintetiza la ideología que prevalece en el vallenato de manera muy sucinta:

> *Yo soy vallenato de los verdaderos*
> *de pura cepa y corazón*
> *la sangre del indio en mis venas la llevo*
> *con algo de negro y también de español...*
> *Como vallenato tengo mis placeres,*
> *amo a las mujeres, mi acordeón y el canto,*
> *y siempre que canto a tantos quererse*
> *la voz de mi canto del alma me viene.*[80]

No muchos escritores latinoamericanos han mantenido un contacto tan íntimo con lo que podría considerarse la cultura popular genuina como el que establecería García Márquez a lo largo de los siguientes cincuenta años. Llegaría al extremo de decir que de su encuentro con el género vallenato y los músicos que lo creaban nació en realidad la idea de la forma narrativa de *Cien años de soledad*.[81] La comparación es interesante, dado que en cada página de esta novela se relatan más acontecimientos que en cualquier otra narración que venga a la mente. Sin embargo, García Márquez lo lleva aún más lejos al establecer un paralelismo entre la concreción del vallenato y la relación directa entre sus novelas y su propia vida: «No hay en mis libros una sola línea que no pueda conectar con una experiencia real. Siempre hay una referencia a una realidad concreta». Ésa es la razón de que siempre haya afirmado que, lejos de cultivar el «realismo mágico», él no es más que un «pobre notario» que copia lo que le ponen encima de su escritorio.[82] Quizá el único aspecto sorprendente de todo esto sea que García Márquez, al que suele admirarse por su empatía con las mujeres, se identifique a tal punto con un movimiento que con tanta firmeza exalta la virilidad y los valores masculinos.

En compañía de Escalona tuvo García Márquez otro de los grandes encuentros míticos de su vida. Estaban tomando cerveza helada y ron en una cantina de La Paz cuando entró un joven vestido de vaquero, con sombrero de ala ancha, zahones de cuero y un revólver a la cintura. Escalona, que lo conocía bien, le presentó a Gabriel García Márquez. El hombre, mientras le estrechaba la mano, preguntó: «¿Tiene algo que ver con el coronel Nicolás Márquez?». «Soy su nieto.» «Entonces, su abuelo mató a mi abuelo.»[83] El joven se llamaba Lisandro Pacheco, aunque en sus memorias García Márquez diría que su nombre era José Prudencio Aguilar, el mismo que el del personaje de *Cien años de soledad*. Escalona, que llevaba siempre revólver, intervino con celeridad para decir que García Márquez no sabía nada del asunto y que él y Lisandro debían hacer un poco de tiro al blanco, con el propósito de que vaciaran el cargador. Los tres hombres pasaron tres días y tres noches bebiendo y viajando en la camioneta de Pacheco —que utilizaba sobre todo para el contrabando— por la región. Pacheco le presentó a García Márquez a varios hijos ilegítimos del coronel de los tiempos de la guerra.

Cuando sus amigos y compañeros de viaje debían atender otros compromisos, el vendedor de enciclopedias a su pesar se alojaba en pequeños hoteles venidos a menos y soportaba el sofocante calor. Uno de los mejores era el hotel Wellcome, de Valledupar. Fue durante su estancia allí cuando leyó *El viejo y el mar* de Hemingway, que editó en español la revista *Life* a finales de marzo y le habían enviado sus amigos de Barranquilla. Fue «como un taco de dinamita».[84] El desdén de García Márquez hacia el Hemingway novelista se transformó por completo.

Así como *El viejo y el mar*, también recuerda vívidamente haber releído *La señora Dalloway* de Virginia Woolf en algún otro hotelucho durante este viaje, entre enjambres de mosquitos y un calor asfixiante; con toda probabilidad no era la clase de lugar que la propia escritora hubiera disfrutado. Aunque había tomado su *nom de plume* de esta novela, anteriormente no le había dejado tan honda impresión, en especial un pasaje sobre el rey de Inglaterra paseando en limusina, que ejercería más adelante una influencia fundamental en *El otoño del patriarca*.[85]

Cuando volvió a Barranquilla después de esta breve excursión, en realidad García Márquez había llegado al final de un largo viaje a través de la cultura popular de su región y, de hecho, de un recorrido por su pasado y su propia prehistoria.[86] Ahora estaba preparado para habitar «Macondo»; sería en ese mismo momento, por irónico que parezca, cuando el ejemplo de Hemingway lo llevaría a alejarse poco después de los mundos de la memoria y el mito. Actualmente, el gran escritor «García Márquez» está íntimamente vinculado a esa aldea latinoamericana que es también un estado mental: «Macondo». Pero «Macondo», tal y como lo conocemos, es sólo una mitad de la historia de García Márquez, aunque sea la parte que le concedería identidad y prestigio internacionales. La verdadera región en torno al pueblo literario de «Macondo» es la zona norte del antiguo departamento de Magdalena, que va de Santa Marta a La Guajira, por Aracataca y Valledupar. Es el territorio de su madre y sus abuelos maternos, al cual su padre llegó como un intruso que estaba de más, uno de los llegados con la «hojarasca». La otra parte de la historia pertenece, pues, al territorio de su padre: la ciudad de Cartagena y los pueblos de Sincé y Sucre, en los departamentos de Bolívar y Sucre, el territorio de un hombre con sueños ilusorios de legitimidades pasadas y futuras, y por tanto una región que había que rechazar, tanto por su esplendor colonial y represor como por las humillaciones que todavía soportaban sus hijos menos ilustres; un territorio que acabaría condensado en el pueblo anónimo, que no merecía un nombre literario pero que representaba por igual a América Latina; la América Latina «verdadera», histórica, está uno tentado de decir.[87]

Ahora que su largo viaje había concluido, García Márquez pudo regresar fugazmente a Barranquilla y contemplar todo el espacio conquistado —al fin, por él mismo—, desde su centro, localizado en la cúspide de ese territorio que miraba hacia atrás, aunque sin pertenecer a él propiamente. Barranquilla no era sólo una puerta, sino también una ciudad del siglo xx, moderna, sin pretensiones coloniales ni culpas que acarrear, donde uno podía librarse del peso del pasado y de generaciones fantasmales para crearse de nuevo. A estas alturas, la ciudad estaba a punto de concluir con su misión.

Todo el período de deriva estaba a punto de tocar a su fin en una época en la que una vez más se avecinaba al fondo, amenazador, el cambio político. García Márquez iba en autobús de regreso a Barranquilla el 13 de junio de 1953 cuando tuvo noticia de que el general Rojas Pinilla, comandante en jefe de las fuerzas armadas, se había hecho con el gobierno en un golpe de Estado contra el régimen de Laureano Gómez. Gómez, bastante recuperado de la enfermedad que lo había obligado a dejarlo todo en manos de su vicepresidente aun antes del golpe, trataba de recuperar el poder, pero los militares habían decidido que su regreso no era conveniente para el país y que ellos, con Rojas Pinilla a la cabeza, agotarían el resto del mandato. Este golpe contó con el apoyo abrumador de la nación; incluso los editores de algunos periódicos nacionales saludaron al nuevo dirigente con una serenata. García Márquez recuerda una acalorada discusión política que mantuvo con Ramiro de la Espriella en la librería de Villegas —a quien pondrían en prisión al cabo de poco por supuesto fraude— el día después de que Rojas Pinilla se alzara contra Gómez. García Márquez se había permitido incluso provocar a su amigo al decir: «Es verdad, me siento identificado con el gobierno de mi general Gustavo Rojas Pinilla».[88] Su postura consistía en esencia en que cualquier cosa era mejor que el régimen falangista de Gómez, mientras que De la Espriella, que era partidario de la revolución abierta y sin paliativos, temía que una dictadura militar resultara aún peor que una dictadura reaccionaria y sostenía que no se podía confiar en los militares. Ambos llevaban su parte de razón; fue una discrepancia significativa, y profética por añadidura. García Márquez defendería en varias ocasiones en el futuro que una dictadura progresista era preferible a un gobierno fascista que ocultaba sus desmanes bajo una falsa democracia.

A pesar de su renuencia a volver a *El Heraldo*, García Márquez tan sólo se las arregló para mantenerse alejado de aquellas brasas cayendo en un fuego distinto. Álvaro Cepeda Samudio, que había estado trabajando en la venta de automóviles, albergaba desde hacía tiempo el deseo de competir con *El Heraldo* y fundar un periódico mejor que se hiciera con el dominio de la Costa. Allá por el mes de octubre le dieron la oportunidad de gestionar *El Nacional*, con la esperanza de convertirlo en el periódico moderno al estilo de los que había conocido en Estados Unidos. Contrató a su amigo, recién desempleado, como ayudante. García Márquez lo recordaría más tarde como una de las peores temporadas de su vida. Los dos hombres pasaban días y noches enteros en las oficinas del periódico, aunque lo cierto es que salieron muy pocas ediciones, y casi ninguna de ellas a tiempo. Por desgracia, no se conservan ejemplares, de modo que es imposible juzgar sus esfuerzos. Todo lo que sabemos con certeza es que Cepeda dirigía la edición de la mañana, que enviaba al interior, mientras que García Márquez dirigía la edición vespertina, que se vendía en Barranquilla. Llegaron a la conclusión de que parte del problema, cuando menos, eran los veteranos en nómina que trataban de sabotear un periódico innovador.[89] Por desgracia, la verdad parece ser que Cepeda resultó incapaz en ese momento de aunar la disciplina y la sutileza necesarias para llevar a cabo una operación de esas características. García Márquez recuerda discretamente que «Álvaro se fue de un portazo».[90]

El contrato de García Márquez todavía estaba en vigor y siguió durante un tiempo, en un intento desesperado por sobrevivir utilizando material antiguo, aunque también escribió un nuevo relato, «Un día después del sábado», otro de los pocos relatos de sus comienzos del que posteriormente diría que era de su gusto. Encierra un gran interés por el hecho de que, aunque hay en él reminiscencias de «La casa», está situado en un lugar llamado «Macondo». Y no sólo eso: cualquiera que hubiera estado allí habría podido averiguar que «Macondo» estaba inspirado a todas luces en Aracataca, con una suerte de transparencia en la focalización a pesar del aire de misterio, y cielos abiertos en lugar de la lúgubre oscuridad que parece caracterizar tanto «La casa» como «el pueblo», basados en Sucre. ¡Vaya, si incluso hay una estación de ferrocarril! Al mismo tiempo, el relato —en realidad una *nouvelle*, sumamente condensada— ya no estaba confinado a las cuatro paredes de una casa, como ocurría con las historias y fragmentos publicados con anterioridad, y era de corte manifiestamente político, pues centraba su atención en el alcalde y el párroco de la localidad. Por si fuera poco, aparecían nombrados el coronel Aureliano Buendía y su hermano José Arcadio, así como una pariente suya,

Rebeca, «la viuda amargada». Había también un chiquillo pobre de fuera, tratado con una simpatía nueva que estaba sin duda teñida de crítica social y política. A su vez, el relato hacía gala de un despliegue de temas predilectos de García Márquez en el futuro, empezando por el tópico de las plagas (en este caso, una invasión de pájaros muertos) o el concepto de la soledad del ser humano.[91]

Álvaro Mutis, entonces jefe de relaciones públicas de Esso, regresó a Barranquilla cerca del fin de año, y al ver la apurada situación de su amigo, de nuevo trató de convencerlo para que se marchara a Bogotá. Le dijo que se estaba «oxidando en la provincia».[92] Mutis tenía razones de peso para creer que García Márquez podía encontrar trabajo en *El Espectador*.

El costeño no tenía ningunas ganas de ir y se negó de plano. Mutis le dijo: «Hagamos una vaina, le voy a mandar los pasajes para que vaya cuando quiera y como quiera, y a ver qué se nos ocurre».[93] Finalmente, García Márquez se lo pensó mejor, pero se dio cuenta de que no podía ir a Bogotá aunque quisiera, porque no tenía ropa. Reunió los últimos pesos que le quedaban y se compró un traje, un par de camisas y una corbata. A continuación sacó del cajón el billete de avión y lo contempló. Luego lo guardó en el bolsillo de su traje nuevo. Lo había intentado con todas sus fuerzas, pero un hombre joven sin posibles ni títulos no podía ganarse la vida decentemente en la Costa. Tal vez algún día podría casarse con Mercedes, ahora que había decidido —cuando menos, para sí— comprometerse con ella. Sus amigos le dijeron: «Está bien, pero no vuelvas convertido en un cachaco». Entonces lo llevaron a celebrar su partida en uno de sus bares favoritos, el popular El Tercer Hombre. Y eso fue todo.

8

De regreso a Bogotá: el reportero estrella

1954-1955

García Márquez regresó a Bogotá a principios de enero de 1954. Llegó en avión, a pesar de su ya patológico miedo a volar, que no haría sino agudizarse con los años. Álvaro Mutis, cuya vida era para entonces una sucesión de aviones, automóviles e incluso barcos, fue a recibirlo al aeropuerto. El recién llegado llevaba una maleta y dos paquetes en la mano, que dio a su amigo para que los pusiera en el maletero del coche: los manuscritos de «La casa» y *La hojarasca*, ambos aún inéditos. Mutis lo llevó directamente a su oficina, en el centro de la ciudad; de regreso al frío y la lluvia, de vuelta a un mundo de tensiones y alienación que creía haber dejado atrás para siempre cuando se marchó de la ciudad, casi seis años antes.[1]

En ese momento, la sede de Esso en Bogotá compartía el mismo edificio de la avenida Jiménez de Quesada que alojaba las nuevas instalaciones de *El Espectador*, pues el periódico se había trasladado a pocas calles de distancia de su antigua sede. El despacho de relaciones públicas de Mutis estaba cuatro plantas por encima del que ocupaba el editor del periódico, Guillermo Cano. Durante los primeros días de la estadía de García Márquez, Mutis se mostró vago y ambiguo sobre cómo proceder —incluso la perspectiva de un empleo en *El Espectador* quedó en el limbo— y el estado de ánimo de García Márquez, que ya antes no veía las cosas claras y estaba angustiado, empezó a empeorar. Nunca se sentía seguro de sí mismo en situaciones nuevas, o con hombres y mujeres a quienes no conocía; la gente rara vez quedaba impresionada por él a primera vista, y sólo adquiría confianza a través del trato y la familiaridad, o demostrando lo que era capaz de hacer. Sin embargo, Mutis, en cuya personalidad parecían combinarse el emprendedor y el esteta de un modo que pocos han visto o alcanzado a imaginar, no era un hombre que aceptara un no por respuesta. Era un vendedor consumado, incluso si no conocía con certeza la calidad de su producto; cuando tenía entre sus manos un bien tan preciado como este escritor prácticamente desconocido, solía ser irresistible. Por añadidura, Álvaro Mutis tenía un profundo interés por la literatura y era un hombre inusualmente generoso.

Desde un punto de vista físico, difícilmente hubieran podido ser más dispares: Mutis era alto, elegante, vulpino; García Márquez era de corta estatura, flaco, desaliñado. García Márquez escribía novelas y relatos desde los dieciocho años; en aquella época Mutis era exclusivamente poeta, y sólo empezaría a escribir novelas con más de sesenta años, después de retirarse de una sucesión de empleos para multinacionales con sede en Estados Unidos. Aun ahora, cuando ambos son novelistas de fama internacional, a los dos colombianos los separa toda la historia de la literatura latinoamericana. Y siempre se han mantenido en polos opuestos del espectro político: Mutis, reaccionario hasta un extremo poco menos que teatral, monárquico en un país que ha sido una república durante casi doscientos años, ha sostenido siempre, según sus propias palabras, que «el último hecho que me interesa de veras es la caída de Bizancio en manos de los infieles», esto es, en 1453;[2] en tanto que con el tiempo se conocerían las predilecciones de García Márquez por la era posterior a 1917: aunque nunca sería comunista, se aproximaría más a esta visión del mundo en un sentido amplio que a cualquier otra ideología, en una dilatada trayectoria de compromisos prácticos. La relación entre ambos hombres sería duradera y estrecha, si bien nunca basada en las confidencias.

Durante las dos primeras semanas, García Márquez no frecuentó las oficinas de *El Espectador*, sino el despacho de Mutis, fumando y temblando de frío, como siempre le ocurriría en Bogotá, hablando con el que acababa de ser nombrado «ayudante» de Mutis —que no era otro que su viejo amigo Gonzalo Mallarino, quien los había presentado aquella noche de tormenta en Cartagena—, o simplemente perdiendo el tiempo. En ocasiones, sobre todo en América Latina y otros lugares del llamado «tercer mundo», donde la mayoría de la gente no puede hacer absolutamente nada por cambiar su situación, sólo puedes esperar a que las cosas mejoren. (Por esta razón, muchas de las novelas y relatos de García Márquez tratan de la espera y la esperanza, en relación con acontecimientos que tal vez nunca lleguen a producirse, como suele ser el caso.) Entonces, a finales de enero, *El Espectador* le ofreció de repente un puesto en la plantilla por la increíble suma de novecientos pesos al mes. Para ganar esa cantidad en Barranquilla habría tenido que escribir trescientas «Jirafas», ¡diez al día! Sería la primera vez que dispondría de dinero de más y significaba que podría ayudar a su familia en Cartagena, enviando lo suficiente para cubrir los gastos de alquiler y suministros.

Había estado viviendo temporalmente en casa de la madre de Mutis, en Usaquén. Ahora se mudó a una «casa de huéspedes sin nombre» próxima al Parque Nacional, la residencia de una mujer francesa que en una ocasión había hospedado a Eva Perón en sus años de artista. Pasó a disponer de habitaciones propias, un lujo antes inimaginable, aunque pasaba poco tiempo en ellas. En alguna ocasión, hallaría tiempo y energías para hacer entrar a escondidas a alguna amante pasajera en los meses venideros.[3] Sin embargo, el año y medio siguiente transcurriría entre el periódico, la casa de huéspedes, el despacho de Mutis y los cines góticos de Bogotá, desempeñando sus obligaciones de escritor en plantilla, crítico cinematográfico y, con el tiempo, reportero estrella.

Tal vez sorprenda que en la guerra de la prensa de Bogotá compitieran sobre todo los dos grandes periódicos liberales. *El Espectador* había sido fundado en 1887 por la familia Cano, de Medellín (que se trasladó a Bogotá en 1915), y por tanto era más antiguo que su rival más implacable, *El Tiempo*, fundado en 1911 y adquirido por Eduardo Santos en 1913. La familia Santos fue propietaria y gestora de *El Tiempo* hasta 2007, cuando el grupo Planeta asumió una participación mayoritaria. Cuando llegó García Márquez aquel mes de enero, el director de *El Espectador* era Guillermo Cano, el nieto miope, apocado y modesto del fundador; acababa de asumir el cargo pues, por increíble que parezca, tenía poco más de veinte años. Él y García Márquez mantendrían tratos durante más de tres décadas.

García Márquez ya contaba con dos contactos sólidos entre los escritores de primera fila: Eduardo Zalamea Borda, que lo había descubierto seis años antes, y su primo Gonzalo González, «Gog», que había empezado a trabajar en el periódico cuando todavía estudiaba derecho, en 1946. Fue Zalamea Borda quien lo bautizó con el nombre con el que se le conocería en todo el orbe, «Gabo». Una famosa fotografía de aquellos tiempos muestra a un nuevo y totalmente desconocido García Márquez, esbelto y elegante, con rasgos refinados, los ojos a un tiempo inquisitivos y llenos de sabiduría, con un mero atisbo de sonrisa bajo el bigote latino. Únicamente las manos traicionan el permanente estado de tensión en que vive este hombre.

El director de *El Espectador* era José «Mono» Salgar, un jefe exigente, firme y eficiente, cuyo lema era «Noticias, noticias, noticias». García

Márquez diría que trabajar para él fue «la explotación del hombre por el mono».[4] Trabajaba para el periódico desde que era poco más que un niño, y, por consiguiente, allí se había formado en la escuela de la vida y del periodismo; se convertiría en una institución por méritos propios. De buen principio no se dejó impresionar por la reputación de García Márquez y desconfió profundamente de su inconfundible literariedad y su «lirismo» incorregible.[5]

Al cabo de un par de semanas, sin embargo, García Márquez demostró su valía con dos artículos acerca del poder monárquico y la soledad, del mito y la realidad: el primero, sumamente divertido, fue «Cleopatra», un texto en el que rogaba fervorosamente que la estatua recién hallada, supuestamente con su efigie, no modificara la imagen romántica que los hombres se han hecho de ella a lo largo de dos mil años; el segundo, «La reina sola», versaba sobre Isabel de Inglaterra, la reina madre, que había enviudado poco antes. Tal vez se trate de la elaboración aislada más sorprendente de esta época sobre ciertos temas —en especial la conjunción de poder, fama y soledad— que culminarían veinte años después en *El otoño del patriarca*:

> La reina madre, que ya es abuela, está realmente sola por primera vez en su vida. Y mientras discurre, acompañada apenas de su soledad, por los inmensos corredores de Buckingham Palace, debe de recordar con nostalgia aquella época feliz en que no soñó ni quiso soñar nunca con ser reina, y vivía con su esposo y las dos niñas en una casa desbordante de intimidad ... Lejos estaba ella de pensar que un misterioso golpe del destino convertiría en reyes a sus hijos y a los hijos de sus hijos; y a ella misma en una reina sola. Una desolada e inconsolable ama de casa, cuyo hogar se ha disuelto en ese inmenso laberinto de Buckingham Palace, en sus largos e interminables corredores y en ese patio desmesurado que se prolonga hasta los confines de África.[6]

Este artículo en particular convenció a Zalamea Borda, que tenía una estrafalaria debilidad por la joven reina Isabel II, de que García Márquez estaba listo para lidiar con asuntos de mayor calado.[7] Guillermo Cano dijo que García Márquez tuvo que adaptarse, como es lógico, al estilo prudente y más bien anónimo que imperaba en el periódico cuando llegó. Sin embargo, al cabo de un tiempo, los demás redactores empezaron a amoldarse a las brillantes improvisaciones del recién llegado, y luego a imitarlo.[8]

• • •

García Márquez recuerda estar sentado en su escritorio escribiendo la columna «Día a día» del periódico y que José Salgar o Guillermo Cano le decían, desde el otro lado de la ruidosa oficina, con un gesto del pulgar y el índice, cuánto texto se requería para llenar el espacio. Su periodismo había perdido cierta magia y, aún peor, Bogotá no le ofrecía el estímulo vital que hallaba en la Costa por doquier. A finales de febrero, aburrido como una ostra, se las ingenió para convencer a los directivos de que le dejaran probar suerte como crítico de cine y publicar su reseña los sábados. Debió de ser sumamente liberador escaparse varias veces por semana de las tensiones de vivir bajo una dictadura en «la ciudad más lúgubre del mundo», de un aprendizaje fastidioso e innecesario en las oficinas del periódico, para hallar refugio en el mundo de fantasía de las películas. De hecho, fue algo así como un pionero, porque ningún otro periodista había escrito antes una columna regular dedicada al cine en la prensa colombiana; se limitaban a ofrecer la sinopsis y a mencionar a las estrellas.

Desde el principio, su visión del cine fue literaria y humanista, más que específicamente cinematográfica.[9] De hecho, la ideología política del García Márquez de la época, en rápida evolución, debió de agudizar su sensación de que se le había servido una oportunidad de «educar al pueblo», y tal vez de romper la falsa conciencia que llevaba a preferir los productos prefabricados de Hollywood a las obras de mayor elaboración formal procedentes de Francia y, en particular, los trabajos concebidos y rodados con «autenticidad» que llegaban de Italia, y por los cuales sentía especial predilección. En cualquier caso, era improbable que los asiduos al cine del Bogotá de los años cincuenta apreciaran las valoraciones de vanguardia de las películas que iban a ver, y desde el principio García Márquez estuvo obsesionado con la idea de contemplar la realidad desde el punto de vista «del pueblo», a la par que procuraba, por supuesto, modificarla en direcciones progresistas. Desde luego que sus críticas cinematográficas adoptaban posturas «de sentido común» cuestionables estética e ideológicamente; pero una de las virtudes de García Márquez es que su «sentido común» suele ser acertado, y rara vez cae en el sinsentido.[10]

De buen principio fue hostil a los valores comerciales del sistema de Hollywood que él consideraba frívolos y con una profunda carga ideológica —creía que Orson Welles y Charlie Chaplin eran excepciones—, y de rutina defendía el cine europeo, cuya producción y valores morales reivindicaba para el desarrollo de un cine genuinamente colombiano. Esto, con una dimensión latinoamericana añadida, devendría una obsesión permanente a lo largo de los años. Resulta asombroso su interés por las cuestiones técnicas —guión, diálogo, dirección, fotografía, sonido, música, montaje, interpretación—, lo cual tal vez permite entrever lo que él mismo denominaría más tarde la «carpintería» de sus obras literarias: «trucos del oficio» propios del profesional, que nunca ha deseado compartir del todo, por lo menos en relación con la novela.[11] Hacía hincapié en que los guiones debían ser económicos, consecuentes y coherentes, y que los primeros planos y las tomas largas merecían la misma atención. Desde el comienzo le preocupó el concepto de historia bien hecha, una obsesión que lo acompañaría el resto de su carrera y explicaría su continua reverencia por *Las mil y una noches*, *Drácula*, *El conde de Montecristo* y *La isla del tesoro*, todas ellas obras de la literatura popular narradas con maestría. Eso mismo esperaba también del cine. La realidad objetiva debía predominar, pero el mundo interior, incluso el mundo fantástico, no debían descuidarse. Advertía que el rasgo más notable de *El ladrón de bicicletas*, de Vittorio De Sica, era su «autenticidad humana» y su «método parecido a la vida». Estas ideas centrales dominarían su perspectiva durante los siguientes años, y no se apartaban en exceso de los principios del realismo, burgués y socialista a un tiempo, que halló su fusión característica en el neorrealismo italiano. No eran planteamientos de vanguardia. No parecía estar muy al tanto de las teorías de la *nouvelle vague* francesa, por entonces incipientes, que arraigaban entre los operadores de cámara brasileños, argentinos o cubanos del momento. En realidad, sus candidatas para mejores películas del año de su lista del 31 de diciembre demuestran sin lugar a equívocos que para García Márquez, en 1954, el neorrealismo italiano era el modo de hacer cine. No deja de tener gracia pensar que De Sica, su cineasta favorito en esta época, y Cesare Zavattini, el incomparable guionista, nunca se hubieran prestado a filmar una adaptación de la trama de *La hojarasca*. Y es por esa razón por la que de momento García Márquez no seguiría escribiendo novelas como ésa.

La semana laboral era intensa. Al final de la misma participaba en los «viernes culturales» que solían celebrar los periodistas, un eufemismo para ir a tomarse todas las copas que hiciera falta al otro lado de la avenida, en el hotel Continental, donde los reporteros a destajo de *El Espectador* y *El Tiempo* se reunían e intercambiaban bebidas e insultos; en ocasiones bebían hasta el amanecer.[12] También se hizo asiduo del cineclub de Bogotá, organizado por otro de los enérgicos catalanes en el exilio que el joven escritor conocería en el transcurso de los años. Su nom-

bre era Luis Vicens; había colaborado con el excepcional crítico Georges Sadoul en *L'Écran Français* y ahora se ganaba la vida en Colombia
como librero, al tiempo que gestionaba el cine-club con dos colombianos, el crítico cinematográfico Hernando Salcedo y el pintor Enrique
Grau. Después del pase de la película, García Márquez iba a la inevitable fiesta que se organizaba en casa de Luis Vicens y su esposa colombiana, Nancy, no muy lejos de las oficinas del periódico.[13]

No obstante, este nuevo estilo de vida, casi burgués, en el mundo de
los bogotanos, difícilmente podía sustituir la diversión disparatada y el
entusiasmo, por no mencionar el interés, de la vida en la Costa. Aún llevaba poco tiempo en Bogotá cuando García Márquez le escribió a Alfonso Fuenmayor:

> Sus nobles preocupaciones paternales quedarán aliviadas si le digo que
> mi situación aquí continúa bastante bien, aunque el interés ahora es con-
> solidarla. En el periódico hay un ambiente excelente y hasta ahora se me
> ha permitido disfrutar de las mismas prerrogativas de los más antiguos em-
> pleados. Sin embargo, lo triste del pasillo está en que no me amaño en Bo-
> gotá, aunque si las cosas siguen como ahora no me quedará otro remedio
> que amañarme ... Como aquí no hago vida «intelectual», estoy en las ne-
> bulosas en novela, pues *Ulises* [Zalamea Borda], el único genio que fre-
> cuento, está enfrascado en unos indigestos novelones en inglés. Reco-
> miéndeme novedades traducidas. Aquí llegó un ejemplar de *Sartoris* (de
> William Faulkner) en español, pero estaba empastelado y con los cuader-
> nillos fallos y revueltos, y lo devolví.[14]

La prosperidad recién lograda le permitía volver de vez en cuando a
Barranquilla a visitar amigos, no perder a Mercedes de vista y mantener
el contacto con sus raíces; y, claro está, a ver el sol. Además del regalo
que era el mero hecho de salir de Bogotá. Desde luego, que su nombre
figurara en los créditos de una película que dirigiría Álvaro Cepeda al
cabo de poco tiempo, un corto experimental titulado *La langosta azul*,
sugiere que sus visitas a la Costa eran, dentro de lo que cabe, frecuentes.[15]

Para entonces, sus viejos amigos solían reunirse en un nuevo lugar y
el grupo de Barranquilla se convertiría en sinónimo de una pandilla menos portentosa, «los mamagallistas de La Cueva», como García Márquez
los apodaría cinco años después en su relato «Los funerales de la Mamá
Grande». No mucho después de su marcha de Barranquilla, la pandilla
se había reagrupado y había trasladado su centro de operaciones del cen-

tro histórico de la ciudad al barrio Boston, cerca de donde vivía Mercedes Barcha. El primo de Alfonso Fuenmayor, Eduardo Vilá Fuenmayor, dentista a su pesar —Mercedes había sido una de sus pacientes—, había abierto un bar que al principio se llamó El Vaivén, igual que el almacén que había sido en otros tiempos, pero que el grupo bautizó más tarde con el nombre de La Cueva (igual que el bar de la zona portuaria de Cartagena). Este lugar quedaría inmortalizado, cual templo sagrado, en la mitología que gira alrededor de García Márquez, si bien él mismo nunca fuera allí con mucha asiduidad. Tan bullicioso era el lugar, se bebía y se peleaba tanto, que finalmente Vilá colocaría un cartel que decía: «Aquí el cliente nunca tiene la razón».

De regreso a Bogotá, García Márquez fue testigo de una de las atrocidades más reseñables del nuevo régimen militar, el 9 de junio de 1954, cuando volvía a última hora de la mañana por la avenida Jiménez Quesada de visitar a su antiguo jefe, Julio César Villegas, que cumplía su condena de prisión en la Cárcel Modelo. Oyó la súbita descarga de una ametralladora: las tropas del gobierno habían abierto fuego contra una manifestación estudiantil y causaron numerosos heridos y varios muertos, ante la mirada horrorizada del escritor. Fue un suceso que puso fin a la precaria tregua entre el nuevo gobierno y la prensa liberal. Las opiniones políticas radicales de García Márquez no habían dado lugar a equívocos desde que diera sus primeros pasos en El Universal, pocas semanas después del Bogotazo; sin embargo, esta tercera experiencia de vivir en Bogotá o sus inmediaciones lo llevó a comprometerse no sólo con una ideología política en concreto —el socialismo— sino también, cuando menos por algunos años, con un modo particular de observar e interpretar la realidad, y asimismo un modo específico de expresarla y transmitirla técnicamente. El resultado serían los reportajes políticos que llevan su sello, además de la escritura de las novelas El coronel no tiene quien le escriba y La mala hora y los relatos de Los funerales de la Mamá Grande. Llevaba ya varios años anhelando la oportunidad de ser reportero; pero El Universal y El Heraldo se abastecían de cables internacionales y, dada la escasez de recursos y, más aún, a causa del régimen de censura vigente, apenas tenían cabida para el reportaje de fondo. Su misión era, en muchos sentidos, publicar algo, cualquier cosa, que no cayera en la consabida propaganda conservadora. Los propietarios de El Espectador, en cambio, estaban hechos de otra pasta. Y ahora tenían a su disposición a un joven escritor fascinado con la diversidad de gentes que habitaban su país, con las cosas que hacían y que les ocurrían a los colombianos; un hombre apasionado por las historias, que siempre que era posible convertía su propia vida en un relato y ahora aprovecharía la oportunidad de convertir las vidas de los demás también en narraciones que atraparan la imaginación.

En la Colombia de entonces las noticias eran, de ordinario, terribles. La Violencia estaba en su punto álgido. En las zonas rurales se sucedían las matanzas de liberales, ejecutadas por los bárbaros sicarios paramilitares de la oligarquía que se conocían con el sobrenombre de «chulavitas» o «pájaros», y las guerrillas liberales cubrían la retirada por todos los medios en muchas partes del país. La tortura, las violaciones y la sádica profanación de cadáveres eran moneda corriente. Rojas Pinilla había impuesto la censura de prensa el 6 de marzo y, tras el asesinato de los estudiantes de Bogotá, la endureció. El 25 de marzo, el ex presidente López Pumarejo propuso un acuerdo entre los dos partidos para gobernar el país, una idea que daría fruto tres años más tarde con la creación del denominado Frente Nacional, pero que en esta ocasión no gozó de una acogida positiva.

Todo esto era, en parte, el reflejo en un país periférico del frenesí de la Guerra Fría que traspasaba la época. En Estados Unidos la caza de brujas estaba en pleno apogeo; Eisenhower llegó al extremo incluso de declarar ilegal el Partido Comunista en agosto de 1954, y McCarthy finalmente no sería censurado por el Senado hasta diciembre de ese mismo año. Entretanto, el bloque comunista elaboraba el Pacto de Varsovia, que se firmaría en mayo de 1955. En Barranquilla, García Márquez había escuchado las peroratas comunistas de Jorge Rondón con más simpatía que la mayoría de sus amigos y colegas. Durante su último período en Barranquilla, varios meses después de la muerte de Stalin en Moscú y transcurridas unas semanas del golpe de Estado de Rojas Pinilla en Colombia, García Márquez había recibido incluso la visita de un hombre que, con el pretexto de vender relojes, en realidad era un comunista que reclutaba a nuevos miembros para el partido, en particular entre los periodistas, a cambio de sus puntuales mercancías. Poco después de la llegada de García Márquez a Bogotá, donde desde el principio trabajó con colegas de ideología política progresista, se produjo la visita de otro vendedor de relojes, y poco después García Márquez trabó contacto con Gilberto Vieira, secretario general del Partido Comunista colombiano, que vivía en la clandestinidad a unas manzanas del centro de la ciudad.[16]

A García Márquez no le cupo duda de que el partido lo había estado observando desde que colaboró con Cepeda en *El Nacional* y de que lo consideraban material humano prometedor; sin embargo, dice que se acordó que su aportación más útil consistiría en cultivar un periodismo comprometido que a simple vista no lo comprometiera en términos de filiaciones partidistas. Al parecer, el partido continuaría adoptando esta perspectiva de las actividades de García Márquez con el paso de los años y, por lo general, daría apoyo a sus posicionamientos cuando fuera posible.

A finales de julio, Salgar sugirió que García Márquez fuera a Antioquia a averiguar «qué carajo fue lo que pasó» en los derrumbes de tierra del 12 de julio. Se vio a bordo de un avión rumbo a Medellín, donde la comunidad de La Media Luna, asentada en una ladera al este de la ciudad, se había venido abajo dos semanas atrás con gran pérdida de vidas humanas. Había sospechas de que la tragedia podía atribuirse a la corrupción gubernamental y a la construcción precaria. García Márquez tenía instrucciones de reconstruir la verdad desde el lugar de los hechos. El intrépido reportero confesaría más tarde que el vuelo lo inquietaba hasta tal punto que Álvaro Mutis viajó con él para apaciguar sus nervios y lo instaló en el hotel Nutibara, un alojamiento de categoría. Cuando al fin se quedó solo allí, se sentía mareado, nervioso y absolutamente intimidado por el desafío físico y la responsabilidad moral; estuvo a punto de presentar su dimisión al periódico en su primer día en Medellín. Tras serenarse, descubrió que en La Media Luna ya no quedaba nadie, de modo que no había nada que añadir a los reportajes de los periodistas que habían estado en el lugar mucho antes que él. No tenía ni la más remota idea de qué hacer. Un intenso temporal de lluvias pospuso su agonía. Pensó de nuevo en volver a Bogotá; por último, la mera desesperación y la conversación fortuita que mantuvo con un taxista lo empujaron a la acción. Empezó a reflexionar de verdad sobre el suceso que estaba investigando: qué había podido ocurrir, adónde debía dirigirse, qué debía hacer. Poco a poco, pero embargado de un entusiasmo creciente, descubrió el goce de ser un reportero-detective, la creatividad que encerraba descubrir —y, en cierto modo, inventar— la verdad, la capacidad de moldear e incluso alterar la realidad de decenas de miles de personas. La idea de unas personas dirigiéndose a una muerte que no podían prever era, se dio cuenta, el «enfoque» que debía adoptar, e hizo que un taxista lo llevara directamente a Las Estancias, la zona de la que procedía la mayor parte de la gente que había muerto en la catástrofe.

No tardó en hallar pruebas de negligencia por parte de las autoridades, tanto a corto como a largo plazo (¡al parecer, el derrumbe llevaba sesenta años gestándose!), pero también se le reveló un aspecto inesperado y más dramático de la tragedia, algo que los lectores tal vez hubieran preferido no saber: que muchas muertes se produjeron cuando vecinos de otras áreas de la ciudad trataron de ayudar sin orientación o asistencia oficiales, desencadenando con ello un segundo corrimiento de tierras. Entrevistó a numerosos supervivientes y testigos, y también a autoridades, entre los que hubo políticos locales, bomberos y párrocos.[17]

Después empezó a escribir. Probablemente arrancó al estilo de una de las crónicas de Hemingway, pero para cuando hubo terminado era ya puro García Márquez, con esa inimitable presentación de la vida como un drama lleno de los horrores y las ironías del destino, el sino de los seres humanos condenados a vivir en un mundo de causas desconocidas gobernadas por el tiempo:

> Juan Ignacio Ángel, el estudiante de economía que se encontraba en la cornisa, corrió hacia abajo, precedido de una muchacha, aproximadamente de catorce años, y un niño de diez. Sus compañeros, Carlos Gabriel Obregón y Fernando Calle, corrieron en sentido contrario. El primero, sepultado a medias, murió por asfixia. El segundo, que era asmático, se detuvo jadeante y dijo: «No puedo más». Nunca volvió a saberse de él.
>
> «Cuando corría hacia abajo, con la muchacha y el niño —ha contado Juan Ignacio Ángel— encontré un barranco grande. Los tres nos tiramos al suelo.» El niño no volvió a levantarse jamás. La muchacha, que Ángel no identificó entre los cadáveres rescatados, se incorporó un momento, pero volvió a tenderse dando gritos desesperados, cuando vio que saltaba tierra por encima del barranco. Una avalancha de lodo se destrozó sobre ellos. Ángel trató de correr nuevamente, pero sus piernas estaban paralizadas. El lodo subió de nivel en un segundo hasta el pecho del estudiante, que logró liberar su brazo derecho. En esa posición permaneció hasta cuando cesaron los ruidos atronadores, y sintió en sus piernas, en el fondo de aquel denso e impenetrable mar de lodo, la mano de la muchacha, que al principio se aferraba a él con fuerza desesperada, que luego lo arañaba y que, finalmente, en contracciones cada vez más débiles, se desasió de sus tobillos.[18]

Es harto probable que fuera el propio García Márquez quien escogiera los subtítulos: «Hace sesenta años comenzó la tragedia», «Medellín, víctima de su propia solidaridad» y «¿Antigua mina de oro precipitó la tragedia?».[19] Había aprendido cómo convertir su propia visión del mundo en una serie de «perspectivas» periodísticas. «Gabo», el mejor amigo de sus amigos, había nacido no hacía mucho; ahora salía, por fin, a escena el gran contador de historias, «Gabriel García Márquez». Es digno de nota que, aunque tuvo la satisfacción de culpar a las autoridades por su papel en el desastre, también le preocupaba contar toda la verdad, incluida la contribución involuntaria de tantas personas de buena voluntad que trataron de rescatar a otros de la tragedia.

El siguiente de estos reportajes innovadores fue una serie acerca de una de las regiones olvidadas de Colombia, el departamento del Chocó, en la región del país que da al Pacífico. El 8 de septiembre de 1954, el gobierno decidió dividir Chocó, un departamento no urbanizado con amplias zonas verdes, y distribuir las partes entre los departamentos de Antioquia, Caldas y Valle.

Hubo vehementes protestas y García Márquez fue enviado a cubrir el conflicto en compañía de un cámara, Guillermo Sánchez. Fue un viaje pésimo, en un aparato tan viejo que recuerda que «llovió dentro del avión», y asegura que incluso los pilotos estaban aterrorizados. El Chocó, una región habitada sobre todo por afrocolombianos, a García Márquez le recordó a un tiempo Aracataca y al interior de su tierra natal. Para él, la propuesta de desmembrar el Chocó era sintomática de la mentalidad fría y despiadada de Bogotá, aunque otros comentaristas culpaban a los ambiciosos antioqueños. Cuando llegó, descubrió que las manifestaciones sobre las que había ido a informar habían ido perdiendo vigor, ¡así que llamó a un amigo para que organizara algunas más! Esto garantizaba el éxito de su misión. Al cabo de unos días, en vista de que la noticia empezaba a crecer y de que acudían más reporteros a cubrirla, el gobierno canceló su plan de reestructurar los cuatro departamentos.[20]

A finales de octubre se anunció que el nuevo modelo de conducta de García Márquez, Ernest Hemingway, iba a recibir el Premio Nobel de Literatura, al igual que había ocurrido con Faulkner en su fase faulkneriana. García Márquez escribió una nota en la columna «Día a día» donde repetía los comentarios que había hecho con anterioridad sobre el fenómeno del Premio Nobel, y esta vez restándole la posible relevancia de un galardón que habían recibido ya tantos escritores que no lo merecían y que, en el caso de Hemingway, suponía él, a buen seguro había sido una de las ocasiones menos emocionantes en una vida «tan hermosa, intensa y aventurada».[21]

1955 sería testigo de la publicación del relato periodístico más célebre de García Márquez. Estaba basado en una entrevista extensísima, llevada a cabo en catorce sesiones de cuatro horas cada una, con un marinero de la armada colombiana llamado Luis Alejandro Velasco, el único superviviente de los ocho tripulantes que cayeron por la borda del destructor *Caldas* cuando éste zozobró después de que se perdiera la pista de la embarcación a finales de febrero —supuestamente durante una tormenta—, mientras regresaba de ser reparado en Mobile, Alabama, hacia el puerto de Cartagena. Velasco sobrevivió a bordo de una balsa durante diez días sin alimentos y con muy poca agua. Se convirtió en un héroe nacional y fue condecorado por el presidente y agasajado por los medios de comunicación, incluido el nuevo servicio de televisión. Todo esto hasta que García Márquez decidió entrevistarlo... Las entrevistas, que fueron idea de Guillermo Cano —García Márquez consideraba que la historia se había enfriado—, tuvieron lugar en una pequeña cafetería de la avenida Jiménez.[22] Velasco tenía una memoria asombrosa y era a su vez un excelente narrador. Sin embargo, García Márquez había desarrollado una habilidad para formular preguntas reveladoras y a continuación dar realce a la esencia de las respuestas, o llegar a los aspectos más humanos de la historia. Velasco empezó subrayando el punto de vista heroico: la batalla con las olas, el problema de controlar la balsa, la lucha con los tiburones, su batalla interior, hasta que García Márquez lo interrumpió: «¿No te das cuenta de que llevas cuatro días sin orinar ni cagar?».[23] Después de cada entrevista, volvía a la oficina a última hora de la tarde y escribía el correspondiente capítulo hasta bien entrada la noche. José Salgar los recogía, a veces ni siquiera corregidos, y los llevaba directamente a imprenta. Guillermo Cano le dijo a García Márquez que le hubiera gustado que se prolongara cincuenta capítulos. Después de que la serie en catorce partes tocara a su fin, *El Espectador* lanzó un suplemento especial el 28 de abril donde se reeditaba toda la historia, con lo que aseguraban que era «¡la mayor tirada jamás publicada por un periódico colombiano!».

García Márquez, con su interrogatorio riguroso y exhaustivo y su búsqueda de nuevas perspectivas, había revelado sin querer que en realidad la embarcación no había zozobrado y naufragado en un fuerte temporal, sino que se había hundido porque portaba mercancía ilegal que estaba mal asegurada; y que los procedimientos que regulaban la seguridad eran inadecuados hasta extremos escandalosos. La historia enfrentó a *El Espectador* directamente con el gobierno militar, y sin duda acrecentó la imagen de García Márquez como persona *non grata*, un agitador considerado enemigo del régimen. Quienes por rutina cuestionan su valentía y su compromiso, ciertamente deberían reflexionar sobre este período de su vida. Indudablemente García Márquez estuvo fichado y, aunque con su acostumbrada tendencia a restar importancia a los peligros de aquella época, no cuesta imaginar sus sentimientos al volver a casa tarde por la noche por una ciudad lúgubre, gris, vagando inquieto en medio de la tensión de una dictadura militar. No deja de ser un milagro que sobreviviera y saliera indemne de ello.[24]

Muchos años después el relato se reeditó, cuando García Márquez se había convertido ya en un escritor de fama mundial, bajo el título *Relato de un náufrago* (1970). Aunque parezca asombroso, fue uno de sus mayores éxitos y se han vendido más de diez millones de ejemplares a lo largo de los siguientes treinta y cinco años. García Márquez nunca desafió directamente al gobierno reaccionario entre 1954 y 1955, pero reportaje tras reportaje fue adoptando un punto de vista tácitamente subversivo de las historias oficiales y, por lo tanto, ponía en entredicho el sistema vigente con mayor eficacia que cualquiera de sus colegas de izquierdas que más se hacían oír, guiado siempre por la investigación rigurosa, la reflexión y la voluntad de comunicar las realidades del país. Fue, en líneas generales, una demostración sostenida y brillante del poder del arte de los contadores de historias, y de la fuerza y la importancia capital de la imaginación, aun en la representación del material objetivo.

Justo después de aquellos artículos, implícitamente comprometidos y combativos, *La hojarasca* apareció por fin en Bogotá a finales de mayo, en una imprenta poco conocida propiedad del editor Lisman Baum, producida por Ediciones Sipa, por cinco pesos el ejemplar. Cecilia Porras, pintora amiga de García Márquez, diseñó la cubierta, que representaba a un chiquillo sentado en una silla con las piernas suspendidas, a la espera de algo: el niño que otrora fue García Márquez, en el tiempo de ensueño anterior a la muerte de su abuelo, y que ahora había trasladado a su primera novela publicada. Los impresores dijeron que fue una tirada de cuatro mil ejemplares, pocos de los cuales se vendieron.[25] Esta publicación ejercía de extraño contrapunto de la reputación de periodista implacable y prominente de la que gozaba en aquel momento, pues pertenecía no sólo a una era distinta, sino a un estilo narrativo que García Márquez había dejado atrás: a un tiempo estático y atormentado por el tiempo, fatalista y mítico.

Al fin, sin embargo, un libro publicado. Aunque en modo alguno había resuelto o siquiera acallado sus obsesiones, era una novela basada directamente en su propia infancia, algo que le había hecho «abandonar» de repente «La casa» tras su fabuloso regreso a Aracataca con Luisa Santiaga, cinco años antes. El título se había improvisado con premura en 1951, a fin de mandar cuanto antes la novela a Buenos Aires; y en algún momento en los meses que precedieron su publicación, García Márquez elaboró una especie de prólogo o coda fechada en «1909», la cual daba más sentido al título y concedía perspectiva a la obra, a un tiempo histórica y mitológica, aclarando su significado social e imprimiéndole una sensación más nítida de decadencia, pérdida y nostalgia. Todo ello se expresa a través de una voz narrativa similar a la del coronel en la novela, una voz que lamenta la llegada de la «hojarasca», los peones inmigrantes —en lugar de lamentar la llegada del capitalismo y el imperialismo—, y luego acepta con renuencia lo que ha ocurrido en el pueblo como parte del estado «natural» de las cosas, los ciclos de las vicisitudes inherentes a la vida misma. Nos hallamos ante un hombre que aún no ha cumplido treinta años que adopta la voz de un septuagenario, al que contempla no obstante con apenas un deje de ironía. El libro estaba dedicado a Germán Vargas y tuvo una buena acogida de la crítica colombiana, aunque inevitablemente muchas de las reseñas eran obra de amigos y compañeros de García Márquez.

Estaba cansado, harto de Bogotá y exhausto por el esfuerzo acumulativo que traían consigo las investigaciones para sus reportajes, la responsabilidad de colmar las expectativas puestas en él, cada vez mayores, y los temores fundados de que las autoridades tomaran represalias contra él por sus posicionamientos, a las claras contrarios a la línea del gobierno. Así que cuando se presentó la ocasión de marcharse —y a Europa, por añadidura—, la aprovechó con prontitud, a pesar de las muchas declaraciones posteriores en sentido contrario. Como es habitual, las razones de su partida están rodeadas de incertidumbre. Según la leyenda, tuvo que salir del país para evitar las amenazas del gobierno; cuenta también la leyenda que esta explicación es en sí misma uno de los muchos ejemplos del supuesto instinto de García Márquez para la dramatización de su propia persona. Sin embargo, la motivación política no puede lisa y llanamente descartarse: había hecho varios viajes a la Costa para tratar de pasar inadvertido después de algunos de sus artículos más provocadores; y algunos otros periodistas de *El Espectador* habían recibido amenazas o recibido palizas de asaltantes desconocidos. El viaje bien pudo plantear-se como un breve exilio buscado por él mismo bajo la apariencia de una misión periodística. O como una excursión a Europa bajo la apariencia de un exilio que él mismo emprendía por motivos políticos. O tal vez se propusiera simplemente como lo que el periódico dijo que era: una breve misión en el extranjero que empezaría con el encuentro de las cuatro grandes potencias —Estados Unidos, la Unión Soviética, el Reino Unido y Francia— en Ginebra.

Dejó su apartamento de Bogotá y regaló la mayor parte de sus pertenencias. También había ahorrado una bonita suma de dinero en la capital, que se llevó consigo a pesar de que las estrecheces de la familia en Cartagena no se habían atenuado.[26] No hay duda de que había decidido irse cuando menos unos meses —en algunas versiones él asegura que había esperado pasar fuera sólo «cuatro días»—, pero en el fondo sabía que podía estar incluso más tiempo.[27] Por otra parte, ni siquiera él mismo pudo imaginar que estaría ausente dos años y medio. En este caso, la explicación menos benévola, pero más probable, para las distintas versiones es que no fue capaz de confesar a su familia ni a su futura esposa que se marchaba por voluntad propia y los dejaría durante un período significativo tras haber pasado ya dieciocho meses en Bogotá. Su sentido de la responsabilidad era fuerte, pero la atracción de Europa y lo desconocido pudo más.

En su última noche en Bogotá, el 13 de julio, hubo una desenfrenada fiesta de despedida en casa de Guillermo Cano, que hizo que García Márquez perdiera el avión de primera hora de la mañana a Barranquilla; sin embargo, cogió el vuelo de mediodía. Se dice que la familia accedió de mala gana a arreglarse por un tiempo sin sus subsidios, aunque, claro está, ni se imaginaban cuánto tardaría en volver. A pesar de que debía de estar completamente abrumado por las emociones y exhausto, había que ver a Mercedes, que ya tenía veintidós años —pero ¿qué podía decirle?— y pasar por otra obligada ronda de festejos, con sus amigos y antiguos compañeros de la ciudad. Hacía más de una década que Mercedes era la mujer con la que él había decidido casarse, pero ahora había que dilucidar si sería por fin su «prometida», esto es, si él también sería el hombre que ella deseara por futuro esposo. Ciertamente, habían pasado diez años desde que él le pidiera matrimonio, en Sucre. Nadie ha tocado nunca la cuestión de otros posibles amores en la vida de Mercedes —ella me dijo con rotundidad que jamás hubo ninguno— o por qué García

Márquez creyó que podía librar su lealtad —o, mejor dicho, su destino— al azar. Tal vez concilió las implicaciones de su propio temor al rechazo, y el hecho de que carecía de garantías materiales que ofrecerle, con la idea, similar a la convicción de Florentino Ariza en *El amor en los tiempos del cólera*, de que no importaba cuánto le llevara conseguir a su mujer ni lo que ella hiciera mientras tanto, porque un día estarían juntos y ella sería suya. La partida se ha relatado de principio a fin de varios modos y está envuelta de un halo de misterio.

Que acabara proponiéndole matrimonio, caso de que así fuera, dejaría entrever no sólo el temor angustiado a perder a la mujer que amaba (a pesar de que el juego había empezado hacía tanto tiempo), sino también el miedo inconsciente de perder a Colombia y, por consiguiente, un modo de asegurar sus lazos futuros con el país. Mercedes era de su región y tenían orígenes comunes, y era una garantía de que durante el resto de su vida tendría a alguien de su parte que entendería de dónde «venía». En síntesis, no sólo encarnaba una especie de ideal platónico del modelo dantesco —y tampoco es que no la hallara extremadamente atractiva en el plano físico—, sino que también se trataba de una elección estratégica sumamente práctica: la combinación perfecta. Sin embargo, García Márquez, a diferencia de Dante, se casaría de veras con la inalcanzable «*donna della mia mente*», la mujer que había escogido cuando ella tenía sólo nueve años.[28] Parece probable, por tanto, que le pidiera matrimonio precisamente entonces porque pensaba estar lejos de ella un largo tiempo. Tal vez se sentía mejor dispuesto a asumir el riesgo del rechazo ahora que era un periodista célebre que viajaba a Europa en una misión llena de glamour; puede que ella estuviera más inclinada a aceptar por esa misma razón. Pero la verdad es que Mercedes apenas aparece en el libro de memorias y ninguna de las partes ha dado nunca los detalles de esta relación extraordinaria. Antes de que partiera de Barranquilla a Bogotá en 1954, apenas habían concretado nada, pero a él le daba la impresión de que entre ellos existía cierto entendimiento tácito.[29]

De hecho —y contra toda lógica— la mujer que más acapara el aspecto romántico en las memorias de 2002 no es Mercedes, el amor de su vida, sino Martina Fonseca, su primer amor, la mujer casada con la que mantuvo aquella aventura apasionada en Barranquilla cuando era un mozuelo de quince años, hasta que ella le puso fin. La menciona varias veces a lo largo del capítulo de Bogotá.[30] ¿Acaso existió, siquiera? Al parecer sí, porque un día, hacia finales de 1954, oye su «voz radiante» al teléfono y se encuentra con ella, en el bar del hotel Continental, por primera vez en doce años. En ella despuntan los primeros signos de «una vejez injusta» y le pregunta si la ha echado de menos. «Sólo entonces le dije la verdad: no la había olvidado nunca, pero su despedida había sido tan brutal que me cambió el modo de ser.» Ella hizo gala de gran amabilidad, en tanto que él estaba resentido y se comportó con cierta malicia; ella tenía gemelos, pero le aseguró que no eran suyos. Dijo que le habían entrado ganas de ver cómo era, así que él preguntó: «¿Y cómo soy?». Ella se echó a reír y dijo: «Eso no lo sabrás nunca». Acaba el episodio declarando —socarronamente— que había ansiado ver a Martina desde que lo había telefoneado, y aun así estaba aterrorizado ante la idea de haber pasado con ella el resto de su vida, «el mismo terror desolado que muchas veces volví a sentir desde aquel día cuando sonaba el teléfono».

Se trata de un enigmático episodio confesional, y es interesante preguntarse cuán revelador pretende ser y por qué. ¿Nos hallamos ante una confesión acerca de él y las mujeres? ¿Es también una justificación de cierta actitud íntima hacia ellas? Parece extraño que Martina vuelva a aparecer, de manera harto gratuita, justo antes de que García Márquez se comprometa finalmente con Mercedes. ¿Acaso en una cultura donde los hombres no podían mantener relaciones sexuales con las mujeres con quienes tenían intención de casarse en tanto que las mantenían con frecuencia con prostitutas y criadas, o ciertamente con las esposas de otros hombres, confirma de algún modo cifrado que había decidido separar sus sentimientos entre el donjuán no oficial, abierto a los «amores locos», y el esposo oficial en un matrimonio estable, en cierto modo «arreglado», con una mujer que sería «virgen» de por vida (en lo tocante a otros hombres) y una esposa leal, en la que poder confiar, el objeto del «buen amor»?[31] Si la anécdota acerca de Martina Fonseca es cierta —o en el caso de que sea inventada, si alguna otra mujer ejerció este efecto aleccionador sobre él en este o en cualquier otro momento—, explicaría por qué se preocupa con tanta frecuencia en su obra de ficción por separar el amor del sexo, por qué se aferraría durante tantos años a la idea del amor que él mismo fijó con alguien significativamente más joven que él, por qué no se molesta en expresar ningún sentimiento por Mercedes en las memorias (esos sentimientos pueden y deben darse por descontados siempre), y posiblemente también por qué, cuando le pregunté acerca de esta época de sus vidas frente a su buena amiga Nancy Vicens, Mercedes —quien, García Márquez ya me había puesto al corriente,

«nunca me dice que me ama»— me aseguró con cierto énfasis misterioso, sopesando sus palabras, aunque sin asomo de amargura, que «Gabo es
una persona muy especial; *muy* especial».[32] Tuve la certeza de que pedirle una aclaración hubiera sido poco prudente.

Buena parte de todo esto es, evidentemente, un juego entre dos personas muy fuertes de carácter, sumamente irónicas y celosas de su intimidad. A pesar de otras versiones que se sucederían con los años y que
hablan de acuerdos pactados antes de su marcha,[33] García Márquez nos
asegura en sus memorias que no «vio» a su amada antes de marcharse a
Europa; a menos que sea de veras cierto que la alcanzó a ver en la calle
desde la ventanilla de un taxi y no se detuvo. Y por lo tanto, en ausencia de un encuentro con Mercedes, se celebró en La Cueva —como no
podía ser menos— otra despedida salvaje que sumar a la sobredosis al-
cohólica que traía de Bogotá. Al día siguiente, los amigos que lograron
levantarse de la cama lo acompañaron al aeropuerto. Su resaca, mereci-
da, fue el peor preparativo posible para lo que resultó un viaje de treinta y seis horas a través del océano Atlántico hasta el Viejo Mundo. Aun
así, estaba más que preparado para la experiencia: tenía veintiocho años,
era un periodista de éxito y un escritor respetado que había publicado su
primera novela. Fue un momento apropiado para esa clase de viaje. El
esplendor de la civilización europea lo aguardaba, pero a quienes mejor
lo conocían no les cupo duda de que contemplaría esas maravillas ente-
ramente desde la perspectiva que tanto le había costado ganarse. No
hace falta decirlo, sus memorias no hacen referencia alguna a Ulises ni a
Penélope.

Segunda parte

En el extranjero:
Europa y América Latina

1955-1967

9

El descubrimiento de Europa: Roma

1955

El avión de Avianca *El colombiano*, uno de los célebres Lockheed Super Constellation creados por el excéntrico millonario Howard Hughes, hacía una travesía semanal a Europa con diversas escalas en el Caribe, entre ellas las islas Bermudas y luego las Azores, antes de volar a Lisboa, Madrid y París. García Márquez comentaría en su primer despacho desde el Viejo Continente su sorpresa al saber que el señor Hughes, «diseñador de tan malas películas», había diseñado un aparato tan espectacular.[1] Por su parte, y a pesar de la resaca monumental, conservó la lucidez suficiente para escribirle una breve carta a Mercedes, que echó al correo en Montego Bay. Fue un intento a vida o muerte de formalizar su relación. En sus memorias dice que el motivo de aquella carta fue el «remordimiento» por no contarle que se marchaba, pero tal vez simplemente le había faltado valor para pedirle a Mercedes que le escribiera, con todas las implicaciones que ello encerraba.

Cuando el avión llegó finalmente a París, descendió con advertencias de posibles problemas en el tren de aterrizaje y los pasajeros tuvieron que prepararse para lo peor, aunque finalmente aterrizaron sin ningún percance. García Márquez había llegado al Viejo Mundo.[2] Estaban a punto de cumplirse diez años del fin de la Segunda Guerra Mundial en Europa. No hubo tiempo para visitar los lugares de interés, y a primera hora de la mañana siguiente tomó el tren a Ginebra, adonde llegó por la tarde, dos días después de abandonar Barranquilla. Lo único que se molestó en contarles a sus lectores acerca de su paso fugaz por París fue que los franceses estaban mucho más interesados en el Tour de Francia que en lo que se discutía en la cumbre; y cuando llegó a Ginebra, el 17 de julio, descubrió que a los suizos les ocurría exactamente lo mismo. De hecho, comentó, al parecer los únicos interesados por lo que sucedía en Ginebra eran los periodistas enviados a cubrir el acontecimiento. Con la excepción, confesó con picardía, del reportero colombiano Gabriel García Márquez.[3]

Se metió en el primer hotel que encontró, se cambió de ropa y se dispuso a enviar su primera crónica anticlimática por All American Cable. Después de esto habría de contentarse con el correo certificado. Una ola de calor asolaba aquel verano la alpina Suiza, lo cual fue toda una desilusión, así como descubrir que «la hierba era exactamente igual a la hierba que se veía por la ventana del tren de Aracataca», recordaría años después.[4] No hablaba idiomas y carecía de experiencia en países extranjeros. Salió a toda prisa en busca de la sede de Naciones Unidas, que halló con la providencial ayuda de un pastor de nacionalidad alemana que hablaba español, y entonces se encontró, para gran alivio suyo, con miembros de las corporaciones de prensa latinoamericanas —entre ellos el altivo cachaco Germán Arciniegas en representación de *El Tiempo*—, que estaban allí para informar de las negociaciones de los representantes de las «Cuatro Grandes» naciones: Nikolái Bulganin, de la Unión Soviética; Anthony Eden, del Reino Unido; Dwight D. Eisenhower («Ike»), de Estados Unidos, y Edgar Faure, de Francia. En total había dos mil periodistas de todo el mundo presentes.

Los Cuatro Grandes eran los países que más activamente se habían enfrascado en la Guerra Fría. Todos ellos habían negociado el control de una parte de la derrotada ciudad de Berlín; eran también los países con derecho a veto en el Consejo de Seguridad de Naciones Unidas y los que poseían, o iban camino de poseer, armamento nuclear. El entendimiento entre ellos era crucial para que el mundo sobreviviera a la nueva era, desconocida y aterradora, que se vivía bajo la sombra de la catástrofe nuclear global que se había iniciado con la destrucción de Hiroshima y Nagasaki en agosto de 1945. Por esa razón durante cierto tiempo empezaron a reunirse al margen de organizaciones aglutinadoras como Naciones Unidas, la OTAN o el Pacto de Varsovia, que se crearía en breve. Después, a tenor de la crisis de Suez de 1956, Francia y el Reino Unido perderían buena parte de su influencia y el juego se concentraría en la relación entre Estados Unidos y la Unión Soviética. Sin embargo, en este momento, los encuentros de los Cuatro Grandes se consideraban el primer atisbo de luz en el período posterior a la Segunda Guerra Mundial —con especulaciones constantes acerca de un posible «deshielo» de las relaciones Oriente-Occidente—, por lo que fueron saludados a bombo y platillo y recibieron una intensa cobertura periodística y televisiva en Occidente.

El primer cable de García Márquez debió desilusionar a quienes habían financiado su viaje trasatlántico, y a buen seguro desconcertó a los lectores de su periódico. El artículo apareció con el título «Ginebra mira con indiferencia la reunión». Desde luego, así no se vendía una historia. Los títulos posteriores fueron también intencionadamente decepcionantes —y evidentemente también el trabajo del propio García Márquez—, entre ellos «Los 4 grandes en Tecnicolor», «Mi amable cliente "Ike"», «Los cuatro alegres compadres» y «La auténtica torre de Babel». Huelga decir que las conferencias de los Cuatro Grandes —la del mes de enero anterior se había celebrado en Berlín— suscitaban el interés global, porque el mundo vivía de veras bajo el temor de un eventual holocausto nuclear; pero García Márquez, que entendió mejor que la mayoría lo que estaba en juego gracias a la formación política que adquirió durante sus dieciocho meses previos de reportero en Bogotá, redujo este encuentro a la categoría de un acontecimiento hollywoodiense divulgado por un columnista de sociedad. Con el tiempo, muchos años después, él mismo viajaría con frecuencia a través del espejo de la alta política —probablemente ya ardía en deseos de hacerlo—, pero nunca se dejó engañar por la fanfarria ni se hizo ilusiones ingenuas acerca del papel mistificador de la prensa internacional al informar sobre asuntos políticos. A pesar de que sus reportajes sobre Ike, Bulganin, Eden y Faure, por no mencionar a sus esposas —todos ellos sacaban brillo a su imagen, como si de estrellas de cine se tratara, con la connivencia de los periódicos de todo el mundo—, no carecen de interés, ésta no es la clase de periodismo que García Márquez prefiere.

Con la sobriedad que le imponían las dificultades materiales y culturales de su empresa, se esmeró por adaptar su periodismo a la situación. La mayoría de sus artículos seguirían siendo deliberadamente superficiales y humorísticos, como si, al no poder cubrir la noticia con la debida seriedad, se negara a tomársela en serio. Pronto afrontó el hecho de que, durante el tiempo que permaneciese en Europa, nunca sería capaz de desempeñar el tipo de investigación directa que le había granjeado renombre en Colombia ni, por consiguiente, hacerse con ninguna primicia espectacular. Sin embargo, poco a poco aprendería a sacar el mayor provecho de sus circunstancias, a que su material pareciera original, a buscar «el otro aspecto de la noticia»[5] y, en este mismo sentido, a modelar sus historias para causar la mejor impresión posible en los lectores de su país. Casi de inmediato tomó mucha mayor conciencia del modo en que en los países «avanzados» se preparaban las noticias. Así que optó por su propia receta periodística; si los artículos de Bogotá ya habían demostrado el poder de la imaginación informada para añadir, no sólo el último dato que faltaba, sino también el toque literario que diera realce al sabor como parte de la pericia profesional —mucho antes de que emergiera el Nuevo Periodismo en la década de los sesenta—, ahora que lo necesitaba más que nunca, esta habilidad sería providencial una y otra vez. Por esa razón sus artículos, desde el principio, versaban tanto sobre él, implícita y explícitamente, como sobre los acontecimientos acerca de los que informaba; y de buen comienzo demostró que las noticias no eran obra de las celebridades, sino de los periodistas que las seguían y las convertían en «historias».[6]

Por fuerza debía de estar más impresionado de lo que dejaba traslucir, y también más nervioso e intimidado por cuanto le rodeaba. Se había convertido en un reportero temido en Bogotá, pero esa imagen ocultaba una personalidad todavía tímida y cohibida. A pesar de su «mamagallismo» costeño, estas primeras semanas en Europa dejaron una profunda impresión en García Márquez, como demostraría el hecho de que volviera a la experiencia en artículos escritos un cuarto de siglo después (y que aparecieron en *El Espectador*, como correspondía). Curiosamente, y por llamativo que parezca, lo único que le faltaba a García Márquez a su llegada a Europa era una conciencia latinoamericana. Estaba más que satisfecho con su cultura, no tanto colombiana como costeña; sin embargo, todavía no había convertido su conciencia cultural en un «nacionalismo continental» plenamente hispanoamericano. El mayor descubrimiento que hizo en Ginebra, Roma y París no fue «Europa», sino «América Latina».[7] Sin embargo, éste sería un aspecto aún vacilante en él y tendría que regresar a América Latina para apreciar realmente qué era lo que había descubierto en Europa.

Antes de dejar Ginebra, tal vez para su sorpresa, y desde luego para su regocijo, recibió una carta de Mercedes en respuesta a la suya. Sin lugar a dudas esto cambió completamente su perspectiva, aunque, por paradójico que parezca, y a pesar del placer y el alivio que la carta trajo consigo, probablemente lo reafirmase más que nunca en su propósito de aprovechar al máximo su experiencia europea y su libertad, ahora provisional. Al atarlo a ella, Mercedes le brindó la confianza de ir más lejos, y por más tiempo.

Tras el fervor de Ginebra durante la permanencia del circo de los Cuatro Grandes en la ciudad, García Márquez viajó a Italia, donde estaba previsto que cubriera a principios de septiembre la XVI Muestra de

Arte Cinematográfico de Venecia, el festival de cine que la ciudad celebra anualmente. No cabe duda de que fue más bien idea suya y no de alguno de sus jefes de *El Espectador*. Con posterioridad les diría a sus amigos que había salido para Italia a toda prisa porque el periódico le había enviado un telegrama con instrucciones de viajar a Roma en caso de que el Papa muriera de hipo.[8] No obstante, en el fondo Italia había sido siempre su destino predilecto. Incluso sus amigos del cine-club de Bogotá le habían elaborado una lista de cosas que no podía perderse. Por encima de todo, sin embargo, el mayor interés que tenía en viajar a Roma era en realidad visitar la famosa ciudad del cine, Cinecittà, donde su gran héroe, el guionista Cesare Zavattini, desarrolló la mayor parte de su carrera. Su otra ambición secreta era llegar a la Europa del Este; deseaba poder comparar los dos lados del telón de acero, el Este y el Oeste, dos mundos ocultos tras la retórica de los Cuatro Grandes. Sabía cuáles eran en la teoría sus ideas acerca del capitalismo y el socialismo; ahora quería constatarlas con sus propios ojos, en la práctica.

Llegó a la capital italiana el 31 de julio. Al igual que le ocurriera con Ginebra, también lo deslumbró. Un mozo lo llevó de la estación a un hotel cercano de la Via Nazionale, como recordó muchos años después con el habitual aditamento de valor mítico: «Era un edificio muy viejo y reconstruido con materiales varios, en cada uno de cuyos pisos había un hotel diferente. Sus ventanas estaban tan cerca de las ruinas del Coliseo que no sólo se veían los miles y miles de gatos adormilados por el calor en las graderías, sino que se percibía su olor intenso de orines fermentados».[9] En cuanto a la propia «ciudad eterna», el enviado especial colombiano envió sólo dos despachos en este momento, uno de ellos acerca de la temporada de asueto del papa Pío XII en Castelgandolfo, donde asistió a las audiencias públicas. Los artículos estaban escritos con el respeto justo para apaciguar a sus lectores católicos y las insinuaciones irónicas precisas para divertir a los lectores menos reverentes de un periódico que se inclinaba, a fin de cuentas, hacia la izquierda liberal del centro. García Márquez dejó entrever casi imperceptiblemente que el Papa no debía tratar de unirse al mundo de la celebridad de Hollywood, en el cual estaban cayendo los políticos, y aportó información sobre su estatura y el número que calzaba: esta venerable figura era, en definitiva —invitó a sus lectores a la reflexión—, solamente un hombre.

Dados sus planes de viajar a la Europa del Este, desde donde no tendría posibilidad de enviar artículos, García Márquez se dio cuenta de que debía presentar algún trabajo enjundioso con que ganarse sus «vacaciones» de antemano. No escribió acerca de la situación política en Italia, por entonces todavía en transición del fascismo de preguerra a la democracia cristiana de posguerra, de una sociedad eminentemente rural a una predominantemente urbana. En lugar de eso, su primera gran historia fue una serie acerca del denominado «escándalo Wilma Montesi», en la que trabajó todo el mes de agosto y que tituló, algo hiperbólicamente, «el escándalo del siglo». Montesi era la hija de veintiún años de un carpintero romano; su asesinato, dos años antes, había sido encubierto por razones aún turbias en el momento en que escribió sobre el caso, pero en el suceso a todas luces se aunaban la decadencia de las clases altas, la corrupción policial y la manipulación política. (Se cree que el caso sirvió de inspiración para la rupturista película de Federico Fellini, *La dolce vita*, de 1959.) García Márquez visitó el barrio y la casa donde había vivido Montesi, la playa donde había aparecido su cuerpo sin vida, a 42 kilómetros de distancia, y un par de bares donde los lugareños tal vez pudieran facilitarle algún dato. En cuanto al resto, sacó partido a otras fuentes, llevó a cabo su propia investigación siempre que le fue posible y escribió uno de sus reportajes de mayor efecto.[10] Al anunciar la serie, *El Espectador* declaraba: «Durante un mes, visitando los sitios en que se desarrolló el drama, Gabriel García Márquez se ha enterado de los más mínimos detalles de la muerte de Wilma Montesi y del proceso que la ha seguido».[11]

Se dio cuenta de inmediato de que tras la cuestión de los detalles del caso, del misterio detectivesco en sí mismo, había algo en el momento, el lugar y la historia que prefiguraba el futuro: lo que un crítico denominaría más tarde «las intersecciones del cine, la fotografía de *paparazzo*, los tabloides, la feminidad y la política».[12] Su propia misión consistiría en descubrir si había alguna conexión necesaria, como creían sus exponentes italianos, entre el modo neorrealista de hacer cine y el progreso de una estética socialista. Mucho antes de los influyentes análisis del crítico francés André Bazin, García Márquez intuyó con claridad que las películas italianas de la época eran una suerte de «reportaje reconstituido» con una «adherencia natural a la actualidad» que hacía del cine nacional italiano una «forma de humanismo radical».[13] Sus críticas cinematográficas en Bogotá habían dado a entender eso mismo. Sin duda debió reflexionar también que, a través de cierta corrección de la mistificación que había promovido Hollywood, el cine y el periodismo italianos de posguerra estaban dando lugar a una perspectiva nueva, más crítica, a la fama —saber esto le serviría a él mismo de protección inestimable cuando alcanzara la celebridad—, pero también, y con un cariz más inquietante, que en la segunda mitad del siglo XX incluso quienes no eran famosos habían empezado a imaginarse como si se hallaran constantemente frente a una cámara, en permanente peligro de verse sorprendidos, tergiversados o incluso traicionados. A estas alturas del crucial partido, pocos habían llegado a la conclusión de que, para empezar, no había ninguna realidad o verdad esencial que comunicar. Esto quedaría para los teóricos de la posmodernidad, aunque García Márquez también estaría allí cuando llegaran.

Una vez despachó con garantías los artículos acerca del caso Montesi, para su publicación entre el 17 y el 30 de septiembre, se marchó a Venecia a participar en la decimosexta edición del festival de cine que se celebra anualmente. El invierno había llegado con antelación a Venecia, y con él los europeos del Este, por vez primera desde la guerra. García Márquez pasó varios días empapándose del ambiente de un gran certamen cinematográfico europeo y viendo películas día y noche, con ex cursiones ocasionales por la ciudad, donde advirtió las excentricidades de los italianos y el abismo que separaba a ricos y pobres (estos últimos «salieron perdiendo. Pero perdieron de una manera alegre y distinta»).[14] Era algo que pensaba ya de los latinoamericanos, y dedicaría buena parte de su carrera a que los habitantes de su continente tomaran conciencia de ello y se contentaran más con lo que eran. Años después añadiría que los italianos no tienen «ningún otro objetivo que el de vivir», porque «descubrieron hace mucho tiempo que no hay más que una vida, y esa certidumbre los ha vuelto refractarios a la crueldad».[15]

Al igual que en los artículos que elaboró en Ginebra, encaró la situación lo mejor que pudo enviando crónicas no sólo de las películas, sino también acerca de asuntos más triviales, como qué estrellas hacían acto de presencia y cuáles no. De entre las que asistieron, expresó su decepción ante los atractivos en decadencia de Hedy Lamarr, que antiguamente había encendido Venecia retozando desnuda en *Éxtasis*; el desdén por la hipocresía sexual de las apariciones de Sofía Loren, supuestamente a su pesar, que lucía cada día en la playa un traje de baño distinto; y el escepticismo ante la presentación que Anouk Aimée hizo de sí misma como una estrella que no se comportaba como tal. Proféticamente, aunque *Ordet* (*La palabra*), de Carl Theodor Dreyer, se llevó el León de Oro por méritos propios, el director por quien García Márquez expresó mayor entusiasmo fue un joven italiano que presentaba *Amici per la pelle* (1955), Francesco Rosi, «un despeinado muchacho de veintinueve años con cara de futbolista, que se puso en pie y recibió como un futbolista la mayor ovación que se ha tributado en el palacio del cine».[16]

A continuación, García Márquez tomó un tren en Trieste y llegó a Viena el 21 de septiembre de 1955, dos meses después de la retirada de las últimas tropas de ocupación y dos meses antes de que la Ópera de Viena reabriera sus puertas. Para hacer creer que su viaje había acabado en Viena y que había permanecido allí «en octubre», escribió únicamente tres artículos sobre la ciudad, que se publicaron el 13, el 20 y el 27 de noviembre.[17] Pasarían cuatro años antes de que considerara prudente publicar ningún reportaje sobre el resto de su viaje.

Al igual que le ocurría a muchos en aquellos tiempos, García Márquez no era capaz de disociar Viena de la película de Carol Reed, *El tercer hombre* (cuyo guión era obra de Graham Greene), y visitó con asiduidad las localizaciones donde se había rodado, ya míticas. Fue en Viena también donde más tarde aseguraría haber conocido a Frau Roberta, después rebautizada como «Frau Frida», una clarividente colombiana que se ganaba la vida en la capital austríaca «alquilándose para soñar».[18] Cuando el insólito oráculo le dijo, tras una velada de luna llena en el Danubio, que había soñado con él hacía poco y que debía abandonar Viena sin pérdida de tiempo, el muchacho supersticioso de Aracataca se marchó en el siguiente tren.[19] No mencionó a sus lectores que el tren en cuestión lo había llevado al otro lado del telón de acero.

Así pues, García Márquez siguió su viaje desde Austria hacia Checoslovaquia y Polonia. Cuando estuvo en el Festival de Cine de Venecia, se las ingenió para agenciarse una invitación al Congreso Internacional de Cine de Varsovia. Sin embargo, no se publicarían crónicas de García Márquez sobre esos dos países hasta cuatro años después, de manera que no podemos conocer con certeza las fechas exactas, las cuales no recuerda, o sus primeras impresiones de estos lugares; para entonces, esas impresiones se habían revisado y puesto al día y confluyeron con las historias que acontecieron durante su fugaz regreso a ambos países en el verano de 1957, así como en el transcurso de su viaje a Moscú y a Hungría, a propósito de los cuales se publicaría un somero relato en noviembre del mismo año. Las crónicas sobre el primer viaje de 1957 aparecerían finalmente en *Cromos*, Bogotá, en agosto de 1959; para entonces trabajaba en favor de la revolución cubana y le preocupaba menos ocultar sus huellas. Sin embargo, nunca reconocería el viaje que hizo en solitario en 1955: incluso cuando por fin publicó los artículos sobre Checoslovaquia y Polonia, los insertó en el posterior recorrido que realizó por la Europa del Este en compañía de otros viajeros, en 1957.[20]

En vista de todas estas ocultaciones y manipulaciones, resulta difícil establecer tanto un itinerario claro como especular acerca del desarrollo de la conciencia política de García Márquez. En cambio, podemos inferir sin temor a equivocarnos que de buen principio advirtió una paradoja: Praga era una ciudad majestuosa, relajada, con todas las trazas de cualquier otra capital de Europa; sus habitantes, sin embargo, no parecían tener ningún interés en la política. Polonia, todavía antes de Gomulka, estaba mucho más atrasada y las huellas del holocausto nazi eran aún muy visibles, pero en cambio los polacos eran mucho más activos en cuanto a política se refiere, además de lectores sorprendentemente entusiastas, y de alguna manera se las arreglaban para conciliar el comunismo con el catolicismo de un modo que ningún otro país comunista intentaba siquiera adoptar. Cuatro años después, García Márquez comentaría que los polacos eran los más contrarios a los rusos de todas las «democracias» socialistas. Además, utilizaría ciertos adjetivos peyorativos como «histéricos», «complicados» y «difíciles» para definirlos, y diría que adolecían «de una susceptibilidad casi femenina», que hacía «difícil saber qué es lo que quieren».[21] Le disgustó Cracovia, a causa de lo que percibió como un conservadurismo inherente y un catolicismo retrógrado. Sin embargo, la descripción que hace de su visita a Auschwitz, aunque breve, es impresionante. Por una vez, el comentarista, de ordinario frívolo, confiesa haber estado al borde de las lágrimas y ofrece una crónica sobria y estremecedora de su recorrido:

> Hay una galería de vitrinas enormes llenas hasta el techo de cabellos humanos. Una galería llena de zapatos, de ropa, de pañuelitos con iniciales bordadas a mano, de las maletas con que los prisioneros entraban a ese hotel alucinante y que tienen todavía etiquetas de hoteles de turismo. Hay una vitrina llena de zapatitos de niños con herraduras gastadas en los tacones; botitas blancas para ir a la escuela y porrones de botas de los que antes de morir en campos de concentración se habían tomado el trabajo de sobrevivir a la parálisis infantil. Hay un inmenso salón atiborrado de aparatos de prótesis, millares de anteojos, de dentaduras postizas, de ojos de vidrio, de patas de palo, de manos sin la otra mano con un guante de lana, todos los dispositivos inventados por el ingenio del hombre para remendar al género humano.

Yo me separé del grupo que atravesó en silencio la galería. Estaba mo-
liendo una cólera sorda porque tenía deseos de llorar.[22]

A modo de contraste, la narración de los absurdos de la burocracia
comunista en los pasos de frontera es hilarante.

A finales de octubre estaba de vuelta en Roma, y envió a Colombia
sus tres artículos sobre Viena, cuatro más sobre el Papa y otros tres acerca de la rivalidad entre Sofía Loren y Gina Lollobrigida; es interesante
que comentara que, más allá de la cuestión de la batalla de sus «estadísticas vitales», Lollobrigida, cuyo talento era a todas luces menor, tenía
una imagen mucho más positiva; predijo, no obstante, que Loren acabaría por triunfar cuando se diera cuenta de que «Sofía Loren, en el respetable papel de Sofía Loren, es única e invulnerable».[23] Se mudó a una
casa de huéspedes en Parioli donde vivía también un tenor colombiano,
Rafael Ribero Silva, que residía en Roma desde hacía seis años. Al igual
que García Márquez, Ribero Silva era de cuna humilde y de su misma
edad. Era otro hombre que se había abierto camino con tesón y a fuerza de sacrificios, quedándose en casa a practicar su canto, como observaba García Márquez, mientras otros salían por la ciudad.[24]

Durante varias semanas, Ribero Silva ejerció de traductor y guía informal, y a última hora de la tarde los dos tomaban prestado una Vespa,
y recorrían la ciudad. Su entretenimiento predilecto era observar a las
prostitutas de Villa Borghese haciendo la calle mientras empezaba a os-
curecer. Inspirado por este pasatiempo inocente, Ribero Silva le brindó
a García Márquez uno de sus recuerdos más dulces de la capital italiana:

> Después del almuerzo, mientras Roma dormía, nos íbamos en una
> Vespa prestada a ver las putitas vestidas de organza azul, de popelina rosa-
> da, de lino verde, y a veces encontrábamos alguna que nos invitaba a co-
> mer helados. Una tarde no fui. Me quedé dormido después del almuerzo,
> y de pronto oí unos toquecitos muy tímidos en la puerta del cuarto. Abrí
> medio dormido, y vi en la penumbra del corredor una imagen de delirio.
> Era una muchacha desnuda, muy bella, acabada de bañar y perfumar, y con
> todo el cuerpo empolvado. «*Buona sera* —me dijo con una voz muy dul-
> ce—. *Mi manda il tenore.*»[25]

García Márquez había hecho su primera toma de contacto con Cinecittà, los grandes estudios al sudeste de Roma, justo después de su llegada. Era la mayor fábrica de sueños del mundo entero, y él estaba inte-

resado en estudiar realización de cine en el Centro Experimental Cinematográfico. En ese momento no había hallado cursos en marcha, pero ahora consiguió establecer contacto con italianos y latinoamericanos activos, como el argentino Fernando Birri, un exiliado que había huido del régimen peronista y que se convertiría en un importante amigo y colaborador en el futuro, así como con otros cineastas latinoamericanos que estaban estudiando en Roma en ese período, como los cubanos Tomás Gutiérrez Alea y Julio García Espinosa. Birri recibió al joven con la boina nueva y el grueso abrigo de lana de una talla más de la que le correspondía, lo llevó a su apartamento de la piazza di Spagna y a tomar unas copas en el café del mismo nombre, y fue el comienzo de una larga y fructífera relación.

García Márquez se inscribió en un curso de dirección cinematográfica en el Centro Experimental. Le interesaba principalmente el guión, como es lógico, y ésa es la razón de que Cesare Zavattini, el guionista de De Sica, fuera en particular un modelo para él, por ser un hombre, diría con entusiasmo, que insuflaba una «humanidad sin precedentes» en el cine de su época.[26] Al volver la mirada sobre aquellos tiempos, comentaría:

> Hoy ustedes no pueden ni imaginarse lo que significó para nuestra generación el surgimiento del neorrealismo a principios de los años cincuenta. Fue inventar el cine otra vez. Nosotros veíamos filmes de guerra o películas de Marcel Carné y de los franceses que se estaban imponiendo por norma artística. Y de pronto, llega de Italia el neorrealismo, con películas hechas con cintas de desecho, con actores que, se decía, no habían visto nunca una cámara en su vida. Sin embargo, era un cine perfecto ... Todo parecía rodado en calle, no se llegaba a comprender cómo se lograba unir las escenas, cómo se mantenía el ritmo, el tono. Para nosotros fue una maravilla.[27]

Para él debió de ser una sorpresa y una desilusión descubrir que el neorrealismo cosechaba menos admiración en Italia que más allá de sus fronteras, en parte porque mostraba aspectos del país que la Italia de posguerra trataba de superar. No es de extrañar que diga que fue *Milagro en Milán* (1952) —que volvió a ver con Fernando Birri en 1955, y en la que trabajaban De Sica, Zavattini y Fellini— la película que le hizo sentir que el cine podía de veras cambiar el mundo, pues tanto Birri como él tuvieron la impresión de que la realidad misma era distinta cuando salieron de la cinemateca. De hecho, Cinecittà, que atravesaba su momento álgido, estaba a punto de servir de telón de fondo de la obra de Fellini, un realizador que se apartaría de la estética neorrealista que dominaba el panorama cinematográfico y evolucionaría hacia una suerte de «realismo mágico», no muy dispar del estilo por el que posteriormente sería admirado García Márquez.[28]

Resultó que el Centro Experimental dedicaba sólo un pequeño espacio al guión en el curso de dirección cinematográfica. García Márquez, como tal vez era previsible, tardó muy poco en aburrirse, con la salvedad de las clases de una tal Dottoressa Rosado sobre el montaje, el cual era, según ella misma insistía, «la gramática del cine». Lo cierto es que a García Márquez nunca le había entusiasmado en demasía ningún tipo de educación formal y, a menos que fuera realmente obligatoria, se dispersaba con facilidad; ahora se apartó de Cinecittà (aunque en años venideros diría que pasó allí varios meses, hasta nueve). Sin embargo, cuando su amigo Guillermo Angulo apareció tiempo después buscando a García Márquez, Dottoressa Rosado recordaba a aquel alumno, por lo general holgazán, como uno de los mejores.[29] En el futuro, muchos se sorprenderían al descubrir que García Márquez tenía conocimientos sólidos de aspectos técnicos de la realización cinematográfica que, aunque con escaso entusiasmo, había adquirido en Cinecittà.

Como con frecuencia comentaría él mismo en el futuro, el gusto de García Márquez por el cine siguió intacto, pero desde entonces se preguntaría si al cine le gustaba él. Sin embargo, Zavattini nunca lo decepcionó y se formó una visión muy particular del talento de este guionista: «Yo soy hijo de Zavattini, que era "una máquina de inventar argumentos". Le salían de adentro, a borbotones. En resumen, Zavattini nos hizo comprender que los sentimientos son más importantes que los principios intelectuales».[30] Esta convicción le permitió a García Márquez resistir a los ataques de los «realistas socialistas» a los que, tanto en el ámbito literario como en el cinematográfico, habría de hacer frente en años posteriores, algunos de los más furibundos en Cuba. Y sólo eso había hecho que su breve estancia en Italia y su fugaz paso por Cinecittà merecieran la pena.

Cuando un latinoamericano se aburre en Europa y no sabe lo que hacer, toma un tren a París. No era lo que García Márquez se había propuesto, pero es lo que hizo cuando se acercaban los últimos días de 1955. Irónicamente, al tratar de pasarse a otra disciplina, el cine, tan sólo había hallado la senda de regreso a la literatura, por no mencionar su obsesión primordial, Colombia. Estaba dándole vueltas a una novela de corte neorrealista, inspirada cinematográficamente en Roma, aunque destinada a ser escrita en el París literario. Su tren llegó más allá de la medianoche de un día lluvioso poco antes de Navidad. Tomó un taxi. La primera imagen de la ciudad fue una prostituta en una esquina próxima a la estación, resguardada bajo un paraguas naranja.[31] Supuestamente el taxi debía llevarlo al hotel Excelsior, que le había recomendado el poeta Jorge Gaitán Durán, pero acabó en el hostal de la Alliance Française, en el boulevard Raspail. Permanecería en París casi dos años exactos.

10

Hambre en París: *La Bohème*

1956-1957

Quién sabe lo que Gabriel García Márquez buscaba al tomar rumbo hacia la capital francesa en diciembre de 1955. Cualquiera que lo conociese habría imaginado que el colombiano costeño se sentiría más a gusto en Italia —tanto social como culturalmente— que en el país situado al norte, un lugar más frío y pagado de sí mismo, más crítico y cartesiano. Desde el principio, su actitud hacia Europa en general era que el Viejo Continente poco podía enseñarle que no hubiera aprendido ya en los libros o en los noticiarios cinematográficos; casi parecía que había venido para asistir a su putrefacción: el olor a col hervida, se diría, en lugar de la fragancia de la guayaba tropical que siempre fue tan cara a su corazón y a sus sentidos. Pero, después de todo, estaba en París.[1]

Del hostal de la Alliance Française se trasladó a un hotel barato conocido entre los viajeros latinoamericanos, el Hôtel de Flandre, en el número 16 de la rue Cujas del Barrio Latino, regentado por unos tales monsieur y madame Lacroix. Justo enfrente estaba el Grand Hôtel Saint-Michel, más opulento, otro predilecto de los latinoamericanos.[2] Uno de sus huéspedes fue el influyente poeta afrocubano y miembro del Partido Comunista Nicolás Guillén, que residió allí largo tiempo y era uno de los muchos escritores latinoamericanos en el exilio durante aquella época de dictadores —Odría en Perú (1948-1956), Somoza en Nicaragua (1936-1956), Castillo Armas en Guatemala (1954-1957), Trujillo en la República Dominicana (1930-1961), Batista en Cuba (1952-1958), Pérez Jiménez en Venezuela (1952-1958), e incluso Rojas Pinilla en Colombia (1953-1957). Toda la zona está bajo la ascendencia cultural de la Sorbona, a escasa distancia de allí, aunque la inquietante mole del Panteón es la obra arquitectónica más imponente de las inmediaciones.

García Márquez se puso enseguida en contacto con Plinio Apuleyo Mendoza, a quien había conocido fugazmente en Bogotá antes del alzamiento popular de 1948. Mendoza hijo, aquel joven serio y algo pretencioso cuya visión del mundo había quedado hecha añicos por la derrota política de su padre y el exilio subsiguiente tras el asesinato de Gaitán, se inclinó hacia el socialismo radical e iba camino de convertirse en un compañero de viaje del movimiento comunista internacional. Había tenido noticia de la publicación de *La hojarasca* de García Márquez por la prensa de Bogotá, y «su aspecto y el título del libro me hicieron pensar que era un mal novelista».[3] El día de Nochebuena de 1955 estaba en el bar La Chope Parisienne, en el Barrio Latino, con dos amigos colombianos, cuando un García Márquez embozado en un abrigo de lana gruesa para combatir el frío de aquella tarde de invierno hizo su entrada en el local. En el transcurso de su primera conversación sobre literatura, vida y periodismo, a Mendoza y a sus amigos el recién llegado les pareció arrogante y engreído, como si los dieciocho meses que acababa de pasar en Bogotá lo hubieran convertido en un típico cachaco. Aseguraba que no creía que Europa fuera nada del otro mundo. De hecho, daba la impresión de que tan sólo le interesaba su propia persona. Ya había publicado una novela y únicamente se animó cuando empezó a hablar de la segunda que tenía en proyecto.

Quiso la casualidad, sin embargo, que García Márquez acabara de encontrar en Plinio Mendoza a su mejor amigo en el futuro, aunque en modo alguno el más constante. Puesto que acabaría por conocer a García Márquez mejor que cualquiera y se sentía menos obligado que otros, a los que movían consideraciones convencionales acerca de la discreción y el buen gusto, se convertiría, aunque parezca irónico, en uno de los testigos más fiables de la vida y la evolución de García Márquez. A pesar de que la primera impresión fue negativa, Mendoza invitó al recién llegado a la cena de Navidad que daban Hernán Vieco, un arquitecto colombiano de Antioquia, y su esposa norteamericana de ojos azules, en su apartamento de la rue Guénégaud, con vistas al Sena. Los invitados, emigrados y exiliados colombianos, comieron cerdo asado y ensalada de endivias, regado todo con grandes cantidades de vino tinto de Burdeos, y García Márquez cogió una guitarra y cantó vallenatos de su amigo Escalona. Así mejoraron las primeras impresiones que sus compatriotas se habían hecho de él, si bien la anfitriona se quejó a Plinio de que el recién llegado era «un tipo horrible» que no sólo parecía engreído, sino que apagaba los cigarrillos con la suela del zapato.[4] Tres días después, los dos hombres volvieron a encontrarse, tras la primera nevada del invierno, y García Márquez, hijo del trópico, bailó a lo largo del boulevard

Saint-Michel y la place du Luxembourg. La reserva de Mendoza se fundió como los copos de nieve que resplandecían en el paño grueso y áspero del abrigo de García Márquez.

Pasaron juntos buena parte de los meses de enero y febrero de 1956, antes de que Mendoza volviese a Caracas, donde residía casi toda su familia. Aquellas primeras semanas, los dos nuevos amigos frecuentaron los lugares preferidos de Mendoza en los alrededores de la Sorbona, el café Capoulade de la rue Soufflot, o L'Acropole, un restaurante griego barato y animado al final de la rue de l'École de Médecine. Si algunos conocidos han descrito al García Márquez de la época, tal vez con escasa caridad, como un hombre poco atractivo, Plinio Mendoza era así o más. Por añadidura, pocos colombianos reaccionan con indiferencia al oír su nombre —en toda Colombia se le conoce sencillamente por «Plinio», del mismo modo que García Márquez es «Gabo»—. Muchos lo consideran taimado, presuntamente un típico producto de las tierras altas de su Boyacá natal; sin embargo, nadie niega su calidad como periodista y polemista. Impredecible lo es, y sentimental; pero también es un hombre divertido, que sabe reírse de sí mismo (y de verdad, lo cual es un don sumamente raro), entusiasta y generoso.

Al final de la primera semana de enero, los dos amigos estaban en un café en la rue des Écoles leyendo *Le Monde* cuando tuvieron conocimiento de que Rojas Pinilla había ordenado al fin el cierre de *El Espectador* por medio de una cínica combinación de censura e intimidación directa (*El Tiempo* llevaba ya cinco meses cerrado). Mendoza recuerda que García Márquez restó trascendencia al suceso: «"No es grave", dijo, exactamente como dicen los toreros después de una cornada. Pero sí lo era».[5] El periódico había sido sancionado con una multa de seiscientos mil pesos aquel mismo mes; ahora cerró sus puertas del todo. Los cheques de García Márquez dejaron de llegar, y a principios de febrero ya no podía pagarse la habitación del Hôtel de Flandre. Madame Lacroix, un alma caritativa, le permitió atrasar sus pagos. Según una de las versiones del propio García Márquez, la señora lo trasladaba a plantas cada vez más altas del edificio, hasta que por último acabó en una buhardilla sin calefacción del séptimo piso y ella fingió olvidarse de él.[6] Allí lo encontrarían sus amigos escribiendo, con los guantes y el gorro de lana puestos, embozado en una ruana.

García Márquez ya vivía en una apurada situación económica antes de enterarse de la mala noticia acerca de *El Espectador*, y a Mendoza le sorprendieron las escasas posesiones que había traído consigo de Colombia. Mendoza le presentó a Nicolás Guillén y a otro activista comunista, el acaudalado novelista y hombre de prensa Miguel Otero Silva, quien en 1943 había fundado junto a su padre *El Nacional*, el influyente periódico caraqueño. Se encontraron por azar en un bar de la rue Cujas los días previos a que Mendoza se marchara a Venezuela, y Otero Silva los invitó a comer en la conocida brasería Au Pied de Cochon, junto al mercado de Les Halles. Años después, cuando se hicieran amigos, Otero Silva no se acordaría del colombiano pálido y extremadamente delgado que con tanta avidez escuchaba el diagnóstico comunista de la situación en Francia y América Latina mientras engullía a su antojo aquella comida providencial.[7] Otero Silva y Guillén acababan de enterarse de la asombrosa denuncia que Kruschev hiciera de Stalin y el culto a la personalidad cuando el XX Congreso del Partido Comunista de la Unión Soviética tocaba ya a su fin, el 25 de febrero; estaban consternados ante la política de coexistencia que acababa de decretarse y que consideraban derrotista, y especulaban con ansiedad acerca del futuro del movimiento comunista internacional.[8] Guillén protagonizaría una de las anécdotas favoritas de García Márquez del período parisino:

> Eso fue cuando Perón gobernaba en Argentina, Odría en el Perú y Rojas Pinilla en mi país, eran los tiempos de Somoza, de Batista, Trujillo, de Pérez Jiménez, de Stroessner; bueno, América Latina estaba pavimentada de dictadores, tanto que he contado muchas veces cómo Nicolás Guillén se levantaba a las cinco de la mañana y mientras leía los periódicos tomando su café; después abría la ventana y comenzaba a hablar en voz alta para que lo oyeran en los dos hoteles, llenos de latinoamericanos, y contaba las noticias como si fuera en un patio de Camagüey. Un día Nicolás abrió la ventana y dijo: «Se cayó el hombre», y cada cual pensó que era el suyo: los argentinos, los paraguayos, los dominicanos, los peruanos. ¡Se cayó el hombre! Yo lo oí y pensé: «Se cayó Rojas Pinilla». Después supe, por el propio Nicolás, que el grito había sido por Perón.[9]

El 15 de febrero de 1956 se había presentado un nuevo periódico, *El Independiente*, como sustituto directo de *El Espectador*, seis semanas después del cierre de su predecesor. Durante dos meses lo editó el ex presidente liberal Alberto Lleras Camargo, quien fuera también antiguo secretario de la Organización de los Estados Americanos. García Márquez, tras unas semanas muy difíciles y de gran preocupación, dejó escapar un suspiro de alivio; y cuando Plinio Mendoza se marchó a Caracas a finales de aquel mes, se fue con la satisfacción de ver a su amigo de nuevo en pie y con cierta seguridad económica. El primer artículo de García Márquez en poco menos de tres meses apareció en el nuevo periódico el 18 de marzo. Envió un reportaje en diecisiete entregas —casi cien páginas cuando se reeditó para formar parte de un libro— acerca del juicio a los acusados del reciente escándalo de espionaje en el que se habían trasvasado secretos de Estado del gobierno francés a los comunistas durante los últimos meses del dominio francés en Vietnam. Así que el 12 de marzo de 1956 *El Independiente* anunció en primera página: «Corresponsal especial de *El Independiente* viaja a documentarse sobre el proceso más sensacional del siglo». (No es de extrañar que más adelante García Márquez adquiriera fama de hiperbólico.) Irónicamente, sin embargo, y a pesar del esfuerzo que invirtió en la serie, el cierre de *El Independiente* el 15 de abril impidió que García Márquez llegara a relatar el momento álgido del juicio, lo que trajo consigo la frustración de sus lectores al final de lo que no fue, en ningún caso, el más interesante de sus reportajes, ni tampoco el más logrado. Una vez más, sin embargo, aun sin saberlo, García Márquez había entablado contacto, a distancia, con alguien que ocuparía un lugar destacado en su vida posterior. La estrella del proceso judicial era el ex ministro de Interior y entonces ministro de Justicia François Mitterrand: «[U]n hombre joven, rubio, vestido con un traje azul claro, que le da a la sesión un ligero toque de audiencia cinematográfica».[10] El propio Mitterrand estaba bajo sospecha en el caso a causa de su conocida oposición a la guerra de Vietnam. Por ahora, sin embargo, Mitterrand y el resto de los personajes de la sala de vistas entorpecían la nueva novela de García Márquez.

Podía oír las campanadas del reloj de la Sorbona desde su buhardilla. Mientras escribía, Mercedes Barcha, la prometida a la que apenas conocía, lo contemplaba desde la fotografía enmarcada encima de la mesilla de noche. Plinio Mendoza recuerda la primera vez que subió a la habitación de su amigo: «Me acerco a la pared, para contemplar la fotografía de su novia... una muchacha de largos cabellos negros y ojos rasgados y tranquilos. "El cocodrilo sagrado", dice».[11] Desde que García Márquez llegó a Europa, Mercedes había empezado a enviarle cartas al menos dos, aunque a menudo tres, veces por semana. Él le respondía con la misma asiduidad.[12] Por lo común le hacía llegar las cartas a través de sus padres; su hermano Jaime, de entonces quince años, recuerda habérselas llevado a Mercedes en Barranquilla de vez en cuando.

La nueva novela se inspiraba en el pueblo ribereño remoto donde Mercedes y él se habían conocido, aunque el libro no encerraba nada romántico. Finalmente se titularía *La mala hora*. A pesar de que no había modo de saberlo, esta novela malhadada no se publicaría hasta 1962. No era un libro acerca de la época en la que las familias García Márquez y Barcha Pardo habían vivido en proximidad en aquella pequeña comunidad, sino que estaba ambientada unos años más tarde, en un período contemporáneo a su composición, y se centraba en las repercusiones locales de la Violencia. Y esto era así porque la Violencia dominaba los pensamientos de todos los colombianos, estuvieran dentro o fuera del país —él mismo era una vez más víctima indirecta de ella—, y el periodismo que había cultivado recientemente, antes de marcharse de Bogotá, había agudizado sus posicionamientos contrarios al gobierno.

El pueblo de la novela de García Márquez está basado en Sucre desde una perspectiva casi cinemática. De hecho, los detalles topográficos son tan exactos que el lector prácticamente podría trazar el mapa de un lugar donde toda la atención se centra en el río, el embarcadero de madera, la plaza principal y las casas que la flanquean. Sucre sería escenario de algunas novelas breves e inquietantes que García Márquez compondría con el curso de los años: *La mala hora*, *El coronel no tiene quien le escriba* y *Crónica de una muerte anunciada*. Todas serían expresiones directas de su destino violento.

Transcurriría mucho tiempo antes de que alguien empezara siquiera a perfilar la identidad de esta pequeña comunidad ribereña; en realidad, la mayoría de los lectores han seguido tratando de reconciliarla en vano con las descripciones y el ambiente, tan distinto, de Macondo-Aracataca. En años venideros, ni siquiera el propio García Márquez se referiría a Sucre por su nombre en las entrevistas que le hicieran, del mismo modo que era raro que mencionara a su padre; ambos hechos son, a buen seguro, indisociables. En una ocasión comentó: «Es una aldea en la que no hay ninguna magia. Es por eso que al escribir sobre ella hago siempre una literatura periodística».[13] Sin embargo, el lugar real que cifra, por así decirlo, su apuesta por el realismo crítico —en contra de su padre y del conservadurismo colombiano— y que lo inspira a crear personajes sufrientes con ecos de los que aparecen en *Umberto D.* o en *El ladrón de bicicletas* de De Sica, el Sucre verdadero no era, desde un punto de vista social, muy distinto de Aracataca; de hecho, como atestiguan casi con unanimidad sus hermanos, es en muchos sentidos un lugar mucho más exótico y romántico. Mágico, como siempre, según el cristal con que se mire. La diferencia es que cuando Gabito había vivido en Sucre, su experiencia no había sido ya la de un niño menor de diez años, como había ocurrido en Aracataca; tampoco vivía ya con su abuelo el coronel, al que tanto quería; y, en cualquier caso, no puede decirse que viviera allí plenamente, porque lo mandaron a estudiar (y aunque era un privilegio que lo enviaran a la escuela, sin duda en ese momento lo interpretó como una expulsión más de la familia). Además, había vivido en Aracataca tras un emocionante auge económico; el período de Sucre, en cambio, fue testigo del comienzo de la Violencia.

Cuando se publicó *La hojarasca*, justo antes de que dejara Bogotá para irse a Europa, los amigos comunistas de García Márquez habían comentado que, aunque se trataba de un libro excelente —por descontado—, la obra adolecía, a su gusto, de un exceso de mito y poesía. García Márquez confesaría tanto a Mario Vargas Llosa como a Plinio Mendoza —quien por entonces estaba de acuerdo con la crítica comunista— que había desarrollado un complejo de culpa porque *La hojarasca* era una novela «que no denuncia, que no desenmascara nada».[14] En otras palabras, la obra no se ajustaba a la concepción comunista de una literatura socialmente comprometida que denunciara la represión capitalista e imaginara un futuro socialista mejor. En realidad, para la mayoría de comunistas, la forma de toda novela era en sí misma un vehículo burgués; el cine era el único medio genuinamente popular del siglo XX.

Aunque *La mala hora* es una obra política entendida como *exposé*, García Márquez no deja de ser un narrador sutil y sigue abordando desde una perspectiva oblicua la crítica política e ideológica. Sin ir más lejos, ni siquiera especifica que el régimen que lleva a cabo las acciones represivas que describe sea un gobierno conservador, aunque por supuesto sería un dato evidente para cualquier lector colombiano. Y a pesar del hecho de que decenas de miles de personas fueran asesinadas cada año por la policía, el ejército y los grupos paramilitares durante el período en cuestión, muchas de ellas por los métodos más atroces y sádicos que quepa imaginar, en esta novela tan sólo hay dos muertes: un «crimen de honor» civil que anticipa el incidente central de la posterior *Crónica de una muerte anunciada*, y un crimen de motivación política, como era de esperar, por obra del gobierno (aunque a primera vista más parezca obedecer a la incompetencia que a un plan previo). De hecho, la intención de la novela es demostrar, sin exponerlo tan a las claras, que la jerarquía del poder representada en el libro da lugar, de forma inevitable y reiterada, a esta clase de acciones represivas: lisa y llanamente, el alcalde está obligado a matar a algunos de sus oponentes si pretende sobrevivir.

Esta concepción sorprendentemente desapasionada de la naturaleza del poder lleva al novelista a trascender con mucho el deseo de moralizar o dedicarse a la propaganda simplista; como es natural, deplora la mentalidad conservadora, pero nunca actúa de cara a la galería. En su autobiografía, García Márquez afirmaría que la figura del alcalde estaba inspirada en el marido de su amante negra, la «Nigromanta»; sin embargo existe una explicación anterior, que recuerda Germán Vargas: «El alcalde de *La mala hora* tiene una base real. Era de un pueblo de Sucre. Dice García Márquez que era pariente de Mercedes, su mujer. Y que era un verdadero criminal. Quería matar al papá de Mercedes y éste siempre andaba armado de pistola. A veces, para molestarla, García Márquez le recuerda que el tipo era de su familia».[15]

A pesar de todos sus empeños, la novela se negaba porfiadamente a tomar vuelo, y empezó a escapársele de las manos. Perdido en el momento más deprimente de Colombia y, desde luego, debatiéndose sin un rumbo claro en el mundo desencantado que trataba de recrear, García Márquez salía cada vez menos por París a medida que el invierno daba paso a la primavera, aunque ocasionalmente siguiera sumergiéndose en la vida mundana. También Francia, en pleno estancamiento de la Cuarta República, se hallaba abatida. Pierre Mendès-France, el utopista que presidía el Consejo de Estado y que se hizo célebre por haber intentado que los franceses bebieran leche en lugar de vino, hacía poco que lo habían obligado a abandonar el poder. Lo sustituyó Edgar Faure, aunque no por mucho tiempo. Francia había salido derrotada de Vietnam y seguía luchando en Argelia. Sin embargo, aunque entonces nadie lo advertía, París se hallaba en uno de sus momentos más evocadores, el último período antes de que la modernidad de la Comunidad Europea iniciase en los años sesenta su inexorable paso del gris azulado de las volutas de humo al gris plateado de la era espacial. García Márquez comía sobre todo en restaurantes de estudiantes, como el Capoulade y el Acropole; y en tanto que la mayoría de los demás latinoamericanos sentían la necesidad de pasear por la Sorbona o el Louvre ocasionalmente para elevar el espíritu, así como para ver a gente como ellos en aquellos espejos dorados parisinos, él, como de costumbre, pasaba los días en la universidad de las calles.

Entonces, de improviso, se produjo un cambio repentino en su vida. Una noche de marzo en que había salido con un periodista portugués que también cubría el juicio del espionaje francés para un periódico brasileño, conoció, por el más puro azar, a una mujer. Era una actriz española de veintiséis años que se hacía llamar Tachia y estaba a punto de dar un recital de poesía. Casi cuarenta años después recordaría que Gabriel, como siempre le llamaría, se negó a asistir al evento: «"Un recital de poesía", se burló, "¡Qué aburrimiento!"". Di por hecho que detestaba la poesía. Esperó en el café Le Mabillon, en el boulevard Saint-Germain-des-Prés, cerca de la iglesia, y nos reunimos con él después del recital.[16] Estaba delgado como un espárrago, parecía un argelino, con cabello rizado y bigote, y a mí nunca me habían gustado los hombres con bigote. Tampoco me gustan los típicos machos; siempre tuve el prejuicio racial y cultural de que los latinoamericanos eran inferiores».[17]

Tachia, nacida María Concepción Quintana en enero de 1929, era oriunda de Eibar, Guipúzcoa, en el País Vasco español, y una de las tres hijas de una familia católica que apoyó el régimen de Franco tras la guerra civil. Su padre, gran amante de la poesía, le había leído poemas desde niña con asiduidad, sin saber cuánto la determinaría esto en el futuro. En 1952 conoció al poeta Blas de Otero, ya famoso por entonces, en Bilbao, donde trabajaba de señora de compañía, una de las pocas oportunidades que tenían las mujeres de trabajar independientemente en la España de Franco. Otero, trece años mayor que ella, la rebautizó ordenando a su antojo el nombre de Conchita: «Tachia». También la sedujo. Poco después la muchacha se marchó a Madrid —a pesar de que en aquellos tiempos había que ser mayor de veinticinco años para abandonar el hogar sin permiso paterno— para estudiar teatro y formarse como actriz. Allí inició un romance apasionado, aunque desventurado, con este gran poeta, que era también un hombre sumamente inestable y un redomado donjuán. El nombre de Tachia aparece en algunos de sus poemas más célebres. El carácter de Otero, impredecible hasta lo patológico, la hizo pasar por un verdadero calvario. Para librarse de él —si bien pasarían muchos años antes de que lo lograra del todo— huyó de España: «Fui a París a finales de 1952 como una especie de *au pair* durante seis meses; la ciudad me deslumbró. Después, el 1 de agosto de 1953, me fui allí para siempre. No tenía ninguna técnica, de modo que hice cursos de teatro para tratar de introducirme en ese mundo».

Tachia era intrépida y curiosa. Ejercía en los demás un extraño magnetismo y estaba abierta a toda clase de experiencias. Era el tipo de mujer que se consideraba especialmente atractiva en el período existencialista de posguerra y —aunque su gran amor era el teatro— en las películas de la *Nouvelle vague* que estaban a punto de hacerse en el París de finales de los cincuenta: una joven esbelta, morena, que vivía en la margen izquierda del Sena y de ordinario vestía de negro, con un corte a lo *garçon*, como el que Jean Seberg haría famoso poco después, y rebosante de vitalidad. Emocionalmente, sin embargo, en aquel preciso momento estaba a la deriva. Como extranjera, sus oportunidades de salir adelante en el teatro francés podían considerarse prácticamente nulas, pero no tenía ninguna intención de regresar a España. Tampoco de entablar vínculos emocionales duraderos. Había pasado por la experiencia de un *amour fou* en su país, y desde entonces nada había logrado cautivar sus sentimientos o su imaginación con la misma intensidad. Y he aquí que le estaba contando la historia de su vida a este colombiano tan poco atractivo.

> Diría que en un primer momento Gabriel me disgustó. Parecía despótico, arrogante, aunque también tímido: una combinación realmente con poco encanto. A mí me gustaban los hombres al estilo de James Mason —Blas se parecía bastante—, tipo caballero británico, no los latinos guapos al estilo de Tyrone Power. Además, siempre preferí a hombres más mayores, y Gabriel era más o menos de mi edad. Enseguida empezó a alardear de su trabajo, al parecer se consideraba periodista, no escritor. El amigo se marchó del bar a las diez y nosotros nos quedamos, hablando, y luego echamos a caminar por las calles de París. Gabriel decía cosas terribles de los franceses ... Aunque los franceses más adelante se tomaron su revancha, porque resultaban demasiado racionales para su realismo mágico.

Al empezar a hablar con él, Tachia descubrió entonces que aquel sarcástico colombiano revelaba su otra cara. Algo en la voz, la sonrisa confiada, el modo en que contaba una historia. García Márquez y la española joven y directa iniciaron una relación que muy pronto se tornó íntima. Y tal vez arquetípica. La novela latinoamericana más famosa de principios de la década que estaba a punto de empezar sería *Rayuela*, del argentino Julio Cortázar, publicada en 1963, y versaría sobre un expa-

triado latinoamericano que deambula por París en los años cincuenta rodeado de un grupo de amigos bohemios, artistas e intelectuales, centrada básicamente en el Barrio Latino. El protagonista, Oliveira, un tipo
que ya no es joven y carece de objetivos, no tiene trabajo, ni interés alguno en conseguirlo; tratará de encontrarse a sí mismo y al mundo; y su
inspiración, su musa melancólica, será una joven hermosa, una suerte de
hippy *avant la lettre* conocida como «La Maga». En realidad Cortázar no
vivió ese romance, pero sí García Márquez. Caminando y charlando,
una cosa llevó a la otra:

> Poco a poco Gabriel me fue gustando más y más, a pesar de mis reser-
> vas iniciales, y la relación evolucionó. Empezamos a salir en serio al cabo
> de unas semanas, en algún momento del mes de abril, imagino. Al princi-
> pio Gabriel tenía dinero suficiente para invitar a una chica a una copa o a
> una taza de chocolate, o para pagar el cine. Entonces su periódico cerró y
> se quedó sin nada.

Así fue. Tres semanas después de que García Márquez conociera a
Tachia se produjo el cierre de *El Independiente* en Bogotá; esta vez, aunque no podía saberlo, por espacio de casi un año. Fueron unas circunstancias desastrosas para una relación que acababa de iniciarse. En lugar
de pagarle el salario atrasado, la dirección al final le envió un billete de
regreso a Colombia. Cuando el billete llegó, García Márquez tragó sali-
va, respiró hondo y lo canjeó por dinero. ¿Respondía eso a un deseo de
conocer mejor Europa, al deseo de completar su nueva novela, o acaso
estaba enamorado? Llevaba ya tres meses trabajando en *La mala hora* y su
intención era continuar con ella. Así que, por muchas razones, no estaba siquiera medianamente preparado para irse de París. En Bogotá disponía de poco tiempo para escribir sus propias obras, mientras que ahora volvía a estar imparable. Fue una decisión que él mismo tomó,
aunque no sería un lecho de rosas. Y además estaba Tachia.

Conocí a Tachia Quintana en París en marzo de 1993. Paseamos
por las mismas calles de la ciudad que ella y García Márquez habían recorrido a mediados de los cincuenta. Seis meses después, en la casa de
García Márquez en Ciudad de México, me armé de valor y le pregunté: «¿Y de Tachia qué?». En ese momento eran muy pocos los que sabían
de ella, y menos aún quienes conocían la historia entre ambos, aun a
grandes rasgos; supongo que había esperado que se me pasara por alto.

Respiró hondo, igual que alguien que ve abrirse lentamente un ataúd, y dijo: «Bueno, eso pasó». Le pregunté: «¿Podemos hablar del tema?». «No», me contestó. Fue en aquella ocasión cuando me dijo por primera vez, con la expresión del director de una funeraria que con determinación cierra de nuevo la tapa del ataúd, que «todo el mundo tiene tres vidas: la pública, la privada y la secreta». Como es lógico, la vida pública estaba a la vista de todo el mundo, yo simplemente tenía que hacer mi trabajo; de vez en cuando me daría acceso y me permitiría comprender mejor la vida privada, y evidentemente se esperaba que dedujera el resto; en cuanto a la vida secreta, «No, jamás». Si en algún lugar estaba, me dio a entender, era en sus libros. Podía empezar por ellos. «Y de todos modos, no te preocupes. Yo seré lo que tú digas que soy.» Así pues, para hacernos una idea de cómo percibía García Márquez a Tachia Quintana, tanto en 1956 como en adelante, no quedará otro remedio que examinar sus obras. La propia Tachia, sin embargo, estuvo dispuesta a dar su versión de la historia.

Cuando conocí a Gabriel estaba a punto de mudarme a una pequeña habitación en la rue d'Assas. No logro acordarme de dónde estaba antes, no te imaginas en cuántos hoteles y apartamentos viví en París. Incluso una vez compartí habitación con Violeta Parra. El nuevo sitio estaba cerca de Montparnasse, entre Les Invalides y Saint-Germain-des-Près, cerca de las braserías de La Coupole, La Closerie des Lilas, Le Dôme y Le Select, y apenas a unos metros del jardín de Luxembourg y los teatros, cines y locales de jazz de Montparnasse. A veces íbamos a su habitación del Hôtel de Flandre, pero casi siempre dormíamos en la rue d'Assas. Era un antiguo *hôtel particulier* que había sido reformado. Yo estaba en la antigua cocina; era diminuta, como un cuarto para el servicio, lo que se conoce como una *chambre de bonne*, con un patiecito y un jardín en el exterior. Había sólo una cama y cajas de naranjas; imagínate, una docena de personas solían sentarse en esa cama. La dueña era una católica estricta, pero por lo general cerraba los ojos y nos dejaba en paz. Lo mejor era el jardincito de fuera, al aire libre. ¡Cuántas veces me esperaba allí sentado! A menudo con la cabeza entre las manos. Me volvía loca, pero lo quería mucho.

Fue poco después de conocer a Tachia cuando el colombiano se dio cuenta de que el libro que había empezado y que había hecho progresar significativamente, aunque siempre con penosos esfuerzos, poco a poco se le estaba escapando de las manos. Muchos años después se convertiría en uno de los «profesionales» de la literatura con mayor destreza técnica del mundo, un hombre que siempre sabía con certeza lo que quería escribir y que invariablemente lo conseguía. En esta época de su vida, en cambio, cada obra parecía escindirse en otra; la escritura era una experiencia agónica, y los planteamientos nunca parecían avanzar por el rumbo previsto. Eso precisamente le ocurría ahora. Uno de los personajes secundarios empezó a crecer, a ganar autonomía y, por último, a exigir un contexto literario propio, aparte. En este caso era un viejo coronel, a un tiempo tímido y contumaz, un refugiado de Macondo y del olor de los bananos demasiado maduros, un hombre a la espera, cincuenta años después, de la pensión que le correspondía por su servicio en la guerra de los Mil Días. La novela original, que ahora quedó a un lado, era una obra fría, cruel, que requería coraje e imparcialidad; sin embargo, su autor se hallaba inesperadamente en una tesitura en la que se aunaban la pasión y unas privaciones inmensas, viviendo su propia versión de *La Bohème*.

Del mismo modo que la nostalgia provocada por el viaje con su madre fue el instrumento que daría origen a *La hojarasca*, una emoción no muy distinta, la desazón por la imposibilidad de vivir en el presente, fue la palanca que separó lo que se convertiría en *El coronel no tiene quien le escriba* de lo que con el tiempo sería *La mala hora*, la novela interminablemente atrasada y pospuesta. Y, una vez más, una mujer fue la inspiración: de un modo terrible e inquietante, la novela sobre el coronel sería una proyección del drama que el propio García Márquez empezaba a vivir, allí mismo y justo entonces, con Tachia. Se vieron envueltos en una aventura llena de sorpresas, excitante y apasionada, y del todo inesperada; sin embargo, la falta de dinero enseguida los acució. De buen principio la relación estuvo condicionada por la pobreza y luego, pronto, amenazada por la tragedia. Así que la primera novela, aún en proceso, quedó atada con una vieja corbata de rayas —no sería la última vez— y acabó guardada en el fondo del armario ropero desvencijado del Hôtel de Flandre; y en algún momento de mayo o principios de junio de 1956 dio paso a la historia intensa, obsesiva y desesperada de un coronel hambriento y su desafortunada y sufrida esposa.

Las deudas de García Márquez en el hotel eran cada vez más alarmantes, y sin embargo, tal vez reveladoramente, no dejó escapar aquella habitación a pesar de que no podía pagarla. O eso decía. Al cabo de unas semanas, Tachia y él ni siquiera tenían para comer. Claro que antes ya había pasado por esto; en Bogotá, en Cartagena, en Barranquilla.

Era casi como si hubiera de pasar hambre para justificar la adhesión a su vocación. Su familia no podía quejarse de que no continuara con sus estudios de derecho, porque estaba famélico; Tachia no debía quejarse de que no trabajara para mantenerla, porque estaba dispuesto a arrostrar cualquier padecimiento mientras escribía su libro. Por descontado, su francés era aún rudimentario y no lo tenía fácil para conseguir un empleo; pero lo cierto es que no lo buscaba realmente. Cuando el dinero del billete de avión se acabó, recogía botellas vacías y periódicos por los que le daban apenas unos céntimos en los comercios del barrio. Dice que en ocasiones «tomaba prestado» un hueso de una carnicería para que Tachia hiciera un estofado.[18] Un día tuvo que pedir para el billete del metro —de nuevo le faltaban los últimos cinco céntimos— y se sintió humillado por la reacción del francés que le dio el dinero. Envió mensajes a sus amigos de Colombia pidiendo ayuda económica, y entonces se halló aguardando esperanzado las buenas noticias, semana tras semana, al igual que su abuelo había estado esperando su pensión tantos años atrás, e igual que le ocurría al coronel de su nueva novela. Tal vez su sentido de la ironía le permitió salir adelante.

En cierto modo la relación con Tachia estuvo desde siempre condenada al fracaso. Él había perdido su empleo tres semanas después de que se conocieran. Y un par de meses después se sumó otro desastre: «Me di cuenta de que estaba embarazada una noche mientras paseábamos por les Champs Elysées. Me sentía rara y sencillamente lo supe. Después de quedarme embarazada seguí cuidando niños y fregando suelos, y vomitaba mientras lo hacía, y cuando volvía a casa, él no había hecho nada y tenía que ponerme a cocinar. Me decía que era muy mandona, me llamaba "el general". Entretanto, él escribía sus artículos y *El coronel*. Iba sobre nosotros, claro: sobre nuestra situación, sobre nuestra relación. Leí la novela a medida que la escribía, me encantó. Pero pasamos nueve meses peleándonos constantemente, todo el tiempo. Era muy duro, agotador, nos estábamos destruyendo uno al otro. ¿Si sólo discutíamos? No, nos peleábamos en serio».

«Sin embargo —recuerda Tachia—, Gabriel también era muy cariñoso; era la ternura personificada. Nos lo contábamos todo. Los hombres son muy ingenuos, así que le enseñé cosas, cosas acerca de las mujeres; le di un montón de material para sus novelas. Tengo la impresión de que Gabriel había tenido muy pocas mujeres; desde luego, hasta aquella época nunca había vivido con ninguna. Aunque nos peleábamos mucho, también pasamos buenos momentos. Solíamos hablar del bebé y de cómo sería, y pensábamos nombres. Y Gabriel me contaba un sinfín de historias, episodios fascinantes de su infancia y su familia, de Barranquilla, Cepeda y demás. Era maravilloso, me encantaba. Gabriel también cantaba mucho, especialmente vallenatos de Escalona, como «La casa en el aire». También cantaba cumbias, como «Mi chiquita linda»; tenía una voz preciosa. Y, claro, aunque andábamos a la greña todo el día, nunca tuvimos ningún problema para entendernos por la noche.

»Gabriel cantaba a menudo en las interminables fiestas en casa de Hernán Vieco, en la rue Guénégaud. Vieco era muy seductor, tenía los ojos azules, las cejas anchas, era sumamente atractivo. Era el único con casa, dinero y coche (un MG deportivo, que adoraba). Gabriel solía cantar y tocar la guitarra allí; además, bailaba divinamente. También teníamos amigos franceses que vivían en la rue Chérubini, cruzando el río. Allí fue donde conocimos todas las canciones de Brassens. Fue Gabriel quien me llevó por primera vez a la Fête de l'Humanité que celebraba el Partido Comunista, él y Luis Villar Borda, creo. En ese sentido, yo era todavía una mujer muy tradicional: yo me quedaba ahí sentada sin decir nada mientras los hombres hablaban de política. Yo no sabía de política ni tenía ninguna ideología en aquella época, aunque mis instintos eran progresistas. En cambio, Gabriel me parecía una persona admirablemente centrada y de principios, cuando menos en lo político. La impresión que me formé es que, en relación con la moral política, era un hombre íntegro, serio y de honor. Yo pensaba que él no era muy distinto de un comunista. Recuerdo que una vez dije, como si supiera de lo que hablaba: "Supongo que hay comunistas buenos y malos". Gabriel me miró y contestó, con bastante severidad: "No, señora, hay comunistas y no comunistas".

»Debo admitir que con el embarazo fue totalmente justo. Es una de las cosas que podría decirse en favor suyo. Lo hablamos abiertamente y me preguntó qué quería hacer. Creo que se hubiera reconciliado con la idea de tener el bebé. *Il s'assouvit*, como dicen aquí: él acataría lo que yo quisiera. Fui yo la que no quiso tenerlo. Gabriel sabía que me tomaba muy en serio el asunto de los niños y que por eso yo esperaría que se casase conmigo. A él le parecía bien la idea, pero al mismo tiempo no estaba muy convencido. Simplemente me dejó hacer lo que yo decidiera. No creo que estuviera tan horrorizado como yo. Probablemente, desde el punto de vista latinoamericano no era tan inusual o impactante; incluso puede que se hubiera sentido orgulloso, que yo sepa.

»Fue una decisión que tomé por mí misma, él no la tomó. Claro que para entonces, a pesar —o quizá precisamente a causa— de las ideas de mi familia, yo había roto con Dios. Cuando todo esto ocurrió estaba embarazada de cuatro meses y medio; y desesperada. Fue un momento terrible, terrible. Luego tuve la hemorragia. Él se quedó absolutamente horrorizado, no se desmayó de milagro; Gabriel, cuando ve sangre, bueno, ya sabes... Pasé ocho días en la Maternité Port Royal, muy cerca de donde vivía. Gabriel era siempre el primero de los padres en llegar al hospital a la hora de visitas, por la noche.

»Después del aborto los dos sabíamos que todo se había terminado. Yo seguí amenazando con marcharme. Al fin lo hice, me marché, primero a casa de Vieco, para la convalecencia, y después a Madrid. Estaba muy disgustada, agotada. Durante la relación nunca me vine abajo, pero el embarazo me hizo perder toda la confianza en mí misma. Me marché de París, desde la Gare d'Austerlitz, en diciembre de 1956. Gabriel movilizó a todo un grupo de amigos para que me acompañaran a la estación. Me había recuperado de la operación, pero por dentro me sentía muy frágil. Llegamos tarde, por supuesto, y hubo que arrojar el equipaje dentro del tren, tuve que subir deprisa y corriendo y no pude siquiera despedirme de todos. Tenía ocho maletas. Gabriel siempre dice que eran dieciséis. Cuando el tren se puso en marcha me desmoroné, lloraba tapándome la cara con las manos, contra la ventana. Entonces, mientras el tren empezaba a moverse, miré a Gabriel, y Gabriel, con aquella mirada patética, empezó a caminar siguiendo el vagón, hasta que se quedó atrás. La verdad es que en 1956 me decepcionó. Claro que en ningún caso me hubiera casado con él, jamás lo he lamentado. Era demasiado informal, y yo no podía traer hijos al mundo con un padre así. Porque no hay nada más importante que eso, ¿no te parece? Sin embargo, en cierto sentido me equivoqué de medio a medio, porque resultó ser un padre estupendo.»

Tachia era una mujer valiente, afortunada, decidida e intrépida, y lo bastante insensata o inteligente para llevar una vida del todo independiente mucho antes de que eso fuera un «derecho» de la mujer. Aunque su historia es la de alguien que subordina sus necesidades a García Márquez, cuesta imaginar que no hiciera lo que ella misma decidió. Con una relación importante a sus espaldas —en la cual se había visto también «sacrificada» por una vocación literaria— es difícil creer que hubiera soportado algo que a la larga le hubiera parecido inaceptable. Probablemente su relación nació de un cariño muy fuerte que empezó a agriarse y a exigir demasiado cuando se quedó embarazada: sólo podía casarse o atajarlo. Además, ésta no era su primera relación seria, aunque sí era la primera vez que cualquiera de los dos vivía en pareja.

Es probable que a García Márquez lo entristecieran las discusiones sobre su hijo; los niños no se consideran un problema en la costa colombiana, y él pertenecía a una familia donde las mujeres —Tranquilina, su abuela; Luisa, su propia madre— acogieron a numerosas criaturas que mantenían algún parentesco directo con ellos. Así que es muy posible que se atribulara cuando al fin el embarazo se malogró. Habría sido duro para Mercedes haber conocido la existencia de un hijo de otra mujer, pero los latinoamericanos están más acostumbrados a esas cosas y tienden menos a juzgar que los europeos. En cuanto al hecho de que poco después fuera a volver para casarse con Mercedes, García Márquez debió de pensar: ¿y qué? Cuando se fue era poco más que una chiquilla. ¿Qué habría que esperar de un hombre latino de veintiocho años, sino que tuviera una aventura en París? Con menos, sus amigos se hubieran decepcionado. Si Tachia hubiera tenido el bebé, es posible que la hubiera dejado igual. Al parecer, en Mercedes eligió con absoluta determinación a una mujer de su propio entorno, alguien que entendería exactamente de dónde procedía y qué lo movía.

Tachia se había marchado, pero le quedaba su novela. Esa novela se sitúa —único caso en la obra de García Márquez— en el momento mismo de la escritura, en los últimos meses de 1956, enmarcada por la crisis de Suez en Europa. Los detalles de la trama habían quedado establecidos mucho antes de que Tachia se fuera a Madrid. Estamos en octubre: un coronel, cuya identidad el lector no llegará a conocer, y que había vivido antes en Macondo, es un hombre de setenta y cinco años que se pudre en un asfixiante pueblucho ribereño perdido en la jungla colombiana. El coronel lleva cincuenta y seis años esperando su pensión por la guerra de los Mil Días y carece de cualquier otro medio de subsistencia. Han pasado quince años desde que recibiera una carta del departamento de pensiones estatal, pero sigue yendo a diario a la oficina de correos con la esperanza de que haya novedades. Así pasa la vida a la espera de una noticia que nunca llega. Él y su esposa tuvieron un hijo, Agustín, sastre, asesinado por las autoridades a principios de año por distribuir propaganda política en la clandestinidad.[19] A la muerte de Agustín, que solía cuidar de la pareja de ancianos, queda sin dueño su gallo de pelea, campeón de muchos combates y que vale una buena suma de dinero. El coronel soporta humillaciones sin cuento con tal de no tener que vender el gallo, que para él y los amigos de su hijo (Alfonso, Álvaro y Germán) se convierte en un símbolo de la dignidad y la resistencia, así como en un recuerdo del propio Agustín. La mujer del coronel, de talante más práctico, no anda bien de salud y precisa tratamiento médico, por lo que no está de acuerdo con él y reiteradamente lo apremia para que venda el gallo. Al final de la novela, el coronel sigue resistiendo porfiadamente.

García Márquez ha dicho que la novela se inspiró en múltiples fuentes: en primer lugar —dado que el punto de partida de sus obras es siempre una imagen visual— fue el recuerdo de un hombre al que vio en la subasta de pescado de Barranquilla años atrás esperando un barco con «una especie de silenciosa zozobra».[20] En segundo lugar estaba el recuerdo personal de su abuelo esperando su pensión por la guerra de los Mil Días; sin embargo, en un sentido físico, el modelo fue el padre de Rafael Escalona, también coronel, pero más delgado, como conviene al famélico protagonista que García Márquez imaginó para el libro.[21] En tercer lugar, evidentemente, estaba la situación política de Colombia durante la Violencia. Y en cuarto lugar, en términos de inspiración artística, bebió de *Umberto D.* de De Sica, con guión de Zavattini: el retrato de otro hombre, acompañado de otra preciada criatura (su perro), que vive un callado vía crucis en la Roma de posguerra, entre la indiferencia generalizada de sus contemporáneos. Sin embargo, lo que García Márquez nunca ha reconocido es que *El coronel no tiene quien le escriba* estaba basada —en último lugar, aunque de manera más directa— en el drama que Tachia y él vivieron en aquel período, con la crisis de Suez como telón de fondo político tanto de sus vidas como de la novela.[22]

En ambos casos la mujer ha de soportar lo que según ella es el egoísmo o la debilidad del hombre con el que vive, un hombre que se ha convencido de que tiene una misión histórica, la cual es más importante que ella. En los dos casos ella lo mima (en la novela, la anciana pareja ya ha perdido a su hijo; en el mundo real, Tachia acabaría por cansarse de mimar a Gabriel cuando perdiera el ser que llevaba en sus entrañas...) y desempeña todas las funciones materiales y maternales de la casa. Ella se hace cargo de todo el trabajo práctico, en tanto que él sigue empeñado en vano en una empresa imposible, aquejado de un estreñimiento terrible, con el gallo de pelea como símbolo de su coraje, su independencia y su eventual triunfo. Ella está convencida de que todo saldrá mal; a él lo sostiene un optimismo indómito. Nueve meses han transcurrido entre la muerte del hijo del coronel y los acontecimientos del presente de la novela; cuando la mujer le dice al coronel «Nosotros somos huérfanos de nuestro hijo», la frase podría ser el epitafio de la aventura entre García Márquez y Tachia. El gallo (la novela, la dignidad personal del escritor) es un símbolo de la identificación de un individuo con ciertos valores colectivos. Y la culpa, y el dolor —el mal parto, la muerte del hijo—, solamente pueden mitigarse yendo hacia delante, casi a modo de homenaje. Puede que el lema que siempre haya definido mejor a García Márquez sea «la única salida, finalmente, es tirar el muro».

El coronel no tiene quien le escriba es una de esas obras en prosa que, a pesar de su innegable «realismo», funciona como un poema. Es imposible separar los motivos centrales de la espera y la esperanza, los fenómenos atmosféricos y las funciones fisiológicas (ir al baño o no, en el caso del coronel, no la menos importante), política y pobreza, vida y muerte, soledad y solidaridad, suerte y destino. Aunque García Márquez siempre ha dicho que el diálogo no es su fuerte, el humor hastiado que transmiten sus personajes, con modulaciones levemente distintas que los diferencian a unos de otros, es uno de los rasgos definitorios de sus obras de madurez. El humor inconfundible, tan característico como el de Cervantes, alcanza su expresión definitiva en esta maravillosa novelita, del mismo modo que el propio coronel, a pesar de lo sucinto de su retrato, se convierte en uno de los personajes inolvidables de la ficción del siglo xx. El último párrafo, uno de los más perfectos de toda la literatura, parece condensar y luego arrojar todos los motivos y las imágenes reunidas en el conjunto de la obra. El anciano, exhausto, ha logrado dormirse; pero su exasperada mujer, casi fuera de sí, lo sacude con violencia y lo despierta. Quiere saber de qué van a vivir ahora que él ha decidido al fin no vender al gallo de pelea, y en lugar de ello piensa prepararlo para nuevos combates:

> —Dime, qué comemos.
> El coronel necesitó setenta y cinco años —los setenta y cinco años de su vida, minuto a minuto— para llegar a ese instante. Se sintió puro, explícito, invencible, en el momento de responder:
> —Mierda.

También el lector se siente desahogado; y no es poco el placer estético que procura el contraste implícito entre el final, perfectamente sintetizado, y la sensación de alivio y liberación: una elevación de la conciencia; un canto a la resistencia, a la rebeldía. La dignidad, siempre tan presente para García Márquez, ha sido restituida.

Años después, *El coronel no tiene quien le escriba* fue reconocida universalmente como una obra maestra de la ficción corta, como *El viejo y el mar* de Hemingway, punto menos que perfecta en su intensidad contenida, su trama dosificada con esmero y su brillante broche final. El autor mismo diría que el estilo de *El coronel no tiene quien le escriba* era «conciso, seco, directo y aprendido directamente del periodismo».[23]

Sin embargo, el final de la novela no fue el final de la historia. Siempre hay otra manera de contar un cuento. Veinte años después, García Márquez escribiría un relato extraño e inquietante, «El rastro de tu sangre en la nieve». Podría decirse que es la versión revisada y corregida de *El coronel*. Si la primera obra resultó ser su versión del asunto en aquella época, una inequívoca justificación de sí mismo, el relato posterior es por igual una clara autocrítica y una reivindicación tardía de Tachia. ¿Había cambiado de opinión, o trataba tal vez de compensar a su antigua amante, tantos años después? En este relato, una joven pareja colombiana viaja a Madrid de luna de miel y luego va en coche hasta París. Cuando dejan la capital española, la mujer, Nena Daconte, recibe un ramo de rosas rojas y se pincha un dedo, que sangra durante todo el camino hasta París. En cierto momento dice: «Imagínate: un rastro de sangre en la nieve desde Madrid hasta París. ¿No te parece bello para una canción?». El autor debía de tener presente, claro está, que después de su hemorragia Tachia había viajado en sentido contrario, recorriendo toda la distancia entre París y Madrid, en pleno invierno. ¿Acaso todo esto sea un exorcismo? En el cuento, cuando la joven pareja llega a París, Nena, que conoce bien Francia y está embarazada de dos meses, se hace reconocer en el mismo hospital —«un hospital enorme y sombrío» que da a la avenue Denfert-Rochereau— donde Tachia fue tratada por su hemorragia en 1956, donde ella misma pudo haber muerto y donde su hijo nonato de hecho murió. El marido de Nena, Billy Sánchez de Ávila, un hombre con escasa formación que nunca ha abandonado Colombia antes de este viaje a Europa, y que baila sobre la nieve parisina igual que García Márquez hizo la primera vez que la vio, demuestra ser totalmente incapaz de hacer frente a la crisis, en un París frío, hostil, y Nena muere en el hospital sin que él vuelva a verla de nuevo.[24]

Tachia se había ido. En Navidades García Márquez volvió al Hôtel de Flandre a tiempo completo, al final de lo que más adelante él mismo llamaría «el otoño triste de 1956»,[25] en un momento en que la mayoría de sus amigos lo culparon de los problemas de Tachia y de su dramática marcha. Sin embargo, estaba en la recta final de su novela, había hallado un modo de justificar lo que había sucedido cuando menos ante sí mismo (consideraba una cuestión de honor no hablar con otros hombres acerca de sus relaciones personales) y nada iba a interponerse en su camino. Que el gallo quede con vida al final de la novela entraña también la supervivencia de la novela misma, a pesar del incordio de una mujer; y, a fin de cuentas, la concluyó apenas semanas después de que Tachia partiera para Madrid. La fecharía en «enero de 1957». No había nacido ningún hijo, pero sí una novela. Tachia dijo que García Márquez «tuvo suerte» de terminarla en las circunstancias en que vivieron aquellos meses. Lo difícil es estar de acuerdo en que la suerte tuviera algo que ver en todo ello.

Ahora no estaba Tachia para comprar la comida, regatear los precios y preparar platos con poco dinero. García Márquez agotaba sus últimos recursos, del mismo modo que el coronel apura el tarro del café en la primera página de la novela. Posteriormente le diría a su amigo José Font Castro que en una ocasión pasó una semana en su buhardilla gélida escondiéndose de los administradores del hotel, sin comer, y bebiendo únicamente agua del grifo del lavabo. Su hermano Gustavo ha dicho:

> Me acuerdo de otra confidencia de Gabito en ... Barranquilla, tomando trago, los dos solos. «Fíjate, es que después de *Cien años de soledad*, todos son amigos míos, pero no saben cómo me costó a mí esto. Nadie sabe que yo comí basura en París... Pues una vez estaba yo en una fiesta en una casa de amigos que en cierta manera me ayudaban, me resolvían algunos problemas. Cuando se terminó la reunión, la señora de la casa me dijo: "García, ven acá, cuando vayas bajando, lleva este paquete de basura y lo dejas abajo, en la calle".» Cuenta Gabito que él tenía tanta hambre que sacó lo que pudo de allí y se lo comió.[26]

En otros sentidos él también iba a la deriva. Algunos amigos se distanciaron de él por lo que interpretaron como su abandono de Tachia, y a resultas de ello lo trataban con menos benevolencia y generosidad. Consiguió un empleo de cantante en L'Escale, el club nocturno latinoamericano al que había ido con frecuencia con Tachia y donde ella había conseguido algún trabajo esporádico con anterioridad. Más que vallenatos, cantaba sobre todo rancheras mexicanas, a dúo con el pintor y escultor venezolano Jesús Rafael Soto, uno de los pioneros del arte cinético. Ganaba un dólar la noche (el equivalente a unos ocho dólares de 2008). Se dedicaba a deambular por ahí. Intentó retomar *La mala hora*, pero había dejado de interesarle tras los meses que había pasado en compañía del viejo coronel. Los amigos de La Cueva, de Barranquilla, habían formado una «Sociedad de Amigos para Ayudar a Gabito», o SAAG; entre todos compraron un billete de cien dólares y se reunieron en la Librería Rondón para decidir la mejor forma de mandárselo a su amigo. Jorge Rondón, haciendo uso de su experiencia en el Partido Comunista, explicó cómo había aprendido a enviar mensajes clandestinos en el interior de las postales. Así le mandaron el billete sus amigos y, simultáneamente, enviaron una carta donde explicaban el ardid. Por supuesto, la postal llegó antes que la carta, y García Márquez, que estaba esperando algo más que saludos, gruñó indignado: «¡Cabrones!», y tiró la postal a la papelera. Aquella misma tarde llegó la carta con la explicación, y por suerte pudo recuperar la postal tras hurgar en el cubo de la basura del hotel.[27]

Entonces no halló modo de cambiar el dinero. El fotógrafo Guillermo Angulo —en Roma por aquellos días, ¡buscando a García Márquez!— recuerda:

> Alguien le contó de una amiga llamada La Puppa que acababa de llegar de Roma, después de que le pagaran su sueldo. La fue a ver —era invierno, y Gabo estaba todo envuelto, como siempre— y La Puppa abrió la puerta y una corriente de aire cálido lo saludó desde el interior de un cuarto bien calefaccionado. La Puppa estaba desnuda. Ella no era bonita, pero tenía un gran cuerpo y, como era mujer, se sacaba las ropas sin ninguna provocación. Entonces La Puppa se sentó —lo que más le molestaba a Gabo, según su relato, era que ella hacía como si estuviera vestida—, cruzó las piernas y comenzó a hablar de Colombia y de los colombianos que ella conocía. Él empezó a contarle cuál era su problema, ella lo entendió y fue buscar en un pequeño armario que tenía en el cuarto. Gabo se dio cuenta de que ella quería que él se desnudara, pero Gabo quería comer. Fue a comer y se llenó tanto que estuvo enfermo por una semana con indigestión.[28]

Evidentemente, esta anécdota de segunda mano ha ganado mucho al pasar de boca a oreja. Fue «La Puppa» quien llevaría una copia de *El*

coronel no tiene quien le escriba de regreso a Roma para que Angulo la leyera. A pesar de la inusitada discreción de Angulo, al parecer García
Márquez mantuvo con ella una fugaz aventura tras el regreso de Tachia
a Madrid. Una cura para el ego herido, sin duda alguna.

Los hechos son, sin embargo, que García Márquez vivió en París
durante un año y medio y sobrevivió sólo con el dinero que obtuvo de
canjear el billete de avión, la caridad esporádica de los amigos y unos
escasos ahorros propios; y que no había modo de volver a Colombia.
Para entonces ya hablaba francés, conocía bien París y contaba con una
amplia colección de amigos y conocidos, entre ellos uno o dos franceses, latinoamericanos de distintos países y algunos árabes. De hecho, a
García Márquez lo tomaban con frecuencia por árabe —no sólo era la
época de Suez, sino también del conflicto argelino—, y en más de una
ocasión fue arrestado por la policía en una de las redadas que con regularidad llevaban a cabo en aras de la seguridad:

> Una noche, a la salida de un cine, una patrulla de policías me atropelló
> en la calle, me escupieron la cara y me metieron a golpes dentro de una ca-
> mioneta blindada. Estaba llena de argelinos taciturnos, recogidos a golpes y
> también escupidos en los cafetines del barrio. También ellos, como los agen-
> tes que nos habían arrestado, creyeron que yo era argelino. De modo que
> pasamos la noche juntos, embutidos como sardinas en una jaula de la comi-
> saría más cercana, mientras los policías, en mangas de camisa, hablaban de sus
> hijos y comían barras de pan ensopadas en vino. Los argelinos y yo, para
> amargarles la fiesta, estuvimos toda la noche en vela, cantando las canciones
> de Brassens contra los desmanes y la imbecilidad de la fuerza pública.[29]

Aquella noche en la cárcel hizo un nuevo amigo, Ahmed Tebbal,
un doctor que le dio el punto de vista argelino del conflicto, e incluso
lo implicó en unas pocas acciones subversivas en favor de la causa de su
país.[30] Económicamente, sin embargo, las cosas iban a peor. Una noche
triste y lloviznosa vio a un hombre que cruzaba el Pont Saint-Michel:

> Yo no había tenido una conciencia muy clara de mi situación hasta una
> noche en que me encontré de pronto por los lados del jardín de Luxembur-
> go sin haber comido ni una castaña durante todo el día y sin lugar donde dor-
> mir ... Cuando atravesaba el puente del Saint-Michel sentí que no estaba solo
> entre la niebla, porque alcancé a percibir los pasos nítidos de alguien que se
> acercaba en sentido contrario. Lo vi perfilarse en la niebla, por la misma ace-

ra y con el mismo ritmo que yo, y vi muy cerca su chaqueta escocesa de cuadros rojos y negros, y en el instante en que nos cruzamos en medio del puente vi su cabello alborotado, su bigote de turco, su semblante triste de hambres atrasadas y mal dormir, y vi sus ojos anegados de lágrimas. Se me heló el corazón, porque aquel hombre parecía ser yo mismo que ya venía de regreso.[31]

Más adelante, al hablar de aquellos días, declararía: «Yo sé lo que es esperar el correo y pasar hambre y pedir limosna: así terminé en París *El coronel no tiene quien le escriba*, que soy un poco yo mismo: igual».[32]

Fue por entonces cuando Hernán Vieco, que gozaba de una situación económica muy distinta, el mismo que había acogido a Tachia en su casa después de que abortara, resolvió la mayor parte de los problemas de García Márquez al prestarle los ciento veinte mil francos que necesitaba para pagar a madame Lacroix en el Hôtel de Flandre. Una noche en que volvían de una fiesta, ebrio pero en perfecto uso de sus facultades, Vieco le dijo a García Márquez que era el momento de que se sinceraran. Le preguntó a cuánto ascendía ya la cuenta de su hotel. García Márquez se negó a hablar del asunto. Como se sabe, una de las razones por las que la gente solía ayudarlo en su juventud era porque siempre advertían que, sin importar lo mal que lo estuviera pasando, nunca se compadecía especialmente de sí mismo y jamás reclamaba ayuda. Al final, tras una escena de histrionismo beodo, Vieco blandió una pluma, rellenó un cheque sobre el techo de un coche aparcado junto a la acera y lo metió en el bolsillo del abrigo de su amigo. Era el equivalente a trescientos dólares, una suma nada despreciable en aquel momento. García Márquez se sintió embargado de gratitud y humillación al mismo tiempo.[33] Cuando le llevó el dinero a madame Lacroix, la señora reaccionó poniéndose a tartamudear, roja de vergüenza ella también —aquello era París, a fin de cuentas, el hogar de la bohemia y de los artistas que luchaban por abrirse camino—: «No, no monsieur, esto es demasiado, págueme ahora una parte y otra más adelante».

Había logrado sobrevivir al invierno. No había sido padre. No había quedado atrapado por una Circe europea. Mercedes seguía esperándolo en Colombia. Un radiante día a principios de 1957 alcanzó a ver a su ídolo, Ernest Hemingway, caminando con su esposa, Mary Welsh, por el boulevard Saint-Michel, en dirección al Jardin du Luxembourg; llevaba unos vaqueros gastados, camisa de leñador y gorra de béisbol. García Márquez, demasiado tímido para abordarlo, pero demasiado excitado para no hacer nada, gritó desde el otro lado de la calle: «¡Maestro!». El gran escritor, cuya novela acerca de un anciano, el mar y un enorme pez había inspirado en parte la novela que el hombre más joven había terminado hacía poco acerca de un anciano, una pensión del gobierno y un gallo de pelea, levantó la mano y respondió, «con una voz un tanto pueril»: «¡Adiós, amigo!».[34]

11

Tras el telón de acero:
Europa del Este durante la Guerra Fría

1957

A principios de mayo de 1957, Plinio Mendoza volvió a París con su hermana Soledad y halló a su amigo más delgado, nervudo y estoico. «Se le agujereó el pulóver en los codos, las suelas de los zapatos dejaron pasar el agua de las calles y en la cara, su feroz cara de árabe, los pómulos se le marcaron, rotundos.»[1] Aun así, quedó impresionado por los progresos que había hecho con la lengua francesa, por su conocimiento de la ciudad y los problemas que la acuciaban. El 11 de mayo estaban juntos tomando algo en el café de Les Deux Magots cuando se enteraron de que Rojas Pinilla había sido derrocado y estaba ya en el exilio, apenas diez días después de haber sido condenado por la Iglesia católica colombiana. Una junta militar formada por cinco hombres había asumido el poder, y ninguno de los dos amigos rebosaba optimismo acerca de lo que pudiera ocurrir a continuación. Tanto García Márquez como Mendoza tenían filiaciones e ilusiones progresistas, y estaban sumamente interesados en visitar la Europa del Este, sobre todo a la luz de las noticias contradictorias que se habían producido el año anterior, empezando por la denuncia de Kruschev a Stalin y acabando por el escándalo de la invasión de Hungría por parte de los soviéticos. Decidieron empezar por Leipzig, donde Luis Villar Borda había vivido en el exilio durante un año con una beca de estudios. Mendoza, que había estado trabajando, compró un Renault 4 de segunda mano para el verano, y el 18 de junio se llevó a la vivaracha Soledad y al relajado García Márquez por las magníficas *autobahns* alemanas a 100 km/h, con parada en Heidelberg y Frankfurt.[2] Desde Frankfurt siguieron conduciendo hasta la Alemania Oriental.

El primer artículo de García Márquez acerca de esta otra Alemania —una vez más, habría que esperar largo tiempo para verlo publicado— declaraba que el telón de acero era en realidad un control de carretera de madera pintado de rojo y blanco. En los tres amigos dejaron una honda impresión las condiciones en la frontera, los uniformes desaliñados y la ignorancia que parecía reinar entre los guardias, para quienes, tal vez como era de esperar, no fue tarea fácil anotar el lugar de nacimiento de García Márquez. Soledad Mendoza tomó el relevo al volante y condujo toda la noche en dirección a Weimar. Pararon a desayunar en un restaurante estatal y de nuevo quedaron consternados por lo que vieron. Mendoza recuerda que antes de entrar García Márquez, desperezándose y bostezando mientras salía del coche, le dijo: «Oye, maestro, tenemos que averiguar cómo es la vaina con esto». «¿Con qué?» «Con el socialismo.» García Márquez rememoraba que aventurarse en el interior de aquel restaurante anodino «fue como darme de bruces contra una realidad para la cual yo no estaba preparado».[3] Un centenar de alemanes estaban sentados dando cuenta de un desayuno propio de reyes y reinas —jamón con huevos—, aunque ellos, derrotados y amargados, parecían pordioseros vencidos por la humillación. Aquella misma noche los tres colombianos llegaron a Weimar, desde donde visitaron el cercano campo de concentración de Buchenwald a primera hora de la mañana. García Márquez, mucho después, comentó que nunca logró conciliar la realidad de los campos de la muerte con el carácter de los alemanes, «de una hospitalidad comparable apenas a la de España y una generosidad comparable apenas a la de la Unión Soviética».[4]

Los tres amigos siguieron en coche hasta Leipzig. A García Márquez, Leipzig le trajo a la memoria los barrios del sur de Bogotá, un lugar no precisamente recomendable. Todo en aquella ciudad estaba deteriorado y resultaba deprimente, y pensó: «Nosotros —en blue jeans y mangas de camisa, todavía sin lavarnos el polvo de la carretera— constituíamos el único indicio de la democracia popular».[5] En este momento no sabía con claridad si culpar al socialismo mismo o a la ocupación rusa.

García Márquez declararía en el artículo que escribió al respecto, que él y «Franco» (Plinio Mendoza) se habían «olvidado» de que en Leipzig estaba la Universidad marxista-leninista, donde pudieron conocer a «estudiantes sudamericanos» y hablar de la situación en mayor profundidad.[6] De hecho, ésa fue precisamente la razón de que escogieran la ciudad: allí vivía Villar Borda, al que García Márquez enmascaró en su reportaje tras la identidad de un comunista chileno llamado «Sergio», de treinta y dos años, exiliado de su país dos años antes y estudiante de economía política. Villar Borda vivía de hecho en el exilio —de Colombia, claro— tras haber estado estrechamente vinculado con las Juventudes Comunistas en Bogotá, y se las había arreglado para obtener una beca de estudios en la ciudad alemana del este.[7] Había visitado a García Márquez en la habitación de Tachia de la rue d'Assas cuando regresó a París a renovar su visado, y «el socialismo realmente existente» era uno de sus principales temas de conversación. «Gabo y yo —me dijo Villar Borda en 1998— pensábamos más o menos lo mismo del sistema comunista y en líneas generales queríamos lo mismo: un socialismo humanitario y democrático.» García Márquez pasaría buena parte de su vida rodeado de compañeros de ideas afines, comunistas y —con mayor frecuencia— ex comunistas. Entre estos últimos los habría arrepentidos, que se mantendrían fieles a la izquierda, y resentidos, muchos de los cuales se decantarían claramente hacia posturas de derechas. García Márquez llegaría a la conclusión, a su pesar, de que era preferible el socialismo democrático al comunismo, por lo menos en términos prácticos.[8]

Villar Borda llevó a sus amigos a un cabaret estatal con todas las trazas de un burdel, pues había taxímetros en la puerta de los servicios, grandes cantidades de licor y parejas enfrascadas en una actividad sexual de baja intensidad. García Márquez escribió: «No era un burdel, pues la prostitución está prohibida y severamente castigada en los países socialistas. Era un establecimiento del Estado. Pero desde un punto de vista social era algo peor que un burdel».[9] Mendoza y él decidieron que era preferible perseguir a las mujeres en las calles. Los estudiantes latinoamericanos que conocieron, incluso los comunistas comprometidos, insistían en que el sistema impuesto en la Alemania Oriental no era socialismo; Hitler había exterminado a todos los auténticos comunistas y los dirigentes locales eran lacayos burocráticos que imponían una supuesta revolución «traída de la Unión Soviética en el baúl de un carro», sin consultar a la población. García Márquez comentó al respecto:

> Yo creo que en el fondo de todo hay una pérdida absoluta de la sensibilidad humana. La preocupación por la masa no deja ver al individuo. Y eso, que es válido con respecto a los soldados alemanes, es válido también con respecto a los soldados rusos. En Weimar la gente no se resigna a que un soldado ruso con ametralladora guarde el orden en la estación del ferrocarril. Pero nadie piensa en el pobre soldado.

García Márquez y Mendoza le pidieron a Villar Borda que los saca-ra de su suplicio hallando alguna explicación dialéctica para el estado de la Alemania del Este. Villar Borda, un socialista entregado toda su vida, empezó una perorata, luego se interrumpió y dijo: «Es una mierda».

A grandes rasgos, García Márquez quedó decepcionado por la nega-tiva impresión que dejó en él aquel país en general. Tuvo sentimientos encontrados durante el tiempo que pasó en Berlín Oeste, donde los nor-teamericanos demolían y reconstruían la ciudad incluso con mayor entu-siasmo que de ordinario, en un intento por dejar mal al bloque soviético:

> El primer contacto con esa gigantesca operación del capitalismo dentro de los dominios del socialismo me produjo una sensación de vacío ... De esa bulliciosa operación quirúrgica empieza a surgir algo que es todo lo contrario de Europa. Una ciudad resplandeciente, aséptica, donde las cosas tienen el inconveniente de parecer demasiado nuevas ... Berlín Occidental es una enorme agencia de propaganda capitalista.[10]

Irónicamente, la propaganda obró con gran efectividad en él y en sus descripciones del Berlín Oriental, que llevan una carga de crudo desen-canto: «De noche, en lugar de los anuncios de publicidad que inundan de colores el Berlín Occidental, del lado oriental sólo brilla la estrella roja. El mérito de esa ciudad sombría es que ella sí corresponde a la realidad económica del país. Salvo la avenida Stalin».[11] Esa avenida, cons-truida a escala monumental, fue también realizada con colosal vulgari-dad. García Márquez predijo que en «cincuenta o cien años», cuando uno u otro régimen hubiera prevalecido, Berlín sería de nuevo una ciu-dad inmensa, «una monstruosa feria comercial hecha con las muestras gratis de los dos sistemas».[12] Dadas la tensión política y la rivalidad entre el este y el oeste, llegó a la conclusión de que Berlín era un espacio hu-mano regido por el pánico, impredecible e indescifrable, donde nada era lo que parecía, donde todo estaba manipulado, donde todo el mundo participaba del engaño cotidiano y nadie tenía la conciencia tranquila.

Tras unos días en Berlín, los tres amigos volvieron a París sin dila-ción. Soledad Mendoza siguió el viaje hacia España, y los dos hombres se plantearon qué hacer a continuación.[13] Tal vez se habían formado una impresión demasiado precipitada; quizá las cosas iban mejor en otros pa-íses. Unas semanas después, amigos de Leipzig y Berlín que tenían pre-visto viajar al VI Congreso Mundial de la Juventud que se celebraba en

Moscú les sugirieron a García Márquez y Mendoza que los acompañaran. Anteriormente, en Roma, García Márquez había tratado de obtener un visado para Moscú, pero se lo negaron en cuatro ocasiones porque carecía de respaldo oficial. Sin embargo, en París, gracias a un extraordinario golpe de suerte, se puso en contacto de nuevo con su talismán, Manuel Zapata Olivella. Zapata acompañaba a su hermana Delia, experta y profesional del folclore colombiano, que llevaba a una troupe, compuesta en su mayoría por colombianos negros de Palenque y Mapalé, al Festival de Moscú.[14] García Márquez era un cantante convincente, además de guitarrista y percusionista aceptable, y Mendoza y él se incorporaron a la comitiva en Berlín, donde se encontraron con el resto del grupo. Allí se les unirían otros colombianos con rumbo al festival, entre ellos Hernán Vieco y Luis Villar Borda.

Hasta el último minuto García Márquez no supo con certeza si podría ir. Envió una carta melodramática a Madrid en la cual informaba a Tachia —con quien, tal vez sorprendentemente, había recuperado el contacto— de que Soledad Mendoza llegaría allí en avión al cabo de unos días, y le anunciaba también que él se marchaba, bien a Moscú «antes de la medianoche de hoy», bien a Londres, donde continuaría trabajando en su novela inacabada (*La mala hora*) antes de regresar a Colombia. Iba a encontrarse con Soledad en el café Mabillon más tarde aquel mismo día. (La referencia al Mabillon, el lugar en el que hablaron por primera vez, sin duda estaba destinada, al igual que la mayor parte de una carta aparentemente despreocupada, a herir a su antigua amante.) En cuanto a *El coronel no tiene quien le escriba*, que era el libro fruto del período que pasaron juntos, decía: «Ya le perdí el interés, puesto que el personaje está caminando solo. Ya habla y come tierra». En realidad podía permitirse perder el interés, porque el libro estaba terminado. Decía también que veía con frecuencia a la hermana menor de Tachia, Paz, e hizo un comentario ambiguo sobre su relación con las tres hermanas Quintana. Finalmente, tras asegurar que estaba encantado de marcharse de «esta capital triste y solitaria», la sermoneó con evidente (o fingida) amargura: «Yo me limito a esperar que te convenzas de que la vida es dura y de que siempre, siempre, siempre será así. Algún día dejarás de inventar teorías sobre el amor y entonces te convencerás de que cuando un hombre te seduzca, tienes que hacer algo por seducirlo a él, en vez de exigirle todos los días que te quiera más. Esto, en el marxismo, tiene un nombre que ahora no recuerdo».[15]

Ir de Berlín a Praga requirió un viaje de pesadilla en tren que duró treinta horas, en el cual García Márquez, Mendoza y otro amigo suyo colombiano, Pablo Solano, tuvieron que dormir junto a la puerta del lavabo, recostando la cabeza uno en el hombro del otro, como buenamente pudieron. A continuación pasaron veinticuatro horas en Praga para recuperarse, y García Márquez pudo poner al día rápidamente sus impresiones de dos años atrás. El siguiente tramo, hasta Bratislava, fue más llevadero, y luego continuaron por Chop, ciudad fronteriza donde confluyen Eslovaquia, Hungría y Ucrania; siguieron hacia Kiev, y de ahí a Moscú.[16] Se quedó estupefacto ante la vastedad del país de Tolstoi: el segundo día en la Unión Soviética aún no habían acabado de atravesar Ucrania.[17] A lo largo de todo el camino, ucranianos y rusos de a pie lanzaban flores al paso del tren y ofrecían obsequios dondequiera que paraba. La mayoría de ellos apenas había visto forasteros en cincuenta años. García Márquez habló con españoles que de niños había sido evacuados durante la guerra civil, que habían intentado volver a España movidos por las dificultades que se vivían en la Unión Soviética, pero que ahora iban de regreso a Moscú. Uno de ellos «no entiende cómo se puede vivir bajo el régimen de Franco. Entendía, sin embargo, que se hubiera podido vivir bajo el régimen de Stalin». García Márquez se decepcionó al advertir, sin embargo, que Radio Moscú era la única emisora que podía oírse en el tren.

Al cabo de casi tres días de viaje, una mañana alrededor del 10 de julio llegaron a Moscú, apenas una semana después de la caída de Molotov tras ser derrotado por Kruschev.[18] La primera impresión de García Márquez sobre Moscú, y la más duradera, fue que se trataba de «la aldea más grande del mundo»; hasta allí habían llegado ahora noventa y dos mil visitantes, de los que cerca de cincuenta mil eran extranjeros. Entre ellos había muchos latinoamericanos, algunos ya célebres, como Pablo Neruda, pero otros hombres más jóvenes que más adelante alcanzarían un gran estatus en sus países, tales como Carlos Fonseca, con el tiempo dirigente de los sandinistas de Nicaragua, o el propio Gabriel García Márquez. La organización del festival funcionaba como un mecanismo de relojería y García Márquez se preguntó, al igual que tantos otros habían hecho antes e hicieron después, cómo era posible que el régimen soviético organizara un evento de aquella magnitud o tres meses después pusiera en órbita el Sputnik, y en cambio fracasara de manera tan impresionante en procurar al pueblo un nivel de vida razonable o no fuera capaz de producir prendas de ropa y otros bienes de consumo moderadamente atractivos.[19]

García Márquez, Mendoza y sus nuevos compañeros desaparecieron del Festival de la Juventud casi enseguida, y dedicaron aquellas dos semanas a explorar Moscú y Stalingrado. Hay una fotografía de un grupo de amigos en la plaza Roja en la que, como solía ocurrir, un delgadísimo García Márquez, arrodillado frente a los demás, destaca incluso en una instantánea borrosa en blanco y negro de los años cincuenta por su desbordante vitalidad, apenas capaz de contenerse para saltar y ponerse de nuevo en movimiento en el instante mismo de oír el clic del obturador. En su artículo a propósito de estos días confesó que en dos semanas, al no tener ni idea de ruso, «no pude sacar en claro nada definitivo».[20] Moscú estaba engalanada y mostraba su mejor cara, y García Márquez había reflexionado: «No quería conocer a una Unión Soviética peinada para recibir una visita. A los países, como a las mujeres, hay que conocerlos acabados de levantar».[21] Así que trató de provocar a sus anfitriones («¿Es cierto que Stalin era un criminal?»), para lo que al fin recurrió a preguntar si la razón de que no hubiera perros en Moscú era que se los habían comido todos, a lo que le dijeron que aquello era «una calumnia de la prensa capitalista».[22]

La conversación más reveladora la mantuvo con una anciana, quien fue la única persona de Moscú que se atrevió a hablar de Stalin, aunque supuestamente Stalin había sido desacreditado por Kruschev en febrero de 1956. Le dijo que ella no era anticomunista por principios, pero que el régimen de Stalin había sido monstruoso y que fue la «figura más sanguinaria, siniestra y ambiciosa de la historia de Rusia»; en resumen, le dijo a García Márquez cosas en 1957 que tardarían muchos años en salir a la luz. Concluyó: «No tengo ninguna razón para creer que aquella mujer estaba loca, salvo el hecho lamentable de que lo parecía».[23] En otras palabras, sospechaba ya que era todo cierto, si bien carecía de evidencias y de todo deseo de creerlo. García Márquez trató en varias ocasiones de visitar los sepulcros de Stalin y Lenin, y por fin al noveno día logró que lo dejaran entrar. Dijo que los soviéticos habían prohibido a Kafka por ser «el apóstol de una metafísica perniciosa», pero que posiblemente hubiera sido «el mejor biógrafo de Stalin». La mayoría de los soviéticos no había visto jamás a su dirigente. Aunque ni las hojas de los árboles hubieran podido moverse sin su permiso, había quienes llegaban a dudar de que en realidad existiera. Así que solamente las obras de Kafka habían preparado a García Márquez para la burocracia, punto menos que increíble, del sistema soviético, que incluía entre otras cosas obtener permiso para visitar la tumba de Stalin. Cuando finalmente tuvo acceso, le sorprendió que no oliera; quedó desilusionado por Lenin, «una figura de cera», y sorprendido de hallar a Stalin «sumergido en un sueño sin remordimientos». En realidad Stalin guardaba semejanzas con su propia propaganda:

> Tiene una expresión humana, viva, un rictus que no parece una simple contracción muscular sino el reflejo de un sentimiento. Hay un asomo de burla en esa expresión. A excepción de la papada, no corresponde al personaje. No parece un oso. Es un hombre de una inteligencia tranquila, un buen amigo, con un cierto sentido del humor ... Nada me impresionó tanto como la fineza de sus manos, de uñas delgadas y transparentes. Son manos de mujer.[24]

Más tarde Plinio Mendoza diría que, en su opinión, la primera chispa de *El otoño del patriarca* saltó en aquel preciso instante.[25] Esta sutil presentación del cadáver embalsamado de Stalin fue, en cierto sentido, una explicación tácita del modo en que el líder se las había arreglado para embaucar al mundo en cuanto a sus verdaderos métodos y motivaciones: cultivando su imagen de «tío Joe», el afectuoso apodo que le dedicó Roosevelt.[26]

A diferencia de la mayoría de los visitantes extranjeros, a García Márquez le pareció que el dinero invertido en el metro de Moscú habría podido emplearse con más provecho en mejorar la vida de la gente. Se llevó una decepción al descubrir que el amor libre era ahora un recuerdo incierto en un país sorprendentemente pacato. Advirtió con desaprobación que Eisenstein, el cineasta de vanguardia, era poco menos que desconocido en su propio país; en cambio, dio su conformidad a los intentos del filósofo húngaro Gyorgy Lukács por poner a punto la estética marxista, a la rehabilitación gradual de Dostoievski y a la tolerancia del jazz (aunque no del rock'n'roll).[27] Le sorprendió no percibir ningún indicio de odio hacia Estados Unidos —en marcado contraste con lo que ocurría en América Latina—, y dejó en él una especial impresión el hecho de que en la Unión Soviética hubieran de inventarse de continuo cosas que ya existían en Occidente. Puso todo su empeño en entender por qué las cosas eran como eran, pero previsiblemente simpatizó con la reacción de un joven estudiante que, al ser reprendido por un comunista francés visitante, replicó: «¡Qué diablos! Vida no hay sino una». Pensó que el director de la granja colectiva que visitó era como «una especie de señor feudal socializado». Se quedó allí más tiempo que la mayoría de los delegados en un intento por comprender la complejidad extraordinaria de la experiencia soviética, «una complejidad que no se puede reducir a las fórmulas simplistas de la propaganda».[28] Puesto que había prolongado su estadía, estaba solo cuando cruzó la frontera y un intérprete soviético que se parecía al actor Charles Laughton le dijo que pensaban que todos los delegados extranjeros se habían marchado ya, pero que si lo deseaba, iría a la escuela a buscar niños que arrojaran flores.[29]

En líneas generales, García Márquez se llevó una impresión favorable y simpatizó con la Unión Soviética, y ahora, tantos años después, nos recuerda al modo en que reaccionaría ante Cuba y las dificultades por las que atravesaba la isla en la década de 1970. Sin embargo, no trató de ocultar los puntos negativos que había alcanzado a detectar. En el viaje de vuelta visitó Stalingrado (en la actualidad Volgogrado) junto a Plinio Mendoza, aún acompañados por Pablo Solano, y navegó por el Volga hasta la entrada del gran canal de navegación Volga-Don, donde una estatua colosal de Stalin presidía con complacencia uno de los grandes hitos del país. García Márquez dejó a Plinio Mendoza en Kiev y siguió su viaje hacia Hungría. Mendoza, tras quedarse encallado en Brest-Litovsk una semana a causa de la neumonía que contrajo Solano, hizo el viaje de regreso por Polonia. Quedó completamente decepcionado por todo lo que vio —«perdimos la inocencia», diría con posterioridad— y poco a poco acabó por creer que todos los regímenes comunistas estaban afectados por el mismo código genético regresivo (aunque haría un último intento por recuperar la fe —con Cuba— en 1959); García Márquez, que carecía en cambio de un pasado burgués que lamentar y de gustos burgueses que cultivar, seguía ávido de nuevas experiencias. Se las había ingeniado para que lo incluyeran en un grupo de dieciocho escritores y observadores extranjeros, entre los que se contaban dos reporteros —él y el belga Maurice Mayer—, y que habían sido invitados a Budapest.

Esto fue menos de un año después de la invasión soviética que se había producido en octubre de 1956. János Kádár había sustituido como líder a Imre Nagy cuando las fuerzas soviéticas sofocaron el alzamiento húngaro en noviembre del mismo año. En este momento, el verano de 1957, Hungría llevaba diez meses cerrada a cal y canto y, según García Márquez, la suya fue la primera delegación de extranjeros a los que se les permitía entrar en el país desde entonces. La visita se prolongó dos semanas y las autoridades dispusieron un itinerario que no permitía el libre acceso a la ciudad ni al pueblo húngaro: hacían «todo lo posible para impedir que nos formáramos una idea concreta de la situación».[30] Al quinto día, García Márquez se libró de su escolta después del almuerzo y se adentró solo en la ciudad. Había recibido con escepticismo las noticias occidentales que relataban la represión del alzamiento de 1956, pero el estado de los edificios y la información que logró obtener de los húngaros a los que conoció lo convencieron de que el número de víctimas —se estimaban cinco mil muertos y veinte mil heridos— pudo ser incluso superior de lo que había leído en la prensa occidental. En noches sucesivas habló con húngaros de la calle, entre ellos varias prostitutas, amas de casa y estudiantes, cuya alienación y cinismo lo impresionaron profundamente. El comportamiento audaz de que hicieron gala él y su compañero Maurice Mayer dio lugar a un resultado inesperado: las autoridades decidieron que había que tomarse más en serio a aquellos extranjeros y los presentaron ante el propio Kádár, a quien se les permitió acompañar en una de sus giras oratorias, a Ujpest, a unos ciento treinta kilómetros de Budapest. La estrategia funcionó: no sería la última vez que García Márquez se obnubilara al acceder directamente a los poderosos. Afirmó que Kádár era sin duda la clase de hombre trabajador normal y corriente que «va los domingos al jardín zoológico a tirar cacahuetes a los elefantes»; era un individuo modesto que se había hallado en el poder apenas sin darse cuenta, a todas luces carente de apetitos monstruosos, y debía escoger entre apoyar la ultraderecha nacionalista o prestar su apoyo a la ocupación soviética del país, a fin de conservarla para el comunismo en el que creía fervientemente.[31]

Era evidente que a García Márquez le complacía que le dieran argumentos con los cuales mitigar la deprimente impresión que habían dejado en él las calles de Hungría. Analizó las contradicciones del régimen comunista y el modo en que al proletariado se le negaban los frutos de su trabajo a fin de construir el estado comunista, y reveladoramente dijo que el año anterior podría haberse evitado el saqueo: «Era una cuestión de apetitos atrasados que un partido comunista sano hubiera podido capitalizar».[32] Ahora, concluía, Kádár necesitaba ayuda para salir del atolladero en el que estaba, pero a Occidente sólo le interesaba empeorar las cosas. Y las cosas iban a peor, en efecto: el gobierno se veía obligado a adoptar un sistema de vigilancia cuyo efecto de conjunto era «sencillamente monstruoso»:

Kádár no sabe qué hacer. Desde el momento en que hizo su precipitada llamada a las tropas soviéticas, comprometido hasta los tuétanos con una patata caliente entre las manos, tuvo que renunciar a sus convicciones para salir adelante. Pero las circunstancias lo empujan hacia atrás. Se embrolló en la campaña contra Nagy, a quien acusó de vendido al Occidente porque es la única manera de justificar su propio golpe de Estado. Como no puede subir los salarios, como no hay artículos de consumo, como la economía está destrozada, como sus colaboradores son inexpertos e incapaces, como el pueblo no le perdona que haya apelado a los rusos, como no puede hacer milagros, pero como tampoco puede soltar la patata y salirse por la tangente, tiene que meter la gente a la cárcel y sostener contra sus principios un régimen de terror más atroz que el anterior que él mismo había combatido.[33]

A pesar de los esfuerzos por buscar excusas que justificasen a Kádár, García Márquez quedó profundamente impresionado y desalentado. A principios de septiembre, a su regreso a París desde Budapest, llamó por teléfono a Plinio Mendoza justo antes de que éste volviera a Caracas. A pesar de que seguía esforzándose por escribir artículos positivos sobre sus experiencias en Hungría, exclamó: «Todo lo que hemos visto es pálido al lado de Hungría».[34] Por descontado que el viaje se mantuvo, por el momento, en secreto. No fue hasta mediados de diciembre cuando informó a su madre, en Cartagena, que «una revista venezolana me patrocinó un viaje muy largo», aunque sin decirle adónde lo había llevado dicho viaje.[35]

García Márquez había regresado a París de su largo periplo sin dinero ni lugar donde alojarse. «Después de cincuenta horas de tren, no tenía en los bolsillos más que una ficha telefónica. Como no quería perderla y era muy temprano, esperé a las nueve de la mañana para llamar a un amigo. "Espérame ahí", me dijo. Me acompañó a una *chambre de bonne* que tenía en alquiler en Neuilly y me la prestó. Allí retomé *La mala hora*.»[36] Primeramente, sin embargo, los últimos días de septiembre y durante el mes de octubre de 1957, en aquella habitación antiguamente destinada al servicio García Márquez puso por escrito sus impresiones del viaje reciente, entretejiendo a la perfección su paso por Polonia y Checoslovaquia de 1955. El resultado fue una larga serie de artículos que al fin aparecerían como «90 días en la Cortina de Hierro. (De viaje por los países socialistas)» en 1959, aunque publicó de inmediato sus experiencias por la Unión Soviética y Hungría en *Momento* (la revista de Caracas), por mediación de Plinio Mendoza.[37] Constituyen un testimonio digno de nota de un momento de la historia, y sorprende la crítica sensata y clarividente, por parte de un observador bien dispuesto, de las debilidades del sistema soviético.[38] Las envió además a su mentor, Eduardo Zalamea Borda, «Ulises», para su publicación en *El Independiente*, donde ahora ejercía de director adjunto. Quién sabe con qué sentimientos el viejo editor de izquierdas las recogió y las guardó en su archivador, donde García Márquez las encontraría dos años después y finalmente conseguiría publicarlas en la revista semanal *Cromos*.[39]

Entretanto, Tachia había pasado nueve meses en España: «Tras mi relación con Gabriel pasé tres años completamente desorientada: dolida, amargada, todas mis relaciones se habían frustrado, no tenía a ningún hombre». Había vuelto directamente a Madrid en diciembre, antes de Navidades, y la contrataron de inmediato. Trabajó para el grupo teatral de Maritza Caballero, una acaudalada venezolana, y empezó, irónicamente, con *Antígona*, una obra que mantiene un estrecho vínculo con la primera novela de García Márquez, *La hojarasca*: hacía el papel de Ismene, la hermana de Antígona.

Después volvió a París: «Mi jefa, Maritza Caballero, me llevó todo el viaje en su Mercedes, lo cual fue una experiencia llena de glamour». Un día lo vio —«antes de lo que hubiera deseado»— tras los cristales de lo que hoy es el café Luxembourg, en el boulevard Saint-Michel. Entró, hablaron y decidieron que debían «acabar las cosas como es debido». Fueron a un hotel barato cercano y pasaron la noche juntos. «Resultó difícil, angustioso, pero en definitiva fue lo mejor. No fue mucho antes de que se marchara de París. Después de aquella despedida definitiva de 1957, Gabriel y yo no volvimos a encontrarnos hasta 1968.»[40]

La época de García Márquez en París estaba tocando a su fin. De Gaulle había vuelto al poder en junio, se suponía que para evitar que la Cuarta República perdiera Argelia. En lugar de ello, había anunciado la inauguración de la Quinta República y con el tiempo salvaría a los franceses de sí mismos al entregar Argelia.

A comienzos de noviembre, un par de semanas después de que se anunciara que Albert Camus había ganado el Premio Nobel de Literatura, García Márquez se trasladó a Londres,[41] donde pensaba quedarse todo el tiempo posible, al igual que había hecho en París, contando con publicar sus artículos en *El Independiente* y en la revista venezolana *Momento*, de la que Plinio Mendoza era ahora director. Mendoza publicó solamente dos de estos artículos, «Yo visité Hungría» y «Yo estuve en Rusia», a finales de noviembre. García Márquez siempre había querido estudiar inglés, y el viaje por Europa del Este le había hecho sentir con mayor crudeza la importancia creciente de este idioma, puesto que nadie hablaba español. Daba la casualidad de que además había mostrado cierto interés por los asuntos británicos —la monarquía y los políticos (Eden, Bevan, Macmillan)— desde su llegada a Europa, aun cuando su única curiosidad manifiesta fuera la decadencia británica estereotípica. A pesar de que la España de Franco se hallaba fuera de sus límites ideológicos (y puede que incluso temiera que allí lo apresaran, dados los estrechos lazos que mantenían España y Colombia, y la posibilidad de estar en la lista negra anticomunista del gobierno de Rojas Pinilla), había pasado buena parte de un año con una mujer española, y evidentemente una visita al otro gran país colonial de la vieja Europa que aún no conocía era una pieza lógica de su proyecto vital. De hecho, es sorprendente todo lo que pudo ver de la Europa del Este y la del Oeste, dadas las dificultades propias de la época y las acuciantes estrecheces económicas por las que pasó. No obstante, que intentara vivir en Londres con escasísimo dinero, sin conocer el idioma y sin los contactos con otros latinoamericanos, que en París siempre había tenido a mano, fue ciertamente un empeño valeroso.

Duró casi seis semanas en una pequeña habitación de hotel en South Kensington, en las que se dedicó a escribir, no *La mala hora*, sino otros cuentos que se habían desgajado de ella y que más adelante serían muy apreciados por los lectores al aparecer recogidos en *Los funerales de la Mamá Grande*. Al igual que su novela acerca del coronel y su pensión, y a diferencia de *La mala hora*, estos relatos no retratarían a autoridades frías e insensibles que regentan los pueblos en los que se ambientan los relatos, sino a la pobre gente que hace lo que puede frente a la adversidad, como le gustaba creer que él mismo había hecho durante su año oscuro en París. Historias con un rostro humano y valores positivos, historias al estilo de Zavattini. A pesar de sus mejores intenciones, se concedió muy pocas oportunidades de aprender la lengua local, aunque los sábados y los domingos iba a escuchar a los famosos oradores en el Speaker's Corner de Hyde Park. Su artículo «Un sábado en Londres», en el que recapitula en un tono casi folclórico sus experiencias en la capital británica, tal vez sea «el mejor de los reportajes escritos por García Márquez en Europa».[42] Fue redactado mientras aún estaba en Londres, y tanto *El Nacional* de Caracas como *Momento* lo publicaron en enero de 1958. En él comenta:

Cuando llegué a Londres tuve la impresión de que los ingleses hablaban solos por la calle. Después me di cuenta de lo que dicen: «Sorry». El
sábado, cuando todo Londres se desborda en Piccadilly Circus, no se puede dar un paso sin topar con alguien. Entonces hay un rumor total, un coro
callejero y uniforme: «Sorry». A causa de la niebla lo único que conocía de
los ingleses era la voz. Los escuchaba, excusándose en la penumbra del mediodía, guiados como los aviones por sus instrumentos por entre el oscuro
algodón de la niebla. Este último sábado —a la luz del sol— pude verlos
por la primera vez. Andaban comiendo por la calle.[43]

Su principal queja, sin embargo, como más adelante le diría a Mario
Vargas Llosa, quien por entonces vivía en Londres, era la ausencia de tabaco negro; gastaba buena parte de su dinero comprando Gauloises de
importación. Aun así, también diría que Londres ejercía una extraña
atracción en él: «Tienes la suerte de estar ahora en una ciudad que, por
razones misteriosas, es la mejor para escribir, aparte de ser, para mi gusto, la mejor del mundo. Yo llegué allí en plan turístico, y algo me obligó a encerrarme en un cuarto donde materialmente se levitaba en el
humo del cigarrillo, y escribí en un mes casi todos los cuentos de *La
Mamá Grande*. Perdí el viaje y me gané un libro».[44]

El 3 de diciembre le mandó una carta a su madre, a Cartagena, por
mediación de Mercedes, que estaba en Barranquilla. En ella mencionaba que había de escribir a la tía Dilia de Bogotá, es de suponer que para
darle el pésame por la reciente muerte de su esposo, Juan de Dios, el
único hermano de Luisa Santiaga. En esta época, los planes de García
Márquez eran todavía inciertos, aunque decía creer que pronto estaría
de vuelta en casa:

Estoy en Londres hace quince días, ya preparándome para regresar a
Colombia. En las próximas semanas pienso regresar rápidamente a París,
luego estar unos días en Barcelona y Madrid —pues España es el único país
de Europa que no conozco—, de manera que según mis cálculos estaré en
Colombia en Navidad. O a más tardar en Año Nuevo. Todavía no me he
cansado de dar vueltas por el mundo, pero ya Mercedes ha esperado demasiado. No es justo hacerla esperar aunque —si no me equivoco— ella
podría tener todavía un poco de paciencia. Sería injusto, porque si algo he
aprendido en Europa es que no todas las mujeres tienen la solidez y la seriedad de ella.

Decía que no tenía dinero ni trabajo, aunque con *El Espectador* había expectativas prometedoras. Le pedía a su madre que consiguiera dos copias de su certificado de nacimiento, comentando: «Aunque parezca mentira, no me he casado en Europa».[45]

Menos de dos semanas después, el 16 de diciembre, recibió un telegrama inesperado de Caracas. El jefe de Plinio Mendoza le ofrecía un billete de avión a la capital venezolana para que empezara a trabajar con ellos en *Momento*. Era una oferta demasiado buena para poder rechazarla, dada la evidente falta de opciones a las que podía aspirar en Londres; una ciudad en la cual, como me dijo años después, «para un extranjero era imposible vivir sin un mínimo de plata».[46] Aun así, llamó a Mendoza para decirle que algún chiflado había telefoneado desde Caracas quejándose de sus desgracias —las del chiflado— y ofreciéndole un empleo. Mendoza corroboró que Carlos Ramírez MacGregor estaba loco de remate, pero el empleo era una oferta en firme. García Márquez tomó el avión en Londres justo antes de Navidades, pero no rumbo a Colombia, como había prometido poco antes, sino a Venezuela.

Cuarenta años más tarde me dijo: «Sabes, cuando perdí mi trabajo en Europa a comienzos de 1956 me desentendí de todo otra vez, igual que hice en Barranquilla. Habría podido conseguir algo, con algún otro periódico, pero me quedé así, a la deriva, durante dos años. Claro, hasta que me paré y volví a concentrarme en mis cosas. Pero en esa época me ocupé sobre todo de mis emociones, de mi mundo interior; viví experiencias y construí un mundo personal. La mayoría de latinoamericanos se cultivan cuando van a Europa, pero yo no hice nada de eso».[47]

12

Venezuela y Colombia:
el nacimiento de la Mamá Grande

1958-1959

García Márquez llegó al aeropuerto venezolano de Maiquetía el 23 de diciembre de 1957, una semana después de recibir el telegrama procedente de Caracas. Rebosaba entusiasmo y expectación. Había viajado vía Lisboa, donde estaba nevando, y luego se alejó de Europa y aterrizó en Paramaribo, Surinam, donde hacía un calor asfixiante y hedía a guayaba, el olor de su niñez.[1] Llevaba puestos unos vaqueros azules y una camisa de nailon marrón que había comprado de saldo en el boulevard Saint-Michel y que lavaba cada noche, y llevaba el resto de sus posesiones en una única maleta de cartón, ocupada sobre todo con los manuscritos de *El coronel no tiene quien le escriba*, los nuevos relatos que había empezado a escribir en Londres y otra obra todavía sin título, que luego sería *La mala hora*. Mendoza recuerda que recogió a su amigo alrededor de las cinco de la tarde, acompañado por su hermana Soledad. Recorrieron fugazmente el centro de Caracas y luego lo llevaron al elegante barrio residencial de San Bernardino, donde lo alojaron en una pensión regentada por inmigrantes italianos.

Era su primera visita a un país latinoamericano que no fuera Colombia. Caracas era una conurbación que rozaba el millón y medio de habitantes. Mientras se adentraban por el centro arrellanados en el MG descapotable de Mendoza, García Márquez les preguntó a Plinio y a Soledad dónde estaba la ciudad. Caracas era entonces una franja urbana que crecía en desorden dominada por los automóviles, y cuya blancura refulgía en contraste con los cerros verdes y la cumbre malva del monte Ávila. Parecía una ciudad norteamericana enclavada en el trópico. Venezuela estaba, y no por vez primera, en las garras de una implacable dictadura militar. De hecho, el país que vio nacer al gran libertador Simón Bolívar apenas conocía la tradición de la democracia parlamentaria y prácticamente carecía de experiencia en esas lides. El corpulento general Marcos Pérez Jiménez llevaba las riendas del país desde hacía seis largos años, aunque era el responsable del auge industrial basado en la industria del petróleo que había desatado un frenesí de la construcción de inmuebles y carreteras desconocido en cualquier otro país latinoamericano.[2]

El propietario de *Momento*, Carlos Ramírez MacGregor, a quien sus empleados apodaban «el Loco», era un hombre alto, calvo y, según Mendoza, propenso a arranques de histeria; llevaba trajes blancos tropicales arrugados y pasaba la mayor parte de su vida tras las gafas oscuras por entonces tan populares en aquel continente dominado por las dictaduras militares. Ni siquiera devolvió el saludo a García Márquez la primera mañana que éste se presentó en las oficinas. Tal vez, al igual que le ocurriera con anterioridad a Guillermo Cano en *El Espectador*, no alcanzaba a conciliar la figura esquelética, estridente, que tenía delante con la imagen que Mendoza había dibujado de un escritor y periodista excepcional cuya reputación había mejorado durante los dos años y medio que había pasado en Europa.

García Márquez no se arredró. Tiempo después hablaría de su temporada en Caracas como del período en que fue «feliz e indocumentado» (el título que llevaría la antología de los artículos que allí escribió), aunque le llevó un tiempo aclimatarse a la ciudad y sentirse a gusto en ella. Tras el gris comedimiento de Europa, los venezolanos le parecían un tanto apabullantes. Sin embargo, a pesar de todos los excesos en cuanto a decibelios y cordialidad, el ambiente de Caracas le recordaba la alegría y la informalidad propias del trópico que tanto adoraba de Barranquilla, a lo que había que añadir una ventaja extraordinaria: Caracas era de veras la capital de aquel país caribeño aún desconocido para él.

García Márquez y Mendoza, entusiasmados por estar juntos de nuevo, celebraron la Navidad y el Año Nuevo en casa de otra de las hermanas de Plinio, Elvira. Gabo, que había pasado mucho tiempo solo el año anterior y en completo aislamiento durante su breve estadía en Londres, estuvo encantado de contar de nuevo con una audiencia —aunque en ocasiones desganada— que escuchara sus ideas inagotables para posibles relatos, un caudal que había aumentado enormemente desde su encuentro con Cinecittà y los guiones cinematográficos de Zavattini. Mendoza no había vivido antes tan próximo a un García Márquez que contara con domicilio fijo y trabajo permanente, y pronto se asombró al descubrir que el amigo que trabajaba con tal intensidad en las oficinas del periódico se las ingeniaba no obstante para mantener una vida completamente al margen, pues «por todas partes era yo testigo de su trabajo sigiloso de escritor, de la manera como se las arreglaba siempre para llevar adelante sus libros. Compartía inclusive esa extraña esquizofrenia del novelista que llega, día a día, a convivir con sus personajes, como si fueran seres con vida propia, ajenos a él. Antes de escribir cada capítulo, me lo contaba».[3]

El momento más relevante e inolvidable de toda la estadía de García Márquez en Venezuela tuvo lugar precisamente al final de aquella primera semana. El 15 de diciembre, apenas días antes de que volara de Londres a Caracas, Pérez Jiménez había corroborado su mandato tras un plebiscito popular que había sido amañado de forma escandalosa. El 1 de enero de 1958 por la tarde, tras cerrar la edición especial de fin de año y participar la noche anterior en los festejos tumultuosos para dar la bienvenida al nuevo año, García Márquez, Mendoza y sus hermanas planearon ir a la playa. Sin embargo, mientras todos preparaban las toallas y los trajes de baño, García Márquez tuvo una de sus premoniciones, tan comunes en su familia y en su obra de ficción, por no mencionar en su siempre imprevisible vida. Le dijo a Plinio: «Mierda, tengo la impresión de que algo va a ocurrir». Y añadió misteriosamente que todos procuraran estar atentos y cuidarse. Minutos después estaban asomados a las ventanas viendo los bombarderos que rozaban los tejados de la ciudad y escuchando el sonido de ráfagas de metralleta. Soledad Mendoza, que se había retrasado, llegó al edificio en ese momento y dio a gritos las noticias desde la calle: la base aérea de la ciudad de Maracay se había alzado en rebelión y estaban bombardeando el palacio presidencial de Miraflores. Todos se apresuraron a subir a la azotea para ver el espectáculo.[4]

La rebelión fue sofocada, pero Caracas quedó sumida en el caos. A continuación siguieron tres semanas electrizantes de ansiedad, conspiraciones y actos de represión. A partir del 10 de enero, tras años de terror e intimidación, multitudes de manifestantes empezaron a desafiar a la policía en una cadena de protestas que se extendió por toda la capital. Una tarde en que los dos colombianos no estaban en el edificio, la Policía de Seguridad Nacional hizo una redada en las oficinas de *Momento*, arrestó a todo el personal allí presente y lo llevó a jefatura. El director estaba fuera, en Nueva York, de modo que Mendoza y García Márquez pasaron el día entero conduciendo por la ciudad desgarrada por la crisis en el MG blanco hasta la hora del toque de queda, con lo que evitaron que los arrestaran al tiempo que recababan material a pie de calle. El 22 de enero toda la prensa venezolana dejó de trabajar, preludiando una huelga general que convocó la «junta patriótica» formada por líderes de partidos democráticos que se habían organizado desde Nueva York. Aquella noche la tensión alcanzó su punto álgido. Los dos amigos permanecieron despiertos en el apartamento de los Mendoza escuchando la radio. A las tres de la mañana oyeron el motor de un avión que sobrevolaba la ciudad, y vieron las luces del aparato que se llevaba a Pérez Jiménez al exilio a Santo Domingo. La gente se echó a las calles a celebrar con júbilo la noticia, y las bocinas de los coches se oyeron hasta el amanecer.[5]

Sólo tres días después de la marcha de Pérez Jiménez, García Márquez y Mendoza esperaban junto con una multitud de periodistas en la antesala del Palacio Blanco de la ciudad, ansiosos por ver qué habían decidido los militares durante la noche a propósito de la situación de la junta de gobierno recién constituida. De repente la puerta se abrió y uno de los soldados que había dentro, a todas luces del bando perdedor de aquella reunión, salió de la sala con la metralleta a punto, dejando huellas de barro en el suelo mientras se retiraba del palacio y emprendía el exilio. García Márquez diría con posterioridad: «Fue en ese instante, en el instante en que aquel militar salía de un cuarto donde se discutía cómo iba a formarse definitivamente el nuevo gobierno, cuando tuve la intuición del poder, del misterio del poder».[6] Unos cuantos días después, Mendoza y él mantuvieron una larga conversación con el mayordomo del palacio presidencial de Miraflores, un hombre que había trabajado durante cincuenta años para todos los presidentes de Venezuela, desde los primeros tiempos de Juan Vicente Gómez, el arquetípico hombre fuerte y patriarca que había llevado las riendas del país desde 1908 hasta 1935, y cuya reputación le helaba la sangre al más pintado; sin embargo, el mayordomo habló de él con singular reverencia y nostalgia inconfundible. Hasta entonces García Márquez había alimentado la habitual actitud visceral democrática hacia los dictadores. Sin embargo, este encuentro le dio qué pensar. ¿Por qué tantos sectores de la población se sentían atraídos por este tipo de figuras? Días después le dijo a Mendoza que empezaba a acariciar la idea de escribir una gran novela sobre un dictador, exclamando: «¿Te has dado cuenta de que no existe ninguna buena?».[7] Con el tiempo, Gómez devendría un modelo capital, tal vez el más relevante, para *El otoño del patriarca*.

Poco después de estos significativos encuentros, García Márquez leería la novela de Thornton Wilder, *Los idus de marzo*, una recreación de los últimos días de Julio César que le hizo recordar el cuerpo embalsamado de Stalin que había visto no mucho antes en Moscú. Así empezó a recabar los detalles que posteriormente harían cobrar vida a un dictator de su propia factura y darían cuerpo a las obsesiones por el poder y la autoridad, la impotencia y la soledad, que perseguían su imaginación desde la infancia. Mendoza recuerda que su infatigable amigo pasaba por entonces mucho tiempo leyendo sobre la larga lista de tiranos de América Latina, al parecer interminable, y que le hacía reír mientras almorzaban en un restaurante local con datos pintorescos, y a poder ser exagerados, acerca de sus vidas, con lo que poco a poco iba tomando forma un perfil de muchachos sin padre, hombres con una dependencia malsana de sus madres y un apetito insaciable por tomar posesión de la tierra.[8] (Gómez contaba con una reputación de dirigir Venezuela como si se tratara de un rancho de ganado.) Los elementos de una nueva novela iban cobrando nitidez con celeridad; pero, una vez más, pasarían años de exasperante espera hasta que el proyecto cristalizara plenamente.

Sin embargo, al menos en el momento presente, García Márquez se hallaba en su elemento. Respondía a la euforia y a las oportunidades que le brindaba el nuevo entorno como si él mismo fuera un ciudadano venezolano, y empezó a desarrollar una retórica más explícita en lo tocante a los derechos humanos, la justicia y la democracia. Muchos lectores han juzgado que sus artículos para *Momento* se cuentan entre los mejores de toda su carrera. Allí donde en Europa el enfoque en primera persona había procurado a sus crónicas credibilidad e inmediatez, evolucionó ahora hacia una impresión de objetividad casi impersonal que solamente daba realce a la claridad, e incluso a la pasión subyacente, de su exposición.[9]

Apenas dos semanas después de que cayera Pérez Jiménez, García Márquez escribió un artículo exhaustivamente documentado que tituló «El clero en la lucha»,[10] donde explicaba el papel de la Iglesia venezolana en su conjunto y la valentía de ciertos sacerdotes en particular, entre los cuales destacó no poco el propio arzobispo de Caracas al contribuir a la caída del dictador en un momento en que muchos políticos demócratas prácticamente se habían rendido a su autoridad. Era muy consciente de la influencia que la Iglesia había ejercido siempre en la política latinoamericana, y en el artículo hacía varias veces mención de su «doctrina social». No se trataba solamente de una observación pragmática, sino profética, pues en octubre de aquel mismo año Juan XXIII se convertiría en el nuevo Papa en una época en que empezaban a advertirse en América Latina los primeros augurios de lo que luego se conocería como la Teología de la Liberación. Incluso el que fuera su amigo en los tiempos universitarios de Bogotá, Camilo Torres, se convertiría en el sacerdote más célebre del continente al implicarse en la lucha de la guerrilla fundamentada en los principios del nuevo credo religioso.

Un día de marzo estaba con Plinio Mendoza, José Font Castro y otros amigos en el Gran Café de Caracas cuando miró el reloj y dijo: «Mierda, me va a dejar el avión». Plinio le preguntó adónde iba y García Márquez dijo: «A casarme». Font Castro recuerda: «Nos sorprendió a todos, porque casi nadie sabía ni siquiera que tuviera novia».[11] Habían pasado más de doce años desde que García Márquez le pidiera por primera vez a Mercedes Barcha que se casara con él, y más de dieciséis, según él, desde que decidiera que sería su esposa. Ahora acababa de cumplir treinta y un años, y ella tenía veinticinco. Apenas se conocían, salvo por la correspondencia de aquellos últimos tiempos. Además, Plinio Mendoza sabía de la relación de García Márquez con Tachia Quintana —quien incluso le había preguntado por carta si creía que podía encontrar trabajo en Venezuela—, y su hermana Soledad había conocido a la actriz española y había entablado con ella una sólida amistad; de hecho, le había preguntado a García Márquez, poco después de su llegada a Caracas, cómo había sido capaz de dejar a una mujer de su valía. Mercedes iba a entrar en un mundo, el de su futuro esposo, del que apenas tenía conocimiento; en realidad sabía mucho menos de él que la mayoría de personas que rodeaban a García Márquez. Habrían de transcurrir años antes de que se sintiera plenamente confiada en el papel de «mujer para toda la vida» de este hombre en apariencia extrovertido, aunque sumamente celoso de su privacidad, y que podía llegar a ser hermético.

En Colombia, la familia no había visto a Gabito desde hacía casi tres años, y con anterioridad apenas se habían reunido en más de una o dos ocasiones desde finales de 1951, cuando regresó a Barranquilla después de su breve estancia con ellos en Cartagena. De hecho, la familia García Márquez había ido a trancas y barrancas hasta hacía poco, y aun ahora las cosas distaban mucho de ser fáciles. Sin embargo, el viejo caserón del coronel en Aracataca se había vendido por fin el 2 de agosto de 1957.[12] Los ingresos que procuraba el alquiler habían ido menguando hasta quedar en una suma insignificante a medida que la casa se iba deteriorando, y por último, los García Márquez habían decidido venderla por siete mil pesos a una pareja pobre de campesinos a los que les acababa de tocar la lotería regional. Con este dinero pudo llevarse a término la nueva casa que Gabriel Eligio estaba construyendo ahora en Pie de la Popa, Cartagena.

Luisa había velado para garantizar que Gabito recibiera la mejor educación posible; tal vez fuera una promesa que le hizo a su padre antes de morir. Poco a poco, sin embargo, el desgaste de ser madre de once hijos había ido haciendo que sus preocupaciones iniciales por la educación de las chicas mayores estuvieran al parecer más motivadas por el deseo de mantenerlas fuera del alcance de las garras de los «patanes locales» de Sucre que por allanarles el camino hacia un futuro independiente. A resultas de ello, Aida, que había dado clases de primaria en un colegio de monjas salesianas de Cartagena tras graduarse en Santa Marta, había tomado la repentina decisión de hacerse monja y se había marchado a Medellín un par de años antes de que Gabito regresara en 1958. Gabriel Eligio y Luisa Santiaga se habían opuesto a la decisión de Aida en un primer momento —del mismo modo que ambos desaprobaban su relación con Rafael Pérez, el muchacho de Sucre que quería casarse con ella—, pero en esta ocasión de nada sirvió. En cualquier caso, la familia pronto pagaría un alto precio por el *laissez-faire* con que Gabriel Eligio entendía la educación de sus hijos cuando Cuqui (Alfredo), ahora adolescente, empezó a descarriarse y cayó en las drogas, un problema que en última instancia le acortaría la vida.

Entretanto, Rita, la hermana menor, se hallaba envuelta en un drama con todas las trazas de convertirse en *Romeo y Julieta*. «Yo no tuve más amores que Alfonso Torres, mi esposo. La cosa con él fue así: Yo regresé de Sincé a Cartagena en noviembre de 1953 y lo conocí en diciembre, donde una hermana suya, vecina nuestra. Ahí comenzó la tragedia porque nadie, con excepción de Gustavo, gustaba de él.»[13] Tenía catorce años cuando conoció a Alfonso. La familia se opuso terminantemente a la relación. No iba en favor de los amantes el hecho de que Alfonso, aunque apuesto y sumamente atractivo, fuera de piel decididamente oscura. Rita y Alfonso se vieron en la clandestinidad durante cuatro años, contra viento y marea; en una ocasión, era tal el disgusto de la joven ante la situación que se cortó el pelo al rape en protesta por la actitud de sus padres, que ni siquiera dejaban que el muchacho entrara en casa. Nunca tuvieron deseos de que ninguna de sus hijas se casara. (Al igual que Aida, Margot había tenido a su propio Rafael en Sucre, Rafael Bueno; cuando decidió desafiar a sus padres, éste había dejado a otra joven embarazada y Margot volvió la espalda al amor para siempre.) Fue entonces cuando el hermano mayor de Rita, Gabito, que había escrito algunos de los relatos que ella había estudiado en la escuela (recuerda con especial nitidez el *Relato de un náufrago*), acudiría en su auxilio.

García Márquez se había tomado un permiso de cuatro días en la revista y voló a Barranquilla, donde se alojó en el antiguo hotel Alhambra, entre la calle Setenta y dos y la carrera Cuarenta y siete. Llegó con una maleta vacía. «La ropa en Caracas es muy cara», dijo.[14] Mercedes insistiría después en que «simplemente apareció en la casa», pero es de suponer que se había comunicado con ella en algún momento y que se trata de un nuevo ejemplo de la comedia que representan siempre que alguien les pregunta acerca de su noviazgo y su matrimonio. Me contó que siempre conservaría un vívido recuerdo de estar tumbada en la cama, en la planta alta de la farmacia, y que una de sus hermanas le gritó: «¡Llegó Gabito!».[15] Aun así, no dijo si su llegada despertó entusiasmo o mera sorpresa. Aquella noche Luis Enrique llegó en avión desde Ciénaga y Gabito, Fuenmayor, Vargas y él emprendieron una suerte de peregrinación sólo para hombres hasta La Cueva.

La pareja se casó el 21 de marzo de 1958 a las once de la mañana en la iglesia del Perpetuo Socorro, en la avenida 20 de Julio, tras un noviazgo de poco menos de tres años.[16] Al enlace asistieron casi toda la banda de La Cueva. Alfonso Fuenmayor recordaba que Gabito parecía aturdido por la solemnidad del momento, más delgado que nunca enfundado en un traje gris oscuro, con la corbata que utilizaba de Pascuas a Ramos anudada con esmero. La novia llegó espantosamente tarde, luciendo un llamativo vestido largo azul eléctrico y un velo del mismo color. La recepción se celebró en la farmacia de su padre, muy cerca de allí.[17]

Dos días después, los recién casados viajaron a Cartagena a visitar a los nuevos parientes políticos de Mercedes. Debió de ser extraño para Luisa ver a su primogénito aparecer ya casado después de una ausencia tan larga. Alfonso aprovechó la ocasión para concertar un encuentro con el hermano mayor de su novia en la heladería Miramar. A la mañana siguiente, cuando Rita estaba a punto de irse al colegio, Luisa le dijo: «Gabito habló ayer con Alfonso y va a hablar hoy con tu papá; así que hoy se decide tu situación». Más tarde, Rita oyó lo que su hermano le dijo a su padre: «Ahora hay que empezar a vender la mercancía». Por fin a Alfonso se le permitió entrar en la casa. Como muestra de su seriedad, dijo que estaba dispuesto a esperar otro año hasta que Rita acabase el instituto; como muestra de su falta de seriedad, Gabriel Eligio dijo que no era partidario de los noviazgos largos y que la pareja debía casarse sin pérdida de tiempo. Lo hicieron al cabo de tres meses, de modo que Rita nunca terminó el bachillerato. En lugar de ello, tendría cinco hijos y después trabajaría en el servicio civil de la municipalidad durante veinticinco años para mantener a su familia; por su parte, Alfonso Torres se convertiría poco a poco en el cabeza de la familia García Márquez en Cartagena.[18]

El más joven de los García Márquez, Yiyo, recordaba cuarenta años después la visita fugaz de Gabito:

> Acababa de casarse, y había ido con Mercedes a Cartagena para pasar la luna de miel, o a despedirse. O a ambas cosas, no lo sé. Pero los recuerdo perfectamente: ambos sentados en el sofá de la sala, en la casa grande de la adolescencia del Pie de la Popa, hablando sin parar y fumando. Fumaban mucho: allí en la sala, en la cocina, en la mesa e incluso en la cama, cada uno con un cenicero y hasta tres paquetes de cigarrillos. Él era flaco y ella también. Él con su bigotico fino, nervioso. Ella, con su increíble parecido a Sofía Loren.[19]

Demasiado pronto para el gusto de los amigos y la familia, los recién desposados cogieron el avión a Caracas, vía Maracaibo. Había iniciado su andadura la chiquilla que, como me dijo años después una amiga de la infancia, se había recostado contra una pared a la luz del sol de la tarde en un patio de Sucre, diciendo: «Quiero viajar por el mundo, vivir en ciudades grandes, ir de hotel en hotel». En su vida hasta entonces no había existido razón alguna para creer que aquellas fantasías pudieran hacerse realidad. Mientras hablaban en el avión, Gabo compartió con Mercedes algunos de sus propios sueños: que publicaría una novela que llevaría por título «La casa», que escribiría otra novela sobre un dictador, y que a los cuarenta años escribiría la obra cumbre de su vida. Más adelante, Mercedes reflexionaría: «Gabo nació con los ojos abiertos... siempre ha conseguido lo que ha querido. Hasta el matrimonio. Cuando yo tenía trece años, le dijo a su padre: "Ya sé con quién me voy a casar". En esa época no éramos más que conocidos».[20] Ahora estaba casada con este hombre al que apenas conocía.

Se trataba de un nuevo García Márquez, transformado por la realidad de un matrimonio y las responsabilidades que entrañaba, un hombre que planificaba el futuro abiertamente. No sólo trataba, como es natural, de impresionar a la mujer con la que acababa de casarse; también estaba iniciando una nueva etapa en su vida, un nuevo proyecto; e incluso la literatura que tanto amaba, el camino que había escogido, habría de formar parte a partir de entonces de una nueva ecuación. En lugar de vivir de cualquier manera, literalmente al día, todo debería planificarse y estructurarse, incluida la escritura.

En Caracas fue a recibirlos al aeropuerto la familia Mendoza en pleno, incluso el antiguo ministro de Defensa, ahora entrado en años, don Plinio Mendoza Neira, que poco a poco había acabado por reconocer que sus aspiraciones políticas en Colombia se habían desvanecido con el paso del tiempo. Los conservadores habían ganado en Colombia la batalla histórica que acababan de perder en Venezuela, al parecer para siempre.

Mercedes se sintió abrumada por esta nueva familia bulliciosa y extrovertida que, tal vez, se tomaba confianzas en exceso y llegaba a ser incluso dominante. La mediana de las hermanas, Soledad, no podía evitar compararla, aun de manera tácita, con la cosmopolita Tachia, y a buen seguro salía mal parada de la comparación. Dos décadas más tarde, la hermana menor, Consuelo, revelaría sin quererlo, en un artículo para una revista de buen tono de Bogotá, el porqué de que Mercedes se sintiera tan incómoda. Al recordar su llegada, tantos años antes, Consuelo escribió:

> Es una mujer con la estructura clásica de las mujeres de la Costa: delgada pero de huesos anchos, morena, más alta que bajita, ojos rasgados, sonrisa de labios semigruesos, seria y al mismo tiempo burlona. Cuando Mercedes Barcha viajó por primera vez al exterior y llegó a Caracas, parecía una persona tímida, común y corriente, con faldas angostas, un poco más largas de lo que se usaban entonces, y el pelo lo llevaba corto, con una permanente que la favorecía poco.[21]

En resumen: con posibles ancestros africanos, sin mucho estilo y algo anodina. No es de extrañar que Mercedes me dijera luego que en Caracas pasó «demasiado tiempo» con los Mendoza, un tiempo que «no era de mi gusto, estaba lejos de disfrutarlo... Para ser sincera, quería alejarme de esa familia». Al comienzo, sin embargo, no le quedó más remedio que comer con ellos casi a diario. García Márquez había preparado un pequeño apartamento en el edificio Roraima, en San Bernardino, donde prácticamente no había muebles ni utensilios de cocina.[22] Sería la misma historia para la pareja durante años. Según Mario Vargas Llosa, que se reía al hablar de ello conmigo, Plinio Mendoza no se ausentó de la casa de los García Barcha ni siquiera durante su luna de miel.[23] Las memorias del propio Mendoza, *La llama y el hielo*, confirman implícitamente esta impresión. Uno daría en creer que esto bastaría para garantizar su discreción, pero Plinio ha contado a los cuatro vientos los desastrosos esfuerzos de Mercedes en la cocina —ella misma reconoce que no sabía freír un huevo y que Gabo tuvo que enseñarle—[24] y el hecho de que nunca decía ni palabra tras su llegada a Caracas: «Tres días después de haberla conocido les dije a mis hermanas: "Gabo se casó con una muda"».[25]

Mercedes asegura, sin embargo, que no tenía problemas para comunicarse con su marido. Cuando en 1991 le pregunté qué creía que había afianzado su relación, me contestó: «Es cuestión del roce de las pieles, ¿no te parece? Sin eso, no hay nada».[26] Pero eso no fue más que el comienzo; pronto ella calaría muy hondo en él, si bien de un modo muy distinto a todos aquellos años de frustración antes de llegar a conocerla de veras; pasaría a ser indispensable para aquel hombre que consideraba su independencia absoluta, el hombre que no había podido confiar en nadie desde la muerte de su abuelo, con diez años. Ella otorgaría a su vida serenidad y método. De manera gradual, a medida que creciera su confianza en sí misma —o, mejor dicho, a medida que hallara el modo de exteriorizar su confianza interior—, empezó a imponer su ahora legendario sentido del orden en el muy cultivado caos de García Márquez. Organizó sus artículos y sus recortes de prensa; sus documentos, relatos, los textos mecanografiados de «La casa» y *El coronel no tiene quien le escriba*.

Antes de la boda, de hecho, García Márquez había estado trabajando febrilmente en sus quehaceres literarios, a pesar del intenso período de actividad política y periodística que vivió desde su llegada a Caracas. Escribió «La siesta del martes», su cuarto relato ubicado en Macondo, prácticamente de un tirón, después de que Mendoza le sugiriera a su amigo participar en un concurso de cuentos que organizaba el periódico *El Nacional* y que financiaba Miguel Otero Silva. El relato de García Márquez, que según Plinio escribió durante la Semana Santa de 1958 (si le decía la verdad, claro; una vez más, pudo haber una primera versión que Plinio no hubiera visto), estaba basado en un suceso que recordaba desde la niñez, el día en que oyó un grito: «En el pueblo habían matado a un ladrón. Una tarde llegó su madre y una joven con un ramo de flores.

En aquella tarde calurosa la mujer vestida de negro no se me borró jamás».[27] La historia narra la experiencia de una mujer como aquella que llega en tren a Macondo acompañada de su hija, y ambas se ven obligadas a recorrer las calles bajo la mirada hostil de los lugareños para visitar el cementerio donde está enterrado su hijo, al que han matado de un tiro cuando perpetraba un robo. A pesar de que se trata de uno de los pocos relatos situados en Aracataca-Macondo, su estilo opera dentro de los límites estrictos de la estética neorrealista que caracteriza este período de la vida de García Márquez. A menudo ha dicho que lo considera su mejor relato y también, lo cual no deja de ser intrigante, «el más íntimo», probablemente porque el recuerdo de la infancia se fusionó como por arte de magia con el recuerdo de su regreso, en compañía de su madre, caminando bajo el calor de mediodía en la Aracataca de 1950.[28] A pesar de sus méritos, no se llevó el premio.

En cuanto a la inspiración, evidentemente éste y los demás relatos de Macondo-Aracataca beben de los recuerdos, muchos de ellos nostálgicos, que el autor conserva de su niñez «prodigiosa», en tanto que los cuentos localizados en «el pueblo» (Sucre) sirven para exorcizar los recuerdos de su dolorosa adolescencia. Sin embargo, ya estén situados en Macondo o en «el pueblo», estos relatos no centran su atención en las autoridades insensibles que gobiernan ambas comunidades —aunque los curas de Macondo nunca alcanzan la gelidez del cura del «pueblo», y lo mismo ocurre con el resto de las autoridades (en Macondo ni siquiera da la impresión de que haya alcalde)—, sino que se ocupan de la gente común y corriente, retratada en primer plano y con calidez, de los que tratan de vivir haciendo acopio de toda la valentía, la decencia, la dignidad y el honor que les permiten las circunstancias adversas que envuelven su existencia. Si esto suena sentimentalista y el «realismo» puede parecer improbable, es el genio de este escritor el que logra convencer a sus lectores más escépticos de su manera de entender la situación.

Quiso el destino que García Márquez pudiera dedicar la segunda mitad de mayo y todo el mes de junio a sus relatos. Porque nuevamente, igual que ocurrió en 1948 y en 1956, un mal viento inoportuno traería consigo la buena suerte, cuando menos en lo tocante a la literatura. El vicepresidente republicano estadounidense Richard Nixon llegó a Venezuela en una catastrófica visita conciliadora el 13 de mayo, menos de cuatro meses después de la caída de Pérez Jiménez, a quien el presidente Eisenhower había condecorado poco antes como amigo de Estados Unidos. La multitud iracunda rodeó el coche de Nixon desde el aeropuerto, arrojó piedras y lo escupió, y llegó a correr grave peligro. Los hechos recibieron cobertura mundial y se interpretaron como un presagio histórico de cuán bajo habían caído las relaciones entre Estados Unidos y América Latina. La reflexión que se hizo con posterioridad sobre este humillante rechazo tendría mucho que ver con la fundación de la Alianza por el Progreso tres años después. Al igual que los propietarios de otros periódicos, dada la excepcionalidad de los acontecimientos, Ramírez MacGregor decidió escribir un editorial en el que lamentaba la recepción de Nixon y a fin de cuentas se disculpaba por el incidente. A raíz de esto, Mendoza se vio envuelto en una enconada discusión con el dueño del periódico, y acabó gritándole: «¡Coma mierda!». Dimitió allí mismo y se marchó. Bajando las escaleras se encontró con García Márquez, que llegaba tarde a la oficina. Le explicó lo sucedido y García Márquez dio media vuelta y bajó con él. Se habían quedado sin trabajo.[29]

Los dos periodistas en paro volvieron a San Bernardino, recogieron a Mercedes y se fueron a beber algo y a comer —tanto para celebrarlo como para hacer la autopsia de lo sucedido— al Rincón de Baviera, un restaurante del vecindario. Mercedes, que demostraría aunar un temperamento flemático con un negro sentido del humor, se reía a carcajadas mientras le explicaban el cómo y el porqué de su renuncia. El tiempo libre le permitió a García Márquez prolongar su luna de miel, además de seguir adelante con sus relatos. Así pues, los recién casados pudieron pasar más tiempo juntos.[30]

Mercedes se había traído a Caracas la inmensa colección de cartas de Gabo que conservaba. Había seiscientos cincuenta folios. Al cabo de unas semanas él le pidió que las destruyera porque, según recuerda la propia Mercedes, «alguien podía robárselas». La versión de García Márquez es que siempre que estaban en desacuerdo en algo, ella saltaba: «No puedes decir eso porque en tu carta desde París me dijiste que nunca ibas a hacer una cosa así». Cuando quedó claro que Mercedes era incapaz de hacerlo —teniendo en cuenta el carácter de ambos, debió de ser una discusión cautelosa y en absoluto fácil—, él se ofreció a comprárselas, y al final acordaron una suma simbólica de cien bolívares, tras lo cual las destruyó todas.[31] De ser cierto, el incidente encierra un gran interés; y aunque no lo fuera, también. En primer lugar, y sobre todo, da a entender que tácitamente García Márquez le estaba garantizando no separarse de ella el resto de su vida; ella nunca habría de mirar atrás en busca de «Gabito», porque jamás mediaría entre ellos una distancia que diera sentido a un momento de nostalgia en el que hojear correspondencia antigua. En segundo lugar, tal vez para él las cartas fueran, en secreto, el recuerdo de un tiempo en el que la había abandonado, durante el *affaire* con Tachia y el desliz con La Puppa; sin duda su conciencia le exigía que las pruebas se destruyeran (posiblemente porque no descartaba entablar contacto de nuevo con Tachia, a la que había conocido exactamente dos años antes de casarse con Mercedes). Por último, por improbable que pudiera parecer a primera vista, también podría sugerir que el joven que había alardeado en el avión de sus hazañas futuras esperara de veras alcanzar la celebridad, y de buen principio sintió que debía anticiparse a destruir todas las evidencias de su vida hasta entonces y construir a su medida la imagen que deseaba dejar a los futuros académicos, críticos y biógrafos. (Muy pronto hablaría de escribir sus «memorias».) Sea cual sea la verdad, el gesto se corresponde en cualquier caso con un instinto muy profundo en García Márquez por no aferrarse al pasado, por no coleccionar souvenirs ni recuerdos, ni siquiera de sus novelas.

Plinio Mendoza consiguió que lo contrataran en *Elite*, la mejor revista de noticias del país. Allí García Márquez conocería a uno de sus contactos venezolanos más importantes para el futuro, Simón Alberto Consalvi, que después se convertiría en ministro de Exteriores de la república. Mendoza se las arregló para encontrarle también a García Márquez un empleo en la misma organización por mediación de Miguel Ángel Capriles, propietario del grupo Capriles, una de las corporaciones más poderosas del sector. De este modo, el 27 de junio García Márquez fue nombrado editor en jefe de la más frívola de las revistas de Capriles, *Venezuela Gráfica*, popularmente conocida como «Venezuela pornográfica» por las muchas vedettes ligeras de ropa que aparecían en sus páginas y que la hicieron famosa.[32] Poco antes había colaborado con *Elite* con un artículo importante a propósito de la ejecución del ex presidente húngaro Nagy (28 de junio de 1958), pero escribió poco para su nueva revista.

La buena noticia desde Colombia fue la inesperada publicación de *El coronel no tiene quien le escriba*, que apareció en Bogotá en el número de junio de *Mito*, una revista literaria que con anterioridad había publicado un relato de García Márquez, «Monólogo de Isabel viendo llover en Macondo», justo después de que partiera a Europa en 1955. Le había dado una copia de la novela a Germán Vargas y éste se la había pasado

al editor, Gaitán Durán, «sin mi conocimiento», diría García Márquez.[33]
La publicación de *El coronel no tiene quien le escriba* en una revista literaria significaba que, una vez más, una de sus novelas aparecía editada
poco menos que clandestinamente y que no la leerían más que unos pocos cientos de personas. Mejor eso que nada, debió de pensar en aquellos tiempos en que convertirse en un superventas distaba mucho de sus
expectativas.

De nuevo, sin embargo, otra clase de política estaba a punto de intervenir y dar pie a un cambio radical en su destino. Desde que Nicolás
Guillén le dijo en París a principios de 1956 que un joven abogado llamado Castro, el líder del Movimiento 26 de Julio, era la única esperanza para Cuba, García Márquez había estado siguiendo las peripecias de
aquel hombre, entre las que se contaban su preparación en México, el
viaje épico —aunque al borde del desastre— a Cuba en la lancha *Granma* y la invasión de la Sierra Maestra por parte de la guerrilla. Castro se
convirtió rápidamente en el objeto de otra de las intuiciones de García
Márquez. Venezuela buscaba a tientas y con desesperación su camino
mediante un proceso que García Márquez nunca olvidaría; sin embargo, aquél no era su país, y su realidad lo absorbía cada vez menos con el
paso del tiempo; en cualquier caso, su capacidad de participar de los
asuntos candentes por medio de la escritura —reportajes, editoriales—
le había sido arrebatada de nuevo. En cambio, puesto que la lucha política de Castro daba lugar a inequívocas repercusiones, y qué decir de las
aspiraciones que despertaba en todo el continente, Cuba podía convertirse perfectamente en el país de García Márquez.

Tras entrevistar a Emma Castro en Caracas había escrito «Mi hermano Fidel», un reportaje que *Momento* publicó el 18 de abril de 1958,
y había seguido los acontecimientos de Cuba con interés creciente a lo
largo de aquel año. Aunque Fidel Castro no había declarado su movimiento socialista, García Márquez se había sentido capaz, por primera
vez en su ya larga carrera de periodista, de manifestar un entusiasmo sin
freno por un político, y un optimismo evidente hacia su cruzada revolucionaria. Mencionó que el plato preferido de Castro, que él mismo
preparaba con mano experta, eran los espaguetis, y a continuación señalaba: «En la Sierra Maestra, Fidel sigue preparando spaguettis. "Es un
hombre bueno y muy sencillo —dice su hermana—. Es buen conversador pero, sobre todo, muy buen auditor." Dice que es capaz de escuchar con el mismo interés, durante horas, cualquier clase de conversa-

ción. Esa preocupación por los problemas de sus semejantes, unida a una voluntad inquebrantable, parecen construir la esencia de su personalidad».[34] Cuarenta y cinco años después, García Márquez diría prácticamente esas mismas palabras —por no mencionar que comería los espaguetis de Castro preparados en su propia cocina—, y no es de extrañar: Fidel Castro fue una de las pocas cosas en las que pudo creer con fe ciega. Y descubrir ahora que Castro se había visto envuelto en el Bogotazo era una coincidencia biográfica que le agregaba una nueva vuelta de tuerca al interés de García Márquez por los primeros pasos de la épica aventura cubana. En realidad, después de la entrevista favorable que le hizo a Emma Castro, ciertos miembros del Movimiento 26 de Julio de Castro empezarían a suministrar información a García Márquez, que él a su vez introduciría en las revistas para las que trabajaba.

El día 31 de diciembre de 1958, García Márquez y Mercedes habían asistido a una fiesta que daba un miembro de la familia Capriles. Cuando volvieron a casa, a las tres de la mañana, el ascensor estaba averiado. Ambos habían bebido mucho, así que se sentaban a recobrar fuerzas en cada descansillo mientras subían las escaleras hasta el sexto piso. Cuando por fin abrieron la puerta de su apartamento, oyeron propagarse por la ciudad un auténtico pandemonio, entre los vítores de la gente y los bocinazos de los coches; las campanas repicaban en las iglesias y aullaban las sirenas de las fábricas. ¿Otra revolución en Venezuela? No tenían radio en el apartamento y no les quedó más remedio que volver a bajar los seis tramos de escaleras para enterarse de qué estaba ocurriendo. La portera, una mujer portuguesa, les dijo que no se trataba de Venezuela: ¡Batista había caído en Cuba![35] Aquel mismo día, el 1 enero de 1959, Fidel Castro condujo a su ejército guerrillero hasta La Habana e inició una nueva era de la historia latinoamericana. Y, por vez primera desde 1492, todo el planeta quedaría afectado directamente por los acontecimientos políticos de América Latina. Tal vez los tiempos de soledad y fracaso del continente tocaban a su fin, acaso especuló García Márquez. Aquel mismo día celebró la noticia con Plinio Mendoza tomando una gran cantidad de cervezas frías en el balcón del apartamento de los Mendoza en Bello Monte, mientras los coches conducían por la red de autopistas de Caracas entre bocinazos y con banderas cubanas ondeando en las ventanillas. Pasaron las dos semanas siguientes rastreando hasta el último detalle de los acontecimientos a través de cables de prensa en sus respectivas oficinas.

El 18 de enero de 1959, García Márquez estaba poniendo en orden su mesa en la oficina de *Venezuela Gráfica* antes de irse a casa cuando un revolucionario cubano llegó y le anunció que en el aeropuerto de Maiquetía había un avión que fletaría a la isla a los periodistas interesados en presenciar el juicio público de los criminales de Batista, en lo que se llamó «Operación Verdad». ¿Tenía interés en ir? Había que decidirse allí mismo y sin dilación, porque el avión saldría aquella misma tarde y ni siquiera tendría tiempo de pasar por casa. De todos modos Mercedes estaba en Barranquilla disfrutando de unas breves vacaciones con su familia. García Márquez llamó a Plinio Mendoza: «Mete dos camisas en una maleta y vente. Nos vamos para Cuba invitados por Fidel». Partieron aquella misma noche —García Márquez con lo puesto, ni siquiera llevaba pasaporte—, en un bimotor apresado del ejército de Batista que despedía «un olor insoportable de orines agrios».[36] Cuando subieron a bordo había cámaras de prensa y de televisión que lo grababan todo, y García Márquez quedó consternado al ver que el hombre a los mandos del avión era un conocido presentador de radio, un exiliado cubano cuya faceta de piloto tomó a todos por sorpresa. Entonces le oyó quejarse a la compañía aérea de que el avión llevaba exceso de carga, y que el pasillo iba ocupado por pasajeros sin asiento y pilas de equipaje. García Márquez le preguntó al piloto con voz temblorosa si creía que conseguirían llegar a destino, y éste le aconsejó que se encomendara a la Virgen. El avión despegó en medio de una tormenta tropical y tuvo que hacer una parada de emergencia en Camagüey en mitad de la noche.

Llegaron a La Habana el día 19 por la mañana, tres días después de que Fidel Castro se convirtiera en presidente, y se sumieron de inmediato en el entusiasmo, la confusión y el drama de aquella revolución aún en mantillas. Por todas partes se veían banderas rojas, guerrilleros barbudos con rifles al hombro se mezclaban con campesinos de mirada soñadora y sombrero de paja, y se respiraba una euforia inolvidable. Una de las primeras cosas que llamó la atención de los dos amigos fue advertir que algunos pilotos de las fuerzas aéreas de Batista se dejaban crecer la barba para mostrar que ahora eran revolucionarios. En un abrir y cerrar de ojos García Márquez se vio transportado al palacio nacional, que recuerda como un caos absoluto en el que revolucionarios, contrarrevolucionarios y periodistas se mezclaban sin orden ni concierto. Mendoza recordaría que, mientras entraban en fila en la sala de prensa, vio a Camilo Cienfuegos y al Che Guevara hablando, y oyó con absoluta nitidez a Cienfuegos decir: «A esos hijos de puta habría que fusilarlos».[37] Minutos después, García Márquez estaba entrevistando al legendario general español Alberto Bayo cuando oyó la llegada del helicóptero de Castro, que acudía a explicar la «Operación Verdad» ante una multitud de un millón de personas congregada a lo largo de la avenida de las Misiones, frente al edificio.[38] García Márquez interrumpió su entrevista al ver que Castro hacía su entrada en la amplia sala, y mientras el nuevo líder se preparaba para hablar, lo separaban de él sólo tres personas. Cuando empezó, García Márquez sintió que lo encañonaban con un revólver por la espalda; el guardia presidencial lo había tomado por un infiltrado. Por suerte pudo explicarse.

Al día siguiente, los dos colombianos fueron a la Ciudad Deportiva a presenciar el juicio de los partidarios de Batista acusados de crímenes de guerra, y permanecieron allí el día entero y toda la noche. El propósito de la «Operación Verdad» era mostrar al mundo que la revolución trataba de ejecutar tan sólo a los criminales de guerra, no a los «partidarios de Batista», como se aseguraba ya en algunos sectores de la prensa estadounidense. García Márquez y Mendoza asistieron al juicio del coronel Jesús Sosa Blanco, uno de los miembros más destacados de las fuerzas armadas de Batista, acusado de asesinar a campesinos desarmados. En el recinto se había preparado una especie de cuadrilátero de boxeo iluminado con focos, donde los acusados permanecían de pie esposados. Los dos colombianos se hallaron en la primera fila; la multitud, que tomaba tentempiés improvisados y bebía cerveza, clamaba sangre, mientras Sosa Blanco, con una mezcla de desdén, cinismo y terror, trataba de defenderse.

Cuando finalmente Sosa fue declarado culpable, Plinio Mendoza le hizo entrega del micrófono al condenado para que pudiera responder al veredicto; sin embargo, Sosa rehusó cualquier comentario. Con posterioridad, García Márquez comentó que este acontecimiento cambió su idea para El otoño del patriarca, que ahora concebía como el juicio a un dictador recientemente derrocado, narrado a través de monólogos alrededor de un cadáver. Tanto él como Mendoza declinaron acompañar a otros periodistas a visitar al condenado en su celda aquella noche. A la mañana siguiente, la esposa y las dos hijas gemelas de doce años de Sosa Blanco fueron al hotel a suplicar a los periodistas extranjeros que firmaran una petición de clemencia, lo cual hicieron todos sin excepción. La madre había dado fármacos a sus hijas la noche anterior para mantenerlas despiertas: «Quiero que lo vean todo, que no olviden nada de esta noche».[39] Da la impresión de que García Márquez firmó la petición más movido por la lástima que le daba la familia y por el rechazo que toda la vida ha sentido hacia la pena de muerte que porque le preocupara la justicia del proceso. En realidad, Sosa Blanco tenía razón en reivindicar que el juicio había sido un «circo»; sin embargo, no un circo romano. Su culpabilidad no estaba en duda y, muchos años después, tanto García Márquez como Mendoza dirían que en su opinión había sido, a pesar de las irregularidades, una sentencia justa.[40]

Tres días después, los dos amigos volaron de regreso a Caracas. Plinio Mendoza, exasperado ya por lo que interpretaba como un rechazo creciente a los extranjeros en Venezuela, decidió volver a Bogotá. Se marchó a finales de febrero y empezó a trabajar por cuenta propia para revistas como *Cromos* y *La Calle*, mientras esperaba noticias de Cuba. La euforia utopista había convencido a Mendoza, más joven y siempre más impresionable e impulsivo que su amigo, que de algún modo debía trabajar en pro de la nueva revolución, en la que ambos hombres veían un fenómeno de dimensiones y trascendencia continentales. El propio García Márquez ya había dejado claro a sus contactos en Cuba que también él podía estar dispuesto a trabajar para el nuevo régimen. Caso que encontraran algo en lo que pudiera ser de utilidad.

La prensa estadounidense hablaba cada vez con mayor preocupación del «baño de sangre» que se estaba produciendo en La Habana, con ejecuciones sistemáticas de todos los «partidarios de Batista» que cayeran en cualquier redada, mientras el gobierno revolucionario seguía insistiendo en que se juzgaba y se ejecutaba únicamente a criminales de guerra probados. García Márquez y Mendoza estaban convencidos de la justicia de la causa cubana, así como de la iniquidad de las reacciones del gobierno y los medios de comunicación de Estados Unidos. Un periodista argentino, Jorge Ricardo Masetti, entrevistado durante los acontecimientos de la Ciudad Deportiva, había declarado que la cobertura estadounidense de los sucesos en Cuba demostraba una vez más la necesidad de una agencia de prensa latinoamericana que defendiera los intereses del pueblo de América Latina.[41] Este interés por presentar las noticias desde una perspectiva latinoamericana era ya una obsesión de García Márquez. Finalmente, el nuevo gobierno invitó a Masetti a establecer en La Habana una agencia de prensa como la que él mismo había recomendado; se llamaría Prensa Latina, o comúnmente, Prela. Tan pronto como se acordó la creación de este vehículo revolucionario indispensable, Masetti empezó a buscar personal para formar la plantilla y colaboradores en todos los países del continente, y poco a poco fue abriendo oficinas en todas las principales capitales latinoamericanas.

En abril, poco después de que Castro visitara Washington y Nueva York durante once días y fuera desairado por el gobierno estadounidense, un mexicano llamado Armando Rodríguez Suárez llegó a Bogotá con una maleta llena de billetes. Después de hablar con su amigo Guillermo Angulo, ya de regreso en Bogotá, propuso que Plinio Mendoza y García Márquez abrieran la nueva oficina de Prensa Latina que se pensaba inaugurar en la ciudad. Mendoza aceptó sin dudarlo un instante y acto seguido confirmó que su amigo García Márquez estaba aún en Venezuela, que era un periodista brillante y ferviente defensor de la revolución, a quien no había más que decírselo. «¡Hazlo venir enseguida!», fue la respuesta inmediata.[42] La revolución se iba construyendo sobre la marcha. García Márquez diría más adelante: «No se firmaba recibo de ninguna clase. Ésa era la Revolución».[43] Días después, el Royal Bank de Canadá notificó a Mendoza que habían llegado diez mil dólares a su nombre. Telegrafió a García Márquez y le dijo que cogiera el siguiente avión.

Llegado el momento, el deseo de García Márquez de trabajar por Cuba venció su renuencia de volver a Bogotá. El progreso político de Venezuela, a pesar de todos los problemas y titubeos por los que atravesaba, había dejado en él una honda impresión; sin embargo, Cuba suponía ir un paso —o varios— más allá. García Márquez y Mercedes llegaron a Bogotá a comienzos de mayo, sin saber exactamente aún con qué propósito, según la versión de Mendoza, y Gabo celebró la noticia cuando Mendoza los fue a buscar al aeropuerto: «¡Cuba! ¡Cojonudo!».[44] En los doce años que llevaba ejerciendo el periodismo era su primera oportunidad de hacer exactamente el tipo de trabajo que quería, sin censura ni compromisos. O eso creía. Las nuevas oficinas de Prensa Latina estaban en la carrera Séptima —¡ese mero hecho debió de parecerle una revolución!—, entre las calles Diecisiete y Dieciocho, enfrente del café Tampa, y en realidad bastante cerca de la pensión en la que había estado cuando llegó por primera vez a Bogotá, quince años antes, de camino a Zipaquirá.[45] Bogotá ya no era el bastión inexpugnable de los cachacos a ojos de García Márquez: ahora era la ciudad donde Fidel Castro había aprendido lecciones revolucionarias de enorme calado en abril de 1948, así como el lugar donde Plinio y él iban a difundir la revolución. Se puso manos a la obra sin pérdida de tiempo. Había mucho que aprender, y otro tanto que improvisar. En poco tiempo, la oficina de la carrera Séptima se convirtió en un lugar de reunión para la izquierda colombiana. La plantilla, de la que formaba parte Eduardo, el hermano de Mercedes, se implicó a fondo al comienzo mismo del período más turbulento, apasionado y, en última instancia, trágico de la historia del siglo xx en América Latina. En aquella época, progresistas de todo el mundo observaban los acontecimientos de Cuba con una atención vivísima, y a menudo ferviente; y los jóvenes latinoamericanos empezaron a aplicar las «lecciones de Cuba» a sus propios países, a organizar movimientos de guerrilla por todo el continente. Mendoza y García Márquez, sin ir más lejos, organizarían frecuentes concentraciones en favor de Cuba en las calles próximas a la oficina.

A pesar de esta actividad, y como solía ocurrir, Colombia demostraba ser la excepción a la regla del continente. El curso de los acontecimientos era menos prometedor a ojos de los progresistas de lo que lo era en Cuba o en Venezuela. Cuando en marzo de 1957 Rojas Pinilla empezó a tambalearse después de que la Iglesia colombiana condenara su régimen, había surgido un movimiento cívico liderado por el dirigente liberal Alberto Lleras Camargo que llamó a una huelga general. El dictador había renunciado al poder el 10 de mayo y había delegado en una junta de cinco hombres al mando del general Gabriel París Gordillo, la cual se vio obligada a prometer un regreso a la democracia. El 20 de julio, en el pueblo costero de Sitges, en el mediterráneo español, Lleras y el dirigente conservador en el exilio, Laureano Gómez, habían planeado un acuerdo, lo que se denominaría «Frente Nacional», por el que el Partido Conservador y el Liberal se alternarían en el poder formando una entidad bicéfala de cara al futuro inmediato, a fin de evitar tanto el caos político —código para un giro a la izquierda— como el riesgo de volver a un gobierno militar. La junta había anunciado un plebiscito en octubre, y el país había aprobado el proyecto el 1 de diciembre de 1957. Tras una singular votación primaria en la que se decidieron los candidatos más populares de ambos partidos, Lleras se impuso sin oposición en las elecciones de 1958 y, poco después de que García Márquez y Mercedes Barcha volvieran a Venezuela tras contraer matrimonio en marzo, el dirigente liberal había sido aclamado como el siguiente presidente «democrático» de Colombia a partir de agosto de 1958.

García Márquez había sintetizado la historia reciente de Colombia en términos nada titubeantes en un artículo que se publicó en Caracas el mismo día en que se casó:

> Después de ocho años, nueve meses y once días sin elecciones, el pueblo colombiano volvió a las urnas para reintegrar un congreso que fue disuelto el 9 de noviembre de 1949, por orden de Mariano Ospina Pérez, un presidente conservador que antes había sido un discreto multimillonario. Ese acto de fuerza inició, a las tres y treinta y cinco de un sábado, un período de tres dictaduras sucesivas que aún están costando al país 200.000 muertos y el más grave desajuste económico y social de toda su historia. La implacable persecución armada contra los liberales desfiguró la realidad liberal.[46]

Para completar su valoración condenatoria, García Márquez añadía con sorna que Lleras Camargo —a su parecer, el culpable en último término de que el Partido Liberal perdiera el poder en 1946— se había postulado candidato porque en realidad era un conservador que, como era previsible, había reclutado a los candidatos liberales de entre el mismo conjunto de «oligarcas» que habían presentado su candidatura para el partido veinte años antes. Un partido nuevo, el Movimiento Revolucionario Liberal (MRL), fundado el 13 de febrero de 1959 por Alfonso López Michelsen, causaría un revuelo pasajero en los años sesenta, pero finalmente su impacto en la lucha entre los dos dinosaurios políticos fue escaso.

Como de costumbre, al margen de las frustraciones de la política colombiana en general, García Márquez no estaba en modo alguno satisfecho con su regreso a la gris y lóbrega Bogotá. Sin embargo, ahora contaba con una mujer con quien compartir sus reacciones y podía emplear su resistencia costeña ante los métodos pérfidos de los bogotanos. Mercedes estaba encinta de varios meses, llevaba el pelo corto y con frecuencia pantalones, lo cual sorprendía a sus vecinos de Bogotá, sobre todo en el caso de una embarazada, al igual que las camisas chillonas y la debilidad de su marido por los canallas cubanos.[47] Plinio Mendoza, todavía soltero, aparecía por su apartamento casi a diario y llevaba a Mercedes al cine cuando Gabo estaba ocupado. Su amigo y él se habían comprado unas gabardinas azules idénticas y sus amigos solían burlarse diciendo que parecían «dos muchachos vestidos por la misma mamá».[48]

En la segunda mitad de aquel año vieron la luz los artículos que García Márquez había escrito en 1957 con motivo de su visita a Europa del

Este. Aparecieron en *Cromos* bajo el título genérico «90 días en la Cortina de Hierro», entre el 27 de julio y el 28 de septiembre de 1959. Quizá fue significativo que sobre Hungría no repitiera el mismo artículo, es de suponer que porque Kádár había ejecutado a Nagy después de que García Márquez le diera tan buena prensa. En su lugar había escrito un artículo sobre el asunto —aunque en él ni siquiera les recordara a sus lectores su familiaridad con Kádár—, y se percibía que culpaba más a Kruschev que al húngaro: «Aun quienes por cuestión de principios hemos creído en el papel decisivo que Kruschev estaba jugando en la historia del socialismo, tenemos que reconocer el sospechoso parecido que el primer ministro soviético empieza a tener con Stalin».[49] Curiosamente, en lo que más hincapié hace García Márquez es en que la ejecución de Nagy fue un «acto de una innegable estupidez política»; no sería la última vez que adoptara una postura tan pragmática ante políticas autoritarias que se hubiera esperado que condenara por principio. Acaso no debería sorprendernos que el hombre que lo escribió, que en este momento cree claramente en que hay hombres «apropiados» o «indebidos» para encarar situaciones concretas y que con sangre fría antepone la política a la moral, con el tiempo apoyara a un dirigente «insustituible» como Fidel Castro, a las duras y a las maduras. Por irónico que parezca, la serie acerca de Europa del Este tenía más relevancia y vigencia en 1959 que cuando la escribió en París, antes de marcharse a Londres dos años atrás, porque América Latina pasaba por un marcado giro hacia la izquierda y las discusiones sobre el comunismo, el socialismo, el capitalismo y la democracia se debatirían una y otra vez durante los veinticinco años siguientes.

Mercedes dio a luz a su primer hijo, Rodrigo García Barcha, el 24 de agosto. Aunque tuvo la desventura de nacer cachaco, su bautizo fue el de un niño destinado a grandes cosas. El padrino, como era de esperar, fue Plinio Mendoza y la madrina, Susana Linares, la esposa de Germán Vargas, que ahora vivía en Bogotá; pero el recién nacido fue bautizado por el padre Camilo Torres, el sacerdote agitador a quien García Márquez conocía desde sus tiempos de estudiante de derecho, allá por 1947. Torres había dejado la universidad a finales de aquel mismo año, y su desventurada novia se había retirado a un convento. En 1955 se había ordenado sacerdote y a continuación estudió sociología en la Universidad Católica de Lovaina, coincidiendo en Europa con sus tres antiguos amigos de la facultad: García Márquez, Plinio Mendoza y Luis Villar Borda. A su regreso a Colombia se había dedicado a la enseñanza de sociología en la Universidad Nacional, donde todos habían coincidido la primera vez. Cuando volvieron a encontrarse, en 1959, el padre Torres tomaba parte activa en las comunidades marginales de Bogotá y cada vez se sentía más alienado de la jerarquía eclesiástica tradicional.[50] No hay duda de que García Márquez deseaba que Torres oficiara el bautismo de su hijo por razones sentimentales, pero lo cierto es que era también el único sacerdote a quien Mercedes y él conocían. Al principio Torres no aceptó a Plinio Mendoza de padrino, no sólo porque no fuera creyente, sino por su probada irreverencia. Mientras bautizaba a la criatura, Torres recitó: «El que crea que sobre esta criatura desciende ahora el Espíritu Santo, debe arrodillarse». Los cuatro asistentes a la ceremonia permanecieron de pie.[51]

Tras el nacimiento de Rodrigo, siempre que los dos compadres llegaban de la oficina, de ordinario bien entrada la noche, trataban de despertar al bebé para jugar con él; cuando Mercedes protestaba, como siempre hacía, García Márquez le decía: «Bueno, pero tampoco regañe al compadre».[52] Camilo Torres siguió siendo una visita frecuente en la casa de los García Barcha. Seis años después el padre Torres, todavía un bendito inocente, se uniría a los guerrilleros del Ejército de Liberación Nacional (ELN) y moriría en su primer combate. Aún hoy es el cura revolucionario más célebre de la historia latinoamericana del siglo XX.

1959, el año de la Revolución cubana, tocaba prácticamente a su fin. Mucho antes de que acabara, García Márquez había terminado de escribir el que sería, sin lugar a dudas, el relato más importante de toda su carrera. Verdaderamente, la extraordinaria creación que constituye «Los funerales de la Mamá Grande» nunca debió incluirse en la misma antología que el resto de los cuentos que empezó en Londres y terminó en Venezuela, los cuales suponían una continuidad de sus trabajos neorrealistas, afines tanto por estilo como por ideología a *El coronel no tiene quien le escriba*. Lejos de ser una continuación, o tan siquiera una culminación del medio de expresión literario y de aquella era ideológica, «Los funerales de la Mamá Grande» encerraba algo sumamente novedoso: es uno de los textos clave de toda la trayectoria literaria y política de García Márquez, el que aúna sus dos estilos literarios —«realista» y «mágico»— por primera vez, y el que allana el camino a toda la obra de madurez de los próximos cincuenta años, en particular a sus dos obras cumbre, *Cien años de soledad* y *El otoño del patriarca*. De hecho, es tal la talla de este relato, en especial de su final, y se alcanza una fusión de distintos elementos de la mitología personal y la poética de García Márquez tan emblemática, que él mismo pasaría años tratando de separar las diferentes facetas del cuento para pensar el final de esas dos obras monumentales que le deparaba el futuro.

El hecho es que el regreso a Colombia, desde un punto de vista político, había sido un impacto cultural violento, si no inesperado, para García Márquez. Había escrito *El coronel no tiene quien le escriba* en Europa, donde, a pesar de todo, podía sentir cierta nostalgia de su país y de algunas de las personas que quedaron allí. El resto de los relatos que se incluirían en el volumen en preparación también fueron empezados en Europa, y los terminó en sus primeros meses en Venezuela; destilan un afecto por los colombianos similar al inconfundible cariño que siente por el coronel anónimo. «Los funerales de la Mamá Grande», en cambio, fue el producto de su regreso a la Colombia real, que no se producía únicamente más de tres años después de su marcha, sino que en el relato además se percibe la inequívoca huella de Europa, de Venezuela, de Cuba. Leerlo por primera vez es sentir el peso de esa riqueza de experiencias agolpándose, una tras otra, sobre la percepción que tiene de su país; es sentir toda la frustración acumulada del escritor, y el desprecio y la rabia hacia un país que consumía sin cesar a sus propios hijos y parecía que nunca jamás fuera a cambiar.

Así que lo primero que debe decirse acerca de «Los funerales de la Mamá Grande» es que en el relato apenas ocurre nada; se trata de una gran narración en la que hay mucho ruido y pocas nueces, o poca acción. Cuenta la historia —de hecho, es un narrador muy parecido al propio Gabriel García Márquez el que cuenta el relato— de la vida y la muerte (más la muerte que la vida) de una anciana matriarca colombiana conocida como la Mamá Grande, a cuyo funeral asisten todos los políticos y dignatarios de Colombia, e incluso visitas distinguidas de otros países, como Su Santidad el Papa. La historia muestra, aunque sin decirlo, que toda la vida de la Mamá Grande ha transcurrido en medio de la nada más absoluta, que toda su riqueza se fundamenta en una relación vergonzante de explotación cruel con el campesinado jornalero, y que en lo tocante a su persona es fea, vulgar y ridícula en todos los sentidos. Sin embargo, en aquel país inconfundible aunque no se nombre, nadie parece advertir estas obviedades. En otras palabras, García Márquez está creando una alegoría que pone en evidencia la verdadera situación moral de la clase de «oligarquía», aún feudal, que había identificado Gaitán, al tiempo que desenmascara la hipocresía de una clase dirigente dominada por los cachacos y que pretende hacer creer que Colombia es el mejor de los mundos posibles, y que los únicos que hacen quedar mal al país son los pobres malnacidos a quienes estos seres superiores oprimen. Nos hallamos, desde la óptica de García Márquez, ante un sistema terrateniente colonial supervisado por un sistema político decimonónico. ¡Cuándo llegaría el siglo xx para Colombia! Así pues, su relato arranca como la representación de un mundo del revés, donde todo está patas arriba:

> Ésta es, incrédulos del mundo entero, la verídica historia de la Mamá Grande, soberana absoluta del reino de Macondo, que vivió en función de dominio durante 92 años y murió en olor de santidad un martes del septiembre pasado, y a cuyos funerales vino el Sumo Pontífice.[53]

Y, quince páginas después, concluye:

> Ahora podía el Sumo Pontífice subir al cielo en cuerpo y alma, cumplida su misión en la tierra, y podía el presidente de la república sentarse a gobernar según su buen criterio, y podían las reinas de todo lo habido y por haber casarse y ser felices y engendrar y parir muchos hijos, y podían las muchedumbres colgar sus toldos según su leal modo de saber y entender en los desmesurados dominios de la Mamá Grande, porque la única que podía oponerse a ello y tenía suficiente poder para hacerlo había empezado a pudrirse bajo una plataforma de plomo. Sólo faltaba entonces que alguien recostara un taburete en la puerta para contar esta historia, lección y escarmiento de las generaciones futuras, y que ninguno de los incrédulos del mundo se quedara sin conocer la noticia de la Mamá Grande, que mañana miércoles vendrán los barrenderos y barrerán la basura de sus funerales, por todos los siglos de los siglos.[54]

Uno piensa en el tono y la retórica del propio Karl Marx.[55] Sin embargo, la voz y el punto de vista de este narrador se quedan apenas a un paso del sarcasmo descarado y se contentan con una ironía punto menos que swiftiana o volteriana, tan poderosa que es capaz de afirmar justo lo contrario de lo que cree, con la seguridad de que el lector le seguirá.

Obviamente, «Los funerales de la Mamá Grande» es la reacción furiosa de García Márquez ante la situación nacional y la sensación de decepción que lo invade a él mismo a su regreso, después de cuatro largos años fuera del país. La gran diferencia es ahora que su voz es la de un escritor con autoridad, un escritor cuyo desdén y menosprecio son bien merecidos, pues se fundamentan en sus experiencias por el vasto mundo.[56] El narrador pinta una Colombia incapaz de cambiar, pero desde una perspectiva —¿la de la Unión Soviética?, ¿la de Venezuela?, ¿la de Cuba?— consciente de la posibilidad del cambio, algo que el narrador de *La hojarasca* aún no sabía. Un relato de estas características solamente podría haberse escrito en 1959, cuando García Márquez había pasado por lo que Marx hubiera denominado la experiencia «dialéctica» de contrastar el Frente Nacional colombiano con la revolución cubana, y con la capacidad por tanto de otorgar a su realismo mágico incipiente un sesgo salvaje, satírico, carnavalesco y político. Este relato es, de hecho, un momento único de síntesis y equilibrio al mismo tiempo. Una de las cosas que dice es: «Ya no puedo escribir cuentos como los que integran este volumen. Mi fase "realista" ha tocado a su fin». Sin embargo, en este momento él mismo estaba a punto de convertirse en la víctima de una gran ironía histórica.

Quiso el destino que, aunque él mismo hubiera puesto término a su fase realista, o neorrealista, ahora mantuviese un contacto entusiasta con Cuba. Paradójicamente, el régimen cubano, que estaba ensanchando la imaginación de tantos escritores e intelectuales latinoamericanos, a pesar de todo no tardaría en abogar por el tipo de escritura realista que García Márquez, precisamente ahora, empezaba a ser incapaz de producir. Él necesitaría el espectáculo tranquilizador de otros escritores latinoamericanos que publicaran novelas sustentadas en el mito y la magia antes de ser capaz de concebir una novela que ignorara por completo —en realidad, que tácitamente negara— los principios del realismo socialista. Habría también, por añadidura, factores de índole estrictamente biográfica en proceso a lo largo de los próximos años. Un nuevo cambio de residencia —otro más que sumar a la lista— y la necesidad de mantener a su esposa y a sus hijos influirían enormemente en el período que se avecinaba: se apartaría de su vocación de un modo desconocido hasta entonces, porque ya no podía permitirse el siniestro lujo de pasar hambre mientras atendía la llamada de la inspiración cuando y dondequiera que lo asaltase. Así pues, la «Mamá Grande» durante años parecería tan sólo el fin de una etapa (o incluso, durante un tiempo, el final de su carrera de escritor); no sería hasta mucho después cuando pudiera interpretarse como un punto de referencia histórica indispensable, el comienzo de su período de madurez.

De hecho, entonces, hacia mediados de los sesenta, García Márquez pasaba por un punto muerto en lo tocante a la literatura. Incluso se estaba planteando volver a Barranquilla y dedicarse al cine junto a Álvaro Cepeda si su trabajo con la revolución cubana no salía bien.[57] En una de sus visitas a Barranquilla, Alberto Aguirre, el delegado de Medellín que se ocupaba del sector cinematográfico, y García Márquez estaban esperando en el hotel del Prado a Cepeda, que se suponía que debía llegar con una propuesta para crear un organismo cinematográfico nacional. Sin embargo, Cepeda no acudió, así que en el transcurso del almuerzo García Márquez mencionó de pasada que Mercedes lo había telefoneado desde Bogotá para decirle que debían pagar seiscientos pesos para evitar que les dieran de baja los servicios. Aguirre era un abogado y editor a quien *El coronel no tiene quien le escriba* le había despertado admiración cuando *Mito* lo publicó dos años antes. Al final de la comida, le ofreció reeditar la novela. García Márquez dijo: «Estás loco, tú sabes que mis libros no se venden en Colombia. Acuérdate de lo que pasó con la primera edición de *La hojarasca*». Aguirre estaba resuelto a convencerlo, a pesar de todo, y le ofreció ochocientos pesos, doscientos por adelantado. García Márquez pensó en la factura de la luz y accedió en el acto. En una carta de un año después se lamentaría de ser «el único que hace contratos verbales enguayabado, tumbado en una mecedora de bambú, en el bochorno del trópico».[58] Sin embargo, lo que le dijo a Aguirre era cierto. Cuando salió el libro en 1961 se vendieron sólo ochocientos de los dos mil ejemplares de la primera tirada. Si hubiera esperado a que le llegara el éxito en Colombia, tal vez jamás le hubiera llegado.

13

La Revolución cubana y Estados Unidos

1959-1961

En septiembre de 1960, el argentino Jorge Ricardo Masetti, fundador de Prensa Latina, pasó por Bogotá de camino a Brasil. Masetti, con una belleza propia de una estrella de cine y una apostura capaz de rivalizar con su amigo y compatriota Ernesto Che Guevara, se había enfrascado ya en una lucha desesperada contra el sectarismo del Partido Comunista, una cuestión que había abordado con frecuencia en La Habana con Plinio Mendoza. Durante su fugaz visita de dos días a Bogotá, Masetti visitó a García Márquez en su casa y les dijo a Mendoza y a él que ya no podía permitirse contar con dos personas de confianza en Colombia. ¿Cuál de ellos, les preguntó, tenía ganas de marcharse a otro destino? A pesar de ser soltero, Mendoza, que ya había estado en Cuba en siete ocasiones aquel año, así como en San Francisco con motivo de una reunión de la Sociedad Interamericana de Prensa (SIP), dijo que quería quedarse en Colombia, de modo que García Márquez, quien había congeniado con Masetti de buen principio, aceptó irse.[1] La idea era que pasara unos meses yendo a La Habana con frecuencia a fin de orientarse acerca de los últimos métodos de Prensa Latina y formara a nuevos periodistas, antes de que lo mandasen a desempeñar algún cometido específico. Partió casi de inmediato, vía Barranquilla, donde dejó a Mercedes y Rodrigo para que pasaran otras vacaciones con la familia Barcha.

En los tres meses siguientes viajó a La Habana por lo menos en cuatro ocasiones, en una de las cuales permaneció en la isla durante un mes. La Habana era una ciudad sitiada, que se debatía para avanzar por la senda revolucionaria en medio de constantes temores de contrarrevolución y lidiaba con la posibilidad cotidiana de una invasión de Estados Unidos que parecía inevitable. Castro había nacionalizado numerosas empresas aquel mismo año, y en agosto había expropiado al fin todos los intereses estadounidenses para desquitarse de la «agresión económica» de la gran potencia. Un mes antes, Kruschev había prestado su apoyo a la reivindicación histórica de Cuba, que reclamaba el enclave estadounidense de Guantánamo en el punto en que las relaciones empezaban a endurecerse. El 3 de septiembre, el dirigente soviético exigió que Naciones Unidas se trasladara de Nueva York a una ubicación más neutral; el 29 de ese mismo mes estaría aporreando el escritorio con el zapato en la propia sede de Naciones Unidas y abrazando ostentosamente a Fidel Castro. Sin asomo de dudas era la guerra, o cuando menos el preludio de la misma.

Las oficinas de Prensa Latina estaban apenas a un par de calles del Malecón, la avenida que sigue el sinuoso perfil de la orilla caribeña de La Habana. Las carreteras de acceso a la ciudad estaban cerradas con barricadas de sacos de arena y controles, y había soldados revolucionarios haciendo guardia a todas horas. Mientras permaneció en La Habana, García Márquez compartió un pequeño apartamento en el vigésimo piso del edificio del Retiro Médico con un periodista brasileño, Aroldo Wall. Tenían dos dormitorios, un salón y una terraza con vistas al mar. Comían en el restaurante Cibeles, en los bajos del edificio, o en otros establecimientos de los alrededores. Durante los tres meses que pasó yendo y viniendo de La Habana, éstos fueron prácticamente los únicos lugares que vio García Márquez.[2] Sin embargo, volvía a verse embarcado en un proyecto aún incipiente que exigía que todo el mundo, incluido él, se empleara a fondo para alcanzar los límites mismos de sus posibilidades. No había horario de ninguna clase; todo el mundo trabajaba siempre que fuera necesario y a diario surgía alguna nueva crisis. A veces se escabullía al cine por la noche, y al volver a la oficina bien entrada la noche, Masetti todavía estaba allí; con frecuencia García Márquez se ponía a trabajar con él hasta las cinco de la mañana, y luego Masetti volvía a llamarlo a las nueve. En poco tiempo se infiltraron en la oficina de los comunistas ortodoxos, liderados por el influyente y experimentado Aníbal Escalante, que al parecer conspiraban para hacerse con las riendas de la revolución desde dentro; en una ocasión, Masetti y García Márquez incluso los sorprendieron organizando una reunión secreta a altas horas de la noche.[3] Los partidarios de la línea dura (que en Colombia se conocen como *mamertos*), «dogmáticos» y «sectarios», que en Cuba tenían una larga trayectoria de colaboración, a veces «oportunista», con partidos y gobiernos «burgueses» y «reformistas», sospechaban de cualquiera que no fuera miembro del partido. Se guardaban la información para ellos, trataban de canalizar las políticas de la nueva revolución desde perspectivas soviéticas y con retórica y doctrinas al estilo de Moscú, y saboteaban las iniciativas que otros emprendían, aun cuando convinieran a los propósitos del nuevo gobierno. Al ver esto desde cerca, como entonces era el caso, García Márquez extraería lecciones amargas que marcarían su actitud y su activismo políticos en el futuro. Y ya empezaba a preguntarse lo mismo que se planteaba prácticamente todo el mundo en la isla, y que seguirían preguntándose casi medio siglo después: ¿qué pensaba Fidel de todo aquello?

Sus relaciones más estrechas eran con Masetti y otro escritor y periodista argentino, Rodolfo Walsh, que estaba allí acompañado de su mujer, Poupée Blanchard, a cargo de los denominados Servicios Especiales. En 1957 Walsh había escrito una de las crónicas documentales clásicas de América Latina, *Operación Masacre*, acerca de una conspiración militar en Argentina, con un estilo que no distaba mucho del que García Márquez había empleado en *Relato de un náufrago*. El punto álgido del período de García Márquez en Cuba llegó cuando Walsh descifró los mensajes en clave de la CIA a propósito de los preparativos de lo que se conocería como la invasión de bahía de Cochinos —playa Girón para los cubanos—. Masetti seguía el trabajo de todas las agencias nacionales día tras día y había advertido los párrafos incomprensibles de Tropical Cable en el teletipo. Tropical Cable era una filial de All American Cable, y Masetti empezó a olerse algo. Walsh, con la ayuda de un manual de criptología, consiguió descifrar todo el documento tras varios días sin dormir. Era un mensaje en clave de Guatemala a Washington acerca de los planes para invadir Cuba en abril de 1961. Cuando el código fue descifrado, invitaron a García Márquez a que se uniera a ellos para celebrarlo. Masetti quería que Walsh visitara los campos de instrucción contrarrevolucionarios de Retalhuleu, en Guatemala, disfrazado de pastor protestante vendedor de biblias, pero las autoridades cubanas empleaban estrategias menos románticas en sus servicios de inteligencia, y mantuvieron a Walsh en La Habana.[4]

Entre el ir y venir de Cuba, García Márquez regresaba a Bogotá y se reunía con su familia. Su último viaje a la isla fue en diciembre de 1960, en un vuelo panamericano desde Barranquilla, vía Camagüey. En Camagüey esperaba su vuelo de enlace a La Habana, pero hacía mal tiempo y había retraso. De improviso, mientras deambulaba a la espera de noticias, hubo una conmoción en la sala de espera del aeropuerto: acababan de llegar Fidel Castro y su compañera, Celia Sánchez. El coman-

dante tenía hambre y pidió un plato de pollo en la cafetería del aeropuerto. Cuando le dijeron que no había pollo, Castro dijo que había estado visitando granjas durante tres días y que cómo era posible que la
Revolución no sirviera pollos en el aeropuerto, sobre todo teniendo en
cuenta que los gringos no se cansaban de repetir que los cubanos se morían de hambre, y en aquel aeropuerto se les daba la razón. Nadie intervino cuando García Márquez se acercó a Celia Sánchez y le explicó
quién era y lo que estaba haciendo en Cuba. Castro volvió, saludó a
García Márquez y después siguió departiendo acaloradamente con él
acerca de los problemas de Cuba con relación a los pollos y los huevos.
Castro y Sánchez esperaban un DC-3 que debía llevarlos de regreso a La
Habana; entretanto, al fin se encontró pollo y Castro desapareció en el
restaurante. Cuando volvió y le comunicaron que el aeropuerto de La
Habana estaba cerrado por la persistencia del mal tiempo, Castro replicó: «Tengo que estar allá a las cinco. Nos vamos». García Márquez, que
esperaba, como de costumbre, que su vuelo sufriera un retraso enorme,
no acertó a pensar si el dirigente cubano estaba loco o era sencillamente temerario. Cuando llegó a La Habana, horas después, en un Viscount
de Cubana, sintió alivio al ver el avión de Castro estacionado en la pista. Desde entonces no ha dejado de preocuparse por el bienestar del dirigente cubano.

Justo antes de las Navidades, Masetti pasó a verlo un día y dijo: «Nos
vamos a Lima, la oficina allá tiene problemas». Hicieron parada un día
en Ciudad de México y García Márquez quedó obnubilado al ver por
primera vez la majestuosa capital azteca, sin imaginar que en el futuro
pasaría allí buena parte de su vida. Álvaro Mutis acababa de ser puesto
en libertad de la penitenciaría de Lecumberri tras catorce meses de condena por malversación de fondos en Colombia, donde había sido generoso en exceso con algunos amigos en relación con el presupuesto que
sus empleadores de Esso le habían dado para llevar a cabo sus relaciones
públicas. García Márquez le hizo una visita y su amigo le dispensó la
acostumbrada bienvenida: Mutis demostró ser igual de hospitalario
cuando los gastos corrían de su cuenta.

A continuación, García Márquez y Masetti volaron hacia Lima, vía
Ciudad de Guatemala, en un 707 con motor a reacción; era la primera
vez que García Márquez pasaba por esta experiencia casi supersónica. A
raíz de que Masetti y Walsh descubrieran que Guatemala estaba implicada en la preparación de los exiliados cubanos, Masetti esperaba con

entusiasmo pasar por la capital del país maya, aunque fuera brevemente. En el aeropuerto, siguiendo un impulso, Masetti propuso ir al campo de instrucción de los insurgentes que Walsh había identificado en Retalhuleu y provocar allí algún engorro. García Márquez dijo que aquello sería imprudente y Masetti dijo con desdén: «Eres un liberalito tranquilo, ¿verdad?». De modo que, en lugar de emprender aquella aventura, le gastaron una broma al dictador local, Miguel Ydígoras Fuentes. La información acerca del campo de instrucción rebelde no había trascendido al plano internacional, pero Masetti, con cierta irresponsabilidad, decidió dar un susto a Ydígoras. En el aeropuerto había una gran fotografía de un parque nacional guatemalteco frente a un volcán. Los dos hombres se hicieron fotografiar frente a la imagen y luego metieron la instantánea en un sobre, con un mensaje que decía: «Hemos recorrido todo su país y hemos descubierto todo lo que están haciendo aquí para invadir a Cuba». Daban detalles de localizaciones y cifras de soldados. Tras echar la carta al correo, el aeropuerto fue cerrado por el mal tiempo. García Márquez le dijo a Masetti: «¿Te das cuenta de que vamos a dormir en Guatemala, y de que el presidente va a recibir esta carta mañana mismo y nos van a cortar los huevos?». Por suerte, el aeropuerto volvió a funcionar a tiempo y pudieron seguir el viaje.[5]

Sin embargo, en aquella ocasión García Márquez no llegó a ir a Lima. Cuando hicieron parada en Panamá, Masetti oyó que trataba de telefonear a Mercedes. Le preguntó dónde estaba, y cuando García Márquez le contestó que en Barranquilla, Masetti le dijo que se fuera a casa con su mujer y su hijo, porque era justo antes de Navidad. Así que García Márquez cambió su billete y voló a Barranquilla, aunque no antes de que la policía panameña lo retuviera brevemente.

Incluso en los pocos meses que García Márquez había pasado en La Habana, en Prensa Latina habían empeorado notablemente las relaciones entre la gente de Masetti y los sectarios del Partido Comunista que querían alinear su revolución con la concepción eurocéntrica de revolución a escala mundial que propugnaba la Unión Soviética. Mendoza y García Márquez contemplaban angustiados mientras burócratas y oportunistas, recitadores de los mantras de Moscú, empezaban a hostigar, suplantar y, con el tiempo, perseguir a los vagabundos revolucionarios románticos, de gran corazón y larga cabellera, con los que Masetti y García Márquez se identificaban. Estos hombres y mujeres, así como el pueblo cubano por el que habían peleado, habían acuñado un estilo, inducido por Castro y Guevara, en el cual todo era improvisado, espontáneo e informal: de ahí que desde el principio los dos líderes supremos fueran «Fidel» y el «Che», y estuvieran también «Raúl» y «Camilo». Sin embargo, Masetti ya había advertido a García Márquez y Mendoza de que un espía del Partido Comunista vigilaba todos y cada uno de sus movimientos tras la visita de un agente cubano a la oficina de Bogotá. Masetti le reprochó a Mendoza que le hubiera escrito cartas de queja que sus enemigos podían leer y remitir a sus superiores: una de ellas había acabado en manos del propio Che Guevara.[6] En cada fibra de la nueva Cuba, en cada oficina y en cada fábrica, se estaba librando una lucha por el corazón y el alma de la revolución. Plinio Mendoza es de la opinión que los comunistas a la antigua usanza ganaron la primera batalla —de ahí las dificultades de Masetti (y, con el tiempo, las de Guevara)—, pero que Castro ganó la segunda cuando puso a prueba a Escalante y empezó a pagar a los comunistas con la misma moneda.[7] La lucha, demasiado compleja para interpretaciones simplistas, se ha prolongado desde entonces.

De vuelta en La Habana para el nuevo año, Masetti, sometido a presiones cada vez mayores, decidió enviar a García Márquez a Montreal, con el propósito de abrir allí una nueva oficina. Enseguida se descartó aquella idea, pero iba a inaugurarse una sede en Nueva York. ¡Mejor aún! García Márquez regresó a Bogotá a poner en orden sus asuntos en la oficina de Colombia; canceló el alquiler de su apartamento, regaló su juego de comedor y otros muebles a Mendoza, y mantuvo en silencio sus planes, alojándose clandestinamente en casa de su viejo amigo de Cartagena, Franco Múnera, quien para entonces también estaba viviendo en Bogotá.[8] Luego fue en avión hasta Barranquilla a recoger a Mercedes y Rodrigo, que habían alargado su estancia junto a la familia de ella. Le dejó todos sus libros a su hermana Rita, en Cartagena, en un enorme cajón de madera. Eligio, el ratón de biblioteca de la familia, rondaría durante muchos años «la caja de Gabito».[9]

La joven familia viajó a Nueva York a principios de enero de 1961. Estados Unidos había roto sus relaciones con Cuba el día 3 de aquel mismo mes, de manera que no se trataba del clima ideal para embarcarse en una aventura de aquellas características. No obstante, es una nueva muestra del don especial de García Márquez para llegar a un lugar justo cuando allí todo empieza a suceder. El 20 de enero John F. Kennedy tomó posesión de su cargo y se convirtió en el presidente más joven de la historia de Estados Unidos. Aunque comprometido por la po-

lítica hacia Cuba de la administración saliente, lo más probable es que
hubiera dado su apoyo a invadir la isla en cualquier caso. En la oficina
neoyorquina de Prensa Latina, situada en un rascacielos próximo al
Rockefeller Center, faltaba personal, así que se alegraron de la incorporación de García Márquez.[10] Era un momento de máxima paranoia, y el
recién llegado no quedó impresionado por las perspectivas. «No había
conocido hasta entonces un lugar más idóneo para morir asesinado», escribiría con posterioridad. «Era una oficina sórdida y solitaria en un viejo edificio del Rockefeller Center, con un cuarto de teletipos y una sala
de redacción con una ventana única que daba a un patio abismal, siempre triste y oloroso a hollín helado, de cuyo fondo subía a toda hora el
estruendo de las ratas disputándose las sobras en los tarros de basura.»[11]
Años después le diría al novelista norteamericano William Kennedy que
la Nueva York de aquella época era «diferente a cualquier otro lugar. Se
estaba pudriendo, pero también en el proceso de renacer, como la selva. Me fascinó».[12]

A estas alturas había ya más de cien mil refugiados cubanos en Miami, y otros miles seguían llegando cada mes. Muchos de ellos iban a parar a Nueva York. Estados Unidos planeaba emplear a muchos de estos
refugiados para llevar a cabo su invasión, y los mandaba a campos de instrucción clandestinos en Guatemala. Aunque la invasión de Cuba que se
avecinaba era un secreto de Estado, prácticamente todo el mundo en
Miami estaba al corriente. Como diría García Márquez más adelante:
«No hubo en la historia militar de todos los tiempos una guerra más avi-
sada».[13] En Nueva York, los latinoamericanos a favor y en contra de la
Revolución tomaban la precaución de ir a bares, restaurantes y cines distintos. Era peligroso aventurarse en territorio enemigo, y no eran infre-
cuentes las batallas campales; la policía, por lo general, procuraba no llegar hasta que hubieran acabado. García Márquez era igual de precavido
en evitar las confrontaciones.

La familia pasó solamente cinco meses en Nueva York, pero García
Márquez lo recordaría con posterioridad como uno de los períodos de
mayor tensión de su vida. Vivían en el hotel Webster, cerca de la Quinta Avenida, en el corazón mismo de Manhattan. Los trabajadores de
Prensa Latina estaban sometidos a las presiones constantes de los refugiados cubanos y a la histeria desatada en contra de Castro. A diario los «gu-
sanos» contrarrevolucionarios (el término que empleaba la Revolución)
les dedicaban insultos por teléfono, a los que García Márquez y sus cole-

gas replicaban de rutina: «Díselo a tu madre, cabrón». Se aseguraron de tener a mano armas caseras improvisadas en todo momento. Un día Mercedes recibió una llamada en la cual la amenazaron a ella y a Rodrigo personalmente, y quien llamó dijo que sabía dónde vivían y a qué horas salía de paseo con el niño —por lo común iba a Central Park, cerca de allí—. Mercedes tenía una amiga en el barrio de Jamaica, en la otra punta de la ciudad; no le mencionó la llamada a su marido, pero se fue a casa de su amiga unos días, diciendo que se aburría todo el día metida en el hotel. Probablemente resultaba adecuado que en esa época García Márquez estuviera revisando una vez más *La mala hora*, su libro más siniestro.

Después de que Mercedes dejara el hotel, Gabo pasaba la mayor parte de su tiempo en la oficina, durmiendo de noche en un sofá en condiciones de tensión creciente. El 13 de marzo asistió a una conferencia de prensa histórica en Washington, en la que John F. Kennedy anunció la creación de la Alianza para el Progreso.[14] Esto presagiaba un breve período en el que Estados Unidos empezó a hablar el lenguaje de los derechos humanos, la democracia y la cooperación, después de muchas décadas en que había prestado su apoyo a diversos dictadores latinoamericanos; una política a la que Estados Unidos regresaría, no obstante, poco después —en 1964, en Brasil— y que en la década de 1970 culminaría con creces. García Márquez reconocía que Kennedy pronunció un discurso «cuyo aliento profético no tenía nada que envidiarle al Antiguo Testamento», pero veía en la Alianza «un emplasto de emergencia para cerrarle el paso a los vientos nuevos de la Revolución cubana».[15]

De nuevo, la mayor parte de la tensión interna que se respiraba en la oficina de Nueva York, tal y como lo veía García Márquez, nacía entre los comunistas cubanos de la línea dura a la antigua usanza y la nueva estirpe de izquierdistas latinoamericanos reclutados por Masetti. «Y en Prensa Latina yo era el hombre de Masetti.»[16] La situación se volvió rápidamente intolerable y García Márquez empezó a tomar en consideración su postura. Finalmente decidió que prefería marcharse. Una medianoche que estaba solo en la oficina, recibió una amenaza directa de alguien que, con voz caribeña, anunció: «Prepárense, ñángaras, que les llegó su hora. Vamos para allá». García Márquez puso un mensaje en el teletipo que decía: «Si a la una no se cierra la línea, es porque me mataron». La respuesta de La Habana fue: «Ok, compañero, mandaremos flores». Después, en su atolondramiento, cuando a la una de la mañana dejó el edificio, se olvidó de apagar el aparato.[17] Se marchó a su hotel a hurtadillas, aterrorizado, pasó la mole gris de la catedral de St. Patrick bajo la lluvia, asustado del ruido de sus propios pasos, y durmió con la ropa que llevaba puesta.

No pasó mucho tiempo antes de que al impulsivo Masetti no le quedara más remedio que dimitir a raíz de la presión, cada vez mayor, de los comunistas. El 7 de abril García Márquez mandó una carta a Plinio Mendoza en la que le informaba de la renuncia de Masetti y donde le decía que había decidido seguir su ejemplo; ya había presentado su dimisión para final de mes, y le contó a Mendoza que estaba pensando en irse a México. Sin embargo, tras la invasión de bahía de Cochinos el 18 de abril, dos días después de que Castro declarara que la Revolución, como muchos habían sospechado, era ahora socialista, fue el propio Castro el que le pidió a Masetti que volviera a su puesto y tomara parte en las entrevistas televisadas en directo de los prisioneros contrarrevolucionarios. Masetti accedió, y García Márquez decidió seguir también hasta que hubiera pasado la crisis desatada por la invasión.[18] De hecho, desde entonces ha asegurado siempre que lo que en realidad deseaba por entonces era dejar Nueva York y volver a Cuba. El día después de la gran victoria cubana en bahía de Cochinos, en la que Castro en persona había dirigido la defensa de la isla y el arresto de los invasores, Plinio Mendoza había descubierto que, misteriosamente y por vez primera, la oficina de telecomunicaciones de Bogotá se negaba a entregar sus despachos, y de inmediato sospechó que Estados Unidos había presionado a las autoridades colombianas para que cortaran el servicio a Cuba. Telefoneó a Nueva York y García Márquez le dijo: «Espera, hay un télex público en la Quinta Avenida, al lado mismo de la oficina». Así, los dos amigos tuvieron el honor de burlar a la CIA el mismo día de la legendaria derrota de los invasores contrarios a la Revolución, que los cubanos reivindicaron como la «primera victoria contra el imperialismo en territorio latinoamericano». Sin embargo, poco después García Márquez volvió a su hotel y le escribió a Masetti una carta a mano —algo que no hacía casi nunca (incluso puso fecha a la carta)— en la que esbozaba sus quejas, su oposición al sectarismo de corte moscovita y sus temores por el futuro de la Revolución si la línea ortodoxa comunista prevalecía. Dejó la carta en la habitación del hotel, a la espera del que sabía que sería el momento inevitable de su renuncia. Fue un acierto permanecer en su puesto hasta la batalla de la bahía de Cochinos, puesto que si hubiese dimitido antes, con toda seguridad se habría dicho de él para siempre que abandonaba el barco cuando hacía aguas.[19] Poco podía saber que Masetti también abandonaría pronto Prensa Latina para siempre y que regresaría a Argentina, donde moriría en una campaña revolucionaria imposible en 1964.

El período de García Márquez en Nueva York estaba tocando a su fin. Plinio Mendoza viajó a La Habana a hablar de la situación con Masetti, y estaba almorzando con él y su esposa, Conchita Dumois, cuando tuvieron conocimiento de que los «mamertos», los partidarios de la línea dura, habían tomado al fin la oficina de Prensa Latina bajo la nueva dirección del español Fernando Revueltas. Cuando Mendoza volvió a Nueva York en un vuelo de Pan American a finales de mayo, de regreso a casa desde La Habana, se encontró con Mercedes y Rodrigo, tras ser interrogado por la CIA. Mercedes sonrió, con aquella imperturbabilidad tan suya, y dijo: «Entonces, compadre: ¿los mamertos se tomaron a Prela?». «Sí, comadre, se la tomaron.» Cuando le contó que había presentado su dimisión al nuevo jefe de Prensa Latina, con una copia al presidente Dorticós, ella le dijo que la carta de Gabo ya estaba escrita y solamente aguardaba su llegada.[20]

García Márquez nunca ha hablado mucho de estos problemas desde los años sesenta —incluso en sus conversaciones posteriores con Antonio Núñez Jiménez, comunista ortodoxo, se limitó a decir, sin abundar en detalles, que le parecía que los partidarios de la línea dura eran «antirrevolucionarios»—,[21] a pesar de que los acontecimientos de 1961 ensombrecerían más de diez años de su vida. La razón obvia es que ha seguido entendiendo la Revolución cubana como una lucha incesante entre los «esquemáticos» mamertos, supuestamente representados en aquella época por Raúl Castro, y los revolucionarios más románticos e intuitivos, supuestamente representados por el propio Fidel. Veinticinco años después, Mendoza diría que sus experiencias en Cuba, tras su viaje a la Europa del Este de 1957, fueron decisivas para distanciarlo del socialismo, pues lo convencieron de que todos los regímenes socialistas se convertían a la larga en sistemas burocráticos y tiránicos, y que eso era inevitable. E insistiría en que a principios de los años sesenta García Márquez se sentía tan alienado como él mismo por lo que había ocurrido, y que por entonces veían las cosas exactamente del mismo modo.[22]

Mendoza se quedó unos días en Nueva York a la espera de noticias sobre los pagos atrasados y los billetes de su amigo. Mercedes y él paseaban por Central Park durante el día con Rodrigo, mientras García Márquez cerraba sus asuntos en la oficina. Luego García Márquez y Mendo-

za deambulaban juntos por la Quinta Avenida, Times Square y Green-
wich Village, hablando de lo ocurrido, del futuro de Cuba y de sus propios planes inciertos. Varados entre dos ideologías de signo diverso, y
pertenecientes a dos mundos distintos, a ambos les aguardaban tiempos
difíciles. García Márquez escribió a Álvaro Cepeda el 23 de mayo:

> Ahora, después de una jodida crisis que se prolongó por un mes y que
> finalmente culminó esta semana, los jóvenes decentes de Prensa Latina nos
> fuimos al carajo, con unas renuncias muy retóricas. A pesar de que las vai-
> nas se veían venir en grande, yo no creí que los acontecimientos se pre-
> sentaran tan atropelladores, y que me quedaban algunos meses en Nueva
> York. Sin embargo, mi última esperanza de quedarme aquí se desvaneció
> definitivamente esta noche, y el primero de junio me voy a México, por
> camino carreteable, con el propósito de atravesar el profundo y revuelto
> Sur. No sé, exactamente, qué voy a hacer, pero estoy tratando de rescatar
> en Colombia algunos dólares, que espero me sirvan para vivir un tiempo en
> México, mientras consigo trabajo. Quién sabe de qué carajo, porque lo
> que es de periodismo ya me corté la coleta. Será de intelectual.[23]

Justo después de que Mendoza se marchara de Nueva York, Masetti llamó a García Márquez y le dijo que la situación de nuevo parecía
mejorar. Había hablado con el presidente Dorticós y le había dicho que
todavía no estaba en la lista negra de Fidel Castro, a pesar de todo. Le
pidió a García Márquez que retrasara su viaje a México, pero para entonces el colombiano había hecho planes y tan sólo esperaba su liquidación, que las autoridades de Prensa Latina no tenían prisa alguna por
concederle. Trataba de convencerlos de que le dieran algún tipo de in-
demnización por cese, además de los billetes de avión a México para él
y su familia. Así que, a su pesar, rechazó los ruegos de Masetti. Como
explicaba en una carta a Mendoza:

> Yo conozco a Masetti: esa colaboración personal que pide al principio,
> se convertirá, a pesar de todos nosotros, en una empresa enorme y com-
> pleja, en la cual quedaré enredado hasta que los camaradas vean la guayaba
> madura y resuelvan comérsela, como hicieron con Prela. Más aún: ante un
> Masetti acorralado y en peligro, como el que tú me pintaste, yo hubiera
> hecho cualquier cosa por trastocar mis planes y ayudarlo. Pero la impresión
> que tengo es que el presidente encontró una buena manera de desagraviar-
> lo, y que ya no necesita de modo tan urgente que se le ayude.[24]

Más adelante decía: «[S]oy un extraño en una oficina que por mis atribuciones tengo que manejar en sus mínimos detalles. Afortunadamente, todo esto terminará dentro de cuarenta y ocho horas».[25] Temía que Prensa Latina no le pagara los billetes de vuelta de su familia, y dijo que solamente contaba con doscientos dólares. En efecto, la familia García Barcha no disponía de recursos para volver a Colombia en avión, de modo que se dirigirían a México por carretera. Una vez allí, tratarían de recabar ayudas para volver a casa. (Aunque el propio Mendoza cree que una estancia prolongada en México había sido una de las aspiraciones más acariciadas de García Márquez desde hacía tiempo; tal vez muchos malentendidos a los que darían pie sus movimientos y motivaciones a lo largo de los años sean consecuencia de su renuencia a admitir que no deseaba regresar a Colombia y reencontrarse con el clan familiar.) Como era de esperar, la dirección de Nueva York dijo que había dimitido, no que lo habían despedido —estaba claro que lo consideraban un desertor, puede que incluso un «gusano»—, y que no estaban autorizados a darle billetes de avión para México. Posteriormente, los comunistas les dirían a los amigos que preguntaran por él en La Habana que «García Márquez se pasó del lado de la contrarrevolución».[26] A mediados de junio, resignado a no sacar nada de Prensa Latina y de la Revolución, la familia García Barcha cogió un autocar Greyhound con dirección a Nueva Orleans, adonde Mendoza les haría llegar otros ciento cincuenta dólares desde Bogotá.

El viaje de dos semanas con un bebé de dieciocho meses fue, como poco, complicado. Había que hacer paradas frecuentes y, como la pareja comentaría más adelante, implicó un sinfín de «hamburguesas de cartón molido», «perritos calientes de aserrín» y litros de Coca-Cola. Al final empezaron a comerse la comida triturada de Rodrigo, sobre todo la compota de fruta. Vieron Maryland, Virginia, las dos Carolinas, Georgia, Alabama y Mississippi. Para García Márquez, cuando menos, aquel periplo tuvo el aliciente de llevarlo a través del país de Faulkner, un sueño que venía de largo. Al igual que todos los visitantes extranjeros de aquella época, la joven pareja quedó impactada por los casos de patente discriminación racial que vieron por todo el sur estadounidense, en particular en Georgia y Alabama, antes de las reformas de los derechos civiles que llegarían bien entrada aquella década. En Montgomery, Mercedes y Gabo perdieron una noche de sueño porque nadie quería alquilar una habitación a unos «sucios mexicanos». Cuando llegaron a

Nueva Orleans estaban desesperados por «comer caliente», y gastaron parte de los ciento cincuenta dólares de Mendoza, que había girado al consulado colombiano, en comer como Dios manda en Le Vieux Carré, un restaurante de categoría de estilo francés. Cuál sería su decepción, sin embargo, al ver llegar sus platos a la mesa con un gran melocotón coronando cada uno de sus filetes.[27] En 1983 García Márquez recordaría su sensacional aventura:

> Al término de esa travesía heroica habíamos logrado confrontar una vez más la realidad y la ficción. Los partenones inmaculados en medio de los campos de algodón, los granjeros haciendo la siesta sentados bajo el alero fresco de las ventas de caminos, las barracas de los negros sobreviviendo en la miseria, los herederos blancos del tío Gavin Stevens, que pasaban para la misa dominical con sus mujeres lánguidas vestidas de muselina: la vida terrible del condado de Yocknapatapha [sic] había desfilado ante nuestros ojos desde la ventanilla de un autobús, y era tan cierta y humana como en las novelas del viejo maestro.[28]

En su primera carta después del viaje le dijo a Mendoza: «Aquí estamos desde el lunes en la noche. Llegamos sanos y salvos después de un viaje muy interesante, en el que quedó demostrado, por una parte, que Faulkner y los otros lagartos han dicho la verdad sobre su medio, y por otra parte, que Rodrigo es un joven perfectamente portátil y adaptable a cualquier emergencia».[29]

Por fin, tras dos largas e inolvidables semanas, llegaron a la frontera en Laredo. Allí, en la frontera más rica en contrastes del mundo, hallaron un pueblo sucio, sórdido; sin embargo, sintieron que la vida de repente volvía a ser real. En el primer restaurante barato que encontraron degustaron una comida deliciosa. Mercedes decidió que podía vivir en un país como México, donde había descubierto que conocían el secreto para cocinar el arroz, así como muchas otras cosas. Cogieron un tren y llegaron a Ciudad de México a finales de junio de 1961. Allí hallaron una ciudad inmensa en la que uno podía pese a todo manejarse razonablemente, donde los bulevares estaban bordeados de flores y donde —en aquel entonces— el cielo, inmensamente distante, era muchas veces de un azul transparente, soberbio, y se alcanzaban a ver los volcanes en el horizonte.

14

Evasión a México

1961-1964

El lunes 26 de junio de 1961, el tren que llevaba a la familia García Barcha a la capital mexicana hizo su entrada lentamente en la estación Buenavista. «Llegamos a Ciudad de México en un atardecer malva, con los últimos veinte dólares y sin nada en el porvenir», recordaría García Márquez.[1] En el andén estaba esperándolos Álvaro Mutis, que les daba la bienvenida a México con aquella misma sonrisa rapaz con la que había recibido a Gabo en Bogotá en 1954. Mutis llevó a la exhausta familia a los apartamentos Bonampak, en la calle Mérida. Estaba justo en el linde con la Zona Rosa, recientemente tan en boga, y apenas a unas calles del corazón mismo de la ciudad, en el lugar donde sus dos grandes arterias palpitantes, el paseo de la Reforma y la avenida Insurgentes, quedaban seccionadas ante la mirada del guerrero azteca Cuauhtémoc. Mercedes padecía ya las molestias estomacales con las que, se cocine bien el arroz o no, suele recibir a quienes la visitan por primera vez la capital mexicana, donde los primeros días a menudo son difíciles, por esta y otras razones. García Márquez recordaría que en aquel momento solamente tenían cuatro amigos en la ciudad: el mencionado Mutis, el escultor colombiano Rodrigo Arenas Betancourt, el escritor mexicano Juan García Ponce, a quien había conocido en Nueva York, y el cineasta y librero catalán Luis Vicens, que le había estado guardando la correspondencia.[2]

En el sistema de partido único mexicano —controlado por el Partido Revolucionario Institucional (PRI), cuyo nombre se prestaba a la ambigüedad y la contradicción—, la retórica del gobierno era mucho más radical que sus prácticas políticas. El PRI había surgido en los años posteriores a la Revolución mexicana de 1910-1917, la primera revolución social del siglo XX y ejemplo para los progresistas latinoamericanos hasta que Castro hiciera su entrada triunfal en La Habana en 1959. Sin embargo, cuarenta años de poder habían ralentizado el progreso revolucionario hasta dejarlo prácticamente paralizado. García Márquez se propuso conocer sin pérdida de tiempo este nuevo y complejo país, donde, más que en cualquier otro lugar de América Latina, las cosas no eran nunca exactamente lo que parecían.

Una semana después —si bien García Márquez ha dicho siempre que fue al día siguiente de su llegada—, nada más levantarse por la mañana, García Ponce le dio una noticia: «Escucha esto —bramó el mexicano, que en una ocasión había hecho una sonada visita a Barranquilla y enseguida había aprendido a hablar como un costeño—, el cabrón de Hemingway se partió la madre de un escopetazo».[3] Así que lo primero que García Márquez escribió, poco después de su llegada a México, fue un largo artículo en homenaje al difunto escritor norteamericano. El texto, «Un hombre ha muerto de muerte natural», fue publicado el 9 de julio por el influyente intelectual Fernando Benítez en *México en la Cultura*, el suplemento literario de uno de los diarios más destacados del país, *Novedades*. García Márquez, a todas luces emocionado por la muerte del hombre con quien años antes se había cruzado en aquel bulevar parisino, anticipó: «El tiempo demostrará también que Hemingway, como escritor menor, se comerá a muchos escritores grandes, por su conocimiento de los motivos de los hombres y los secretos de su oficio».[4]

Dijo también que aquella muerte parecía marcar el inicio de «una nueva era».[5] Poco podía imaginar que sería su período de mayor escasez en términos de creación literaria y que el agotamiento de una manera de escribir no daría paso a otra rápida y automáticamente. ¿Cómo podría haber pensado, él o cualquiera, que esta primera reseña sería también, con una sola excepción, el último artículo serio y relevante que escribiera este periodista nato en los próximos trece años?

Álvaro Mutis había llegado a México cuando ya «la región más transparente» iba camino de dejar de serlo; ahora el cielo cristalino empezaba a mancillarse con las vetas grisáceas de la contaminación propia de finales del siglo XX. En realidad, México no era en absoluto la clase de país que Mutis prefería. Sin embargo, su capacidad para abrirse camino en las altas esferas gracias a su don de gentes había demostrado ser providencial para su extraordinaria rehabilitación tras su puesta en libertad de la penitenciaría de Lecumberri, y su ayuda fue impagable para facilitar el acceso de los García Barcha a una sociedad tan resistente e impenetrable como un higo de tuna. Con la ayuda de Mutis, la pareja de recién llegados encontró un apartamento en la calle Renán, cerca del centro de la ciudad; al principio dormían, y no por primera vez, en un colchón tirado en el suelo. Tenían una mesa y dos sillas: la mesa servía tanto para comer como para trabajar. Así había sido también en Caracas, al principio; y luego en Bogotá; en Nueva York Mercedes había vivido en una habitación de hotel, con un bebé; ahora volvían a estar sin blanca y de vuelta a lo esencial. García Márquez le escribió a Plinio Mendoza: «Aquí estamos, por tercera vez en nuestros tres años de casados, instalados en un apartamento vacío. De acuerdo con nuestras tradiciones, mucha luz, mucho vidrio, muchos proyectos, pero apenas donde sentarnos».[6]

Los dos primeros meses pocas cosas fueron a derechas. A pesar de los esfuerzos de Mutis y Vicens, García Márquez no encontraba trabajo, y Mercedes y él pasaron incontables horas haciendo cola en el Ministerio del Interior, en la calle Bucareli, para regularizar sus papeles de residencia. García Márquez no sabía con exactitud qué tipo de empleo quería; al parecer, la industria cinematográfica era su destino predilecto. Empezó a sentirse angustiado y deprimido. En Prensa Latina parecían decididos a no pagarle el salario atrasado que le debían, pero siguió esperando. En una carta a Plinio Mendoza comentaba con sorna que si las cosas continuaban por el mismo camino, lo lógico sería escribir *El coronel no tiene quien le escriba...* salvo porque ya estaba escrita.[7] Mendoza recibió la noticia de que Mercedes esperaba ahora el nacimiento de «Alejandra» —García Márquez insistía en que era una niña y ya había decidido qué nombre le pondría— para el próximo mes de abril.[8] Sin embargo, en realidad no sería «la hija con que soñé toda la vida y que no tuve nunca»,[9] porque sería un niño, y además el último.

Mutis se dio cuenta de que los nervios de su amigo empezaban a crisparse y se lo llevó de excursión por el Caribe a finales de agosto, a la ciudad portuaria de Veracruz, en el golfo de México. Hasta entonces García Márquez no había asimilado realmente el hecho de que México, una tierra desértica con altas llanuras, era también, en efecto, un país caribeño. El pretexto del viaje fue la posibilidad de que la Universidad de Veracruz, en Xalapa, publicara *Los funerales de la Mamá Grande*. Fue el anticipo de mil pesos que recibió por este libro lo que le permitió a García Márquez depositar el alquiler mensual del apartamento y dar la entrada para comprar en cuotas «la tercera nevera de nuestro matrimonio».[10] No tenía dinero ni trabajo, pero sí una mujer y un hijo que mantener; en el terreno de la política, había perdido el tren del primer acontecimiento dentro de América Latina que había logrado inspirarlo, mientras que cientos de simpatizantes seguían subiéndose a bordo. Literariamente, también había perdido su camino: el relato «Los funerales de la Mamá Grande» estaba escrito desde un punto de vista poscubano, pero se había distanciado de la fuente que lo inspiró, Cuba, aun a su pesar, y ahora estaba tratando de penetrar en un mundo cultural sumamente distinto y de una complejidad y una fuerza inmensas, que acaso tardara años en asimilar. En México, uno debía aprender cómo encajar.

Un día Mutis subió los siete tramos de escaleras sin aliento, entró al apartamento sin saludar siquiera, dejó caer encima de la mesa los dos libros que traía y rugió: «Lea esa vaina, carajo, para que aprenda, y no joda». Si todos los amigos de García Márquez soltaban tantos tacos en aquella época es algo que no sabremos nunca, pero en sus anécdotas lo hacen. Los dos libros, de escaso grosor, eran una novela titulada *Pedro Páramo*, editada en 1955, y una colección de relatos titulada *El llano en llamas*, publicada en 1953. Ambos eran del escritor mexicano Juan Rulfo. García Márquez leyó *Pedro Páramo* dos veces el primer día, y *El llano en llamas* al día siguiente. Asegura que nada lo había impresionado igual desde que leyó a Kafka por primera vez; que se aprendió *Pedro Páramo* de memoria, literalmente, y que no leyó nada más el resto de aquel año porque nada parecía estar a la altura.[11]

Es interesante señalar que, al parecer, García Márquez no tenía noticia de uno de los más grandes novelistas latinoamericanos del siglo xx. Había llegado a 1961, con treinta y cuatro años, sabiendo de veras muy poco acerca del continente o de la literatura que allí se cultivaba. Para entonces, la novísima hornada de la ficción latinoamericana que se conocería como el «Boom» había iniciado ya su andadura, pero en una fecha tan tardía no conocía aún a ninguno de los escritores que en breve serían sus coetáneos y colegas, sus amigos y sus rivales; y, por descontado, tampoco había leído muchas de las obras de sus precursores fundamentales: el brasileño Mário de Andrade, el cubano Alejo Carpentier, el guatemalteco Miguel Ángel Asturias, el mexicano Rulfo o el peruano José María Arguedas. Tan sólo le era familiar el argentino Borges, en muchos sentidos el menos «latinoamericano» de todos ellos, aunque ya uno de los más influyentes. A este respecto, su temporada en Europa no lo había latinoamericanizado de forma tan decisiva como en el caso de otros muchos escritores de los años veinte: a decir verdad, prácticamente todas sus amistades de París habían sido colombianas. Se diría que en los latinoamericanos de otros países veía más a primos que a hermanos. (Una perspectiva muy colombiana, por otro lado: el país, lleno de gente de talento, casi nunca ha hecho valer su peso en el continente.) La conclusión de aquel proceso decisivo de toma de conciencia vendría de la mano de México; por suerte para él, no pudo haber encontrado un lugar más apropiado. En el México de los años veinte se habían iniciado la mayor parte de los procesos de la «búsqueda de identidad» de América Latina, que habían recibido una inyección extraordinaria de refugiados españoles sumamente cultos en los años cuarenta, y se hallaba ahora en el umbral de otro gran momento cultural.

García Márquez puso a prueba nuevas perspectivas. Le contó a Plinio Mendoza que durante una visita al estado de Michoacán, poco después de su llegada, había visto a los indígenas haciendo ángeles de paja, que luego ataviaban al uso local, y esto le había dado la idea para un relato que empezó entonces, pero que no concluiría hasta 1968, titulado «Un señor muy viejo con unas alas enormes».[12] Decía entonces que era parte de «mi viejo proyecto del libro de cuentos fantásticos». Enseguida lo descartó por otro, «El mar del tiempo perdido», escrito también durante aquellos primeros meses desesperados en México. No lo decía, pero estos y otros relatos parecen haber nacido de una nostalgia por los buenos tiempos, recordados o imaginarios, de Barranquilla y sus alrededores; una etapa que solía despertarle añoranza, un mundo que quedó plasmado oblicuamente en las ensoñaciones de la película de Cepeda, *La langosta azul*. «El mar del tiempo perdido» supone un avance importante aunque, en principio, aislado. Ha suscitado divergencias y confusión entre los críticos literarios, pues parece ofrecer muchos mensajes a un tiempo. La historia es una continuación, aunque en clave más humilde y sin las intervenciones declamatorias del narrador, del modo expresivo que había iniciado en «Los funerales de la Mamá Grande». Era lo que en América Latina y, con el tiempo, en el resto del mundo se conocería como «realismo mágico», una técnica desarrollada ya por Asturias, Carpentier y Rulfo, en el cual la historia, o parte de ella, está narrada a través de la visión del mundo de los propios personajes, sin indicación alguna por parte del autor de que se trate de una visión pintoresca, folclórica o supersticiosa. El mundo es como los personajes creen que es.

O casi. Porque en «El mar del tiempo perdido» hay, de hecho, un personaje que sabe más que el resto. El García Márquez posterior a Cuba, que se había limitado a los asuntos nacionales en «Los funerales de la Mamá Grande», ahora, y por vez primera, introduce la cuestión del imperialismo económico a través de la figura del señor Herbert, un «gringo» que llega como una especie de evangelista seglar a aquel pueblecito dejado de la mano de Dios. En los días previos a su aparición, los lugareños saben que algo trascendente está a punto de ocurrir, porque un olor a rosas lo invade todo en aquel ambiente por lo común salobre y con hedor a pescado muerto. Entonces aparece el desconocido y anuncia:

> —Soy el hombre más rico de la tierra —dijo—. Tengo tanto dinero que ya no encuentro dónde meterlo. Y como además tengo un corazón tan grande que ya no me cabe dentro del pecho, he tomado la determinación de recorrer el mundo resolviendo los problemas del género humano.[13]

Ni que decir tiene que el señor Herbert no soluciona ningún problema. Culmina el empobrecimiento del pueblo, se enriquece aún más, y luego sigue su camino. Antes de irse, sin embargo, pinta hermosas imágenes en la mente de los habitantes —cual cineasta de Hollywood— y deja en ellos un poso de insatisfacción que nunca antes habían sentido y deseos que apenas alcanzan a expresar con palabras. Un personaje con ese mismo nombre —el señor Herbert, exactamente el mismo tipo en cuanto a intenciones y determinación— traerá más adelante la compañía bananera a Macondo en *Cien años de soledad*, y con resultados similares. En tanto que «Los funerales de la Mamá Grande» había saldado las cuentas de García Márquez con Colombia y achacaba los problemas del país a un sistema político fallido y ya sin crédito alguno, a una clase dirigente reaccionaria y a una Iglesia de corte medieval, «El mar del tiempo perdido» introduce al fin el gran tema ideológico de América Latina, el imperialismo («las venas abiertas»), del mismo modo que Castro había empezado atacando a Batista y la clase dirigente cubana, y luego pasó a hacer frente a los imperialistas de Estados Unidos que los habían respaldado y financiado.

Tal vez resulte sorprendente que alguien tan cercano al Partido Comunista como lo había estado García Márquez desde hacía años esperara tanto tiempo para aplicar este diagnóstico —el imperialismo— a los males de su país. Debe concluirse que no tuvo que ser fácil para él decidirse entre «el socialismo realmente existente», del cual había sido testigo en Europa del Este en 1955 y 1957, y Estados Unidos, cuya cultura había alimentado tantas de sus «Jirafas» y cuyos escritores tanto habían hecho para hacer de él quien era; en cambio, la mayoría de los escritores latinoamericanos de la generación anterior no habrían dudado un instante en lanzar sus ataques a los odiados gringos. Por otro lado, García Márquez aún no se había apartado del todo de las perspectivas de la ortodoxia comunista, y por consiguiente, todavía no consideraba la propia Unión Soviética una potencia imperialista cuya principal arma era la adaptación y la deformación estalinista de la ideología marxista. En contra de lo que posteriormente darán a entender las pullas de algunos de sus detractores, éste no era un hombre que se precipitara jamás en expresar una opinión o simplificara problemas complejos (a pesar de la impresión provocadora que a veces disfrutaría dando a la prensa burguesa): siempre se tomó el tiempo necesario para sopesar las cuestiones con absoluta minuciosidad, y nunca eligió el camino fácil en relación con la reflexión intelectual. La legibilidad diáfana de sus obras más características la ganaría siempre con el sudor de su frente.

En un sentido más amplio, hay otro aspecto de este relato que cabe mencionar. Este cuento, alejado de Macondo-Aracataca y del «pueblo»-Sucre, apunta hacia el futuro; es decir, se distancia de Colombia y se dirige no sólo a toda América Latina, sino a la universalidad literaria. En «Los funerales de la Mamá Grande» se habían fusionado al fin los dos microcosmos, y en cierto sentido había ironizado ambos, preparándolos para su liquidación en tanto que el escritor hallaba un modo de pintar en un lienzo de dimensiones mayores. *Cien años de soledad* estaría aún situada en Macondo, pero para el lector avezado sería evidente desde la primera página que se trataba de una alegoría de América Latina en su conjunto: Macondo había trascendido la esfera nacional para convertirse en un símbolo continental.

Por entones apenas barruntaba que el camino hacia la grandeza para un novelista latinoamericano en este momento de la historia se alcanzaba también, fortuitamente, a través de la propia América Latina, desde una visión continental. Era todavía un colombiano. Escritores de otros países con una conciencia política mucho menos desarrollada que la suya estaban ya sin embargo dando el salto que él no estaba aún preparado para dar: el argentino Julio Cortázar, el peruano Mario Vargas Llosa y, sobre todo, el mexicano Carlos Fuentes eran escritores que empezaban a tomar conciencia de su ser latinoamericano, y justo entonces estaban componiendo obras joyceanas, «uliseicas», que versaban precisamente sobre su propia toma de conciencia, sobre su personal reconquista del continente, del mismo modo que con anterioridad hiciera aquel escritor de un país colonizado, James Joyce, a propósito de su particular conquista de Europa, cuarenta años atrás (recuerden la ambición de Stephen Dedalus por «forjar ... la conciencia aún no creada de mi raza»). Ahora García Márquez tenía que volver a definir sus obsesiones —su abuelo, su madre, su padre, la Costa, Colombia— y colocarlas en una perspectiva latinoamericana. Otros escritores del continente —Asturias, Carpentier, Arturo Uslar Pietri— habían adquirido esta conciencia poco después de los veinte años; García Márquez hubo de esperar a cumplir treinta y ocho. Y puede que tal cosa nunca se hubiera producido de no ser por el Boom latinoamericano, y en particular por el gran artífice y propagandista del mismo, el mexicano Carlos Fuentes. Por fortuna, García Márquez no tardaría en conocer a Fuentes, y sería un encuentro decisivo en su vida.

Una vez más asistimos a la extraordinaria contención, acaso sin precedentes, de un escritor que mucho antes de alcanzar la celebridad supo siempre esperar, haciendo frente a veces a presiones perentorias o a tentaciones poco menos que irresistibles, hasta que a un libro le llegaba su momento oportuno. Simplemente alimentaba la agonía de la espera el hecho de que este relato aislado, «El mar del tiempo perdido», estuviera narrado desde el punto de vista antiimperialista que Cuba le había proporcionado, a pesar de que ya no mantenía contacto con la isla; por el contrario, parecía que ésta lo había repudiado. Así que en México, a pesar de su ceguera —de haberse quedado sin alma política, como lo habría expresado Mao Zedong, ahora que había perdido a Cuba—, empezó a preguntarse, y no por primera vez, si debía olvidarse de la literatura para siempre y dedicarse a escribir guiones de cine en cuanto le fuera posible. Ahora había formado una familia y en conciencia no podía sacrificar a Mercedes, Rodrigo y el bebé en camino por su vocación literaria, en buena medida aún frustrada: si no había conseguido dar el gran salto cuando todavía estaba soltero, ¿por qué debían ellos sufrir mientras él trataba una y otra vez de conseguirlo? Trabajar en cine, algo que por otra parte siempre había deseado hacer, debió de parecerle la aspiración más lógica a un hombre en su situación, y en ese sentido dirigió sus empeños. Al fin y al cabo, no dejaba de ser una forma de escritura.

México era el país con la mayor industria cinematográfica del mundo hispanohablante.[14] Sin embargo, al principio tampoco acababa de concretarse nada en ese terreno; una noche, al llegar a casa tras una jornada infructuosa buscando trabajo —y García Márquez nunca fue muy bueno en pedir nada—, Mercedes le dijo que se había quedado sin dinero para comprar comida y que no había podido darle a Rodrigo su habitual vaso de leche antes de ir a la cama. García Márquez sentó a su hijo, de dos años, le explicó la situación y le juró que aquello no volvería a ocurrir nunca más. El niño lo «entendió», se fue a dormir sin protestar y no se levantó en toda la noche. A la mañana siguiente, lo bastante desesperado para pedir un favor más, García Márquez telefoneó a Mutis, quien al parecer consideró que su amigo por fin empezaba a hacer frente a la idea de que no se hallaba en condiciones de mostrarse exigente. Se sirvió de sus contactos laborales para organizarle un par de entrevistas. La primera fue con Gustavo Alatriste, un empresario que había pasado los años anteriores diversificando milagrosamente la fabricación de muebles en otras industrias, entre ellas el cine y el periodismo.

Alatriste lo citó en el bar del hotel Presidente el 26 de septiembre de 1961, exactamente tres meses después de su llegada a México. Con posterioridad, García Márquez recordaría que se le había despegado la suela de uno de sus zapatos, así que acudió con anticipación a la entrevista y al acabarla esperó a que Alatriste se marchara antes de salir caminando con paso precavido.[15] Alatriste había producido algunas de las mejores películas de Luis Buñuel y por entonces estaba casado con Silvia Pinal, la actriz con más glamour de México en aquella época y protagonista de tres de las cintas de Buñuel.[16] Como es lógico, García Márquez esperaba ganarse el acceso directo al mundo del cine a través de Alatriste; sin embargo, el empresario había adquirido poco antes varias publicaciones populares, entre las que se contaban *La familia*, una revista destinada al público femenino, y *Sucesos para Todos*, un tabloide de crímenes y escándalos muy mexicano. Alatriste decidió ofrecerle al desencantado suplicante que se ocupara de la edición de estas revistas, aunque ni siquiera eso veía claro. Mutis había cometido el error de mostrarle a Alatriste algunos de los artículos previos de García Márquez para dar mayor peso a su recomendación, y Alatriste tenía dudas: «Este tipo es demasiado bueno», gruñó. Sin embargo, Mutis le aseguró que su amigo podía hacer bien cualquier cosa que se propusiera. Tras algunas dudas, García Márquez aceptó el trabajo, que de hecho eran dos empleos. Al llegar a casa le preguntó a Rodrigo qué era lo que más ilusión le hacía del mundo. «Una pelota.» Su padre salió y le compró la más grande que encontró.

Así que, por el momento, García Márquez dijo adiós a sus sueños con el cine y se hizo cargo de las dos revistas de Alatriste, con la extraordinaria condición de que su nombre no figurara en los créditos y de no tener que firmar ningún artículo. Se ocupaba de *La familia* y de *Sucesos para todos* —el frente doméstico y la calle, debía pensar—. No solamente se trataba de un retroceso humillante en el ámbito profesional, sino que se adentraba en el periodismo más bajo que quepa imaginar. Trabajaba en una oficina de la avenida Insurgentes Sur donde no había siquiera máquina de escribir, y desde allí dirigía los asuntos con guantes y pinzas. Rozaba el límite de lo que podía soportar. La última vez que se había visto obligado a sacrificar su vocación de un modo parecido fue durante la crisis que se desencadenó después de que sus padres se mudaran de Sucre a Cartagena en 1951; e incluso entonces había encontrado tiempo para escribir *La hojarasca* en los resquicios que le dejaban sus compromisos. Ahora, en cambio, había una mujer y un hijo a los que alimentar, aun cuando él estuviera acostumbrado a apañárselas sin comida. Apretó los dientes y se dispuso a decir adiós no solamente al cine, sino también a la literatura.

Otra de las revistas de la casa, *S.nob*, había hecho honor a su nombre con unas ventas irrisorias hasta la fecha, aunque ahora podía sobrevivir parasitariamente a expensas de los altavoces populistas de García Márquez. *S.nob* la dirigían en aquellos tiempos dos escritores de vanguardia, Salvador Elizondo y Juan García Ponce, y García Márquez se quejó amargamente de que eran aristócratas literarios que explotaban su trabajo —sin saber, claro está, que llegaría el día en que su futuro hijo, Gonzalo, se casaría con la hija de Elizondo, que tampoco había nacido aún—.[17] De tanto en cuando, por si fuera poco, Alatriste se olvidaba de pagarle el sueldo a su sufrido empleado. En una ocasión se atrasó tres meses y García Márquez tuvo que perseguirle por todas partes. Al final lo siguió hasta un baño turco y un Alatriste sudoroso no tuvo más remedio que extenderle un cheque en medio del vapor reinante. Cuando García Márquez salió del establecimiento, vio que la tinta se había corrido y tuvo que entrar de nuevo a la carrera y perseguir de nuevo a Alatriste hasta el vestuario.[18] Empezaba a parecerse a Cantinflas, el cómico mexicano.

En cuestión de semanas, a pesar de lo mucho que le desagradaba el trabajo, el diseño, el estilo y la mezcla de contenidos de ambas revistas mejoraron notablemente. Entre las recetas de cocina y los patrones de punto de *La familia*, que contaba con un nutridísimo público lector en todo el continente, y las historias escalofriantes y las imágenes truculentas de *Sucesos*, infiltraba novelas magníficas en versiones condensadas, seriales biográficos, relatos policíacos, artículos de interés general a propósito de otras culturas, y cualquier relleno que alcanzara a ocurrírsele. Todo eso ya lo había hecho antes para *Crónica*, en Barranquilla, y para *Venezuela Gráfica*, en Caracas. Buena parte del material lo conseguía fusilando revistas de otros países, cortando y pegando, acicateado por un deje de desesperación, una buena dosis de tedio y una pizca de cinismo.[19] Para los primeros meses de 1962, *Sucesos* había incrementado su tirada en más de un millar de ejemplares por número, y seguía subiendo. En abril, un García Márquez más sereno se veía con ánimos de contarle a Plinio Mendoza que disponía de «una oficina con alfombras, dos secretarias, casa con jardín ya casi amoblada, y un patrón del cual todavía no se sabe muy bien si es un raro genio o si es que está definitivamente loco. Todavía no soy un magnate, pero a pesar de que me vine a vivir a tres cuadras de la oficina, estoy pensando comprar un Mercedes Benz en el mes de julio. No sería, pues, extraño, que de aquí me fuera a Miami a organizar la contrarrevolución ... Tus cálculos son aproximados: esperamos a Alejandra dentro de diez días, y Mercedes se encuentra en ese interminable período en que las mujeres se vuelven insoportables no sólo como esposas, sino como espectáculo. Sin embargo, ya está preparando su venganza: comprar muchos trajes y muchos zapatos y muchas cosas cuando vuelva a su nivel normal».[20]

Guillermo Angulo había sugerido en septiembre de 1961 que García Márquez presentara su manuscrito aún inédito, *La mala hora*, al concurso literario de ámbito colombiano que Esso patrocinaba aquel mismo año, pero que se concedería retrospectivamente en 1962.[21] Álvaro Mutis también lo presionó para que lo hiciera. Se decía que en Esso se habían presentado ciento setenta y tres candidatos y que ninguno parecía prometedor; de ahí que García Márquez mandara su novela en una convocatoria de última hora. Él mismo recordaría que deshizo el nudo de la corbata que ataba el legajo, echó de nuevo un vistazo al texto mecanografiado, que tantas vueltas por el mundo había dado ya, y le dedicó una última revisión a fondo.[22] Poco querida por su autor, *La mala hora* tampoco ha sido nunca una novela predilecta de la crítica. La trama es algo desequilibrada; los personajes no llegan a desarrollarse. No obstante, posee cierta cualidad lúcida, cinematográfica, y está escrita con una técnica de aparente impasibilidad y ausencia de intervención que no puede por menos que dejar huella en el lector, aun cuando el sombrío contenido esté desprovisto de cualquier atisbo de humor o color local.

La decisión fue tomada, en nombre de Esso, por la Academia colombiana, y el manuscrito de García Márquez fue declarado ganador. Le habían pedido que pusiera un título a la obra y, tras dejar de lado «Este pueblo de mierda», acabó por ocurrírsele *La mala hora*. Sucedió, sin embargo, que el presidente de la Academia colombiana era un sacerdote, el padre Félix Restrepo, que, en calidad de custodio tanto de la lengua española como de la moral de su rebaño, se había inquietado por la inclusión de palabras como «preservativo» o «masturbación». El padre Restrepo le pidió al embajador de Colombia en México, Carlos Arango Vélez, que llevara una carta a García Márquez y mantuviera con él una discreta conversación, en el curso de la cual debía pedirle que eliminara aquellas dos palabras ofensivas. García Márquez tomó la decisión salomónica (aunque con los tres mil dólares del premio ya en su poder) de permitirle al embajador que eliminara una de las dos. Optó por «masturbación».

La decisión favorable del jurado se tomó casualmente el mismo día en que nació el segundo de los hijos García Barcha, Gonzalo, el 16 de abril de 1962. García Márquez le diría después a Plinio Mendoza que el parto duró «seis minutos» y que «el único temor que tuvimos fue que naciera en el carro que nos llevaba a la clínica». Tras hacerse con el premio, fue relativamente rico por un tiempo. Empleó parte del dinero en costear la permanencia de Mercedes en la clínica.[23] Sin embargo, puesto que lo consideraba dinero «robado» —posteriormente diría, tal vez con hipocresía, que presentar la novela al premio había sido la peor decisión de su vida—, movido por la superstición decidió entonces no gastarlo en cuestiones domésticas, sino en la compra de un coche, un Opel 62 sedán con tapicería roja, con el que transportar a su familia por la vasta metrópolis. Le diría a Plinio Mendoza: «Es el juguete más extraordinario que he tenido en mi vida. Me levanto en la madrugada a ver si todavía está ahí».[24]

Sin embargo, nada de todo esto bastaba. Había ganado un concurso literario, pero ya no era escritor. La intranquilidad fue en aumento. Se dio cuenta de que aún ansiaba trabajar en el cine. A pesar de que mantenía vivas sus esperanzas, de seguir firme en su estrategia de seducir a Alatriste entregándose a sus obligaciones, no lograba nada.[25] De hecho, cuanto más dinero le hacía ganar a Alatriste poniendo a punto y mejorando las dos revistas de consumo masivo, menos probabilidades había de que Alatriste lo dejara moverse.

Ni siquiera estaba ya seguro de si sería capaz de escribir, aun en las condiciones oportunas. Desde que se había casado, tan sólo había escrito unos pocos relatos, e incluso *La mala hora*, por la que tanto desprecio sentía, le parecía ahora una obra extensa. La verdad es que tenía la cabeza llena de estupideces en el trabajo, de asuntos familiares en casa y de conversaciones de cine con sus amigos. Es irónico pensar que se había embarcado, sin convicción, a través del cuento «El mar del tiempo perdido», en el libro que seguiría a *Cien años de soledad* —*La increíble y triste historia de la cándida Eréndira y de su abuela desalmada*—, y en cambio no alcanzaba a emprender la novela que, en cierto sentido, esperaba escribir desde siempre. De modo que al cabo de unos meses volvió a ella. En otras palabras, volvió a «La casa» en sus ratos libres. Sin embargo, «La casa» estaba habitada sólo por fantasmas, y nuevamente vio que no llevaba a ninguna parte. Así que retomó otra idea que en su fuero interno sabía ganadora, una novela titulada *El otoño del patriarca*.[26] *Cien años de soledad* no existía ni siquiera como título, pero esta otra, abandonada tiempo atrás, tenía ya el nombre que finalmente llevaría. Cuando se publicaran los relatos de *Los funerales de la Mamá Grande*, en abril de 1962 (el mismo mes en que ganaría el premio con *La mala hora*, y poco después de haber recibido los primeros ejemplares de *El coronel no tiene quien le escriba*), había reunido ya trescientas páginas de *El otoño del patriarca*, sin haberse desprendido todavía de la sensación de ir por el camino equivocado. Al final optó por dejarla de nuevo aparcada; más adelante diría que solamente sobrevivieron los nombres de los personajes.[27] Acaso aquella novela sobre un dictador —que en parte trataba acerca de sí mismo, en el presente— nunca habría podido escribirse antes de solventar el problema de «La casa» —acerca de su familia, en el pasado—. Desesperado, profundamente abatido y lleno de angustia, dejó de lado el manuscrito de nuevo y, por vez primera, contempló un futuro al margen de la literatura.

Pero eso era insufrible. Su trabajo en aquellas dos revistas mediocres lo frustraba cada vez más, y ahora se quejaba a su compadre Plinio Mendoza:

Por lo pronto, ya trago tranquilizantes untados en el pan, como mantequilla, y aun así no logro dormir más de cuatro horas. Creo que mi única solución es hacerme cambiar por completo el sistema eléctrico ... Como puedes imaginar, no estoy escribiendo nada. Hacía como dos meses que no destapaba la máquina de escribir. No sé por dónde empezar, me preocupa la idea de que, al fin y al cabo, ni volveré a escribir nada ni llegaré a ser rico. Nada, compadre: estoy bastante jodido, víctima de una buena situación.[28]

En el plano político, la cuestión de su relación con Cuba lo irritaba profundamente. Por su parte, era todavía un asunto pendiente; por parte de los cubanos, estaba más que concluido. A pesar de los problemas por los que había pasado en Nueva York, García Márquez aún tenía la sensación de que sus desencuentros eran únicamente con los sectarios, no con el régimen cubano en sí mismo. Tal vez en su fuero interno pensaba que hubiera debido aguardar un poco más. Su admiración por Castro tan sólo seguía creciendo al ver al joven líder cubano y al férreo Guevara desafiando el poder de Estados Unidos y las prietas filas de los países latinoamericanos burgueses y liberales. En abril de 1962, cuando Castro plantó cara a un tiempo al conjunto del mundo capitalista y a los dogmáticos del Partido Comunista cubano, García Márquez, a quien siempre le encantaría alardear de contar con información privilegiada de fuentes cercanas al poder, escribió a Plinio Mendoza:

> Conozco, completo, el discurso de Fidel con motivo de la «purga» de Aníbal Escalante, y estaba seguro de que Masetti sería rehabilitado en breve tiempo. Fidel dijo cosas tan duras a los camaradas —«que no crean que esta revolución se la ganaron en una rifa»— que por un momento temí que la crisis iba a ser grave. Es increíble cómo en Cuba se queman etapas que en otros países necesitan diez y veinte años. Mi impresión es que los camaradas bajaron la cabeza ante Fidel, pero no descarto la posibilidad —y estoy perfectamente consciente de lo que digo— de que cualquier día lo maten. Por lo pronto, me alegro por Masetti y por todos nosotros, y desde luego, por Cubita la bella, que está resultando una escuela increíble.[29]

La carta es reveladora: dos años después de separarse de Prensa Latina y de su desilusión ante las tentativas sectarias de hacerse con el control de la agencia, he aquí que García Márquez continúa invirtiendo su fe política y sus sueños de futuro en Cuba, y al mismo tiempo sigue confiando en su líder, por el cual profesa una admiración sin límites. Vemos converger aquí dos maneras distintas de entender a Castro: en primer lugar, un modo de hablar que sugiere que García Márquez tiene la impresión de que conoce a Fidel personalmente, que casi ve en él a un amigo o un hermano mayor, del modo que conocemos bien a alguien y no obstante desde fuera (lo cual era frecuente en muchos otros socialistas de la época); en segundo lugar, menos habitual, percibimos la sensación que tiene el novelista de poder acceder al interior del dirigente cubano, como si Castro fuese un personaje de uno de sus libros, que actuara y hablara más o menos según los deseos de García Márquez. Por ahora, sin embargo, Cuba le estaba vedada; también el cine; y asimismo, al parecer, la única cosa que dependía solamente de él mismo: su literatura. Empezaba a perder la esperanza.

El año 1962 transcurría interminable. La crisis de los misiles en Cuba iba y venía, y el mundo, convulso y conmocionado, sobrevivió a ella. Aun así, no se veía luz al final del interminable túnel de García Márquez. Y, de repente, ¡aleluya! En abril de 1963 escapó al fin de *La familia* y *Sucesos para todos* y se convirtió, como él mismo escribió exultante a Plinio Mendoza, en un «escritor profesional».[30] Se refería a escritor de guiones cinematográficos, pero fue una paráfrasis certera. Tras hablar de sus apuros con Mercedes, había decidido arriesgarse aceptando trabajar por cuenta e iniciativa propias en la escritura de un guión, que completó en cinco días, durante las vacaciones de Semana Santa. La película se titularía *El charro*, y García Márquez había pensado en el gran actor mexicano Pedro Armendáriz para el papel protagonista. Cuando Alatriste tuvo conocimiento del proyecto quiso hacerse cargo del mismo, con la idea de que la dirigiera el más mexicano de los cineastas, Emilio «el Indio» Fernández. Sin embargo, se enteró de que García Márquez ya le había prometido el guión al joven director José Luis González de León a cambio de mantener todo el control sobre el guión, y cuando se convenció de que no iba a faltar a su palabra, cambió de parecer y le propuso a García Márquez pagarle el mismo sueldo que cobraba como editor por quedarse en casa un año y escribir otros dos guiones cinematográficos a su antojo.[31] García Márquez no cabía en sí de gozo al ver que su apuesta había merecido la pena.

Por desgracia, el impredecible Alatriste se quedó sin dinero durante el verano y le pidió a García Márquez que lo eximiera de su trato, aunque le prometió seguirle proporcionando cobertura para su visado. Tras haber logrado una vez suscitar la competencia entre productores cinematográficos, García Márquez se puso en contacto con otro de los amigos de Álvaro Mutis, Manuel Barbachano, un productor que accedió gustosamente a contratarlo siempre que trabajara por cuenta propia.

Una de las obsesiones de Barbachano era la obra de Juan Rulfo, y acariciaba la idea de llevar el relato «El gallo de oro» a la pantalla. Se trata de la historia de un hombre pobre que salva a un gallo de pelea moribundo y descubre que ha encontrado a un ganador; aspira tanto a nadar en la abundancia como a conquistar a la belleza del pueblo, amante de un hombre acaudalado; al final todos los involucrados pierden todo por lo que habían luchado. En varios sentidos era el mundo de *El coronel no tiene quien le escriba*, y Mutis había recomendado a su amigo, que estaba sumamente entusiasmado, como el hombre perfecto para el trabajo. Era la mejor oportunidad que podía ponérsele a García Márquez en el camino. El director, Roberto Gavaldón, era uno de los cineastas más reputados, y por añadidura, mejor situados políticamente, del país, en tanto que el director de fotografía, Gabriel Figueroa, era probablemente el cámara de mayor talento de toda América Latina. García Márquez conocería finalmente en persona al torturado y alcohólico Juan Rulfo en una boda a finales de noviembre de 1963 —el día en que murió Lee Harvey Oswald poco después de ser acusado del asesinato del presidente John F. Kennedy—, y mantuvieron toda la cordialidad que permitieron la personalidad de Rulfo y el estado de ansiedad y depresión por el que pasaba García Márquez.

Barbachano no le ofrecía a García Márquez la misma seguridad que Alatriste, y como las facturas había que pagarlas en cualquier caso, García Márquez visitó en septiembre la agencia de publicidad Walter Thompson, donde lo contrataron de inmediato. Aunque distaba mucho de ser lo que idealmente buscaba, la publicidad casaba mejor con su temperamento que la rutina de gestionar revistas, y por añadidura, le daba mucha más libertad de movimientos. Cuando menos, en esta nueva situación se hallaba en una posición más ventajosa para hacer lo que siempre había hecho: ocuparse con eficiencia y responsabilidad de su trabajo diario, a la par que conservaba energías y sacaba tiempo para dedicarse a lo que realmente le interesaba.[32] Estaba destinado a pasar los últimos meses de 1963, todo 1964 y buena parte de 1965 compaginando sus guiones cinematográficos por cuenta propia con las agencias de publicidad —a Walter Thompson siguieron Stanton, Pritchard y Wood, la cual formaba parte de otro gigante internacional, McCann Erickson—. Walter Thompson y McCann Erickson se contaban entre las tres mayores agencias del mundo, de manera que por un tiempo García Márquez se encontró trabajando para los abanderados del capitalismo monopolizador estadounidense, con sede en Madison Avenue, algo que nunca se ha esforzado mucho por destacar. Mutis lo había precedido en esto, así como en otras cosas, tras haber trabajado en Stanton al principio de su estadía en México, desde el momento mismo en que se fundó.

Mucho después, ironías de la vida, la experiencia adquirida durante este interludio nada común preparó a García Márquez para negociar su propia celebridad en el futuro; lo ayudó a entender la fama, a pensar acerca de la representación de uno mismo, a crear una imagen personal con sello propio y a saber gestionarla. Y, más irónico si cabe, esta formación temprana en el mundo de la publicidad y las relaciones públicas le permitiría vivir sus contradicciones políticas en público sin que los hostiles comentaristas estadounidenses lograran realmente dañarle en las décadas venideras. Este trabajo se le daba de maravilla, y siempre que García Márquez estaba inspirado, su director, un alcohólico rehabilitado, levantaba la mano derecha y colocaba un gancho en el aire, como un boxeador. Además, contaba con ayuda en casa: a Mercedes siempre se le ocurrían frases memorables acerca de los productos —«No se puede vivir sin un Kleenex» fue una de ellas—, y García Márquez convirtió varios de sus comentarios improvisados en lucrativos eslóganes.[33]

A partir de este momento, García Márquez pasó a sentirse plenamente instalado en el entorno cultural mexicano, que pasaba por uno de sus momentos de mayor influencia y efervescencia. La Zona Rosa, el equivalente a Carnaby Street y King's Road en el Londres de mediados de los sesenta, era un auténtico hervidero en 1964. La editorial de izquierdas Era, de reciente fundación, acababa de sacar la segunda edición de *El coronel no tiene quien le escriba* en septiembre de 1963, para deleite de García Márquez, aunque con una tirada de sólo mil ejemplares. Empezó a vivir en medio de un remolino de escritores, pintores, actores de cine, cantantes y periodistas, entre quienes imperaban las chaquetas de cuero negro y las gafas oscuras. La pareja era ahora próspera y vestía bien. Rodrigo y Gonzalo iban a colegios privados ingleses, primero a la guardería del Colegio Williams, luego a la Queen Elizabeth School, en San Ángel.[34] La familia tenía un coche y empezaron a buscar una casa más espaciosa. A los pocos meses de empezar como guionista *freelance*, García Márquez ya había terminado la adaptación cinematográfica de «El gallo de oro», de Rulfo.[35] A Barbachano le pareció excelente, salvo por una reserva: dijo que el guión estaba escrito en colombiano, no en mexicano. Fue en este momento cuando García Márquez colmó aún más su bienaventuranza, con un golpe de suerte que sería decisivo. Carlos Fuentes, el escritor joven más destacado del país, un año y medio menor que García Márquez, regresó a México a finales de 1963, tras una larga estadía en Europa.[36] Ambos tenían una plétora de amigos en común. Sea quien fuera que los presentó, el hecho de que, al conocerse, Fuentes supiera quién era García Márquez y se declarara admirador de su trabajo fue una ayuda. Recordaría el mexicano con posterioridad: «Por primera vez, supe de Gabriel por Álvaro Mutis, quien en los años cincuenta me regaló un ejemplar de *La hojarasca*. "Esto es lo mejor que ha salido", me dijo, sin precisar, sabiamente, tiempo o espacio».[37] A raíz de esta recomendación, Fuentes había publicado «Los funerales de la Mamá Grande» y el «Monólogo de Isabel viendo llover en Macondo» en la *Revista Mexicana de Literatura*. Incluso había escrito una reseña entusiasta de *El coronel no tiene quien le escriba* en *La Cultura en México (¡Siempre!)* en enero de 1963.

Aun así, la mera presencia de Fuentes bastaba para exacerbar el complejo de inferioridad de cualquiera. Había gozado de una crianza privilegiada, a la que había sacado el máximo partido. Hablaba inglés y francés a la perfección, con la entonación viril pero modulada del tenor mexicano clásico. Era apuesto, elegante y dinámico, irradiaba magnetismo por los cuatro costados. En 1957 se había casado con la destacada actriz Rita Macedo; más tarde viviría un *affaire* dramático con la malograda estrella de Hollywood Jean Seberg, cuando ella estaba rodando *Macho Callahan* en Durango. Y en 1958 había publicado la obra que puede considerarse cabalmente anunciadora del inminente Boom de la novela latinoamericana, *La región más transparente*. Al igual que García Márquez, Fuentes había viajado a Cuba justo después de la Revolución, pero siempre mantuvo su independencia política; con el tiempo se las arreglaría para lograr la proeza de que se le prohibiera la entrada en la Cuba comunista, en la España franquista y en el liberal Estados Unidos. En 1962 había publicado otros dos libros dignos de nota, la *nouvelle* gótica *Aura* y *La muerte de Artemio Cruz*, una de las grandes novelas mexicanas del siglo, y tal vez la mejor de las que abordan la Revolución mexicana; una obra que terminó en La Habana, donde había presenciado la extinción del proceso revolucionario de su propio país por contraste con la pujanza por el que pasaba Cuba. A los treinta y cinco años, pues, Carlos Fuentes era sin lugar a dudas el escritor joven más prominente de México y una estrella internacional en alza.

Con tantos intereses compartidos y una vocación común, entre los dos hombres pronto creció una relación estrecha y fructífera para ambos. Claro que García Márquez tenía infinitamente más que ganar. Fuentes no le llevaba sólo varios años de ventaja en cuanto al desarrollo de su carrera, sino que además era mexicano y en la década anterior había creado una asombrosa red de contactos con muchos de los intelectuales más destacados de aquel momento en el mundo —los mundos— donde García Márquez aspiraba a moverse a su antojo. Fuentes podía llevarlo a lugares cuyo acceso estaba vedado a prácticamente cualquier otro escritor de América Latina, y su generosidad intelectual no conocía rival. Y, por encima de todo, la conciencia latinoamericana de Fuentes estaba a años luz de la de García Márquez, y fue capaz de guiar y preparar al colombiano, aún inexperto y vacilante, para el papel que le tocaría desempeñar en el vastísimo drama literario latinoamericano, que Fuentes, más que nadie, supo prever y del cual sería personalmente responsable.

García Márquez y Fuentes empezaron a trabajar juntos en la adaptación cinematográfica de «El gallo de oro» junto a Roberto Gavaldón. García Márquez aseguraría más adelante que Fuentes y él pasaron cinco largos meses discutiendo con el director acerca del guión y no llegaron a ninguna parte. Al final, la película se rodó entre el 17 de junio y el 24 de julio de 1964 en los famosos estudios Churubusco, y los exteriores en Querétaro, con actores de la talla de Ignacio López Tarso y Lucha Villa en los papeles protagonistas. Cuando el largometraje de noventa y nueve minutos se estrenara finalmente el 18 de diciembre de 1964, sería un fracaso tanto comercial como de crítica. La escritura de Rulfo es ritual e implícitamente mítica, pero siempre sobria y sutil, nunca manifiesta, y no podría haber reto más difícil que adaptarla a la gran pantalla.

A pesar de que ambos continuarían cultivando el género, en especial García Márquez —dijo en una ocasión que era una válvula de seguridad para liberar sus «fantasmas»—, ninguno de los dos se sentiría del todo cómodo en el medio cinematográfico.[38] Sin embargo, no es de extrañar que persistieran: no eran tiempos en los que la literatura diera dinero, o eso parecía, y las películas eran un modo de apelar directamente a la conciencia del público latinoamericano. En los años sesenta, por añadidura, en una sociedad relativamente represora como lo era la mexicana, el cine, con su nueva aproximación a la sexualidad y la desnudez, su utilización de actrices bellas y directores de vanguardia jóvenes y extrovertidos, ofrecía simultáneamente un raro y privilegiado acceso al glamour y al futuro cultural. Por desgracia, la década de 1960 también dio pábulo a mucho producto efervescente, de una vacuidad absurda, y no menos en México. Estar al día, a la moda, «donde ocurría todo», o mejor aún, ser lo más *in*, pasó a ser una preocupación esencial en aquella época, e incluso García Márquez y Fuentes se dejaron seducir por el mercado cultural y su máquina de relaciones públicas.

En julio le confesó a Plinio Mendoza que su admiración por la reciente novela de Alejo Carpentier, *El siglo de las luces*, había empezado a hacerle pensar —siguiendo a Fuentes, sin duda— en la relación entre los trópicos y el barroquismo literario. Llamó la atención de Plinio sobre el éxito que habían cosechado en Europa el año anterior las traducciones de *El siglo de las luces*, *La muerte de Artemio Cruz* de Fuentes, *Rayuela* de Julio Cortázar, y *La ciudad y los perros* de Mario Vargas Llosa, una lista que incluía las tres primeras novelas de lo que aún no se conocía como el Boom.[39] Cómo imaginar que sería él quien escribiera la novela que aparecería en cuarto lugar, la que alcanzaría mayor fama que cualquier otra.

A Gabo y a Mercedes se les brindó ahora la oportunidad de mudarse a una casa nueva que encajaba perfectamente con sus propósitos.[40] Era, le dijo García Márquez a Plinio, «una casa formidable, con jardín, estudio, cuarto de ustedes, teléfono y todas las comodidades de la vida burguesa, en un sector muy tradicional y muy tranquilo, lleno de ilustres oligarcas». Tal vez exageraba un poco; era cierto que la casa estaba próxima a un barrio de esas características, pero los separaba una de las grandes avenidas de la ciudad. Aun así, era sin duda un lugar agradable, tranquilo y cómodo. Y, por fin, después de tanto tiempo, disponía de su propio estudio, una «cueva llena de papeles». En la casa había pocos muebles, pero era más espaciosa que cualquier otra vivienda que hubieran tenido antes y, aunque en buena medida despojada de posesiones, siempre estaba llena de música, en especial de Bartók y los Beatles.[41]

Aunque se encontraba en el meollo de la agitación social, y a pesar de que gozaba de una seguridad económica y una respetabilidad antes desconocidas, tras la cordialidad impostada García Márquez cada vez se sentía más infeliz. Duele verlo en las fotografías de este período: irradia tensión y estrés. Hay quien dice haberlo visto al borde de pelearse a puñetazos en alguna fiesta. No escribía nada que despertase su interés, salvo intermitentemente *El otoño del patriarca*, que le parecía que no iba a

ninguna parte. Era un pequeño burgués guionista y creador publicitario. La Revolución cubana estaba tratando de ganarse el favor de autores de éxito como Julio Cortázar y Mario Vargas Llosa, quienes carecían
de antecedentes revolucionarios, mientras él quedaba relegado al margen. Cuando el influyente crítico literario uruguayo Emir Rodríguez
Monegal —que desempeñaría un papel fundamental al dar a conocer no
sólo a Fuentes y García Márquez, sino al resto de los escritores del Boom
que tan rápidamente cobró vigor— visitó México en enero de 1964 para
dar clases en el Colegio de México, encontró a García Márquez en un
estado mental inquietante: «[U]n hombre torturado, un habitante del infierno más exquisito: el de la esterilidad literaria. Hablar con él de su obra
anterior, elogiar (por ejemplo) *El coronel no tiene quien le escriba*, era apli-
carle involuntariamente las más sutiles máquinas de la Inquisición».[42]

Siguió al pie del cañón. A finales de 1964 reescribió su primer guión
original, *El Charro*, que en un principio había de filmar José Luis González de León. Sin embargo, en este momento fue Arturo Ripstein, de tan
sólo veintidós años, quien empezó a dirigir la película y la retituló *Tiempo de morir*.[43] El punto de partida, al igual que sucede con tantas de las
obras de García Márquez, nace de una imagen, un recuerdo, un incidente acontecido en el pasado. En Colombia, en una ocasión había vuelto a su apartamento y había encontrado al portero, un antiguo sicario, tejiendo un suéter.[44] En el guión, un hombre que ha pasado dieciocho
años en prisión por un asesinato que le indujeron a cometer vuelve a su
pueblo natal, a pesar de que los hijos del hombre al que mató han jurado
acabar con él. También él teje suéteres. El hijo más joven cambia de parecer, pero el otro provoca reiteradamente al hombre —la historia se repite— hasta que, en un final cargado de ironía, el protagonista dispara al
hijo mayor y el menor a continuación lo hiere a él de muerte, sin resistencia por su parte. Evidentemente, era una nueva versión de la experiencia de su abuelo en Barrancas, donde también un hombre más joven
lo había provocado constantemente; aunque cuando mata a su adversario, Nicolás Márquez cumple sólo un año en prisión, no dieciocho.

La película se rodó finalmente en Churubusco y Pátzcuaro entre el
7 de junio y el 10 de julio de 1965, apenas unas semanas después de que
terminara el guión. La protagonizaron Jorge Martínez de Hoyos, Mar-
ga López y Enrique Rocha; los diálogos los adaptó Carlos Fuentes; el
trabajo de fotografía fue obra del gran Alex Phillips, y Vicente Rojo,
amigo de García Márquez, se encargó de los créditos. El resultado fue

un largometraje de noventa minutos de duración que se estrenó el 11 de agosto de 1966 en el cine Variedades de Ciudad de México. No obstante, una vez más, una película que contaba con la participación de García Márquez fue considerada, en términos generales, un fracaso, si bien el talento cinematográfico en bruto de su joven director quedó patente para todos. García Márquez y Ripstein se culparían mutuamente. La contribución de García Márquez plasmó tanto sus virtudes como sus vicios en este medio de expresión: el argumento era de una perfección casi digna de Sófocles; el diálogo era sentencioso en exceso para tratarse de una película. García Márquez tomó clara conciencia, no sin amarga desilusión, de que escribir guiones le daba menos satisfacciones que componer relatos literarios, aun cuando no los leyera prácticamente nadie. En primer lugar, escribir para el cine era distinto por completo a escribir para el público lector; en segundo lugar, perdías indefectiblemente la independencia, la integridad política y moral, e incluso la identidad; porque a fin de cuentas los productores y los directores no veían en el guionista más que el medio de llegar a un fin, una mera mercancía.[45]

A pesar de todo, el que fue en muchos sentidos el momento más memorable de García Márquez en el cine llegó justo al principio de esta nueva época a la larga decepcionante, cuando muchas celebridades mexicanas, en su mayoría amigos suyos, participaron en el rodaje de su relato «En este pueblo no hay ladrones», a finales de octubre de 1964. Era la historia de un pobre diablo de pueblo que decide sacarse algún dinero vendiendo las bolas de marfil del salón de billar local, con lo que solamente consigue que la desgracia caiga sobre él, su sufrida esposa y el hijo que acaban de tener.[46] El rodaje se llevó a cabo entre Ciudad de México y Cuautla. El propio García Márquez, que también se ocupó del montaje, hacía el papel de cobrador del cine local e, incómodo como de costumbre en esa clase de situaciones, su actuación fue especialmente acartonada. Luis Buñuel hacía el papel de cura; Juan Rulfo, Abel Quezada y Carlos Monsiváis eran jugadores de dominó; Luis Vicens era el dueño del salón de billar; José Luis Cuevas y Emilio García Riera eran jugadores de billar; María Luisa Mendoza hacía de cantante de cabaret, y la pintora Leonora Carrington era una beata vestida de luto. La protagonizaron Julián Pastor, Rocío Sagaón y Graciela Enríquez. *En este pueblo no hay ladrones*, que se estrenó el 9 de septiembre de 1965 con una duración de noventa minutos, puede considerarse decididamente una de las mejores cintas del momento.

A despecho de este y algunos otros pasos adelante, el hechizo del cine en García Márquez empezaba a desvanecerse justo cuando se hallaba plenamente instalado en la industria y empezaba por fin a ganar un buen dinero. ¿Era realmente eso lo que quería? Veía que podía continuar trabajando en el ámbito del cine mexicano tanto como lo deseara en el futuro. Sin embargo, también se daba cuenta de que aquélla no era su mejor baza, que las satisfacciones que le procuraba la escritura de guiones eran limitadas y que, en cualquier caso, el guionista no controlaba nunca plenamente su propio destino. Empezaba a sentirse atrapado de nuevo. Además, el mundo de la literatura latinoamericana estaba cambiando con celeridad y, por extraño que parezca, apuntaba a superar incluso los atractivos del mundo del cine. Y precisamente entonces, a medida que ese ámbito empezaba a hastiarlo, comenzó a percatarse de que precisamente en su amor a las películas radicaba parte de su problema con la literatura. No era tanto que se hubiera dedicado a escribir guiones literarios para un medio que se regía por otras normas, aunque sin duda lo había hecho; el verdadero problema era que las películas se habían apoderado de su concepción de la novela, años antes, y necesitaba volver a sus propias raíces literarias. Al volver la vista atrás años después, reflexionaba:

> Yo siempre creí que el cine, por su tremendo poder visual, era el medio de expresión perfecto. Todos mis libros anteriores a *Cien de años de soledad* están como entorpecidos por esa incertidumbre. Hay un inmoderado afán de visualización de los personajes y las escenas, una relación milimétrica de los tiempos del diálogo y la acción, y hasta una obsesión por señalar los puntos de vista y el encuadre. Trabajando para el cine, sin embargo, no sólo me di cuenta de lo que se podía hacer sino también de lo que no se podía; me pareció que el predominio de la imagen sobre otros elementos narrativos era ciertamente una ventaja pero también una limitación, y todo aquello fue para mí un hallazgo deslumbrante, porque sólo entonces tomé conciencia de que las posibilidades de la novela son ilimitadas.[47]

En 1965 se celebró un gran simposio en el yacimiento de las ruinas mayas de Chichén Itzá donde se reunieron destacados intelectuales del momento. Carlos Fuentes, José Luis Cuevas y William Styron se contaban entre los participantes de lo que fue en realidad una gran celebración, donde el reclamo de la dimensión intelectual quedó algo soslayado por la jarana para todos los gustos. Por supuesto que a nadie por aquel entonces se le habría pasado por la cabeza invitar a García Márquez, aún desconocido internacionalmente, ni a él se le hubiera ocurrido exponerse a una ocasión de semejantes características. Sin embargo, antes de que los participantes partieran hacia sus respectivos destinos desde la Ciudad de México, Fuentes organizó en su casa una fiesta colosal, y ahora legendaria, a la que García Márquez sí fue invitado y donde conoció al novelista chileno José Donoso, quien se declaró admirador de *El coronel no tiene quien le escriba* y que recordaría a García Márquez como «un ser sombrío, melancólico, atormentado por su bloqueo literario...tan legendario ese bloqueo como los de Ernesto Sábato, y el eterno bloqueo de Juan Rulfo».[48]

Tras la fiesta hubo dos visitas que resultarían decisivas para el regreso de García Márquez a la literatura y el vuelco radical que daría su vida. Mientras Ripstein rodaba *Tiempo de morir* en Pátzcuaro, Michoacán, en el mes de junio, García Márquez recibió la visita de Luis Harss, un joven mitad chileno mitad norteamericano al que había conocido fugazmente en la sede de Naciones Unidas de Nueva York en 1961, y que ahora preparaba un libro de entrevistas con novelistas latinoamericanos de primera línea de las últimas dos generaciones, en respuesta al fenómeno que tanta sensación estaba causando y que más tarde se conocería como el Boom.[49] Originalmente había proyectado realizar nueve entrevistas. La mayoría de los escritores que había incluido caían por su propio peso, pero no dejaba de ser una elección perspicaz: Miguel Ángel Asturias, Jorge Luis Borges, Alejo Carpentier, João Guimarães Rosa, Juan Carlos Onetti y Juan Rulfo, de la generación anterior, y Julio Cortázar, Mario Vargas Llosa y Carlos Fuentes, de los escritores del Boom. García Márquez, sin embargo, era la brillante excepción. La recomendación, no podía ser de otro modo, partió de Fuentes.[50]

La visita de Harss y el hecho de que lo incluyera en su lista de los diez novelistas del momento debió de ser un estimulante acicate para García Márquez. La entrevista es, aun a día de hoy, uno de los documentos más sagaces y que mejor nos permiten comprender a un hombre que, por entonces, en su primera entrevista relevante, todavía no había desarrollado el gran desparpajo ante la celebridad de años posteriores, aunque empezó por hablar de la literatura colombiana como un «inventario de muertos». Era la primera vez que García Márquez se sometía a un cuestionario público, y probablemente el escrutinio y el análisis al que se sometió a sí mismo tuviera efectos dramáticos. Harss lo describió de este modo:

Es duro y macizo, pero ágil, con un impresionante mostachón, una nariz de coliflor y los dientes emplomados. Luce una vistosa camisa de sport abierta, pantalones estrechos, y un saco oscuro echado sobre los hombros ... Una vida atribulada que pudo arruinarlo más de una vez ha dejado a García Márquez con el rico tesoro de experiencias personales que forman el núcleo millonario de su obra. Es un hombre que puede naufragar sin ahogarse. Hace años que vive en México. Volvería a su patria si pudiera —dice que dejaría todo inmediatamente si lo necesitaran allí— pero por el momento él y Colombia no tienen nada que discutir. Los separan, entre otras cosas, diferencias políticas de esas que llevan al destierro. Entretanto —si la vida en el exterior puede ser incómoda, para él también ha significado el éxito— vive como un cauteloso tesorero entre sus joyas nocturnas. Con un puñado de obras a su nombre, nacida cada una de ellas de una pasión dolorosa, como una perla en la ostra, ha comenzado a hacerse una sólida reputación en el continente.[51]

Más adelante en esta misma entrevista, sin embargo, García Márquez trataría de socavar la impresión de persona constante y tenaz que Harss se había formado de él: «Tengo ideas políticas firmes, pero mis ideas literarias cambian con mi digestión». Y Harss advirtió también que parecía, de algún modo, tocado por el dramatismo:

Aparece en un tenebroso recodo del pasillo el Ángel Gabriel, con el bigote erizado y lucecitas en los ojos. Entra furtivo, algo agitado, pero contento ... Quién sabe por qué caminos nos llevaría si nos quedáramos. Cuando levanta vuelo, se sorprende a cada vuelta. Ahora —es una noche perfumada que promete bien— se tira de espaldas en la cama como un paciente en psicoanálisis, llenando de puchos el cenicero. Habla rápido, a como le salga, tejiendo hilos de ideas que se enroscan en el aire y se pierden a veces antes de que los pueda atrapar. Se hipnotiza él mismo, y hace una estrategia de la negligencia. Pero no se deja ir. En realidad, se escucha atento cada palabra que dice, como si tratara de oír fragmentos de una conversación con el cuarto de al lado. Lo que importa es lo que queda en el silencio.[52]

¿Era García Márquez ya así, o acaso iba adoptando esta aura a medida que hablaba, apremiado por el drama del que empezaba a sentirse partícipe? Quién sabe. Harss titularía su entrevista «Gabriel García Márquez, o la cuerda floja».

Apenas unas semanas después, tras esta primera exposición pública, tuvo lugar una crucial visita de negocios. Desde 1962, la agente literaria barcelonesa Carmen Balcells había estado representando a García Márquez, en gran medida en un sentido puramente hipotético, como negociadora de las traducciones de su obra; en tanto que él, hasta la fecha, se las había visto moradas para conseguir que sus novelas se publicaran en su lengua original. Balcells llegó a México el lunes 5 de julio tras pasar por Nueva York, donde había negociado un contrato con Roger Klein, de Harper and Row, para editar por mil dólares las cuatro obras existentes de García Márquez en su traducción al inglés.[53] Ella era una agente literaria internacional ambiciosa; él, un joven escritor que ansiaba el éxito. Se presentó ante el autor, le explicó las condiciones del contrato y aguardó a ver cuál era su reacción: «Esto es un contrato de mierda», fue su respuesta. La efervescente Balcells, de cara y cuerpo redondeados, y su esposo, Luis Palomares, se hallaban ya desconcertados ante la curiosa mezcla de retraimiento, indiferencia y arrogancia que caracterizaba al colombiano, y debió de dejarlos estupefactos que un escritor de quien apenas nadie había oído hablar tuviese tan alto concepto de su valía. No era un buen comienzo. «Le encontré antipatiquísimo, petulante... Pero en cuanto al contrato, en realidad tenía razón.»[54] Afortunadamente, García Márquez y Mercedes recobraron el ánimo enseguida y organizaron tres días de visitas guiadas y fiestas, que culminaron el 7 de julio de 1965 con la parodia de la firma de un segundo contrato en el que, al modo de uno de los coroneles de sus relatos y en presencia de Luis Vicens, autorizó a Balcells para que lo representara en todos los idiomas y a ambos lados del Atlántico durante ciento cincuenta años. Ahora su relato empezaba a entretejer la magia que irradiaba: había hallado a su propia Mamá Grande en la vida real, e iría para largo. De inmediato la agente pactó con Era nuevas ediciones de *El coronel no tiene quien le escriba* y *La mala hora*, y pronto negociaría las traducciones al italiano con Feltrinelli. Probablemente pensó que aquel escritor debía dar gracias por su suerte; poco podía sospechar cuán afortunada iba a ser ella misma.

Después de estas visitas inesperadas de tierras lejanas y las buenas nuevas que trajeron consigo, García Márquez decidió llevar a su familia a pasar unas breves vacaciones a Acapulco el fin de semana siguiente, tras la larga ausencia durante el rodaje en Pátzcuaro. La carretera a Acapulco es una ruta tortuosa, llena de recodos y curvas estremecedoras, y García Márquez, que siempre ha sido un conductor apasionado, estaba disfrutando de lo lindo al volante de su pequeño Opel blanco recorriendo el paisaje cambiante de la carretera mexicana. A menudo ha dicho que

conducir es una habilidad en cierta medida automática, que sin embargo exige concentrarse mucho, lo cual le permite abstraerse y pensar en
sus novelas.[55] No llevaba mucho tiempo conduciendo aquel día cuando,
«de la nada», la primera frase de una novela se le presentó en su cerebro.
Tras ella, invisible pero palpable, estaba toda la novela, como si le fuera
dictada —se la trasvasaran— desde arriba. Fue tan poderoso e irresistible
como un hechizo. La fórmula secreta de la frase se hallaba en el punto
de vista y, por encima de todo, en el tono: «Muchos años después, frente al pelotón de fusilamiento...». García Márquez, como sumido en un
trance, se hizo a un lado de la carretera, dio media vuelta con el Opel,
y tomó rumbo de nuevo hacia Ciudad de México. Y entonces...

Parece una lástima intervenir en este punto del relato, pero el biógrafo se siente obligado a señalar que ha habido versiones distintas de este
episodio (como ocurre con tantos otros), y que el que acaban de leer lisa
y llanamente no puede ser cierto, o cuando menos no puede adquirir el
carácter milagroso que la mayoría de quienes lo narran han dado a entender. Las distintas versiones varían en cuanto a si lo que oyó García
Márquez fue la primera frase o sólo lo asaltó la imagen de un abuelo que
llevaba a un niño a descubrir el hielo (o, de hecho, a descubrir algo
más).[56] Sea cual sea la verdad, desde luego ocurrió algo misterioso, por
no decir mágico.

La versión clásica, recién interrumpida, nos ofrece a un García Márquez que da media vuelta con el coche en el preciso instante en que oye
la frase en su cabeza y cancela perentoriamente las vacaciones familiares,
que conduce de regreso a Ciudad de México y empieza la novela en
cuanto llega a casa. Otras versiones nos lo muestran repitiéndose aquellas líneas y reflexionando acerca de sus posibles implicaciones mientras
conduce, luego elaborando profusas notas cuando llega a Acapulco, y
empezando la novela propiamente cuando regresa a la capital.[57] Desde
luego, ésta es la más convincente de entre las distintas alternativas; en
cualquier caso, en todas las versiones las vacaciones se truncan y los niños y la sufrida Mercedes (sin alcanzar a imaginar siquiera cuánto le quedaba aún por sufrir) no tuvieron más remedio que tragarse su desilusión
y esperar a las siguientes vacaciones, una ocasión que tardaría largo
tiempo en llegar.

15

Melquíades el mago: *Cien años de soledad*

1965-1966

Años después, García Márquez diría que al día siguiente de llegar a casa se sentó ante la máquina de escribir, como solía hacer cada día, salvo que «esa vez no volví a levantarme sino al cabo de dieciocho meses».[1] De hecho, la escritura no le llevaría mucho más de un año, desde julio de 1965 hasta julio o agosto de 1966, durante los cuales hubo varias interrupciones; sin embargo, siempre afirmaría que fueron dieciocho meses. Tal vez porque en realidad le había llevado dieciocho años. Le dijo a Plinio Mendoza que lo que más le costó fue «empezar. Recuerdo muy bien el día en que terminé con mucha dificultad la primera frase, y me pregunté aterrorizado qué carajo vendría después. En realidad, hasta el hallazgo del galeón en medio de la selva no creí de verdad que aquel libro pudiera llegar a ninguna parte. Pero a partir de allí todo fue una especie de frenesí, por lo demás, muy divertido».[2]

Dicho de otro modo, únicamente cuando se había adentrado unas diez páginas en el texto y escribió el episodio donde el primer José Arcadio Buendía se encuentra un galeón español en plena selva, se dio cuenta de que esta vez la magia no se iba a agotar y que de verdad podía empezar a relajarse. Evidentemente esto ocurrió la primera semana, mientras todavía disfrutaba de sus vacaciones. Todas las cargas de los últimos cinco años empezaron a desprenderse. Esperaba escribir ochocientas páginas, que acabaría reduciendo a aproximadamente cuatrocientas; resultó no ir muy desencaminado en el cálculo. En aquellas cuatrocientas páginas desgranaría la historia de cuatro generaciones de la familia Buendía, la primera de las cuales llega a un lugar llamado Macondo en algún momento del siglo XIX y asiste a cien años de la historia colombiana con una mezcla de perplejidad, obstinación, obsesión y humor negro. La familia evoluciona desde una postura de inocencia infantil y pasa por todas las etapas del hombre y de la mujer, hasta que a la larga inicia su declive y el último miembro es barrido por un «huracán bíblico» en la última página de la novela. Los críticos no han dejado de especular sobre el significado de este final desde que apareció la novela. Los seis personajes principales, que aparecen desde el principio de la novela y dominan la primera mitad de la misma, son José Arcadio Buendía, el irascible fundador del pueblo de Macondo; su esposa, Úrsula, eje no sólo de la familia, sino de la novela en su conjunto; sus hijos, José Arcadio y Aureliano —este último, el coronel Aureliano Buendía, suele considerarse el personaje principal del libro—, y su hija Amaranta, atormentada en la infancia y amargada al convertirse en mujer; y el gitano Melquíades, que de vez en cuando trae las noticias del mundo y finalmente se queda a vivir en Macondo. La historia de Colombia está dramatizada a través de dos acontecimientos históricos principales: la guerra de los Mil Días y la matanza de los jornaleros del banano que tuvo lugar en Ciénaga en 1928. Eran, claro está, las dos referencias históricas más importantes que habían dibujado el contexto de la propia niñez de García Márquez.

El libro que siempre había deseado escribir era una saga familiar situada en Aracataca, bajo el nuevo nombre de Macondo. Y este libro era precisamente eso. Sin embargo, la familia ya no era sólo la familia del coronel Nicolás Márquez, aún teñida por la nostalgia y los anhelos épicos de *La hojarasca*, pero tratada ahora también con altiva ironía; era también la familia de Eligio García vista desde la parodia y la sátira, con un giro cómico que oscilaba entre el afecto y la crueldad. Y no era el libro del escritor de veintiún años que había empezado «La casa», sino, curiosamente, el libro del niño cuya experiencia aquel joven de veinte años había recordado con suma nostalgia; y aquel chiquillo iba de la mano no sólo del coronel Márquez, sino del padre de familia de casi cuarenta años en el que García Márquez se había convertido, un escritor que había leído toda la literatura del mundo y había pasado ya por la más decisiva de las edades del hombre.

¿Qué le había ocurrido a Gabriel García Márquez? ¿Por qué era capaz ahora, al cabo de tanto tiempo, de escribir este libro? Se había dado cuenta, en un súbito y revelador fogonazo de inspiración, que en lugar de un libro sobre su infancia debía escribir un libro sobre sus recuerdos de infancia. En vez de hablar de la realidad, debía hablar de la representación de la realidad. En lugar de un libro acerca de Aracataca y sus habitantes, debía narrar adoptando la visión del mundo de aquellas personas. No debía tratar de resucitar de nuevo Aracataca, sino despedirse de

Aracataca y relatarla con la perspectiva de sus gentes, sin dejar de incluir en la novela todo lo que a él le había ocurrido, todo lo que sabía del mundo, todo lo que él era y que representaba en su piel de latinoamericano del siglo xx; en otras palabras, en lugar de aislar la casa y Aracataca del mundo, debía llevar el mundo entero a Aracataca. Y, por encima de todo, emocionalmente, en lugar de intentar invocar el espectro de Nicolás Márquez, él mismo debía convertirse, de algún modo, en Nicolás Márquez.

Sintió que un alivio le recorría en niveles múltiples, desde un centenar de direcciones distintas, que lo eximía de los esfuerzos y la angustia, de los fracasos y las frustraciones de toda una vida; la liberación, el reconocimiento y la afirmación de sí mismo, todos encarnados en esta extraordinaria creación que, lo supo desde el instante en que se puso a escribirla, sería una obra única, posiblemente inmortal, y lo confirmó luego, a medida que trabajaba en ella con entusiasmo creciente, cuando empezó a adquirir la grandiosidad de un mito por derecho propio. Así que es lógico que incluso a él mismo le pareciera una obra mágica, milagrosa y exultante, a medida que la escribía; y con posterioridad sus lectores tendrían esa misma impresión. Fue, en efecto, una experiencia de la magia de la creación literaria elevada a un grado sumo de intensidad. Además, la escritura fue también extremadamente terapéutica: en lugar de tratar de recrear obsesiva, neurótica y diligentemente los acontecimientos de su vida tal como los recordaba, ahora dispuso a su antojo de todo lo que le habían contado o lo que había vivido en carne propia, a fin de que el libro adoptara la forma que mejor le convenía a su autor. Y por eso el libro fue realmente mágico, milagroso, exultante: lo estaba curando de muchos males.

Aquel hombre que por lo común escribía un párrafo al día, escribía ahora varias páginas diarias. Aquel hombre que destripaba sus libros y les daba mil vueltas atendiendo en primer lugar al orden lógico de los acontecimientos y luego a la estructura, hilvanaba ahora un capítulo tras otro como si se tratara del Creador mismo decretando la forma y la rotación de la Tierra. Aquel hombre a quien cada giro y cada vuelta de tuerca le habían costado grandes padecimientos, que sufría la menor decisión técnica y psicológica de todos sus libros, jugueteaba ahora con su vida: fusionaba a su abuelo con su padre, a Tranquilina con Luisa Santiaga y con Mercedes, entretejía a Luis Enrique y Margot en varios personajes, convertía a su abuela paterna en Pilar Ternera o introducía a

Tachia clandestinamente a través del personaje de Amaranta Úrsula, y enraizaba la historia de toda su familia en la historia de América Latina, aunando los ingredientes latinoamericanos de su bajage literario —Borges, Asturias, Carpentier, Rulfo— con la Biblia, Rabelais, las crónicas de la conquista española y las novelas europeas de caballería, e incorporaba también a Defoe, Woolf, Faulkner, Hemingway. No es de extrañar que se sintiera un alquimista, ni provoca sorpresa que fusionara a Nostradamus y Borges —y a sí mismo, García Márquez— en la figura del gran escritor y creador Melquíades, otro genio que se encerró en un pequeño cubículo para condensar todo el cosmos en el espacio encantado, a un tiempo transhistórico y atemporal, que se conoce como literatura. En pocas palabras, lo que hizo ahora no fue mezclarlo todo, sino, sobre todo (y por eso logró, en opinión de muchos, escribir algo así como el equivalente latinoamericano de *El Quijote*), encarar y combinar las dos características principales y contradictorias de este continente, poco conocido pero extraordinario y enriquecedor: por encima de la historia oscura de conquista y violencia, de tragedia y fracaso, presentó la otra cara de América Latina, el espíritu carnavalesco, la música y el arte de los pueblos que la conforman, esa capacidad de honrar la vida aun en sus más negros rincones y de hallar deleite en cosas ordinarias, un placer que para muchos latinoamericanos no es un mero consuelo de la opresión y el fracaso, sino una premonición de ese mundo mejor que para ellos siempre está tan próximo y que no sólo celebran con sus revoluciones, sino también celebrando las victorias cotidianas. Posteriormente, claro está, García Márquez negaría todas esas intenciones trascendentes: «Yo nunca fui consciente de ello y nunca soy consciente de nada que sea importante —le diría a Elena Poniatowska en 1973—. Yo soy un hombre que cuenta anécdotas».[3]

Al final de aquella primera semana de septiembre había hecho ya enormes avances. No tardó en darse cuenta de que el proyecto exigía una entrega absoluta y la suspensión total del resto de actividades. Tratar de escribir el libro y seguir trabajando en la agencia de publicidad le daba unos quebraderos de cabeza insoportables. Decidió renunciar a su empleo remunerado y a la vida social que llevaba de costumbre. Fue una apuesta extraordinaria para un padre de familia.

La acción de la novela tenía lugar en Aracataca, en Macondo, pero Macondo era ahora una metáfora de toda América Latina. Ya conocía bien América Latina; pero además había visitado el Viejo Mundo y había sido testigo de la diferencia entre las democracias liberales del mundo capitalista al viejo estilo y los países socialistas de nuevo cuño, entre ellos la Unión Soviética. Y además había vivido un tiempo en la ciudad icónica del rival histórico de la Unión Soviética, el país que estaba definiendo el futuro del planeta y que ya llevaba más de medio siglo limitando y controlando el destino de la propia América Latina: Estados Unidos. Este hombre conocía bien el mundo, sin tener en cuenta todo lo que había aprendido de la literatura.

Así que Macondo, la imagen viva de un pequeño pueblo de Colombia, o de América Latina (o, en realidad, como atestiguarían sus lectores africanos o asiáticos, de cualquier lugar del tercer mundo), devendría un símbolo de cualquier pequeña comunidad a merced de fuerzas históricas que no escaparan solamente a su control, sino incluso a su comprensión.

La historia, tal y como empezaba a revelarse ahora, era la saga de una familia que había migrado de La Guajira a un lugar muy similar a Aracataca en algún momento del siglo XIX. La figura paterna, José Arcadio Buendía, ha dado muerte a su mejor amigo por defender su honra, y por machismo, y se ve obligado a marcharse porque el fantasma del amigo muerto lo persigue. José Arcadio funda un pueblo llamado Macondo, donde él y su mujer, Úrsula, dotada de una fortaleza de carácter a toda prueba, construyen su casa y se erigen en referentes de la nueva comunidad. Tienen tres hijos, Arcadio, Aureliano y Amaranta, y con el tiempo van recogiendo a otros. Una de las sirvientas de la casa, Pilar Ternera, mantiene a lo largo de los años una sucesión de relaciones con varios hombres de la familia, alimentando el terror que acompaña siempre a los Buendía de incurrir en el incesto y que nazca un niño con cola de cerdo que acabe con el linaje familiar. Los gitanos visitan el pueblo con frecuencia, y entre ellos destaca el avispado y brillante Melquíades, que acabará por quedarse en Macondo e instalarse en la casa de la familia. Sin embargo, se produce también una llegada negativa: el gobierno central de Bogotá (que no aparece nombrado en la novela) envía a representantes políticos y militares con el cometido de controlar esta pequeña y cándida comunidad; este pecado original lleva a una serie de guerras civiles en las cuales Aureliano, ya adulto, participa con un entusiasmo rayano en el fanatismo en el bando del Partido Liberal, hasta que la fama de luchador legendario del coronel Aureliano Buendía se extiende por todo el país. Más tarde aparecen forasteros aún más siniestros: los norteamericanos llegan con su compañía bananera a transformar la economía y la cultura del pueblo hasta que los lugareños se rebelan declarándose en huelga; entonces, los gringos pinchan al gobierno central para que entre en acción, y tres mil jornaleros en huelga y miembros de sus familias son masacrados junto a la estación de ferrocarril de Macondo. Después de este episodio oscuro, Macondo entra en decadencia, un declive análogo al de la propia Úrsula —el corazón y el alma de la novela—, que al fin muere; tras esta muerte, sus descendientes, que carecen del vigor de antaño y viven más como víctimas de la historia que como creadores de nuevas mitologías, se ven devueltos a una suerte de oscuridad y pecaminosidad primordial. Finalmente, el último miembro de la familia, tal y como se auguró, engendra a un hijo con cola de cerdo tras una desenfrenada aventura con su joven tía, y al igual que el resto de Macondo, acaba barrido por un viento huracanado apocalíptico, tal y como auguró Melquíades.

Además sería una novela modernista, pues García Márquez escribiría un libro que condensaría todos los libros, donde el macrocosmos estaría contenido dentro de un microcosmos: empieza y acaba con resonancias bíblicas, y en sus páginas se dan cita algunos de los mitos universales de la antropología, los mitemas característicos de la cultura occidental y el peculiar negativismo de la experiencia concreta latinoamericana en relación con las aspiraciones grandiosas y los fracasos humillantes, hasta llegar a las más diversas teorías continentales de los pensadores más conocidos de América Latina. Sin embargo, prácticamente todo en el libro nacería de la propia experiencia vivida por García Márquez. Cualquiera que esté familiarizado en líneas generales con su trayectoria vital puede hallar en cada página media docena de elementos que se corresponden directamente con la biografía de García Márquez; el propio escritor ha asegurado que hasta el último incidente y el más mínimo detalle nacen de una experiencia vivida («No soy más que un mediocre notario»).

Lo más prodigioso de todo era el aspecto formal de la novela, una estructura que de algún modo logra contener todos estos elementos variopintos y que combina extraordinariamente el arte en su forma más elevada con los usos de la oralidad. Sin embargo, si bien es cierto que la novela ha asimilado gran parte de la experiencia popular propia de Colombia, no es del todo fácil estar de acuerdo con quienes ven la obra como una fuente de sabiduría popular. García Márquez ha logrado —y no le resta mérito en absoluto— dotar de magia el mundo de la sabiduría popular; pero, a fin de cuentas, lo que caracteriza a los habitantes de esta novela es la poca sabiduría que en verdad poseen y lo mal pertrechados que están para enfrentarse al mundo en el que para su desventura les ha tocado vivir. Se trata de un mundo donde la sabiduría popular ha dejado de ser relevante, ya no tiene validez. La forma no podía alejarse más de las obras modernistas al uso que, pese a todo, son el punto de referencia de esta novela: escrita como si de un «clásico intemporal» se tratara, aunque fundada en todos los hallazgos de la novela en los primeros sesenta años del siglo XX. Es como si James Joyce se propusiera escribir empleando el tono y las técnicas narrativas que utilizaba la tía Francisca para contar cuentos en la vieja casa de Aracataca.[4]

He ahí el secreto, pues. Un hombre que escribe acerca de un pueblo, de una nación y del mundo sirviéndose de los descubrimientos de los grandes mitos occidentales (Grecia, Roma, la Biblia, *Las mil y una noches* importadas de Oriente), de los grandes clásicos de Occidente (Rabelais, Cervantes, Joyce) y de los grandes precursores de su propio continente (Borges, Asturias, Carpentier, Rulfo), cuya obra es un espejo en el cual el continente se reconoce al fin, y funda con ella una tradición. Si Borges fue quien diseñó el visor (como otro hermano Lumière tardío), es García Márquez quien verdaderamente ofrece el primer gran retrato colectivo. De esta manera, los latinoamericanos no sólo se reconocerían a sí mismos, sino que serían reconocibles en cualquier parte, universalmente, a través de esta obra. Éste era el sentido que encerraba el libro que el hijo de Luisa Santiaga Márquez Iguarán de García estaba escribiendo en su diminuto cubículo lleno de humo, sentado ante su pequeño escritorio en medio de una inmensa y caótica ciudad del tercer mundo. Su entusiasmo estaba más que justificado, y la intensidad nerviosa, eufórica con que lo vivió quedó grabada en todas sus páginas.

La buena racha por la que pasaba García Márquez no quedaba ahí; de hecho, en cierto sentido, ya no acabaría nunca. Después de marcharse de México a finales de junio, Luis Harss había viajado por otras capitales latinoamericanas y por último recaló en Buenos Aires, donde la prestigiosa editorial Sudamericana iba a publicar su libro de entrevistas. El contacto de Harss en Sudamericana era Francisco («Paco») Porrúa, que posteriormente confesaría: «García Márquez era para mí un escritor desconocido hasta que Luis Harss me habló de él en Buenos Aires. Estaba al lado de Borges, Rulfo, Onetti, Cortázar, Fuentes, Vargas Llosa y otros grandes. Por eso lo primero que se me vino a la cabeza fue: "¿Quién es?"». Porrúa escribió a García Márquez interesándose por sus libros. Meses más tarde el trato quedaría cerrado.[5]

A principios de septiembre, García Márquez había sacrificado una tarde de escritura para asistir a una charla que daba Carlos Fuentes a propósito de su nueva novela, *Cambio de piel*, en el Instituto de Bellas Artes. Al final de la presentación, Fuentes había mencionado a varios de sus amigos, entre ellos el colombiano, «a quien me ligan tanto nuestros ritos dominicales como mi admiración por su antigua sabiduría de aedo de Aracataca». Quizá simbólicamente, Fuentes afirmó en esta ocasión que ganarse la fama y la fortuna era una parte legítima de las aspiraciones de un escritor: «No creo que sea obligación del escritor engrosar las filas de los menesterosos».[6] Después, Álvaro Mutis y su esposa Carmen habían invitado a Fuentes y Rita Macedo, Jomí García Ascot y María Luisa Elío, Fernando del Paso, Fernando Benítez y Elena Garro, así como a García Márquez y Mercedes, entre otros, a una paella en el apartamento que la pareja tenía en Río Amoy.[7] García Márquez había empezado a relatar anécdotas de su nueva novela al salir de la charla, en la calle, en el coche, y había continuado en el apartamento de los Mutis. Todos tenían ya más que suficiente, y sólo María Luisa Elío seguía prestándole atención. En aquel reducido apartamento lleno de gente, María Luisa le hizo seguir contando historias toda la noche, en particular la del cura que toma chocolate para levitar. Allí y entonces, por escucharlo con atención tan embelesada, prometió dedicarle a ella la novela. Él tenía el don de Scherezade; ella, la belleza.

La crítica y el periodismo latinoamericanos han estado obsesionados por este período desde la publicación misma de la novela en 1967. El propio hermano de García Márquez, Eligio, dedicó un libro entero a la génesis y la creación de esta obra treinta años después de que se editara. Se ha atribuido un significado cabalístico, por no decir fetichista, a cada pequeño detalle. Sin embargo, no cabe imaginar lugar más carente de magia que la habitación donde el escritor trabajaba, aunque años después muchos lo llamaran «el cuarto de Melquíades». García Márquez bautizó el cubículo como «la cueva de la Mafia», de tres metros por dos ochenta, con su pequeño aseo contiguo y una puerta y una ventana que daban a un patio. Había un sofá, una estufa eléctrica, una estantería y una pequeña mesa, absolutamente rudimentaria, sobre la que descansaba una máquina de escribir Olivetti. Fue entonces cuando García Márquez adoptó la costumbre de llevar monos de trabajo para escribir (él, que en los últimos tiempos había adoptado un aire tan convencional e incluso llevaba corbata). También tomó la revolucionaria decisión de pasar de trabajar de noche a trabajar de día. Ahora, en lugar de escribir en la agencia de publicidad o en las oficinas de los estudios cinematográficos, trabajaba por la mañana hasta que los niños volvían del colegio. En lugar de ver cómo las exigencias familiares paralizaban sus facultades creativas y entorpecían su estilo, ahora forzaron el cambio que transformaría por entero el modo en que García Márquez abordaba el trabajo y el sentido de la disciplina. Mercedes, antes esposa, madre y ama de casa, pasó a ejercer ahora además de recepcionista, secretaria y gestora de sus asuntos,[8] aunque poco podía imaginar que sería ya para siempre. La nueva novela se beneficiaría directa y enormemente de estos cambios.

Por la mañana, García Márquez llevaba a sus hijos a la escuela en coche, hacia las ocho y media se sentaba a su escritorio y trabajaba de corrido hasta las dos y media, cuando volvían los niños. De su padre guardarían el recuerdo de un hombre que pasaba la mayor parte de su tiempo encarcelado en un pequeño cuarto, perdido entre las volutas azuladas del humo de sus cigarrillos; un hombre que apenas daba muestras de advertir su presencia, que sólo aparecía a la hora de las comidas y contestaba a sus preguntas vagamente y con aire distraído. No sospechaban que este dato también quedaría inscrito en aquella novela que todo lo devoraba: el descubrimiento tardío que José Arcadio Buendía hace de sus hijos tras sus obsesiones experimentales en el primer capítulo.

García Márquez recordaría más adelante: «Desde el primer momento, mucho antes de que se publicara, el libro ejerció un poder mágico sobre todos aquellos que de un modo u otro estuvieron en contacto con él: amigos, secretarios, etcétera; hasta personas como el carnicero o el propietario de la casa en que viví, que esperaron a que yo terminara para cobrarme».[9] Le contó a Elena Poniatowska: «Debíamos ocho meses de renta. Cuando sólo le debíamos tres meses Mercedes llamó al propietario y le dijo: "Mire, no le vamos a pagar estos tres meses ni los próximos seis". Primero ella me preguntó: "¿Cuándo crees que termines?". Y yo le contesté que aproximadamente en cinco meses más. Para mayor seguridad ella puso un mes de más y entonces el propietario le dijo: "Si usted me da su palabra de que es así, muy bien, la espero hasta septiembre". En septiembre fuimos y le pagamos».[10]

Otra de las que esperaban con ansiedad que García Márquez termi-

El coronel Nicolás R. Márquez (1864–1937), abuelo materno de GGM, *c.* 1914.

Tranquilina Iguarán Cotes de Márquez (1863–1947), abuela materna de GGM.

El coronel Nicolás R. Márquez (*arriba, a la izquierda*), de excursión, al estilo del trópico en los años veinte.

Luisa Santiaga Márquez Iguarán (1905–2002), madre de GGM, antes de contraer matrimonio.

Gabriel Eligio García (1901–1984), padre de GGM, y Luisa Santiaga el día de su boda. Santa Marta, 11 de junio de 1926.

Parte del viejo caserón del coronel en Aracataca, antes de que se iniciaran las obras de reconstrucción.

GGM en su primer cumpleaños. Ésta es la fotografía que GGM escogió para la cubierta de su autobiografía, en 2002.

Elvira Carrillo, «tía Pa», una de las tías que cuidaron de GGM y su hermana Margot durante su infancia en Aracataca.

(*De izquierda a derecha*) Aida GM, Luis Enrique GM, Gabito, el primo Eduardo Márquez Caballero, Margot GM y la pequeña Ligia GM, en Aracataca, 1936. La fotografía fue tomada por el padre de los GM, Gabriel Eligio.

Gabito en el Colegio San José, Barranquilla, 1941.

El Liceo Nacional de Zipaquirá, donde GGM estudió entre 1943 y 1946.

Los hermanos GM, Luis Enrique y Gabito (*derecha*), con primos y amigos, Magangué, *c.* 1945.

Argemira García (1887–1950), abuela paterna de GGM (*derecha*), en Sincé con su hija Ena, que murió en 1944 a la edad de veinticuatro años, se dice que por arte de brujería.

GGM, el poeta en ciernes, en Zipaquirá a mediados de los años cuarenta.

Berenice Martínez, la novia de GGM en Zipaquirá, a mediados de los cuarenta.

Mercedes Barcha en la
escuela de Medellín, a
finales de los años cuarenta.

El barco de vapor *David Arango*, a bordo del cual GGM viajó
a Bogotá desde la Costa en los años cuarenta.

Fidel Castro y otros líderes
estudiantiles durante el
Bogotazo, abril de 1948.

Barranquilla, abril de 1950: fiesta de
despedida de Ramón Vinyes. Entre los
bebedores están Germán Vargas (*arriba,
tercero por la izquierda*), Orlando Rivera,
«Figurita» (*arriba, a la derecha*), «Bob»
Prieto (*sentado, primero por la izquierda*),
GGM y Alfonso Fuenmayor (*centro*), junto
a Ramón Vinyes (*segundo por la derecha*).

Barranquilla, 1950: (*empezando por la
izquierda*) GGM, Álvaro Cepeda,
Alfredo Delgado, Rafael Escalona y
Alfonso Fuenmayor en la oficina de
El Heraldo.

GGM, periodista de *El Espectador*, en
Bogotá, 1954.

GGM en el Hôtel de Flandre,
París, 1957.

Tachia Quintana, París.

GGM y amigos (Luis Villar Borda, de pie, a la izquierda), Plaza Roja, Moscú, verano de
1957.

La invasión soviética de Hungría: los tanques rusos en
una calle de Budapest en 1956. Éste fue el momento
en que los socialistas de todo el mundo llegaron a la
conclusión de que los problemas de la Unión Soviética
no los causaba sólo Stalin.

Caracas, 13 de mayo
de 1958: manifestantes atacan
la limusina del vicepresidente
estadounidense Richard
Nixon. Una llamada de
aviso histórica a la política
de Estados Unidos en
América Latina.

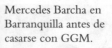
Mercedes Barcha en Barranquilla antes de casarse con GGM.

GGM trabajando para Prensa Latina, Bogotá, 1959.

Cuba, diciembre de 1958: el Che Guevara y algunos compañeros descansan tras el combate antes de iniciar la marcha hacia La Habana.

GGM y Plinio Mendoza trabajando para Prensa Latina, Bogotá, 1959.

GGM y Mercedes, en la Séptima de Bogotá, años sesenta.

La Habana, enero de 1961: la milicia cubana se prepara para la anunciada invasión estadounidense, en el momento en que GGM llega a Nueva York para trabajar en favor de la Revolución.

La Habana, 21 de abril de 1961: los invasores auspiciados por Estados Unidos son llevados a prisión tras la derrota de Playa Girón, en el momento en que GGM está pensando en dejar Prensa Latina y viajar a México.

México, 1964. GGM (*con gafas y aire ausente*), con Luis Buñuel (*delante, segundo por la izquierda*), Luis Alcoriza (*delante, primero por la izquierda*), y (*arriba, de izquierda a derecha*), Armando Bartra, desconocido, desconocido (posiblemente, Cesare Zavattini), Arturo Ripstein, Alberto Isaac y Claudio Isaac.

GGM en Aracataca, 1966, acompañado por un acordeonista: este improvisado festejo sembró la semilla de los posteriores festivales de vallenato de Valledupar.

Camilo Torres: el amigo de universidad de GGM que bautizó a su primogénito, Rodrigo, se convirtió en el cura revolucionario más célebre de América Latina y murió en combate en 1966.

Valledupar, Colombia, 1967: (*de izquierda a derecha*) Clemente Quintero, Álvaro Cepeda, Roberto Pavajeau, GGM, Hernando Molina y Rafael Escalona.

¿Mago o burro? GGM en Barcelona, coronado con la famosa cubierta cabalística de *Cien años de soledad*, 1969.

Mercedes, Gabo, Gonzalo y Rodrigo, Barcelona, a finales de los años sesenta.

nara era la sufrida Esperanza («Pera») Araiza, una mecanógrafa que trabajaba para Barbachano y se encargaba también de pasar a máquina las novelas de Fuentes. Cada pocos días, García Márquez le llevaba a Pera un nuevo tramo de la novela que él mismo había mecanografiado, pero después emborronaba con un sinfín de correcciones a mano, y ella lo ponía en limpio. Puesto que su ortografía no fue nunca su punto fuerte, confiaba en que Pera sacara brillo a su desempeño literario; sin embargo, a punto estuvo de perderla, junto con el arranque de la novela, el primer día de trabajo, cuando un autobús por poco la atropella y los papeles cayeron desperdigados por las calles húmedas de la otoñal Ciudad de México. Sólo mucho después confesaría que los fines de semana invitaba a sus amigos para leerles la última entrega.

Todo cuanto sabemos de este período apunta a que García Márquez atravesaba ciertamente por un estado de gracia. Era por fin el mago que siempre había deseado ser. No cabía en sí de entusiasmo, estaba narcotizado por la literatura. Era Aureliano Babilonia. Era Melquíades. La gloria lo aguardaba. El libro era una empresa mitológica colosal, salpicada de rituales. Cada noche, después de la sesión diaria de anotaciones, los amigos se pasaban de visita. Solían ser Álvaro Mutis y Carmen, Jomí García Ascot y María Luisa, amigos que le brindaron su apoyo a lo largo de un año entero y se convirtieron así en testigos privilegiados de la construcción de uno de los grandes pilares de la literatura occidental. A medida que la novela avanzaba e iba tomando conciencia de la dimensión que alcanzaba, su confianza y su presunción crecían parejas. Pasaba el día sentado en su mazmorra llena de humo inventándolo todo, y por la tarde consultaba los libros de referencia y comprobaba cuánto de ello podía ser cierto. Jomí y María Luisa apenas podían soportar la espera para leer los sucesivos episodios. María Luisa, en especial, barruntaba que estaba presenciando un acontecimiento de enorme trascendencia, y se convirtió en su confidente más íntima. García Márquez diría después que, aunque indudablemente el libro la cautivaba, él a su vez no dejaba de asombrarse ante el gran conocimiento del mundo de la magia y de la sabiduría esotérica de su amiga, y dijo que muchas de sus ideas acabaron plasmadas en el libro. La llamaba a cualquier hora del día para leerle el último episodio.[11]

Unos meses después, el Departamento de Cultura del Ministerio de Asuntos Exteriores mexicano invitó a García Márquez a dictar una conferencia, y, en contra de lo que hubiera hecho de costumbre, accedió, aunque especificó que en lugar de dar una charla haría una lectura literaria. Siempre autocrítico y preocupado por la calidad de su trabajo, le inquietaba la posibilidad de haberse perdido en un mundo propio en compañía de Álvaro y María Luisa, y que el entusiasmo que sus ideas habían despertado en ellos lo hubieran hipnotizado:

> Me senté a leer en el escenario iluminado; la platea con «mi» público seleccionado, completamente a oscuras. Empecé a leer, no recuerdo bien qué capítulo, pero yo leía y leía y a partir de un momento se produjo tal silencio en la sala y era tal la tensión que yo sentía, que me aterroricé. Interrumpí la lectura y traté de mirar algo en la oscuridad y después de unos segundos percibí los rostros de los que estaban en primera fila y al contrario, vi que tenían los ojos así —los abre muy grandes— y entonces seguí mi lectura muy tranquilo. Realmente la gente estaba como suspendida; no volaba una mosca. Cuando terminé y bajé del escenario, la primera persona que me abrazó fue Mercedes, con una cara —yo tengo la impresión de que desde que me casé que ése es el único día que me di cuenta que Mercedes me quería— porque me miró ¡con una cara! ... Ella tenía por lo menos un año de estar llevando recursos a la casa para que yo pudiera escribir, y el día de la lectura la expresión en su rostro me dio la gran seguridad de que el libro iba por donde tenía que ir.[12]

Mercedes, por su parte, siguió librando la gesta de mantener a flote la economía familiar. A principios de 1966, el dinero que habían apartado de las ganancias anteriores se había agotado; aunque el bloqueo creativo de su marido era cosa del pasado, el libro crecía y crecía y parecía llevar camino de prolongarse el resto del año. Al final, García Márquez llevó el Opel blanco a un depósito de coches de Tacubaya y volvió con otra sustanciosa suma de dinero.[13] Ahora sus amigos los llevaban en sus vehículos. Incluso pensó en prescindir del teléfono, no sólo para ahorrar gastos, sino a fin de evitar su mayor distracción: las interminables charlas telefónicas con sus amigos. Cuando el dinero del coche se acabó, Mercedes empezó a empeñarlo todo: la televisión, la nevera, la radio, joyas. Sus tres últimas «posiciones militares» eran un secador de pelo, la licuadora para las comidas de los niños y la estufa eléctrica de Gabo. Compraba en la carnicería de don Felipe, que le concedía un crédito cada vez más elástico; convenció a Luis Coudurier, el casero, de que esperara aún más para cobrar el alquiler; y sus amigos les llevaban con regularidad toda clase de provisiones. Sin embargo, a pesar de todo conservaron el tocadiscos. En esta época de su vida, García Márquez no podía redactar una novela oyendo música, pero tampoco podía vivir sin ella, y su querido Bartók, los Preludios de Debussy y el *Hard Day's Night* de los Beatles eran el fondo musical de buena parte de lo que hacía en aquellos tiempos.

Pasó el peor día de todo aquel proceso de escritura con la muerte del coronel Aureliano Buendía, en el capítulo 13. Al igual que les ocurre a muchos escritores, vivió el final de su personaje principal como una pérdida personal, casi un homicidio. La narración de la muerte está investida con algunos de los recuerdos más conmovedores de la infancia del propio García Márquez, y aunque la crítica lo haya pasado por alto, el novelista había puesto más de sí mismo en este personaje aparentemente antipático que en cualquier otro texto de ficción anterior. Aureliano, a pesar de ser el segundo hijo de sus padres, es «el primer ser humano que nació en Macondo»; nace en marzo, como García Márquez, y por añadidura, viene al mundo con los ojos abiertos, y desde el instante mismo en que sale del útero materno mira toda la casa, del mismo modo que, según le contaron, hizo el pequeño Gabito. Desde la más tierna infancia tiene dotes adivinatorias, como se dice de Gabito en el entorno familiar. Se enamora de una niña, y se casa con ella antes de que alcance la pubertad; sin embargo, después de que ella muera, es «un ser incapacitado para el amor» y actúa solamente movido por «pura y pecaminosa soberbia». Si bien de joven es capaz de demostrar un gran sentido de la empatía, e incluso bondad (y a pesar de componer poemas de amor, de los cuales posteriormente se avergonzará), Aureliano es solitario, egocéntrico y despiadado; nada puede interponerse en el camino de su ambición personal. En Aureliano Buendía, por consiguiente, García Márquez fusiona recuerdos escogidos del coronel Márquez (la guerra, el taller, los pescaditos de oro) con un autorretrato equiparable a una crítica de sí mismo, con la que viene a plasmar que ahora ha cumplido la ambición de su vida, pero que su afán devorador respondía a un cálculo y en última instancia ha sido un impulso narcisista y egotista. La vocación de la escritura (de convertirse en Melquíades), sobre la cual insistirá con tanto ahínco en *Vivir para contarla*, en realidad oculta otro instinto más elemental, y tal vez menos agradable: la voluntad de triunfar y el deseo de alcanzar la fama, la gloria y la riqueza (el coronel Aureliano Buendía). *El otoño del patriarca* llevará esta crítica a extremos aún más sorprendentes.

A las dos de la madrugada, después de culminar la proeza, subió al dormitorio, donde Mercedes dormía profundamente, se tumbó en la cama y lloró durante dos horas.[14] No se requieren grandes introspecciones biográficas para suponer que, al dar muerte al personaje central de la novela, hubo de encarar no sólo su propia mortalidad y el hecho de que la novela estaba concluida, sino también que había llegado al final de una experiencia pletórica y única; en realidad, era el final de toda una época de su vida y de la persona que había sido hasta entonces, al tiempo que en ese punto quedaba zanjada la relación inexpresable que había mantenido con la persona más importante en su vida, su abuelo, ahora perdido para siempre, porque la literatura no podía resucitarlo. Ahora, en el colmo de la ironía, García Márquez volvía a ser, justo cuando empezaba a cosechar sus triunfos, el hombre concebido en sus primeros relatos, un hombre condenado a muertes múltiples que se sucedían una tras otra a medida que dejaba atrás cada momento de su vida y cada objeto y persona a los que había amado. A excepción de su esposa y sus hijos.

Aunque siempre ha alimentado la impresión de que permaneció encerrado en su cubículo lleno de humo hasta que la novela estuvo terminada, surgió la ocasión de viajar a Colombia a gastos pagados y, tras mucho meditarlo, decidió aprovechar la oportunidad. Había convencido a los Ripstein de que presentaran *Tiempo de morir* en el Festival de Cine de Cartagena, y fue en ferry desde Veracruz hasta Cartagena, adonde llegó el 1 de marzo de 1966 (dos semanas después de que su amigo Camilo Torres, convertido en guerrillero, muriera en combate). La película ganó el primer premio del festival, a pesar de las dudas que el propio García Márquez tenía del trabajo de Ripstein. El 6 de marzo hubo mucho que celebrar: el triunfo de su película, las perspectivas prometedoras de su novela y su trigésimo noveno cumpleaños, de vuelta a Cartagena, donde se reencontró con su familia. Pasó fugazmente por Bogotá y a continuación voló a Barranquilla, donde vivía entonces Plinio Mendoza. Mendoza recibió una llamada telefónica a la oficina:

—Gabo, ¿dónde estás? ¿En Panamá? ¿En México?
—En su casa, pendejo. Tomándome un whisky.[15]

Les habló a Mendoza y a Álvaro Cepeda de su libro: «No se parece a los otros, compadres. Ahí me solté el mono, al fin. O doy un trancazo con él o me rompo la cabeza». En aquella visita deambuló con Alfonso Fuenmayor por los sitios que solía frecuentar en Barranquilla, reviviendo los viejos tiempos y recordando rostros y lugares. Para completar la vorágine del recorrido, volvió a Aracataca por primera vez en una década.[16] En esta ocasión no viajó con su madre sino con Álvaro Cepeda, en un jeep conducido por su amigo. Oportunamente, en su particular búsqueda del tiempo perdido los acompañó el corresponsal de *El Tiempo* en Barranquilla, que escribió una crónica detallada del periplo: de repente los medios de comunicación convertían a García Márquez en un héroe popular, antes de que adquiriera categoría de gran estrella.[17]

Aunque su intención era quedarse varias semanas, al cabo de tan sólo unos días se embarcó para México, adonde llegó hacia finales de marzo. Alfonso Fuenmayor protestó ante su pronta partida, y García Márquez le explicó que la noche antes de irse de repente había visto el final de su novela con tanta claridad que podría habérselo dictado a una mecanógrafa palabra por palabra. Se encerró de nuevo en su cuarto y se dispuso a asimilar lo que acababa de acontecerle. El final que se le había ocurrido —que tal vez da la medida de cuánto había avanzado él y lo poco que lo habían hecho sus amigos colombianos— puso uno de los grandes broches de oro de la historia de la literatura.

Cien años de soledad era un libro que tenía editor prácticamente desde el instante en que se inició su escritura. Disfrutó de una audiencia diaria de entusiastas con los que su autor podía contar. Y el escritor, llevado por la euforia, apenas necesitaba que lo alentasen: era un hombre poseído. Poseído por las potencias creadoras de la literatura que latían en todo su ser, y posesor de la certidumbre de que el éxito de su obra estaba escrito en las estrellas, predestinado. El *Ulises* de James Joyce es el ejemplo más cercano de una obra mítica cuya inminencia era conocida por los entendidos y que sabían destinada a la grandeza; sin embargo, Joyce no tenía editor y nunca esperó ser un autor con gran éxito de ventas. Tan confiado estaba García Márquez, de ordinario extremadamente cauto, que, lejos de sucumbir a las supersticiones que por lo general lo coartaban, durante la visita que hizo en marzo a Bogotá les había entregado a sus antiguos colegas de *El Espectador* el primer capítulo de la novela, que publicaron el 1 de mayo. Carlos Fuentes, que por entonces había vuelto a París, recibió los tres primeros capítulos en junio de 1966 y quedó encandilado.[18] Se los pasó a su amigo Julio Cortázar. La reacción fue la misma. Entonces Fuentes le dio el segundo capítulo a Emir Rodríguez Monegal para que lo incluyera en la primera edición de una nueva revista literaria, *Mundo Nuevo*, que se publicó en París en agosto de 1966.

En una entrevista con el editor, Fuentes anunció que acababa de recibir las primeras setenta y cinco páginas de la «obra en progreso» de García Márquez (la alusión a Joyce era inequívoca) y que la consideraba, sin el menor asomo de duda, una obra maestra incuestionable que de inmediato relegaba a todos los clásicos regionales latinoamericanos previos al pasado.

Luego Fuentes mandó un artículo a *La Cultura en México* (*¡Siempre!*) en el que anunciaba también a sus compatriotas, el 29 de junio, la llegada de *Cien años de soledad*, una gran novela, cuando probablemente García Márquez ni siquiera la había terminado: «Acabo de leer ochenta cuartillas magistrales: las primeras de *Cien años de soledad*, la novela en preparación de Gabriel García Márquez».[19] La gente apenas podía expresar su asombro. No había precedentes de lo que estaba ocurriendo.

En vistas del clima de expectación, fue una suerte que García Márquez lograra acabar la novela. Le dijo a Plinio Mendoza: «El libro llegó a su final natural, de un modo intempestivo, como a las once de la mañana. Mercedes no estaba en casa, y no encontré por teléfono a nadie a quien contárselo. Recuerdo mi desconcierto como si hubiera sido ayer: ¡no sabía qué hacer con el tiempo que me sobraba y estuve tratando de inventar algo para poder vivir hasta las tres de la tarde!».[20] Aquel mismo día entró en la casa un gato azul y el escritor recuerda: «Entonces pensé que se podrían vender un par de ediciones». Minutos después, sus dos hijos entraron con brochas y las manos y la ropa embadurnadas de pintura azul.

Lo primero que hizo fue enviarle una copia a Germán Vargas a Bogotá, antes de mandar el manuscrito a Sudamericana. García Márquez le preguntó a Vargas si le parecía bien que hubiera hecho alusiones de él y sus amigos de Barranquilla. Primero Vargas y luego Fuenmayor repusieron que se sentían honrados de ser amigos del último de los Buendía. Entonces Vargas, con la parsimonia que lo caracterizaba, digirió la novela y escribió un artículo titulado «Un libro que hará ruido», que publicó en abril de 1967 en *Encuentro Liberal*, el semanario que él mismo editaba en Bogotá; la reseña de Vargas ya dio mucho que hablar, y fue la primera predicción en Colombia del estatus que la novela alcanzaría en el futuro.[21] Plinio Mendoza también recibió una copia en Barranquilla y, tras cancelar el trabajo de aquel día, la leyó de principio a fin de un tirón. Le dijo a su esposa, Marvel Moreno, una antigua reina de la belleza y futura novelista con la que acababa de casarse: «Gabo dio el trancazo que quería dar». Plinio se la pasó a Álvaro Cepeda. Álvaro la leyó, se sacó el habano de la boca, y exclamó: «No joda, el Gabo acaba de jalarse una cipote novela».[22]

Por el modo en que García Márquez siempre lo ha contado, su regreso al mundo fue dramático y confuso, como si emergiera de un largo sueño.[23] Era el año de la efervescencia cultural del *swinging London*. Indira Gandhi gobernaba ahora la mayor democracia del mundo y Fidel Castro, en cuya compañía conocería García Márquez a la dirigente india muchos años después, estaba ocupado organizando la primera Conferencia Tricontinental de estados latinoamericanos, asiáticos y africanos que iba a celebrarse en La Habana en agosto de 1967. Un actor conservador llamado Ronald Reagan se presentaba candidato a gobernador de California. China vivía un período tumultuoso y Mao proclamaría la Revolución Cultural unos días después de que García Márquez enviara el primer bloque de su precioso manuscrito a Buenos Aires. De hecho, García Márquez tuvo que abandonar enseguida el mundo mágico de Macondo y ponerse a ganar dinero. Se sintió incapaz siquiera de tomarse una semana de asueto para celebrarlo, pues temía que pagar las deudas acumuladas iba a llevarle años. Más adelante explicó que había escrito mil trescientas páginas —que al final quedaron en las cuatrocientas noventa que le envió a Porrúa—, que se había fumado treinta mil cigarrillos, y que debía ciento veinte mil pesos. Como es lógico, se sentía inseguro. Poco después de terminar asistió a una fiesta en casa de su amigo inglés James Papworth. Cuando éste le preguntó por el libro, García Márquez contestó: «Aún no sé si tengo una novela o un kilo de papel».[24] Retomó sin dilación la escritura de guiones cinematográficos. Luego, en su primer artículo en cinco años, fechado en julio de 1966 aunque no dirigido al público mexicano, García Márquez elaboró una meditación autorreferencial para *El Espectador* titulada «Desventuras de un escritor de libros»:

> Escribir libros es un oficio suicida. Ninguno exige tanto tiempo, tanto trabajo, tanta consagración, en relación con sus beneficios inmediatos. No creo que sean muchos los lectores que al terminar la lectura de un libro se pregunten cuántas horas de angustias y de calamidades domésticas le han costado al autor esas doscientas páginas, y cuánto ha recibido por su trabajo ... Después de esta triste revisión de infortunios, resulta elemental preguntarse por qué escribimos los escritores. La respuesta, por fuerza, es tanto más melodramática cuanto más sincera. Se es escritor, simplemente, como se es judío o se es negro. El éxito es alentador, el favor de los lectores es estimulante, pero éstas son ganancias suplementarias, porque un buen escritor seguirá escribiendo de todas maneras, aun con los zapatos rotos, y aunque sus libros no se vendan.[25]

El nuevo García Márquez, que se entrevería por primera vez en las entrevistas que concedió al llegar a Cartagena el mes de marzo anterior, ha nacido. Ha empezado a decir exactamente lo contrario de lo que piensa. Escribe acerca de sus desventuras porque sus desventuras están a punto de acabarse. El hombre que nunca se quejaba, que no hacía aspavientos ni siquiera cuando pasaba las mayores estrecheces, de ahora en adelante se propone armar revuelo por casi todo —no menos por la codicia de los editores y los libreros, un asunto que se tornará en una obsesión—. Ahí está, el García Márquez que no cesará nunca de fascinar a su público ni de irritar permanentemente a sus detractores, en especial a los convencidos de que no se merece el éxito que lo ha encumbrado, mientras que ellos, harto más sofisticados e importantes en términos literarios, y menos vulgares, son quienes deberían cosechar sus fastuosos premios. Este nuevo personaje —en apariencia un auténtico hombre de los sesenta— es provocativo y se aferra a sus opiniones, es demagógico e hipócrita, voluntariamente grosero y, sin embargo, imposible de encasillar; no obstante, la gente lo adorará precisamente por todo esto, porque parece uno de ellos, y porque logra alcanzar el éxito y salirse con la suya gracias a su ingenio, que es el ingenio del pueblo, su manera de entender el mundo.

En torno a esta misma época, poco después de concluir la novela, García Márquez le escribió una larga carta a Plinio Mendoza. Empieza con una sorprendente declaración de su estado emocional en este momento, para luego pasar a una explicación de su obra recién terminada y al significado que encierra para él:

Después de tantos años de trabajar como un animal, me siento agobiado de cansancio, sin perspectivas ciertas, salvo en el único terreno que me gusta y no me da para comer: la novela. Mi decisión, que obedece a un apremio irresistible, es arreglármelas de cualquier modo para seguir escribiendo mis cosas. Créeme, con dramatismo o sin él, que no sé lo que va a pasar.

Me ha dado una gran alegría lo que me dices del capítulo de *Cien años de soledad*. Por eso publiqué. Cuando regresé de Colombia y leí lo que llevaba escrito, tuve de pronto la desmoralizante impresión de estar metido en una aventura que lo mismo podía ser afortunada que catastrófica. Para saber cómo lo veían otros ojos, le mandé entonces el capítulo a Guillermo Cano, y convoqué aquí a la gente más exigente, experta y franca, y les leí otro. El resultado fue formidable, sobre todo porque el capítulo leído era el más peligroso: la subida al cielo, en cuerpo y alma, de Remedios Buendía ...

Estoy tratando de contestar con estos párrafos, y sin ninguna modestia, a tu pregunta de cómo armo mis mamotretos. En realidad, *Cien años de soledad* fue la primera novela que traté de escribir, a los 17 años, y con el título de *La Casa*, y que abandoné al poco tiempo porque me quedaba demasiado grande. Desde entonces no dejé de pensar en ella, de tratar de verla mentalmente, de buscar la forma más eficaz de contarla, y puedo decirte que el primer párrafo no tiene una coma más ni una coma menos que el primer párrafo escrito hace veinte años. Saco de todo esto en conclusión, que cuando uno tiene un asunto que lo persigue, se le va armando solo en la cabeza durante mucho tiempo, y el día que revienta hay que sentarse a la máquina, o se corre el riesgo de ahorcar a la esposa.[26]

La carta evidencia que al escribir todo esto en parte se preparaba para defender sus opiniones —y su novela— en público, y que espera cultivar una carrera paralela en las altas esferas del periodismo. Dice también que ahora hay tres novelas distintas en proyecto que lo están «empujando».

A comienzos de agosto, dos semanas después de escribir esa carta, García Márquez acompañó a Mercedes a la oficina de correos para mandar a Buenos Aires el manuscrito terminado. Parecían dos supervivientes de una catástrofe. El paquete contenía cuatrocientas noventa páginas mecanografiadas. Tras el mostrador, el funcionario de la estafeta anunció: «Ochenta y dos pesos». García Márquez observó a Mercedes rebuscar en el monedero. No tenían más que cincuenta pesos, de manera que sólo pudieron mandar una mitad del libro: García Márquez hizo que el funcionario fuese quitando hojas, como si se tratara de lonchas de jamón, hasta que los cincuenta pesos bastaron. Volvieron a casa, empeñaron la estufa, el secador y la licuadora. Regresaron a la oficina de correos y enviaron el segundo bloque. Al salir, Mercedes se detuvo y se volvió a su esposo: «Oye, Gabo, ahora lo único que falta es que esa novela sea mala».[27]

16

La fama, al fin

1966-1967

A García Márquez no lo inquietaba tanto el éxito que el libro pudiera alcanzar como que los dos paquetes llegaran a Buenos Aires. Desde hacía un año, Álvaro Mutis era el representante en América Latina de la 20th Century Fox y en breve debía partir para Argentina; García Márquez le pidió que le llevara otra copia a Paco Porrúa a las oficinas de la editorial Sudamericana en Buenos Aires. Mutis llamó por teléfono a Porrúa nada más llegar y le dijo que tenía el manuscrito. Porrúa repuso: «Olvídate, yo ya la recibí y es genial».[1] Si Porrúa creía que el libro era «genial», con toda probabilidad causaría sensación.

Mientras, en Ciudad de México, García Márquez había ido reuniendo todas sus anotaciones diarias y sus árboles genealógicos en cuarenta cuadernos escolares. Mercedes y él aseguran que los rompieron y los quemaron tan pronto tuvieron noticia de que el manuscrito había llegado a Argentina sin contratiempos. En ellos había básicamente cuestiones estructurales y de procedimiento, según ha dicho su autor. Sus amigos, mucho más pendientes de consideraciones académicas e históricas, quedaron consternados al enterarse de la noticia y lamentaron que no los conservara para la posteridad (o incluso, tal y como se dieron las cosas, para obtener provecho económico de ellos).[2] Sin embargo, García Márquez siempre se ha defendido atribuyendo su decisión a su sentido del pudor, diciendo que para él no sería más grato que la gente cribara sus sobras literarias de lo que sería que husmearan en su basura o trataran de sacar los trapos sucios de las intimidades de su familia. «Es como que te sorprendan en ropa interior».[3] También se intuye en ello, por supuesto, cierta voluntad del artista —o del mago— por proteger los trucos de su oficio. Por desgracia para los biógrafos, mantiene esa misma actitud en cuanto a revelar los detalles más inocentes de su vida. Siempre ha querido ejercer el control sobre la versión de su vida que se contaba —o difundir varias versiones, de modo que ninguna pudiera contarse—, como para cubrir de una vez por todas los sentimientos de pérdida, traición, abandono e inferioridad que heredó de su niñez.

Empezaba ya a ser nombrado como el cuarto miembro de aquella reducida hermandad que lideraba la narrativa latinoamericana y la colocaba en el punto de mira internacional a través de lo que dio en llamarse el Boom de la literatura. Estos cuatro escritores —Cortázar, Fuentes, Vargas Llosa y, a partir de este momento, García Márquez— gozarían de una difusión sin precedentes en los años venideros, aunque en aquel momento concreto el movimiento no había cuajado todavía por completo y ningún autor se había erigido en algo así como el referente de esta extraordinaria gama de nuevas producciones. Sin embargo, sus coetáneos ya lo sabían; metafóricamente hablando, habían agachado la cabeza: sería Gabriel García Márquez. Nada volvería a ser lo mismo en América Latina después de la publicación de *Cien años de soledad*. Los primeros en darse cuenta de ello fueron los argentinos.

Argentina, en cuanto a la alta cultura, era la nación que llevaba la delantera en América Latina. Buenos Aires, la capital glamurosa y cosmopolita donde pronto iba a publicarse la novela de García Márquez, era algo así como una combinación de París y Londres en el Nuevo Mundo. Había una intensa cultura literaria, en ocasiones pretenciosa, pero la calidad del debate era siempre elevada y su influencia en el resto de América Latina innegable, especialmente después de la guerra civil española, cuando la madre patria dejó de ejercer un efecto intelectual o literario relevante en el gran continente del hemisferio sur. Cuando García Márquez leyó a Kafka en Bogotá, allá por 1947, y a los muchos escritores que cayeron en sus manos mientras vivió en Barranquilla, entre 1950 y 1953, lo hacía indefectiblemente en ediciones argentinas. Losada había rechazado su primera novela quince años atrás; ahora aquel mal estaba a punto de enmendarse y su sueño de juventud se haría realidad: iban a publicarle en Buenos Aires.

En la capital argentina, los editores de Sudamericana no ocultaban en absoluto su impresión de que tenían entre manos a un prodigio de las letras latinoamericanas —el cual, posiblemente, por añadidura, causaría sensación entre la crítica—. Dio la casualidad de que el nombre de García Márquez había recibido ya cierta difusión en Buenos Aires los meses anteriores. A mediados de 1966, la editorial Jorge Álvarez publicó *Los diez mandamientos*, una antología de cuentos latinoamericanos que incluía «En este pueblo no hay ladrones». Este libro, que fue una primera tentativa de sacar provecho del creciente Boom, fue un éxito de ventas durante el segundo semestre de 1966.[4] La editorial había invitado a los autores a ofrecer un autorretrato a modo de presentación de su relato. El de García Márquez fue emblemático de su nueva estrategia de publicitarse a sí mismo una vez que se convenció de que iba a alcanzar el éxito literario.

> Yo, señor, me llamo Gabriel García Márquez. Lo siento: a mí tampoco me gusta ese nombre, porque es una sarta de lugares comunes que nunca he logrado identificar conmigo. Nací en Aracataca, Colombia. Mi signo es Piscis y mi mujer es Mercedes. Ésas son las dos cosas más importantes que me han ocurrido en la vida, porque gracias a ellas, al menos hasta ahora, he logrado sobrevivir escribiendo.
>
> Soy escritor por timidez. Mi verdadera vocación es la de prestidigitador, pero me ofusco tanto tratando de hacer un truco que he tenido que refugiarme en la soledad de la literatura. Ambas actividades, en todo caso, conducen a lo único que me ha interesado desde niño: que mis amigos me quieran más.
>
> En mi caso el ser escritor es un mérito descomunal, porque soy muy bruto para escribir. He tenido que someterme a una disciplina atroz para terminar media página en ocho horas de trabajo; peleo a trompadas con cada palabra y casi siempre es ella quien sale ganando, pero soy tan testarudo que he logrado publicar cinco libros en veinte años. El sexto, que estoy escribiendo, va más despacio que los otros, porque entre acreedores y una neuralgia me quedan muy pocas horas libres.
>
> Nunca hablo de literatura, porque no sé lo que es, y además estoy convencido de que el mundo sería igual sin ella. En cambio, estoy convencido de que sería completamente distinto si no existiera la policía. Pienso, por tanto, que habría sido más útil a la humanidad si en vez de escritor fuera terrorista.[5]

He aquí, salta a la vista, un escritor que espera alcanzar la fama. Una vez más, había dicho básicamente lo contrario a la verdad, de un modo calculado para alcanzar no sólo mayor visibilidad, sino también para hacerse más adorable. La imagen es la del tipo normal y corriente dotado —tácita, tímidamente— con el don extraordinario. Es de notar el contraste de la modestia superficial y la desaprobación de sí mismo con la seguridad subyacente y el deseo de atención, algo que sacaría de quicio a sus adversarios en el futuro. Quienes leyeran esta declaración adivinarían también que este tipo normal y corriente era además de ideas progresistas, aunque abordaba la política, como todo lo demás, con gran sentido del humor. Era un hombre de su época, un hombre del momento. ¿Quién, al leer esto, no estaría atento para no perderse sus libros?

El semanario más influyente de Argentina en aquel momento era *Primera Plana*. El jefe de redacción era el escritor Tomás Eloy Martínez, amigo de Porrúa, y posteriormente también buen amigo del propio García Márquez. *Primera Plana* era un creador de opinión fundamental y vendía sesenta mil ejemplares a la semana. Sus propietarios trataban siempre de anticiparse a lo que causaría sensación en el ámbito de la cultura, así que en diciembre de 1966, advertidos por Paco Porrúa, decidieron enviar a México a Ernesto Schóo, su reportero estrella y miembro del consejo editorial, para que entrevistara a García Márquez. Teniendo en cuenta el coste de los billetes de avión de aquellos tiempos, se trataba de una inversión considerable para cualquier revista, pero *Primera Plana* tenía plena confianza en Porrúa y sabían lo que se traían entre manos. El periodista argentino convivió toda una semana con la familia García Barcha en México. Cuando la revista publicó finalmente su reportaje, seis meses después, sacó a García Márquez en portada, fotografiado no en la anodina calle donde residía, sino en los pintorescos callejones adoquinados del viejo barrio de San Ángel. Las fotografías las hizo el propio Schóo y mostraban a García Márquez haciendo payasadas, a la moda típica de los sesenta, con su acostumbrada chaqueta de cuadros negra y roja. No era así como se vestían los escritores argentinos, era más el estilo de Jack Kerouac; poco después, sin embargo, identificaría a García Márquez, que pasaría a ser simplemente «Gabo». Así que en lugar del escritor lúgubre que Luis Harss había descrito en aquel prestigioso libro publicado apenas unas semanas antes de la entrevista de Schóo, estas instantáneas mostrarían a un novelista feliz, más bien eufórico, que se sentía a gusto en el mundo.[6]

En abril, Mario Vargas Llosa, que había publicado recientemente su deslumbrante segunda novela, *La casa verde*, salió a la palestra con uno de sus caballos de batalla al anunciar que el libro de García Márquez que estaba a punto de aparecer era, no la «Biblia» de América Latina que Carlos Fuentes había dicho que era, sino la gran «novela de caballería» del continente. Vargas Llosa debió de quedarse atónito ante la súbita aparición de este inesperado rival de Colombia pero, al igual que Fuentes, optó, como corresponde en estos casos, por encajarlo con caballerosidad. Su innovador artículo, «Amadís en América», apareció en *Primera*

Plana en abril, y declaraba en él que en *Cien años de soledad* se sincreti-
zaban la saga familiar y el relato de aventuras: «Una prosa nítida, una técnica de hechicería infalible, una imaginación luciferina son las armas que
han hecho posible esta hazaña narrativa, el secreto de este libro excepcional».[7]

Los argentinos decidieron tratar a García Márquez a cuerpo de rey.
Lo invitaron a visitar Buenos Aires a finales de junio para promocionar
la novela, aunque la visita se aplazó para que García Márquez llegara en
agosto en calidad de miembro del jurado del Premio de Novela *Primera
Plana*/Sudamericana. En el ínterin, tanto Sudamericana como *Primera Plana* redoblaron los esfuerzos de promoción de la novela. *Cien años
de soledad* salió de imprenta finalmente el 30 de mayo de 1967, con una
extensión de 352 páginas y un coste de 650 pesos, el equivalente a unos
dos dólares. La idea inicial había sido una tirada estándar de tres mil
ejemplares, una cifra elevada en el conjunto de países latinoamericanos,
pero bastante normal en Argentina. Sin embargo, el entusiasmo desbordante de Fuentes, Vargas Llosa y Cortázar, además de la propia intuición
de Porrúa, les hicieron decidirse a correr el riesgo de aumentarla a cinco mil. No obstante, la demanda de ejemplares previos a la publicación
por parte de los libreros ascendía a ocho mil antes de llevarla a imprenta. Las previsiones eran vender esa cantidad en seis meses si las cosas iban
bien. Al cabo de una semana de estar en la calle, el libro había vendido
mil ochocientos ejemplares y era el tercero en la lista de ventas, un logro
inaudito para una novela latinoamericana de un escritor prácticamente
desconocido. Al final de la segunda semana, esa cifra se había triplicado
solamente en Buenos Aires, y ocupaba el primer puesto de las más ven-
didas, con lo que la tirada inicial de ocho mil copias parecía ahora del
todo insuficiente.

Irónicamente, después de todos los esfuerzos de la plantilla, *Primera
Plana* demostró ser algo lenta de reflejos. El reportaje de Schóo, realizado hacía seis meses, debía aparecer en la edición de la semana del 13 al
19 de junio con la fotografía de García Márquez en portada, pero la
guerra de los Seis Días de Oriente Medio estalló el día 5 a las 3.10 de
la madrugada, hora de Buenos Aires, y el momento de García Márquez quedó pospuesto hasta el día 20. En el interior de la revista, la
nota que introducía aquel número decía que no se trataba simplemente
de un acontecimiento extraordinario, sino que el libro era además (e implícitamente también aquel número de *Primera Plana*) la pila bautismal de

la que emergería la nueva novela latinoamericana. El ensayo de Schóo se titulaba «Los viajes de Simbad», con lo que establecía de buen principio una comparación entre la obra de García Márquez y *Las mil y una noches*, que tan importante había sido para dar forma a su imaginación. La magia flotaba en el aire. Entre la impresión del libro y su llegada a las librerías, apareció en las tiendas de discos de todo el mundo el *Sergeant Pepper's* de los Beatles, también destinado a adquirir categoría mítica.

García Márquez había invitado a Vicente Rojo a diseñar la cubierta del libro, en un intento por aplacar la cólera de su amigo, dolido porque el colombiano no se lo hubiera vendido a Era, la editorial mexicana. Rojo se esforzó por comunicar el aire caótico, múltiple y popular de la novela. Puso del revés la «e» de SOLEDAD, rasgo que con el tiempo llevaría a las teorías más abstrusas y esotéricas de la crítica literaria y motivaría también la carta de un librero de Guayaquil, que protestaba por haber recibido copias defectuosas que tuvo que corregir a mano para evitarles molestias a sus clientes.[8] La cubierta de Rojo aparecería finalmente en más de un millón de ejemplares del libro y se convertiría en un icono de la cultura latinoamericana. Sin embargo, no estuvo lista a tiempo para aparecer en la primera edición; fue una diseñadora de la casa, Iris Pagano, la que dibujó el galeón azulado flotando en una selva azulada con un fondo grisáceo, y tres flores naranjas que brotaban por debajo del barco. Ésa sería la cubierta que más se cotizaría después entre los coleccionistas, y no la sofisticada ilustración de uno de los artistas punteros de México. La segunda, la tercera y la cuarta edición —que aparecieron respectivamente en junio, septiembre y diciembre— llevaron el diseño de Rojo y se imprimieron en tiradas de veinte mil ejemplares, un fenómeno sin precedentes en la historia de la edición latinoamericana.

A principios de junio, García Márquez fue entrevistado en México por *Visión*, la equivalente latinoamericana de *Time*, y la única revista que se vendía en todo el continente (aunque, significativamente, se publicaba en Washington). En aquella entrevista, García Márquez anunció que estaba pensando en llevarse a su familia un par de años a «una playa cercana a Barcelona».[9] Repitió la historia, ahora ya conocida, de que había empezado *Cien años de soledad* con «diecisiete años», pero que el «paquete» le iba entonces demasiado grande. Sin embargo, dijo también algo sorprendente: «Cuando termino de escribir un libro ya no me interesa más. Lo dijo Hemingway: "Todo libro terminado es como un león muerto". El problema siguiente es cómo cazar un elefante». García Márquez, ¿cansado de *Cien años de soledad*? ¿Hablaba en serio? Otras revistas y periódicos de toda América Latina se hicieron eco de esa declaración, que llevaba el sello de un nuevo fenómeno periodístico: la *boutade* a lo García Márquez.[10] Se trataba de una contradicción múltiple: conscientemente despreocupado, e irritante para sus críticos por esta y otras razones; hipócrita, a sabiendas de serlo, como si fuera un guiño, haciendo gala de una especie de arrogancia *sui generis* que pasaba por modestia; todo ello envuelto en una agudeza popular que le permitía esquivar las agresiones con la elegancia, en apariencia natural, de una pirueta chaplinesca que en el fondo, paradójicamente, contenía siempre una pizca de verdad.

La novela apareció en Ciudad de México el 2 de julio, exactamente seis años después de que la familia llegara al país.[11] María Luisa Elío, a quien se la había dedicado, recuerda que todo el mundo «se volvió loco», yendo de librería en librería a comprar ejemplares para sus amigos y haciendo que García Márquez escribiera un sinfín de dedicatorias. María Luisa, por su parte, compró el cesto más grande que pudo encontrar y lo llenó de margaritas amarillas. Se quitó el brazalete de oro que llevaba y lo puso en la cesta con un pececito de oro y una botella de whisky, y fue directamente a la casa de Gabo y Mercedes.[12] Esta tendencia a que el mundo real se trocara en el mundo mágico de *Cien años de soledad* iría creciendo como una bola de nieve, y en poco tiempo provocaría el hartazgo del propio autor ante las interpretaciones que se atribuían a su extraordinaria novela. Con el tiempo desearía dejar atrás los años sesenta, pero se vería constantemente arrastrado hacia el pasado.

El 1 de agosto fue a Caracas para asistir al decimotercer Congreso Internacional de Literatura Iberoamericana que organizaba la Universidad de Pittsburgh, que debía coincidir con la presentación del Premio Rómulo Gallegos, de reciente creación, y que había recaído en Mario Vargas Llosa por su novela de 1966, *La casa verde*. Sus aviones, procedentes de Londres y México, aterrizaron casi al mismo tiempo en Maiquetía y se conocieron, de modo cargado de simbolismo, en el aeropuerto: ambos cogerían infinidad de vuelos en los años venideros.[13] Ya habían cruzado correspondencia. Ahora fueron compañeros de habitación. Sería una amistad literaria profunda, aunque en última instancia turbulenta. García Márquez estaba abrumado. No había escrito un guión para esta eventualidad. Había llegado tardíamente al banquete del Boom; Mario Vargas Llosa, que había vivido en Europa desde 1959, conocía ya a la mayoría de los demás escritores, tanto de París como de Barcelona, aunque tenía nueve años menos que él; era apuesto, cortés y afable, sofisticado en sus críticas (iba ya camino de doctorarse), si bien sabía cómo enloquecer a las masas literarias. Frente a este inequívoco carácter estelar, García Márquez, la nueva sensación, de pronto se sintió nervioso, intimidado, a la defensiva. En una fiesta hizo que sus amigos venezolanos pusieran un cartel que rezaba: «Prohibido hablar de *Cien años de soledad*». Sin embargo, también dio guerra y titulares para la prensa: dijo a los periodistas, muy serio, que era Mercedes quien escribía sus libros, pero que se los hacía firmar a él por lo malos que eran. Y cuando le preguntaron si la vaca sagrada local, el ex presidente Rómulo Gallegos, era un gran novelista, contestó: «En *Canaima* hay una descripción de un gallo que está muy bien».[14] Ahora García Márquez empezaría a conocer a cualquiera que fuera alguien; ahora que había un García Márquez, podía haber un Boom; ahora cualquier cosa podía ocurrir. Este hombre era un mago. Su libro era mágico, su nombre era mágico: «Gabo» era un sueño de la era Warhol, y no de quince minutos.

Emir Rodríguez Monegal le dijo a García Márquez que dos días antes de volar a Caracas había estado en La Coupole de París con Fuentes y Pablo Neruda; Fuentes habló maravillas de *Cien años de soledad* a Neruda y predijo que sería un libro tan importante para las letras latinoamericanas como lo había sido el *Quijote* para las letras españolas.[15]

El espectáculo de Gabo y Mario se trasladó a Bogotá el 12 de agosto. *Cien años de soledad* aún no había empezado a circular por allí, y pocas habían sido las reacciones ante el éxito que la novela había cosechado en Buenos Aires. Ni *El Espectador* ni *El Tiempo* hicieron mención alguna del libro las primeras semanas. Parecía casi como si los colombianos trataran deliberadamente de negar su interés; como si esperaran hasta que fuera imposible ignorar este fenómeno asombroso dentro de sus fronteras. La verdad es que nunca se apreciaría tanto a García Márquez en su país natal como en otras partes de América Latina.[16] Plinio Mendoza había viajado a Bogotá con Cepeda:

Recuerdo que muy poco antes de que se publicara *Cien años de soledad*, García Márquez vino a Bogotá con Mario Vargas Llosa. Mario acababa de ganar en Caracas, con *La casa verde*, el Premio Rómulo Gallegos. Como ocurre con todos los personajes que aparecen por allí, el «*tout* Bogotá» se precipitó a festejarlo. Aquella gente que revoloteaba, burbujeaba, en torno suyo, siempre atenta a las etiquetas del éxito, ignorante aún de la bomba fabricada por García Márquez, tenía todavía una valoración modesta del escritor de casa. Así, lo dejaban discretamente en segundo plano.[17]

Vargas Llosa partió para Lima el 15 de agosto y García Márquez y Mercedes se marcharon a Argentina para enfrentarse a su destino. Él le había confesado a Plinio Mendoza: «Me siento con un pánico de cucaracha, y no veo una cama suficientemente grande para meterme debajo de ella».[18] Dejaron a sus dos hijos con la abuela materna en Colombia. Los niños, ambos mexicanos de hecho, no volverían a su país natal hasta muchos años después. En el avión hacia Buenos Aires, sus padres barajaron las opciones que les deparaba el futuro, y a Mercedes no pudieron pasarle por alto las prometedoras metas que Gabo le anunció cuando volaron juntos en avión por primera vez, casi diez años antes. En efecto, había escrito «la novela de su vida» a la edad de cuarenta años.

El 16 de agosto aterrizaron en el aeropuerto de Ezeiza, en Buenos Aires, a las tres de la madrugada, diez semanas después de la publicación del libro. A pesar de su llegada clandestina, Paco Porrúa recuerda que toda la ciudad parecía destilar un espíritu festivo, tras haber sucumbido de inmediato a «la seducción de la novela».[19] Tomás Eloy Martínez y él acudieron a recibir a la desavisada pareja, cuya vida había cambiado ya más de lo que alcanzaban a imaginar. Lejos de acusar el cansancio del viaje, García Márquez pidió ver las pampas y comer asado argentino.[20] De mutuo acuerdo, lo llevaron a un restaurante de la calle Montevideo. A medida que procuraban acostumbrarse a este hombre de los trópicos enfundado en un abrigo de leñador psicodélico y unos pantalones ceñidos italianos, con botas cubanas, muelas coronadas de empastes de plata y una curiosa mezcla de sentenciosidad y despreocupación, se convencieron de que ése era exactamente el aspecto que debía tener el autor de *Cien años de soledad*. En cuanto a su mujer, les pareció una aparición maravillosa, una versión amerindia de la reina Nefertiti.[21]

García Márquez quedó deslumbrado por Buenos Aires: su primera experiencia, diría, de una metrópolis latinoamericana que no pareciera «inconclusa». Una mañana vio a una mujer con un ejemplar de la novela metido en la bolsa de la compra, entre los tomates y las lechugas, mientras desayunaba en una cafetería que hacía chaflán. Su libro, ya

«popular» en ambos sentidos de la palabra, fue recibido «no como novela, sino como vida».[22] Aquella misma noche Mercedes y él asistieron a
un acto que se celebraba en el teatro del Instituto Di Tella, por entonces motor de la vida cultural argentina. Tomás Eloy Martínez ha dejado
constancia del momento en que García Márquez se convirtió para siempre en un personaje de la historia que había escrito de antemano, sin saberlo, como le ocurre a Melquíades:

> Mercedes y él se adelantaron hacia la platea, desconcertados por tantas
> pieles tempranas y plumas resplandecientes. La sala estaba en penumbras,
> pero a ellos, no sé por qué, un reflector les seguía los pasos. Iban a sentar-
> se cuando alguien, un desconocido, gritó: «¡Bravo!» y prorrumpió en
> aplausos. Una mujer le hizo coro: «¡Por su novela!», dijo. La sala entera se
> puso de pie. En ese preciso instante vi que la fama bajaba del cielo, en-
> vuelta en un deslumbrador aleteo de sábanas, como Remedios la Bella, y
> dejaba caer sobre García Márquez uno de esos vientos de luz que son in-
> munes a los estragos de los años.[23]

Martínez dice que García Márquez entretejió su magia por todo
Buenos Aires. Una noche estaba a punto de marcharse de una fiesta a
orillas del río de la Plata cuando advirtió la presencia de «una muchacha
que parecía levitar de felicidad. García Márquez dijo: "En verdad, ella
está triste y no sabe darse cuenta. Espérame un momento —me dijo—.
Voy a ayudarla a llorar". Se inclinó al oído de la muchacha y le deslizó
unas pocas palabras secretas. A ella le brotaron unas lágrimas enormes,
incontenibles. "¿Cómo te diste cuenta de la tristeza? —le pregunté más
tarde—. ¿Qué le dijiste para que llorara?" "Le dije que no se sintiera tan
sola." "¿Se sintiera sola?" "Claro que sí. ¿Has conocido a alguna mujer
que no se sienta sola?"». Martínez continúa: «Volvimos a encontrarnos
furtivamente una noche, la víspera de su partida. Le habían contado
que, en un recodo del bosque de Palermo, las parejas entraban en fogo-
sas cuevas de oscuridad donde podían besarse libremente. "Es un lugar
al que llaman El Tiradero", arriesgó. "Villa Cariño —traduje—. ¿Para
qué quieres ir ahí?" "Mercedes y yo estamos desesperados —dijo—.
Cada vez que vamos a besarnos, alguien nos interrumpe"».[24]

La gira de Gabo y Mario se reanudó después de dos semanas de
interrupción cuando García Márquez y Mercedes se reunieron en Lima
con su nuevo amigo peruano para asistir a una semana de eventos literarios a principios de septiembre. Su amistad quedó simbólicamente

sellada cuando García Márquez fue padrino del segundo hijo de Mario y Patricia Vargas Llosa, al que llamaron Gonzalo Gabriel.

No es posible que García Márquez conociera de antemano hasta dónde lo llevaría la fama, pero algo debía de barruntar. De regreso a Ciudad de México, Mercedes y él empezaron a hacer planes y a cerrar sus asuntos. Estaban resueltos a hacer uso de la libertad que acababan de hallar. Enfrentado a la perspectiva súbita y totalmente novedosa de la celebridad, y puede que incluso de la seguridad económica, García Márquez había decidido dejar México e irse a vivir a España. Y tenía prisa.

Estaba de regreso en Cartagena para finales de septiembre y aprovechó la oportunidad para visitar Valledupar con Álvaro Cepeda y Rafael Escalona. Una joven llamada Consuelo Araujonoguera había organizado un pequeño festival de vallenato similar a la improvisada celebración que García Márquez y Cepeda habían montado en Aracataca el año anterior; el certamen adquiriría carácter permanente al año siguiente. Cuando acabó, García Márquez empezó a ultimar los preparativos para marcharse. Fue una alegría ver a las respectivas familias en Colombia antes de partir; pero a pesar de todo lo que había llovido, la relación entre García Márquez y su padre parecía no tener arreglo posible. Eligio recordaría:

> Una vez, en octubre de 1967, en Cartagena, estaba Gabito con Mercedes y sus hijos chiquitos. No se me borra la sensación de incomodidad que tuve de ver a Gabito, allí sentado en una cama, totalmente intimidado frente a mi papá, que estaba acostado en la hamaca. Parecía como si mi papá le inspirara un temor indescriptible, casi terror, lo cual era una falsa impresión (¡el oficio de la familia!); después, hablando las cosas con Jaime y Gabito, llegamos a la conclusión de que lo que pasaba era que Gabito no sabía cómo comportarse frente a él.[25]

No se dijo nunca tamaña verdad. Sin embargo, con absoluta certeza, la razón no era ya el miedo. También podemos estar seguros de que el padre todavía no le reconocía a su hijo el mérito de sus logros, aunque ahora parecía que, si Gabito había de comer papel, sería papel moneda; asimismo podemos dar por hecho que el hijo, aquel «espermatozoide peripatético», en cualquier caso no habría recibido de buen grado el reconocimiento tardío. Aún veía en Gabriel Eligio a un padrastro.

Sin duda la política seguía siendo uno de los escollos entre ambos. En septiembre, el gobernador de California, Ronald Reagan, había pedido la escalada de la guerra norteamericana en Vietnam y las discrepancias de opinión crecían cada vez más en todo Occidente. Cabe imaginar que García Márquez y su padre hablaran de la muerte del Che Guevara, a quien Gabito había conocido fugazmente en La Habana, y que fue anunciada al mundo por el Alto Mando boliviano el 10 de octubre. Esta noticia dolorosa tal vez fuera agravada poco después por el anuncio de que al escritor guatemalteco Miguel Ángel Asturias, otra figura paterna a la que García Márquez siempre había rechazado, le habían otorgado el Premio Nobel de Literatura, quien se convertía así en el primer novelista latinoamericano que recibía tal honor (una poeta, la chilena Gabriela Mistral, lo había ganado en 1945). En todo el mundo se interpretó como un reconocimiento simbólico del Boom de la novela latinoamericana. Asturias y García Márquez, los dos grandes cultivadores del «realismo mágico» que tanto parecían tener en común, pronto acabarían detestándose con cordialidad. Tardíamente coronado, Asturias temería al joven pretendiente, mientras que García Márquez, aclamado desde hacía poco tiempo, parecía resuelto a cometer parricidio.[26]

Indudablemente existe la sensación de que huyó a Europa para liberarse de la presión del día a día y concederse espacio para maniobrar y reagruparse. Los periodistas le pedían opinión sobre cualquier asunto, pero en particular sobre política. Sería un error, sin embargo, pensar que su intención era evitar el compromiso político. Era lo bastante lúcido para darse cuenta de que únicamente podía ser influyente si escribía novelas de éxito; así que lo primero era garantizarse el tiempo y el espacio para acometer la siguiente; y más si tenemos en cuenta que su próxima obra, al igual que *Cien años de soledad*, llevaba ya largo tiempo en gestación. Por descontado que ahora García Márquez podía actuar más de cara a la galería y adoptar posturas simbólicas que no habrían interesado a nadie apenas unos meses antes. En noviembre, justo antes de su partida, y ante la presión de los estudiantes para que adquiriera algún compromiso público respecto del cambio social y político, declaró a *El Espectador* que los productores de la cultura estaban «perseguidos» en Colombia por la clase dirigente reaccionaria.[27] Otra entrevista que apareció después de su marcha fue la que le hizo Alfonso Monsalve para *Enfoque Nacional*, que incluía esta declaración: «El deber revolucionario de un escritor es escribir bien». *El Tiempo* la reeditaría a mediados de enero. Llegaba varios años después de las primeras (y últimas) palabras de Fidel Castro sobre el asunto, las cuales fueron algo distintas. El famoso discurso de Castro, «Palabras a los intelectuales», postulaba que el formato literario debía ser libre, pero no así el contenido de la literatura: «Dentro de la Revolución, todo; fuera de la Revolución, nada». Castro había declarado también que el escritor más revolucionario era el que renunciaba a su escritura por la revolución.

García Márquez, abrumado por sus relaciones con la prensa (y, a través de ellas, con su nuevo público lector), se hallaría trabajando estos primeros años con mayor denuedo del que había esperado para lograr el espacio de maniobra en el ámbito de la política y la estética que trataba de conquistar; a pesar de que iba a hallarse en algunos aprietos morales e ideológicos, estaba decidido a que fueran de su propia factura o, por lo menos, a gestionarlos a su manera. Le dijo a Monsalve que los escritores serios y «profesionales» anteponían su vocación a todas las cosas, y que nunca debían aceptar «subsidios» o «becas» de ninguna clase. Dijo tener un profundo sentido de la responsabilidad hacia sus lectores y que *El otoño del patriarca* había estado prácticamente listo para su publicación cuando se editó *Cien años de soledad*, pero que ahora le daba la impresión de que tendría que reescribirlo de principio a fin; no con el propósito de hacerlo semejante a su gran éxito de ventas, sino precisamente para que fuera diferente. Aquí introduce ya una idea desconcertante: que el éxito de *Cien años de soledad* en parte es debido a ciertos «recursos técnicos» (luego los denominará «trucos») que podía utilizar como parte de su sello característico, pero que prefería evolucionar y escribir algo completamente distinto. «No quiero parodiarme.» Monsalve presenta a su compatriota como alguien que a primera vista más parecía y hablaba como un mexicano que como un colombiano hasta que se relajó, «encontró el hilo de sus ideas» y pasó a ser una vez más «el típico costeño colombiano, hablador, franco, directo en sus conceptos y poniendo en toda expresión una gracia sincretizada del doble ancestro negro y español bajo el amodorrante sol del trópico».[28] Queda claro que este hombre, presentado aquí con una simpatía evidente, era en gran medida un extraño en la capital de su propio país. Igual que lo fuera, tiempo atrás, en el seno de su propia familia.

Y así sería siempre. García Márquez no veía el momento de irse.

Tercera parte

Hombre de mundo: fama y política

1967-2005

17

Barcelona y el Boom latinoamericano: entre la literatura y la política

1967-1970

La familia García Barcha llegó a España el 4 de noviembre de 1967.[1] Tras pasar poco menos de una semana en Madrid viajaron a Barcelona. Habían previsto una estadía breve pero, al igual que en México, iban a pasar allí prácticamente seis años.[2] Tampoco podría García Márquez dedicarse al periodismo en este nuevo destino, porque la censura vigilaba la prensa con una eficacia a toda prueba y él era una figura de renombre internacional. Sin embargo, sería para bien: el alejamiento del periodismo y de la política en Ciudad de México había coincidido con una obra de gran calado, *Cien años de soledad*, y en Barcelona correspondería a una de altura similar, *El otoño del patriarca*.

A muchos el viaje a Barcelona les pareció una empresa curiosa para un latinoamericano de izquierdas, y hasta entonces García Márquez siempre había afirmado que evitaba visitar España por el odio que despertaba en él la dictadura de Franco.[3] México era, de entre todos los países latinoamericanos, el más hostil hacia el régimen español, y ciertamente fue una ironía que García Márquez se marchase de allí para vivir en el país del cual muchos de sus amigos catalanes se habían exiliado para asentarse tanto en México como en Colombia. Sin embargo, aunque por lo general lo negara, el espectáculo del viejo dictador próximo al fin de sus días y de su poder fue un estímulo inevitable en el proyecto, largamente acariciado, de un libro acerca de un tirano latinoamericano aún más entrado en años, un personaje literario que, a ojos de sus impotentes y sufridos súbditos, parecería eternizarse en el poder.

De hecho, se podría decir mucho más a propósito de esta decisión. Su agente literaria, Carmen Balcells, estaba en Barcelona e iba ya camino de convertirse en una de las agentes de mayor peso no sólo de España sino de toda Europa. Con el auge de la editorial Seix Barral y muchas otras ya existentes o que emergían pujantes, Barcelona se hallaba, a pesar de Franco, en el centro mismo del apogeo editorial que vivió la ficción latinoamericana en la década de los sesenta. Tras él latía un nacionalismo catalán renaciente, aunque mudo por fuerza, y una mejora de la economía que, pese a todo, las políticas emprendidas por la dictadura de Franco habían empezado a fomentar en los últimos años. La materia prima que alimentaba el auge editorial fue sin duda el estallido creativo de la propia novela latinoamericana, del cual García Márquez era ya la estrella que brillaba con más intensidad.

Llegó a Barcelona en el momento preciso en que empezaba a constatarse la importancia del Boom. La apertura a ideas nuevas que caracterizó, aunque provisionalmente, los años sesenta y que no conocía precedentes dio pie a un período estético de extraordinaria fertilidad. Esta riqueza, esta opción entre alternativas distintas, se plasma con nitidez tanto en el contenido como en la estructura de los textos canónicos latinoamericanos de la época. Todos abordan la formación histórica de América Latina, la contribución de la historia y el mito a la identidad latinoamericana contemporánea, e, implícitamente, los futuros posibles, sean buenos o malos.

Volviendo la vista atrás, puede decirse que los años más intensos del Boom son los que median entre 1963, cuando apareció *Rayuela*, de Julio Cortázar, y 1967, cuando se publicó *Cien años de soledad*, de García Márquez, la novela por excelencia de este momento histórico. Todo el mundo coincidía en que *Rayuela* era algo así como «el *Ulises* de América Latina»; lo cual es un acierto, puesto que el Boom se entiende sobre todo como cristalización y culminación del movimiento modernista del siglo XX en América Latina. Sin embargo, *Cien años de soledad* modificó por completo la perspectiva, al dejar claro que había ocurrido algo de mayor trascendencia, y que exigía incluso un marco temporal distinto; porque, tal y como se consideraría de manera prácticamente unánime, *Cien años de soledad* era «el *Quijote* de América Latina».

García Márquez devino el centro de atención, una suerte de icono de aquel movimiento literario floreciente; empezaría a parecer que él solo atraía tanta cobertura mediática como el resto de los escritores juntos. Nadie lo dijo con tantas palabras, pero fue a todas luces algo así como un fenómeno exótico, una especie de «buen salvaje», un Calibán de las letras que por arte de magia encarnaba una nueva imagen del escritor para esta época contradictoria en la que se aunaban la cultura popular y la revolución. La prensa española, subdesarrollada desde el punto de vista cultural y político tras treinta años de franquismo, resultó hallarse completamente desprevenida ante las novedades y complejidades de la nueva oleada latinoamericana, y García Márquez hubo de padecer decenas de entrevistas desconsideradas y embarazosas. A pocos periodistas les interesaba el hecho de que este hombre de ninguna parte, que parecía surgido de la nada, al igual que su novela, por medio de alguna combustión espontánea propia del tercer mundo, fuera en realidad un escritor sumamente serio, laborioso hasta lo indecible y con una determinación feroz, que había trabajado dos décadas sin respiro para llegar a donde ahora estaba y seguía dispuesto a trabajar con idéntico tesón para permanecer allí, sin importar lo que dijera, en comentarios que hacía como de pasada, a los crédulos periodistas. Era éste un escritor que se serviría de su celebridad literaria para convertirse en una gran figura pública, y a una escala que ninguno de sus predecesores —salvo, tal vez, Hugo, Dickens, Twain o Hemingway— había alcanzado a imaginar siquiera.

Sin embargo, lo subestimarían una y otra vez. Durante prácticamente cuatro décadas, sus críticos no lograrían ver lo que tenían delante de sus propios ojos: que él era más listo que ellos, que los manipulaba a su antojo, que el público lo quería más que a los críticos y que sus lectores le perdonarían casi cualquier cosa, no sólo porque adoraban sus libros, sino porque sentían que García Márquez era uno de ellos. Algo parecido a lo que ocurría con los Beatles, a quienes la gente adoraba en parte porque, en lugar de estar manipulados por los medios (como les ocurriera a Elvis o a Marilyn), sabían cómo llevar a los periodistas a su terreno y los tomaban sumamente en serio dando la apariencia de no hacerlo en absoluto. Era, por lo que parecía, un tipo normal y corriente; nada pretencioso, grandilocuente o pedante. No era más que un hombre, igual que sus lectores, pero sabía cómo hacer accesible y ligera la verdadera literatura.

Su llegada a Barcelona marcó el principio de una tendencia. Poco después se instalarían en la ciudad José Donoso y Mario Vargas Llosa. García Márquez conoció enseguida a escritores e intelectuales españoles de primera línea, como el crítico José María Castellet, Juan y Luis Goytisolo, o Juan Marsé.[4] Hasta ese momento la oposición a la dictadura de Franco crecía en la sombra en toda España, dirigida y básicamente organizada por el Partido Comunista, a través de figuras como Santiago

Carrillo, Jorge Semprún y Fernando Claudín, aunque en paralelo la se-
cundara también el Partido Socialista Obrero Español (PSOE) y jóvenes
militantes clandestinos como Felipe González.[5] Históricamente, Cataluña
no ha sido sólo la tierra de los empresarios burgueses que, como es bien conocido, alimentaron la locomotora que tiró en el siglo XIX de los vago-
nes de España, de no ser por ello vacíos, sino también una tierra de anarquistas y socialistas, pintores y arquitectos, de la talla de Gaudí, Albéniz,
Granados, Dalí, Miró y, por adopción, Picasso. Superada tan sólo por
París en su calidad de laboratorio o invernadero de la cultura «latina»,
Barcelona había sido una ciudad de vanguardia entre la gran *Renaixença*,
que alcanza su máximo vigor en la década de 1880 y 1890, y la caída de
la República española, en 1939. Ahora, en los años sesenta, con su lengua oficialmente suprimida, la provincia más industriosa y productiva
empezaba a afirmar su preponderancia una vez más; sin embargo, en
aquellos años la política debía disfrazarse en forma de cultura, y el nacionalismo burgués catalán, al ver negada su expresión por los cauces normales, adoptó la máscara del izquierdismo radical por mediación de un
grupo heterogéneo integrado básicamente por escritores y arquitectos,
pintores y celebridades mediáticas, filósofos y modelos de clase media,
conocido como la *Gauche Divine*.

Uno de los primeros contactos de García Márquez fue Rosa Regàs, hoy una de las escritoras y activistas culturales más destacadas del
panorama español, pero en aquellos tiempos una bella pelirroja que
parecía Vanessa Redgrave salida del *Blow-Up* de Antonioni y una de las
«musas» de esa izquierda divina. Su hermano Oriol, un gran relaciones
públicas (como tantos otros a quienes García Márquez conoció durante
sus años mexicanos y españoles), era también el dueño de Bocaccio, el
bar de moda de la calle Muntaner donde los jóvenes bellos y peligrosos
de la vanguardia solían encontrarse. La minifaldera Rosa era una mujer de
treinta y tantos años casada y con hijos, pero vivía la libertad de los sesenta que escandalizaba a la mayoría tradicionalista y era una abandera-
da de tendencias culturales novedosas. En este momento se ocupaba de
las relaciones públicas en la oficina de Carlos Barral, aunque para el final
de la década llevaba ya las riendas de su propia editorial, La Gaya Ciencia. Había leído *Cien años de soledad* y quedó «obnubilada»: «Me enamoré
locamente de ese libro; de hecho, aún hoy viajo con él, al igual que
hago con Proust, y siempre encuentro algo nuevo en él. Es como el
Quijote; no tengo duda de que es un libro para la posteridad. Pero en

aquellos tiempos parecía que me hablaba directamente, era mi mundo. A todos nos encantaba; era como una fiebre infantil que nos íbamos pasando unos a otros».[6]

Rosa Regàs dio inmediatamente una fiesta en su casa en honor a Gabo y Mercedes, recién llegados, donde les presentó a algunos de los miembros más influyentes de la vanguardia barcelonesa. Fue allí donde conocieron a la pareja que formaban Luis y Leticia Feduchi, que serían sus mejores amigos en España durante los treinta años siguientes. Parte de la atracción emanaba del hecho de que los Feduchi no eran catalanes. Al igual que en México, los García Barcha se relacionarían sobre todo con otros emigrados. Luis Feduchi era un psiquiatra madrileño, mientras que Leticia era malagueña y hacía poco había acabado sus estudios de literatura en la Universidad de Barcelona.[7] Después de la fiesta, Luis y Leticia llevaron a casa en coche a «los Gabos», como empezaron a llamarlos; pararon el motor, charlaron un buen rato y quedaron en volver a encontrarse. Sus tres hijas, las «infantas», como García Márquez las apodaba, eran más o menos de la edad de Rodrigo y Gonzalo, y los cinco niños también serían amigos para toda la vida, algo así como primos predilectos.[8]

También conoció poco después a la joven brasileña Beatriz de Moura, otra «musa» de la Gauche Divine que, al igual que Rosa Regàs, dirigiría su propia editorial, Tusquets (el apellido del que era a la sazón su esposo) en 1969, a la edad de treinta años. Si esto era una sociedad de salón, las nuevas anfitrionas eran de una juventud asombrosa. Beatriz, hija de un diplomático, había roto con su familia, de costumbres conservadoras, por cuestiones políticas tras llegar a España y se había abierto camino gracias a su talento y, sin duda, a su atractivo de juventud (si Rosa era la Vanessa Redgrave de Blow-Up, de Antonioni, Beatriz parecía la Jeanne Moreau de Jules et Jim, de Truffaut).

Sin embargo, el curso de los acontecimientos demostró que García Márquez estaba en Barcelona para trabajar, y Mercedes y él pronto empezaron a limitar su vida social. Se trasladaron de un piso a otro en Gràcia y Sarrià, barrios de buen tono al norte de la Diagonal, antes de alquilar por fin un pequeño apartamento en un edificio recién construido de la calle Caponata, también en Sarrià. A las visitas les sorprendía la sobriedad de la decoración —en esencia respondía a la concepción mexicana de paredes blancas con muebles de colores que variaban de una habitación a otra—, que caracterizaría todas sus residencias de ahí en adelante. Permanecieron allí, en una zona agradable que guardaba un asombroso parecido con el barrio tranquilo, cómodo y sin pretensiones de México en el que habían vivido, hasta el final de su estadía en la capital catalana.

Decidieron mandar a Rodrigo y Gonzalo a la escuela británica de la ciudad, el Colegio Kensington. El director, Paul Giles, un nativo del condado de York que había estudiado derecho en Cambridge, tenía algo en común con los García Barcha: antes de abrir su escuela en Barcelona había vivido en México. En cuanto al famoso padre de sus alumnos, García Márquez tenía una tendencia al sarcasmo que Giles, inglés por antonomasia, no apreciaba: «No le prestaba mucha atención, en aquellos tiempos no era tan conocido. Me pareció agradable, pero también un tanto agresivo. Di por hecho que albergaba cierto resentimiento hacia los ingleses. Pero ¿por qué ser desagradable con la cultura de otras personas? Quiero decir, ¿qué razón hay para echar cerveza en el Beaujolais de alguien? ... ¿Le parece que García Márquez es tan bueno como dicen? ¿Cómo, tan bueno como Cervantes? Por Dios, ¿quién dice eso? Imagino que él».[9]

Los dos contactos de mayor peso que había en Barcelona eran la formidable Carmen Balcells y Carlos Barral, uno de los fundadores de la editorial Seix Barral. La relación de García Márquez con Barral estaba ya sentenciada: aunque Barral hizo más que cualquier otro por promover el Boom, fue también, según se decía, quien en 1966 había «dejado pasar» *Cien años de soledad*, lo cual, de ser cierto, sería el mayor desacierto de la historia de la edición española. A modo de contraste, Balcells es, sin lugar a dudas, el contacto más relevante de García Márquez en Barcelona y la mujer más importante en su vida tras Luisa Santiaga y Mercedes. Había dado sus primeros pasos negociando contratos en Seix Barral a principios de los sesenta, y luego se puso a trabajar por su cuenta. «Cuando empecé no sabía nada de nada. El esnobismo estaba a la orden del día y estaba lleno de chicas guapas; en comparación, me sentía como una campesina. Aunque al final lo conseguí, claro; mis primeros clientes fueron Mario Vargas Llosa y Luis Goytisolo; pero fue Gabo quien realmente me sacó las castañas del fuego.»[10]

Con Mercedes gobernando la casa (en una entrevista dijo: «A mí me da plata de bolsillo para los dulces, igual que a los niños»)[11] y Carmen gestionando su negocio y demás cuestiones (al principio con presteza, luego con devoción), García Márquez estaba en situación de administrar su fama y acometer la escritura de su siguiente libro. No tardó en darse cuenta de que el mundo se había rendido a sus pies. Su adicción al teléfono alcanzaba ahora cotas insospechadas: estaba en contacto diario con quien se le antojara, en sus puntos estratégicos —Colombia, México, Cuba, Venezuela, España y Francia— o en cualquier lugar del mundo, en cuestión de instantes. Sin embargo, en cuanto a su trabajo, ya no habría necesidad de abrir nuevos horizontes, lanzar iniciativas o preocuparse por las opciones más ventajosas: de ahora en adelante el mundo vendría a él, por mediación de Carmen. Hicieron falta algunos ajustes, pero poco a poco se fue adaptando perfectamente a la nueva situación.

Parte de ese proceso de adaptación estribaba en explicar —no menos a sí mismo que a los demás— la relación entre la ya mítica *Cien años de soledad*, el «león muerto», y su proyecto en marcha, *El otoño del patriarca*. Habría alcanzado la inmortalidad con *Cien años de soledad* aunque no hubiera escrito ningún otro libro, pero no le interesaba hablar de la novela anterior: deseaba concentrarse en la nueva. Así que empezó a decirles a los periodistas que estaba aburrido de *Cien años de soledad* —lo que más aborrecía eran sus preguntas estúpidas— e incluso, el colmo del horror, que el libro era «superficial» y que en buena medida su éxito se debía a una serie de «trucos» de escritor.[12] En resumen, parecía estar diciendo que en realidad no era un mago, sino un mero prestidigitador de talento.

En un sentido es obvio que estaba en lo cierto, por supuesto: *Cien años de soledad* está ciertamente llena de «trucos». No solamente el juego de manos que tanto adoran los lectores de *Las mil y una noches* (que prefigura a Melquíades y los motivos y las estrategias asociados a él), sino también las técnicas modernistas, rigurosamente adquiridas, que le habían permitido al autor distanciarse de las preocupaciones de «La casa» y hacer que las obsesiones que lo habían perseguido toda la vida —tanto biográficas como literarias— se desvanecieran en el aire.[13] Sin embargo, detrás de esto existe, más allá de toda duda, una dimensión añadida de desilusión, puede que incluso de resentimiento. Parecía ahora que el libro le hubiera arrebatado aquella casa y aquel pasado. Jamás podría regresar a ellos. No necesariamente había querido tomar conciencia de ello.[14]

Otra razón para que reaccionara en contra de *Cien años de soledad* estribaba en la celebridad y todas las presiones, las responsabilidades y las expectativas que traía consigo.[15] Era ambivalente a este respecto, incluso hipócrita en ocasiones, pero no puede ponerse en duda que, desde el principio, al menos una gran parte de su ser deploraba y lamentaba sinceramente la fama. Al igual que les ocurriera a muchos otros antes que a él, deseaba la gloria, pero no parecía dispuesto a pagar el precio que exigía. Así pues, aunque la novela lo había liberado de un pasado atormentado, lo había condenado a un futuro sembrado de complicaciones. Entre otras cosas, la historia del resto de su vida sería la de un hombre merecedor de la fama de la que ahora disfrutaba, y que a partir de entonces habría de aprender a vivir con aquel lastre, a cumplir tanto sus expectativas como sus obligaciones, para salir de nuevo victorioso (en este caso de la fama y el éxito mismos) y seguir luego triunfando con cada nuevo libro.[16]

Entendida de este modo, *Cien años de soledad* constituye evidentemente el eje de la vida de García Márquez: el fin de Macondo (el mundo que previamente no había logrado asimilar) y el comienzo de «Macondo» (su representación satisfactoria, ahora ya alcanzada y parte del pasado); el fin de la oscuridad y el anonimato de facto, el momento en que comienza a ostentar el «poder» (como lo expresaría *El otoño del patriarca*); el final de su período modernista y el inicio de su etapa posmoderna. Para mayor grandiosidad si cabe, la novela es también el eje de la literatura de América Latina del siglo xx, la única novela que ocupa indiscutiblemente un lugar en la historia y el canon mundial. Y, por grandilocuente que parezca, aunque no por ello menos cierto, es parte de un fenómeno de alcance planetario que marca el fin de toda la «modernidad», con la llegada del tercer mundo y sus literaturas a la escena global (de ahí la importancia análoga que adquieren Cuba y Castro): el final del período, podríamos decir, que comenzó con Rabelais (al decir adiós a la Edad Media satirizando su visión del mundo) y se afianzó con Cervantes; y cuyo fin anunció el *Ulises* y, podría reivindicarse, confirmó *Cien años de soledad*.[17] A nadie le hubiera resultado fácil adaptarse a la idea —ni siquiera a la posibilidad— de tal grado de trascendencia histórica.

En abril y mayo de 1968, la familia hizo su primera salida fuera de España, y recaló en París y en Italia, donde Giangiacomo Feltrinelli publicó la primera traducción de *Cien años de soledad* a una lengua extranjera. Los lanzamientos editoriales de Feltrinelli solían cobrar forma de *happening*, eran espectáculos mediáticos que pretendían exaltar la celebridad de las figuras del mundo literario. Sin embargo, aunque Feltrinelli lo presentó como el «nuevo *Quijote*», García Márquez se mantuvo fiel a su palabra y rehusó participar en el lanzamiento o la promoción del libro. Estaba plenamente convencido de que los editores explotaban a los escritores y que, como mínimo, tenían la obligación de ocuparse ellos mismos de velar por sus intereses en el negocio: «¿Que no ayudo al editor en su programa de propaganda? Ningún editor me ayuda a mí a escribir».[18]

Esta gira europea concluía mientras en París se daban cita los acontecimientos, cuasi revolucionarios, de mayo de 1968. García Márquez rara vez ha hecho mención de este fenómeno histórico capital, en tanto que Carlos Fuentes y Mario Vargas Llosa se apresuraron a llegar a París para participar del momento, y el mexicano elaboró un célebre reportaje testimonial y análisis de la insurrección fallida titulado *París: la revolución de mayo*.[19] Aunque por supuesto el resultado no pudo por menos que decepcionarlo, García Márquez no tenía mucha fe en la capacidad de la burguesía francesa, ni siquiera en la juventud estudiantil, para transformar un país y una cultura acerca de las cuales mantenía reservas de base; y, en cualquier caso, seguía con la mirada fija en América Latina. A pesar de todo, decidió regresar a París durante el verano, a cuyo término le comunicó sus impresiones a Plinio Mendoza:

> París se me salió como si fuera una espina que tenía clavada en el talón ... Los últimos hilos que me ligaban con los franceses se acabaron de romper. Simplemente, aquella fabulosa capacidad de cortar un pelo en cuatro, es algo que también ha envejecido, y los franceses no se han dado cuenta ... Nosotros llegamos cuando todavía estaban rotos los adoquines por las batallas de mayo, y ya éstas estaban petrificadas en la mentalidad de los franceses: los choferes de taxi, el panadero, el tendero, nos hacían un análisis agobiante de los acontecimientos, nos ahogaban en un tonel de raciocinios, y nos dejaban con la impresión de que lo único que hubo allí fue un tropiezo de palabras. Era exasperante ...
>
> Me ha tocado un destino de torero que ya no sé cómo conjurar. Para poder revisar la traducción de *Cien años*, tuve que refugiarme en el apartamento de Tachia, que ahora es una señora muy bien instalada, con un estupendo marido que habla siete idiomas sin acento, y que al primer encuentro estableció una muy buena amistad con Mercedes, fundada principalmente en una complicidad contra mí.[20]

Era cierto: García Márquez se había reencontrado con Tachia. Ella
vivía desde hacía unos años con Charles Rosoff, un ingeniero francés
nacido en 1914 cuyos padres habían abandonado Rusia tras el levanta-
miento fallido de 1905. Su padre había vuelto en 1917 para unirse a la
Revolución, y se había marchado de nuevo en 1924, desilusionado tras
la muerte de Lenin. Antes de conocer a Rosoff, Tachia había emprendido algunas relaciones pasajeras, pero no había vuelto a encontrar el
amor, aunque Blas de Otero había ido a buscarla una vez más a París en
un intento por reavivar su tormentosa pasión. Irónicamente, en 1960
conoció al hombre que sería su esposo a través de Blas. Sin embargo
ahora, en 1968, García Márquez volvía a aparecer en su vida. «Nos encontramos todos en nuestro apartamento de París; yo estaba nerviosísi-
ma. Todos nos comportamos a las mil maravillas y hablamos alegre-
mente, pero en realidad fue una ocasión muy tensa, sumamente extraña
y difícil. Pero todos nos las arreglamos para actuar "como si nada hubiera pasado", y salimos airosos.»

García Márquez estaba aún en París cuando el 21 de agosto el ejército soviético invadió Checoslovaquia para aplastar el movimiento de
reforma socialista, también llamado «la primavera de Praga», liderado
por Alexander Dubček, recientemente elegido secretario general del
Partido Comunista Checo. Checoslovaquia era, a juicio de García Márquez, un asunto mucho más serio que los acontecimientos de París, porque parecía demostrar que el comunismo soviético era incapaz de evolucionar. Le dijo a Plinio Mendoza:

A mí se me cayó el mundo encima, pero ahora pienso que todo va mejor así: el comprobar, sin matices, que estamos entre dos imperialismos
igualmente crueles y voraces, es en cierto modo una liberación de la conciencia ... Un grupo de escritores franceses le dirigieron a Fidel una carta,
que publicó *L'Observateur*, en la que le dicen que es «el primer error grave
de la Revolución cubana». Quisieron que la firmáramos también nosotros,
pero nuestra respuesta fue muy clara: ésa es nuestra ropa sucia y la lavamos
en casa. Pero la verdad es que no me parece que se lavará muy fácilmente.[21]

Desde un punto de vista político, 1968 estaba resultando el año más
turbulento de todo aquel período. En enero Colombia había restableci-
do las relaciones diplomáticas con la Unión Soviética por primera vez
en veinte años, y el papa Pablo VI había visitado el país en agosto, en la

Invasión soviética de Checoslovaquia, agosto de 1968: el colmo para muchos antiguos defensores de la Unión Soviética.

GGM, Barcelona, a finales de los años sesenta.

GGM y Pablo Neruda en el jardín de la casa de Neruda en Normandía, c. 1972.

Parejas del Boom: (*de izquierda a derecha*) Mario Vargas Llosa, su esposa Patricia, Mercedes, José Donoso, su esposa María Pilar Serrano y GGM, Barcelona, a principios de los años setenta.

GGM escribiendo *El otoño del patriarca*,
Barcelona, años setenta (fotografiado por su hijo
Rodrigo).

GGM con Carlos Fuentes, Ciudad de México, 1971. GGM y Mercedes, años setenta.

Cartagena, 1971:
GGM visita a sus
padres, Gabriel
Eligio y Luisa
Santiaga,
acompañado de su
hijo Gonzalo y del
periodista mexicano
Guillermo Ochoa.

Escritores del Boom: (*de izquierda a derecha*) Mario Vargas Llosa, Carlos Fuentes, GGM y José Donoso. Sólo falta Julio Cortázar.

Julio Cortázar, Miguel Ángel Asturias y GGM, Alemania Occidental, 1970.

París, 1973: la boda de Charles Rosoff (*izquierda*) y Tachia Quintana (*derecha*). GGM, el padrino, observa la escena.

Santiago de Chile, 11 de septiembre de 1973. El presidente Salvador Allende defiende el Palacio de la Moneda contra las fuerzas rebeldes. Justo detrás de él está el doctor Danilo Bartulín, quien, a diferencia de Allende, salió con vida, y trabó una buena amistad con GGM en La Habana.

Santiago de Chile, 11 de septiembre de 1973: el general Pinochet y sus secuaces.

«Fidel es un rey»: Castro, presidente de Cuba, años ochenta.

Tropas cubanas en Angola, febrero de 1976.

El general Omar Torrijos, presidente de Panamá, años setenta.

GGM entrevista a Felipe González en Bogotá, 1977.

Bogotá, 1977: GGM con Consuelo Araujonoguera («la Cacica») y Guillermo Cano, editor de *El Espectador*. A él lo matarían sicarios de Pablo Escobar en 1986, y ella sería asesinada, supuestamente por guerrilleros de las FARC, en 2001.

GGM, Carmen Balcells y Manuel Zapata Olivella, aeropuerto de El Dorado, Bogotá, 1977.

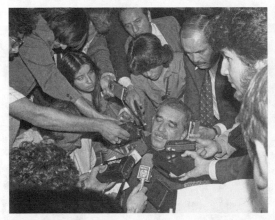

Ciudad de México, octubre de 1982: Álvaro Mutis hace de chófer para GGM y Mercedes para protegerlos de la atención mediática.

Ciudad de México, 1981: GGM ahogado por los medios tras emprender su exilio voluntario de Colombia.

Estocolmo, diciembre de 1982: (*de izquierda a derecha*) Jaime Castro, Germán Vargas, GGM, Charles Rosoff, (*detrás*) Alfonso Fuenmayor, Plinio Mendoza, Eligio García (detrás) y Hernán Vieco.

Estocolmo, diciembre de 1982. GGM celebra su premio con el típico sombrero *vueltito* costeño.

Estocolmo, diciembre de 1982: GGM en el círculo de tiza; el rey Carlos Gustavo XVI aplaude.

Cartagena, 1993: Luisa Santiaga y sus hijos. (*De pie, de izquierda a derecha*) Jaime, Alfredo (Cuqui), Ligia, Gabito, Gustavo, Hernando (Nanchi), Eligio (Yiyo), Luis Enrique; (*sentadas, de izquierda a derecha*) Germaine (Emy), Margot, Luisa Santiaga, Rita, Aida.

GGM y Fidel Castro, a orillas del Caribe, 1983.

La Habana, 1988: GGM y Robert Redford.

Bogotá, a mediados de los ochenta: GGM y Mercedes con el presidente Betancur y su esposa, Rosa Helena Álvarez.

El Palacio de Justicia de Bogotá, en llamas, 6 de noviembre de 1985 (durante la presidencia de Betancur), después de que el ejército irrumpiera en el edificio para desalojar a los guerrilleros del M-19.

El mundo cambia: se celebra la caída del muro de Berlín, noviembre de 1989.

Bogotá, 1992: GGM saluda a sus admiradores en el Teatro Jorge Eliécer Gaitán.

Gabo y Mercedes, octubre de 1993.

Barcelona, c. 2005: Carmen Balcells («la Mamá Grande»), en su oficina, con la foto de Gabo triunfal de fondo.

GGM, 1999.

La Habana, 2007: Gabo visita a su amigo Fidel, convaleciente, antes de viajar a Cartagena para los festejos de su octogésimo cumpleaños.

Cartagena, marzo de 2007: GGM y Bill Clinton.

Cartagena, marzo de 2007: GGM y el rey Juan Carlos I de España.

Cartagena, marzo de 2007: GGM saluda a sus admiradores durante las celebraciones de sus ochenta años.

que fue la primera visita de un pontífice a América Latina («Los funerales de la Mamá Grande» había augurado esta visita). En abril asesinaron a Martin Luther King en Memphis, y a Bobby Kennedy lo mataron en Los Ángeles en junio; aquel mismo mes dispararon a Andy Warhol en Nueva York; la policía de Chicago se había desmadrado en la convención del Partido Demócrata en agosto y Richard Nixon sería elegido presidente de Estados Unidos en noviembre. Y, por supuesto, los estudiantes franceses habían provocado disturbios en las calles de París en mayo, prácticamente sin ayuda de los trabajadores; la Unión Soviética había llevado a cabo su invasión de Checoslovaquia, respaldada por Cuba; y a principios de octubre el ejército mexicano mataría a cientos de manifestantes desarmados en Tlatelolco, Ciudad de México, justo antes de los primeros Juegos Olímpicos que se celebraban en un país del tercer mundo. Todo esto mientras García Márquez pasaba la mayor parte de su tiempo en Barcelona encerrado con su «patriarca» de papel, aunque viviendo bajo una verdadera dictadura.[22]

En cuanto a España, en realidad García Márquez se tomaba tan poco interés por la política nacional que muchos en Barcelona dieron en creer que era «apolítico». Durante el tiempo que pasó en la ciudad hubo dos importantes «sentadas» en las que se cristalizó la oposición al régimen de Franco, donde participaron muchos de sus amigos —Vargas Llosa entre ellos— y prácticamente todo miembro destacado de la *Gauche Divine*; no así García Márquez. Treinta años después, Beatriz de Moura me dijo: «En aquellos tiempos Gabo era completamente apolítico. Subrayado: apolítico. Nunca lo oías hablar de política y era imposible saber cuáles eran sus opiniones. En aquellos años se consideraba de rigor estar comprometido políticamente. Y Gabo nunca lo estuvo».[23]

El novelista Juan Marsé, en cambio, se quedó con un recuerdo bastante distinto del «apolítico» García Márquez. A finales del verano de 1968, Marsé fue uno de los miembros extranjeros del jurado invitados a conceder los premios literarios del IV Concurso de la Unión Nacional de Escritores y Artistas de Cuba (UNEAC). Cuando a las autoridades les quedó claro que el premio de poesía iba a recaer en el poeta y presunto contrarrevolucionario Heberto Padilla, y el de teatro en el dramaturgo homosexual Antón Arrufat, estalló una crisis y el jurado fue secuestrado de facto en Cuba durante varias semanas. Esto marcó el principio de un conflicto acerca de la libertad de expresión que, al cabo de tres años, finalmente cambiaría para siempre la imagen de Cuba en el exterior, sobre todo en Europa y Estados Unidos, y provocaría una ruptura irremediable entre muchos escritores y lo que en este momento se consideraba una revolución socialista liberal aún razonable. Cuando por último los miembros del jurado insistieron en sus veredictos, las autoridades no tuvieron más remedio que contentarse con imprimir una «advertencia sanitaria» en los dos libros a su publicación. Así que, después de seis semanas varado en Cuba mientras Fidel Castro esperaba en vano que el jurado cambiara de parecer, Marsé regresó a Barcelona a finales de octubre y narró sus andanzas a un grupo de amigos en una fiesta, entre los que estaba García Márquez. Marsé me dijo: «El jurado le dio el premio a Padilla porque su libro era el mejor. La UNEAC decía que no, y por supuesto el mensaje venía de arriba. Cierto que Padilla resultó ser un provocador y un tipo verdaderamente retorcido, un chiflado, pero aunque lo hubiera sabido de antemano no habría cambiado en nada mi opinión. Su libro era el mejor, y punto. En cualquier caso, volví a Barcelona y Carmen dio una fiesta para darme la bienvenida, así que conté mi historia. Aún ahora puedo ver a Gabo, con un pañuelo rojo anudado al cuello, caminando de un lado a otro mientras yo explico lo que me pasó. Se puso furioso conmigo, enfadado de verdad. Dijo que yo era un idiota, que no sabía nada de literatura y menos aún de política. La política era siempre lo primero. No importaba si a nosotros los escritores nos ahorcaban a todos. Padilla era un cabrón que trabajaba para la CIA y nunca le hubiéramos tenido que dar el premio. Fue una demostración extraordinaria de sus convicciones. No llegó a insultarme realmente, pero dejó muy claro que habitábamos universos intelectuales y morales totalmente distintos. Después de aquello seguimos siendo amigos, pero me da la impresión de que nunca ya volvió a ser lo mismo, sobre todo por su parte».[24]

Sin embargo, Marsé no estaba al corriente de que García Márquez, que intuyó el verdadero calado de este problema y cuánto podía llegar a complicarse, había respaldado la iniciativa de abordar directamente a Castro entre bastidores a propósito del asunto Padilla. A mediados de septiembre había prolongado una nueva visita a París para ver a Julio Cortázar, con quien había cruzado correspondencia pero a quien todavía no había conocido en persona. Cortázar acababa de separarse de su primera mujer, Aurora Bernárdez, y le escribió una sombría carta a Paco Porrúa, en Buenos Aires. La única nota de color fue su encuentro con García Márquez: «Quiero decirte que conocí a Gabriel, que se quedó dos días más en París para encontrarse conmigo, y que tanto él como Mercedes me parecieron maravillosos; la amistad nace como una fuente cuando la vida te pone frente a seres así».[25] Los dos hombres habían hablado acerca de la situación de Cuba, lo cual fue revelador, pues serían los dos únicos que seguirían brindando su apoyo a la Revolución a las duras y las maduras, y al hacerlo, se distanciarían de la mayoría de sus coetáneos, desde luego de los más célebres: Vargas Llosa, Donoso, Cabrera Infante, Goytisolo, e incluso Fuentes. García Márquez afirma que fue él quien sugirió la idea de apelar directamente a Fidel enviándole una carta conjunta, si bien todo apunta a que Cortázar creía que partió de una iniciativa suya. En esencia, al parecer la idea era apelar a Fidel en persona para que no castigara a Padilla, a cambio, tácitamente, de su silencio. Nunca obtuvieron respuesta, pero Padilla, a quien habían deshabilitado de su trabajo en la Casa de las Américas, fue rehabilitado en el cargo. En 1971 el asunto volvería a estallar una vez más; pero intelectuales como Vargas Llosa, Juan Goytisolo y Plinio Mendoza ya se habían alejado de Cuba en 1968 y nada volvería a ser igual.

El 8 de diciembre García Márquez viajó en una expedición extraordinaria a Praga durante una semana con su nuevo amigo Julio Cortázar, la nueva compañera de Cortázar, Ugné Karvelis, escritora y traductora lituana que trabajaba en la reputada editorial parisina Gallimard, y Carlos Fuentes. Deseaban averiguar de primera mano lo que realmente estaba ocurriendo en la capital checa recién ocupada y hablar con el novelista Milan Kundera acerca de la crisis.[26] Contaba Carlos Fuentes:

> Kundera nos dio cita en un baño sauna a orillas del río para contarnos lo que había pasado en Praga. Parece que era uno de los pocos lugares sin orejas en los muros... Un boquete abierto en el hielo nos invitaba a calmar nuestra incomodidad y reactivar nuestra circulación. Milan Kundera nos empujó suavemente hacia lo irremediable. Morados como ciertas orquídeas, un barranquillero y un veracruzano nos hundimos en esas aguas enemigas de nuestra esencia tropical.[27]

A pesar de estas aventuras, la imagen predominante de García Márquez en esta época es la del héroe solitario, atado a su vocación como a grilletes y cadenas aunque despojado de inspiración, deambulando por los corredores ciegos y los salones desiertos de su mansión (olviden que vivía en un apartamento pequeño) al igual que una especie de ciudadano Kane de la ficción narrativa; o puede que como papá Hemingway, sólo que con balas literarias que eran de fogueo, no de fuego real. En realidad, durante la escritura de *El otoño del patriarca* distó mucho de permanecer encerrado en casa como lo había hecho en el caso de *Cien años de soledad*. Sin embargo, no hay duda de que su angustia era real, a pesar de que el espectáculo, con frecuencia ridículo, de su tormento privado salpicara reiteradamente las páginas de los periódicos de toda América Latina.

Al cabo de un tiempo empezó a visitar la oficina de Carmen Balcells entre las cinco y las siete varias tardes por semana, con el pretexto aparente de dejar las últimas páginas de *El otoño del patriarca* a buen recaudo —el archivo de Carmen Balcells empezó a recibir sustanciales tramos de la novela en fechas tan tempranas como el 1 de abril de 1969, y siguió recibiéndolas hasta agosto de 1974, con instrucciones estrictas de «No se debe leer. (Kamen)»—, pero también para usar el teléfono sin restricciones para sus tratos comerciales y sus ocupaciones confidenciales. Con esto mantenía los negocios fuera de casa, y tal vez le ahorraba a Mercedes enterarse de cosas que hubieran podido molestarla, como por ejemplo las grandes cantidades de dinero, que ahora ganaba a espuertas, y que su marido decidió donar a lo largo de los años venideros a los asuntos políticos y de índole diversa en los que se iría implicando cada vez más a medida que transcurriera el tiempo. Además, Balcells empezó a actuar como una suerte de hermana, una confidente con quien compartir casi cualquier cosa, alguien que acabaría profesándole verdadero cariño y que haría cualquier sacrificio por él. «Cuando llevaba ya un tiempo en Barcelona —me dijo—, entraba y decía: "Prepárate, tengo un trabajo para Superman". Ésa era yo. Y eso he sido desde entonces para él.»[28] (Aunque le gustara bromear de vez en cuando al respecto, años después, en el curso de una conversación telefónica, García Márquez le preguntó: «¿Me quieres, Carmen?». Ella contestó: «No puedo responderte a eso. Eres el 36,2 por ciento de nuestros ingresos».)

Entretanto, los hijos crecían. García Márquez comentaría posteriormente que la relación entre padres e hijos, inmutable desde hacía siglos, sufrió un cambio radical en los años sesenta: los padres que supieron adaptarse fueron jóvenes para siempre, los que no lo hicieron envejecieron aún más que la gente de mediana edad de otras épocas. Rodrigo, en la actualidad director de cine de éxito en Hollywood, me dijo: «Lo que más recuerdo es que, aunque teníamos una vida muy social, en el fondo éramos sólo nosotros cuatro, siempre. Únicamente nosotros cuatro en el mundo. Formábamos una rueda de cuatro radios, nunca cinco. Hasta tal punto que cuando mi hermano tuvo un hijo hace unos años quedé traumatizado, simplemente no podía creer que ahora hubiera un quinto radio. Y eso después de haber vivido fuera de la casa tantos años».[29]

Y añadió: «Los dos mamamos una serie de valores esenciales. Había cosas que, sencillamente, había que saber. Una de ellas era la enorme importancia de la amistad. Se hacía mucho hincapié en la fascinación por otras personas y sus vidas. Era la droga de mi padre. Tenías que conocer sus vidas y todas sus cosas, y tenías que participar de las experiencias de otras personas y compartir las propias con los demás. Al mismo tiempo, crecimos completamente desprejuiciados, salvo en un par de aspectos significativos. En primer lugar, los latinoamericanos eran la mejor gente del mundo. No necesariamente los más inteligentes, tal vez no hubieran construido grandes obras, pero eran la mejor gente del mundo, la más humana y la más generosa. Por otro lado, si algo iba mal tenías que saber que siempre era por culpa del gobierno, siempre había que culpar al gobierno de todo. Y si no era por el gobierno, era por Estados Unidos. Desde entonces he descubierto que mi padre adora Estados Unidos, admira mucho sus logros y siente un gran cariño por algunos norteamericanos, pero nos criaron con la idea de que Estados Unidos tenía la culpa de prácticamente todo lo malo que ocurría en el mundo. Volviendo la vista atrás, fue una educación muy humanística, políticamente correcta. Aunque yo fui bautizado por Camilo Torres, nunca tuvimos ninguna clase de educación religiosa. La religión era mala, los políticos eran malos, la policía y el ejército eran malos.[30]

»También había otras cuestiones esenciales. Si había una palabra que oíamos constantemente, era "seriedad". Mis padres eran muy estrictos con los modales, por ejemplo. Había que abrirles la puerta a las señoras y no se podía hablar con la boca llena. Así que había esa gran fe en la seriedad, en los buenos modales, en la puntualidad. Y había que sacar buenas notas, para eso no había alternativa. Aunque también había que payasear, claro; había que saber cuándo y cómo payasear. Casi como si la diversión fuese también parte de la "seriedad". Si payaseando nos pasábamos de la raya, entonces nos castigaban. Tan sólo había dos cosas en el mundo merecedoras de respeto: el servicio —ser doctor, o maestro, o ese tipo de cosas— y, por encima de todo, la creación de obras de arte. Sin embargo, siempre nos grabaron en la cabeza que la fama carecía de toda importancia, mi papá decía siempre que no era "serio". Podías ser inmensamente famoso y no ser un gran escritor. De hecho, la fama podía ser incluso sospechosa. Por ejemplo, decía que sus amigos Álvaro Mutis y Tito Monterroso eran grandísimos escritores pero que nadie había oído hablar de ellos. Aunque lo cierto es que a nosotros de niños nos gustaba mucho cuando empezaron a reconocer a papá por la calle.»[31]

Fue alrededor de esta época cuando García Márquez dejó de fumar. Había sido un fumador incorregible desde los dieciocho años, y en el momento en que lo dejó a menudo se fumaba ochenta cigarrillos de tabaco negro al día. Tan sólo dos años antes había asegurado que prefería morir a dejar de fumar.[32] La conversión tuvo lugar una noche mientras cenaba con su amigo psiquiatra Luis Feduchi, que explicó cómo él mismo había dejado de fumar un mes antes y por qué. García Márquez tardaría más de tres décadas en revelar todos los pormenores de esta conversación, pero apagó el cigarrillo que se estaba fumando mientras cenaba y nunca volvió a fumarse otro; aunque se sintió ultrajado, dos semanas después, cuando Luis Feduchi empezó a fumar en pipa.[33]

En enero de 1970, *Cien años de soledad* fue nombrada Mejor Novela Extranjera de 1969 en Francia, un premio que se otorgaba desde 1948; sin embargo, García Márquez se negó de plano a asistir a la ceremonia. Meses después le dijo a un entrevistador que «yo siempre tuve la impresión de que el libro en Francia no marcharía» y que no había vendido mucho a pesar de la buena acogida crítica; tal vez porque, por desgracia, «entre el racionalismo de Descartes y la imaginación desbordada y loca de Rabelais, en Francia ganó Descartes».[34]

Irónicamente, en Estados Unidos se daba precisamente el caso contrario. Ninguna novela de la historia reciente había recibido elogios más rotundos que los que allí empezaba a cosechar entonces García Márquez. John Leonard, en el *New York Times Book Review*, declaró:

> Emerges de esta maravillosa novela como de un sueño, con la mente en llamas. En el hogar una figura sombría, eterna, en parte historiador en parte arúspice, con una voz por momentos angélica y maníaca, primero te arrulla para que pierdas de vista la realidad dócil y luego te encierra en la leyenda y el mito... De un solo brinco, Gabriel García Márquez salta al escenario junto a Günter Grass y Vladimir Nabokov, su apetito tan voraz como su imaginación, y su fatalismo mayor que ambos. Deslumbrante.[35]

A continuación fue Londres, el 16 de abril. En junio *The Times*, por entonces el baluarte de la clase dirigente y en muchos sentidos el periódico más conservador del mundo entero —hacía muy poco que permitía la inclusión de fotografías—, dedicó una página entera al primer capítulo de *Cien años de soledad*, acompañado por ilustraciones «psicodélicas» que bien podían ser robadas de la película de animación *Yellow Submarine*, de los Beatles. En diciembre el *New York Times* eligió *Cien años de soledad* como uno de los doce libros del año: era el único título de ficción. La traducción al inglés que Gregory Rabassa hizo de *Cien años de soledad* fue considerada la mejor de aquel año en Estados Unidos.

En cuanto al resto de los escritores del Boom, Mario Vargas Llosa al fin se había trasladado a España, tras haberlo anunciado desde hacía largo tiempo, aquel verano. Había terminado su monumental novela *Conversación en la catedral* el año anterior, y ahora dejó la docencia en la Universidad de Londres y se instaló en Barcelona. Sus amigos lo llamaban «el cadete», no sólo porque su éxito de ventas *La ciudad y los perros* (1962) se ambientaba en una academia militar, sino porque el propio Mario era siempre pulcro, ordenado, metódico y, al menos en la teoría, procuraba hacer lo correcto. Sin embargo, siempre estaba rodeado de polémica: en ese momento, este hombre de brillante talento y de apariencia convencional se había casado con su prima hermana Patricia, tras dejar atrás el escandaloso matrimonio adolescente con su tía, que posteriormente novelaría en *La tía Julia y el escribidor*. Entretanto, su proyecto de llevar a cabo un estudio de orientación biográfica de la narrativa de García Márquez fue sin lugar a dudas uno de los homenajes más generosos y notables de la historia de la literatura que un gran escritor haya dedicado nunca a otro. Se titularía *García Márquez: historia de un deicidio*, y posiblemente sigue siendo, treinta años después, el mejor libro individual que se haya escrito acerca de García Márquez y fuente de referencia fundamental en la actualidad, aun cuando, como han señalado muchos críticos, convertía al colombiano en un autor con muchos de los atributos y obsesiones del propio Mario.

Otro escritor establecido ahora también en Barcelona era José Donoso, chileno e hipocondríaco por más señas, a quien García Márquez había conocido en casa de Carlos Fuentes en 1965. Donoso era el «quinto miembro del Boom» (algo así como el «quinto Beatle»), autor de la notable *El obsceno pájaro de la noche* (1970). Donoso escribió después dos importantes crónicas de la época, su *Historia personal del*

«Boom» (1972) y la novela *El jardín de al lado*, que ofrece una mirada satírica —y no exenta de envidia— a propósito de la relación entre Carmen Balcells (Núria Monclús) y su escritor «favorito», García Márquez (Marcelo Chiriboga).[36]

Y Plinio Mendoza y su mujer, Marvel Moreno, habían decidido también ir a vivir al otro lado del Atlántico, primero a París y luego a Mallorca.[37] Puesto que vivía en la austeridad más rigurosa, Mendoza pronto empezaría a visitar Barcelona con frecuencia gracias a la largueza de García Márquez, aunque las cosas no eran fáciles: «Me alojaba en su casa. Pero en aquel apartamento de la calle Caponata, amplio y silencioso, ya estaba alojada también la dama de los humos y los collares, la celebridad».[38]

Fue en esta época cuando García Márquez conoció a Pablo Neruda y a su esposa, Matilde. Neruda era el poeta más grande de América, un comunista de la vieja guardia que también era un *bon vivant* a la antigua, cuya actitud ante la vida debió de despertar la envidia y la admiración incluso del sibarita Álvaro Mutis. Otro escritor latinoamericano al que también le aterraba volar, Neruda, tras viajar a Europa, iba de regreso a su país en barco, para estar presente en las elecciones que llevarían al candidato socialista Salvador Allende al poder. Una de las primeras decisiones de Allende tras la victoria sería nombrar a Neruda embajador de Chile en París, en 1971. Cuando Neruda recaló en Barcelona en el verano de 1970, encontrarse con García Márquez era uno de sus principales objetivos.[39] Después García Márquez le escribió a Mendoza: «Lástima que no vieras a Neruda. El lagarto nos dio una espantosa lata en el almuerzo, hasta el punto de que Matilde tuvo que mandarlo a la mierda. Lo tiramos por una ventana y trajimos a Pablo a hacer la siesta aquí, y mientras volvieron al barco pasamos un rato estupendo».[40] Fue ésta la ocasión en que Neruda, todavía amodorrado por su sagrada siesta, le dedicó un libro a Mercedes. García Márquez recuerda: «Mercedes ... me dijo que le iba a pedir su firma a Pablo. "¡No seas lagarta!", le dije y me escondí en el baño. "Lagarta no", respondió Mercedes con mucha dignidad y le pidió el autógrafo a Neruda, que dormía en nuestra cama. Él escribió: "A Mercedes, en su cama". Miró la dedicatoria y dijo: "Esto queda como sospechoso", y agregó: "Para Mercedes y Gabo, en su cama". Se quedó pensando. "La verdad es que ahora está peor." Y agregó al final: "Fraternalmente, Pablo". Muerto de risa, comentó: "Quedó peor que al principio, pero ya no hay nada que hacer"».[41]

Los meses siguientes fueron testigos del apogeo del Boom. Este momento fugaz empezó cuando la obra de teatro de Carlos Fuentes, *El tuerto es rey*, se estrenó en Aviñón en agosto e invitó a todo el grupo. La expedición se organizó desde Barcelona. Mario Vargas Llosa y Patricia, que acababan de mudarse a la capital catalana, José Donoso y Pilar, y Gabo y Mercedes, con sus dos hijos, tomaron el tren desde Barcelona a Aviñón para la *première*. El novelista español Juan Goytisolo, otro miembro de honor del Boom, viajó desde París. Aviñón estaba a tan sólo sesenta y cinco kilómetros de la villa de Saignon, donde estaba la casa de campo que Julio Cortázar tenía en la Vaucluse, y el 15 de agosto Fuentes fletó un autobús que llevó al grupo, con la pertinente comitiva, a visitar a Cortázar y Ugné Karvelis. Por su parte, Cortázar organizó una gran comida en un restaurante local y todo el grupo invadió su casa y pasaron allí la tarde y una larga velada.

Por muchas razones, pero sobre todo porque ésta fue la primera y la única vez en que todo el clan del Boom se reunió al completo, la ocasión ha adquirido desde entonces carácter legendario. Por desgracia, tras la jovialidad acechaban un par de problemas. El primero de ellos era la brecha creciente que había abierto el caso Padilla, cuyo origen había de rastrearse en Cuba en 1968, y que se hizo más profunda tras el apoyo de Castro a la invasión soviética de Checoslovaquia. Ahora ambas cuestiones estaban al borde de alcanzar su punto crítico, y las divisiones sustanciales ya latentes entre los seis amigos pronto serían insalvables. Aunque no por el momento. Si el primer problema era la represión que en Cuba se ejercía sobre los escritores y los intelectuales, el segundo, en relación con ello, era el proyecto de Juan Goytisolo para crear una nueva revista con sede en París que se llamaría *Libre*, un nombre que para entonces varios de los allí reunidos tenían el convencimiento de que en sí mismo sería considerado una provocación en La Habana y tomado como buena prueba de que los arquitectos del Boom eran, como ya sospechaban los cubanos, un puñado de liberales «pequeño burgueses». Una semana después de la fiesta, Cortázar escribiría: «Fue muy agradable y muy extraño a la vez; algo fuera del tiempo, irrepetible por supuesto, y con un sentido profundo que se me escapa pero al que soy sin embargo sensible».[42] Fue el momento postrero en que las utopías consagradas por el Boom se sustentarían aún, en parte, como una empresa colectiva; y resulta irónico que esta primera gran reunión adoptara la forma de un peregrinaje a la morada solitaria de Cortázar, que siempre había evitado las aglomeraciones y la falsa bonhomía, pero que ahora no sólo era un miembro de una mafia unida por vínculos afectivos masculinos a escala monumental, sino que también se sentiría atraído por los vastos proyectos colectivistas del sueño socialista.

El 4 de septiembre, Salvador Allende fue elegido presidente de Chile, aunque en minoría, y el 3 de noviembre tomó posesión del cargo, prometiéndole al pueblo chileno «socialismo dentro de la libertad». Sin embargo, antes incluso de asumir el poder, el 22 de octubre, el general René Schneider, comandante en jefe del ejército chileno, resultó fatalmente herido en un ataque instigado por la CIA. García Márquez había conocido recientemente al escritor chileno Jorge Edwards, que luego sería el biógrafo de Neruda, cuyo papel en Cuba en calidad de embajador de Chile guardaría relación con la resolución del caso Padilla.

Una semana antes de Navidad, Cortázar y su mujer, Ugné, fueron en coche a Barcelona, vía Saignon. Tras su llegada, todos los escritores y sus esposas fueron a comer a un restaurante típico, La Font dels Ocellets, en el barrio gótico. Allí se estilaba que los clientes anotaran sus pedidos en una hoja impresa, pero todo el mundo estaba tan absorto en la conversación que al cabo de un rato el impreso seguía en blanco, y el camarero se quejó al propietario del local. Éste salió de la cocina con cara de pocos amigos y, con un marcado sarcasmo catalán, dijo la inmortal frase: «¿Alguno de ustedes sabe escribir?». Se hizo el silencio, en parte fruto de lo embarazoso de la situación, en parte divertido. Al cabo de un momento Mercedes repuso: «Yo, yo sé», y empezó a leer la carta en voz alta y pidió la comida para todos. Su serenidad ante el ataque fue proverbial. En una ocasión Pilar Serrano la llamó por teléfono para contarle que Donoso, hipocondríaco empedernido, estaba convencido de que padecía leucemia. Mercedes respondió: «No te preocupes. Gabito acaba de tener cáncer a la cabeza y está mucho mejor».[43]

Celebraron la Nochebuena en el pequeño apartamento de los Vargas Llosa, para que la pareja de peruanos pudiera mandar a la cama a sus hijos, aún de corta edad. Cortázar, que ya había estado tirando bolas de nieve a todos y cada uno de ellos, se enfrascó ahora en una competición frenética con los coches de carreras eléctricos que les habían regalado a los niños por Navidad. Luego, después de las fiestas, Luis Goytisolo y su esposa, María Antonia, organizaron una velada a la que invitaron tanto a españoles como a latinoamericanos. Donoso, que conservaba aún un sentido de la compostura y del decoro punto menos que inglés, recordaba en 1971:

Para mí el *boom* termina como unidad, si es que la tuvo alguna vez más allá de la imaginación y si en realidad ha terminado, la noche vieja de 1970, cn una fiesta en casa de Luis Goytisolo en Barcelona, presidida por María Antonia, que, bailando ataviada con bombachas de terciopelo multicolor hasta la rodilla, botas negras, y cargada de alhajas bárbaras y lujosas sugería un figurín de León Bakst para *Scherezade* o *Petruska*. Cortázar, aderezado con su flamante barba de matices rojizos, bailó algo muy movido con Ugné; los Vargas Llosa, ante los invitados que les hicieron rueda, bailaron un valsecito peruano, y luego, a la misma rueda que los premió con aplausos, entraron los García Márquez para bailar un merengue tropical. Mientras tanto, nuestro agente literario, Carmen Balcells, reclinada sobre los pulposos cojines de un diván, se relamía revolviendo los ingredientes de este sabroso guiso literario, alimentando, con la ayuda de Fernando Tola, Jorge Herralde, y Sergio Pitol, a los hambrientos peces fantásticos que en sus peceras iluminadas decoraban los muros de la habitación: Carmen Balcells parecía tener en sus manos las cuerdas que hacían bailar a todos como a marionetas, y nos contemplaba. Quizá con admiración, quizá con hambre, quizá con una mezcla de ambas cosas, mientras contemplaba a los peces danzando en sus peceras. Esa noche se habló sobre todo de la fundación de la revista *Libre*.[44]

Después de que Cortázar y Ugné regresaran a París atravesando las ventiscas de finales de diciembre, poco a poco las celebraciones fueron a menos. A García Márquez y Mercedes siempre les ha gustado más organizar fiestas de Nochevieja que de Navidad, y fue en su casa donde los miembros del grupo que quedaban —Vargas Llosas y Donoso, con sus respectivas esposas— dieron la bienvenida al año 1971. Poco podían imaginar que sería la última vez que celebraran algo juntos, o de hecho que hablaran con cordialidad acerca de cualquier cosa. El Boom estaba a punto de implosionar.

18

El autor solitario escribe lentamente:
El otoño del patriarca y el ancho mundo

1971-1975

En 1971, al cabo de más de tres años en Barcelona y con su nuevo libro aún inacabado, García Márquez había decidido abrir un paréntesis en los rigores de la escritura para pasar nueve meses en América Latina. Sentía la necesidad de recuperar la familiaridad con el mundo del que procedía. Su preferencia era Barranquilla, pero el mes de marzo anterior le había dicho a Alfonso Fuenmayor que no estaba seguro de que su familia le permitiera volver allí: «Los niños padecen una nostalgia crónica de México, y sólo ahora me doy cuenta de que vivieron allá bastante tiempo como para que aquello sea el Macondo que van a arrastrar por todo el mundo durante toda la vida. El único patriota pútrido que hay en esta casa soy yo, pero cada vez tengo menos peso, entre otras cosas porque cada vez estoy menos convencido de todo».[1] Sin embargo, de alguna manera se las había arreglado para convencer a su familia de pasar unos meses en Barranquilla antes de volver a visitar México.

Así que a mediados de enero la familia García Barcha llegó a Colombia. García Márquez esbozó una fugaz sonrisa al bajar del avión en Barranquilla y saludó con los pulgares hacia arriba a quienes lo esperaban en el aeropuerto. Las fotografías lo muestran enfundado en un atuendo plenamente caribeño —camisa guayabera mexicana, mocasines de cuero sin calcetines—, con expresión meditabunda. Con el sedentarismo y los carbohidratos de más había ganado peso; el pelo lo tenía también más abultado, pues ahora lucía una especie de estilo afro característico de la época y un bigote a lo Zapata también común entonces. Mercedes llevaba gafas de sol y parecía hacer cuentas de estar en otra parte; los dos niños, en cambio, que apenas conocían el país, tenían un aspecto intrépido y lleno de entusiasmo.[2]

Había una gran presencia de la prensa y la radio locales, y los taxistas se ofrecían a gritos desde la distancia para llevar a Gabito a Macondo por la módica suma de treinta pesos, en recuerdo de los viejos tiempos. García Márquez, que antes de marcharse de Barcelona había anunciado, a primera vista con cierta descortesía, que volvía a casa «para desintoxicarse»,[3] a estas alturas había meditado una razón más positiva para su visita y acuñó una de sus frases lapidarias al decir que el olfato lo había llevado de regreso al Caribe tras «el olor de la guayaba».

Toda la familia se desplazó hasta la casa de Álvaro y Tita Cepeda, que entonces vivían en una soberbia mansión de muros blancos entre el centro de la ciudad y la zona del Prado, aunque —los augurios no presagiaban nada bueno— el propio Cepeda había viajado a Nueva York para someterse a ciertas pruebas médicas. Los García Barcha se quedarían con Tita hasta que encontraran una casa o un apartamento que se ajustase a sus necesidades. El periodista Juan Gossaín pudo estar presente en la primera ronda de cervezas y escuchar la conversación. García Márquez explicó, en tono de confidencia, el porqué de su pródigo regreso. Toda su vida había deseado ser un escritor de fama mundial y había soportado años de miseria como reportero hasta alcanzar su propósito. Ahora que era realmente un autor «profesional» a jornada completa, desearía ser de nuevo un reportero, ir en busca de los datos, de manera que su vida había vuelto al punto de partida: «Siempre quise ser lo que ahora no soy».[4]

Algunas semanas después, el periodista mexicano Guillermo Ochoa siguió a García Márquez hasta la playa, a Cartagena, donde descansó junto a Mercedes y los niños bajo los cocoteros durante una visita a los abuelos paternos. El primer artículo de Ochoa se interesó especialmente por Luisa Santiaga y contribuyó a inaugurar su leyenda. Para celebrar el regreso de su primogénito había engordado amorosamente a un magnífico pavo:

> —Descubrí que no podía matarlo —contó ella. Y luego, con toda esa severa dulzura que tiene Úrsula Iguarán, el personaje de *Cien años de soledad* que ella inspiró, agregó simplemente—: Le había tomado cariño. El guajolote vive aún y Gabito, a su regreso, hubo de conformarse con una cazuela de mariscos semejante a la que devora a diario desde que está en esta ciudad. Luisa Márquez de García es así. Es una mujer que jamás se ha peinado de noche. —Si lo hiciera se retrasarían los navegantes —explica … —¿Y cuál es su mayor satisfacción en la vida? —le preguntamos. Y ella, sin titubear, repuso—: Tener una hija monja.[5]

La casa que Gabito y Mercedes alquilaron en Barranquilla estaba, en aquellos tiempos, prácticamente a las afueras de la ciudad. A Gonzalo le parecía un lugar emocionante y guarda un buen recuerdo de toda la experiencia. Aunque sus padres habían conseguido plaza en un colegio de antemano, los hijos recuerdan sobre todo una época exótica en la que grandes serpientes entraban en la casa y ellos correteaban tras las iguanas para quitarles los huevos. Sin embargo, aunque era excitante estar de vuelta en los trópicos y verse envueltos en la vida de las dos nutridas familias en Cartagena y en Arjona, así como estar rodeados por toda una red de nuevas amistades en Barranquilla, también tenían plena conciencia de que ellos eran hijos de Ciudad de México: «La verdad es que Rodrigo y yo somos urbanos; casi no tenemos experiencia del mundo rural. En cambio, mi madre y mi padre son ambos gente de campo y, por encima de todo, gente del trópico. Apenas los reconozco cuando los veo en Cartagena o en La Habana. Los dos se ponen relativamente tensos en cualquier otra parte».[6]

La primera semana de abril, García Márquez y Mercedes se marcharon a Caracas solos. A él le preocupaba recuperar sus energías caribeñas para insuflar vida a su nuevo libro; pero, en un sentido real, aquél era también un viaje simbólico, el regreso al lugar donde vivieron juntos por primera vez, seguido de un recorrido por el Caribe. Marcó además el principio de una rutina según la cual, progresivamente, los hijos se quedarían en casa mientras los padres recorrían el mundo para atender a los reclamos y las obligaciones que exigía la fama, siempre creciente, de García Márquez.

Sin embargo, mientras navegaba por el Caribe en aquella segunda luna de miel, no dejaba de pensar en un problema que acababa de repetirse en la mayor de las islas de ese mar, un asunto que haría de este crucero el último momento relativamente exento de complicaciones de su existencia política. El 20 de marzo, el gobierno cubano había arrestado a Heberto Padilla,[7] el escritor cuyos poemas habían desatado la tormentosa controversia dentro y fuera de la isla en el verano de 1968 y había llevado a la airada confrontación de García Márquez con Juan Marsé en Barcelona. Ahora el poeta cubano fue acusado de actividades subversivas en relación con la CIA. El 5 de abril, aún en prisión, Padilla firmó una extensa —y a todas luces insincera— declaración de autocrítica.

Aunque tantos escritores vivieran por entonces en Barcelona, París seguía siendo en muchos sentidos la capital política de América Latina.

El 9 de abril, un grupo de escritores residentes en Europa organizaron una carta de protesta dirigida a Fidel Castro, que se publicó previamente en el diario parisino *Le Monde*, en la cual declaraban que, aunque apoyaban los «principios» de la Revolución, no podían tolerar la persecución «estalinista» de los escritores y los intelectuales. La lista de los firmantes incluía, entre muchos otros, los nombres de Jean-Paul Sartre y Simone de Beauvoir, Juan Goytisolo y Mario Vargas Llosa (los verdaderos instigadores de la protesta), Julio Cortázar y Plinio Apuleyo Mendoza (organizadores, junto a Goytisolo, de la revista *Libre*, de próxima aparición) y... Gabriel García Márquez.[8]

En realidad, García Márquez no había firmado la carta: Plinio Mendoza dio por hecho que daría su apoyo a la protesta y la había firmado por él. García Márquez hizo retirar su nombre, pero el daño a su relación con Cuba estaba hecho, a lo cual hubo que sumar las dificultades que arrastró con todos los amigos que mantuvieron su firma: el peor de los resultados posibles. Iba a ser, sin lugar a dudas, la crisis más importante en el panorama literario del siglo XX motivada por cuestiones políticas, una tesitura que dividiría a los intelectuales latinoamericanos y europeos durante décadas. Los escritores y los intelectuales no tuvieron más remedio que comprometerse y tomar partido en lo que puede considerarse el equivalente de una guerra civil en el ámbito de la cultura. Nada volvería a ser lo mismo, sin excepción de la relación entre García Márquez y Vargas Llosa, que a su debido tiempo resultaría la más violenta y acalorada de todas las pérdidas de este drama político. Y había de sumarse la ironía de que en aquel preciso momento Seix Barral estuviera preparando *García Márquez: historia de un deicidio* de Vargas Llosa, que aparecería en diciembre de 1971, mientras su famosa relación empezaba a enfriarse, lentamente pero sin remedio. Vargas Llosa no autorizaría una segunda edición del libro durante treinta y cinco años.[9]

A medida que las reacciones de Castro se tornaban cada vez más iracundas y desafiantes, García Márquez, a quien los amigos y familiares recuerdan angustiado durante este período, se las arregló no obstante para ofrecer la reacción pública más serena y mesurada en una «entrevista» cuidadosamente orquestada con el periodista de Barranquilla Julio Roca. Admitió que, en efecto, la autocrítica de Padilla no parecía auténtica, y que esto había perjudicado la imagen de la Revolución; sin embargo, también insistió en que nunca había firmado aquella primera carta, sostuvo que se habían tergiversado con malevolencia las palabras de Fidel

Castro, declaró su apoyo sostenido al régimen cubano y, en un movimiento característico, declaró que si en Cuba hubiera elementos estalinistas, Fidel Castro sería el primero en decirlo y en empezar a arrancarlos de raíz, igual que había hecho una década antes, en 1961.[10]

A pesar de la sutileza de la respuesta de García Márquez, su intento por ser salomónico y contentar a todas las partes no llegó a satisfacer a nadie. El 10 de junio la prensa colombiana lo instó a «definir su postura sobre Cuba» y al día siguiente, todavía soslayando y escabullendo la cuestión, aunque en menor medida, anunció: «Soy un comunista que no encuentra dónde sentarse». La mayoría de sus amigos y colegas optaban por la vía chilena hacia el socialismo; García Márquez no lo hizo, ni siquiera al comienzo. De su comportamiento, Juan Goytisolo diría posteriormente, con resentimiento manifiesto: «Con su consumada pericia en escurrir el bulto, Gabo marcaría discretamente sus distancias de la posición crítica de sus amigos sin enfrentarse no obstante a ellos: el nuevo García Márquez, estratega genial de su enorme talento, mimado por la fama, asiduo de los grandes de este mundo y promotor a escala planetaria de causas real o supuestamente "avanzadas", estaba a punto de nacer».[11]

García Márquez pasó por una particular agonía de ansiedad e indecisión porque, justo antes de que estallase la crisis de Padilla, había aceptado una invitación de la Universidad de Columbia, en Nueva York, para hacerle entrega de un doctorado honoris causa a principios de junio. La fecha no podría haber sido menos oportuna. Sabía perfectamente que tanto Pablo Neruda, comunista conocido, como Carlos Fuentes, partidario de Cuba desde los inicios, habían sido excomulgados por la Revolución en 1966 por sus respectivas visitas a Nueva York. Y ahí estaba él, a quien muchos ya consideraban sospechoso y en apariencia había abandonado el barco en torno a la época de la invasión de bahía de Cochinos en 1961, aceptando los honores de la universidad de Nueva York más destacada; un honor que, a ojos de los cubanos, era a todas luces un intento de «recuperarlo» (en el lenguaje de la época) para los intereses estadounidenses.[12]

Finalmente, la línea oficial sería que aceptaba el título «por Colombia», que todo el mundo en América Latina conocía sobradamente su rechazo por el régimen que imperaba en Estados Unidos, como de hecho lo rechazaba también la propia Universidad de Columbia, y que había consultado a «los taxistas de Barranquilla» —paladines del sentido común, según declaró— para aclarar sus ideas.[13] Aunque quedaron sen tadas las bases de su relación con Estados Unidos en el futuro —él expresaba sus críticas, pero los norteamericanos seguían recibiéndolo con gusto— y eso era un evidente alivio para García Márquez, con Cuba había vuelto a caer en desgracia. A pesar de su declaración asegurando al mundo entero que no había firmado aquella primera carta, no tuvo contacto alguno con la isla revolucionaria durante los dos años siguientes.

Sin embargo, una vez más, García Márquez estaba a punto de tener otro de sus golpes de suerte. Si Cuba le estaba vetada por el momento, pronto estallaría otra controversia que demostraría de nuevo que García Márquez era bien interpretado prácticamente en todos los niveles del barómetro político, a excepción de Cuba y Colombia. Coincidencia o no, unas pocas semanas después el periodista español Ramón Chao plantó un micrófono ante las narices del ganador del Premio Nobel de Literatura de 1967, Miguel Ángel Asturias, y le pidió su opinión acerca de las alegaciones de que el autor de *Cien años de soledad* había plagiado una novela de Balzac, *La búsqueda de lo absoluto*. Asturias lo meditó un instante y dijo que creía que podía haber algo de verdad en la acusación. Chao publicó su primicia en el semanario madrileño *Triunfo*, y *Le Monde* lo reeditó en París el 19 de junio.[14]

En octubre de 1967, Asturias se había convertido en el segundo latinoamericano de la historia, y primer novelista del continente, al que se le concedía el Premio Nobel. Sin embargo, en los últimos años había recibido duras críticas por aceptar una embajada políticamente controvertida en París. Estaba a punto de descubrir que Gabriel García Márquez, y no Miguel Ángel Asturias, era ahora el nombre de las letras de América Latina. La verdad es que García Márquez llevaba años provocando a Asturias, a pesar de los comentarios generosos que el escritor más veterano hacía del trabajo y los logros del más joven. A comienzos de 1968, García Márquez había prometido que con su nuevo libro sobre un patriarca político latinoamericano iba a enseñarle al autor de *El señor presidente* —la obra señera de Asturias— «a escribir una verdadera novela del dictador».[15]

Parece posible que la actitud de García Márquez hacia Asturias estuviera condicionada en parte por el hecho de que este último hubiera cosechado el Premio Nobel, el galardón que a García Márquez le hubiera gustado recibir como primer novelista latinoamericano, y en parte porque Asturias era obviamente el precursor latinoamericano no sólo del realismo mágico (del cual *Cien años de soledad* con frecuencia se considera el paradigma), sino también, con *El señor presidente*, de la novela en torno a la figura de un dictador (de la cual *El otoño del patriarca* aspiraba, de manera análoga, a convertirse en la versión de referencia). Asturias era un blanco fácil, vulnerable por la polémica en torno a su embajada y porque nunca se destacó por su lucidez ni su coherencia a la hora de entrar en controversias; por añadidura, en estos momentos estaba ya entrado en años y aquejado por la enfermedad. Enfrentarse a él era matar a un elefante desde una distancia segura. De hecho, la decisión de Asturias desde finales de los años cuarenta, así como en los cincuenta y los sesenta, de actuar como una especie de compañero de viaje del comunismo mundial, brindando su apoyo al devenir de la historia en general, aunque sin necesidad de atarse con detalle, era precisamente un modelo de lo que el propio García Márquez trataba de hacer; y, hasta cierto punto a modo de réplica de las relaciones de Asturias con el presidente marxista de Guatemala, Jacobo Arbenz, García Márquez trabaría amistad en poco tiempo con el más carismático de todos los revolucionarios comunistas latinoamericanos, Fidel Castro.

García Márquez no sabía aún que lo habían desterrado del El Dorado político cubano, e interpretó con brillantez su papel de cara a la galería de izquierdas. No era el causante directo de las dificultades de Asturias, pero había contribuido a provocarlas y Asturias cayó en una emboscada; en una trampa para elefantes, podríamos decir. Se plantea entonces la cuestión de si García Márquez no le habría puesto también una serie de trampas psicológicas a Mario Vargas Llosa, el único rival de peso entre sus coetáneos, las cuales causarían una confrontación aún más violenta al cabo de unos cuantos años. Y si la versión final de *El otoño del patriarca*, una obra autocrítica acerca de un hombre que no puede tolerar la competencia de aquellos próximos a él, sea en la vida pública o en la vida privada, no es en cierta medida una expiación de estos pecados.

El 9 de julio la familia García Barcha salió del aeropuerto de Soledad, en Barranquilla, rumbo a México. Habían pasado menos de seis meses en Colombia. García Márquez llegó a la capital mexicana el 11 de julio quejándose de que no había podido ver chicas en la escala que hicieron en Florida porque la «Autoridad Ejecutiva» viajaba con él, una broma que a Mercedes le debía de ir aburriendo cada vez más con el paso de los años. Pasó su primer día en la ciudad escoltado por los periodistas y fotógrafos de *Excelsior*, a quienes declaró que aquélla era la ciudad que mejor conocía en el mundo y que tenía la sensación de no haberse marchado nunca. Los periodistas lo observaron comiendo tacos, cambiando dinero y contando chistes. («Soy muy serio, pero por dentro, por fuera no.») El joven Rodrigo dijo que preferiría ser jugador de béisbol o mecánico que estudiante. «Que sean lo que quieran», dijo su padre con indulgencia. Acompañado aún por los fotógrafos, visitó a Carlos Fuentes y a su esposa, la actriz Rita Macedo —enfundada en unos *hotpants* de cuero negro— en su casa del barrio de San Ángel. Fuentes gritó: «¡Plagiario, plagiario!», a la llegada del coche de García Márquez.[16] Aquella noche Fuentes dio una de sus célebres fiestas, a la que asistieron rostros familiares de entre lo más selecto de la intelectualidad y el arte progresista mexicanos.

García Márquez era ahora alguien distinto en México, la persona que sería hasta el fin de sus días: un hijo predilecto venido de fuera, y mexicano honorífico. Los mexicanos no olvidarían nunca que fue en la capital de su país, no en París ni en Londres, donde se había escrito *Cien años de soledad*. Era una de las formas de tapar los malos recuerdos de la matanza de Tlatelolco de 1968 con publicidad positiva, y García Márquez se prestaba a ello. El 21 de agosto visitó al presidente Luis Echeverría, que había sido ministro de Interior durante los sucesos de Tlatelolco, en la residencia presidencial de Los Pinos, donde departieron, según aseguró García Márquez, de «literatura y liberación».[17] Nunca criticaría públicamente ni a Echeverría ni al ex presidente Díaz Ordaz por lo ocurrido en 1968, del mismo modo que nunca criticaría a Fidel Castro por ninguno de los controvertidos asuntos cubanos. Tanto Cuba como México estaban implicados en una compleja batalla diplomática con Estados Unidos que, en menor medida, también se libraba entre ambos países latinoamericanos. Los mexicanos se vieron obligados a cooperar con los esfuerzos estadounidenses contra el comunismo, pero insistirían en conservar una vía diplomática con Cuba hasta el final del período de gobierno del PRI, cerca del final del siglo xx. Castro y García Márquez se mostrarían agradecidos con ellos por resistir.

A finales de septiembre la familia voló de regreso a Barcelona desde Ciudad de México, con escalas en Nueva York, Londres y París. García Márquez volvió entonces al trabajo. Habían pasado más de cuatro años desde la aparición de su último libro y tenía un gran interés en reducir la presión. Desde finales de 1967, aunque *El otoño del patriarca* había sido sin lugar a dudas su proyecto prioritario, también se había enfrascado en la escritura de sus primeros relatos tras varios años, y a los nuevos —que incluían «Un hombre muy viejo con unas alas enormes»— añadió «El mar del tiempo perdido», de 1961.[18] Todos se publicarían con el título *La increíble y triste historia de la cándida Eréndira y de su abuela desalmada* en 1972. *La cándida Eréndira* encerraba una larga historia: en un sentido suponía el regreso al mundo mítico de sus abuelos en los desiertos de La Guajira. La fuente directa, sin embargo, era una historia extraída de la vida real que había inspirado ya un breve episodio de *Cien años de soledad*, acerca de una joven prostituta obligada a acostarse con cientos de hombres cada día. La historia terminada se había concebido como un guión cinematográfico antes de tomar forma de relato largo, y así la publicó la revista mexicana *¡Siempre!* ya en noviembre de 1970.[19] Puesto que todos los relatos partían de versiones previas —en algunos casos los había empezado largo tiempo atrás—, García Márquez pudo utilizarlos para «calentarse el brazo» antes de retomar su novela inacabada.

Los cuentos de *La cándida Eréndira* no son en absoluto lo que se habría esperado de un escritor que había vuelto al Caribe para experimentar de nuevo el «olor de la guayaba». Cierto que a primera vista son más primitivos, elementales y mágicos (mar, cielo, desierto y frontera) que las historias de la *Mamá Grande*, pero de un modo diríase pictórico y «literario», como si el elemento fantástico de los cuentos anteriores se hubiera aplicado de alguna manera a un escenario geográfico concreto. Como si Macondo y el «pueblo» fueran reales, en tanto que La Guajira (que García Márquez ni siquiera había visto nunca) fuera el reino de la magia y el mito (mientras que Bogotá y las altiplanicies que la rodean siempre funcionan, a modo de contraste, como una tierra terrorífica poblada de sombras y amenazas). Irónicamente, estos relatos —respecto a los cuales la crítica está dividida— tienen reminiscencias de algunos de los relatos más empalagosos del predecesor de García Márquez en el ámbito del realismo mágico, Miguel Ángel Asturias, por ejemplo de *El espejo de Lida Sal*.[20]

Ahora, por vez primera, García Márquez acometió *El otoño del patriarca* con la certeza de terminarlo. No había más excusas, había disfrutado de su temporada sabática y no había evasión posible, ni siquiera dentro de su cabeza. Para entonces el primer número de la revista *Libre*, nutrida por el Boom, había aparecido en París un año después de la fiesta en casa de Cortázar en el sur de Francia, donde en origen se había hablado del proyecto, y menos de seis meses después del caso Padilla. Sin duda en Cuba la examinaron minuciosamente cuando García Márquez concedió una entrevista a Plinio Mendoza, editor de la revista, para el tercer número de *Libre*, en la España de Franco.

En octubre, la izquierda tradicional —así como el gobierno de Unidad Popular de Salvador Allende en Chile, que atravesaba por momentos difíciles— recibió una inyección de optimismo cuando se anunció que Pablo Neruda, el embajador de Allende en París, era el ganador del Premio Nobel de Literatura de 1971. A Neruda, que a ojos de los periodistas parecía delicado de salud, le preguntaron si recomendaría a algún otro autor latinoamericano para el premio y dijo que García Márquez, «autor de una de las mejores novelas de nuestra lengua española», era quien primero le venía a la cabeza.[21] Justo antes de que se anunciara oficialmente el galardón, Neruda llamó a García Márquez y los invitó a él y a Mercedes a cenar en París a la noche siguiente. García Márquez, como es lógico, dijo que era imposible aceptar la invitación con tan poca antelación por su miedo a volar, pero Neruda empleó su conocida táctica de parecer al borde de las lágrimas y la pareja colombiana se sintió obligada a hacer el viaje. Cuando llegaron, la noticia ya se había hecho pública, y cenaron en casa de Neruda con el muralista mexicano David Alfaro Siqueiros (sospechoso de haber asesinado a Trotsky, y que desde luego en una ocasión lo había intentado), el pintor chileno Roberto Matta, Jorge Edwards, expulsado de Cuba hacía poco, el intelectual francés Régis Debray, de regreso en París tras su puesta en libertad de una prisión boliviana y el período subsiguiente en el que estuvo estrechamente implicado con el régimen de Allende en Chile, y el gran fotógrafo Henri Cartier-Bresson: una velada política estimulante donde las haya.

En diciembre, Seix Barral publicó en Barcelona *García Márquez: historia de un deicidio*, de Vargas Llosa. Entre los dos escritores, a quienes los amigos de aquella época describen como «casi hermanos», había más coincidencias de lo que a primera vista pudiera parecer: ambos habían experimentado una versión especialmente dolorosa del «romance familiar» de la infancia. Ambos mantendrían siempre una relación problemática con su padre, al que conocieron tardíamente (hasta los diez años, Vargas Llosa creía que su padre estaba muerto), hombres que arremeterían contra su carácter y su vocación literaria. A ambos se les habían consentido muchos caprichos, al ser niños amantes de los libros y criados en casa de los abuelos maternos durante los primeros y determinantes años de la vida. En ambos casos dejarían las comodidades y la seguridad de su hogar por los rigores alienantes de un régimen de internado, y entrarían en contacto con la prostitución y otras experiencias de los bajos fondos a edades tempranas. Los dos ejercieron el periodismo precozmente y después viajaron a París, e incluso se alojaron en el mismo hotel, aunque en momentos distintos. Los dos eran buenos amigos de sus amigos, y ambos, cuando se conocieron, apoyaban fervientemente la Revolución cubana, aunque el mayor de ellos, García Márquez, ya hubiera atravesado por varios momentos delicados con el proceso cubano, en tanto que para Vargas Llosa las peores dificultades estaban aún por llegar. A pesar de la cercana relación que mantuvieron en aquella época, García Márquez siempre insistiría en que ni siquiera había leído el libro de Mario acerca de él, «porque si me revelaran todos los mecanismos secretos de mi escritura, las fuentes, qué es lo que a mí me hace escritor, si esto me lo dijeran a mí creo que me paralizaría, ¿entiendes?».[22]

Vargas Llosa y García Márquez se habían conocido a propósito de la entrega del Premio Rómulo Gallegos, que le fue concedido al joven peruano en 1967. Ahora, en 1972, García Márquez se convirtió en el segundo galardonado con el premio, y su reacción subrayó el inmenso abismo que se estaba abriendo entre los dos y su extraordinaria amistad: mientras que Vargas Llosa se había negado a donar su premio a las causas de la Revolución cubana, García Márquez había decidido dar su dinero a un partido venezolano disidente, Movimiento al Socialismo, o MAS, liderado por un ex comunista amigo suyo, Teodoro Petkoff. Al igual que Petkoff, García Márquez se había convencido de que el comunismo soviético no era ya una fuerza genuinamente revolucionaria, ni se preocupaba de hacer frente a las verdaderas necesidades e intereses de América Latina. Carmen Balcells, que viajó a Caracas con García Márquez, me dijo: «Fue un viaje interminable, aunque íbamos en primera, bebiendo todo el camino, y Gabo, que ya sabía que iba a dar todo el dinero al MAS, y a Petkoff, se pasó todo el rato preocupado hasta el más mínimo detalle por lo que iba a decir Mario. No era capaz de pensar en otra cosa».[23]

A los venezolanos les sorprendió ver a un hombre con el pelo erizado, camisa hawaiana, pantalones grises, zapatos blancos y sin calcetines caminar con paso despreocupado hasta la tribuna del Teatro París de Caracas para recibir el premio. Con el recuerdo de que Vargas Llosa había rehusado donar el premio a la lucha armada en América Latina, en todo el continente se aguardaba saber qué haría García Márquez con la dotación. Cuando, inmediatamente después de la ceremonia, le hicieron esta pregunta, declaró que estaba harto de ser pobre y que pensaba comprar «otro yate», no sabía si a un contacto que tenía en Caracas o a Carlos Barral, de regreso a Barcelona. Ésta fue una de sus *boutades* más sonadas.[24] Mercedes no había viajado con él —llegaría más tarde, con los Feduchi—, pero al acto asistieron también su hijo Rodrigo, de doce años, y los casi homónimos de García Márquez, su padre Gabriel Eligio y su hermano menor, Eligio Gabriel, que se había casado recientemente con una muchacha de los Llanos colombianos, Myriam Garzón. Gabito los había invitado a Caracas de viaje de novios, coincidiendo con la entrega del Premio Gallegos. Gabriel Eligio se había invitado solo, y el trío visitó los lugares donde Gabito y Mercedes habían pasado su luna de miel catorce años antes, y se hospedaron juntos en el mismo hotel. Myriam recuerda: «Al papá de Eligio lo pusieron en un ala distinta del hotel y se quejó a la dirección: "¿Cómo pueden hacerme esto? ¡Es mi hijo!". A la mañana siguiente nos llamó a las seis: "¿A qué hora van a desayunar?"».[25]

Como era de esperar, Gabriel Eligio no quedó impresionado por la actuación de su hijo en este enorme y prestigioso escenario. Poco podía imaginar lo que vendría a continuación. A la mañana siguiente, Gabo cogió su cheque por valor de 22.750 dólares y, acompañado por su hijo Rodrigo, su hermano Eligio —que había acordado escribir para *El Tiempo* una serie de reportajes sobre la concesión del premio literario más importante de América Latina a su hermano mayor—, uno o dos más periodistas privilegiados y un fotógrafo, se dirigió a un banco de Caracas provisto de una bolsa grande y canjeó el cheque por dinero en metálico. Luego llevó la bolsa, el dinero y a su escolta al cuartel general del Movimiento al Socialismo, e hizo entrega del dinero al dirigente del grupo, Teodoro Petkoff, amigo suyo «desde hace muchos años».[26] El MAS, explicó, era un movimiento nuevo, con savia joven, de los que tanta falta hacían en América Latina, sin ataduras con el movimiento comunista, ni esquemas fijos, ni dogmas.

Se desató una auténtica tormenta de críticas que llovieron de todas partes, más y menos próximas, y algunas incluso de su propia familia. El MAS era una organización minúscula, pero las secuelas fueron enormes. La mayor parte de la izquierda lo consideró un «desviacionista», mientras que la derecha lo tachó de «subversivo». Aunque poco después resultó que el dinero se había destinado específicamente a la revista política del MAS y no a financiar la guerrilla, a finales de agosto incluso desde Moscú se lo tachaba de «reaccionario» y pudo verse a su propio padre informando a la prensa en Caracas de que su hijo mayor era «muy embustero. Lo era de chiquito, siempre inventaba cuentos».[27] Más debieron de inquietarle a García Márquez al volver a Europa las críticas de Pablo Neruda, cuyas opiniones —a pesar de que el chileno había pertenecido largo tiempo al Partido Comunista— guardaban similitudes en muchos sentidos con las del propio García Márquez. En la siguiente ocasión en que se encontraron, Neruda le dijo que entendía su acción, pero que cualquier beneficio en interés del MAS quedaba de lejos contrarrestado por las divisiones que esta clase de gestos provocaban en el seno del movimiento socialista.[28] Probablemente fue entonces cuando García Márquez dio comienzo a su política —que ya había aplicado en el caso de Cuba— de no criticar nunca abiertamente a los grupos socialistas, sin excluir a los partidos comunistas que seguían las directrices de Moscú, por el consuelo que con ello les daba a sus enemigos.[29]

Tras poner en orden sus propios asuntos, viajó a Nueva York a mediados de agosto para visitar a su viejo amigo Álvaro Cepeda, que estaba recibiendo tratamiento para combatir el cáncer en el Memorial Hospital. García Márquez tenía ya un miedo cerval a los hospitales y a la muerte, y la experiencia sólo confirmó su sensación de la pasmosa falta de humanidad de aquella ciudad colosal. Cuando una semana después regresó a Barcelona, le mandó una carta a la esposa de Cepeda:

> Tita,
> No pude llamarte por teléfono. Además, no tenía nada que decir: el maestro tenía tantos deseos de tranquilizarme, que me hizo creer que nunca había estado enfermo, y más bien se dedicó a cuidarme a mí. Lo encontré muy pálido y casi exhausto, pero pronto me di cuenta de que era a causa de las radiaciones, pues al cabo de una semana de reposo, en la que no hizo nada más que hablar y comer, se había recuperado bastante. Me alarmó que hubiera perdido la voz casi por completo, pero él me convenció de que también era por causa de las radiaciones. En efecto, con una gelatina desirritante, cuya receta leí, empezó a recuperar la voz en pocos días. No me fue posible hablar con el médico. Sin embargo, hablé con otros, amigos míos, y ellos coincidieron en que cierto tipo de linfomas tienen una curación radical ¡desde hace unos seis años! ...
> Un abrazote,
>
> GABO

Aunque una vez más se sentía frustrado por haber interrumpido *El otoño del patriarca*, le costaba volver a él. Poco después, Plinio Mendoza estaba con él en Barcelona cuando Alejandro Obregón lo telefoneó para decirle que toda esperanza se había desvanecido y que Cepeda se moría. Tras un día de angustia y desasosiego, García Márquez compró un billete de avión. Mendoza recuerda:

> Pero no se fue. No pudo. Las tripas o las rodillas se negaron a llevarlo: ya en la puerta de su casa, con una maleta en la mano y un taxi aproximándose por la calle, tuvo algo parecido a un vértigo, y en vez de irse al aeropuerto se encerró en su cuarto, corrió las cortinas y se acostó. Mercedes me lo contó en la cocina, junto a una lavadora eléctrica (que gemía y suspiraba como si fuera humana).
>
> —Gabito ha llorado.
>
> Yo me sorprendí. ¿El Gabo llorando? ¿El Gabo encerrado en su cuarto? Jamás he visto una lágrima en su cara de árabe; y, como dicen las viejas de mi tierra, sólo Dios sabe por las que ha pasado.[30]

El 12 de octubre de 1972, el día de la Raza en América Latina, Álvaro Cepeda murió en Nueva York. Pese a lo díscolo que era en casi todo, Cepeda fue el único miembro del grupo de Barranquilla que nunca se ausentó mucho tiempo de la ciudad, a pesar de sus anhelos por familiarizarse con Estados Unidos. (Alfonso, Germán y Álvaro habían aparecido en *El coronel no tiene quien le escriba*, y todos reaparecieron también en *Cien años de soledad*, donde se predijo que Álvaro sería el primero en morir, seguido de Germán, y luego de Alfonso.) Los restos mortales fueron repatriados por avión a Colombia dos días después, y Obregón y Julio Mario Santo Domingo velaron el ataúd hasta la mañana del día 15, cuando un cortejo multitudinario escoltó el coche fúnebre al cementerio de los Jardines del Recuerdo.[31] Unas semanas después, García Márquez le mandó una carta a Alfonso Fuenmayor en la que reflexionaba sobre la muerte de Cepeda: «Bueno, Maestro, ésta es una vaina muy jodida para decirla: Estoy hecho una mierda, en un estado miserable de desconcierto y desmoralización y por primera vez en mi vida no encuentro por dónde salir. Te lo digo porque creo que me ayuda decírtelo y porque tal vez a ti te ayude el que te lo diga. Gabito».[32]

Al año siguiente, cuando murió Neruda, García Márquez diría a la prensa en Bogotá: «La muerte de mi gran amigo Álvaro Cepeda, el año pasado, me dio tan fuerte que comprendí que yo no estaba entrenado para la desaparición de mis amigos. "¡Carajo! —pensé—. Si no le pongo coraje a esta vaina, el que se va a morir un día de éstos con otra noticia igual soy yo"».[33] Ciertamente, al ir a ver a su amigo enfermo con todos los compromisos a que lo obligaba su creciente fama, García Márquez había hecho un gran esfuerzo, y desde luego su aflicción era sentida. Sin embargo, también era cierto que se había ido alejando de Cepeda y todo el grupo de Barranquilla, y la visita que en 1971 hizo a la ciudad sólo había puesto de relieve esta circunstancia. García Márquez, que sentía la nostalgia con gran intensidad, también había aprendido pronto en la vida el modo de combatirla, probablemente mejor que la mayoría de los hombres. Ahora la muerte de Cepeda puso coto definitivamente a la experiencia de Barranquilla.

Fue un otoño sombrío el que siguió al fallecimiento de su amigo. El 7 de noviembre llegó la noticia de que Richard Nixon había sido reelegido presidente de Estados Unidos, lo cual no era un buen augurio. Aquel mismo mes, tras una ausencia de diecisiete años, el ex presidente Juan Perón regresó a Buenos Aires recibido con euforia, aunque en última instancia sería un retorno nefasto; Salvador Allende, por su parte, se vio obligado a remodelar el gobierno de Unidad Popular para poner fin a una oleada de huelgas en Chile, en tanto que el cáncer forzó a Pablo Neruda a renunciar a su embajada en París. García Márquez estuvo allí visitando al anciano poeta comunista antes de que emprendiera su último regreso a Sudamérica. Ya no volverían a verse.

García Márquez seguía trabajando en *El otoño del patriarca* en un estado de decaimiento, aunque también con un curioso vigor renovado. La muerte de Álvaro Cepeda le hizo tomar mayor conciencia que nunca de la brevedad de la vida, y tal vez se dio cuenta de que no quería estar en Europa y permanecer al margen de los acontecimientos de América Latina. España vivía paralizada a la espera de la muerte del general Franco. Eran los últimos estertores del régimen, no cabía duda, —el 8 de junio Franco nombró presidente al almirante Luis Carrero Blanco, tras gobernar en solitario durante treinta y cuatro años—, pero el final no acababa de llegar nunca, y se postergaba casi tanto como el del «patriarca» de la novela que García Márquez estaba próximo a terminar. En mayo de 1973 empezó a anunciar a los periodistas que *El otoño del patriarca* estaba acabada. Sin embargo, la dejaría reposar aún un año o más, para ver «si merece la publicación».[34] Detrás de la indiferencia aparente —da la impresión de que a este escritor en realidad le trajera sin cuidado que sus libros se publicaran o no, y desde luego no reaccionaba a la presión de los editores ni de los lectores— es evidente que se sentía en la misma medida inseguro acerca de la novela en la que había estado trabajando intensamente desde su regreso de Barranquilla y México, a finales de 1971.

Es propio de la presciencia de García Márquez que el primer libro después de *Cien años de soledad* fuera una novela que no sólo afrontaba los riesgos de la fama y del poder antes de que lo engulleran del todo, sino que también se anticipaba a —y, en ese sentido, cauterizaba— la madurez y la vejez mucho antes de haberlas alcanzado. Sin embargo, no se puede hablar de *El otoño del patriarca* en términos simplistas. Ninguna otra obra de García Márquez se aproxima siquiera a la complejidad que ésta alcanza, y que tal vez como mejor se ilustra es por el contraste entre la belleza atrayente de la imaginería poética del libro y la fealdad del asunto que trata.[35] Se plantea, en efecto, una curiosa paradoja histórica en relación con la concepción de esta obra. Las novelas que habían alimentado la sensación de que en los años sesenta se producía un Boom latinoamericano —*La ciudad y los perros*, *La muerte de Artemio Cruz* y *Rayuela*— eran sobre todo puestas al día de las grandes novelas modernistas europeas y norteamericanas de los años veinte y treinta, de obras como *Ulises*, *En busca del tiempo perdido*, *Manhattan Transfer*, *La señora Dalloway* o *¡Absalón, Absalón!* No obstante, el libro en el que cristalizó ese Boom latinoamericano y que lo consagró, *Cien años de soledad*, parecía infinitamente menos laberíntico y modernista que los demás. En un momento en que el término «posmodernista» no se había acuñado todavía, críticos como Emir Rodríguez Monegal hablaron del curioso «anacronismo» de la novela de García Márquez; porque en apariencia era transparente, fácil de leer, y accesible incluso a lectores con una modesta formación literaria.[36] Para su siguiente novela, en cambio, García Márquez se sintió desafiado a escribir algo más parecido a la típica novela del Boom; por esa razón, los rasgos que nos remiten a Joyce y Woolf en *El otoño del patriarca* de inmediato saltan a la vista del lector avezado, a quien el libro estaba sin duda destinado. Esto ocurrió justo en el momento en que la mayor parte de los otros escritores, incitados por el éxito de García Márquez, se apartaban del estilo característico del Boom y estaban escribiendo obras «posmodernas» más transparentes, del estilo que *Cien años de soledad* supuestamente representaba.

La nueva novela pasó por muchas versiones. Es la historia de un soldado latinoamericano sin educación de una nación que no se nombra y que amalgama varios países, que se hace con el poder a pesar de su escasa experiencia en política y se las ingenia para imponer su tiranía en este país de los trópicos durante casi dos siglos. Entre los tiranos en los que se basó García Márquez para crear el espeluznante retrato de su protagonista destacan los venezolanos Juan Vicente Gómez (en el poder desde 1908 hasta 1935) y Marcos Pérez Jiménez (1952-1958), el mexicano Porfirio Díaz (1884-1911), el guatemalteco Manuel Estrada Cabrera (1898-1920), los nicaragüenses Somoza (Anastasio, Luis y Anastasio hijo, 1936-1979) y el dominicano Rafael Trujillo (1930-1961). García Márquez insistía aún en que España y Franco, si acaso, lo habían entorpecido. A estas alturas seguía sabiendo muy poco acerca de Franco, porque una figura europea tan fría y ascética le era de escasa utilidad y encerraba poco interés para él.

Conocido para el lector sin más apelativos que «el Patriarca», el monstruoso protagonista del libro es tan solitario como poderoso, tan sentimental como bárbaro. Aunque en apariencia su insensibilidad es rayana en la estupidez, demuestra estar dotado de un extraordinario instinto para el poder y de un conocimiento intuitivo de las motivaciones de los otros hombres; las mujeres, en cambio, sin la excepción de su querida madre, son siempre un misterio para él. No se le ocultaba a García Márquez, por lo que explicó en algunas entrevistas, que este dictador era en lo que se habría convertido el coronel Aureliano Buendía de haber ganado la guerra; en otras palabras, si la historia de Colombia hubiera seguido otros derroteros y los liberales, no los conservadores, hubiesen triunfado en el transcurso del siglo xix.[37] A fin de que su protagonista conservara su fuerza mítica había decidido no atribuirle un nombre: «el Patriarca», a secas (también conocido en el Estado Mayor como «el General»). Aunque acaso sorprenda, García Márquez explicó que había trazado un retrato un tanto compasivo porque «[los dictadores] siempre tienen algo de víctimas, eso sí, de todos los tiempos, de Creonte para acá». Lamentablemente, insistía, la verdad era que la historia latinoamericana no estaba a la altura de los deseos de sus habitantes: la mayoría de los dictadores procedían de las clases populares y nunca eran derrocados por el pueblo al que oprimían. No se trataba de que el mito hubiera triunfado sobre la historia, sino más bien de que la historia misma siempre acaba por mitificarse. Era un objetivo esencial de la literatura, declaró, mostrar ese proceso. Sin embargo, no estaba preparado para ofrecer más explicaciones: «Lo que pasa es que el aspecto político del libro es bastante más complejo de lo que parece y yo no estoy dispuesto a explicarlo».[38]

Sin embargo, en esta nueva novela García Márquez altera y profundiza inequívocamente en su manera de abordar la problemática del poder y el amor —los cuales siempre van de la mano y son por añadidura los dos temas centrales de su obra—, además de otros motivos relacionados como la memoria, la nostalgia, la soledad y la muerte. El poder y el amor, el amor por el poder, el poder del amor, son aspectos fundamentales de la experiencia humana, que cobran un ímpetu particularmente intenso en la historia, la sociedad y la literatura latinoamericanas.

El libro está ambientado en una nación caribeña ficticia que al parecer colinda con Colombia —o, más en concreto, con Bogotá—, de manera que al pensar en ella concebimos algo parecido a Venezuela o a la propia Costa colombiana. En este sentido, este estado sin nombre guarda similitudes con los países imaginarios inventados por Joseph Conrad en *Nostromo* (1904) o por el español Ramón María del Valle-Inclán en *Tirano Banderas* (1926). El retrato que se plasma del dictador latinoamericano rudimentario y violento se centra en particular en su «otoño», esto es, en los últimos años de su régimen.

El libro se desarrolla en un tiempo histórico imposible que se extiende más de doscientos años, es de suponer que entre finales del siglo XVIII y la década de 1960.[39] En buena medida está narrado a través de escenas retrospectivas y sigue los contornos generales de la historia latinoamericana hasta que los gringos expropian el mar en el «ocaso» del otoño del Patriarca, seguido de su muerte y el consiguiente fin de su régimen (invierno y disolución). El protagonista vive en un mundo donde el ejército, la Iglesia y los gringos se disputan el poder cada vez con mayor fiereza. «El pueblo», por su parte, es un ente poco menos que pasivo; no existe progreso dialéctico en la novela porque no hay historia, el tiempo no transcurre realmente, ni se produce una verdadera participación o interacción social o política. Ello no es óbice para considerar que el trasfondo de la novela anida, tal vez, en la relación entre el dictador y el pueblo. Se diría que el gesto deliberado de García Márquez es que en las últimas líneas el Patriarca ponga la novela en manos del pueblo, cuya euforia —sin duda un recuerdo de la caída de Pérez Jiménez en Venezuela en 1958— parece encerrar una intención literal, no irónica.

En el plano individual, la relación más estrecha del Patriarca en este mundo es la que mantiene con su madre, Bendición Alvarado. Su esposa, otrora monja, es Leticia Nazareno, a la que secuestra y posiblemente asesina; la amante a la que asedia pero nunca consigue es la reina de la belleza Manuela Sánchez, y la única relación erótica que llega a culminar es el bizarro contacto que mantiene con una colegiala de doce años cuando ya está senil. Por el lado masculino, tiene un doble, o rostro público, Patricio Aragonés; un único amigo, Rodrigo de Aguilar, y más adelante un genio maléfico, el fascinante ministro de Seguridad José Ignacio Sáenz de la Barra, con ecos de los consejeros de las juntas militares de Chile y Argentina de la década de 1970, momento en el que se estaba acabando la novela. Esta estructura de las relaciones personales se ajusta al patrón clásico del mito occidental.[40]

Sin embargo, esto es erudición *a posteriori*. La apabullante experiencia del lector se traduce en incertidumbre y confusión. El punto de vista en sí mismo, la estructura, e incluso la cronología de la novela están determinados por la vaguedad de una sucesión de narradores que nunca saben nada a ciencia cierta. Uno diría que el interminable dilema sobre si el dictador ejerce el control de «todo su poder», tal vez el aspecto más reiterado y confuso de la novela —enormemente magnificado por el hecho de que se toma en consideración sobre todo desde su propio punto de vista (a un tiempo estúpido e irreflexivo, hipócrita e interesado)—, oscila entre tres estadios diferentes. En primer lugar, la percepción clásica ilustrada de la conciencia humana que corresponde a un sujeto racional y unificado. Después, una percepción de raigambre más bien marxista de la dominación de clases y el imperialismo (ambas percepciones, combinadas, darían lugar a la perspectiva modernista). Y por último, la visión foucaultiana según la cual el poder está en todas partes, epistémico, para ser siempre combatido pero imposible de derrotar, y que va más allá incluso de la capacidad de control más «poderosa» del sujeto (esto configuraría, por supuesto, la visión posmoderna, que de hecho es la que predomina en la novela). En el cinismo implacable con que se contempla en esta obra a los seres humanos, el poder y sus efectos, nos hallamos obligados a plantearnos que el poder está ahí para ser utilizado, y que «alguien tiene que hacer esto», porque la visión de la historia que adopta García Márquez está muy próxima a los sombríos planteamientos sobre los que primero teorizó Maquiavelo y que Shakespeare ejemplificó una y otra vez. Nada más terminar este libro, lo primero que haría sería tratar de establecer una relación con Fidel Castro, un libertador socialista que resultaría ser el político latinoamericano con el mayor potencial para convertirse en la figura autoritaria más duradera y amada de todo el continente.

La novela hilvana frases inmensamente largas: el primer capítulo está compuesto por sólo veintinueve frases, el segundo por veintitrés, el tercero por dieciocho, el cuarto por dieciséis, el quinto por trece, mientras que el sexto es una única frase, para un total, aparentemente, de cien frases. Los primeros capítulos empiezan con tres o cuatro párrafos en la primera página, como una orquesta que afina sus instrumentos, y después se hacen más y más largos. Hay constantes cambios de la persona narrativa, de la primera («yo», «nosotros») a la segunda («señor General», «madre mía», etcétera) y a la tercera («él», «ellos»), aunque esta última aparece casi siempre dentro de otra voz. El propio García Márquez en forma de narrador en tercera persona apenas aparece, si bien en ninguna otra novela predomina tanto su inconfundible voz literaria. Cada capítulo se inicia con su obsesión predilecta, la cuestión del entierro, aunque el lector no sabe con certeza si el cadáver hallado es el del tirano; de hecho, ni siquiera si está realmente muerto. De ahí que «nosotros» —quienes hallamos el cadáver— estemos evocando en retrospectiva un mundo a través de unas pocas frases cortas en la primera página de cada capítulo con detalles variables acerca del hallazgo del cuerpo, tras las cuales la narración se sumerge en el laberinto o el torbellino de *flashbacks* en relación con «él», con la vida «del General», la cual se diluye poco a poco en el «yo» autobiográfico del Hombre en el Poder. El laberinto, al igual que ocurre en todas las obras modernistas, es tanto materia narrativa (la vida) como técnica (el modo de recorrerla).

El otoño del patriarca es a todas luces la novela obsesiva de un escritor solitario acerca de un dictador obsesivo y solitario. Sin embargo, según su autor, los críticos —muchos de los cuales tendían a sentirse ultrajados porque hubiera trazado un retrato moderadamente compasivo de su atroz personalidad— tardaron en captar el verdadero fondo del libro. Así que en Ciudad de México en diciembre 1975, casi dos años después de terminarlo y varios meses después de su publicación, un frustrado García Márquez, que declaraba que sus primeros reseñadores, sin excepción, habían leído el libro «de manera superficial», ofreció una explicación sumamente inesperada de su significado. Era, según afirmaba, una suerte de autobiografía: «[E]s casi una confesión personal, es un libro totalmente autobiográfico, es casi un libro de memorias. Lo que pasa es que, por supuesto, son memorias cifradas; pero si tú en vez de ver a un dictador ves a un escritor muy famoso y terriblemente incómodo con su fama, con esa clave, puedes leer el libro y te resulta».[41]

A primera vista se trata de una afirmación asombrosa. García Márquez era un hombre que trataba de impresionar a sus lectores con la obra que seguía a un gran clásico popular, un hombre bajo presión, de quien cabría esperar que deseara congraciarse con el público; en cambio, *El otoño del patriarca* era un retrato inquietante de un ser horripilante. Este dictador, aunque en ciertos sentidos aparezca tratado con indulgencia, es uno de los personajes más repugnantes jamás creados. ¿Acaso García Márquez trataba simplemente de escandalizar a la burguesía internacional con declaraciones sensacionalistas a la prensa, o de veras había escrito una de las obras autocríticas más increíbles de la literatura mundial, un paralelismo ficcional de las *Confesiones* de Rousseau, por poner un ejemplo? Las relaciones del autor con los demás hombres, con las mujeres y con el mundo en su conjunto ¿son de algún modo comparables a las de este engendro atroz, y sin embargo patético? Y si así lo cree García Márquez, ¿se pone como ejemplo de un mundo en el que hay muchos más cuerpos viles y amistades peligrosas de lo que jamás hemos alcanzado a imaginar, o se trata de un análisis de sí mismo exclusivamente personal y devastador hasta lo indecible? Teniendo en cuenta la cruel aridez del autorretrato, no parece imposible que la estancia en la grotesca esterilidad de la España de los últimos estertores del franquismo se convirtiera con rapidez en una penitencia que él mismo se imponía para analizar a la persona que siempre había sido mientras miraba ahora hacia el futuro. La escritura de *El otoño del patriarca* tal vez encerraba el intento de hacerse merecedor de su fama desde un punto de vista moral, al tiempo que trataba de demostrar que la merecía en un sentido puramente literario (a pesar del hecho de que, ironías del destino, muchos lectores vieron en el resultado, de una ambición manifiesta, una prueba de arrogancia y complacencia desmesuradas).

La «primera muerte» del Patriarca podría ser fácilmente una metáfora de 1967, el año de *Cien años de soledad*, cuando el «verdadero» García Márquez desapareció para siempre bajo el peso de la celebridad y la mitología; quizá describa con ella su gradual adiós al anonimato, a la normalidad y a la privacidad, un proceso por el cual una crisis de fracaso en los años sesenta se convirtió, con una ironía casi cómica, en una crisis de fama y éxito en los años setenta. Y también podría haber representado, en su propia conciencia, un adiós a la juventud (la publicación de *Cien años de soledad* coincidió con su cuarenta cumpleaños). Por lo demás, no nos toma del todo por sorpresa que García Márquez, siempre inclinado a las reflexiones sobre la edad caduca, adelante su crisis de madurez y dé comienzo a su propio «otoño» antes que cualquier otro, pues su crisis de madurez en Barcelona se entremezclaba con la crisis de fama que la rodeaba. Tal vez después de asimilar todas estas lecciones escribiendo una obra que desde el punto de vista literario es angustiosa y opresiva, pondría su fama y su influencia al servicio de las buenas causas y se convertiría, al igual que el Patriarca en su momento álgido, en el «dueño de todo su poder», con la salvedad de que lo haría conscientemente y cargado de intenciones benévolas.

De hecho, tal vez la celebridad repentina provocara una nueva escisión en una personalidad que García Márquez había tratado desesperadamente de unificar desde la adolescencia, un empeño cuyos rastros iniciales saltan a la vista en sus primeros relatos y que, podría especularse, la escritura de *Cien años de soledad* había conseguido culminar con éxito. Sin embargo, acaso había logrado resolver un desdoblamiento para encontrarse con que había de hacer frente a otro problema: el divorcio entre lo que más tarde llamaría su faceta secreta y privada, por una parte, y su faceta pública por la otra. Quizá ésa fuera la razón de que la novela plantease la posibilidad de que el cadáver que el pueblo ha descubierto al comienzo de cada capítulo no sea siquiera el del Patriarca. Ahora que la fama lo abrumaba, García Márquez, al igual que el tirano, se enfrentaba de continuo en los medios de comunicación a su propia representación, «su doble perfecto ... padeció la humillación de verse a sí mismo en semejante estado de igualdad, carajo, si este hombre soy yo». En cuanto al *Doppelgänger*, Patricio Aragonés, su doble oficial o imagen pública, «se había conformado para siempre con el destino raso de vivir un destino que no era el suyo». Pues bien, García Márquez sentía que era ambos hombres: el «verdadero» y el «doble». En un principio al Patriarca le había costado amoldarse a los nuevos nombres con que los medios —o, más adelante, la propaganda estatal— decidían referirse a él (al igual que las diversas marcas de García Márquez: «Gabo», el «señor de Macondo», «Melquíades el mago», etcétera). Sin embargo, por muy desconcertado que estuviera por esta doble o, de hecho, múltiple existencia, nunca se halló tan confuso como quienes estaban a su alrededor.

Así que la cuestión autobiográfica (en especial su propia condición de escritor de fama excepcional) se apoderó de García Márquez mientras escribía un libro que parecía tratar acerca de un hombre que era su polo opuesto, y por eso el Patriarca poco a poco se fue convirtiendo en él, del mismo modo en que Aureliano Buendía también se había convertido en él en *Cien años de soledad*, con la salvedad de que ahora se zambullía verdaderamente en las honduras más lóbregas de la condición humana, reflejadas en lo más profundo de su alma. El Patriarca, *c'est moi*: fama, glamour, influencia y poder, por un lado; soledad, lujuria, ambición y crueldad, por el otro. Ni que decir tiene que es una gran ironía autobiográfica que el autor se propusiera escribir este libro acerca del poder y la celebridad a finales de los años cincuenta, mucho antes de que experimentara en carne propia estos fenómenos. En todo caso, cuando por fin abordó el tema, también él era demasiado célebre y poderoso, demasiado solitario; se asemejaba ya demasiado a «él», al «otro», al objeto del deseo. El monstruo literario que había creado y que estaba decidido a satirizar y a dejar en evidencia (pero al que posiblemente había envidiado y deseado siempre en otros) encarnaba el fenómeno en que él mismo se había convertido.

En una entrevista con Juan Gossaín en 1971, García Márquez había puesto en relación los temas del amor y del poder. Al hacer hincapié en que todos sus personajes eran en cierta medida autobiográficos, había declarado: «Tú sabes, viejo, que el apetito del poder es el resultado de la incapacidad para el amor».[42] Esta declaración permitiría seguir el rastro a una conexión oculta entre todas las novelas de García Márquez, un hilo que ayudara a sus lectores a salir del intrincado laberinto moral y psicológico que constituye toda su obra. Tal vez en un principio, a medida que iba aumentando poco a poco su propio potencial, empezó a fantasear con que quizá podría conseguirlo todo: ostentar el poder y ser amado por ello. A continuación llegó la crisis de la fama, hacia finales de los sesenta y principios de los setenta, cuando García Márquez, un hombre dotado de enorme autocontrol, de gran fuerza lingüística y perspicacia psicológica (y, por encima de todo, con una notable capacidad de persuasión en el plano privado, una extraordinaria habilidad para intimar, para la actividad al margen de la esfera pública), de repente se halló a merced de otros seres, a menudo de menor talento —críticos, periodistas, agentes, editores y adláteres de toda especie— en el dominio público. Él, que había conocido el poder del reportero, estaba ahora en manos de los reporteros. Se había convertido en una imagen y una mercancía que no podía controlar del todo. No es de extrañar que Carmen Balcells adquiriera tanta importancia en su vida: se convirtió en su «agente» en muchos más sentidos de los que implica el mero hecho de negociar sus contratos con las editoriales. Ella lo ayudó, sin lugar a dudas, a llevar a cabo la posibilidad de ser, en la medida que es capaz de hacerlo cualquier ser humano, el «dueño de todo su poder».

Por consiguiente, quizá, al igual que en el caso del dictador, optó
por ejercer el control de su identidad pública, por convertirse en otro
(sólo él en parte, pero a partir de ahora sería él quien decidiría qué imagen dar); en lugar de protestar por sus miserias como había hecho los
ocho últimos años, asumiría a partir de ahora su faceta célebre, utilizaría
su fama, adelantaría a todos sus rivales, se convertiría en un hombre
cuyo poder e influencias no se sustentarían únicamente en el éxito público logrado gracias al acto solitario de escribir, sino también en su talento privado, en su sabiduría para moverse entre bambalinas y en su capacidad de seducción.

Porque el dictador, por rudimentario que pueda parecer en el retrato íntimo de García Márquez, era un genio de la política, por una razón
de enorme simpleza: «Él veía a los otros cómo eran mientras los otros no
lograron vislumbrar jamás el pensamiento oculto del anciano de granito».[43] Porque «se borraban las claves de todo cuanto tuviera que ver con
su futuro personal, con su felicidad y la fortuna de sus actos, pero en cambio eran diáfanas sobre el destino de quienquiera que tuviera algo que ver
con él».[44] Su paciencia era inmensa y siempre acabaría por salir victorioso, como cuando —en el caso de su impenetrable y en apariencia indispensable consejero, Sáenz de la Barra— «descubrió por fin la grieta imperceptible que había estado buscando durante tantos años en el muro de
obsidiana de la fascinación».[45] ¿Nos hallamos ante una imagen del propio
García Márquez, que quiere siempre «ganar» a toda costa, contra cualquiera que se interponga en su camino, sean sus amigos y su familia, su
esposa y sus amantes, sus rivales de profesión (Asturias, Vargas Llosa), o
contra el mundo mismo? ¿Y acaso se convertiría Fidel Castro en el único hombre —su patriarca particular, la encarnación de su abuelo— al
que no podría, no se atrevería a vencer, y ni siquiera lo desearía?

La lección —acaso posmoderna— que el lector extrae finalmente de
esta novela tras coexistir, aun a su pesar, con el Patriarca, es que aunque
la vida es desde luego incomprensible, existen ciertas «verdades» morales, a pesar de todas las ilusiones y los relativismos que caracterizan nuestra
contemporaneidad. Estas verdades no sólo guardan relación con la caridad y la compasión, sino también con el poder, la responsabilidad, la solidaridad, el compromiso y, por último, el amor. Tal vez fue la compleja

interrelación de estas cuestiones humanas la lección que el propio García Márquez extrajo al alcanzar la fama, y que no habría aprendido de no haberse hecho famoso —y que, de hecho, en buena medida, tal vez sólo aprenden quienes adquieren celebridad y poder—, aunque la mayoría de las figuras que experimentan este proceso de aprendizaje llegan —como le ocurre al Patriarca— a convertirse en seres más viles a medida que se acrecienta su poder y su influencia. Llevado al extremo, esto plantea la posibilidad de que el García Márquez que empezó a conceder entrevistas acerca de cuestiones políticas y morales entre, digamos, 1972 y 1975, fuera un nuevo García Márquez, el cual había tomado conciencia de cómo era en realidad el antiguo García Márquez, relativamente ingenuo e «inocente», y hubiera decidido ser mejor persona y actuar con mayor benevolencia ahora que la fama le había revelado la verdad.

En cuanto al amor, cuando los lectores piensan hoy en día en García Márquez y el amor, son propensos a esbozar una sonrisa y pensar en la aparente candidez romántica de Florentino Ariza en *El amor en los tiempos del cólera* y en el rostro sabio y conocedor del propio García Márquez que aparece en la cubierta de millones de novelas. Sin embargo, curiosamente, tanto en *El otoño del patriarca* como en el resto de su obra, al abordar el amor y el sexo, este autor tiende a la brutalidad y el desencantamiento. La actitud del Patriarca hacia las mujeres es sumamente tosca y carente de imaginación, con dos excepciones: la reina de la belleza Manuela Sánchez, la mujer inalcanzable a la que idealiza desde la distancia pero a la que nunca llega a conocer, y, en el otro extremo, la colegiala de doce años con ecos de Lolita a la que seduce cuando ya está senil. A pesar de todo, parece que la única mujer por la que ha profesado un amor verdadero es su madre. Así pues, ¿se hallará la clave de la novela en la relación con Luisa Santiaga? Y, ¿acaso Manuela Sánchez representa una búsqueda ilusoria del mero atractivo externo? Y ¿simboliza entonces Leticia Nazareno el destino de todas las esposas (Mercedes es uno de los otros nombres de Leticia)? Y ¿es todo ello de algún modo el otro lado, la cara oscura de la ocultación de su padre, puesto que en esta novela ni siquiera aparecen abuelos? Porque el Patriarca considera que se ha engendrado a sí mismo:

> ... él consideraba que nadie era hijo de nadie más que de su madre, y sólo de ella. Esta certidumbre parecía válida inclusive para él, pues se sabía que era un hombre sin padre como los déspotas más ilustres de la historia,

que el único pariente que se le conoció y tal vez el único que tuvo fue su madre de mi alma Bendición Alvarado a quien los textos escolares atribuían el prodigio de haberlo concebido sin concurso de varón y de haber recibido en un sueño las claves herméticas de su destino mesiánico, y a quien él proclamó por decreto matriarca de la patria...[46]

Al parecer, la verdad, tan prosaica como profunda, es que los hombres buscan una esposa que sea una amante permanente, pero cuando la consiguen se dan cuenta de que en realidad querían una madre, y continúan deseando a otras amantes idealizadas. En los primeros tiempos del Patriarca con Leticia Nazareno, ella lo hacía sentarse a diario para enseñarle a leer y escribir; luego pasaban todas las tardes desnudos bajo una mosquitera, y ella lo lavaba y lo vestía como a un recién nacido. Así pues, una parte del hombre está impulsada a aniquilar y violar a las mujeres, consideradas por definición «más jóvenes» e inferiores a él, y a arrebatárselas a otros hombres; la otra parte de este hombre quiere que lo traten como a un niño o un bebé esas mismas mujeres, consideradas anteriores o superiores a él, pues, una vez más, la igualdad y la interacción democrática se consideran faltas de realismo o incluso son indeseables, por poco estimulantes. En este libro, como ocurre en otros, García Márquez emplea rara vez la palabra «sexo», lo cual crea una ambigüedad permanente acerca del significado del amor y la relación entre el sexo y el amor. Evidentemente, la única certidumbre a la que la mayoría de nosotros podemos aspirar es que nuestra madre nos quiere, sean cuales sean nuestras faltas o nuestros crímenes. Sin embargo, como bien sabemos, ni siquiera esta certeza le fue concedida a García Márquez en sus primeros años de vida.

Al final de su vida el Patriarca apenas recuerda nada, «conversaba con espectros cuyas voces no alcanzaba apenas a descifrar»,[47] aquejado de los achaques de la senilidad. Sin embargo, su deseo carnal sigue vivo, aunque en vano, puesto que el amor le ha sido negado para siempre. Sus subalternos le traen mujeres del extranjero, pero de nada sirve, porque lo que más le sigue gustando es abalanzarse sobre mujeres de clase obrera, que lo hacen volver a cantar («fúlgida luna del mes de enero...»).[48] Por último, al final de la novela, recuerda que toda su vida se ha dedicado a olvidar «una infancia remota que por primera vez era su propia imagen tiritando en el hielo del páramo y la imagen de su madre Bendición Alvarado que les arrebató a los buitres del muladar una tripa de carnero para el almuerzo».[49] La infancia, como bien nos recuerda también *Me-*

moria de mis putas tristes, no necesariamente sirve como justificación, pero puede explicar muchas cosas.

García Márquez continuaría dando los últimos retoques a la novela durante los últimos meses de 1973 y hasta bien entrado 1974,[50] pero el libro en esencia estaba terminado y pudo empezar a hacer planes de futuro. Había sido un escritor solitario que se había aislado en un conflicto único con un protagonista misántropo, aunque al tiempo mantenía una conversación interminable con el mundo acerca de su soledad y del más colectivo de los asuntos: la política. Había ofrecido a los lectores de la prensa un espectáculo singular, como mínimo, y llevar a cabo su empeño estuvo a punto de costarle el ridículo internacional; sin embargo, lo consiguió, y la experiencia hizo de él un animal literario y político aún más resistente, y lo curtió para afrontar casi cualquiera de los muchos desafíos que su talento y su fama le pudieran deparar en el futuro.

A comienzos de la primavera de 1973, Mercedes y él habían viajado desde Barcelona para asistir a la boda de Tachia en París. Charles y ella se casaron por fin el 31 de marzo —el hijo de la pareja, Juan, tenía ya ocho años— y se fueron a vivir enfrente del hospital donde ella había abortado en 1956; más adelante se trasladarían a la rue du Bac. Tachia rememoraba: «Gabriel fue el padrino de mi boda, y mi hermana Irene, la dama de honor. Gabriel también es el padrino de mi hijo Juan. Me hubiera gustado que Blas viniera a la boda, habría sido maravilloso, pero era tan impredecible e inestable...».[51] No hay razón alguna para creer que García Márquez se arrepentiera de haberse separado de Tachia salvo por el modo en que lo había hecho; pero para un hombre que iba a seguir escribiendo con insistencia sobre el amor, ella sería siempre un punto de referencia productivo, un símbolo de los caminos que no se toman, de las relaciones al margen del matrimonio y, de hecho, de las alternativas a la monogamia misma.

Más adelante, aquel mismo año, en el preciso momento en que daba los últimos retoques a *El otoño del patriarca,* García Márquez recibió un nuevo y relevante reconocimiento internacional, el Premio Neustadt, que se concedía en asociación con la revista *Books Abroad,* editada por la Universidad de Oklahoma. Fue una decisión sorprendente, y desde luego encomiable, por parte de una institución norteamericana apenas seis meses después del escándalo en torno a la donación del Premio Rómulo Gallegos al MAS.[52] Después de cumplir mecánicamente con su compromiso en Oklahoma a cambio de la pluma de águila ceremonial y el cheque correspondiente, García Márquez viajó a Los Ángeles y San Francisco para pasar unas breves vacaciones en familia, y después siguieron a Ciudad de México, donde pasarían el verano. Tal era el entusiasmo de todos por estar de nuevo en México, entre los amigos de antiguo, en el país que Rodrigo y Gonzalo consideraban el suyo, que compraron una casita destartalada a las afueras de Cuernavaca, el lindo pueblo turístico que cobró notoriedad con la novela de Malcolm Lowry, *Bajo el volcán*.[53] Fue una auténtica ganga con mil cien metros cuadrados de jardín, cerca de la casa de sus viejos amigos Vicente y Albita Rojo, en dirección a Las Quintas, con vistas a la montaña. En esta ocasión, a diferencia de cuando estuvo a punto de adquirir una casa en las inmediaciones de Barcelona, García Márquez no se echó atrás y cerró el trato. Cuando registró la propiedad en la notaría, todos los empleados de las oficinas contiguas acudieron a que les firmara ejemplares de *Cien años de soledad*. García Márquez salió exultante: «¡Ya soy capitalista; tengo una propiedad!». Tenía cuarenta y ocho años.

El 9 de septiembre dejó México tras pasar allí más de dos meses. Mercedes voló a Barcelona, donde los niños iban a empezar, aunque de mala gana, el nuevo curso escolar. García Márquez se dirigió a Colombia por negocios, aunque dijo a la prensa mexicana que se había sentido tan satisfecho de cómo lo habían acogido en México que luego iría a Barcelona a hacer las maletas y regresaría a la mayor brevedad posible.[54] Declaró también que en América Latina escaseaban los dirigentes de talla. Los únicos con verdadera madera de líder en el continente eran Castro y Allende, mientras que el resto eran meros «presidentes de la república». Dos días después, otro aciago 11 de septiembre, uno de esos dos dirigentes estaría muerto y América Latina no volvería a ser la misma nunca más.

19

Chile y Cuba: García Márquez opta por la Revolución

1973-1979

El 11 septiembre de 1973, al igual que millones de personas progresistas del mundo entero, García Márquez, sentado frente a un televisor en Colombia, contemplaba horrorizado cómo los bombarderos de las fuerzas aéreas chilenas atacaban el palacio de gobierno en Santiago. Horas después se confirmaba la muerte del presidente Salvador Allende, que había sido elegido democráticamente, aunque si lo habían asesinado o se había suicidado nadie lo sabía. Una junta militar asumió el poder e inició una redada de más de treinta mil supuestos activistas de izquierdas en el curso de las semanas siguientes, muchos de los cuales jamás salieron vivos de la detención. Pablo Neruda agonizaba víctima del cáncer en su casa de Isla Negra, en la costa chilena del Pacífico. La muerte de Allende y la destrucción de sus sueños políticos mientras Chile caía en manos de un régimen fascista ocuparon los últimos días de Neruda en este mundo, antes de que sucumbiera a la enfermedad que lo aquejaba desde hacía varios años.[1]

El gobierno de Unidad Popular de Allende había estado en el punto de mira de comentaristas políticos y activistas de todo el mundo como un experimento con el que comprobar si podía alcanzarse una sociedad socialista por los cauces democráticos. Allende había nacionalizado el cobre, el acero, el carbón, la mayoría de los bancos privados y otros sectores clave de la economía, y sin embargo, a pesar de la propaganda y la subversión constantes por parte de la derecha, su gobierno aumentó el porcentaje de votos y alcanzó el 44 por ciento en las elecciones que se celebraron a mediados del mandato, en marzo de 1973. Esto no hizo más que alentar a la derecha a redoblar sus esfuerzos para minar el régimen. La CIA había estado trabajando contra Allende aun antes de su elección: Estados Unidos, asediado en el atolladero vietnamita y obsesionado ya

con Cuba, trataba por todos los medios de que no proliferaran otros regímenes anticapitalistas en el hemisferio occidental. La destrucción salvaje del experimento chileno, ante los ojos del mundo entero, causaría en
la izquierda un efecto parecido al revés de la derrota de los republicanos
en la guerra civil española, casi cuarenta años atrás.

Aquella tarde, a las ocho, García Márquez dirigió un telegrama a los
miembros de la nueva junta chilena:

Bogotá, 11 de septiembre de 1973

Generales Augusto Pinochet, Gustavo Leigh, César Méndez Danyau y
Almirante José Toribio Merino, miembros de la junta militar:
Ustedes son autores materiales de la muerte del presidente Salvador
Allende y el pueblo chileno no permitirá nunca que lo gobierne una cua-
drilla de criminales a sueldo del imperialismo norteamericano.[2]

En el momento en que redactó estas líneas todavía se desconocía la
suerte que había corrido Allende, pero García Márquez diría posteriormente que conocía a Allende lo suficiente para saber con toda seguridad
que nunca saldría vivo del palacio de gobierno; y los militares también
debieron de saberlo. Aunque algunos dijeron que este telegrama fue un
gesto más propio de un estudiante universitario que de un gran escritor,
resultó ser la primera acción política que llevaba a cabo un nuevo García Márquez, alguien que trataba de desempeñar un papel distinto pero
cuya línea política acababa de concentrarse y endurecerse radicalmente
con el violento zarpazo que puso fin al experimento histórico de Allende. Tiempo después diría en una entrevista: «El golpe en Chile fue una
catástrofe personal para mí».

El caso Padilla, como era de prever, había marcado la división de las
aguas de la historia latinoamericana durante la Guerra Fría, y no tan sólo
en el ámbito de los intelectuales, los artistas y los escritores. García Márquez, a pesar de las críticas de sus amigos —que iban desde acusaciones
de «oportunismo» hasta entenderlo como una «ingenuidad»—, había
sido el más coherente desde el punto de vista político de los autores latinoamericanos de primera fila. La Unión Soviética no ofrecía la clase
de socialismo que él quería, pero, desde el punto de vista latinoamericano, consideraba que era esencial como baluarte contra la hegemonía
y el imperialismo estadounidenses. Esto no era, en su opinión, «partidis-

mo», sino una apreciación racional de la realidad. Cuba, aunque planteaba un caso problemático, era más progresista que la Unión Soviética,
y había de recibir el apoyo de todos los latinoamericanos antiimperialis-
tas que se preciaran de serlo, quienes en cualquier caso debían hacer
todo lo posible por moderar cualquier aspecto represivo, no democrático o dictatorial del régimen.[3] Personalmente optó por lo que le parecía
la senda de la paz y la justicia para los pueblos del mundo: el socialismo
internacional, en un sentido amplio del término.[4]

Aunque sin lugar a dudas había deseado que el experimento chileno
saliera adelante, lo cierto es que nunca creyó que se lo fueran a permitir. En respuesta a la pregunta de un periodista neoyorquino en 1971,
había dicho:

> Yo ambiciono que toda la América Latina sea socialista, pero ahora la
> gente está muy ilusionada con un socialismo pacífico, dentro de la consti-
> tución. Todo eso me parece muy bonito electoralmente, pero creo que es
> totalmente utópico. Chile está abocado a un proceso violento muy dramá-
> tico. Si bien el Frente Popular va avanzando —con inteligencia y mucho
> tacto, a pasos bastante rápidos y firmes— llegará un momento en que en-
> contrará un muro que se le opone seriamente. Los Estados Unidos por
> ahora no están interfiriendo, pero no van a cruzarse de brazos. No van a
> aceptar de verdad que sea un país socialista. No lo van a permitir, no nos
> hagamos ilusiones ... No es que yo vea [la violencia] como una solución,
> pero creo que ese muro, en un momento, sólo se podrá franquear con vio-
> lencia. Desgraciadamente creo que es inevitable, que será así. Pienso que
> lo que está sucediendo en Chile es muy bueno como reforma, pero no
> como revolución.[5]

Pocos observadores habían visto el futuro con tanta nitidez. García
Márquez se dio cuenta de que en aquel momento estaba viviendo una
coyuntura crítica de la historia mundial. En el curso de los años inmediatamente posteriores, a pesar de su arraigado pesimismo político, llevaría a cabo una serie de declaraciones a propósito del compromiso que
tal vez alcanzan su mejor expresión en una entrevista de 1978: «El sentido de la solidaridad, que es lo mismo que los católicos llaman la comunión de los Santos, tiene para mí una significación muy clara. Quiere decir que en cada uno de nuestros actos, cada uno de nosotros es
responsable por toda la Humanidad. Cuando uno descubre eso, es porque su conciencia política ha llegado a su nivel más alto. Modestamen-

te, ése es mi caso. Para mí no hay un solo acto de mi vida que no sea un acto político».[6]

Buscó un modo de actuar. Estaba más convencido que nunca de que la senda cubana era el único camino viable para que América Latina alcanzara la independencia política y económica; esto es, la dignidad. Sin embargo, una vez más, estaba distanciado de Cuba. Dadas las circunstancias, decidió que para volver allí había de pasar, en primer lugar, por Colombia. Llevaba un tiempo intercambiando impresiones con intelectuales colombianos jóvenes, en particular con Enrique Santos Calderón (de la dinastía de *El Tiempo*,[7] a quien conocía desde hacía poco), Daniel Samper (con quien tenía relación desde hacía una década) y, más tarde, Antonio Caballero (hijo del novelista liberal de clase alta Eduardo Caballero Calderón), con la idea de cultivar en Colombia una nueva forma de periodismo, más concretamente con la fundación de una revista de izquierdas.[8] García Márquez había llegado a la conclusión de que la única manera de reformar su país, profundamente conservador, era a través de la «seducción» y la «perversión», como diría en tono de chanza, de la joven generación de las viejas familias dirigentes.[9] Otros de los implicados fundamentales en el proyecto fueron el cronista más reputado de la Violencia, Orlando Fals Borda, sociólogo de talla internacional, y el empresario progresista José Vicente Kataraín, que posteriormente se convertiría en el editor de García Márquez en Colombia. La nueva revista se llamaría *Alternativa*, partía de la necesidad que imponía «el creciente monopolio de la información que padecía —y padece— la sociedad colombiana por parte de los mismos intereses que controlan la política y la economía nacional», y su propósito era mostrar «esa otra Colombia que nunca aparece en las páginas de la gran prensa ni en las pantallas de una televisión cada día más subordinada al control oficial».[10] El primer número apareció en febrero de 1974. La revista se publicaría durante seis turbulentos años y García Márquez, que pasaría relativamente poco tiempo en Colombia a pesar de sus mejores intenciones, no obstante colaboraría en ella con asiduidad, y estaría abierto permanentemente a cualquier tipo de consulta u ofrecería sus consejos siempre que le fuera posible. Tanto él como los partícipes principales invirtieron grandes sumas de dinero de su propio bolsillo en este negocio, arriesgado de por sí. Entretanto, anunció que regresaba a América Latina y, para dar mayor impacto a la noticia, dijo que no pensaba escribir más novelas: de ahí en adelante, y hasta que cayera del poder la junta militar capitaneada por el general Pinochet en Chile, se declaraba «en huelga» en lo que a la literatura se refería para dedicarse de pleno a la política.

En diciembre, como para subrayar las decisiones recién tomadas, García Márquez aceptó la invitación de participar como miembro del prestigioso Segundo Tribunal Russell, dedicado a investigar y juzgar crímenes de guerra. Más significativa de lo que pudiera parecer a primera vista, esta invitación fue el primer indicio claro de que iba camino de alcanzar reconocimiento internacional en lugares y esferas que les estaban vedadas a la mayoría de los demás escritores latinoamericanos y que, a pesar de su controvertido compromiso con Cuba, iba a obtener un relativo beneplácito para participar del activismo político cuando y dondequiera que lo deseara.

El primer número de *Alternativa*, que apareció en febrero de 1974, vendió diez mil ejemplares en veinticuatro horas. La policía de Bogotá confiscó varios cientos de copias, pero sería éste el único caso de censura directa en toda la trayectoria de la revista (si bien se darían casos de «censura indirecta» por medio de ataques con bombas, intervenciones de los tribunales, bloqueos económicos y sabotaje de la distribución, todos los cuales provocarían al fin su cierre). Aunque más adelante la publicación estaría acosada por continuos problemas de financiación, la acogida de los primeros meses fue lisa y llanamente extraordinaria. Poco después alcanzaba ventas de cuarenta mil ejemplares, una cifra inaudita para una publicación de izquierdas en Colombia. El primer número contenía un lema que apelaba a la toma de conciencia («Atreverse a pensar es empezar a luchar»), y un editorial, «Carta al lector», en el que se declaraba que el propósito de la revista era «contrarrestar la "desinformación" sistemática de los medios de comunicación del sistema» (una cuestión célebremente ejemplificada con las secuelas de la matanza de las bananeras en *Cien años de soledad*).

La revista, de publicación quincenal, incluía el primero de los dos artículos que García Márquez escribió bajo el título «Chile, el golpe y los gringos».[11] Fue su primera incursión en el periodismo manifiestamente político desde que alcanzara la fama, logró una distribución mundial (se publicó en Estados Unidos y Reino Unido en marzo) y adquirió inmediatamente categoría de clásico. García Márquez lamentaba lo que a su juicio había sido el triste final de Salvador Allende:

Había cumplido sesenta y cuatro años en el julio anterior ... Su virtud mayor fue la consecuencia, pero el destino le deparó la rara y trágica grandeza de morir defendiendo a bala el mamarracho anacrónico del derecho burgués, defendiendo una Corte Suprema de Justicia que lo había repudiado y había de legitimar a sus asesinos, defendiendo un Congreso miserable que lo había declarado ilegítimo pero que había de sucumbir complacido ante la voluntad de los usurpadores, defendiendo la libertad de los partidos de oposición que habían vendido su alma al fascismo, defendiendo toda la parafernalia apolillada de un sistema de mierda que él se había propuesto aniquilar sin disparar un tiro. El drama ocurrió en Chile, para mal de los chilenos, pero ha de pasar a la historia como algo que nos sucedió sin remedio a todos los hombres de este tiempo y que se quedó en nuestras vidas para siempre.[12]

Era el mismo tono de desprecio con el que García Márquez había estado hablando acerca del sistema parlamentario colombiano desde mediados de los años cincuenta, y que adquiere su mejor expresión en «Los funerales de la Mamá Grande». En cuanto a Salvador Allende, se había convertido en un personaje de García Márquez, un mártir más del espectral panteón de los héroes malogrados de América Latina; muchos otros seguirían sus pasos, y no pocos políticos optimistas trabarían amistad con García Márquez en los años venideros, tal vez en un intento desesperado o cargado de superstición por evitar un destino semejante.

Del mismo modo que García Márquez prácticamente huyó de México tras la publicación de *Cien años de soledad* y después de arreglárselas para saldar sus deudas, ahora se disponía a abandonar Barcelona tras completar *El otoño del patriarca* y preparar una compilación de sus *Cuentos completos*.[13] Su actitud hacia España siempre había evidenciado un punto de desgana, era algo distraída y en ocasiones condescendiente, y ahora tenía la mente puesta en otros asuntos y otros lugares. Al año siguiente adaptaría poco a poco su lugar de residencia a sus necesidades, al tiempo que su atención se iría desplazando de Europa hacia América Latina, y de la literatura a la política. Entretanto, Mario Vargas Llosa, que había llegado a Barcelona después que él, se marchaba también antes. El 12 de junio de 1974 Carmen Balcells dio una fiesta de despedida a Vargas Llosa, que regresaba a Perú.[14] Estaban allí la mayoría de los escritores latinoamericanos que residían por entonces en la ciudad, entre ellos José Donoso y Jorge Edwards, así como los catalanes José María Castellet, Carlos Barral, Juan Marsé, Juan y Luis Goytisolo, Manuel Vázquez

Montalbán y otros muchos. Con la partida de Vargas Llosa y los preparativos de García Márquez para marcharse en breve, ésta fue sin duda la ceremonia que marcó el final del Boom en todo su esplendor europeo.[15] Vargas Llosa partió hacia Lima con su esposa y sus hijos, lo que dejó un gran vacío entre sus muchos amigos, si bien Carmen Balcells mantuvo un punto de referencia y aglutinación.

Al final del verano, fueron García Márquez y Mercedes quienes tomaron una decisión completamente fuera de lo común. Dejaron a sus hijos en Barcelona, al cuidado de sus amigos, los Feduchi, de Carmen Balcells y de la señora que cocinaba y limpiaba la casa, para viajar a Londres, lo cual no dejaba de ser sorprendente. García Márquez había decidido que por fin había llegado el momento de ocuparse de lo que a sus ojos era el único gran fracaso de su vida: su incapacidad para aprender inglés. Mercedes y él les habían propuesto a Rodrigo y Gonzalo que tomaran en consideración pasar un par de años en Londres. Los muchachos se negaron de plano, pero se quedaron atónitos, y dolidos, cuando sus padres anunciaron que ellos iban a ir en cualquier caso, y se marcharon sin los dos adolescentes.[16] La pareja estuvo un tiempo en el Hilton de Kensington, un hotel que conocían bien, y se matricularon en un curso intensivo de inglés en la academia Callan de Oxford Street, que garantizaba unos resultados excelentes en una cuarta parte del tiempo habitual gracias a un método «infalible».

Aprender inglés —que no salió bien— no era la única preocupación de García Márquez. Fue en Londres, curiosamente, donde se dieron los primeros pasos para reintegrarlo en la Revolución cubana. Desde el caso Padilla, en 1971, se había visto más condenado al ostracismo que antes, pero en Londres se puso en contacto con Lisandro Otero, un escritor cuya confrontación con Heberto Padilla había llevado indirectamente a la primera etapa del conflicto, en 1968. Otero conocía a Régis Debray, y Debray accedió a actuar como intermediario entre García Márquez y el ministro de Asuntos Exteriores cubano, Carlos Rafael Rodríguez. Le dijo a Rodríguez que la Revolución cometía un gran error al dejar a una figura de la relevancia de García Márquez en «el limbo político». Rodríguez estuvo de acuerdo y el embajador de Cuba en Londres invitó a García Márquez a almorzar y lo informó: «Carlos Rafael te manda decir que ya es hora de que vayas a Cuba».[17]

Al comienzo de su estadía en Londres, García Márquez había sido descubierto en su hotel por varios periodistas latinoamericanos del semanario *Visión*, de talante pro estadounidense. Eludió la mayoría de sus preguntas, pero ofreció una interesante apreciación de su impresión de Londres:

> Londres es la ciudad más interesante del mundo: la metrópoli vasta y melancólica del último imperio colonial en liquidación. Hace veinte años, cuando vine aquí por primera vez, todavía era posible encontrar entre la niebla a los ingleses de bombín y pantalón rayado que tanto se parecían a los bogotanos de entonces. Ahora se han refugiado en sus mansiones de los suburbios, solos con sus parques tristes, sus últimos perros, sus últimas dalias, derrotados por la presión incontenible de la resaca humana que retorna del imperio perdido. Oxford Street es una calle de Panamá, de Curaçao, de Veracruz, con hindúes impávidos sentados a la puerta de sus tenderetes de sedas y marfiles, con espléndidas negras pintorreadas que venden aguacates en las esquinas y jugadores de mano que hacen desaparecer la bolita ante los ojos del público. Ya no hay niebla, sino un sol caliente que huele a guayabas y caimán dormido. Uno entra a tomarse una cerveza en la cantina como en la Guaira, y le estalla una bomba debajo del asiento. Por todas partes se habla español, portugués, japonés, griego. De todas las personas que he encontrado en Londres, la única que hablaba un inglés impecable, con acento de Oxford, era el ministro de Hacienda de Suecia. De modo que no se sorprenda de encontrarme aquí: en Piccadilly Circus me siento como en el Portal de los Dulces de Cartagena.[18]

Pocos observadores habían anticipado la futura identidad de Londres como «ciudad global» en fechas tan tempranas y con tanta claridad. Al preguntarse si algún régimen de América Latina contaría alguna vez con una policía sin armas, como la británica, García Márquez replicó que ya había uno: Cuba. Y la noticia más importante en América Latina, continuó, era la consolidación de la Revolución cubana —los observadores contrarios de aquella época creían que dicha «consolidación» era en realidad una «estalinización»—, sin la cual ninguno de los avances progresistas en marcha en el continente hubieran sido posibles; ni siquiera, añadió, el propio Boom literario. Finalmente reiteró que no pensaba volver a escribir ficción hasta que la resistencia chilena derrocara la dictadura del país, cuyos miembros eran asalariados del Pentágono. Esta entrevista hostil plasmaba a las claras que García Márquez estaba quemando las naves e izaba la bandera del compromiso socialista. ¿Por qué razón? Porque ya no le cabía duda de que su regreso a Cuba era un hecho.

Cuando en Londres no asistía a sus clases de inglés, daba los últimos retoques a la versión definitiva de *El otoño del patriarca* y barajaba ideas para guiones cinematográficos radicales. Mercedes y él recibieron la visita de Eligio, su hermano menor, y la esposa de éste, Myriam, que se habían instalado en París en septiembre, y Eligio y su célebre hermano Gabito se unieron mucho más a pesar de los veinte años de diferencia que mediaban entre ambos. Eligio y Myriam pasaron las Navidades de 1974 en Barcelona con Gabito, Mercedes y sus dos hijos.

En septiembre de 1974 habían surgido divergencias políticas en el seno del consejo editorial de *Alternativa* y la facción izquierdista de la revista que representaba Orlando Fals Borda. Enrique Santos Calderón me dijo con posterioridad: «Tratamos de ser pluralistas, pero la gente se dividió muy rápidamente en grupos diferentes. Gabo sufría enormemente con todos los problemas, le cuesta mucho sobrellevar las tensiones internas entre sus amigos. Cada regreso furtivo que hacía le provocaba ansiedad, pero también lo politizaba, le abría los ojos a la realidad de la lucha armada y lo convertía en un ídolo de la izquierda».[19] En diciembre García Márquez entrevistó a Philip Agee, el renegado de la CIA cuyas revelaciones acerca de las actividades de la organización en América Latina conmocionarían al mundo entero poco después.[20] Para entonces ya nadie se negaba a mantener un encuentro con García Márquez. En las elecciones colombianas de 1974, después del fin formal del pacto del Frente Nacional, el liberal Alfonso López Michelsen había llegado al poder con el 63,8 por ciento de los votos, aunque más de un 50 por ciento del electorado no había acudido a las urnas. A pesar de sus dudas respecto a la política de López Michelsen, García Márquez se alegró de tenerlo como presidente, dado el parentesco lejano que los vinculaba a través de la familia Cotes de Padilla, su propia experiencia previa como alumno de la asignatura que López Michelsen impartía en la universidad en Bogotá y las posibilidades de trabajar con un hombre que, desde luego, no era un reaccionario.[21]

El otoño del patriarca se publicó por fin en marzo de 1975, en Barcelona. En la prensa latinoamericana abundaron los rumores acerca de la inminente publicación de la novela hasta el día mismo en que el libro —el más esperado de la historia del continente— llegó a las librerías. Lo lanzó su editorial española, Plaza & Janés, con la friolera de quinientos mil ejemplares de tapa dura para la primera tirada. En junio Plaza & Janés publicaría también sus *Cuentos completos* y, por el momento, García

Márquez habría saldado sus cuentas con los lectores de su obra literaria. A pesar —o tal vez a razón— de las expectativas creadas, las reseñas mostraban una desconcertante diversidad de opiniones, muchas de las cuales fueron lisa y llanamente hostiles.[22] A algunos críticos el libro les gustó por su extraordinaria carga poética y la retórica irónica que exaltaba y parodiaba a un tiempo las fantasías más oscuras de América Latina; a otros les disgustó por una larga lista de razones, que iban desde las supuestas vulgaridades a sus incesantes hipérboles, de su falta de puntuación a su postura política, en apariencia problemática. Estas divergencias quedaron particularmente visibles en el momento en que se publicó el libro, pero el radical desacuerdo no ha desaparecido con los años.

Sin embargo, era *El otoño del patriarca* la obra que confirmaba en última instancia a García Márquez como un autor profesional, la que dejaba sentado que después de *Cien años de soledad* podía escribir otra gran novela. Incluso quienes no la hallaron de su gusto no trataron de negar que estaba escrita por un gran escritor. A pesar de que en *Cien años de soledad* se revela una dimensión continental vasta e inconfundible, es un libro que puede reconocerse colombiano. *El otoño del patriarca*, en cambio, es un libro latinoamericano, dedicado a ese lector simbólico, casi despojado de una dimensión colombiana significativa, en buena medida porque Colombia nunca tuvo un patriarca como el que se retrata en esta novela: formalmente, fue una nación «democrática» la mayor parte del siglo XX.

En cierto sentido es *El otoño del patriarca*, y no *Cien años de soledad*, la obra decisiva de la carrera de García Márquez como escritor, porque, contrariamente a lo que pudiera parecer a primera vista, en ella se compendian todas sus otras obras. Se considere o no su «mejor» novela, como el mismo García Márquez ha afirmado con frecuencia, no cuesta entender por qué cree que es, en cambio, la más «importante», sobre todo si añadimos a esa condensación otros dos rasgos ya mencionados: la insistencia en que el Patriarca es un retrato del propio Gabo y el hecho de que escribió el libro para «demostrarse a sí mismo» su condición de autor tras el éxito extraordinario de *Cien años de soledad*. Puede decirse, pues, que en tanto *Cien años de soledad* es sin duda el eje de su vida (y el libro más importante en relación con el resto del mundo, y tal vez también en relación con la posteridad), *El otoño del patriarca* es el eje central de su obra: después de esta novela, irónicamente, la naturaleza devoradora de su obsesión literaria con el poder tocaría a su fin, en el instante mismo en que el poder se convertiría en el asunto central de su vida. Cuando declaró que no escribiría otra novela hasta que cayera Pinochet, lo hizo por dos razones de peso. En primer lugar, y por encima de todo, estaba decidido a establecer contacto con el patriarca vivo de América Latina por excelencia, Fidel Castro. Y en segundo lugar, además, por el momento no le quedaba nada de importancia en el tintero por escribir; porque, puede apreciarse ahora, la primera parte de su carrera de escritor no acabó con el éxtasis de *Cien años de soledad*, sino con la agonía de *El otoño del patriarca*. En el terreno de la literatura, no sabía en absoluto adónde ir a continuación. Así que concentró toda su atención en Castro.

Aquella primavera volvió a reunirse en Londres con Lisandro Otero, que recordaba: «[García Márquez y yo] nos hallábamos con Matta cenando en casa de Brahimi, el embajador de Argelia, cuando un sirviente vino a la mesa con un mensaje urgente para Gabo. Se puso al teléfono. Era Carmen Balcells, que acababa de llegar de Barcelona con los primeros ejemplares de *El otoño del patriarca*. Tan pronto terminó la cena fuimos al hotel donde ella se alojaba. Le entregó a Gabo las cinco copias que habían salido de la imprenta esa misma tarde. Inmediatamente tomó una pluma y los dedicó a Fidel y Raúl Castro, Carlos Rafael Rodríguez, Raúl Roa y a mí. Me parecía que con ese gesto trataba de declarar su adhesión, de manera inequívoca, a la Revolución cubana».[23]

En el supuesto de que sus tentativas de acercamiento a Castro tuvieran éxito, su nueva estrategia exigiría un modo complejo y sutil de presentarse a sí mismo. A un tiempo prestaría su apoyo al socialismo y a la democracia liberal, a través de un «frente popular» propio pero secreto. A principios de junio de 1975 viajó a Lisboa con motivo de una reunión del Tribunal Russell, es decir, en relación con los derechos humanos y la democracia. Sin embargo, en abril de 1974 había estallado la Revolución portuguesa —una revolución en Europa, ¡acaso cualquier cosa fuera posible!—, iniciada en primer lugar por los militares y cuyas repercusiones tendrían gran alcance en África —y Cuba—, y serían asimismo trascendentales para el propio García Márquez. Conoció al primer ministro, Vasco Gonçalves, y al poeta José Gomes Ferreira, entre otros, y pronto publicaría tres artículos fundamentales en *Alternativa* sobre el curso de los acontecimientos en Portugal después de la Revolución.[24] Su apoyo a la Revolución portuguesa, a la Revolución militar peruana, por entonces en pleno apogeo, y a un régimen tan militarizado como el cubano, demostró una sorprendente apertura a la participación castrense. En Lisboa dijo que la expropiación de los periódicos por parte de los pe-

ruanos en nada se diferenciaba a la expropiación del petróleo, de la que
también era partidario; personalmente no creía en la libertad de la prensa burguesa, que «en último análisis, representa la libertad para la burguesía».[25] Estas declaraciones suscitaron la ira de Mario Vargas Llosa, que
para entonces ya había regresado a Perú.

García Márquez tomó rumbo al Caribe pasando por Ciudad de México. A su llegada a la capital mexicana rogó a Dios que nunca le concedieran el Premio Nobel, y aunque, como luego se demostró, Dios no
atendió a sus ruegos, *Excelsior* se hizo eco de ellos y la posibilidad de que
García Márquez alcanzara tal gloria en el futuro quedó sembrada en miles de mentes.[26] En cuanto a la riqueza, el 17 de junio *Excelsior* informó
que *Cien años de soledad* y *El otoño del patriarca* habían hecho a García
Márquez nadar en la abundancia.[27] Evidentemente, podía permitirse
aquellas vacaciones literarias que él mismo se había impuesto y también
poner en riesgo su popularidad en pro de su vocación política.

De regreso al Caribe fue en busca de respuestas a las preguntas que
ahora lo acuciaban. El gobierno de Cuba estaba en manos de guerrilleros
revolucionarios que se habían convertido, y de hecho habían convertido
a todo el pueblo cubano, en soldados. Allende había sido derrocado por
un ejército reaccionario. En aquellos momentos en Portugal, la dictadura más larga que había presenciado la historia europea también había
sido derribada por los militares. ¿No serían los soldados revolucionarios
—¡en pie, general Simón Bolívar!— la respuesta a los problemas de
América Latina? Viajó a Centroamérica con el propósito de averiguar-
lo. Allí entrevistó a un hombre apasionado e intrépido cuyo atractivo
sólo quedaba ensombrecido por el de Fidel Castro, el general Omar
Torrijos, dictador populista de Panamá desde 1968, otro de esos personajes que argumentaba que a veces era necesaria la dictadura por el pueblo y del pueblo, dada la situación neocolonial de la América Latina
contemporánea.[28] García Márquez y Torrijos pasarían a ser uña y carne,
poco menos que hermanos de sangre. (Fue Torrijos quien, tras sentarse
a leer *El otoño del patriarca*, levantaría la vista y le diría a García Márquez:
«Es tu mejor libro, todos somos así como tú dices».) Torrijos, una personalidad que nada tenía que ver con la de Castro (cuyas actuaciones
«populares» estaban estrictamente —«cínicamente», dirían algunos— or-
questadas), había iniciado una campaña histórica para restituir a Panamá
el canal de Panamá, y puso a García Márquez al corriente de sus negociaciones con Estados Unidos para firmar un nuevo Tratado del Canal y

de qué condiciones estaba dispuesto a aceptar y cuáles no. Tal y como señaló el propio García Márquez, para Estados Unidos era un inconveniente, como poco, que un rebelde militar se instalara en el poder del país que acogía la Escuela de las Américas, con dirección estadounidense, una organización «en donde los militares del continente aprenden a combatir la insurgencia de sus pueblos». Torrijos le dijo a su nuevo amigo que estaba dispuesto a llegar hasta «las últimas consecuencias» con tal de recuperar el Canal y erradicar el colonialismo de su país.

García Márquez estaba particularmente interesado en Panamá. No sólo había formado parte de Colombia en otros tiempos, antes de que el imperialismo estadounidense alentara su secesión; era también el lugar adonde su abuelo, Nicolás Márquez, viajó de joven y donde emprendió una de las aventuras amorosas que más lo marcaron. Torrijos era un hombre que bien podría haber nacido en Barranquilla; de hecho, en muchos sentidos guardaba ciertos parecidos, incluso de aspecto y de trato, con el difunto amigo de García Márquez, Álvaro Cepeda. Entre ellos se forjó rápidamente una amistad basada en una profunda atracción emocional que con el tiempo se convertiría en una especie de pasión. Y García Márquez no era el único: incluso el gélido escritor inglés Graham Greene trabó una relación estrecha y afectuosa con el dirigente panameño, y con el tiempo escribiría un libro en que sin reservas abordaba el proceso de «conocer al general».

Sin embargo, en comparación con Fidel Castro, que era ya entonces una de las grandes personalidades políticas del siglo XX, incluso Torrijos era una figura menor. Es fácil de imaginar la fascinación que debía de ejercer la idea de conocer a Castro en un hombre como García Márquez, preocupado por el poder desde edad temprana. En *El otoño del patriarca* se advierten paralelismos inequívocos. La novela, que apareció tres meses antes de la primera visita de García Márquez a Cuba en catorce años, describía a un dictador obsesionado con las actividades campestres, en especial la cría de ganado, y que no obstante tenía «las manos lisas de doncella con el anillo del poder». Ambos detalles aluden a Fidel. Tal vez haya referencias casuales, pero otras son inconfundibles: «Construyó el estadio de pelota más grande del Caribe e impartió a nuestro equipo la consigna de victoria o muerte».

De modo análogo, el Patriarca cambia arbitrariamente fechas y horarios, e incluso suprime los domingos, de la misma manera que Fidel Castro aboliría tiempo después la Navidad, para, años más tarde, volver a resucitarla. Y, al igual que Fidel, durante sus primeros años de poder mesiánico el dictador de García Márquez aparece inesperadamente por todo el país e inspecciona en persona obras públicas o las pone en marcha, y esto le confiere una popularidad imperecedera que hace que la gente no lo culpe de sus infortunios: «Cada vez que se enteraban de un nuevo acto de barbarie suspiraban para adentro: "Si el general lo supiera, si pudiéramos hacérselo saber"». Con el tiempo, después de que los norteamericanos se queden con el mar —que podría interpretarse como el «bloqueo» al que, durante poco menos de cincuenta años, ha resistido heroicamente el pueblo cubano—, el Patriarca reflexiona: «Tuve que cargar solo con el peso de este castigo, ... nadie sabe mejor ... que vale más quedarse sin el mar que permitir un desembarco de infantes». La brutal ironía es que, más de veinticinco años después de que se escribiera la novela, el retrato se ha ido amoldando cada vez más a Castro; también él, con el embargo, vio cómo le arrebataban el «mar», y también presidió un régimen que fue decayendo ante los ojos del mundo entero mientras él se mantenía, al parecer, imperturbable. A pesar de todo, sólo sus enemigos más fanáticos lo han considerado un «monstruo».

En 1975, sin embargo, Castro estaba iniciando uno de sus períodos de mayor esplendor. El régimen pasaba por la fase «estalinista», en la cual se inscribió el caso Padilla, y pronto lanzaría su campaña militar en África, una decisión histórica y sumamente audaz. En 1975, catorce países latinoamericanos restauraron las relaciones diplomáticas con el régimen de la isla, entre ellos Colombia —precisamente el 6 de marzo en que García Márquez cumplió cuarenta y ocho años—, que había roto sus relaciones con Cuba bajo el gobierno de Alberto Lleras en 1961. La decisión, tomada por López Michelsen, debió de parecerle un augurio extraordinario a García Márquez, quien en secreto ya había resuelto restablecer los vínculos con la Revolución cubana y había llegado a Bogotá apenas cuatro días antes.

En julio finalmente se presentó la ocasión y viajó a Cuba con Rodrigo. De regreso, al fin. Las autoridades revolucionarias les dieron todas las facilidades para recorrer la isla en toda su extensión, ir donde les placiera y hablar con quien les viniera en gana. Rodrigo hizo más de dos mil fotografías. García Márquez recordaba: «La idea mía era escribir acerca de cómo los cubanos rompieron el bloqueo dentro de las casas. No la labor del Gobierno ni del Estado, sino cómo el propio pueblo resolvía el problema de la cocina, del lavado de ropa, la aguja de coser, en fin, todas esas dificultades diarias».[29] En septiembre publicó tres despachos memorables bajo el título común «Cuba de cabo a rabo», que combinaban con maestría halagos grandiosos con pequeñas críticas, de un modo que parecía querer demostrar a las autoridades que a su disposición tenían a un jugador de altos vuelos con unas manos sumamente fiables de las que no había precedentes.[30]

Durante el verano la familia se reunió en México. García Márquez y Mercedes habían encontrado una casa enclavada en el sur de la ciudad, en la calle Fuego, en la zona del Pedregal del Ángel, justo detrás de la Universidad Nacional. Esta modesta vivienda sigue siendo su principal residencia más de treinta años después. Había que reconstruir algunos puentes familiares, lo que tal vez explicara que García Márquez se hubiera llevado a Rodrigo a Cuba con él, cuando en realidad debía de distraerlo de sus cometidos. Sobre el regreso a México, Rodrigo me diría: «Lo cierto es que México es el país al que siempre hemos regresado, no a Colombia. Es como si mis padres, en aquel período entre 1961 y 1965, se hicieran mexicanos».[31]

La vuelta a México permitió a los muchachos confirmar y restaurar su identidad de cara al futuro. Ninguno de ellos se sentía colombiano ni español, pero la interrupción en su relación con México había sido una dura prueba. Rodrigo acabaría por establecerse por su cuenta y seguir adelante sin valerse de sus apellidos; al final se marcharía del país. Gonzalo, en su papel de hijo menor, sería menos sensible en este sentido, aunque intentaría también hallar su propio camino sin depender en exceso de la celebridad de su padre, aunque en México esto resultaría especialmente difícil. Una vez más los muchachos fueron a escuelas inglesas donde completaron sus estudios secundarios.

En Bogotá, entretanto, en noviembre de 1975 hizo explosión una bomba en las oficinas de *Alternativa*, que fue atribuida a algo parecido a una escuadra paramilitar («exactamente en el preciso momento —me diría Enrique Santos Calderón— en que estábamos denunciando problemas de corrupción en la cúpula del ejército»).[32] Sin dejarse intimidar, aunque a salvo de las amenazas en México, García Márquez hizo pública una declaración en la que decía que la bomba era a todas luces obra del ejército colombiano y la orden debía de proceder de los altos mandos. Estaba claro, afirmaba, que la negativa de López Michelsen a cerrar la revista había alentado a los militares a emprender acciones de represalia. Evidentemente, su reciente entusiasmo por los militares no se extendía a los colombianos. Para mayor provocación aún, aludió en particular al ministro de Defensa, el general Camacho Leyva, como uno de los implicados directos de estas políticas represivas. El ejército colombiano no lo olvidaría. Tampoco dejaría caer en saco roto su sospecha de que los organizadores de *Alternativa* simpatizaban, tal vez incluso actuaban en connivencia, con los guerrilleros del M-19, los rebeldes predilectos de la clase media y el grupo que, de manera harto simbólica, había robado la espada de Simón Bolívar en 1974.

Aun así, el mundo más allá de aquellas fronteras cambiaba con celeridad, y en apariencia para mejor. El general Franco, cuyo régimen había ejecutado a cinco militantes vascos el 27 de septiembre a pesar de las protestas que se alzaron en todo el mundo (Olof Palme dijo en Suecia que el gobierno español se componía de «asesinos sangrientos»), sufrió un grave ataque al corazón el 21 de octubre que agravó su ya delicado estado de salud y el príncipe Juan Carlos pasó a ser jefe de Estado. Al fin, el 20 de noviembre Franco murió, para regocijo general de la izquierda de todo el planeta. Juan Carlos fue nombrado rey el 22, y tres días después anunció una amnistía general. España estaba a punto de embarcarse en una transición a la democracia que operaría un cambio radical en el país. El 10 de noviembre Angola se independizó de Portugal, en medio de un conflicto violento: las fuerzas marxistas del MPLA, ayudadas ya por consejeros rusos, se alinearon en contra del UNITA de Jonas Savimbi, que contaba con el respaldo de Estados Unidos. El 11 de noviembre Cuba anunció su decisión de enviar miles de tropas a Angola, donde permanecerían durante trece años. Ésta sería la oportunidad de García Márquez para demostrar lo que un periodista de fuste podía hacer por la revolución.

Sin embargo, no todo el mundo estaba impresionado por la atención que los medios dedicaban a García Márquez. El 12 de febrero de 1976, de vuelta ya en Ciudad de México, apareció en el estreno de la versión cinematográfica de *La Odisea de los Andes*. Cuando llegó, Mario Vargas Llosa, que había viajado a la ciudad para la ocasión —había escrito el guión— estaba en el vestíbulo. Gabo abrió los brazos y exclamó: «¡Hermano!». Sin mediar palabra, Mario, consumado boxeador amateur, lo derribó de un fortísimo puñetazo en la cara. Con García Márquez tendido en el suelo semiinconsciente, tras haberse golpeado la cabeza al caer, Mario gritó entonces —y la versión difiere según los testimo-

nios—: «Esto es por lo que le dijiste a Patricia» o «Esto es por lo que le
hiciste a Patricia». Iba a convertirse en el puñetazo más famoso de la historia de América Latina, aún hoy objeto de ávida especulación. Muchos
testigos presenciaron el percance y son muchas las versiones, no sólo de
lo que realmente ocurrió, sino del porqué.[33]

Se dice que el matrimonio de Vargas Llosa pasó por un momento
difícil a mediados de los setenta y que, al parecer, García Márquez asumió la tarea de consolar a la esposa de Mario, supuestamente consterna-
da y resentida por la marcha de su marido. Algunos dicen que lo hizo
aconsejándole que iniciara los trámites del divorcio; otros dicen que trató de consolarla de una manera más directa. Es evidente que Mario llegó a la conclusión de que García Márquez había antepuesto su preocupación por Patricia a la amistad que los unía a ambos. Nada más que
García Márquez y Patricia Llosa saben lo que ocurrió.[34] Y únicamente
Patricia Llosa sabe qué le contó a su marido cuando se reunieron de
nuevo.[35] En otras palabras, sólo ella conoce cabalmente la historia. En
cuanto a Mercedes, nunca perdonaría a Vargas Llosa. Y tampoco olvidaría nunca lo que a su juicio fue un acto deshonroso y cobarde, cualquiera que fuera la provocación.

La política, el sexo y la rivalidad personal hacen un cóctel sumamente fuerte, sean cuales sean las proporciones en que se mezclen. Tras
el evidente sentimiento de traición de Vargas Llosa, tal vez acechara la
preocupación de que aquel colombiano de corta estatura y escaso atractivo le había tomado la delantera. El extraordinario y merecido éxito del
propio Mario, su apostura de galán, tal vez no bastaran en sí mismos; así
que quizá la única arma que le quedó fue aquel tremendo puñetazo. Y
probablemente sólo podía acometerlo con el beneficio de la sorpresa:
imaginemos a un García Márquez prevenido corriendo a su alrededor,
como Charlie Chaplin, y dándole puntapiés en el culo una y otra vez. No
importa lo bien que escribiera Mario, ni cuánta publicidad recibiera,
porque era de García Márquez de quien los periódicos y el público deseaban oír hablar; y por muy justificado que Mario se considerara en su
rechazo de Castro y de Cuba, García Márquez parecía haber reapareci-
do sin un solo rasguño tras el caso Padilla y se había convertido en el paladín literario de la izquierda latinoamericana. Tuvo que ser sumamente frustrante.[36] Los dos hombres no volverían a encontrarse nunca más.

En marzo y abril García Márquez estuvo de nuevo en Cuba. Había
cosechado ya elogios en todo el mundo por sus artículos sobre el golpe

chileno y debió de darse cuenta de que Fidel Castro cometía una insensatez si ignoraba un talento como el suyo. Así que se propuso hacerle una oferta al dirigente cubano que no pudiera rechazar. Le propuso a Carlos Rafael Rodríguez hacer una crónica épica de la expedición cubana a África, la primera vez que un país del tercer mundo se había interpuesto en un conflicto en el que estaban involucradas las dos superpotencias del primer mundo y el segundo. Teniendo en cuenta la historia de esclavitud y colonialismo de Cuba, los movimientos de liberación africanos de aquel período encerraban un interés especial para la isla, y nada menos que una figura tan relevante como Nelson Mandela juzgaría con posterioridad que Cuba había hecho una contribución significativa, tal vez decisiva, a la abolición del *apartheid* en Sudáfrica.

El secretario de Exteriores cubano transmitió la idea de García Márquez a Fidel Castro, y el colombiano pasó un mes en el Hotel Nacional de La Habana a la espera de la llamada del Comandante.[37] Un día, a las tres de la tarde, Castro se presentó allí en un jeep y se puso al volante, de manera que García Márquez, acompañado de Gonzalo, pudiese sentarse a su lado. Salieron para el campo y Fidel pasó dos horas hablando de comida. García Márquez recordaría: «Yo le pregunté: "Bueno, y usted, ¿cómo sabe tanto de alimentación?". "Chico, cuando tengas la responsabilidad de alimentar un pueblo entero, sabrás de alimentación"». Al igual que a tantos otros les ocurriera antes y después de entonces, García Márquez quedó asombrado ante el amor por los hechos y el excepcional dominio sobre el detalle que caracterizaban a Castro. Tal vez lo hubiera dado por hecho al escuchar los discursos de ocho horas que improvisaba el gran líder cubano, pero nada lo había preparado para el encanto personal y la cortesía de Castro, capaces de iluminar no sólo un *tête-à-tête* como éste, sino una sala con veinte o treinta personas reunidas.

Al final de la expedición Fidel dijo: «Invita a Mercedes a venirse para acá y luego habla con Raúl». Mercedes llegó al día siguiente, pero entonces pasaron otro mes entero aguardando la llamada de Raúl Castro. Raúl era el jefe de las fuerzas armadas, y fue él en persona quien informó y dio instrucciones a García Márquez:

En un salón donde estaban todos los asesores, con los mapas, empezó a destaparme los secretos militares y de Estado, en una forma que yo mismo me quedé sorprendido. Los especialistas traían cables cifrados, los descifra-

ban, me explicaban todo, los mapas secretos, las operaciones, las instrucciones, todo, minuto a minuto. Así estuvimos [de las diez de la mañana]
hasta las diez de la noche ... Con todo ese material me fui a México y des-
cribí la operación «Carlota» completita.[38]

Cuando García Márquez terminó el artículo se lo mandó a Fidel,
«para que él fuera el primero en leerlo». Tres meses después no había
novedades y García Márquez volvió a Cuba para hablar del asunto. Tras
consultarlo con Carlos Rafael Rodríguez revisó lo que había escrito:
«Acabé de ganarme la lotería porque, en vez de quitar cosas, lo que hizo
fue aclararme cuestiones importantes y agregar detalles que no estaban».
El artículo se publicó en todo el mundo y los hermanos Castro quedaron sumamente complacidos. García Márquez había demostrado su valía revolucionaria; o, como lo diría Mario Vargas Llosa posteriormente,
se había convertido en el «lacayo» de Fidel Castro.

No sólo había contentado a Fidel, sino que después García Márquez
recibió el premio mundial de periodismo de la Organización Internacional de Prensa por sus crónicas sobre Cuba y Angola. Cabe imaginar
que no tenían conocimiento de la «participación» de sus tres distinguidos
colaboradores. Durante un tiempo García Márquez, embriagado como
es de imaginar por su amistad personal con la figura más destacada de la
historia latinoamericana reciente, diría a los periodistas que no quería
hablar de Fidel porque temía parecer un adulador (aunque luego lo pusiera por las nubes de todos modos). Estas declaraciones causaron la ira
de los exiliados cubanos de Miami y el resto del mundo.

García Márquez continuó investigando y cultivándose para defender la Revolución cubana con conocimiento de causa. Lo más seguro
es que ya hubiera abandonado su libro sobre la vida cotidiana bajo el
bloqueo, aunque siguió usándolo de excusa por un tiempo. Se había
dado cuenta desde el principio de que la cuestión de los derechos humanos y los prisioneros políticos era un asunto crucial que sus enemigos utilizarían como arma arrojadiza. Pero una vez que los norteamericanos, durante los gobiernos de Nixon y Kissinger, se dejaron de
miramientos al tratar con los movimientos progresistas latinoamericanos y se dedicaron a formar a los regímenes militares en «métodos de
seguridad» (entre los que tenían cabida el asesinato, la tortura y la desinformación), y ahora que se había unido a la Cuba de Castro, necesitaba documentarse acerca de la cuestión de las prisiones, aunque hacerlo

significara convencerse a cualquier precio de que la situación era aceptable y soportable en todas las circunstancias (estaba aprendiendo mucho sobre los regímenes penitenciarios con su trabajo para el Tribunal Russell). Al mismo tiempo, irónicamente, Estados Unidos tenía ahora un nuevo dirigente, y el puritano presidente Jimmy Carter predicaba los derechos humanos e incluso parecía sincero al respecto. Así pues, Nixon le había enseñado a García Márquez que los gobiernos estadounidenses no cambian nunca realmente, pero Carter le había hecho ver que las relaciones públicas, la diplomacia y la propaganda eran también una parte fundamental de la lucha ideológica en la escena internacional. García Márquez estaba convencido de que la oposición exterior en realidad deseaba que en Cuba hubiera presos políticos para poder así continuar con sus ataques, y por esa razón creía, tal vez con ingenuidad, que el país debía reducir el número de esa clase de prisioneros y aproximarlo a cero cuanto fuera posible. A ello dedicaría gran parte de sus esfuerzos en los años venideros. Y haría que sus empeños en la militancia con *Alternativa* y la defensa de la intervención de Cuba en África se trasladasen poco a poco a la diplomacia internacional y, con el tiempo, a medida que las cosas se pusieran más difíciles, simplemente a hacer un último intento por defender la integridad soberana de Cuba.

A finales de 1976 se las arregló para hablar con prisioneros contrarrevolucionarios que llevaban ya años en la cárcel de Batanabó. De aquella lista eligió al azar el caso de Reinol González. González era un líder de la oposición que había sentado las bases del movimiento sindicalista cristiano, un católico comprometido y, a efectos prácticos, un demócrata cristiano.[39] Había sido arrestado en 1961, acusado de conspirar para asesinar a Fidel Castro con una bazuca cerca del aeropuerto de Rancho Boyeros y de incendiar El Encanto, el centro comercial del centro de La Habana, donde resultó muerta una empleada llamada Fe del Valle. El propio González admitió posteriormente que los cargos eran ciertos. Tras la conversación de García Márquez con González en Batanabó, la esposa de éste, Teresita Álvarez, se puso en contacto con el escritor en Ciudad de México y le pidió ayuda para conseguir la liberación de su marido. A García Márquez lo conmovieron sus ruegos y vio la posibilidad de una maniobra en la que todo el mundo podía salir beneficiado. Decidió hablar con Castro, pero mantuvo cuatro o cinco encuentros con él sin atreverse a mencionar el asunto.

Un día Castro los llevó a Mercedes y a él a dar una vuelta en su jeep. De regreso, como García Márquez recuerda:

> Veníamos con cierta prisa y yo tenía en una tarjetita anotados seis puntos que quería tratarle. A Fidel le causaba risa mi precisión en cada punto y decía: «Esto sí, esto no, hacemos esto, hacemos esto otro». Cuando me contestó el punto seis, estábamos entrando al túnel de La Habana y entonces me preguntó: «Y el siete, ¿cuál es?». En la tarjetita no había punto siete. Mira, yo no sé si fue el diablo el que me sopló al oído, pero puesto así, pensé: «Ésta puede ser la ocasión propicia». Le dije: «El punto siete sí está aquí, pero es muy jodido». «Bueno, pero dime qué es.» Como quien se tira en paracaídas, le dije: «Tú sabes que le daríamos una gran satisfacción a una familia si ahora me llevara a Reinol González libre para México y pasara las Navidades con su esposa y sus hijos». Yo no miré para atrás, pero Fidel, sin mirarme, miró a Mercedes y dijo: «¿Y Mercedes por qué pone esa cara?». Y yo sin mirar atrás, sin mirar qué cara estaba haciendo Mercedes, le contesté: «Porque seguramente piensa que si yo me llevo a Reinol González y después termina haciéndole una cagada a la Revolución, ustedes van a pensar que es mi culpa». Entonces Fidel no me contestó a mí, sino a Mercedes: «Mira, Mercedes, Gabriel y yo hacemos lo que consideramos que es bueno y si después el otro resulta un desgraciado, ¡ése es otro problema!».

De regreso a la habitación del hotel, la siempre juiciosa Mercedes reprendió a su marido por aquella impertinencia, pero García Márquez estaba exultante. Pasaron los meses, sin embargo, y Castro decía que todavía no había logrado convencer a sus colegas del Consejo de Estado. Entraban en liza asuntos complejos y García Márquez y González habrían de armarse de paciencia.[40]

Entretanto, en agosto de 1977 se produjo la primera toma de contacto de García Márquez con un socialista europeo que en los años siguientes se convertiría en un vínculo crucial para él, con quien además entablaría una sólida amistad: Felipe González, abogado y dirigente del PSOE. González había sido elegido diputado por Madrid en las primeras elecciones que se celebraron en España en cuarenta y un años, el 15 de junio, unos comicios en los que Adolfo Suárez, líder de la Unión de Centro Democrático (UCD), se convirtió en presidente del Gobierno. La Pasionaria, la legendaria militante comunista, había regresado a España por primera vez desde la Guerra Civil, con motivo de las elecciones. A finales de agosto González estuvo en Bogotá y concedió una entrevista a

Antonio Caballero (jefe de redacción), Enrique Santos Calderón (director) y García Márquez («asesor editorial»), todos integrantes de *Alternativa*. El artículo se tituló «Felipe González: Socialista serio».[41] La política del PSOE en América Latina consistía en apoyar todos los regímenes de base popular en los países más o menos democráticos, y respaldar los movimientos de liberación en los países no democráticos: «En el fondo algo nos une: el propósito de liquidar regímenes que impiden el ritmo democrático». El artículo no incluía las impresiones de González a propósito de Cuba, una cuestión que acabaría por causar fricciones entre él y García Márquez años después.[42]

Es posible que esta entrevista encendiera más de una bombilla en la cabeza de García Márquez. Poco después iba a verse atraído hacia miembros de la Internacional Socialista moderada y democrática, a pesar de su escepticismo ante las creencias y actividades que desarrollaran, y entre los cuales estarían su buen amigo Carlos Andrés Pérez, presidente de Venezuela (cuyos padres mantenían vínculos con Colombia), el francés François Mitterrand o el propio Felipe González. Tanto Mitterrand como González habían seguido de cerca la evolución y la desaparición de Allende, pero seguramente Europa era diferente, ¿verdad? En diciembre García Márquez mantuvo una intensa conversación en París con Régis Debray, otro antiguo revolucionario que contemplaba ahora la posibilidad de la vía democrática (que al fin adoptaría dentro del gobierno de François Mitterrand). Para entonces Debray era ya miembro del Partido Socialista francés, y García Márquez lo sondeó para ver hasta qué punto seguía siendo un «socialista verdadero» y qué pensaba del progreso de la revolución en América Latina.[43] Es más que probable que a partir de este momento García Márquez estuviera contemplando ya su salida de *Alternativa* y buscando un nuevo papel que asumir, que además habría de cubrir una doble faceta: por un lado, permitirle aproximarse a América Latina y, por el otro, a Europa. Una vez más, García Márquez buscaba espacio para maniobrar.

A principios de junio había publicado un nuevo artículo acerca de su amigo Omar Torrijos, cuyo título aludía sin pudor alguno a una de sus propias obras literarias: «El general Torrijos sí tiene quien le escriba».[44] Ésta podría ser una pregunta acerca de García Márquez entonces y en el futuro. ¿Escribía acerca de, para o a los hombres que ostentaban el poder? Al igual que en Cuba, empezó abordando la cuestión de los derechos humanos en Panamá, presentándose como un intermediario honesto entre la realidad y el lector (del mismo modo que, llegado el momento, trataría de mediar entre Castro y Torrijos, por una parte, y González y Mitterrand, por la otra). Así que hizo gran alarde de sus intentos por averiguar en qué situación se encontraban los supuestos presos políticos de Panamá —Torrijos había sido acusado en diversas ocasiones de estar implicado en casos de tortura— y se ofreció para mediar entre el régimen de Torrijos y los exiliados panameños en México. Entonces, en agosto, apareció otro de los relevantes artículos de García Márquez acerca del caudillo panameño, sobre sus negociaciones con Estados Unidos y las amenazas que pesaban sobre su vida.[45] García Márquez caracterizó a Torrijos como un «cruce de mula y tigre», un adversario formidable y un negociador de talento, de una humanidad profunda y llano con la gente del pueblo.[46]

El nuevo Tratado del canal de Panamá se firmó por fin el 7 de septiembre de 1977 en Ciudad de Panamá. La delegación panameña contó con dos miembros inesperados, Graham Greene y Gabriel García Márquez, que viajaron ambos con pasaportes panameños —al igual que acostumbraban a hacer muchos criminales del mundo entero— y disfrutaron de la experiencia de lo lindo, como dos colegiales.[47] En particular, se regocijaron con la proximidad física del ruin Pinochet. En octubre, los panameños aprobaron el nuevo tratado por plebiscito popular, aunque Estados Unidos continuó haciendo enmiendas y finalmente ratificó la versión revisada el 18 de abril de 1978.

1977 fue el año en que la familia García Barcha por fin empezó a adaptarse a la inevitable separación de los hijos, que crecían y empezaban a tomar su propio camino en la vida. Aunque en cierto sentido Gabo y Mercedes habían dejado a los muchachos entre 1974 y 1975, anticipándose al momento en que ellos se marcharan, entonces la familia tenía todavía un hogar común (si bien provisional) en Barcelona, al que todos regresaban de manera natural. Ahora los chicos estaban pensando en marcharse de casa. Concretamente, Rodrigo iba a estudiar cocina en París, y Gonzalo se planteaba seguirlo allí para estudiar música.

García Márquez llevaba todo este tiempo a la espera de noticias de su iniciativa sobre el caso de Reinol González. Por fin, en diciembre de 1977, las cosas empezaron a avanzar.[48] En la recepción que se le hizo en La Habana al primer ministro jamaicano, Michael Manley, Fidel Castro se acercó a García Márquez y le dijo: «Bueno, ya te puedes llevar a Reinol». Tres días después, García Márquez y Reinol González, que no salía de su asombro, llegaron a Madrid, donde se reunieron de inmediato con su esposa Teresita. A principios de enero de 1978, García Márquez, Mercedes y Rodrigo se encontraron con González y su familia en Barcelona, donde escucharon con detalle sus desgarradoras experiencias en las cárceles cubanas. Después de este encuentro, el 15 de enero, la familia González voló a Miami. Más adelante, González reivindicaría los resultados de la estrategia de García Márquez y el consentimiento de Castro a la misma, con lo que desempeñó un papel clave en las negociaciones cuando la Revolución inició el diálogo con la comunidad exiliada, después de que Castro decidiera que había llegado el momento de reducir las tensiones con las familias de los tres mil contrarrevolucionarios encarcelados.

Durante años García Márquez restaría importancia a su mediación para convencer a los dirigentes cubanos de que hicieran el gesto, crucial, de liberar a la inmensa mayoría de estos prisioneros. Les había demostrado a los hermanos Castro que no sólo estaba cargado de buenas intenciones, sino que también era un sincero partidario de la Revolución, menos liberal y más socialista de lo que aparentaba y, por encima de todo, que se podía confiar en él. Poco a poco la relación con Fidel trascendió lo puramente instrumental y político y, ambos halagados por la atención del otro, evolucionó en algo parecido a la amistad (García Márquez siempre ha insistido ante la prensa en que Castro y él hablan sobre todo de literatura). Castro, un adicto al trabajo declarado, llevaba una vida privada muy restringida y por completo secreta, mientras que su vida social era limitada. Durante años se creyó que su única relación duradera fue la que mantuvo con su camarada revolucionaria Celia Sánchez, que murió en 1980, y que tras su fallecimiento hubo simplemente escarceos con otras mujeres, de los que en ocasiones nacieron hijos ilegítimos. No obstante, hace no mucho se supo que desde finales de los años sesenta mantiene una relación, un matrimonio a efectos prácticos, con Dalia Soto del Valle, de la que ha tenido cinco hijos. Sin embargo, a Dalia nunca se le ha dado ningún papel oficial y la imagen de la aparente soledad de Castro ha quedado subrayada constantemente por el hecho de que ella no haya participado nunca de la limitada vida social de Fidel.

Asimismo, desde la muerte del Che Guevara, a Castro no se le habían conocido amistades masculinas dignas de mención, más allá de su hermano Raúl, eternamente leal, u hombres como Antonio Núñez Jiménez, Manuel Piñeiro y Armando Hart. Así que la amistad con García Márquez era algo sumamente inusual y del todo inesperado. Aunque cómo de sorprendente es, si meditamos sobre ello, otra cuestión. García Márquez era el escritor más famoso del mundo hispanohablante desde Cervantes y, por un golpe de extraordinaria buena suerte, era socialista y defensor de Cuba. Tenía además aproximadamente la misma edad de Fidel, ambos eran caribeños y contrarios al imperialismo, en parte a modo de reacción por la proximidad del monopolio bananero estadounidense, la United Fruit Company. Anecdóticamente, ambos habían estado en Bogotá en abril de 1948 durante el Bogotazo, e incluso ciertos teóricos de la conspiración creen que desde entonces empezaron a subvertir juntos América Latina. A pesar de ser un gran escritor, García Márquez no era en modo alguno un esteta ni un esnob intelectual, y su estilo de vida le permitía mantener a Castro en contacto con el resto del mundo, a pesar de su confinamiento virtual dentro de los límites de su pequeña isla al sol. El propio Castro me dijo que su común herencia caribeña y una vocación latinoamericanista compartida eran las bases más importantes sobre las que cimentar una amistad. «Además —añadió—, los dos somos gente de campo, y costeños... Ambos creemos en la justicia social, en la dignidad del hombre. Lo que caracteriza a Gabriel es su amor al prójimo, su solidaridad con los demás, que es una característica de todo revolucionario. No puedes ser revolucionario sin admirar y creer en otra gente.»[49]

En líneas generales, a Cuba las cosas le iban bien en este momento, y la inyección de entusiasmo revolucionario renovado de la aventura africana se dejó notar. Sin embargo, empezaba a vislumbrarse el amanecer de una nueva era. El 6 de agosto murió el papa Pablo VI; fue designado Juan Pablo I, que murió un mes más tarde, lo que llevó al nombramiento de Karol Wojtyla, Juan Pablo II. El nuevo Papa, aliado tácitamente con Ronald Reagan y Margaret Thatcher, quienes fueron elegidos en los dieciocho meses posteriores a su nombramiento, volvería las condiciones del entorno político en contra de Cuba durante los próximos veinticinco años (por no mencionar su contribución a la aceleración del fin de la Unión Soviética). Y, peor aún para los intereses cubanos, apenas dos días después de la muerte del papa Pablo VI en agosto de 1978, el sha de Irán impuso la ley marcial en su país, un acto que precipitó su derrocamiento y a su vez ocasionó la caída del presidente Jimmy Carter y la elección del conservador Ronald Reagan.

La izquierda salió peor parada que nunca de las elecciones colombianas de 1978, en las que fue elegido el candidato liberal Julio César

Turbay Ayala, que inició su mandato el 7 de agosto. Desde un principio *Alternativa* había atacado a Turbay, liberal conservador, y tanto en las tiras cómicas como en los textos se hacía hincapié en su gordura, así como en su característica pajarita y su mirada insondable.[50] Con la esperanza de socavar su candidatura y provocar a los liberales para que buscaran a un aspirante más moderado, la revista había cuestionado constantemente sus motivaciones y su elegibilidad. García Márquez y *Alternativa*, tanto por separado como conjuntamente, lanzarían ataques a su presidencia con una virulencia inusitada a lo largo de los cuatro años siguientes, aunque descubrirían que Turbay, o por lo menos las fuerzas a las que representaba, era más que capaz de devolver el golpe con mayor violencia aún, y desde luego por caminos más insospechados.

Entre tanto, Centroamérica continuaba su convulso proceso revolucionario mientras Jimmy Carter parecía incapaz, como Poncio Pilatos, de decidir si arbitraba el combate o se unía a uno de los equipos. En Nicaragua, los rebeldes sandinistas del FSLN habían intensificado la presión sobre la dictadura de Somoza a lo largo del año. Los dirigentes sandinistas con cierta frecuencia se reunían en la casa de García Márquez de Ciudad de México, y el escritor mantuvo algunos encuentros en Cuba con Tomás Borge, cofundador del movimiento sandinista. García Márquez colaboró en la negociación del acuerdo que unificó las tres facciones opuestas en un Frente Sandinista común, y con posterioridad incluso afirmaría que el apodo de los jóvenes revolucionarios, conocidos con el sobrenombre de «los muchachos», había nacido de él.[51] El 22 de agosto de 1978, un grupo de comandos sandinistas liderados por Edén Pastora tomaron el Palacio Nacional de Managua, secuestraron a veinticinco diputados, los retuvieron durante dos días y luego se llevaron a cuatro de ellos en avión a Panamá, junto a sesenta presos políticos que habían sido liberados a cambio del resto de los rehenes. Pastora, el comandante «Cero», había concebido este plan ocho años antes.[52] García Márquez llamó a Torrijos de inmediato y le dijo que quería dar resonancia a este extraordinario éxito revolucionario. Torrijos se ofreció a mantener a los guerrilleros incomunicados hasta que García Márquez llegara. Partió sin pérdida de tiempo y pasó tres días en un cuartel hablando con los exhaustos dirigentes de aquel asalto espectacular —Edén Pastora, Dora María Téllez y Hugo Torres— para elaborar un reportaje que publicaría a comienzos de septiembre.[53] A finales de aquel mes, Estados Unidos presionaba a Somoza para que renunciara. García Márquez dijo con posterioridad que este reportaje era exactamente lo que tenía en mente al dejar la literatura por el periodismo político: «El comandante Hugo Torres ... dobló la cabeza sobre el mesón, al cabo de seis horas, y se durmió a fondo. Un momento después, Edén Pastora sufrió una especie de colapso demoledor ... La única que consiguió mantenerse en pie fue Dora María Téllez, la bella, que era la única mujer del comando y su responsable tercera ... Ella siguió contándome el final de la historia con un sentido sorprendente de la narración, humano y minucioso, hasta que el bravo sol de agosto se encendió en las ventanas».[54] Aquel mismo año, García Márquez comentaría en *Alternativa* que había estado involucrado en numerosas discusiones de alto nivel acerca de la crisis nicaragüense.

En septiembre, cuando el activismo político de su padre pasaba por un momento álgido, Rodrigo, desilusionado con la escuela de cocina, se marchó a Harvard, donde pensaba especializarse en historia. Parece un destino sorprendente para un miembro de esta familia revolucionaria, y tal vez esta aparente contradicción llevó a García Márquez a afirmar en *El Tiempo*, en octubre, que «mi familia es más importante que mis libros».

Desde que Turbay apareció en escena, en Colombia las cosas empezaron a ir a peor. Un mes después de su toma de posesión del cargo, en agosto, demostró ya sus credenciales reaccionarias al implantar un estatuto de seguridad que sería rotundamente criticado por Amnistía Internacional. A lo largo de estos meses García Márquez se había implicado, junto con cierto número de amigos de izquierdas, en la organización de un movimiento en defensa de los derechos humanos llamado «Habeas». La política de Jimmy Carter en lo tocante a esta cuestión, cuya sinceridad no podía ponerse en duda, era también un medio efectivo para desviar la atención de las muchas organizaciones que protestaban contra la oleada de dictaduras de derechas que proliferaba en América Latina —en Chile, Argentina, Uruguay, Brasil, Guatemala y Nicaragua—. Por supuesto, Carter argumentaba que los gobiernos de Cuba y Panamá eran también dictaduras y que los sandinistas deseaban construir el mismo tipo de régimen. García Márquez se puso al frente de aquel nuevo organismo con sede en Ciudad de México, donde se vivía un clima de relativa tranquilidad, y cuya inauguración tuvo lugar en un gran hotel metropolitano el 20 de diciembre de 1978[55] (no se sabe con certeza si a las autoridades mexicanas se les prometió que México no sería señalado).

En aquel encuentro, García Márquez se halló en condiciones de declarar que Cuba ya no tenía prisioneros políticos. Se cuidó mucho, sin embargo, de no reivindicar ningún mérito por ello.

Habeas se creó como una institución en pro de los derechos humanos cuyo ámbito era América Latina y estaba destinada específicamente a defender a los prisioneros políticos, la causa que había reunido por primera vez a Enrique Santos Calderón y García Márquez en otoño de 1974.[56] García Márquez fue una pieza clave en la constitución de la nueva organización, y asumió la responsabilidad de financiarla con cien mil dólares de sus regalías durante los dos años siguientes. Su amigo Danilo Bartulín, antiguo médico personal de Salvador Allende y que pasó con él sus últimas horas en el Palacio de la Moneda, sería el secretario ejecutivo, y habría representantes en todos los países latinoamericanos, entre los que se contaba Ernesto Cardenal, el sacerdote revolucionario nicaragüense, y muchos otros de estatura similar y parecidas credenciales progresistas. La mayoría de ellos contaban con un historial de oposición a Estados Unidos y lo más probable es que ninguno de ellos volviera los problemas del hábeas corpus en dirección a Cuba; y a la vista de los horrores que estaban produciéndose en Chile, Argentina y Uruguay, nadie lo haría. García Márquez declaró con sarcasmo que *Alternativa* pretendía «ayudar al presidente James Carter a hacer realidad su política de derechos humanos». Sugirió que el dirigente norteamericano empezara por Puerto Rico, donde patriotas revolucionarios como Lolita Lebrón llevaban veinticinco años en prisión por crímenes de mucho menor calado que los que el gobierno cubano estaba indultando en aquellos momentos.[57]

En enero de 1979 García Márquez mantuvo una audiencia con el nuevo papa Juan Pablo II, en la que le pidió que apoyara Habeas. Se entrevistó con el pontífice en la biblioteca del Vaticano durante quince minutos.[58] Aunque entonces no lo dijera, fue evidente que este breve encuentro a García Márquez le pareció frustrante: con posterioridad comentaría que el Papa era incapaz de pensar en el resto del mundo —ni siquiera en los «desaparecidos» latinoamericanos— sin relacionarlo con su «obsesión» por la Europa del Este. A continuación, el lunes 29 de febrero mantuvo una audiencia con el rey y la reina de España, acompañados de Jesús Aguirre (que luego sería el duque de Alba), el director general de música del Ministerio de Cultura. Se encontraron en el palacio de la Zarzuela y su conversación sobre los derechos humanos en

América Latina se prolongó durante una hora. García Márquez se estaba convirtiendo en una figura que no sólo se entrevistaría con figuras de izquierdas como Régis Debray o Philip Agee, sino también con miembros de toda tendencia política de la clase dirigente internacional. Al preguntarle cómo se llevaba con los monarcas, en comparación con los políticos a los que solía frecuentar, García Márquez contestó: «Bueno, la verdad es que es una gente muy natural con la que se puede conversar de todo. Por lo que respecta a lo del "protocolo", el rey facilitó mucho las cosas ... Están informados de América Latina y con frecuencia surgían recuerdos comunes de gentes y paisajes. En todo momento hablaban de nuestro continente con cariño». *El País* interpretó que era un signo sumamente positivo que el joven monarca constitucional hablara con un personaje de semejante talla internacional, cuya última novela había sido una crítica del poder absolutista.[59]

El 19 de julio de 1979 los sandinistas subieron al poder en Nicaragua. La noticia llevaba esperándose con ansiedad todo el año, en particular desde que Estados Unidos había roto las relaciones con el régimen de Somoza, el 8 de febrero. Somoza había declarado el estado de sitio el 6 de junio y, finalmente, había afrontado la realidad y huido del país el 19 de julio. Era la primera noticia realmente buena para la izquierda latinoamericana en mucho tiempo, en un año en el que parecía que las cosas empezaban por fin a mejorar: el movimiento pro cubano New Jewel de Maurice Bishop había derrocado al primer ministro de Granada el 13 de marzo, y el 27 de octubre la isla se independizaría de Gran Bretaña; el Tratado del canal de Panamá debía entrar en vigor el 1 de octubre, y Centroamérica continuaría por la senda revolucionaria con el golpe de Estado que depuso al presidente Carlos Romero en El Salvador, el 15 de octubre. Cuatro semanas antes de que los sandinistas se hicieran con el poder, García Márquez llevó a cabo una entrevista telefónica entre Ciudad de México y Costa Rica a su amigo y también escritor Sergio Ramírez, que desde el exilio acababa de proclamarse uno de los cinco dirigentes del gobierno provisional de Nicaragua.[60] La conversación versó sobre la composición y las funciones del nuevo gobierno, sobre la situación del ejército, la política de Colombia de no romper las relaciones con Somoza y la posible reacción de Estados Unidos. Cuando García Márquez le preguntó por qué un escritor se mezclaba en política, Ramírez le respondió: «Mira, en tiempos de guerra patriótica, de liberación, contra una fuerza de ocupación como es el Somocismo, todo el mundo deja sus oficios, y el poeta también, y toma el fusil; me considero que estoy en el campo de batalla».[61]

García Márquez siempre seguiría con interés la Revolución nicaragüense y le brindaría un apoyo considerable, pero su entusiasmo jamás igualó al que había demostrado por Cuba. Para empezar, nunca tuvo con Nicaragua la misma familiaridad que tenía con Cuba, y en aquel momento no mantenía con ningún miembro de la dirigencia una relación tan estrecha como la que le unía a Fidel. Por otra parte, sus reservas en este caso eran inevitables, como lo fueron también ante el experimento chileno: a menos que un país adoptara las medidas militares y políticas implacables tomadas por los cubanos, había pocas esperanzas de que Estados Unidos tolerase cualquier clase de régimen con tendencias izquierdistas. Por añadidura, sus dudas quedaron subrayadas por la reacción de Cuba. Los cubanos ayudaron a Nicaragua, pero en el marco de la perspectiva continental de una revolución continuada; y además ahora también debían ir con más cuidado con Estados Unidos, que no había tenido más remedio que aceptar el veto soviético a propósito de la invasión de Cuba, pero bajo ningún concepto iba a permitir nada parecido a una «segunda Cuba».

Después de un verano en que la familia viajó por el mundo, recalando en Japón, Vietnam, Hong Kong, India y Moscú, Rodrigo volvió a Harvard y Gabo, Mercedes y Gonzalo se instalaron en París, donde el hijo menor iba a iniciar sus estudios de música, concentrándose en la flauta, y su padre pasaría un mes en tratos con la Unesco. Lo habían invitado a integrar la Comisión McBride, que investigaba el monopolio de la información del primer mundo a través de las agencias de prensa internacionales. Su amigo Ramón Chao e Ignacio Ramonet lo entrevistaron para un artículo que, con motivo de su trabajo con la comisión, apareció bajo el provocador título de «La guerra de la información».[62] Los dos periodistas decían que García Márquez estaba en París «casi de incógnito, casi clandestinamente».

García Márquez explicó que la comisión se había creado a instancias del director general de la Unesco, Amahdou-Mahtar M'Bow, tras las discusiones de 1976. Desde el principio entrañó compromisos de gran calado puesto que, como era de esperar, los rusos querían una prensa completamente estadista, mientras que los norteamericanos apostaban por una prensa totalmente privada. Las lenguas oficiales eran el inglés, el francés y el ruso, y el informe sería enviado a la Conferencia General de la Unesco que tuvo lugar en Belgrado a finales de octubre de 1980.[63] García Márquez diría con posterioridad que nunca se había aburrido tanto ni, convertido en un «cazador solitario de palabras», se había sentido tan inútil, aunque tampoco antes había aprendido tanto como en aquella ocasión; sobre todo tomó conciencia de que la información fluye de los fuertes a los débiles y es un medio crucial de dominación de los pobres por parte de los ricos.[64] El trabajo del Informe McBride se enfrentaría a la oposición tanto de Estados Unidos como del Reino Unido, y finalmente llevaría a que ambos países abandonaran la Unesco a mediados de los años ochenta.

Por curioso que parezca, fue precisamente entonces —coincidiendo con la catastrófica invasión soviética de Afganistán— cuando García Márquez empezó a modificar sus pronunciamientos y su imagen pública. Hallamos uno de los primeros ejemplos de este cambio de rumbo en la reunión a la que asistió en Ciudad de México el 25 de enero de 1980, donde declaró que América Latina era una víctima indefensa, un testigo inocente del conflicto entre Estados Unidos y la Unión Soviética.[65] Quizá a pesar de todo lo que habló con Chao y Ramonet, García Márquez no confiaba en el futuro del planeta, ni de América Latina en particular, tanto como había dicho, y desde luego demostraba poca fe sobre un futuro socialista mundial. Al reflexionar sobre la elección de Ronald Reagan diría públicamente que, puesto que Reagan no era tan duro como pretendía, pondría a prueba su reputación de pistolero en América Latina, «este traspatio inmenso y solitario, por el cual nadie distinto de nosotros mismos está dispuesto a sacrificar la felicidad».[66] Resultó una profecía sumamente acertada.

En cualquier caso, sin embargo, ansiaba volver a la literatura. Los periodistas empezaron a hacer pertinaces insinuaciones de que García Márquez se estaba hartando de su imprudente promesa sobre Pinochet, que había hecho casi seis años antes. El 12 de noviembre, *Excelsior* informó de que estaba escribiendo una serie de relatos sobre latinoamericanos en París y que pensaba publicarlos veinticuatro horas después de la caída de Pinochet. Supuso una ligera decepción para quienes habían interpretado en sus palabras que no sólo dejaría de publicar, sino que abandonaba la actividad literaria de cualquier signo hasta la desaparición del dictador chileno. Y al parecer, en cambio, estaba escribiendo obras que, tan pronto acabara su «huelga» literaria, harían cola para publicarse, como los aviones que vuelan en círculos sobre una de las grandes ciudades del mundo a la espera de aterrizar.

Seguía sin admitir una verdad aún mayor: que se había embarcado en una nueva novela. Aquel mismo año, apenas unos meses atrás, había vuelto a declarar que «no tengo más temas», que no había otra novela en él.[67] De hecho su próxima novela, en apariencia apolítica, marcaría un cambio de rumbo significativo. Ni sus lectores ni el propio García Márquez se darían cuenta de que en realidad iba en busca del amor. Un marcado retorno a lo personal se había puesto en marcha en el mundo, y García Márquez, en contra de lo que a primera vista pudiera parecer, formaría parte de ese proceso.

Alternativa había sido un empeño notable, pero habían ido apareciendo dificultades financieras cada vez mayores, sobre todo desde que la presión gubernamental empezó a disuadir a los anunciantes tras la llegada de Turbay al poder. A finales de 1979, estos problemas habían alcanzado su punto crítico. Los organizadores de la revista siguieron subvencionándola con sus propios recursos, pero cuando al fin cerró, el 27 de marzo de 1980, Santos Calderón y Samper saltaron de nuevo a *El Tiempo* y quienes no estaban vinculados a las clases dirigentes de Bogotá se procuraron el sustento por otros medios; a su vez, García Márquez dispuso de libertad para reconsiderar sus opciones políticas y literarias y planificar la siguiente etapa de su carrera.

20

Regreso a la literatura:
Crónica de una muerte anunciada
y el Premio Nobel

1980-1982

Instalado ahora con todo confort en el hotel Sofitel de París, García Márquez dividió su tiempo entre la escritura creativa, por las mañanas, y los asuntos que lo ocupaban en la Comisión McBride de la Unesco, por las tardes. La tarea en la comisión, en consonancia con las ideologías «tercermundistas» de la época, era barajar la posibilidad de un nuevo «orden informativo mundial» que disminuyera el control de las agencias occidentales sobre el contenido y la presentación de las noticias internacionales.[1] A pesar de que en buena medida estaba de acuerdo con este objetivo, esta colaboración marcaría de hecho el final de la era de militancia política para García Márquez. No habría más Russells ni McBrides, ni más *Alternativa* o *Periodismo militante* (una antología de sus ensayos políticos que se publicó en Bogotá en los años setenta); incluso Habeas le exigía un activismo al que pronto renunciaría. Había tomado la decisión de interrumpir su militancia política más estridente y dedicarse a la diplomacia y la mediación entre bambalinas. Y, puesto que no había indicios de que Pinochet fuera a ser derrocado por el momento, había decidido abjurar y volver a la ficción, que en cualquier caso eran las mejores relaciones públicas que podía concebir. En septiembre de 1981, sin ningún reparo aparente, García Márquez declaró que era «más peligroso como literato que como político».[2]

Aunque ahora era uno de los autores más famosos del mundo entero, en realidad sólo había publicado dos novelas, *Cien años de soledad* y *El otoño del patriarca*, en los casi veinte años transcurridos desde la aparición de *La mala hora*. Necesitaba más si había de considerársele uno de los grandes escritores de su época. En cuanto a la política, aunque nunca abandonaría a América Latina ni sus valores políticos esenciales, había decidido hacer de Cuba su principal objeto de atención, el deseo de su corazón político, y, por supuesto, también invertir esfuerzos en Colombia, hasta donde fuera posible imaginar resultados positivos para ese desventurado país. Cuba, a pesar de los puntos débiles en el terreno político y económico, para García Márquez era cuando menos un triunfo moral. Y Fidel ofrecía el ejemplo de un latinoamericano que no era un fracasado, que no se daba por vencido, sino que se erigía en el portador de la esperanza, y sobre todo la dignidad, de todo un continente. García Márquez decidió dejar de darse cabezazos contra la pared de adobe de la historia de América Latina. A partir de ahora se adheriría a lo positivo.

A medida que se distanciaba imperceptiblemente de la confrontación directa de los problemas de América Latina, al margen de Cuba y Colombia, empezó a pasar más tiempo en dos lugares que anteriormente no eran de su agrado: París y Cartagena. Fue durante este período cuando adquirió sendos apartamentos en ambas ciudades: en la rue Stanislas de Montparnasse y en Bocagrande, con vistas a la playa llena de turistas y a su amado Caribe. Cuando en septiembre de 1980 abandonó su huelga literaria, el vehículo, «El rastro de tu sangre en la nieve», reflejaría con exactitud esta nueva realidad existencial: el relato arrancaba en Cartagena y acababa en París (al tiempo que recodificaba su propio pasado parisino con Tachia).[3] Acaso respondiera a una de sus clásicas intuiciones, a su instintivo sentido de la oportunidad o a un mero golpe de buena suerte, el hecho de que durante este período dos de sus amigos, François Mitterrand y Jack Lang, fueran elegidos para componer el nuevo gobierno, como presidente y ministro de Cultura, respectivamente, y un tercero, Régis Debray, se convirtiera en un asesor gubernamental destacado, aunque controvertido. Cartagena, por su parte, gracias a las mejoras de los servicios aéreos y un cambio gradual de la mentalidad cachaca, devendría un lugar predilecto de fin de semana para los influyentes y los ricos de Bogotá.

Resultó ser un momento estimulante y sumamente rejuvenecedor para un hombre ya quincuagenario que desde luego podía congratularse de haber dado al activismo revolucionario lo mejor de sí mismo. Rodrigo había iniciado el éxodo a París con su breve incursión en el aprendizaje de la alta cocina gala, y García Márquez se dispuso a buscar clases de música para el menor de sus hijos, Gonzalo, ahora que Rodrigo estaba estudiando en Harvard. También Eligio había estado viviendo en

París varios años, aunque hacía poco se había trasladado a Londres. Al mismo tiempo, periodistas colombianos jóvenes, como los antiguos compañeros de *Alternativa*, Enrique Santos Calderón y Antonio Caballero, o María Jimena Duzán de *El Espectador*, estaban en París, y Plinio Mendoza trabajaba para la embajada de Colombia. Los contactos que García Márquez tenía en las altas esferas fueron valiosísimos para todos ellos.[4] Aunque pasaba menos tiempo en París que Gabo, Mercedes prodigaba mimos a todos los jóvenes colombianos, los emparejaba como celestina ocasional y les enjugaba las lágrimas cuando sus amoríos se echaban a perder. El propio García Márquez se embarcaba en charlas interminables que se prolongaban hasta altas horas de la noche y que demostraban a sus amigos que su táctica tal vez había cambiado, pero no sus convicciones.[5]

Gonzalo, que disponía de su propio estudio, pronto perdió interés en la flauta, para desilusión de su padre. Con diecinueve años, en 1981 emprendió los estudios de artes gráficas y conoció a su futura esposa, Pía Elizondo, la hija del escritor de vanguardia mexicano Salvador Elizondo, uno de los antiguos editores de *S.nob*. Tachia era una especie de tía para Gonzalo cuando sus padres estaban fuera. Seguía viviendo en el boulevard de l'Observatoire, enfrente del lúgubre hospital del momento fatídico que vivió con García Márquez. Cuando el 6 de septiembre de 1980 apareció «El rastro de tu sangre en la nieve» en *El Espectador*, la imagen escogida para la portada del *Magazín Dominical* era una rosa de la que caían unas gotas de sangre.

Apenas unas semanas después de la publicación de este relato cifrado, apareció un raro artículo con una entrevista a Mercedes, escrito por la hermana de Plinio, Consuelo Mendoza de Riaño. Aludía abiertamente a la relación que Gabo tuvo en París en los años cincuenta, un amor «a quien tal vez quiso muchísimo», e insinuaba que Mercedes era ingenua acerca de esto y de muchas otras cosas. Tanto si Mercedes había comprendido el significado del relato recién publicado como si no, esta secuela completamente descodificada debió de ser una sorpresa desagradable para ella. Sin embargo, acababa con un contraataque desafiante de la entrevistada. Consuelo Mendoza dejaba constancia de ello: «Las admiradoras del escritor la tienen sin cuidado. "Tú sabes que Gabito es un eterno admirador de las mujeres y eso se nota en sus obras. Él tiene amigas en todas partes que quiere mucho. La mayoría no son escritoras. Es que las escritoras a veces resultan cargantes, ¿verdad?"».[6]

El 19 de marzo de 1980, durante una visita a Cuba, García Márquez había anunciado que acababa de terminar —«la semana pasada»— una novela de la que prácticamente nadie tenía conocimiento, titulada *Crónica de una muerte anunciada*. Era, dijo, «algo como una falsa novela y un falso reportaje». Más adelante sostendría que no estaba «muy lejos del "nuevo periodismo" estadounidense». Repitió una imagen predilecta, que «la novela es como pegar ladrillos y el cuento como vaciar en concreto». Luego añadió una nueva: «La novela es como el matrimonio: se lo puede ir arreglando todos los días... y el cuento es como el amor: si no sirvió, no se puede arreglar».[7]

No a todo el mundo García Márquez le parecía tan adorable como a todas luces deseaba. Cuando trató de encontrar una explicación convincente para los cubanos que hacía poco habían irrumpido en avalancha en la embajada de Perú en La Habana en busca de asilo político, el escritor cubano disidente Reinaldo Arenas, como para dejar claro que a él García Márquez no lo engañaba, escribió un artículo con el elocuente título: «Gabriel García Márquez, ¿Esbirro o es burro?». Al referirse específicamente a la supuesta crítica de García Márquez a los refugiados vietnamitas y cubanos en busca de asilo político, Arenas declaraba:

> Que un escritor como el señor Gabriel García Márquez, que ha escrito y ha vivido en el mundo occidental, donde su obra ha tenido una inmensa repercusión y acogida que le han garantizado un modo de vida y un prestigio intelectual, que un escritor como él, amparándose en la libertad y posibilidades que ese mundo le brinda, use de ellas para hacerle la apología al totalitarismo comunista que convierte a los intelectuales en gendarmes y a los gendarmes en criminales, es sencillamente indignante ... Es ya hora de que todos los intelectuales del mundo libre (los demás no existen) tomen una actitud contra este tipo de propagandista sin escrúpulos del comunismo que, amparándose en las garantías que la libertad le ofrece, se dedica a socavarla.[8]

En una entrevista con Alan Riding para el *New York Times* en mayo, García Márquez, que había «visitado La Habana este mes en medio del problema con los refugiados que Cuba tiene con Estados Unidos», le explicó a Riding que había fundado Habeas para «ocuparnos de casos especiales que requirieran el contacto tanto con la izquierda como con el *establishment*, en ocasiones contribuyendo a obtener la liberación de víctimas de los secuestros de la guerrilla».[9] Daba la impresión de quien

desea quedar a bien con ambas partes, y las posibilidades de ser seducido por el *establishment*, quienquiera que lo encarnara, eran obvias. En
cuanto a su libro sobre Cuba, tanto tiempo esperado, dijo: «Se me abrieron todas las puertas, pero ahora me doy cuenta de que el libro es tan
crítico que podría utilizarse en contra de Cuba, así que me niego a pu-
blicarlo. A pesar de que los cubanos quieren que siga adelante». Riding
señalaba: «A pesar de sus frecuentes viajes a La Habana, dice que no podría radicarse allí. "No podría vivir en Cuba porque yo no he vivido en
carne propia todo el proceso. Sería muy difícil llegar ahora y adaptarme
a las condiciones. Echaría de menos muchas cosas. No sabría vivir con
la falta de información. Soy un lector voraz de periódicos y revistas de
todo el mundo». Sin embargo, tampoco se ve capaz de vivir en Colombia. «Allí no tengo vida privada —dijo—. Todo me concierne. Me in-
volucro en todo. Si el presidente se ríe, debo opinar sobre esa risa. Si no
se ríe, tengo que comentar por qué no se rió.» «Por eso el señor García
Márquez —comentaba Riding— ha vivido en Ciudad de México de
manera casi continuada desde 1961.»

Como de costumbre, el nuevo libro que acabaría por titularse *Crónica de una muerte anunciada* era en realidad un proyecto de antiguo: una
novela basada en el atroz asesinato de su amigo Cayetano Gentile en Sucre hacía treinta años. No deja de ser reseñable que fuera una obra inspirada por la violencia política de principios de los cincuenta, cuyo motivo central no hubiera estado fuera de lugar en *La mala hora*, y que aun
así el escritor, que acababa de dedicar siete años a la política, situara la
novela atrás en el tiempo, en un contexto político menos explosivo; y
del curso de los acontecimientos no culparía tanto al capitalismo, ni siquiera señalaría con especial énfasis a cierto gobierno conservador, remoto e implacable, como había hecho en *La mala hora*, sino a un sistema
social en apariencia con mucha más tradición y arraigamiento, marcadamente influenciado por la Iglesia católica y menos obsesionado por las
diferencias ideológicas y políticas que por las desavenencias morales y
sociales. Suponía esto un giro radical en su actitud frente a la literatura,
aunque los lectores y los críticos apenas lo hayan advertido.

En enero de 1951, en el mundo real, un joven llamado Miguel Palencia había recibido el día de su boda una nota en el pequeño pueblo
de Sucre que decía que la que iba a ser su esposa, Margarita Chica Salas,
no era virgen, y Palencia la había devuelto a su familia con el estigma de
la deshonra. El día 22, los hermanos de la joven, Víctor Manuel y José

Joaquín Chica Salas, asesinaron a su antiguo novio, Cayetano Gentile Chimento, en la plaza principal, delante de todo el pueblo, supuestamente por haber seducido, desflorado y abandonado a Margarita.[10] Fue una muerte especialmente truculenta: Gentile fue prácticamente descuartizado.[11] La madre de Gentile era buena amiga (y comadre) de Luisa Santiaga Márquez, y Cayetano mantenía una estrecha amistad con Gabito, su hermano Luis Enrique y la mayor de las hermanas, Margot. Luis Enrique había pasado el día anterior con Cayetano, y Margot había estado con él minutos antes de que lo mataran; Jaime, de once años, lo había visto morir. Desde aquel día Gabito siempre había deseado escribir los entresijos de la historia de aquella terrible muerte, pero puesto que los involucrados eran personas con quien él y su familia mantenían vínculos, su madre le pidió que no lo hiciera en vida de los padres de los principales protagonistas (el asesinato fue, por supuesto, la razón de que la familia García Márquez se marchara de Sucre en febrero de 1951). En 1980, cuando Gabito empezó a escribir la novela, las personas que podrían haberse sentido más ofendidas habían muerto ya, y él se hallaba en situación de barajar los hechos relativos al caso y las personalidades de sus conocidos con la misma falta de piedad que había aplicado a su propio personaje de *El otoño del patriarca*.[12]

García Márquez había ideado la estructura definitiva del nuevo libro durante el viaje de regreso a casa tras dar la vuelta al mundo con su familia en 1979. En el aeropuerto de Argel, la imagen de un príncipe árabe con un halcón le había abierto los ojos a una manera novedosa de presentar el conflicto entre Cayetano Gentile y los hermanos Chica. Gentile, de padres italianos inmigrantes, se convertiría en Santiago Nasar, de ascendencia árabe, y así más próximo a la herencia familiar de Mercedes Barcha. Margarita Chica, amiga de Mercedes, pasaría a ser Ángela Vicario. Miguel Palencia se convertiría en Bayardo San Román. Víctor Manuel y José Joaquín Chica Salas serían los hermanos gemelos Pedro y Pablo Vicario. La mayor parte del resto de los detalles del libro se corresponden con la realidad, o cuando menos se asemejan a ella. Se han modificado algunas de las relaciones, sobre todo en cuanto a clase social, y naturalmente García Márquez reescribe tan dramático episodio con el mágico sexto sentido propio del novelista.

En tanto que *La hojarasca* es la novela más autobiográfica de García Márquez, en consonancia con su corte modernista omite toda autorreferencialidad directa; en cambio, *Crónica de una muerte anunciada*, ya posmoderna, explicita su dimensión autobiográfica: su narrador es Gabriel García Márquez, dato que no se nombra pero que conocemos, pues está casado con Mercedes (y parece esperar que el lector sepa quién es), su madre es Luisa Santiaga, y aparecen sus hermanos Luis Enrique y Jaime, una hermana llamada Margot, otra, a la que no se nombra, que es monja, e incluso, por primera vez, su padre, al que tampoco nombra. Aquí García Márquez juega con sus lectores y con la realidad misma, puesto que estos detalles relativos a su familia y a su propia vida son ciertos en su mayoría, pero no del todo: por ejemplo, Luisa Santiaga, Luis Enrique, Margot y Jaime en efecto se hallaban en Sucre el día del asesinato, pero Gabito, Gabriel Eligio, Aida y Mercedes no estaban; y la tía Wenefrida llevaba años enterrada en el cementerio de Aracataca, pero aparece viva al final mismo del libro. Los miembros de la familia no sólo figuran con sus nombres propios, sino que adoptan también su personalidad y su manera de hablar. El narrador menciona que pidió matrimonio a Mercedes cuando ella no era más que una chiquilla, como ciertamente hizo, pero también incluye a la prostituta María Alejandrina Cervantes, a la que da el nombre de una mujer que realmente conoció en los aledaños de Sucre, y pasa buena parte de la novela con ella en la cama. En cuanto al pueblo, que no se nombra, se sitúa también a orillas de un río, como Sucre; y la casa de la familia está en la ribera, alejada de la plaza principal, en medio de una plantación de mangos, igual que la casa propiedad de los García Márquez en Sucre en la realidad; sin embargo, allí nunca hubo grandes barcos de vapor como los que aparecen en la novela, tampoco automóviles; y desde luego Cartagena no podía verse en la distancia. En cambio, en casi todo lo demás coincide punto por punto con el pueblo original.

La novela está concebida de manera harto deliberada como un *tour de force* literario. El autor es ahora, salta a la vista, otro hombre, otro escritor, una persona distinta. Nos hallamos ante el torero que va a dar al toro una estocada inolvidable, a un tiempo dramática y manifiestamente estética. El resultado es tan populista, compulsivo e irresistible, como, pongamos por caso, el *Bolero* de Ravel. E incluso igual de autoparódico, cualidad en la que estriba la gracia que lo salva. Porque, ironizando implícitamente el concepto de suspense, el escritor anuncia la muerte de su personaje en la primera línea del primer capítulo, y la sigue anunciando en varias ocasiones en los capítulos siguientes, hasta que al fin, excepcionalmente quizá, hace que el propio protagonista, sosteniéndose sus propios intestinos como un ramo de rosas, declare en la última página «que me mataron, niña Wene». Tras lo cual el desventurado se derrumba y sobreviene el final de la novela. Así pues, cuando García Márquez alude en su título a «una muerte anunciada», se refiere tanto a la naturaleza de la historia que está relatando como al enfoque que ha escogido para contarla. Todo ello, con sus ironías y ambivalencias, está condensado en una obra breve cuya extraordinaria complejidad queda hábilmente oculta a sus lectores, a quienes el experto autor conduce por sus páginas con un aplomo en apariencia exento de esfuerzo.

Cuando Bayardo San Román devuelve a Ángela Vicario a su familia en la noche de bodas tras descubrir que no es virgen, finalmente ella dice que quien la sedujo fue Santiago Nasar. Después de que sus hermanos den muerte a Nasar a modo de venganza, se refugian en la iglesia y le dicen al párroco: «Lo matamos a conciencia pero somos inocentes». El abogado de los gemelos alega que el asesinato fue cometido en legítima defensa del honor. Sin embargo, aunque no parecen arrepentidos, dan la impresión de haber hecho todo lo posible para advertir a Nasar o para que otros les impidieran el crimen; lo aguardaron donde era improbable encontrarlo y a la vista de todo el mundo. El narrador comenta: «Nunca hubo una muerte más anunciada». Para el resto del pueblo no existe más víctima que el novio engañado, Bayardo San Román, que en todo momento permanece envuelto en un halo de misterio y que no le dice nada al narrador cuando, veintitrés años después, vuelven a encontrarse. Aunque parezca increíble, desde el momento en que repudia a Ángela, que iba a casarse con él en contra de su voluntad, ella se enamora de él hasta la obsesión. Finalmente, cuando ya ambos han envejecido, San Román aparece con dos mil cartas sin abrir y el lacónico saludo: «Bueno, aquí estoy».

El síndrome de la honra, la ignominia y el machismo es el tema social en torno al que gira la novela, un motivo frecuente en un sinfín de obras desde la Edad de Oro de las letras españolas hasta los dramas lorquianos del siglo XX (la elección temática es en sí misma un giro conservador palmario del autor). Una posible conclusión de García Márquez: los hombres merecen la violencia que se infligen por lo que les hacen a las mujeres.

García Márquez debió de tener en mente la historia del coronel Márquez y Medardo una vez más mientras escribía este libro. ¿Hasta qué punto somos responsables de nuestras acciones, en qué medida ejercemos control alguno sobre nuestro destino? La ironía está presente en todos los niveles: el absurdo final es que Santiago Nasar tal vez no haya cometido el acto por el que paga con su vida, y en cualquier caso los hermanos no desean matarlo. Es la combinación del destino y la falibilidad humana, y sobre todo la confusión de ambos, lo que acaba provocando su muerte.

Crónica de una muerte anunciada tal vez sea el título más influyente de García Márquez, y a él se alude en miles de titulares y referencias periodísticas. La razón es, por supuesto, que da a entender que cualquier acontecimiento que se anuncia puede evitarse, y que la acción del ser humano puede predeterminar el mundo (aunque la novela, irónicamente, parece apuntar en sentido contrario). En líneas generales, el trabajo anterior de García Márquez solía llevar implícita la idea de que había más aspectos sujetos a la acción del ser humano de los que la conciencia popular latinoamericana daba en creer; a grandes rasgos, su obra posterior tiende más bien a cuestionar con mayor escepticismo cuál es el límite de maniobra del ser humano, y suele mostrar que la mayoría de las cosas escapan a nuestra voluntad. Paradójicamente, los trabajos anteriores parecen más pesimistas, pero de hecho están infundidos del optimismo implícito de una perspectiva socialista; van destinados a cambiar las mentes y los corazones. La obra posterior, en cambio, es mucho más enérgica y en apariencia alegre, pero está apuntalada por una visión del mundo no muy lejana a la desesperanza.

Al final de este prolongado período de propaganda y activismo políticos que va de 1973 a 1979, y como antesala al futuro que ya intuía, abrazó ahora un papel que hasta entonces se había negado a asumir: se convirtió en una celebridad. Inmediatamente después de acabar *Crónica de una muerte anunciada*, anticipando su regreso a Colombia, negoció con sus amigos de la prensa para embarcarse en un periodismo de muy distinto signo al que había cultivado hasta entonces. En adelante, sus artículos marcaron un regreso a las cosas que había escrito en los años cuarenta y cincuenta en Cartagena y Barranquilla, más próximos a la literatura que al periodismo convencional.[13] Eran, a la vez que comentarios sobre política y cultura, una especie de memorias serializadas, una carta semanal a sus amigos, una circular a sus admiradores, un diario público en progreso.[14] Sin embargo, no se trataba de las reflexiones cotidianas de un columnista que necesitara un *nom de plume* para procurarse una identidad; era el diario de uno de los grandes.

Publicaba estos artículos en espacios destacados de *El Espectador* de Bogotá y *El País* de Madrid, así como en otros periódicos de América Latina y Europa. El rasgo más sorprendente desde el principio fue su acusado cambio de postura. Aunque muchos de ellos abordaban asuntos políticos candentes, había desaparecido el tono izquierdista que los espoleaba. Quien escribía estos artículos era un gran hombre, semejante a cierto novelista decimonónico que ya hubiera sido aclamado en todo el mundo y a quien nadie le disputara ya su pedestal. Seguía siendo cordial —de hecho, era todo un privilegio que un hombre de tal categoría hiciese gala de tanta afabilidad (ambas cosas se percibían en el tono)—, pero se había perdido ya el tú a tú con el que el joven «Septimus» había escrito sus «Jirafas», o la camaradería del reciente periodista de *Alternativa*. Este cambio de postura y de tono fue una de sus tretas publicitarias más efectivas, lograda con consumada maestría en un hábil juego de manos. Quedaba claro que esta voz serena, comedida, que todo lo sabía pero nada pedía a cambio, no causaría problemas si su dueño volvía a Bogotá, donde pasó a ser una presencia habitual en la prensa dominical.

Los artículos empezaron a aparecer en septiembre de 1980 y se prolongarían sin apenas interrupción hasta marzo de 1984, hasta alcanzar un total de 173 artículos de periodicidad semanal, una cifra asombrosa para tratarse de uno de los períodos más ajetreados de la vida del escritor.[15] Sin embargo, tal vez lo más sorprendente al volver la vista atrás sea que los primeros cuatro artículos que escribió estuvieran dedicados al Premio Nobel.[16] Revelaban entre líneas no sólo que García Márquez había ahondado mucho en el tema, sino que estaba familiarizado con Estocolmo y, el detalle más llamativo, que había conocido al académico Artur Lundkvist e incluso había estado en su casa. Se había informado acerca de la composición del comité del Nobel, del método de selección y de los procedimientos del ritual de otorgamiento. Comenta en su primer artículo que la Academia Sueca es como la muerte, siempre hace lo inesperado. No sería así en su caso.

Desde el principio dio a sus lectores la impresión de que se les permitía entrar en las «Vidas de ricos y famosos», donde el champán corría como el agua y el caviar era el pan de cada día.[17] García Márquez no se limitaba a hablar constantemente de sus actividades cotidianas, del tren de vida que ahora llevaba y de las personalidades a las que conocía, sino que rememoraba su propio pasado, como si aquel pasado fuera en sí mismo de manifiesto interés para sus lectores de todo el mundo. Uno hubiera pensado que entre su último artículo para *Alternativa*, en 1979, y el primer artículo que hizo para *El Espectador*, en septiembre de 1980, hubieran pasado veinticinco años, al estilo de uno de esos milagros —«El milagro secreto»— propios de un personaje de Jorge Luis Borges. Al mismo tiempo se las arregló, con notable altura, para mantener una campaña continuada en contra de la política neoimperialista que el gobierno de Reagan llevaba a cabo en Centroamérica y el Caribe, sin distanciarse con ello de la corriente de opinión liberal dominante a escala internacional. Constituyó un logro meritorio que requeriría trasladar el énfasis de amistades y contactos revolucionarios tales como Petkoff, del MAS, y el líder costeño del grupo guerrillero M-19, Jaime Bateman, a referencias a políticos demócratas respetables como González, Mitterrand, Carlos Andrés Pérez y Alfonso López Michelsen.

Sus lectores descubrieron que, al igual que muchos de ellos, a este gran hombre le aterraba volar, y estaba en situación de confiarles que otros grandes como Buñuel, Picasso, e incluso alguien tan viajado como Carlos Fuentes, adolecían de un terror similar. Sin embargo, a pesar del pánico, daba la impresión de que viajaba de continuo, y describía cada uno de sus deslumbrantes viajes para delicia de sus ávidos seguidores: adónde iba, a quién visitaba, cómo eran las personas con quien se reunía y cuáles eran sus flaquezas (puesto que, estaba claro, todos tenemos nuestras pequeñas debilidades). También era supersticioso y, por lo que parecía, consideraba que eso lo hacía más adorable. Incluso lo asaltaban dudas e incertidumbres: en diciembre de 1980 meditó en París sobre el asesinato de John Lennon y la nostalgia que acompañaría a varias generaciones con la música de los Beatles, y se lamentaba: «Esta tarde, pensando todo esto frente a una ventana lúgubre donde cae la nieve, con más de cincuenta años encima y todavía sin saber muy bien quién soy, ni qué carajos hago aquí, tengo la impresión de que el mundo fue igual desde mi nacimiento hasta que los Beatles empezaron a cantar».[18] Hizo hincapié en que, por encima de todo, Lennon estaba asociado al amor. A él, en cambio, tal vez pensaran sus lectores, se le había identificado más bien con el poder, la soledad y la ausencia de amor; sin embargo, eso estaba a punto de cambiar.

El artículo sobre John Lennon era un mensaje en clave. París, Europa, no eran la respuesta. Tal y como divulgó en una serie de entrevistas que le hicieron en este momento, necesitaba regresar a Colombia, donde de nuevo se había ambientado su última novela. Hacía años que prometía volver, pero el país había empezado a sumirse otra vez en el caos cuando se produjo el cierre de *Alternativa*, a principios de 1980: una nueva marea de violencia, una nueva oleada de tráfico de drogas y un nuevo grupo guerrillero empeñado en llevar a cabo operaciones espectaculares.

Con este telón de fondo, García Márquez y Mercedes regresaron a la Colombia represiva y reaccionaria de Turbay en febrero de 1981. Gabito organizó una reunión familiar por todo lo alto en Cartagena, en la que el momento estelar vino de mano de la tía Elvira, la tía Pa, cuya memoria prodigiosa dejó boquiabiertos a todos los presentes.[19] Después del reencuentro, García Márquez retomó su trabajo en el apartamento que hacía poco le había comprado en Bocagrande a su hermana predilecta, Margot. El poeta y crítico colombiano Juan Gustavo Cobo Borda lo visitó poco después de su llegada y tuvo el privilegio de llevarse el manuscrito de *Crónica de una muerte anunciada*, que leyó en dos horas en el piso decimonoveno de un hotel cercano.[20] Cobo Borda informaba de que el escritor trabajaba cada día en casa de Margot, tras lo cual bajaba a pie los cuatro tramos de escaleras hasta la planta baja y se iba a Manga a visitar a su madre y a escuchar «los chistes ininteligibles de su padre».

El 20 de marzo, en Bogotá, García Márquez asistió a una gala de la Légion d'Honneur que organizaba la embajada francesa, y luego volvió a encontrarse con Cobo Borda y llevar a cabo «la entrevista del cachaco sapo al costeño corroncho», como acordaron denominarla. Cobo Borda afirmó que nunca había visto a su entrevistado tan contento en Colombia. Sin embargo, la satisfacción duró poco: ambos hombres hablaron el mismo día en que el presidente anunciaría la ruptura de las relaciones con Cuba. Y eso no era todo: empezaba a llegar a oídos de García Márquez que el gobierno trataba de vincularlo al movimiento guerrillero M-19, que a su vez se relacionaba con Cuba, e incluso había rumores de que podían intentar asesinarlo. Posteriormente dijo a reporteros mexicanos que había oído hasta cuatro versiones distintas de que el ejército colombiano planeaba matarlo.[21] El 25 de marzo, rodeado de amigos que se habían reunido para protegerlo, pidió asilo en la embajada de México y pasó allí la noche.[22] A las 19.10 de la tarde siguiente voló hacia el norte bajo la protección de la embajadora mexicana en Colombia, María Antonia Sánchez Gavito, y fue recibido por otro nutrido grupo de amigos y un número aún mayor de periodistas en el aeropuerto de Ciudad de México. El gobierno mexicano le procuró de inmediato un guardaespaldas personal.

Durante el vuelo había mantenido una larga conversación con la periodista colombiana Margarita Vidal, que luego elaboró una crónica en profundidad sobre el drama.[23] Mientras sobrevolaban el Caribe, García Márquez le aseguró que ni Castro ni Torrijos estaban suministrando armamento a los guerrilleros colombianos; Castro había alcanzado un acuerdo con López Michelsen para no brindarles ayuda militar, y lo había cumplido. García Márquez dijo que regresaría a Colombia cuando, como esperaba, López Michelsen llegara de nuevo a la presidencia. Aseguró estar totalmente en contra del terrorismo; la revolución era la única solución a largo plazo, cualquiera que fuera su coste en vidas humanas, aunque lo cierto es que no sabía cómo podía llevarse a cabo con éxito. Colombia siempre había sido un país con una conciencia débil, un lugar propicio para el populismo pero no para la revolución. Los colombianos ya no creían en nada, la política nunca los había llevado a ningún lado, y ahora la actitud era que cada palo aguantara su vela, con lo que se corría el riesgo de una disolución social absoluta: «[U]n país donde no existe una izquierda organizada, una izquierda capaz de convencer a nadie y que se le va la vida más bien dividiéndose, no puede hacer nada».

Todo este episodio servía de marco incomparable para la publicación de una novela titulada *Crónica de una muerte anunciada*. Es de imaginar a los oficiales del ejército colombiano sentados en sus cuarteles unos días antes, riéndose complacidos entre dientes por la sorpresa desagradable e irónica que le reservaban al engreído rojo costeño. Resultó, en cambio, que el pájaro había volado y la celebración del regalo de bienvenida que le había ofrecido a Colombia —su nueva novela— no contaría con su presencia en Bogotá.

Los lectores descubrieron que *Crónica de una muerte anunciada* narraba una historia que difícilmente podría haber sido más dramática. Sin embargo, se trataba también de una de esas novelas que pasan por su propio drama tras su publicación. En primer lugar, cuando el libro fue lanzado —simultáneamente— en España (Bruguera), Colombia (Oveja Negra), Argentina (Sudamericana) y México (Diana), se alcanzaron unas cifras de venta astronómicas. El 23 de enero de 1981, *Excelsior* informó de que se habían impreso más de un millón de ejemplares para el mundo hispanohablante: doscientas cincuenta mil ediciones en rústica para cada uno de los cuatro países, y cincuenta mil tapas duras para España. Se decía que Oveja Negra había acabado el trabajo en abril, la mayor tirada de la historia para una novela latinoamericana. El 26 de abril, *Excelsior* anunció que se estaban invirtiendo ciento cuarenta mil dólares en publicidad tan sólo en México y que el libro se estaba traduciendo a treinta y un idiomas. Se vendía en quioscos y en puestos de golosinas callejeros de toda América Latina.

El director de Oveja Negra, José Vicente Kataraín, fue entrevistado poco después de la publicación.[24] Resultó que no había un millón de ejemplares del libro, sino dos: un millón impresos en Colombia y otro millón entre España y Argentina; sin embargo, Kataraín siempre fue poco fidedigno en cuanto a cifras, como correspondía, por otra parte, al nombre de su sello editorial. Y en tanto que hasta entonces una primera edición colombiana nunca había superado las diez mil copias, el nuevo libro de García Márquez era la obra literaria de mayor tirada en una primera edición jamás publicada en el mundo. Dos millones de ejemplares requirieron doscientas toneladas de papel, diez toneladas de cartón y mil seiscientos kilos de tinta. Habían hecho falta cuarenta y cinco Boeings 727 sólo para exportar los ejemplares desde Colombia. Como si esto no bastara, el 29 de abril García Márquez declaró que *Crónica de una muerte anunciada* era «mi mejor obra». El 12 mayo, no obstante, algunos críticos colombianos aseguraron que el libro era «una estafa a los lectores», poco más que un relato largo que apenas añadía nada a los logros anteriores del autor.[25] Sin embargo, la novela fue directamente a lo más alto de las listas de ventas en España, donde el libro fue comparado, inevitablemente, con *Fuenteovejuna* de Lope de Vega, y allí permaneció hasta el 4 de noviembre. Fue la obra más vendida en España en 1981. Y Gabo, el gran novelista, había vuelto por todo lo alto.

El 7 de mayo, un abogado de Bogotá, Enrique Álvarez, demandó a García Márquez y reclamó medio millón de dólares por difamar a los hermanos que se retrataban en la novela, puesto que los habían declarado «inocentes» del crimen, mientras que el libro los mostraba como asesinos. Al pensar en el malogrado Cayetano Gentile, posiblemente inocente, que realmente había sido asesinado —aunque la ley no lo interpretase así— por los hermanos treinta años antes, esto parecería añadir escarnio a la ignominia.[26] Algunos otros «personajes principales» del libro, gente que aparecía retratada en sus páginas o creía estarlo, además de otros miembros de la familia, se reunieron en Colombia —algunos procedentes de lejanas partes del mundo— para hablar de la injusticia de la que se sentían víctimas. Todos se llevarían un chasco al no sacar tajada de los beneficios astronómicos de García Márquez; los tribunales en Colombia, donde la mayoría de los profesionales siempre han contado con una sólida formación literaria, harían sutiles distinciones entre la verdad histórica y la ficción narrativa, y la libertad de autor quedaría confirmada con rotundidad.

Crónica de una muerte anunciada ha sido una de las novelas de mayor éxito de García Márquez entre el público lector, e incluso entre la crítica; una de esas lecturas que no se olvidan jamás. Sin embargo, tal vez sea la más pesimista de todas las de su carrera. No hay duda de que este cambio guarda necesariamente alguna relación con las frustraciones que le reportó su actividad política entre 1974 y 1980, y a la situación por la que atravesaba Colombia al final de ese período.

El 21 de mayo García Márquez estaba en París para la toma de posesión de François Mitterrand, en compañía de Carlos Fuentes, Julio Cortázar y la viuda de Salvador Allende, Hortensia. Era la primera de las muchas investiduras presidenciales protagonizadas por amigos personales a las que asistiría en los años venideros, aunque ninguna sería más imponente, teatral o incluso poética que el espectáculo que ofreció el más consciente —tanto de su persona como de la historia misma— de los políticos. ¡Qué lejos había quedado García Márquez desde aquellos tiempos en que poco lo separaba de los *clochards* parisinos![27] Al mes siguiente se encontraba en La Habana, alojado en una suite del hotel Riviera que las autoridades le reservaban permanentemente. Su relación con Fidel se atenía ya a una pauta regular. Empezaron a pasar juntos unas vacaciones anuales en la residencia de Castro en Cayo Largo, donde, a veces solos o a veces con otros huéspedes, saldrían a navegar en la lancha o en el barco *Acuaramas* del presidente cubano. Mercedes disfrutaba especialmente de estas ocasiones, porque Fidel dispensaba un trato especial a las mujeres, era siempre atento y desplegaba una caballerosidad a un tiempo placentera y halagadora.

Ya entonces Gabo y Fidel se sentían lo bastante cómodos juntos para que el colombiano adoptara el papel del hermano menor poco atlético y cascarrabias que hacía las cosas a regañadientes, protestaba por las tareas que había que hacer y se quejaba de hambre y del resto de los penosos imperativos de la vida, una pantomima que siempre hacía reír a Castro. Aunque, por descontado, las flaquezas de sus semejantes no siempre divertían al comandante, en el caso de García Márquez había sobrados motivos para hacer una excepción. No sólo se comportaba como el hermano menor y por lo general era deferente, sino que sabía elegir el momento de hacer una broma o una bufonada, y además tenía claro hasta dónde podía llegar. No era Fidel necesariamente respetuoso con los escritores en general —ni con sus libertades—, pero siempre reconocía cuando alguien era el mejor en su oficio.

Alguien que respetaba a García Márquez aun más que Castro y lo trataba en este caso como a un hermano mayor, más sabio, aunque igual de irreverente, era el general Torrijos de Panamá. Felipe González me contó con posterioridad que el recuerdo más duradero que conservaba de Torrijos y García Márquez era el de la ocasión en que los dos se tomaron una botella de whisky en una de las casas de Torrijos. Después de mucha jarana y «cachondeo», se desató una tormenta tropical. Los dos hombres salieron corriendo del balcón en el que estaban bebiendo y se revolcaron por el césped bajo la intensa lluvia, pataleando en el aire y desternillándose de risa como dos chiquillos a los que, sencillamente, les encantaba estar juntos.[28] García Márquez visitó a Torrijos a finales de julio con el venezolano Carlos Andrés Pérez y Alfonso López Michelsen, de quien García Márquez esperaba que ganara las elecciones en Colombia al año siguiente; pasaron el fin de semana en la bella isla de Contadora. García Márquez prolongó su estancia unos días con su amigo militar y luego volvió a México, en un momento en que todo el planeta, incluso América Latina, contemplaba embobado la boda televisada del príncipe Carlos y lady Diana Spencer en Londres. Sin embargo, el 31 de julio se llevó uno de los peores reveses que García Márquez había sufrido jamás en lo personal, y el más grave en lo político desde la muerte de Salvador Allende en 1973, cuando tuvo conocimiento de que Torrijos había muerto en un accidente aéreo en las montañas de Panamá. García Márquez había decidido a última hora no acompañarlo en aquel vuelo.

En la prensa se especuló hasta la saciedad sobre si Torrijos había sido asesinado y también, en los cuatro días siguientes, sobre si García Márquez asistiría al funeral, y los medios no ocultaron su sorpresa y desilusión cuando no lo hizo. La explicación que dio quedó inscrita de inmediato en el canon de las justificaciones clásicas de García Márquez: «Yo no entierro a mis amigos».[29] Era una declaración asombrosa procedente del autor de *La hojarasca* y *El coronel no tiene quien le escriba*, dado que en ambas obras los entierros juegan un papel esencial y se fundamentan en el supuesto de que dar digna sepultura a un cadáver es un deber moral fundamental, tal vez el mínimo exigible para nuestra siempre incierta humanidad, como ocurre en *Antígona*.

García Márquez no enterraba a sus amigos, pero continuaba ensalzándolos: su personal obituario, «Torrijos», apareció en *El Espectador* el día 9 de agosto, mientras asistía a la feria que se celebraba en La Coruña.[30] Algunos juzgaron su comportamiento insensible y ambivalente. Sin embargo, la muerte de Torrijos dejó honda huella en él. Mercedes comentaría más adelante: «Tuvo una gran amistad con Torrijos, a quien quiso muchísimo. Lo impactó mucho su muerte. Tanto que se enfermó de la impresión. Le hace tanta falta que no hemos vuelto a Panamá».[31] Años después, el propio García Márquez meditaría al respecto:

> Torrijos viajaba demasiado en avión, hasta sin motivos reales: viajaba compulsivamente. Daba tantas oportunidades a la fatalidad como a sus enemigos. Pero circula a un alto nivel la versión de que un escolta de Torrijos había dejado el walkie talkie o transmisor portátil en una mesa, poco antes de salir en el vuelo oficial. Dicen que cuando el escolta fue a buscar el aparato, lo habían cambiado por otro que contenía un explosivo.

Por deformación profesional, añadió: «Si no es una versión real, por lo menos es muy atractiva literariamente».[32]

Era año de elecciones en Colombia y López Michelsen, con el respaldo de García Márquez, era el oponente liberal de Belisario Betancur, el candidato conservador. El 12 de marzo García Márquez advirtió que López Michelsen era la mejor esperanza para la democracia del país.[33] Dos días después reveló en su columna que él mismo estaba en la lista negra del MAS, un escuadrón de la muerte de ideología reaccionaria (que no debe confundirse con el partido político de Petkoff en Venezuela). En la lista estaba también María Jimena Duzán, que había viajado para entrevistar a los guerrilleros del M-19 dos semanas antes. García Márquez acusó al ejército y al gobierno de estar en connivencia con el MAS, y dijo que siempre había abrigado la esperanza de morir «a manos de un marido celoso», desde luego no por las acciones del «gobierno más chapucero que ha tenido mi país en toda su historia».[34]

A pesar del apoyo prestado a López Michelsen, la mayoría del 55 por ciento del electorado que acudió a las urnas no coincidió con él, y el conservador Belisario Betancur ganó con el 48,8 por ciento de los votos, contra el 41 por ciento de López; se dio el caso de que en realidad fue el disidente liberal Luis Carlos Galán el que dio la victoria a los conservadores, al obtener el 10,9 por ciento de los votos. Turbay, el presidente saliente, levantó el estado de sitio que había estado en vigor de manera intermitente durante treinta y cuatro años en el país de Macondo. El hijo del propio Betancur, Diego, hizo campaña contra su padre, en favor del partido obrero revolucionario maoísta. Nada más tomar posesión del cargo, Betancur declaró una amnistía para los movimientos de guerrilla e inició las primeras negociaciones de paz serias de la era contemporánea.

La primera intervención de García Márquez en la política democrática no había dado los frutos deseados, y ahora sobrevino una nueva calamidad en América Latina que acrecentaría su sensación de fracaso. A principios de mes el ejército argentino ocupó las islas Malvinas, en el Atlántico Sur, y los británicos mandaron un destacamento con la misión de recuperarlas. El hecho excepcional de que una junta militar fascista, aunque perteneciera a un régimen latinoamericano, hiciera frente a una nación europea pondría a prueba la retórica democrática recién adoptada por García Márquez y la llevaría hasta sus mismos límites durante los doce meses siguientes, cuando, igual que Fidel Castro, prefiriera optar por dictadores latinoamericanos que por colonialistas europeos.

Su primer comentario, un artículo titulado «Con las Malvinas o sin ellas», apareció el 11 de abril.[35] En el transcurso de las semanas que siguieron, a medida que se evidenciaba que las fuerzas argentinas se abocaban irremisiblemente a la humillación, el abatimiento se fue apoderando poco a poco de todo el continente.

De hecho, todas las noticias políticas procedentes de América Latina desde la victoria de los sandinistas en 1979 parecían ir de mal en peor. Además estaban los problemas por los que atravesaba el régimen comunista en Polonia, donde el movimiento sindicalista liderado por Solidaridad estaba poniendo en cuestión la legitimidad del gobierno. A García Márquez le daba la sensación de que en todas partes las cosas parecían haber tomado la dirección equivocada. Entretanto, él viajaba de un lado a otro del Atlántico y hablaba de ello a sus lectores —incluido un viaje en Concorde, «entre los ejecutivos impasibles y las radiantes putas de lujo»—.[36] También había visitado «Bangkok la horrible» después de alquilar un Rolls-Royce en Hong Kong (ninguno de sus amigos tenía uno) y convencerse, una vez más, de que «el lugar más apropiado para hacer el amor, como siempre, son los hoteles americanos con aire puro y sábanas limpias», incluso en la capital mundial del turismo sexual.[37] Sin embargo, parecía que los temas de su obra literaria se habían agotado. Ahora que el socialismo estaba en decadencia, ahora que la soledad y el poder sobre los que siempre había escrito parecían destinados a prevalecer en todo el planeta, sentía la necesidad de encontrar otra motivación, algo que nutriera su optimismo e inspirara a otros a seguir su ejemplo. ¿Qué podía ser? El amor, por supuesto. Gabo se convertiría en el Charlie Chaplin de la literatura: haría sonreír a sus lectores, los haría enamorarse.

El primer indicio que dejó atisbar este nuevo movimiento fue un artículo titulado «Peggy, dame un beso», que se inspiraba en un mensaje garabateado en una pared de la calle mexicana donde vivía.[38] García Márquez explicaba la emoción que le había causado esta cándida petición en un mundo en que las noticias eran siempre malas noticias, en especial las procedentes de Colombia. Sin embargo, sospechaba que el anhelado resurgir del amor no tardaría en producirse. (Apenas cuatro meses antes les había confiado a sus lectores que «nunca me aventuro a escribir» a menos que haya en su escritorio una rosa amarilla; que su amante esposa se encarga de poner allí todos los días, por supuesto.)[39] Y no es que tuviera nada en contra del sexo —informó al mundo entero allí mismo de que había perdido la virginidad a la temprana edad de trece años—, pero «es mejor el sexo con todo lo demás, que es el amor completo». Las novelas de amor volvían a ser las que mejor se vendían, declaraba, e incluso los boleros latinoamericanos de antaño estaban de nuevo poniéndose de moda.

Así que tal vez no fuera una mera coincidencia que, después de muchas negativas, accediera a conceder una entrevista largo tiempo esperada a la revista *Playboy*, y ésta tuviera lugar, naturalmente, en París, la capital del amor. La revista envió para la ocasión a Claudia Dreifus, que con el tiempo se convertiría en una entrevistadora de éxito, y entabló una de las conversaciones mejor documentadas y exhaustivas de todas las que se le hayan hecho al escritor.[40] García Márquez explicó sus posicionamientos políticos a los lectores norteamericanos de *Playboy*, insistiendo en que con Fidel «hablamos más de cultura que de política»: ¡eran simplemente amigos! A continuación pasó a tratar los asuntos del amor y el sexo. Dijo que nadie conoce nunca por completo a otra persona, y Mercedes y él no eran una excepción; todavía no tenía ni idea de cuántos años tenía su mujer. Explicó que la mayor parte de las relaciones que había mantenido con prostitutas en su juventud eran sobre todo para sentirse acompañado y huir de la soledad.

> Guardo buenos recuerdos de prostitutas y escribo sobre ellas por razones sentimentales ... Los burdeles cuestan dinero, por lo que son lugares destinados a hombres más mayores. La iniciación sexual en realidad empieza con las criadas, en casa. Y con las primas. Y con las tías. Pero las prostitutas eran amigas mías cuando era joven ... Con las prostitutas, incluyendo a algunas con las que no me acosté, siempre he trabado buenas amistades. Podía dormir con ellas porque era horrible dormir solo. O podía no hacerlo. Siempre he dicho en broma que me casé para no almorzar solo. Por supuesto, Mercedes dice que soy un hijo de puta.

Dijo envidiar a sus hijos por vivir en una era de igualdad entre hombres y mujeres; *Crónica de una muerte anunciada* daba una idea de cómo eran las cosas en su juventud. Por último, se describía como un hombre con una necesidad desaforada de amor:

> GARCÍA MÁRQUEZ: Soy el tipo más tímido del mundo. También el más cariñoso. Sobre esto no tolero discusión u objeción alguna ... ¿Mi mayor debilidad? Hmm. Mi corazón. En el sentido emotivo, sentimental. Si fuera mujer, siempre diría que sí. Dependo enormemente del cariño de los demás. Mi gran problema es que me quieran más, y por eso escribo.
>
> PLAYBOY: Tal y como lo dice, parece ninfomanía.
>
> GARCÍA MÁRQUEZ: Bueno, sí, pero ninfomanía del corazón... De no haber sido escritor, me hubiera gustado ser pianista en un bar. De ese modo, podría haber contribuido a que los amantes se sintieran aún más enamorados. Si como escritor puedo alcanzar algo parecido —hacer que las personas se quieran más gracias a mis libros—, creo que habré dado a mi vida el sentido que pretendía.

Por supuesto, ahora intentaría hacer eso por la gente a través de sus historias de amor, y por los países a través de sus mediaciones.

Justo antes de esta entrevista para la posteridad —que no aparecería publicada hasta casi un año después— se había editado uno de los libros más conocidos sobre García Márquez, del que seguirían vendiéndose cifras nada despreciables a lo largo de los años. *El olor de la guayaba* era un favor a Plinio Mendoza, que de nuevo atravesaba tiempos difíciles. Se trataba de un diálogo en apariencia franco, aunque calculado hasta el último detalle con mano experta, que recorría la totalidad de la vida y la obra de García Márquez y en el cual el escritor daba su opinión sobre una amplia gama de asuntos que iban, una vez más, de la política a las mujeres.[41] Es difícil no imaginar que las insinuaciones, a veces sorprendentes, acerca de devaneos sexuales y posibles aventuras extramatrimoniales no estuvieran destinadas, en cierto sentido, a abrirle un nuevo mercado a un escritor para quien la expresión literaria del amor hasta entonces se había asociado siempre a la violencia y la tragedia.

Así, García Márquez confirmaba su decisión de volver a la escritura para no abandonarla nunca más, mientras pudiera seguir ejerciendo su oficio. Hasta hacía muy poco había sido una vocación, una compulsión, una ambición, en ocasiones un tormento. Ahora empezó a disfrutarla de veras. Años atrás, durante su «huelga» literaria, había dicho con cierta nostalgia en una entrevista que nunca se sentía tan dichoso como cuando escribía.[42] Ahora por fin había dado con una idea para un nuevo libro: una historia de amor y reconciliación. A medida que el invierno daba paso a la primavera en Europa, empezó a esbozar las primeras notas.

Aquel verano, Mercedes y él recorrieron el viejo continente en compañía de amigos colombianos: Álvaro Castaño, propietario de la emisora de radio de música clásica más popular de Bogotá, HJCK, y su esposa Gloria Valencia, la presentadora de televisión más famosa de Colombia. Recalaron en París, Amsterdam, Grecia y Roma. A continuación Gabo y Mercedes volvieron a México. Entonces ya había concretado los detalles de la nueva novela; giraría alrededor, entre todas las cosas posibles, de la historia de amor de sus padres, de la cual había renegado durante tanto tiempo.

A finales de agosto, García Márquez y Mercedes pasaron de nuevo unas vacaciones con Fidel Castro en la costa cubana. Rodrigo acababa de licenciarse en Harvard y los acompañó en la visita. Ahora se estaba planteando emprender una carrera en el mundo del cine. Sus grandes amigos, los Feduchi, y Carmen Balcells también pasaron unos días con ellos y el comandante. Fidel no solamente los honró con un crucero en su yate, el *Acuaramas*, sino que también los agasajó con una cena en su apartamento de la calle Once, donde pocos extranjeros han comido desde la muerte de Celia Sánchez. Castro es un chef entusiasta y cocinar es uno de sus temas de conversación favoritos, y más en un momento en que estaba inmerso en una campaña para producir queso camembert y roquefort cubanos. A la noche siguiente todos fueron a comer a casa de Antonio Núñez Jiménez, y en esta ocasión la charla derivó de la cocina al vil metal.[43] Castro estaba pensando en visitar Colombia y dijo que «Gabriel», como siempre insistía en llamarlo, debía acompañarlo, «¿o es que tienes miedo de que te acusen de ser agente cubano?».

—Eso es llover sobre mojado —respondió García Márquez.

—Cuando dicen que Castro paga a García Márquez, yo digo: «Oye, ya sería hora de que nos diera algo» —saltó Mercedes.

—Eso es lo malo, que me reclamen el pago —replicó Fidel—. Pero yo tengo un argumento irrebatible: «Señores, no podemos pagarle a García Márquez porque es demasiado caro». Hace poco, y para no andar con el virtuosismo de decir que somos invendibles, les dije a unos yanquis: «No es que no nos vendamos, ¿saben?, lo que sucede es que Estados Unidos no tiene suficiente dinero para comprarnos». Es más modesto, ¿verdad? Y con García Márquez pasa lo mismo. No podemos hacerle agente nuestro. ¿Usted sabe cuál es el problema? No tenemos suficiente dinero para comprarlo: es demasiado caro.

Rodrigo, hasta entonces callado, dijo:

—Al ingresar en una universidad norteamericana, me preguntaron cómo conciliaba mi padre sus ideas políticas con su dinero y su tipo de vida. Les contesté lo mejor posible, pero no hay respuesta satisfactoria para alguien que haga esa pregunta.

—Mira, tú tienes que decirle: «Ese problema quien tiene que considerarlo es mi madre, no mi padre» —dijo Fidel—. Tú debes decir: «Mire, mi padre no tiene un solo centavo, la que administra el dinero es mi madre» —agregó.

—Y no me da sino para gasolina —dijo García Márquez sin asomo de risa.

Castro respondió:

—Estoy elaborando una doctrina aquí para cuando le hablen de sus cuentas bancarias. Hay que decirles que la fórmula socialista es que cada cual aporta según su capacidad y recibe según su trabajo, y como Gabriel es socialista, no es comunista todavía, aporta según su capacidad y recibe según su trabajo. Además, la fórmula comunista no está aplicada en ninguna parte.

Rodrigo se había animado:

—Una vez, de pronto, se me voltea un muchacho y me pregunta: «¿Tu padre es comunista?». Yo le pregunté a mi vez: «¿Qué quiere decir eso, que tiene carnet comunista, que vive en un país comunista?».

Castro contestó:

—Tú debes decirle: «Mi padre es comunista únicamente cuando viaja a Cuba y no le pagan nada; aporta según su capacidad, le han impreso como un millón de libros, y recibe según su necesidad».

—Nada me pagan. Aquí nunca me pagan ni un centavo por derechos de autor —dijo García Márquez.

En el transcurso de esta visita, García Márquez y Castro hablaron también sobre las consecuencias de la elección de Betancur en Colombia, que a primera vista parecía un revés considerable tanto para García Márquez como para la Revolución cubana. Betancur había tomado posesión del cargo el 7 de agosto. Aunque era conservador y antiguo editor de un periódico tan reaccionario como El Siglo, siempre había cultivado una reputación de político «civilizado», poco amigo de los sectarismos, y era además un poeta aficionado entre cuyas amistades personales se contaban muchos otros poetas. García Márquez había empezado a flirtear con el nuevo régimen en entrevistas de prensa poco después de la elección, además de repetir cuánta «nostalgia» tenía de su país.

Aunque rehusó asistir a la investidura de Betancur, García Márquez le habló bien a Castro del nuevo presidente y declaró que era «buen amigo mío». Era hijo de un arriero; se conocían desde 1954, cuando «Gabo» estaba en El Espectador y «Belisario» en El Colombiano. Desde entonces habían mantenido siempre el contacto. García Márquez le explicó a Castro: «Allá en Colombia se nace conservador o se nace liberal, no importa lo que uno piense». Betancur, dijo, no era un verdadero conservador ideológico, y en su gobierno había muchos independientes. Era un gran orador, «le llega a la gente, le llega mucho. Y —aquí llegaba el broche de oro— me pide consejos todo el tiempo».[44]

Se aproximaba la época del Nobel una vez más y, al igual que en años anteriores, el nombre de García Márquez volvía a mencionarse, aunque en esta ocasión con mayor insistencia que en otras ocasiones. Tanto más sorprendente fue que decidiera, a menos de un mes de que se anunciara el premio, lanzar un ataque lacerante al dirigente israelí Menachem Begin, el cual, por implicación directa, sería también un ataque a la Fundación Nobel, que le había concedido el Premio Nobel de la Paz en 1978. A principios de junio, Begin había ordenado la invasión del vecino Líbano y el general Ariel Sharon, comandante de su ejército, no había cumplido con el deber de proteger a los palestinos que se habían refugiado del ataque, con lo que permitió las matanzas que se produjeron en los campos de Sabra y Chatila, en Beirut, el 18 de septiembre. García Márquez sugirió que Sharon y Begin eran merecedores del Premio Nobel de la Muerte.[45]

Sin embargo, todo apunta a que también se había estado trabajando su propia candidatura. Cuando su amigo Alfonso Fuenmayor le preguntó más adelante aquel mismo año si había estado antes en Estocolmo, contestó con una sonrisa burlona: «Sí, aquí estuve hace tres años, cuando vine a intrigarme el Premio Nobel».[46] Naturalmente, ésta no es más que otra de sus *boutades*, pero lo cierto es que había hecho varias visitas a Estocolmo en los años setenta y que hizo lo posible por entablar contacto con Artur Lundkvist, el académico progresista sueco y distinguido escritor cuya influencia había sido ya decisiva en la atribución del premio a los latinoamericanos Miguel Ángel Asturias y Pablo Neruda. Y García Márquez había pasado unas vacaciones en Cuba con el embajador de Suecia, en el verano de 1981.

Si andaba buscando augurios, no podría haber tenido uno mejor que el regreso al poder de los socialdemócratas de Olof Palme en las elecciones suecas del 18 de septiembre de 1982. Palme era amigo de García Márquez desde hacía años y siempre había insistido en la deuda personal que había adquirido con las obras literarias de Lundkvist por abrirle los ojos al resto del mundo. Entretanto, su hermano Eligio, el experto en literatura de la familia, siempre tuvo la certeza de que Gabito ganaría el premio en 1982 y estaba seguro de que el propio Gabito también lo pensaba. Álvaro Mutis había comentado que el comportamiento de su amigo en aquella época era «curioso». Y el sábado 16 de octubre, cuando Eligio habló con él por teléfono y le mencionó el premio, Gabito, muerto de risa, le dijo que no le cabía duda de que, si alguien iba a ganarlo, el embajador sueco habría hablado con el agraciado con un mes de antelación...[47]

El miércoles 20 de octubre, los periódicos mexicanos anunciaron que la nueva novela de García Márquez versaría sobre el amor. Cuando Mercedes y él se disponían a almorzar, llamó un amigo desde Estocolmo para decir que todos los indicios apuntaban a que verdaderamente el premio estaba asegurado, pero que no debía comentar nada o los académicos podrían cambiar de opinión. Después de colgar, Gabo y Mercedes se miraron estupefactos, incapaces de articular palabra. Al fin, Mercedes dijo: «¡Dios mío, el lío que se nos viene encima!». Se levantaron de la mesa y corrieron a casa de Álvaro Mutis en busca de consuelo, y no volvieron a casa hasta la madrugada, a la espera de que se confirmase este honor que, cuando menos él, tanto había deseado, pero que era también una sentencia perpetua para ambos.

Ninguno de los dos pegó ojo. A las 5.59 de la mañana siguiente, hora de Ciudad de México, Pierre Shori, viceministro de Asuntos Exteriores sueco, lo llamó a casa y corroboró la noticia del premio. García Márquez colgó el teléfono, se volvió a Mercedes y dijo: «Estoy jodido».[48] Apenas hubo tiempo para hablar de ello o prepararse para la inevitable avalancha mediática antes de que el teléfono empezara a sonar. El primero en llamar, tan sólo dos minutos más tarde, fue el presidente Betancur, desde Bogotá. Betancur había tenido conocimiento de la noticia por François Mitterrand, que a su vez la había sabido por Olof Palme, pero la versión oficial fue que Betancur se la había oído a un periodista de RCN a las 7.03, hora de Bogotá.[49] García Márquez y Mercedes se vistieron mientras sorteaban las primeras llamadas y tomaban el improvisado desayuno que les trajo su sirvienta Nati cuando oyó que ya trajinaban en el dormitorio.

Salvo el proceso de escritura de *Cien años de soledad*, nada en la vasta mitología garciamarquiana ha dado pábulo a tantos comentarios como el anuncio del Premio Nobel, el pandemonio que le siguió, y el viaje de García Márquez a Estocolmo para recibir el galardón. Si un norteamericano o un inglés gana el premio, apenas es noticia (qué importan los escritores; y quiénes se creen los suecos que son, en cualquier caso...). En cambio, éste no era únicamente un reconocimiento a un autor de Colombia, un país poco acostumbrado a los elogios internacionales; era —como luego se constataría— un galardón a un hombre admirado e idolatrado a lo largo y ancho de un continente aislado, un hombre por quien millones de habitantes de ese continente se sentían representados, un verdadero paladín de su causa. La casa de Ciudad de México quedó inundada de llamadas telefónicas y telegramas de felicitación procedentes del mundo entero: Betancur, en primer lugar, pero también Mitterrand, Cortázar, Borges, Gregory Rabassa, Juan Carlos Onetti, el Senado colombiano. Castro no logró hallar la línea desocupada, así que envió un telegrama al día siguiente: «Por fin se ha hecho justicia. Aquí hay júbilo desde ayer. Imposible llamarte por teléfono. Debe estar roto. Te felicito de todo corazón, a ti y a Mercedes». Graham Greene también mandó un telegrama: «Mi más calurosa enhorabuena. Lástima que no podamos celebrarlo con Omar». Y Norman Mailer: «No podría haber recaído en mejor hombre». Por encima de todo, no obstante, ofrecía una excelente ocasión para que América Latina dijera al fin qué pensaba de García Márquez —que Colombia, Cuba y México reivindicaban como propio—, y una ingente cantidad de artículos encomiosos llenaron los periódicos del continente y del mundo entero. Era como si acabara de publicarse *Cien años de soledad* y un billón de personas la hubieran leído al mismo tiempo, cinco segundos antes de que apareciera, en un momento extraño y mágico, y desearan celebrarlo juntos.

En cuestión de minutos la casa de Ciudad de México estaba sitiada por los medios de comunicación, y la policía colocó controles a ambos lados de la calle Fuego. Los primeros periodistas lo invitaron a salir a la calle a brindar con champán —y hacer las consabidas fotografías, por supuesto— y los vecinos se asomaron a aplaudir. Cuando Alejandro Obregón apareció aquella mañana para quedarse en casa de su viejo amigo y vio el caos que se había desatado, lo primero que pensó fue: «¡Mierda, Gabo se murió!». (Obregón había ido a México a restaurar un cuadro que le había dado a García Márquez, un autorretrato al que el propio pintor, en un acceso etílico, le había volado uno de los ojos de un disparo.)[50] Decenas de periodistas pasaron en tropel por la casa de García Márquez, y describieron con afán fetichista hasta el último detalle del interior y del exterior —se fijaron con especial interés en las rosas amarillas y las guayabas que había encima de todas las mesas—, y en todos los casos reclamaban una entrevista «en exclusiva» con el hombre del momento.

Hacía tres semanas que García Márquez no hablaba con su madre, porque la anciana tenía el teléfono estropeado, y un periodista audaz de Bogotá empleó las maravillas de la tecnología para que pudieran conversar en público. Así que Luisa Santiaga le dijo al mundo entero lo que esperaba de la noticia: «Ojalá y este premio sirva para que me arreglen el teléfono». Lo que muy pronto se cumplió. También dijo que siempre había albergado la esperanza de que Gabito no ganara nunca el premio, porque estaba segura de que su hijo moriría poco después. Su hijo, acostumbrado a esta clase de excentricidades, le dijo que llevaría rosas amarillas a Estocolmo para protegerse de todo mal.

Finalmente, García Márquez improvisó allí mismo una conferencia de prensa para los más de cien periodistas que a esas alturas se aglomeraban alrededor de su casa. Anunció que en la ceremonia de Estocolmo no luciría traje de etiqueta, sino una camisa guayabera, o puede que incluso un liquiliqui —la túnica y los pantalones blancos de hilo que llevan los campesinos latinoamericanos en las películas de Hollywood—, en honor a su abuelo. Este asunto se convirtió en una obsesión en la Colombia cachaca hasta el momento mismo de la ceremonia, emblemática del temor a que García Márquez provocara un escándalo internacional o se condujera con insufrible vulgaridad y dejara al país en mal lugar. Anunció también que destinaría el dinero del premio a fundar un periódico en Bogotá que se llamaría *El Otro*: en su opinión, la mitad del premio se le había concedido en reconocimiento a su labor periodística. También pensaba construir la casa de sus sueños en Cartagena.

A la una de la tarde, García Márquez y Mercedes dejaron a los periodistas allí, huyeron de la calle Fuego y se alojaron en una habitación del hotel Presidente Chapultepec, desde donde empezaron a llamar a sus amigos más cercanos. Pasaron la tarde recluidos en compañía de tan sólo ocho personas, mientras en la casa se prolongaba el tumulto. Álvaro Mutis fue designado chófer de la familia García Barcha durante lo que durase la fiebre mediática.

Entretanto, aquel mismo día se confirmó desde Washington que, a pesar de su nuevo estatus, a García Márquez no se le facilitaría un visado para visitar Estados Unidos, adonde se le había prohibido formalmente la entrada desde que empezara a trabajar para Cuba, en 1961. (El 7 de noviembre escribió en su columna semanal de *El Espectador* que prefería el asunto «mejor cerrado que entreabierto» —lo cual no era del todo cierto, pues la prohibición lo irritaba profundamente—, y el 1 de diciembre hizo otra de sus amenazas impetuosas, jurando que prohibiría la publicación de sus libros en Estados Unidos, puesto que si seguían negándole un visado, ¿por qué razón permitían que sus obras entraran en el país?)[51] Este episodio ocurrió el mismo día en que el poeta disidente Armando Valladares era puesto en libertad en Cuba, en buena medida gracias a la mediación de García Márquez entre Castro y Mitterrand. Valladares, presuntamente paralítico según sus defensores, estuvo acompañado por el consejero de Mitterrand, Régis Debray, y dejó a todo el mundo estupefacto al levantarse de la silla de ruedas y echar a caminar a su llegada al aeropuerto de París.

Los amigos de García Márquez repartidos por el mundo entero celebraron la noticia del premio. En París, Plinio Mendoza no pudo contener las lágrimas. Y no fue el único. En cambio, José Vicente Kataraín, camino de México, a su llegada se enteró de la buena nueva en el aeropuerto y se puso a bailar; la joven del quiosco de prensa le preguntó si le había tocado la lotería. Y así era, en efecto. En Cartagena, mientras la familia lo celebraba, Gabriel Eligio decía a todo el que quisiera escucharlo: «Ya lo sabía». Nadie le recordó su predicción de que Gabito terminaría «comiendo papel». Luisa Santiaga aseguró que su padre, el coronel, debía de estar celebrándolo en alguna parte; siempre predijo grandes cosas para Gabito. La mayoría de los reportajes presentaban a la familia como los habitantes excéntricos de su pequeño Macondo particular: Luisa Santiaga era Úrsula y Gabriel Eligio era José Arcadio, aunque, como de costumbre, se preguntaba en voz alta si tal vez no le correspondía más bien el papel de Melquíades. Poco a poco, a pesar del orgullo que sentía y la indudable euforia del momento, Gabriel Eligio empezó a desbarrar: Gabito había obtenido el premio por la influencia de Mitterrand, dijo («esas cosas influyen»); Gabito era uno más de los muchos escritores que había en la familia, no entendía por qué a éste se le prestaba tanta atención.

El gobernador del departamento de Magdalena decidió declarar el 22 de octubre fiesta regional y propuso convertir la vieja casa del coronel Márquez en Aracataca en monumento nacional. En Bogotá, el Partido Comunista organizó manifestaciones callejeras en las que se pedía que García Márquez volviera al país y se erigiera en portavoz de los oprimidos, para salvar así a Colombia. Un reportero le preguntó a una prostituta en la calle si se había enterado de la noticia y dijo que un cliente se lo acababa de contar en la cama; se pensó que era el mejor homenaje que García Márquez podía recibir. En Barranquilla, los taxistas del paseo Bolívar oyeron la noticia por la radio y todos se pusieron a tocar las bocinas al unísono: a fin de cuentas, Gabito era uno de ellos.

Los periódicos empezaron a referirse a García Márquez como «el nuevo Cervantes», haciéndose eco de la idea que Pablo Neruda había sido uno de los primeros en sugerir tras leer *Cien años de soledad* en 1967.[52] A partir de este momento devino una comparación muy recurrente en los años venideros. *Newsweek*, que también había colocado a García Márquez en portada, habló de él como «un narrador fascinante».[53] Tal vez fue Salman Rushdie, desde Londres, quien sintetizó mejor la opinión más extendida tanto entonces como de ahí en adelante. Titulaba su artículo «Márquez, el Mago»:

Es una de las decisiones del jurado del Nobel con mayor aceptación popular desde hace años, pues han elegido a uno de los pocos magos verdaderos de la literatura contemporánea, un artista con la rara virtud de crear una obra del más alto orden que llega y embruja a un público masivo. La obra maestra de Márquez, *Cien años de soledad*, es en mi opinión una de las dos o tres obras más importantes y logradas en el ámbito de la ficción que se haya publicado en todo el mundo desde la guerra.[54]

Entretanto, apenas una semana después de que se anunciara el premio, Felipe González, uno de sus buenos amigos y líder del PSOE se convirtió en presidente del Gobierno, con lo que sumaba un nuevo motivo de celebración y euforia política. El año anterior, Mitterrand; ahora, González. ¿Acaso el premio era de algún modo un augurio de que todo empezaba a cambiar? García Márquez dijo a la bonaerense *Gente*: «Puedo morir tranquilo, ya soy inmortal». Tal vez bromeaba.

El 1 de diciembre Miguel de la Madrid fue investido presidente de México para los seis años siguientes. García Márquez y él nunca mantendrían lazos estrechos, pero el escritor asistió a la ceremonia. Aquel mismo día Felipe González tomó posesión del nuevo gobierno español en Madrid. En los primeros días de diciembre, tras visitar Cuba, García Márquez tomó un vuelo a Madrid para rendir tributo a González, y dejarse rendir tributo. Permitió que se supiera que había hablado con Castro durante once horas en La Habana y que el gobierno de Reagan le había negado un visado incondicional para aterrizar en Nueva York. Entre tanto, en París, Mercedes se encontró con Gonzalo. Pero Rodrigo no acudió. La única nota decepcionante para García Márquez fue que su hijo mayor, que rodaba una película en el norte de México, estaba demasiado ocupado para viajar a Estocolmo, sin lugar a dudas el punto álgido de la carrera de su distinguido padre. Ambos se habían reunido en Zacatecas el mes anterior y nadie sabe qué ocurrió allí. Desde entonces, ninguno de los dos ha accedido a volver a hablar sobre el asunto.

A las siete de la tarde del lunes 6 de diciembre, un jumbo de Avianca fletado por el gobierno colombiano despegó para emprender un viaje de Bogotá a Estocolmo que duraría veintidós horas. A bordo iba la delegación oficial, encabezada por el ministro de Educación, Jaime Arias Ramírez, junto con los doce amigos más íntimos de García Márquez, elegidos por Guillermo Angulo —García Márquez le había suplicado a su viejo amigo Angulo que lo dispensase de aquella tarea ingrata— y sus cónyuges, un buen número de personas invitadas por Oveja Negra, y setenta músicos de diversos grupos étnicos coordinados por el ministro de Cultura con la asesoría y la ayuda de la antropóloga Gloria Triana.

Cuando los invitados de García Márquez llegaron finalmente a Estocolmo, la temperatura acababa de caer por debajo de cero grados. Cientos de colombianos radicados en Europa y latinoamericanos de otras nacionalidades aguardaban en el aeropuerto. A medida que avanzara la noche la temperatura llegaría a diez bajo cero, pero los suecos les dijeron que tenían suerte de que no hiciera más frío y de que no hubiera nevado.[55] Grupos de amigos y familiares procedentes de España y París habían llegado aquella misma tarde: Carmen Balcells y Magdalena Oliver desde Barcelona, junto con los Feduchi y el periodista Ramón Chao; Mercedes y Gonzalo, Tachia y Charles, y Plinio Mendoza, desde París, junto con Régis Debray y la esposa de Mitterrand, Danielle, aunque finalmente no iban acompañados del ministro de Cultura, Jack Lang, también amigo, que hubo de cancelar su viaje en el último momento. El embajador de Colombia también estaba allí, además del embajador de Cuba y el encargado mexicano de negocios, todos esperando en el frío del ártico.[56]

Tachia se nombró fotógrafa oficial de García Márquez y sus amigos, e incluso se las arregló para hacerse con un pase de prensa. Mientras su antiguo amor iba del avión a la sala de espera, se adelantó e hizo la primera fotografía del héroe victorioso, y luego siguió captando instantáneas de los enardecidos colombianos que trataban de tocar a García Márquez a través de las barreras aceradas en la oscuridad nórdica. Gabo y Mercedes siguieron hasta el Grand Hotel, donde los esperaba una opulenta suite de tres habitaciones en la que pasarían las noches siguientes.[57] Exhausto, sobreexcitado por la euforia y el desfase horario, sumamente abrumado, García Márquez cayó rendido y se durmió. Entonces, «de pronto me desperté en la cama, y me acordé de que siempre daban la misma habitación del mismo hotel al ganador del Nobel. Y pensé: "Rudyard Kipling ha dormido en esta cama, y Thomas Mann, Neruda, Asturias, Faulkner". Me entró el pánico y acabé durmiendo en el sofá».[58]

A la mañana siguiente, García Márquez desayunó en el hotel con un nutrido grupo de amigos que representaban todo su pasado, entre ellos Carmen Balcells y Kataraín, y que nunca antes habían coincidido juntos. Algunos ni siquiera se conocían, y es probable que algunos no se apreciaran. Plinio Mendoza dijo que García Márquez se había comportado en el aeropuerto como un torero que saludara a sus admiradores, y que, también como un torero, se vestía cada día en su suite rodeado de todos sus amigos. En una ocasión se llevó a Alfonso Fuenmayor de «la suite ... tradicionalmente destinada a los *happy few*» al dormitorio solitario y le enseñó su discurso. «Maestro, léase esto y me cuenta.» Fuenmayor leyó el texto con admiración y le dijo que por fin entendía la postura política de García Márquez. Su amigo repuso: «Es que lo que acabas de leer no es ni más ni menos que *Cien años de soledad*».[59]

A medida que se acercaba la hora, recuerda Mendoza: «Veo, en medio de la sala, a Gabo y Mercedes, plácidos, despreocupados, conversando, ajenos por completo a aquel ceremonial de coronación que se les avecina, como si estuviesen aún, treinta años atrás, en Sucre o Magangué, en casa de la tía Petra o de la tía Juana alguna tarde de sábado».[60] El discurso del ganador del premio de literatura debía pronunciarse a las cinco de la tarde en el teatro de la Academia Sueca de Literatura, situado en la Bolsa, frente a doscientos invitados y un público total de cuatrocientos asistentes, e iría seguido a las seis y media por una cena en honor de todos los galardonados en casa del secretario de la Academia.

A las cinco en punto, García Márquez, con su característica chaqueta de pata de gallo, pantalones oscuros, camisa blanca y corbata roja de lunares, fue presentado por el larguirucho Lars Gyllensten, secretario permanente de la Academia, además de reputado novelista, quien había escrito el comunicado de la concesión del premio. A Gyllensten, que hablaba en sueco, apenas se le oía, porque los comentaristas radiofónicos colombianos presentes en la ceremonia parecían estar retransmitiendo un partido de fútbol, y García Márquez tuvo que hacer un gesto de «bajen el volumen» con los dedos antes de empezar su discurso, que llevaba por título «La soledad de América Latina». Lo pronunció con tono agresivo, desafiante, casi como si se tratara de un conjuro. Combinando el enfoque político con un realismo mágico deconstruido, el discurso fue un ataque sin ambages a la incapacidad —o la falta de voluntad— de los europeos para entender los problemas históricos de América Latina, y a su reticencia a concederle al continente el tiempo necesario para madurar y desarrollarse que la propia Europa había requerido. Reafirmaba su consabida objeción a que los «europeos» (en los que se incluían los norteamericanos), tanto capitalistas como comunistas, impusieran sus «esquemas» en las realidades que se vivían en América Latina. García Márquez reivindicó que el premio se le había concedido no sólo por su obra literaria, sino en parte también por su activismo político. Acabó a las 17.35 y recibió una ovación que se prolongó varios minutos.[61]

La noche del jueves día 9, García Márquez y Mercedes se desplazaron hasta la residencia del primer ministro en Harpsund para asistir a una cena privada con Palme y otros once invitados de honor, entre los que se contaban Danielle Mitterrand, Régis Debray, Pierre Schori, Günter Grass, el poeta y político turco Bülent Ecevit, y Artur Lundkvist. La Oficina de Asuntos Exteriores dijo que se trataba de una distinción especial, rara vez concedida anteriormente. García Márquez había conocido a Palme años antes a través de François Mitterrand, en su casa de la rue de Bièvre. Ahora, a pesar de estar completamente exhausto, se encontró departiendo otras dos horas acerca de la situación de Centroamérica, en una conversación que incidiría en la propuesta de un proceso de paz secundado por seis presidentes del istmo, lo que más adelante se conocería como los Procesos de Paz de Contadora.[62]

Todo esto serviría de entrante para el plato fuerte del 10 de diciembre, el día de la «gala del Nobel»: por la mañana, ensayo en la *Konserthus*; por la tarde, el gran acontecimiento, la presentación de los Premios Nobel de mano del rey de Suecia a las cuatro de la tarde ante una audiencia de mil setecientas personas. Aquel día Mercedes, «la mujer del Nobel», aparecía en Colombia en la portada de *Carrusel*, un suplemento de *El Tiempo*. El artículo de las páginas interiores estaba firmado por su cuñada, Beatriz López de Barcha, con el título «Gabito esperó a que yo creciera».[63] Uno imagina a la cuñada de Mercedes diciéndole: «Bueno, si quieres resarcirte de aquel artículo de Consuelo Mendoza del año pasado, ¿por qué no me dejas hacerte una entrevista realmente positiva, con fotos favorecedoras?». Y a Mercedes respondiendo: «Bueno, pero sólo por esta vez».

Poco después del almuerzo, el hombre del momento se vistió. Había estado hablando de su liquiliqui desde el día en que supo la noticia. En ocasiones declaró que era en honor a su abuelo el coronel; otras, con menos modestia, que lo llevaría en homenaje a su personaje más célebre, el coronel Aureliano Buendía. Al día siguiente de la ceremonia se publicó en *El Espectador* una carta de don Arístides Gómez Avilés, de Montería, Colombia, que guardaba un recuerdo nítido del coronel Márquez y decía que ni muerto se habría dejado ver vestido con liquiliqui: era demasiado elegante para tal cosa, y nunca se lo sorprendía en la calle sin chaqueta, menos aún en la gala del Nobel.[64] En estas discusiones nunca se nombró a un hombre que sí había llevado liquiliqui en su juventud: Gabriel Eligio García.

Suite 208, Grand Hotel de Estocolmo, 10 de diciembre de 1982, tres de la tarde. Antes de viajar desde París, Tachia le había comprado a García Márquez la ropa interior térmica Damart que aparece en una famosa fotografía del escritor —sacada por la misma Tachia— enfundado en aquel atavío íntimo, rodeado de sus amigos varones, todos vestidos con los trajes de etiqueta alquilados para la ocasión por doscientas coronas. Mercedes les entregó, uno por uno, rosas amarillas, para espantar «la pava», tal y como se conoce el mal fario en el Caribe hispanohablante, y los ayudó a colocárselas en el ojal de la solapa: «A ver, compadre...». A continuación organizó el turno de las fotografías.[65] Luego apareció el liquiliqui, que, como Ana María Cano observó maliciosamente en *El Espectador* tres días después, supuso que García Márquez llegara a la ceremonia «arrugado como un acordeón».[66]

Todo eso fue después. Ahora, vestido en actitud desafiante con su liquiliqui —lo más parecido, a fin de cuentas, al reconocible atuendo latinoamericano de las clases humildes— y, horror, botas negras, García Márquez se preparaba para el momento de la verdad. Si el liquiliqui estaba arrugado, no había duda de que también lo habían estado los del nicaragüense Augusto Sandino y el cubano José Martí, así como los de otros héroes de la resistencia latinoamericana, por no mencionar el de Aureliano Buendía. Se embozó en un abrigo para combatir las inclemencias del clima nórdico. Plinio Mendoza recuerda el momento: «Todos, en compacto pelotón, bajamos al tiempo las escaleras del Gran Hotel para acompañar a Gabo en el momento más memorable de su vida».[67] A continuación, Mendoza da paso al presente histórico:

> En la calle, a través de la puerta de vidrio del hotel, revolotean contra el fondo oscuro de la noche copos de nieve ... A Gabo, que se encuentra a mi lado, se le cierra la cara de pronto. Yo sé, las antenas de mi ascendiente Piscis han registrado su tensión repentina. Las flores, los flashes, las figuras de negro, la alfombra roja: quizá desde el remoto desierto donde se hallan enterrados, sus ancestros guajiros le están hablando. Tal vez le dicen que los fastos de la gloria son iguales a los fastos de la muerte. Algo de esto, en todo caso, ha captado, porque mientras avanza entre los resplandores del magnesio y las figuras de etiqueta, lo oigo exclamar en una voz baja donde vibra una nota de repentino, alarmado, condolido asombro: «Mierda, ¡esto es como asistir uno a su propio entierro!».[68]

Hicieron su entrada en el gran salón de baile de la *Konserthus*, diseñado para evocar un templo griego. Mil setecientas personas, entre ellas trescientos colombianos. Un grito entrecortado cuando García Márquez revela su atuendo blanco. ¡Parece que todavía vaya en ropa interior! A la derecha del escenario tapizado de flores amarillas, sentados en sillones azules y dorados, está la familia real: el rey Carlos Gustavo XVI, la reina Silvia, la hermosa consorte de sangre brasileña que pasó la infancia en São Paulo, la princesa Lilian y el príncipe Bertil, que acaban de hacer su entrada mientras sonaba el himno nacional. Junto a ellos se alza la tribuna desde donde hablará el secretario permanente Gyllensten. Los laureados están todos a la izquierda, ocupando butacas tapizadas en rojo: los suecos Sune Bergstrom, Bengt Samuelsson y el británico John Vane por el premio de medicina, el norteamericano Kenneth Wilson por el premio de física, el surafricano Aron Klug por el premio de química, y el también norteamericano George Stigler por economía. Tras ellos hay otras dos filas de asientos que ocuparán los miembros de la academia, el gabinete sueco y otras personalidades. García Márquez, el único con liquiliqui, se halla rodeado de trajes de etiqueta, estolas, pieles y collares de perlas. Entre el monarca y él, la gran ene de «Nobel» inscrita en el círculo de la alfombra —¿pintada o trazada con tiza?— que lo espera.

Su nerviosismo era manifiesto cuando el profesor Gyllensten de la Academia Sueca empezó a hablar. Cuando le llegó el turno a García Márquez, en penúltimo lugar, Gyllensten habló en sueco antes de volverse al colombiano costeño, que se puso en pie y miró ante el mundo entero con los mismos ojos relucientes de aquel desventurado muchacho del Colegio San José de Barranquilla, y luego se pasó al francés, resumiendo lo que había dicho e invitándolo a acercarse al rey para recibir el premio. García Márquez, que había elegido el *Intermezzo* de Bartók como cortina musical, dejó la rosa amarilla que llevaba en el asiento y se dirigió a recoger el galardón, expuesto por unos instantes a una desgracia inimaginable sin la protección de aquella flor totémica mientras atravesaba el inmenso escenario con los puños apretados al son de las trompetas, y se detenía en medio del círculo pintado en la alfombra a aguardar al rey. En ese momento, mientras estrechaba la mano del monarca engalanado de medallas, parecía el vagabundo de Chaplin congraciándose con cierto individuo encopetado. Después de que le hicieran entrega de la medalla y el pergamino, saludó al monarca con una rígida reverencia, luego a los invitados de honor y, finalmente, al público, momento en el cual recibió la ovación más larga que se recuerda en la historia de estas augustas ceremonias, y que se prolongó por espacio de varios minutos con todos los asistentes en pie.[69]

El acto acabó a las seis menos cuarto de la tarde, y mientras los ganadores abandonaban el escenario en fila india, García Márquez levantó las manos por encima de la cabeza como un campeón de boxeo, un gesto que a partir de entonces repetiría en muchas ocasiones. Los afortunados asistentes a la ceremonia dispusieron de tres cuartos de hora para llegar al gran salón azulado de la *Stadhus* (el ayuntamiento de Estocolmo) donde se celebraba el fastuoso banquete de la Academia Sueca. Johnny Johanssen, el chef más destacado de Suecia, había preparado el menú, y todo quedó enmarcado en la «cocina sueca típica». Solomillo de reno, trucha y sorbete, con plátano y almendras. Champán, jerez y oporto.[70] García Márquez, con gesto desafiante, encendió un habano. El momento más destacado del acto, según todos los allí presentes, fue la llegada de los setenta músicos colombianos. Un amigo de García Márquez, Nereo López, había estado siguiendo con su cámara las aventuras y desventuras del grupo.[71] Había visto a Gloria Triana mantener un ojo vigilante sobre todas las mujeres: «Me las recomendaron tanto que tengo que cuidarlas; además, son vírgenes». Al llegar al ayuntamiento, que estaba cubierto de tapices monárquicos, un miembro del grupo de Riosucio se había hincado de rodillas a rezar. López se preguntaba qué impresión se llevaron los suecos al ver a «ese grupo macondiano y heterogéneo, mezcla de indios, de negros, de caribes y españoles que conforman el mestizaje de la identidad colombiana». Hasta aquel momento, según su testimonio, el gran helado que se conoce como el «flameado del Nobel» había constituido la principal atención de estas ceremonias. Ahora el salón se llenaba de pura vida. La actuación, encabezada por Totó la Momposina y Leonor la Negra Grande de Colombia, fue un triunfo de principio a fin y los aplausos alentaron al grupo a prolongarla durante media hora, en lugar de los quince minutos previstos.[72]

Cada uno de los laureados leyó un discurso de tres minutos, que iba seguido de un brindis. García Márquez fue el primero, con un texto titulado «El brindis por la poesía», donde reivindicaba que este género era «la prueba más contundente de la existencia del hombre».[73] Lo que nadie sabía en aquel momento era que la colaboración en aquel discurso de su amigo Álvaro Mutis no había sido poca, ni mucho menos, como cualquiera que leyera el texto y reflexionara sobre él podría haber deducido. Dos de los laureados le pidieron que les firmara sendos ejemplares de *Cien años de soledad*. Después de los brindis todo el mundo pasó ordenadamente al «gran salón dorado» del primer piso, donde dio comienzo el baile. Empezó con un vals y una variedad de danzas del norte de Europa, y luego, inesperadamente, dio paso a «Bésame mucho», «Perfidia» y otros boleros, a los que siguieron foxtrots y rumbas.

Bien entrada la velada, cuando ya todos volvieron al hotel, hubo una llamada telefónica de Rodrigo, desde el desierto del norte de México. El recién galardonado estaba con una veintena de amigos, todavía tomando champán. Se hizo el silencio y García Márquez, con la mirada brillante, se acercó al teléfono. Con posterioridad diría que sus hijos tenían «el sabor de su madre y el sentido de los negocios de su padre».[74]

Mientras tanto, a miles de kilómetros, en el pequeño pueblo caribeño de Aracataca, Colombia, donde por supuesto aún era de día, tenía lugar una celebración más efervescente y entusiasta si cabe. En la iglesia donde Gabito fue bautizado se había celebrado un Te Deum a las nueve de la mañana, seguido de una peregrinación hasta la casa en la que nació. Se propuso una campaña para convertir Aracataca en un centro turístico, al estilo de la Illiers-Combray de Proust. A continuación, el Consejo de Gobierno del departamento de Magdalena se reunió en la Casa de Cultura, presidido por la enérgica gobernadora Sara Valencia Abdala, también oriunda de Aracataca.[75] La hermana de García Márquez, Rita, recuerda:

> El día de la entrega del premio hubo fiesta en Aracataca organizada por el gobierno del Magdalena. El gobernador contrató un tren para llevar a todos los allegados; el tren iba recogiendo a toda la familia por el camino, primos, tíos, sobrinos, y así llegamos a Aracataca, donde había más primos, más tíos, más familia. Era bastante gente. Fue un día muy alegre, echaron voladores, hubo misa, ternera a la llanera y papayera para todo el pueblo. Estuvo el entonces ministro de Minas, Carlos Martínez Simahan, primo de nosotros. Ese día se inauguró el edificio del Telecom, que casualmente había construido Jaime. Lo más bonito de todo fue cuando soltaron al aire las mariposas amarillas.[76]

De nuevo en Estocolmo, el hombre del día empezaba a recuperar la calma. Se había sentido hasta entonces responsable de transmitir al mundo entero una imagen positiva de América Latina, a sabiendas de que en Colombia, más que en cualquier otro lugar, sus enemigos estarían al acecho de cualquier error que cometiera, pues lo que ellos entendían por una «buena imagen» del país era completamente distinto de lo que él mismo trataba de comunicar. Más adelante diría: «Nadie sospechó nunca lo infeliz que fui en esos tres días, atento al más mínimo detalle para que todo saliera bien. No tenía derecho a equivocarme, porque un solo error, por insignificante que fuera, habría sido catastrófico en tales circunstancias».[77] (Después, cuando ambos estuvieran ya de regreso en Ciudad de México, el nuevo premio Nobel le pediría a Álvaro Mutis: «Cuénteme cómo fue esa vaina de Estocolmo. Yo no me acuerdo de nada. Sólo veo los relámpagos de los fotógrafos y vuelvo a padecer las preguntas de los periodistas, siempre las mismas».)[78]

Sin embargo, tan airoso y triunfal salió de aquella prueba que incluso un periódico como *El Tiempo*, con el cual nunca mantuvo una relación fácil, le dedicó un editorial de aprobación casi sin matices. Felicitaban a García Márquez, reconociéndole que la suya había sido una vida dura y que se había ganado la gloria a pulso. Concluía diciendo: «Pasada la euforia que constituyó la entrega del Nobel, el país vuelve a mirar su realidad, a afrontar la resolución de sus problemas, a convivir con su rutina. Pero hay algo que no será igual que antes: es la convicción de que nuestras potencialidades son todavía una riqueza inexplotada y que apenas empezamos a asomarnos al escenario del mundo. Y ahí está Gabriel García Márquez, para que no olvidemos jamás esta invaluable lección».[79]

21

La vorágine de la fama
y el olor de la guayaba:
El amor en los tiempos del cólera

1982-1985

A la mañana siguiente, en plena resaca de la celebración, Gabo y Mercedes viajaron en avión a Barcelona acompañados por Carmen Balcells. Allí se alojaron en el hotel Princesa Sofía con el propósito de descansar y hacer una cura de sueño hasta Año Nuevo. Sin embargo, visitaron otra vez al nuevo presidente del Gobierno español. García Márquez dejó debida constancia en su columna semanal —que nada ni nadie interrumpía— de que en las dos últimas semanas había estado en el Palacio de la Moncloa en dos ocasiones para conversar con el jovial «Felipe», que tenía «más bien un aire de universitario que de presidente», y su esposa Carmen, en compañía de Mercedes y Gonzalo.[1] Era evidente que el nuevo premio Nobel iba a ser menos discreto e iba a darse más tono que nunca. En su siguiente artículo comentó: «Me considero, a mucha honra, como el ser humano más refractario a la formalidad ... Todavía no me acostumbro a la idea de que mis amigos lleguen a ser presidentes, ni he podido superar el prejuicio de que me impresionen las casas de gobierno». El miembro de la *jet set* internacional estaba convencido de que Felipe iba a ser «un hombre decisivo no sólo para España, sino para nuestro destino común». Si el propio Felipe lo veía con esos mismos ojos no podemos saberlo, pero quedaba claro que García Márquez albergaba la esperanza de que el español apoyara su conocida estrategia en favor de Cuba, el Caribe y América Latina, y no tenía ningún reparo en hacerlo saber al mundo.

Sin embargo, en el intercambio informal que mantuvieron con la prensa, lo primero que González mencionó fue «el estatus de Cuba dentro de la región, la necesidad de un plan de seguridad para todos los países que integran la región», que no era necesariamente lo que García

Márquez tenía en mente. García Márquez declaró que el amor resolvería todos los problemas que aquejaban al mundo y dijo que en su última novela quería abordar precisamente ese asunto: habría preferido haber ganado el premio al año siguiente para poder acabar el libro.[2]

El 29 de diciembre, el recién laureado partió para La Habana, tras declarar que aún deseaba fundar su propio periódico para gozar de «la vieja dignidad de dar noticias», que acaso recordaba de manera inquietante al instinto del correveidile. El eje Madrid-La Habana sería una de las preocupaciones fundamentales de García Márquez a lo largo de los años venideros, aunque ni siquiera él sería capaz de conciliar las diferencias entre Castro y González.

Dos generalizaciones acerca del Premio Nobel de Literatura que por lo común se cumplen son, en primer lugar, que suele concederse a escritores que han completado su ciclo creativo y que no albergan ya en su interior obras que merezcan la pena; y que, aun en el caso de los escritores más jóvenes, el premio es una distracción que les roba tiempo, concentración y ambición. La primera afirmación no se cumple, claro está, en el caso de García Márquez: era uno de los ganadores más jóvenes de todos los galardonados con el Premio Nobel, así como uno de los más célebres y populares. La segunda fue una predicción de quienes se sintieron contrariados por su éxito, o incluso lo envidiaron, pero lo cierto es que García Márquez ya había experimentado la celebridad a una escala con la que rara vez tropiezan los premios Nobel. No era solamente que no fuera la clase de hombre propenso a dormirse en los laureles, sino que además había pasado ya por una experiencia similar tras la publicación de *Cien años de soledad*, no muy distinta de la de ganar un Premio Nobel. Contrariamente a lo que suele ocurrir, por consiguiente, era de esperar que cobrara nuevo impulso: que escribiera más, que viajara más, que hallara nuevas ocupaciones. Y así fue, en efecto. Estaba más que preparado para asumir su nueva condición. Y aun así...

Y aun así, en 1980 había decidido emprender un nuevo estilo de vida más acorde con su recién hallada posición de autoridad y respetabilidad. Cultivaba ya amistad con varios presidentes de Gobierno: a su relación con Fidel, el capitán pirata, no muy bien considerada, le había sumado la de López Portillo en México, la de Carlos Andrés Pérez en Venezuela, la de López Michelsen y Betancur en Colombia, la de Mitterrand en Francia y, por último, la de González en España. Su enorme celebridad no había dejado de aumentar desde que se convirtiera en una suerte de presidente errante. (Fidel Castro diría: «Por supuesto que García Márquez es como un jefe de estado. El único problema es saber, ¿de qué estado?») Anunció a la prensa que se tomaba una temporada sabática, pero era evidente que también acariciaba la esperanza de poder utilizar su nueva capacidad de injerencia para mediar de manera más efectiva entre sus nuevos aliados presidenciales. Se diría que su período manifiestamente político se prolongó desde 1959 hasta 1979, y con mayor intensidad entre 1971 y 1979. A éste le siguió un período más bien «diplomático». La cuestión que debía dilucidarse, no obstante, era si se limitaría a ocultar sus verdaderas convicciones políticas durante esta etapa diplomática como un compañero de viaje bienintencionado, en la misma línea del período 1950-1979, o bien iría ajustando poco a poco su posicionamiento político tras sus mediaciones, sus negociaciones clandestinas y sus iniciativas culturales.

Mientras sobrevolaba el Atlántico cubierto de gloria, incluso alguien que planificaba tanto su vida como García Márquez debió de sentir, consciente o inconscientemente, el peso de la fama y la impresionante responsabilidad que pesaba ahora sobre sus hombros. Había conseguido lo que quería, pero en ocasiones, como en la célebre canción de Marilyn Monroe, cuando consigues lo que quieres dejas de quererlo. Desde hacía ya algún tiempo se había visto obligado a medir los niveles de adulación que, a menos que uno haya sido testigo de ellos con sus propios ojos, creería inimaginables en el caso de un escritor serio: la «vorágine de la fama», ni más ni menos.[3] Ahora habría de convertir toda su vida en un espectáculo cuidado hasta el más mínimo detalle.

Quienes lo conocían de toda la vida dirían que tras ganar el premio se tornó mucho más cauto. Algunos de sus amigos le agradecieron que continuara atendiéndolos a todos, otros acusaron un proceso gradual de lo que percibían como descuido. Muchos dijeron que su vanidad aumentó exponencialmente; otros, que era extraordinario que siguiera comportándose con tan extraordinaria normalidad; su primo Gog afirmó que siempre había sido «un premio Nobel recién nacido».[4] Carmen Balcells, que era capaz de contemplar la celebridad literaria con mayor objetividad que la mayoría, dijo que la medida de su éxito y su fama era «irrepetible».[5] («Cuando tienes a un autor como Gabriel García Márquez, puedes montar un partido político, instituir una religión u organizar una revolución.») El propio García Márquez diría con posterioridad que trató en la medida de lo posible de «seguir siendo el mismo», pero que nadie lo vio igual tras el viaje a Estocolmo. La fama, declaró, era «como estar en el candelero todo el tiempo». La gente te dice lo que cree que quieres oír; el premio requiere dignidad, ya no puedes decirle a cualquiera que «se vaya a la mierda». Siempre se espera de ti que seas divertido e ingenioso. Si empiezas a hablar en una fiesta, incluso con viejos amigos, todo el mundo deja su conversación y te escucha. Irónicamente, «cuanta más gente te rodea, te sientes cada vez más y más insignificante».[6] En poco tiempo empezaría a practicar el tenis, porque se le hizo del todo imposible pasear por la calle para hacer ejercicio. En todos los restaurantes los camareros salían corriendo a la librería más cercana en busca de ejemplares de sus libros para que se los firmara. Los aeropuertos eran siempre los peores lugares, porque allí no hallaba escapatoria posible. Siempre le ceden la primera fila en los vuelos, pero incluso los propios miembros de la tripulación quieren que les firme libros, revistas de la compañía o incluso servilletas. Sin embargo, se trata de un hombre en esencia tímido, vergonzoso y en muchos sentidos con tendencia a inquietarse.[7] «Mi oficio verdadero es ser yo. Eso es muy jodido. No se imagina lo que es cargar con eso. Pero me lo busqué».[8] Hay motivos de sobras para creer que los años siguientes le resultaron mucho más difíciles de lo que dejaba traslucir, y aun así no podría quejarse del mismo modo que lo había hecho durante la escritura de *El otoño del patriarca*.

García Márquez y Mercedes aterrizaron en La Habana a las cinco de la mañana del 30 de diciembre de 1982 para una estadía prolongada, y se instalaron en la Casa del Protocolo número seis, que no muchos años después se convertiría en su casa en Cuba. Castro había estado poco antes en el funeral de Brezhnev, en Moscú, donde había hablado con Indira Gandhi de la posibilidad de invitar a García Márquez a la reunión de los Países No Alineados que iba a celebrarse en Delhi en marzo de 1983 (Gandhi mencionó que estaba leyendo *Cien años de soledad* justo cuando se anunció la concesión del Nobel). Mientras estaba en Moscú, Fidel le compró a García Márquez una gran remesa de su caviar favorito. García Márquez, por su parte, le llevaba mensajes de Felipe González y Olof Palme, junto con bacalao de parte de los Feduchi y coñac de Carmen Balcells.

Graham Greene pasó por La Habana aquella semana con su amigo panameño Chuchú Martínez, uno de los colaboradores más estrechos de Torrijos, y el 16 de enero García Márquez escribió un artículo sobre el novelista inglés titulado «Las veinte horas de Graham Greene en La

Habana». Greene y él no se habían visto desde 1977. García Márquez reveló que Greene y Martínez habían llegado envueltos del mayor sigilo, que Greene se había alojado aquel día en una de las casas protocolarias que se destinaban a los políticos de más alto nivel y que le habían prestado un Mercedes Benz del gobierno. Greene y Castro habían departido sobre el célebre experimento con la ruleta rusa que hizo el inglés a los diecinueve años. La columna concluía: «Cuando nos despedimos, ya me estaba inquietando la certidumbre de que aquel encuentro, tarde o temprano, iba a ser evocado en el libro de memorias de alguno de los tres, o quizá de los tres».[9] Empezaba a ser peligroso hablar con García Márquez —podías aparecer en la prensa en menos de cuarenta y ocho horas—, y había quienes preguntaban si contribuía a mantener la dignidad de los ganadores del Premio Nobel entrevistar a otras celebridades y desempeñar el papel de reportero.

El artículo sobre Graham Greene colmó la paciencia del exiliado cubano Guillermo Cabrera Infante, cuya mordaz respuesta fue «Nuestro prohombre en La Habana»:

> Sé que hay lectores (y escritores) americanos (y españoles) que leen al García Márquez semanal para reírse a carcajadas, y consideran sus declaraciones con desdén superior ante los desplantes de un patán o los alardes de un meteco: el nuevo rico que se codea con la alta sociedad. Algunos, con benevolencia, lo toman como formas extremas de la ficción autobiográfica ... ¿Es esto el colmo del ridículo? Para los lectores avisados, el artículo de cada semana de García Márquez es como esa nueva novela de Corín Tellado para las ávidas lectoras de *Vanidades*: la segura promesa de un *frisson nouveau*. Pero no para mí. Yo tomo a los dos novelistas muy en serio. Este escrito es la prueba. Aunque habrá algunos que ante esta opinión mía fabriquen excusas como esclusas. Hombre, apenas vale la pena, no es para tanto, nadie le hace caso. Pero sí. Creo, con Goldoni, que con el siervo se puede golpear al amo.[10]

La derecha latinoamericana, y los exiliados cubanos en particular, con el lógico rencor que había suscitado en ellos la concesión del premio, empezaban a dejarse llevar por el pánico ante García Márquez. Tal vez habían creído que de algún modo, puesto que desde el comité del Nobel se sabía que era un «rojo», lo más próximo a un comunista desde su punto de vista, nunca recibiría el premio. O tal vez, ahora que su prestigio había alcanzado los límites mismos a los que podía llegar, no había nada que perder y sí mucho que ganar atacándolo directamente. O puede que, sencillamente, no pudieran tolerar su éxito, su manifiesto deleite y su popularidad indiscutible. Desde que había abandonado el periodismo militante, lo cierto era que hacía más de un año que el propio García Márquez no cesaba de hacer pública su relación personal con Fidel. Y ahora, por si antes no hubiera estado claro, era evidente que Fidel necesitaba a García Márquez más de lo que García Márquez lo necesitaba a él. En cualquier caso, de lo que no cabe ninguna duda es de que aunque el premio le brindó a García Márquez acceso a estratos todavía más altos de la política y la diplomacia en América Latina, también desató un grado de hostilidad sin parangón por parte de la derecha que no ha cesado en las dos décadas transcurridas desde entonces (aunque, contra lo que cabría esperar, haya hecho en él escasa mella). En cambio, en el resto del mundo, incluso en el mundo occidental neoliberal, el certificado de respetabilidad del Nobel ha protegido al escritor colombiano de todos los críticos, salvo de los más virulentos —o los más recalcitrantes.

En caso de que México se sintiera excluido porque tratara de quedar a bien con Betancur, Mitterrand, González y Castro, García Márquez escribió un artículo cálido y afectuoso sobre la importancia de México en su vida, titulado «Regreso a México», que apareció publicado el 23 de enero.[11] Su afecto no le impidió hablar de la capital como una «ciudad luciferina» a la que sólo Bangkok excedía en fealdad. Ahora contaba con un repóquer de cinco políticos influyentes que representaban a todos los países que mayor importancia encerraban para él (Colombia, Cuba, Francia, España y México) y que, aunque no en plena coincidencia de pareceres, eran cruciales si lograba desempeñar el papel político internacional con el que soñaba. Iba a ser un espectáculo fascinante ver cuánto tiempo podía conservar estas cinco cartas, si podía obtener una mano aún mejor, y si sería capaz de aprovechar el descarte de otros que jugaban al mismo palo.

El 30 de enero, con este juego de cartas presidenciales en su poder, García Márquez publicó un artículo sobre Ronald Reagan titulado «Sí, ya viene el lobo».[12] En él repasaba su propia experiencia del imperialismo estadounidense hasta bahía de Cochinos. Un antiamericanismo apenas velado era un impulso que podía unir, más o menos, a sus cinco países aliados en un momento en que la decadencia y la impotencia creciente de la Unión Soviética empezaban a darse por seguras. Fue poco afortunado que en un momento tan propicio para García Márquez en el terreno personal, la situación internacional se presentara tan desfavorable para sus «intereses» políticos. Aunque hacía poco que se habían reunido los secretarios extranjeros de los denominados «países de Contadora» (Colombia, México, Panamá y Venezuela), estaba convencido de que los esfuerzos desestabilizadores por parte de Estados Unidos darían fruto a lo largo de aquel año. Estaba en lo cierto, por descontado.

Belisario Betancur había anunciado al principio de su presidencia que Colombia trataría de unirse a la Organización de Países No Alineados, que por entonces presidía Fidel Castro.[13] A principios de marzo de 1983, la delegación cubana salió para Delhi. A bordo del avión iban Castro, García Márquez, Núñez, Carlos Rafael Rodríguez, Jesús Montané, Maurice Bishop —el líder del movimiento New Jewel de Granada, que al cabo de seis meses estaría muerto y su isla sería ocupada por Estados Unidos— y el siniestro Desiré Delano Bouterse, presidente del Consejo Militar de Surinam. Aunque Castro no perdió la compostura, toda su presidencia se había visto menoscabada por las secuelas de la invasión soviética en Afganistán, y ahora era un verdadero alivio pasar el relevo a alguien no tan estrechamente identificado con la Unión Soviética. Después de las ceremonias oficiales, los cubanos asistieron en bloque a la sede oficial, el Hotel Ashok, si bien García Márquez había reservado una suite especial en el Sheraton para recibir a todos los viejos conocidos a los que esperaba encontrar allí. A la mañana siguiente, Núñez lo halló en medio de un caos absoluto, con toda la ropa desperdigada por la habitación, tratando de hallar el atuendo apropiado para la recepción inaugural. Mercedes solía ocuparse de estas decisiones. Le dijo a Núñez: «Si todos los hombres supieran lo bueno que es el matrimonio, se acabarían las mujeres y eso es lo malo».[14] Mercedes y él celebrarían su vigésimo quinto aniversario de casados el 21 de marzo.

Finalmente, el 11 de abril García Márquez emprendió el último de sus «regresos»; en esta ocasión a Colombia, donde no había puesto el pie desde la noticia de la concesión del Nobel, seis meses antes. La prensa especuló mucho a propósito de la visita. Una de las cuestiones de las que no se habló, sin embargo, fue la seguridad personal de García Márquez, pero Betancur insistió en que en Colombia debía protegerlo un equipo de guardaespaldas compuesto y costeado por el gobierno. Unos días después de su llegada, García Márquez publicó un artículo en su columna titulado «Regreso a la guayaba».[15] No hace falta decir que los lectores de

Bogotá captarían de inmediato que la «guayaba» era una palabra codifi-
cada para referirse a su amada Costa, no tanto a Colombia en su conjunto. Aunque ahora era difícil conocer la ubicación de García Márquez a
partir de sus artículos (no serían ya tanto un diario como una narración
libremente seriada de recuerdos y extravagancias), la verdad es que pasaría buena parte de su año «sabático» en Bogotá, sin duda con la creencia de que el premio le había concedido al fin una mejor posición de
cara a la oligarquía y que ahora no podían sino estar impresionados ante
sus logros, o cuando menos respetarlo. Muchos mantuvieron su escepticismo, a pesar de todo, y algunos sectores de la prensa empezaron a
lanzar ataques contra él casi de inmediato.[16]

A finales de mayo viajó a la antigua ciudad colonial de Cartagena,
que pronto se convertiría en su destino principal en Colombia y en ella
se ambientarían la mayoría de sus libros en el futuro. Desde que en 1982 se
instalara el nuevo centro de convenciones junto al puerto, era posible
celebrar reuniones de alto nivel y ámbito internacional en la histórica
ciudad. En ese momento se conmemoraban los cuatrocientos cincuenta años de su fundación, y el Festival de Cine de Cartagena estaba también en plena efervescencia. La personalidad extranjera más destacada a
la que habían invitado a la celebración no era otro que el andaluz Felipe
González, y García Márquez paseó entre las multitudes que invadían las
calles en compañía del dirigente español, con su ahora distintivo liquiliqui y bailando para la ocasión con alguna admiradora privilegiada.[17]
García Márquez se deleitó en la «magia» y el «caos» de la ciudad de su familia. González, que iba camino de entablar conversaciones con Estados
Unidos, se había comprometido plenamente a alentar los procesos de
Contadora destinados a traer la paz a Centroamérica, al igual que Be-
tancur, y durante su estadía en Cartagena se reunió con los ministros de
Exteriores de los cuatro países para avalar las conversaciones.[18]

A finales de julio, García Márquez estaba en Caracas como miembro
de la delegación oficial colombiana con motivo del segundo centenario
del nacimiento de Bolívar. Hacía cinco años que no estaba en Venezuela. Allí Mercedes y él se reencontraron con el escritor y periodista argentino Tomás Eloy Martínez, ahora en el exilio, con quien esperaba fundar
el nuevo periódico, *El Otro*. Hablaron del proyecto en un bar de camioneros junto a una de las autopistas de Caracas, donde su rostro, ahora famoso en exceso, pudiera pasar inadvertido. Martínez recuerda:

Nos encontramos hacia las tres de la mañana. Mercedes, que había comido aquella noche flanqueada por el presidente de Venezuela y el rey Juan Carlos de España, lucía un vestido largo, fastuoso, al que los camioneros adormilados no prestaron atención. Un mozo rengo trajo cervezas. La conversación cayó de pronto en el pasado ... Mercedes nos devolvió a la realidad. «Este lugar es horrible —me dijo—. ¿No pudiste encontrar uno mejor?» «La fama de tu marido tiene la culpa —me defendí—. En cualquier otra fonda de Caracas nos hubieran interrumpido a cada rato.» «Tendríamos que haber ido a El Tiradero», dijo García Márquez. «Villa Cariño —volví a traducir—. Me temo que ya no existe.» Mercedes hizo un guiño de picardía. «¿Tú te imaginaste entonces que Gabo sería tan famoso?» «Claro que sí. Yo vi el momento en que la fama le bajó del cielo. Fue aquella noche de Buenos Aires, en el teatro. Cuando la fama empieza de esa manera, sabes que ya no va a detenerse.» «Te equivocas —dijo García Márquez—. Empezó mucho antes.» «¿En París, cuando terminaste *El coronel no tiene quien le escriba*? ¿Aquí, en Caracas, cuando viste que se marchaban el avión blanco de Pérez Jiménez y el avión negro de Perón? ¿O fue antes —dije, con sorna—, en Roma, cuando Sofía Loren se cruzó contigo y te sonrió?» «Mucho antes», explicó, seriamente. Afuera, más allá de las montañas, estaba amaneciendo. «Yo era famoso ya cuando me recibí de bachiller en el colegio de Zipaquirá, o antes todavía, cuando mis abuelos me llevaron de Aracataca a Barranquilla. Fui famoso siempre, desde que nací. Pasa que yo era el único que lo sabía.»[19]

En octubre, empeñado en otro de sus intentos esporádicos por pasar una larga temporada en Bogotá, García Márquez rumiaba acerca de que el Premio Nobel de Literatura se le hubiera concedido aquel año al «aburrido» novelista inglés William Golding y el de la Paz al adalid de la libertad en Polonia, Lech Walesa, líder de Solidaridad, cuando tuvo conocimiento de una noticia realmente nefasta: Maurice Bishop había sido derrocado y ejecutado en Granada el 19 de octubre.[20] Cinco días más tarde Estados Unidos invadió la isla, lo que justificó todos los temores de García Márquez sobre la política estadounidense en el Caribe. La condena por parte de Naciones Unidas el 28 de octubre no tuvo efecto alguno, y ni siquiera la bravucona Margaret Thatcher pudo protestar ante la ocupación de uno de los dominios de la Commonwealth de Su Majestad la reina. La columna de García Márquez del 23 de octubre incluía un obituario del presidente asesinado y reminiscencias de la Conferencia de Países No Alineados de Nueva Delhi. En las semanas siguientes, Betancur mediaría entre Cuba y Estados Unidos a propósito del regreso de prisioneros cubanos apresados en la isla. En todo momento se mantuvo en contacto con García Márquez, como este último diría a la nación en una entrevista a principios de noviembre.[21]

Aunque hizo todo lo que buenamente pudo, la mera verdad es que no era feliz en Bogotá. La prensa especulaba todas las semanas sin excepción sobre si a García Márquez le estaba costando adaptarse a Colombia; sin embargo, Colombia no era el problema, sino Bogotá. La novelista Laura Restrepo me habló acerca de un incidente que tuvo lugar aquel verano cuando García Márquez, que sólo unos meses antes había ayudado al periodista bogotano Felipe López a obtener acceso privilegiado a Fidel Castro, se ofreció voluntariamente a dar algunas clases a los periodistas de *Semana*, que dirigía López, el hijo de Alfonso López Michelsen. Abordaron el asunto de los titulares. En cierto momento en que todos estaban entusiasmados, García Márquez preguntó qué titular elegirían los allí presentes si, al abandonar las oficinas de la revista, lo mataban a tiros en la calle. «Muere costeño», contestó Felipe López como un rayo, esbozando apenas una sonrisa.[22] En Bogotá, el Premio Nobel no servía de protección contra los desaires homicidas de la oligarquía y sus representantes.

Cuando el año iba tocando a su fin, García Márquez se tomó tiempo libre para cumplir una promesa y acometer el último y más definitivo de todos sus regresos: Aracataca. Dieciséis años habían transcurrido desde su última visita, y el viaje marcó el punto y final de su período «sabático». Una semana más tarde escribió una curiosa crónica sobre el día que pasó allí con el título «Vuelta a la semilla», una referencia tácita al célebre relato de Alejo Carpentier.[23] Admitió que le había sorprendido la calidez del recibimiento. (¿Acaso un síntoma de culpabilidad? Siempre se le ha criticado por no haber «salvado» Aracataca del subdesarrollo.) Dijo que había podido recordarlo todo hasta el último detalle, abrumado por tantos rostros conocidos del pasado, caras como la que solía poner él de niño cuando venía el circo al pueblo. No obstante, a continuación comentó que nunca había mitificado Aracataca ni había sentido nostalgia por el lugar (como les había ocurrido a todos los demás, parecía sugerir).[24] Mucho se había magnificado la relación entre Aracataca y Macondo; ahora que había visitado ambos lugares, le dio la sensación de que guardaban menos parecido que nunca. «Es difícil imaginar otro lugar más olvidado, más abandonado, más apartado de los caminos de Dios. ¿Cómo no sentirse con el alma torcida por un sentimiento de revuelta?»

Como de costumbre, al final de este gris año sabático, se escabulló a La Habana para dar la bienvenida al nuevo año. En esta ocasión invitó a Régis Debray a ir y pasó buenos ratos en el Hotel Riviera con él y otro viejo amigo común, Max Marambio, antiguo jefe del cuerpo de guardaespaldas personales de Allende, y ahora un cargo de peso en las organizaciones mercantiles de Cuba. Debray encontró al mismo García Márquez de siempre, «dividido como de costumbre entre el afecto (por los viejos cómplices latinos) y el sarcasmo (hacia el francés demasiado afrancesado, arrogante y circunspecto), mientras me abrumaba con películas, Veuve Cliquot y canciones de Brassens, cuyas letras se sabía de memoria».[25]

1984 sería un año mejor para García Márquez y nuevamente uno sumamente negativo para Colombia. Cuando terminaron los festejos del Año Nuevo, hizo caso omiso a las continuadas exigencias diplomáticas de Cuba y empezó a acometer una serie de transiciones: de su período «sabático» a su verdadera ocupación, escribir ficción; de su columna semanal al importante proyecto de novela iniciado el verano anterior al anuncio del Nobel, el libro «sobre el amor»; y de residir en Bogotá, que siempre le sentó mal, a hacerlo en Cartagena y en la Costa.

El regreso a Aracataca había tenido efectos paradójicos, como era de esperar. Por una parte, suponía la vuelta al lugar que había transpuesto en sus obras de ficción más apreciadas bajo el nombre de Macondo, el lugar que había inspirado directamente su primera novela, *La hojarasca*, así como *Cien años de soledad*. Sin embargo, el regreso no había hecho más que confirmar la cancelación de aquella experiencia en su trayectoria; en realidad, había negado su relación con Aracataca del mismo modo que, en más de un sentido, había negado *Cien años de soledad*.

Ahora iba a reescribir su vida —reescritura de lo ya reescrito— y a llenar algunas lagunas. Sin duda parecía impropio de un ganador del Premio Nobel seguir acosado por traumas infantiles y persistir en el giro edípico, especialmente confuso, al desplazar la figura del padre en la del abuelo. Hasta entonces se había limitado a omitir ciertos hechos estructurales y encubrir el problema, al tiempo que llevaba a cabo algunos ajustes que lo dejaban satisfecho en el plano psíquico y otros de carácter dramático en el plano literario. Ahora su padre, ilegítimo por partida doble, veía reescrito su lugar en la historia. El propio Gabriel Eligio había vuelto a Aracataca un año antes para las celebraciones del Premio Nobel y, como tantas otras veces, se había convertido en la estrella del espectáculo (si una cosa había heredado su hijo de él, era su vitalidad). Sin embargo, también se había mostrado sinceramente extasiado ante la noticia del éxito de Gabito, y por primera vez se había deleitado públicamente en el reflejo de la gloria de su hijo.

El día en que García Márquez se enteró de que había ganado el Premio Nobel declaró a la prensa que le gustaría construir la casa de sus sueños en Cartagena. Ésta era exactamente la clase de proyectos que no tenían una acogida favorable en aquella ciudad apegada a las tradiciones, donde el objetivo siempre ha sido conservar las casas ya existentes, y la noticia de su regreso despertó sentimientos encontrados, por no decir negativos, en mucha gente.[26] Él mismo había decidido sacudirse la melancolía de Bogotá y dar un aire nuevo a su imagen. O tal vez sencillamente el retorno al Caribe le sentaba bien. O puede que fueran los efectos de dedicarse al amor a tiempo completo. En cualquier caso, periodistas y amigos hallaron a un nuevo García Márquez, vestido en su ahora característico traje blanco, con cinco kilos menos, el pelo arreglado, las uñas de manicura y olor a colonia cara, paseando por las calles del casco antiguo de Cartagena, la playa de Bocagrande, las avenidas de Manga... siempre que no estuviera haciendo estruendo con su nuevo Mustang rojo, por descontado.[27]

Se levantaba a las seis de la mañana y leía los periódicos, se sentaba y se preparaba para escribir desde las nueve hasta alrededor de las once, y luego poco a poco despegaba, igual que el globo que inventaría en su libro y en la película *Cartas desde el parque*. Lo maravilloso era, según dijo, que había «recuperado Colombia». A mediodía, Mercedes se iba a la playa y en compañía de amigos esperaba a que apareciera. Luego almorzaban gambas o langosta, y echaban la siesta. Por la tarde iba caminando a casa de sus padres, y todas las noches salía a pasear por la ciudad o a charlar con amigos: «así, a la mañana siguiente tenía material fresco».[28]

Aunque vivía en un edificio cuya forma le había merecido el apodo de «la máquina de escribir», García Márquez estaba emprendiendo también otra transición revolucionaria, en esta ocasión de carácter técnico.[29] Por suerte, quizá, ya había escrito los primeros capítulos de lo que sería *El amor en los tiempos del cólera*, su próxima novela, los cuales le sirvieron de puente literario con que atravesar toda la experiencia del Nobel. Ahora decidió volver a la escritura con un ordenador, y le pidió a una mecanógrafa que traspasara el manuscrito existente. Gracias a esto, un hombre que obsesivamente tiraba toda página en la que hubiera un error de mecanografía pudo avanzar con mayor rapidez, y tal vez incluso le ayudara este cambio a anticiparse al bloqueo ante la página en blanco que ha aquejado a tantos ganadores del Premio Nobel a lo largo de los años. Los críticos sugerirían un posible cambio de estilo a raíz de la nueva tecnología, y dirimirían si era para bien o para mal.

Sin embargo, el mayor cambio en la vida de García Márquez, por lo menos en el plano psicológico, vino dado por la relación con su padre. En sesenta años apenas habían hablado. Ahora el hijo se reconcilió con el padre, al menos lo suficiente para que casi todas las tardes atravesara en coche el puente que llevaba a Manga y fuera a hablar con él y Luisa Santiaga —normalmente por separado— acerca de su juventud y su noviazgo. Aunque es evidente que su motivación primordial parecía ser el nuevo libro que se proponía escribir, hay motivos sobrados para creer que por fin García Márquez estaba preparado para llevar a cabo esta transición, y que el libro le permitió ocultar y proteger su orgullo, al tiempo que aliviaba la carga de la culpa que sin duda sentía por este hombre, su padre. Apenas tres años antes había escrito sobre un personaje de *Crónica de una muerte anunciada* que de repente toma conciencia de una faceta de su madre que antes no había visto: «En esa sonrisa, por primera vez desde su nacimiento, Ángela Vicario la vio tal como era: una pobre mujer consagrada al culto de sus defectos».[30] Sin duda que, tras haber dejado atrás todos sus propios desafíos, García Márquez fue capaz de juzgar con ese grado de desapasionamiento, aunque acaso con menos crueldad, a Gabriel Eligio.

No debió de ser fácil, en absoluto. Gabriel Eligio era el hombre que le había arrebatado a su madre y luego había vuelto, años después, para apartarlo de su querido abuelo, el coronel, infinitamente superior a ojos de Gabito. Gabriel Eligio, aunque en modo alguno un maltratador, siempre parecía amenazar con la violencia para mantener su autoridad arbitraria, a menudo inconsecuente; mantuvo encerrada en casa a su sufrida esposa según los principios estrictos del patriarcado, mientras él salía a su antojo siempre que le venía en gana y le era infiel en numerosas y vergonzosas ocasiones; y aunque, por lo general, fue capaz de realizar la gesta de procurar el sustento a su nutrida familia, alimentarla y ofrecer a sus hijos, en la mayoría de los casos, una buena educación, a su hijo mayor, al margen de los resentimientos edípicos, se le hacía sumamente difícil soportar lo impredecible de la conducta de su padre, los cambios de planes y las bromas absurdas que todo el mundo debía festejar, el obcecado conservadurismo político, el abismo que solía haber entre sus logros reales y la opinión que tenía de sí mismo.

En esta clase de relaciones, prácticamente todo conspira para que las diferencias se agudicen y las cosas empeoren aún más. Tal vez la declaración de García Márquez que más se repite en América Latina, y la que más simpatías despierta, sea la de que, sin importar la medida de su éxito, nunca olvidaría que no era más que uno de los dieciséis hijos del telegrafista de Aracataca. Cuando Gabriel Eligio oyó esta declaración por primera vez, se lanzó en una diatriba iracunda. Sólo había sido telegrafista durante un breve período de tiempo, ahora era un doctor profesional, poeta y novelista por añadidura.[31] Se sentía desairado ante el hecho de que todo el mundo supiera cuánto había influenciado el célebre coronel a su hijo y cuánto había servido de inspiración para los personajes de sus libros, mientras que nunca se hacía mención de él y parecía haber quedado excluido deliberadamente, cuando no vilipendiado, como en esta ocasión.

A finales de agosto de 1984, García Márquez había escrito tres capítulos —más de doscientas páginas— del total de seis que planeaba, y la novela empezaba a tomar forma. Supuestamente estaba hablando con sus padres para obtener una impresión general de la época y hacerse una idea cabal de su noviazgo en medio de estas conversaciones algo vagas que le servían a modo de peculiar estudio para su obra. O eso decía. Declaró en *El País* que el libro podía sintetizarse en una sola frase: «Es la historia de un hombre y una mujer que se aman desesperadamente y que no pueden casarse a los veinte porque son demasiado jóvenes, y no pueden casarse a los ochenta, después de todas la vueltas de la vida, porque son demasiado viejos». Dijo que era una obra de riesgo, porque estaba sirviéndose de todos los recursos de la cultura popular de masas: de las vulgaridades del melodrama, del culebrón y del bolero. La novela, también bajo el influjo de la tradición decimonónica francesa, empezaba en un funeral y acabaría en un barco. Y tendría un final feliz.[32] Es de suponer que por esa razón había decidido situar su novela en el pasado: quizá ni siquiera García Márquez se veía con ánimos de salir airoso de una historia de amor con final feliz ambientada a finales del siglo XX y que lo tomaran en serio.

Finalmente, con el libro mediado, se marchó de Cartagena a finales del verano y dejó una copia del manuscrito a cargo de Margot. Las instrucciones eran que lo conservara hasta que llegara a México sano y salvo, y luego lo destruyera. «Yo me senté con una lata de galletas vacía en las piernas y rompí hoja por hoja, y después las quemé.»[33] A continuación, después de hacer de mala gana un viaje de trabajo a Europa aquel otoño, la noticia cayó como un jarro de agua fría. El 13 de diciembre de 1984, poco después de cumplir ochenta y tres años, Gabriel Eligio García murió repentinamente en el hospital Bocagrande de Cartagena, tras pasar diez días enfermo. Yiyo (Eligio Gabriel), a quien normalmente tenían por el miembro más nervioso de la familia, recordó: «Cuando murió [mi papá], todo se volteó patas arriba. Ese día, yo llegué de Bogotá y me encontré la casa en mitad de un caos, nadie era capaz de tomar una decisión. Me acuerdo de que ya eran las cinco de la tarde y no aparecían Jaime ni Gabito; en ese instante, yo asumí el liderazgo de la familia y tuve que sacarlos del marasmo y poner en movimiento a la familia. Al día siguiente, nos reunimos a ver cómo se iba a organizar la vida. Eso fue el infierno».[34]

Por una vez, Gabito asistió a un entierro. Se las arregló para llegar el día del funeral, tras un viaje de diez horas en que hubo de cambiar varias veces de avión, cuando estaban a punto de trasladar el ataúd del salón parroquial de Manga tras las exequias (Gustavo, procedente de Venezuela, llegó demasiado tarde para la misa). Gabito llegó acompañado del gobernador del departamento de Bolívar, Arturo Matson Figueroa, y ambos ayudaron a cargar el ataúd. El gobernador llevaba traje negro y corbata; Gabito, una americana de pata de gallo, una camisa negra sin corbata y pantalones del mismo color. Jaime recuerda: «El entierro fue desastroso. Nosotros, los hombres, nos volvimos flecos, nos convertimos en una partida de llorones inservibles para las necesidades del momento. Afortunadamente, estaban las mujeres, que organizaron todo».[35] (El lloriqueo no impidió a los hijos varones hacer una visita ritual a un burdel, por los viejos tiempos —sólo bebidas— y estrechar a la antigua usanza los lazos afectivos.)

De repente, justo cuando acababa de reanudar la relación con su padre, García Márquez lo había perdido para siempre. De hecho llevaba un tiempo rehaciendo los vínculos con toda su familia, pero la muerte de Gabriel Eligio dio paso, como cabe imaginar, a una situación completamente nueva. Yiyo recuerda: «Pocos días después de la muerte de mi papá, mi mamá, muy guajiramente, le dijo a Gabito: "Ahora tú eres el jefe de la casa", y él, enseguida, reviró: "¿Y yo qué te hice? ¿Por qué me vas a meter a mí en cipote lío?" ... La verdad es que encima de que son muchos, son incontrolables».[36] El escritor de fama mundial encabezaba ahora una familia muy numerosa y desperdigada. Ya había ayudado a sus hermanos de un sinfín de maneras —empleos, facturas médicas, coste de los estudios, hipotecas—, pero ahora también asumió la carga económica de su madre. Esto ocurría justo cuando parecía que su «regreso» gradual a Colombia estaba en marcha y mientras escribía una novela basada en los acontecimientos que habían llevado a la creación de la familia García Márquez.

La muerte de su padre y la viudez angustiada de su madre obligaron a García Márquez a pensar no únicamente en el amor y el sexo, sino también, una vez más —aunque con mayor profundidad—, acerca de la senectud y la muerte. A pesar de que siempre ha sostenido que la escritura de *El amor en los tiempos del cólera* fue una época feliz, las cosas no le resultaban tan fáciles como fingía. Además de lo que le estaba costando adaptarse a sus responsabilidades posteriores al Nobel, vivir la muerte de Gabriel Eligio y asistir al sufrimiento de su madre era un proceso traumático que, cómo no, el novelista asimiló escribiéndolo en su novela, en especial en los primeros y los últimos capítulos. Su inveterada costumbre de destruir los manuscritos de sus obras y toda huella de su evolución nos ha privado de asistir a aquella evolución fascinante en la cual la vida se incorporaba al arte a medida que se revelaba en la realidad. Por descontado que el ordenador no sólo ha cambiado por completo el proceso de creación literaria, sino que además ha hecho más difícil seguir las fases de su desarrollo.

Siempre había pretendido que la novela fuese un reflejo no sólo del amor sino también de la vejez, aunque el amor había pasado a ocupar un lugar preponderante desde la concesión del Nobel. A finales del verano de 1982 había publicado un artículo sobre la «vejez juvenil de don Luis Buñuel», que demostraba no sólo que estaba meditando profundamente sobre estas cuestiones —incluyendo si era decoroso que los ancianos se enamoraran y mantuvieran relaciones sexuales—, sino además que había leído el clásico de Simone de Beauvoir, *La vejez*.[37] En febrero de 1985, de vuelta a Ciudad de México, le dijo a Marlise Simons que la primera imagen de la novela, tras haber leído acerca de la muerte de dos ancianos asesinados por un barquero, era precisamente la de dos viejecitos que huían en un barco.[38] Antes, dijo, solía escribir sobre personajes entrados en años porque sus abuelos eran las personas a las que mejor había comprendido; ahora se estaba anticipando a su propia senectud. Había una frase de *La casa de las bellas durmientes* de Yasunari Kawabata que le fascinaba: «Los viejos tienen la muerte y los jóvenes el amor, y la muerte viene una sola vez y el amor muchas».[39] Este concepto permite comprender mejor todas sus obras tardías.

Cuando en la primavera de 1985 se reunió con la periodista colombiana María Elvira Samper en Ciudad de México para otra de las entrevistas que servían para estar al corriente de sus últimos avances (*Semana* anunció: «Hacía mucho que García Márquez no hablaba largo para la prensa: exactamente dos años...»), le dijo que no era que se sintiera viejo, sino que simplemente empezaba a detectar indicios del paso del tiempo y hacía frente a la realidad. Daba la sensación de que la inspiración acudía más a menudo a medida que uno envejecía, salvo porque ahora se daba cuenta de que no se trataba de inspiración: era que uno estaba en vena, y la escritura, por un tiempo, era «como navegar». A estas alturas «yo sé cuál es la última frase del libro desde antes de sentarme a escribirlo. Cuando me siento a escribir tengo todo el libro en la cabeza, como si lo hubiera leído, porque lo he pensado durante años». Se sentía «desarraigado» porque ahora era exactamente el mismo allá donde estuviera en el mundo, y a resultas de ello estaba experimentando «orfandad y angustia». Luego ofreció una declaración sorprendente: «Todas mis fantasías he ido realizándolas una tras otra. Es decir, hacía muchísimos años sabía que todo iba a suceder como ha sucedido. Claro que he puesto algo de mi parte, y me he tenido que endurecer». Se consideraba «durísimo», aunque, como el Che Guevara, creía que había que mantener el lado «tierno». Todos los hombres son blandos, pero la «inclemencia» de las mujeres los salva y los protege. Todavía amaba a las mujeres; le hacían sentirse «seguro» y «mantenido». A estas alturas, seguía diciendo, se aburría hablando casi con cualquiera que no fuera amigo suyo: apenas lograba mantener la atención para escuchar. «Soy el hombre más colérico y más violento que conozco. Por eso soy el más controlado.»[40]

También habló sobre el amor y el sexo, por descontado —aunque esta última, como se ha señalado ya, es una palabra que apenas aparezca en las novelas de García Márquez—. Utiliza la misma palabra, «amor», para ambas cosas, y esta promiscuidad crea una curiosa atmósfera imprecisa que en buena medida encierra el peculiar sabor, y posiblemente el encanto, de su manera de escribir sobre esta cuestión.

La nueva novela, la obra en la que se decía la última palabra sobre el amor, apareció dedicada «A Mercedes, por supuesto». La edición francesa, en cambio, estaría dedicada a Tachia...

El amor en los tiempos del cólera se sitúa en una ciudad caribeña que de inmediato se reconoce como Cartagena de Indias, y la acción transcurre entre la década de 1870 y principios de los años treinta del siglo xx. Trata del amor y el sexo, del matrimonio y la libertad, de la juventud y la vejez. Se sostiene en un triángulo sexual: el doctor Juvenal Urbino, soberbio y de clase alta; el anodino empleado de correos Florentino Ariza, con escasos atractivos; y la bella advenediza, Fermina Daza. Hay en Juvenal elementos de Nicolás Márquez, aunque sobre todo está inspirado en un distinguido médico local, Henrique de la Vega, que de hecho era el doctor de la familia García Márquez (quien asistió a Gabriel Eligio en el momento de su muerte y murió a su vez menos de cinco meses después); Florentino, el protagonista, aúna rasgos de Gabriel Eligio tanto como del propio Gabito, una fusión sumamente curiosa y fascinante; y Fermina es una asombrosa síntesis de Mercedes (por encima de todo) y el espectro de Tachia, aderezada con detalles externos de Luisa Santiaga en su mocedad y la época de su noviazgo. El libro está estructurado en seis partes, de las que la primera y la última, enmarcando el resto, están dedicadas a la vejez, y la cuarta y la quinta a la edad madura. La estructura en seis partes se divide nítidamente en dos mitades de tres capítulos, y esto es emblemático de una novela donde priman el dos y el tres, de un triángulo que amenaza siempre con desmoronarse en una pareja. En general, la novela pone en escena implícitamente las cuatro grandes reconciliaciones por las que García Márquez había pasado a medida que se aproximaba a la vejez: con Francia, sobre todo con París (donde Juvenal y Fermina son ambos especialmente felices); con Tachia, a la que había amado allí en los años cincuenta; con Cartagena, la ciudad colonial reaccionaria; y, quizá la más trascendente, con su padre, cuya aspiración había sido siempre obtener la aceptación de Cartagena.

La acción comienza un domingo de Pentecostés a principios de los años treinta, poco después de que el Partido Liberal volviera al poder tras casi medio siglo. Juvenal Urbino, ahora octogenario, muere al caer de una escalera cuando trata de recuperar el loro de la familia, el mismo día en que ha enterrado a un viejo amigo y ha descubierto una verdad sorprendente sobre él. En el funeral de Urbino, Florentino Ariza, un antiguo amor de su esposa Fermina, trata de reavivar la pasión que hubo entre ambos cuando eran todavía adolescentes, más de cincuenta años atrás. El resto de la novela da paso a una serie de retrospecciones, cuidadosamente engarzadas en el conjunto de la obra, que cuentan, en primer lugar, el enamoramiento original, después la intervención de Juvenal y su matrimonio con Fermina, seguido del viaje que hacen juntos a París, y a continuación la ascensión de Juvenal hasta convertirse en una eminencia médica en Cartagena, en particular en el azote del cólera. Paralelamente seguimos la trayectoria menos convencional de Florentino, hijo ilegítimo y con sangre negra: decide que también él debe convertirse en un ciudadano respetado y poco a poco va destacándose en la compañía de transportes de su tío; sin embargo, a la vez, puesto que ha decidido esperar a Fermina todo el tiempo que sea necesario —hasta después de la muerte de su marido, si hace falta—, se embarca en una larga cadena de relaciones con mujeres distintas, sobre todo prostitutas y viudas; inicia también un romance con su sobrina de catorce años, América Vicuña, que se suicida cuando la abandona por Fermina, que acaba de enviudar, cerca del final de la novela. En contraposición con él, Juvenal tiene tan sólo un desliz, con una voluptuosa paciente jamaicana, y esto a punto está de costarle el matrimonio.

Al final del tercer capítulo, a mitad de camino de la novela, hemos asistido a cómo Fermina Daza, una colombiana de clase media-baja, ha rechazado al colombiano auténtico, Florentino Ariza, por el «afrancesado» de clase alta, Juvenal Urbino. Y, por añadidura, ella ha conocido Europa, al igual que Juvenal, mientras que Florentino Ariza nunca ha dejado Cartagena ni siente deseo alguno de hacerlo. Juvenal Urbino representa a la clase alta de Cartagena para la cual, en cierto sentido, García Márquez escribía mientras iba componiendo el libro. Así que, hacia la mitad, la novela ha evidenciado una decisiva victoria por parte de Europa y la modernidad sobre el mundo atrasado criollo o mestizo, el mundo ilegítimo de clase baja de Colombia. A continuación, en la segunda mitad de la novela, se vuelven las tornas a medida que Florentino mejora su posición y acaba por quedarse con la «chica».

Aunque Juvenal Urbino está inspirado en parte en Henrique de la Vega, en parte en el coronel y en parte en Gabriel Eligio —un «médico»—, por encima de todo encarna todo lo que García Márquez envi-

dia, admira y desprecia de la clase alta: las élites dirigentes de Bogotá y
Cartagena, muy mezcladas en los últimos veinticinco años (la élite de
Bogotá, por la que García Márquez se había sentido rechazado, y la élite de Cartagena, que los había repudiado tanto a su padre como a él mismo). Aun así, es notable que esta novela no trate en ningún sentido primordial acerca del conflicto o la rivalidad entre los hombres, sino acerca
de las relaciones entre distintos hombres y mujeres.

El epígrafe pertenece a una canción del trovador ciego del vallenato, Leandro Díaz: «En adelanto van estos lugares: ya tienen su diosa coronada». Esta referencia múltiple, que de algún modo conjura la antigua
Grecia, la monarquía española imperial y la Colombia popular de los
concursos de belleza, compendia con suprema eficacia los conflictos
culturales que se dirimen en la novela. El título, que a primera vista parecía uno de los menos afortunados del autor, ha ido ganando adeptos y
admiradores: habla del amor y del tiempo; el amor, como suele ocurrir
con García Márquez, es una dolencia o una enfermedad irresistible; y el
tiempo es mera duración e historia, pero también la peor de todas las
enfermedades, la única que todo lo corroe. Y sin embargo la novela se
detendrá en un momento en el que el tiempo queda, aun de manera pasajera, derrotado.

Entre las diversas reconciliaciones de este autor que cosechaba ya
un éxito deslumbrante al acercarse al final de la madurez, se da también
la reconciliación, por paródica y posmoderna que sea, con la propia
novela burguesa, e incluso, por irónica y crítica que pueda considerarse, con la burguesía dirigente colombiana. No estamos exactamente
ante un Stendhal, un Flaubert o un Balzac (si acaso ante un Dumas o un
Larbaud, aunque por supuesto tamizados por la parodia),[41] pero esta novela los «conoce» a todos ellos en profundidad, y sin embargo se decan-
ta por otros derroteros completamente distintos. Desde la primera línea
flirtea con aromas que nos retrotraen al pasado y nos recuerdan, «inevitablemente», al amor no correspondido. Muchos de los elementos son
propios de la novela rosa, o incluso del culebrón y la música popular
latinoamericana, como el autor había dado a entender. No obstante,
funcionan de contrapunto de los convencionalismos y el tedio existencial del matrimonio burgués, del afán por guardar las apariencias. García
Márquez ponía con ello en grave riesgo su reputación artística. La novela en su conjunto deviene una curiosa mezcla de lo anodino y lo ba-
nal con el realismo implacable y la profundidad psicológica. Se atreve

a explorar los clichés más frecuentes de las cartas de los consultorios sentimentales y los pésimos lugares comunes que suelen servir de respuesta: nunca conoces a alguien de verdad. No se puede juzgar a los demás. Algunas personas pueden cambiar su conducta y, en esa medida, su personalidad; otros pueden mantenerse inmutables para siempre, a pesar del paso del tiempo. Nunca sabes lo que te va a pasar en la vida. La vida sólo se comprende cuando es ya demasiado tarde, e incluso puede que entonces cambiaras de opinión si vivieras más tiempo. Es muy difícil moralizar sobre el amor y el sexo. Es muy difícil separar el amor del sexo. Es muy difícil separar el amor de la costumbre, la gratitud o el interés. Puedes amar a más de una persona al mismo tiempo. Hay muchas clases de amor y puedes querer a las personas de formas muy diferentes. Es imposible saber qué es mejor: la vida de soltero o el matrimonio, la bohemia o la convención; de manera parecida, no podemos saber si la estabilidad es preferible a la aventura, o viceversa. De lo que no hay duda es de que todo tiene un precio. Por otra parte, sólo se vive una vez y no hay segundas oportunidades. Nunca es tarde. Y aun así... aun así una vida no es mejor que otra. Todos estos motivos se consignan en la primera parte y después se entrelazan y se desarrollan en el resto de la novela hasta su conclusión.

En *Cien años de soledad*, los lectores descubrían que el cuarto de Melquíades funciona como el espacio de la literatura misma, y que es el propio Melquíades quien ha escrito hace un siglo la historia que estamos leyendo. Al final de *El amor en los tiempos del cólera*, Florentino Ariza le escribe a Fermina Daza una larga carta que viene a ser un recurso similar de *mise en abîme*: en apariencia no es una carta de amor, sino «una extensa meditación sobre la vida, con base en sus ideas y experiencias de las relaciones entre hombre y mujer», que ella recibe como una meditación «sobre la vida, el amor, la vejez, la muerte». El alcance de la ambición a la que aspira, junto con la notable accesibilidad de la obra, hace que en ciertos sentidos sea la secuela a *Cien años de soledad* que *El otoño del patriarca* nunca fue.

García Márquez acabó su libro con las palabras «Toda la vida» y se lo mandó a Alfonso Fuenmayor a Barranquilla para que Germán Vargas y él lo leyeran. Carmen Balcells recibió su copia en Londres y se dice que pasó dos días llorando sobre el manuscrito. García Márquez había de mantener una reunión de trabajo con ella y decidió recalar en Nueva York de camino a Europa. Su viejo amigo Guillermo Angulo era por entonces cónsul colombiano en la Gran Manzana, y también estaba allí el fotógrafo Hernán Díaz. A García Márquez no sólo lo embargaba el entusiasmo de haber terminado la novela, que inauguraba para él una nueva etapa, sino que también atravesaba por la euforia y la angustia de los usuarios del ordenador de aquellos primeros tiempos. ¿Contaba con una copia de seguridad, serían los disquetes de confianza, dónde podía guardarlos sin miedo a que sufrieran daños o a que se los robaran? Era muy consciente de ser uno de los primeros escritores célebres —tal vez el más famoso del mundo— en escribir una obra importante con ordenador. Acompañado de Mercedes y Gonzalo, además de su sobrina Alexandra Barcha, voló a Nueva York con los disquetes de la novela atados al cuello, como un Melquíades que hubiera hallado la piedra filosofal y por nada del mundo pensara desprenderse de ella.[42]

García Márquez llevó a su hijo menor a Scribner's, una de las librerías más famosas de Nueva York, por la que había pasado cada día camino al trabajo en 1961. A Hernán Díaz le sorprendió descubrir que en Scribner's al parecer no había novelas de su ilustre amigo, pero resultó que todas estaban ya en la sección de «clásicos». Hubo lugar para muchas firmas y dedicatorias cuando el personal descubrió quién era aquel hombre menudo con una chaqueta de pata de gallo. En la calle, los transeúntes lo abordaban mientras disfrutaba de un totémico *hot dog* neoyorquino bajo la mirada del fotógrafo. Más tarde, tan asombrado como si descubriera el hielo por primera vez, fue a una tienda especializada e imprimió las seis primeras copias de su libro en cuestión de minutos.[43]

Así que en aquel otoño de 1985, todavía con los tres disquetes colgados al cuello, García Márquez viajó en avión a Barcelona para entregárselos en mano a Carmen Balcells. Se hospedó en el hotel Princesa Sofía. Sus temores se vieron cumplidos cuando forzaron la cerradura de su habitación y le robaron, pero dijo a la prensa que no creía que los ladrones fueran tras el manuscrito de *El amor en los tiempos del cólera*.

Todavía estaba ausente de Colombia cuando tuvo lugar uno de los momentos políticos que marcarían la historia del siglo XX del país. La tensión con el M-19 había ido en aumento y el 3 de julio habían renunciado al alto el fuego de Betancur; la nación empezó a tambalearse hacia el desastre. (Muchos guerrilleros sospechaban que Betancur, lejos de buscar un proceso de paz duradero, los estaba atrayendo a una trampa histórica.) El 9 de agosto el propio García Márquez había dicho que el ministro de Defensa, Miguel Vega Uribe, debía dimitir por las acusaciones de tortura. El 28 de agosto, Iván Marino Ospina, el nuevo líder del M-19 tras la reciente muerte de Jaime Bateman, amigo de García Márquez, había sido asesinado por la policía. El 6 de noviembre, finalmente, los guerrilleros del M-19 asaltaron el Palacio de Justicia, sede del Tribunal Supremo en Bogotá, y dieron pie con ello a una serie de acontecimientos que dejarían horrorizados a los espectadores de todo el mundo que siguieron el desarrollo del drama por televisión. El desventurado hermano del presidente, Jaime, que había sido secuestrado recientemente, volvió de nuevo a escena. El ejército colombiano entró con tanques y artillería pesada y puso fin a un asedio de veintisiete horas, mientras el mundo entero contemplaba horrorizado los sucesos. Murieron más de cien personas, entre ellas Alfonso Reyes Echandía, presidente del Tribunal Supremo. Al juez Humberto Murcia le dispararon en una pierna cuando trataba de huir, tras lo cual arrojó la pierna —ortopédica— y escapó del patio en llamas. Los líderes del ataque de la guerrilla, Andrés Almarales entre ellos, murieron en la refriega, junto con muchos otros. Corría el rumor fehaciente de que fue el ejército, y no Betancur, quien tomó las riendas de la situación —la controversia sigue viva aún hoy—, y Betancur me dijo con posterioridad que consideraba «un acto de amistad» que García Márquez guardara silencio.[44] Tan sólo una semana después, un nuevo desastre sacudió Colombia cuando la erupción del volcán Nevado del Ruiz arrasó la ciudad de Armero y acabó con la vida de al menos veinticinco mil personas.

La tragedia del Palacio de Justicia fue para García Márquez la gota que colmó el vaso. Se había comprado un apartamento en Bogotá y había llevado allí buena parte de su ropa y otras pertenencias, pero no se trasladó a su nueva vivienda. En el mismo momento en que tuvo lugar el desastre estaba pensando en volver a la capital colombiana, pero en lugar de ello fue a París. Allí meditó, canceló sus planes y regresó en cambio a Ciudad de México, donde el reciente terremoto había dejado la ciudad destruida pero, en contrapartida, la había reforzado moralmente. En aquel momento estaba ya acariciando un nuevo proyecto —una novela sobre Bolívar— y había mantenido su primera reunión con el historiador Gustavo Vargas en septiembre de 1985.

Fue entonces, el 5 de diciembre, después de esta sucesión de desastres en Colombia, cuando apareció *El amor en los tiempos del cólera*. Sorprendió a lectores y críticos del mundo entero porque presentaba a un nuevo García Márquez, un escritor que de algún modo había logrado convertirse en una especie de novelista decimonónico de nuestros días, un hombre que ya no escribía sobre el poder, sino sobre el amor y el poder del amor. Sería su obra más popular, su novela más querida. Publicada casi veinte años después de *Cien años de soledad*, *El amor en los tiempos del cólera* fue el segundo de sus libros que brindó a la crítica y al público general un deleite absoluto. Su éxito alentó a García Márquez a seguir escribiendo acerca de las relaciones humanas y el ámbito privado como una de sus principales preocupaciones, y a hacer de ello el centro de su regreso a la actividad cinematográfica.[45] Desde entonces su nombre no iría únicamente asociado al amor, al afecto, las sonrisas, las flores, la música, la comida, los amigos y la familia, sino también a la nostalgia, con una mirada a las viejas costumbres del pasado, a los caminos y los ríos de antaño: el olor de la guayaba y los aromas de la memoria. Estas virtudes de regusto popular le permitirían seguir entremezclando las corrientes más sombrías que siempre fluían bajo su fascinante escritura.

Incluso *El Tiempo* quedó desarmado ante el nuevo rumbo que tomaba su obra. El 1 de diciembre, aun antes de que el libro llegara a las librerías, predijo: «Llegó el amor para un país en cólera». Algunos —muy pocos— críticos dieron una opinión bastante negativa de la obra. Sin embargo, en líneas generales tuvo una acogida triunfal, de la cual una muestra característica sería la alabanza de uno de los más escépticos de los novelistas de talla, Thomas Pynchon, cuando el libro apareció en inglés. Pynchon destacó el increíble aplomo de García Márquez para escribir sobre el amor en los tiempos que corrían, aunque, según él, «cumple, y con todos los honores»:

> Y —¡madre mía!— qué bien escribe. Escribe con un control desapasionado, con una serenidad maníaca ... Nada de lo que he leído se parece a este sorprendente capítulo final, sinfónico, seguro de su dinámica y su tempo, avanzando también como un barco de la mano de su autor y su piloto, con la experiencia de toda una vida guiándonos certeramente por entre los escollos del escepticismo y la piedad, por este río que todos conocemos, sin cuya navegación no existe el amor y contra cuya corriente el empeño por volver no merece un nombre menos honroso que el recuerdo, y que con mucha suerte propicia obras que incluso nos devuelven nuestras almas maltrechas, a las que sin lugar a dudas pertenece *El amor en los tiempos del cólera*, esta deslumbrante y desgarradora novela.[46]

Quince años después, García Márquez me dijo: «Hace poco he estado releyendo *El amor en los tiempos del cólera* y, la verdad, me sorprendió. Dejé las tripas en ese libro, no sé cómo pude escribir todo eso. La verdad es que me sentí orgulloso. En fin, lo cierto es que pasé... he pasado algunos momentos muy oscuros en mi vida.

»—¿Cuándo, antes de *Cien años de soledad*?

»—No, en los años después del Nobel. Muchas veces pensé que me iba a morir; había algo ahí, en el fondo, algo oscuro, algo debajo de la superficie de las cosas».[47]

22

Contra la historia oficial:
Bolívar según García Márquez
(*El general en su laberinto*)

1986-1989

Del mismo modo que la publicación de *El otoño del patriarca*, en 1975, había demostrado que *Cien años de soledad* no era una carambola y que la literatura mundial podía esperar de él que siguiera en el candelero, ahora García Márquez había dejado en evidencia con *El amor en los tiempos del cólera* que no era uno de esos escritores que se deja vencer por la presión de haber sido galardonado con un Premio Nobel. El cambio de rumbo hacia el tema del amor en su obra fue acompañado de un nuevo énfasis en la paz, la democracia y la coexistencia en su actividad política. Estaba claro que en Centroamérica y el Caribe la administración Reagan no estaba dispuesta a tolerar el triunfo de ningún régimen revolucionario; los cubanos, que habían inspirado o alentado la mayoría de los movimientos revolucionarios, eran más cautos que antes, pues los comprometía a largo plazo la liberación del sur de África y no podían permitirse mayores presiones estadounidenses en el Caribe; además, en la Unión Soviética todo parecía apuntar a que su compromiso con la revolución a escala mundial probablemente no fuera a durar. Al mismo tiempo, Reagan había topado con dificultades para seguir adelante con su guerra contra la revolución nicaragüense, e incluso podía darse el caso de que se prestara a hablar de paz. (A mediados de 1986, el Tribunal de La Haya descubriría que la administración estadounidense había incumplido la ley internacional al ayudar a los rebeldes contras en Nicaragua; aquel mismo año, más adelante, se desataría el escándalo del Irangate dentro de las propias fronteras de Estados Unidos, que debilitaría a todo el gobierno Reagan.)

Incluso en Colombia se había desarrollado un proceso de paz desde que Betancur llegara al poder en 1982, aunque a estas alturas la mayoría de los observadores habían perdido la esperanza de que pudiera sacarlo adelante con éxito, y el propio García Márquez hablaba con creciente pesimismo de la senda que había tomado el país. A finales de julio de 1986 advirtió que Colombia se hallaba «al borde de un holocausto» y que los terribles sucesos del Palacio de Justicia a finales de 1985 eran la inevitable consecuencia de la nociva combinación de guerrillas, fuerzas gubernamentales represoras y violencia y delincuencia generalizadas.[1] Los observadores neutrales se habrían llevado una impresión aún mayor si hubiese hecho estas declaraciones antes de la última semana del mandato de Betancur, sobre todo teniendo en cuenta que Amnistía Internacional había criticado con severidad a Betancur por el menosprecio de los militares hacia los derechos humanos; a efectos reales, pues, la advertencia iba dirigida al gobierno liberal entrante de Virgilio Barco, no a Betancur, el amigo conservador de García Márquez.

Así que el propio García Márquez empezó a adoptar ahora un discurso socialdemócrata y meramente anticolonialista para acompañar su mensaje de paz y amor hasta un punto que debió de desconcertar a viejos amigos y deleitar a sus enemigos, que no obtendrían satisfacción hasta que Fidel y él cayeran de sus corceles. Entre otras cosas, Vargas Llosa lo llamó, una vez más, «lacayo de Fidel Castro» y «oportunista político».[2] Este último era un curioso epíteto para referirse a alguien a quien apoyar a Cuba le creaba dificultades políticas poco menos que insalvables y que estaba, por añadidura, dispuesto a dedicar enormes sumas de dinero a sus compromisos políticos, como había demostrado con *Alternativa* en Colombia en los años setenta y se disponía a dejar claro una vez más, a escala todavía mayor, en Cuba.

En enero de 1983, en Cayo Piedras, durante su primer encuentro tras la aventura de García Márquez con el Premio Nobel, Gabo y Fidel habían empezado a soñar con una escuela latinoamericana de cine con sede en La Habana; Fidel, que algo sabía sobre propaganda, y sin duda estaba impresionado por el prestigio y la influencia de García Márquez en el mundo entero después de obtener el Premio Nobel, era cada vez más consciente —aunque tardíamente, tal vez— de la influencia ideológica de la cultura. Mientras hablaba ahora de cine con García Márquez, empezó a preguntarse si el poder de las películas no era mayor incluso que el de los libros, y a cuestionarse si el cine latinoamericano de los últimos tiempos había sido tan efectivo como las grandes películas de los sesenta y primeros años setenta inspiradas, en todo el continente y, por

ende, en la propia Cuba, por el triunfo de su revolución. Sentados a orillas del Caribe y enfrascados en una discusión seria, como era de esperar
Fidel planteaba su beligerante enfoque de la cuestión: «A ese cine hay
que darle vuelo... darle vuelo. Yo, que me he pasado veinte años de lucha, pienso que estas películas son una batería de cañones disparando
hacia adentro y hacia afuera. ¡Qué riqueza tiene el cine en todo eso! El
libro influye mucho, pero para leerse un libro uno requiere diez, doce
horas, dos días; pero para ver un documental sólo necesita cuarenta y
cinco minutos».[3] Si Castro hablaba bajo la influencia del inesperado impacto de un actor de Hollywood en la Casa Blanca norteamericana no
podemos más que suponerlo, pero García Márquez y él empezaron a
barajar la posibilidad de crear una fundación latinoamericana dedicada al
cine con sede en La Habana, como un medio de incrementar la producción continental, mejorar la calidad, fomentar la unidad latinoamericana y, por supuesto, difundir los valores revolucionarios.

Tan pronto acabó de escribir *El amor en los tiempos del cólera*, García
Márquez se puso manos a la obra con el nuevo proyecto. De 1974 a 1979
se había concentrado en el periodismo político, pero desde aproximadamente 1980 hasta los años noventa recuperó su obsesión por el cine, y sus
artículos entre 1980 y 1984 a menudo estarían estrechamente vinculados
al cine en general, y en concreto a sus propios proyectos particulares. Su
iniciativa más ambiciosa en el terreno cinematográfico sería, precisamente, la Fundación del Nuevo Cine Latinoamericano en La Habana, en
combinación con una nueva Escuela Internacional de Cine y Televisión
que se emplazaría en San Antonio de los Baños, a las afueras de la ciudad.[4] En este proyecto, más que nunca, apoyaría sus creencias revolucionarias con su dinero capitalista. Tal vez lo inspirara la siguiente máxima: allí donde la política ya no es viable, mira hacia la cultura. La
nueva fundación contribuiría a unificar la producción y los estudios cinematográficos en el continente, y la escuela impartiría la teoría y la
práctica del oficio no sólo a los jóvenes latinoamericanos, sino también
a estudiantes de otros lugares del mundo.

En 1986 ya se habían dado pasos de gigante en los proyectos de las
dos nuevas instituciones y García Márquez estaba trabando contactos estrechos con cineastas de izquierdas para futuros avances. Sin embargo,
no había empezado el año trabajando en una película, sino en un libro
sobre cómo se hacía una película. Su amigo Miguel Littín, el cineasta
chileno en el exilio, había vuelto clandestinamente a Chile en mayo y ju-

nio de 1985, tras lo cual había escapado sin que su presencia se detectara y, además, cargado con más de tres mil metros de película rodada en el Chile de Pinochet.[5] García Márquez, que a todas luces se sintió simbólicamente derrotado por Pinochet al volver a publicar obras de ficción antes de la caída del dictador, vio una ocasión de resarcirse y se encontró con Littín en Madrid a principios de 1986, para sopesar las opciones. Allí se entrevistaron durante más de dieciocho horas en el transcurso de una semana, luego volvió a México y condensó un relato de seiscientas páginas en ciento cincuenta. Comentó a este respecto: «He preferido conservar el relato en primera persona, tal como Littín me lo contó, tratando de preservar en esa forma su tono personal —y a veces confidencial—, sin dramatismos fáciles ni pretensiones históricas. El estilo del texto final es mío, desde luego, pues la voz de un escritor no es intercambiable ... Sin embargo, he procurado en muchos casos conservar los modismos chilenos del relato original, y respetar en todos el pensamiento del narrador, que no siempre coincide con el mío». El libro, *La aventura de Miguel Littín clandestino en Chile*, apareció en mayo de 1986.[6] Oveja Negra publicó doscientos cincuenta mil ejemplares, y debió de causarle una particular satisfacción a García Márquez que quince mil de ellos fueran quemados en el puerto chileno de Valparaíso. El silencio habría sido una reacción mucho más eficaz por parte del gobierno de Pinochet, que, aunque nadie podía saberlo, daba ya sus últimos coletazos.

A pesar de esta breve digresión en la provocación política, tan comprometido estaba García Márquez con su nueva misión de portador de la paz que lograron convencerlo para que el 6 de agosto de aquel verano pronunciara un discurso en Ixtapa, México, en la segunda conferencia del «Grupo de los seis», que tenía por objetivo evitar un holocausto nuclear. Los «seis» países (Argentina, Grecia, India, México, Suecia y Tanzania), en el cuatrigésimo primer aniversario de la destrucción de Hiroshima, instaron a la suspensión de todos los ensayos nucleares.[7] La conferencia arrancó con el discurso de García Márquez, «El cataclismo de Damocles», en el que advertía que, aunque todos los problemas del mundo podían ahora solucionarse, el dinero en cambio se invertía en armamento, lo cual era algo completamente irracional porque, como él mismo dijo, «en el caos final de la humedad y las noches eternas, el único vestigio de lo que fue la vida serán las cucarachas».[8] En cierto sentido fue un discurso sobre el futuro del planeta, complementario de su discurso del Nobel acerca del destino de América Latina.

Aquel otoño, mientras García Márquez trabajaba en los preparativos de la nueva fundación dedicada al cine, Rodrigo se matriculó en el American Film Institute de Los Ángeles, un marcado contraste con las actividades de su padre en La Habana revolucionaria. Pasaría allí cuatro años. Entretanto, Gonzalo había vuelto a México para vivir con su novia, Pía Elizondo, y se había embarcado en un proyecto propio, una editorial de categoría llamada El Equilibrista, junto a Diego García Elío, hijo de Jomí García Ascot y María Luisa Elío.[9] Uno de sus primeros proyectos fue la edición de lujo, en octubre, de «El rastro de tu sangre en la nieve».

García Márquez estaba interesado en alentar el nuevo cine independiente de directores latinoamericanos, pero había otros cineastas más interesados en adaptar sus novelas a la gran pantalla. En 1979, el director mexicano Jaime Hermosillo había realizado *María de mi corazón*, una película basada en un guión de García Márquez. A principios de los ochenta el director brasileño Ruy Guerra había filmado *Eréndira*, la historia, casi sin modificaciones respecto a la *nouvelle* de García Márquez, de la muchacha adolescente de La Guajira colombiana obligada a convertirse en una prostituta que, a marchas forzadas, atiende a diario a decenas de hombres para compensar a su despiadada abuela por haberle quemado la casa accidentalmente. Al final, Eréndira tiene en tan alta estima su libertad que abandona y huye incluso de Ulises, el joven que la ama y que la ha ayudado a matar y escapar de las garras de su abuela; una interesante reescritura en clave feminista de los cuentos de hadas de raigambre europea sobre cenicientas, brujas y príncipes apuestos. En julio de 1984 se anunció que el *remake* de Jorge Alí Triana de *Tiempo de morir*, producida casi treinta años después de la ópera prima de Ripstein, se estrenaría en la televisión colombiana el 7 de agosto. Esta vez se había rodado en Colombia, no en México, y ya no en blanco y negro sino en color. Una vez más, el asesinato de Medardo por parte de Nicolás Márquez quedaba reivindicado en silencio, y como la vez anterior, la precisión de la trama subsofocleana de García Márquez, que hacía que funcionara como un mecanismo de relojería, fue convincente; sin embargo, una vez más, su tendencia a los epigramas sentenciosos en lugar del diálogo realista fue una distracción desafortunada. En diciembre de 1985, *Excelsior* había anunciado el comienzo del trabajo preliminar para el rodaje de *Crónica de una muerte anunciada*. Francesco Rosi estuvo en Mompox con Alain y Anthony Delon (más tarde, Alain abandonaría el proyecto).[10]

Irene Papas, Ornella Muti y Rupert Everett también formaban parte del elenco. Cuando el crítico Michel Brandeau escribió en *Le Monde* acerca de la película en septiembre de 1986, presentó el rodaje —en ciudades tan turísticas como Cartagena y Mompox— como un esfuerzo épico que estaba casi a la altura del propio argumento.[11]

El 4 de diciembre de 1986, en el marco del octavo Festival de Cine de La Habana, quedó inaugurada la fundación dedicada al cine con un discurso de García Márquez, que la presidía, una entrevista con Fidel que mereció una amplia difusión —hasta entonces no se le tenía por un gran aficionado al cine— y unas palabras de Gregory Peck, de visita en la ciudad. En su discurso, García Márquez dijo que entre 1952 y 1955, Julio García Espinosa, Fernando Birri, Tomás Gutiérrez Alea y él mismo pasaron por el Centro Experimental de Cine de Roma. El neorrealismo italiano que los había inspirado a todos en aquella época era «como tendría que ser el nuestro, el cine con menos recursos y el más humano que se ha hecho jamás».[12] Llegaron felicitaciones y parabienes de Ingmar Bergman, Francesco Rosi, Agnès Varda, Peter Brook y Akira Kurosawa. El 15 de diciembre se fundó también la Escuela Internacional de Cine y Televisión (EICTV), que contó con Fernando Birri, viejo amigo de García Márquez, como su nuevo director. Poco más de una semana después se informó de que la fundación filmaría siete guiones escritos por García Márquez, lo que tal vez batía un récord mundial de resultados rápidos obtenidos gracias al manejo de información privilegiada. Sus colaboradores más próximos serían Alquimia Peña, la directora cubana de la fundación cinematográfica, y Eliseo Alberto Diego, conocido popularmente como «Lichi», hijo de uno de los grandes poetas de Cuba, Eliseo Diego. Lichi trabajaría con el nuevo presidente no únicamente en los seminarios que allí se impartirían —o «talleres», como García Márquez insistía en llamarlos—, sino también en la producción y elaboración de numerosos guiones. García Márquez se entregaría en cuerpo y alma a estas iniciativas, y su vitalidad, su entusiasmo y su perseverancia asombrarían tanto a sus colaboradores como a los muchos visitantes de las nuevas instituciones en los años venideros.

En medio de todas estas celebraciones llegaron noticias terribles de Colombia que empañarían la nueva aventura: Guillermo Cano, director de *El Espectador*, había sido asesinado el 17 de diciembre al salir de su oficina en Bogotá. La guerra entre el magnate del narcotráfico de Medellín, Pablo Escobar, y el sistema judicial colombiano llegaba así a su punto culminante. Escobar era ya la séptima fortuna del mundo y su estrategia de «plata o plomo», con la que trataba o de sobornar o de liquidar a todo el mundo que se interpusiera en su camino, había añadido una segunda capa de corrupción e ineficiencia al antiquísimo sistema de manipulación y violencia que imperaba en Colombia. Sus ambiciones políticas ya se habían visto frustradas y *El Espectador*, que con osadía se había opuesto a él, también apoyó la extradición de presuntos traficantes de drogas a Estados Unidos. Ahora Cano había pagado cara su valentía. El ministro de Justicia, el presidente del Tribunal Supremo y el responsable del Cuerpo Nacional de Policía habían sido ya asesinados, pero la muerte de un periodista tan respetado hizo estragos devastadores en la moral de la nación. María Jimena Duzán, de *El Espectador*, me dijo: «Volví a ver a García Márquez en Cuba en diciembre de 1986, por la época en que se inauguró la fundación de cine. Después de unos días me buscó; al final me localizó por teléfono. "Mataron a Guillermo —me dijo—. Acaba de pasar. Por eso no quiero volver a Colombia. Están matando a mis amigos. Ya nadie sabe quién está matando a quién." Me fui para su casa, angustiadísima. Gabo me recibió diciendo que Guillermo Cano era el único amigo que de verdad lo había defendido. Castro llegó y yo estaba llorando. Gabo le explicó lo que había pasado y Fidel habló largo y tendido. Gabo me repitió de nuevo que no iba a volver, estaba lleno de resentimiento. Le dije: "Mira, tú tienes que hablar de lo que está pasando en Colombia", pero él no quería. Llegué a la conclusión de que se había asustado de verdad después de lo de Turbay en 1981».[13] García Márquez no hizo declaraciones públicas sobre el asesinato ni envió ningún mensaje a la viuda de Cano, Ana María Busquets.

A pesar de las crueles noticias procedentes de Colombia, García Márquez acometió sus nuevas obligaciones en La Habana con gusto. Permaneció en Cuba varios meses, desempeñando tareas de índole diversa, tomando todas las decisiones, participando en todo. Aparecían con regularidad noticias en los periódicos de toda América Latina y España acerca de las actividades de Gabriel García Márquez en relación con el cine y de posibles adaptaciones de sus obras.[14] Esto era, definitivamente, otra cosa. El cine no era como la literatura, cuyos creadores están sentenciados a la soledad. El cine propiciaba la camaradería, el trabajo colectivo, estimulaba la actividad, desbordaba juventud; el cine era sexy y divertido. Y García Márquez disfrutó de la experiencia en todo momento; estaba rodeado de mujeres jóvenes y atractivas, de hombres enérgicos y con ambiciones, pero deferentes, y se hallaba en su elemento. Sin embargo era costoso. Comentaría con ironía que había seguido adelante con su caro pasatiempo a pesar de la desaprobación de Mercedes: «Cuando éramos pobres, se nos iba todo el dinero en el cine. Ahora que tenemos dinero, también se nos va en el cine. La verdad es que estoy dedicando muchísimo tiempo a esto».[15] Se dice que aquel año García Márquez invirtió medio millón de dólares de su propio dinero en la escuela, además de la mayor parte de su inestimable tiempo. Fue entonces cuando empezó a cobrar a los medios europeos o norteamericanos que lo entrevistaban veinte o treinta mil dólares por sesión, a fin de reunir fondos para la fundación cinematográfica; cuesta creer que tantos de ellos desembolsaran.

En la escuela acabó especializándose en narración y escritura de guiones, e impartía un curso regular sobre cómo escribir un relato y cómo convertirlo luego en guión. Entre los visitantes y profesores que pasaron por la escuela en los años siguientes cabe destacar a Francis Ford Coppola, Gillo Pontecorvo, Fernando Solanas y Robert Redford.[16] La relación que entabló con Redford tuvo especial relevancia para García Márquez: saldó su deuda con el atractivo radical norteamericano al viajar a Utah y dar un curso en la escuela de cine del Festival de Sundance de Redford, en agosto de 1989.[17] Por lo general diría que su política consistía en vender sus obras a alto precio a productores no latinoamericanos, y en cambio darlas por muy poco o nada a los latinoamericanos. Habría ciertas obras, en especial *Cien años de soledad*, que nunca permitiría que se adaptasen a la gran pantalla, una postura que le había llevado a entrar en conflicto con Anthony Quinn unos años antes. (Se dijo que Quinn le había ofrecido a García Márquez un millón de dólares por los derechos; Quinn aseguró que García Márquez había aceptado y que luego había incumplido el trato, extremo que el colombiano siempre negó.)[18] Tomaría en consideración, en cambio, vender otros, como *El amor en los tiempos del cólera*, si bien en aquel momento dijo que solamente se la daría a un director latinoamericano. (Finalmente, en 2007, acabó por darle su consentimiento a otro realizador de Hollywood, en este caso el inglés Mike Newell, para hacer la película en Cartagena con Javier Bardem de protagonista.[19] En aquella época los rumores anunciaron que Mercedes había acabado por perder la paciencia con la filantropía incesante de su marido y quería ahorrar algún dinero que dejar a sus herederos. Era, a fin de cuentas, «su» libro.)

En consonancia con el desplazamiento de su actividad literaria del poder hacia el amor, era lógico que el amor pasara también a ocupar un puesto de honor en sus proyectos cinematográficos. Probablemente no sabremos nunca lo que pensaron los cubanos de este nuevo paso, pero en los años siguientes de la nueva fundación cinematográfica saldrían sin parar noticias sobre las exploraciones de García Márquez en el celuloide, a través de una serie de distintos directores, acerca del amor en las relaciones humanas. El principal vehículo de esta iniciativa fue una serie de seis películas concebidas como un conjunto que se agruparía bajo el título *Amores difíciles*, un título que ya había utilizado antes Italo Calvino en una compilación de relatos poco conocida. (Cuando aparecieran estas películas en la cadena pública estadounidense, la PBS, lo harían como *Dangerous Loves*, es decir, «amores peligrosos».) Todas ellas eran más sombrías de lo que la publicidad daba a entender y todas, de un modo u otro, exploraban la relación entre el amor y la muerte.[20]

Seis años después, en 1996, García Márquez realizaría un filme plenamente sofocleano, *Edipo alcalde* (por contraposición a *Edipo rey*), de nuevo junto a Jorge Alí Triana (y con guión del propio García Márquez, una vez más, y una ex alumna de la escuela de cine de La Habana, Stella Malagón). La película seguiría los avatares del alcalde de un pequeño pueblo que hace frente no sólo a todas las atrocidades y terrores de la Colombia de finales del siglo XX —traficantes de droga, paramilitares, guerrilleros, el ejército nacional—, sino también a la ancestral tragedia de Edipo al dar muerte a su padre y acostarse con su madre, en este caso encarnada por la todavía apasionada actriz española Ángela Molina. Muchos críticos dejaron la película por los suelos sin clemencia, pero contaba con destacables virtudes y sería más apropiado considerarla un fracaso heroico: hacía llegar la complejidad y parte del horror del atolladero colombiano, y Triana se las arregló para evitar que los motivos míticos socavaran el relato político. También había querido hacerse cargo del rodaje de *El coronel no tiene quien le escriba*, y probablemente habría salido airoso del desafío; al final, por sorprendente que parezca, García Márquez le dio el proyecto a Arturo Ripstein, con quien había mantenido siempre una relación complicada (se dijo que Ripstein había montado en cólera por que Triana hiciera el *remake* de *Tiempo de morir*), y en 1999 la novela llegó por fin a la gran pantalla: una película que, a pesar de la colosal reputación internacional de Ripstein y de un reparto que contaba con estrellas como Fernando Luján, Marisa Paredes y Salma Hayek, debe considerarse una de las versiones menos convincentes de una obra de García Márquez que se hayan filmado.[21]

Esta experiencia desigual confirmaba lo que tan a menudo ha dicho García Márquez: que su relación con el cine es una especie de matrimonio desgraciado. El cine y él no se llevaban bien, pero tampoco podían vivir uno sin el otro. Tal vez un modo más cruel de expresarlo sería decir que el suyo era un amor no correspondido (un espejo de sentido único, por jugar un poco con el título de una de sus películas mexicanas para televisión): él no podía vivir sin el cine, pero de hecho el cine podía seguir adelante sin él tan campante. Sin embargo, a menudo se le ha culpado por las versiones de sus relatos que quedan plasmadas en las películas, cuando como escritor del texto original no se le puede hacer responsable en última instancia del producto final. Mel Gussow escribió en el *New York Times* que García Márquez necesitaba de un cineasta de su propia estatura y probablemente hacía falta un director del genio idiosincrásico de Buñuel para hacerle justicia[22] (esto explicaría por qué Hermosillo, uno de los herederos menores de Buñuel, salió mejor parado que la mayoría). Rodrigo, el hijo de García Márquez, me dijo que su padre era un «inútil» para el diálogo, incluso en sus novelas; no obstante, la estructura de *Tiempo de morir* es sin duda una obra maestra y la concepción de las películas (diálogos aparte) es, sin excepciones, absorbente. Qué lástima, pues, que Fellini nunca deseara acometer el desafío y que Akira Kurosawa, que por aquellos años acariciaba con entusiasmo la posibilidad de rodar *El otoño del patriarca*, no lograra hacer despegar su proyecto.

A pesar del éxito y de sus apasionantes actividades en Cuba, éstos fueron años excepcionalmente difíciles para García Márquez. Incluso a él no le quedó más remedio que reconocer que tal vez se había cargado de demasiadas responsabilidades y había prodigado en exceso su talento y sus energías. Se encontró asediado por sus enemigos de la derecha, envuelto en numerosas polémicas y controversias para las cuales entonces le faltaban ganas, por no mencionar una serie de escándalos o episodios poco decorosos rodeados de rumores maliciosos que no favorecían en absoluto a un hombre próximo a cumplir sesenta años. En marzo de 1988 celebró su sexagésimo cumpleaños y los treinta años que llevaba casado con Mercedes (el 21 de marzo) en Ciudad de México y Cuernavaca. Asistieron a la fiesta Belisario Betancur y otros treinta amigos llegados de distintas partes del mundo. La prensa colombiana se divirtió de lo lindo ante la duda de si García Márquez cumplía sesenta años o sesenta y uno

—éste era el caso, por supuesto— con titulares como «Gabo, sesenta años por segunda vez». No podría continuar con la farsa de su engaño mucho más tiempo, aunque a decir verdad muchos redactores, incluidos los que elaboraban las notas publicitarias en las editoriales que publicaban sus obras, seguirían citando 1928 como año de su nacimiento hasta la publicación de *Vivir para contarla* en 2002, y algunos incluso después.

Aquel mismo mes se publicó también su retrato definitivo de Fidel Castro —lleno de humor y rebosante de afecto—, del cual se harían muchas reimpresiones. En «El oficio de la palabra» ponía de relieve los atributos oratorios de Castro, por encima de los castrenses. Aludía a la «disciplina férrea» y al «terrible poder de seducción» del líder cubano. Dijo que no era «posible concebir a alguien más adicto que él al hábito de la conversación» y que sus curiosos métodos de descanso no excluían la charla; era, además, un «lector voraz». Reveló que Fidel era «uno de los raros cubanos que no cantan ni bailan», y admitía: «No creo que pueda existir en este mundo alguien que sea tan mal perdedor». Sin embargo, el dirigente cubano era también «un hombre de costumbres austeras e ilusiones insaciables, con una educación formal a la antigua, de palabras cautelosas y modales tenues ... Creo que es uno de los grandes idealistas de nuestro tiempo, y que quizá sea ésta su virtud mayor, aunque también ha sido su mayor peligro». Pero cuando García Márquez le preguntó en una ocasión qué era lo que más le gustaría hacer, el gran líder contestó: «Pararme en una esquina».[23]

A continuación se dedicó por un tiempo al teatro. En enero de 1988 se anunció que la actriz argentina Graciela Dufau protagonizaría una adaptación de una obra breve de García Márquez titulada *Diatriba de amor contra un hombre sentado*.[24] García Márquez diría que la obra era una «cantaleta», una perorata repetitiva, fastidiosa, que implícitamente da a entender que quien la lleva a cabo —por lo general una mujer, claro— no obtiene respuesta del objeto de sus atenciones, y tampoco la espera (a lo largo de su vida adulta García Márquez ha dicho siempre que con las mujeres carece de sentido discutir). Este motivo, esta forma, había obsesionado a García Márquez durante años, y de hecho una de sus primeras ideas para *El otoño del patriarca* era una cantaleta contra el dictador en boca de una de las mujeres fundamentales de su vida.[25]

El estreno en el Teatro Cervantes de Buenos Aires hubo de posponerse del 17 al 20 de agosto de 1988. García Márquez, cuya ansiedad era excesiva —estaba «con los nervios de un debutante», según sus propias palabras— para hacer frente al estrés de asistir a una representación en directo de su obra, optó a última hora por quedarse en La Habana y envió a Mercedes, Carmen Balcells y Miguel, el hijo de ésta de veintiséis años, fotógrafo, a dar la cara ante los críticos de Buenos Aires, los más exigentes y aterradores de América Latina. El mundo de la cultura y la política bonaerense asistió en pleno al estreno, y entre el público había varios ministros del gobierno. Las ausencias más notables fueron la del presidente Alfonsín y la del propio autor de la obra. Por desgracia, con este regreso a un gran teatro en Buenos Aires no se repitió la experiencia de 1967. La obra no recibió más que un aplauso de cortesía y no hubo ovación con el público en pie. En las reseñas de los críticos teatrales bonaerenses había opiniones diversas, pero la mayoría fueron negativas. Una reacción que define bien la acogida general vino de parte de Osvaldo Quiroga, de un periódico tan serio como *La Nación*: «Cuesta reconocer al autor de *Cien años de soledad* en este largo monólogo de una mujer cansada de ser feliz sin amor... Pone al descubierto su desconocimiento del lenguaje teatral ... ¿Cómo negar que *Diatriba* es un melodrama superficial, reiterativo y tedioso?».[26]

La obra, un monólogo en un acto, se ambienta, al igual que *El amor en los tiempos del cólera*, en una ciudad que no se nombra pero que inequívocamente es Cartagena de Indias. Las primeras palabras de Graciela, sutilmente modificadas desde que García Márquez las citara por primera vez, son: «Nada se parece tanto al infierno como un matrimonio feliz». A las novelas se les puede incorporar la ironía narrativa, pero una obra de teatro se sostiene en la ironía dramática, que requiere otra clase de intuición creativa, que al parecer García Márquez no tiene muy por la mano. Peor que esto, y peor incluso que la falta de acción dramática, al parecer el defecto más perjudicial de la obra es la carencia de reflexión y análisis serios. Al igual que ocurría en parte con *El amor en los tiempos del cólera*, la *Diatriba de amor contra un hombre sentado* aborda el conflicto marital (que sin duda aparecía también en *El coronel no tiene quien le escriba*, más de treinta años antes);[27] y el mensaje central —que el matrimonio convencional no funciona para la mayoría de las mujeres— es sin duda relevante, pero quizá este autor de sesenta y un años ya no fuera tan moderno como para explorarlo de un modo radical, o incluso significativo. Lamentablemente, *Diatriba de amor contra un hombre sentado* es una obra unidimensional que, a diferencia de *El amor en los tiempos del cólera*, añade poco o nada al canon mundial de las grandes obras sobre el amor. No mucho antes García Márquez había dicho que nunca había querido ser director de cine porque «a mí no me gusta perder».[28] El teatro resultó una empresa aún más arriesgada. Por una vez, había perdido. Nunca más volvería a probar suerte.

Después de la publicación triunfal de *El amor en los tiempos del cólera*, a pesar de cierta sensación insidiosa y angustiante de fragilidad que reaparecía de vez en cuando para cuestionar su aparente inmortalidad, García Márquez había empezado a actuar como si sus energías y su capacidad de trabajo en un amplio espectro de actividades no tuvieran límites. Sin embargo, había signos de desgaste inequívocos. *La aventura de Miguel Littín clandestino en Chile* contenía indicios evidentes de apresuramiento, *Diatriba de amor contra un hombre sentado* era un experimento en un medio en el que había andado a tientas, y trabajar en seis guiones cinematográficos al mismo tiempo quizá era demasiado para cualquiera. Por si fuera poco, había empezado ya su siguiente obra de magnitud, nada menos que una novela sobre la figura heroica latinoamericana más importante de todos los tiempos, Simón Bolívar.

García Márquez había estado intensamente comprometido con la nueva fundación y la escuela de cine, mientras que los últimos meses se había dedicado mucho menos a la política internacional, a sus conspiraciones y mediaciones. A pesar de que la situación en Centroamérica era desalentadora, Cuba parecía atravesar uno de sus momentos de mayor holgura y confianza. No obstante, también allí las cosas empezaban a cambiar. García Márquez estaba a punto de descubrir que su breve alejamiento de la política y la diplomacia no tardaría en tocar a su fin, a medida que empezaran a cernirse nubes de tormenta sobre Cuba y Colombia; nubes que no volverían a disiparse por lo que restaba de siglo.

En julio de 1987 fue el invitado de honor del Festival de Cine de Moscú. El día 11, Mijail Gorbachov recibió a García Márquez en el Kremlin, quien apremió al líder reformista radical soviético para que visitara América Latina. En este momento Gorbachov era el político del que más se hablaba en todo el planeta. Departieron, según se dijo en un comunicado oficial, «sobre la reestructuración que se estaba llevando a cabo en la Unión Soviética, sobre su alcance internacional, el papel de los intelectuales y la trascendencia de los valores humanistas en el mundo de hoy».[29] Gorbachov declaró que al leer las obras de García Márquez uno podía advertir que no había esquemas preconcebidos, que estaban inspiradas por el amor a la humanidad. García Márquez dijo que la *glasnost* y la *perestroika* eran grandes palabras que llevaban intrínseco un gran cambio histórico... ¡tal vez! Algunos eran escépticos, dijo, pensando sin duda en Fidel Castro. ¿Lo era él? Su indecisión sobre las consecuencias quedó demostrada en comentarios posteriores, en los que reveló que le había dicho a Gorbachov que le inquietaba que algunos políticos —es de suponer que se refería a Reagan, Thatcher, el papa Juan Pablo II— desearan aprovecharse de su buena fe, y por tanto el futuro deparaba peligros. Aseguró que Gorbachov le parecía sincero y declaró que el encuentro con el dirigente ruso había supuesto para él el acontecimiento más trascendente de los últimos tiempos.[30] Por una vez, tal vez no estuviera exagerando.

Hacia finales del año siguiente por fin estrechó vínculos con las esferas del poder en México, el país en el que había vivido más de veinte años de su vida. En diciembre de 1988, Carlos Salinas de Gortari llegó a la presidencia y García Márquez se apresuró a consolidar su relación con el nuevo líder. Trabajarían codo con codo en el ámbito de la política internacional durante los años siguientes. De México viajó a Caracas para asistir a la segunda toma de posesión del venezolano Carlos Andrés Pérez, en cumplimiento de una promesa que había hecho en un momento en que sólo García Márquez creyó que el volátil populista volvería alguna vez a la escena política.

Se había enfrascado en la novela sobre Bolívar prácticamente desde el momento en que terminó *El amor en los tiempos del cólera*. Aunque todas sus novelas habían partido de una interpretación de la historia latinoamericana y mundial, y a pesar de que se había documentado profusamente sobre ciertos dictadores y dictaduras para escribir *El otoño del patriarca*, nunca se había visto enfrentado a la metodología de la investigación y la escritura propiamente historiográficas. Ahora, puesto que su personaje principal era un protagonista de la historia con mayúsculas y, por añadidura, uno de los más célebres, sintió la necesidad de verificar hasta el último acontecimiento que apareciera en su novela, y cada reflexión, declaración o flaqueza de Bolívar que mencionara en el libro tenía que estar debidamente contrastada y contextualizada. Tal cosa no iba a requerir tan sólo leer personalmente decenas de libros sobre Bolívar y su época, sino consultar también a una larga lista de autoridades en la materia, incluidos varios de los expertos más eminentes en la vida y los tiempos del gran Libertador.[31]

Al crear a su Patriarca en los años setenta, García Márquez había gozado de libertad para escoger cualquier faceta de cualquier dictador que se le antojase mientras escribía, a fin de dar forma a una síntesis creativa que cobrara sentido en el marco de su diseño general. Con Bolívar, aunque todo historiador revela —o inventa— a un personaje distinto, inevitablemente el material de base ya había estado sometido a muchas comprobaciones y era poco maleable, y pronto aprendió que para el historiador cada aseveración interpretativa ha de basarse en más de una prueba, y la mayoría de veces en muchas, a resultas de lo cual lo que aparece en la obra final es tan sólo la punta de un gigantesco iceberg.[32] De alguna manera tenía que procesar aquel enorme archivo de información y mantener no obstante sus propias facultades creativas, de modo que Bolívar surgiera remozado de la investigación, en lugar de quedar enterrado bajo una montaña de datos disecados.

Claro que aunque el Libertador escribió o dictó diez mil cartas y tanto sus colaboradores como otros que se toparon con él a lo largo de su vida escribieron un sinfín de biografías a propósito de su persona, existían períodos enteros de su vida sobre los que se sabía muy poco, y la cuestión de su vida privada, en especial la amorosa, seguía estando relativamente abierta. Además, la secuencia que interesaba más a García Márquez, por razones tanto personales como literarias —el último viaje de Bolívar por el río Magdalena—, permanecía prácticamente intacta en las cartas y las diversas memorias, lo cual le concedía al novelista la libertad de inventar sus propias historias dentro de los límites de la verosimilitud histórica.

La novela estaría dedicada a Álvaro Mutis, de quien partió la idea, y que incluso había escrito un breve fragmento para una primera versión, «El último rostro», cuando estuvo en prisión en México a finales de los años cincuenta. Con el tiempo, García Márquez logró que reconociera que nunca iba a concluir el proyecto y aprovechó para adjudicárselo. El título, *El general en su laberinto*, se impuso casi desde que García Márquez empezó a documentarse para acometer el libro.

Simón Bolívar nació en Caracas, Venezuela, en 1783, en el seno de la aristocracia criolla. En aquella época, todo el continente que ahora denominamos América Latina permanecía en manos de España y Portugal, como lo había estado desde hacía poco menos de tres siglos, en tanto que Inglaterra y Francia dominaban cada una varias islas del Caribe. La esclavitud existía en todos los países latinoamericanos, al igual que ocurría en los Estados Unidos de América, que habían proclamado la independencia recientemente. Cuando Bolívar murió, en 1830, la práctica totalidad de América Latina era ya independiente de las potencias extranjeras y la esclavitud merecía la condena oficial, y en algunos casos se había abolido. Todo ello se debió, por encima de cualquier otro individuo, a Bolívar.

El padre de Bolívar, terrateniente, murió cuando él tenía dos años y medio; su madre falleció también antes de que cumpliera los nueve años de edad. Con doce años se rebeló contra el tío que lo había acogido y se marchó a casa de su tutor, Simón Rodríguez; después de viajar a Europa, se casó, a los diecinueve años, con una muchacha que moriría menos de ocho meses después. Al parecer fue en ese momento cuando decidió que su destino era estar solo en el mundo. (No volvería a casarse, aunque mantendría lazos afectivos con decenas de mujeres, entre las cuales destacaría su aguerrida amante ecuatoriana Manuelita Sáenz, convertida ahora también en una leyenda de no poca estatura, que lo salvó de la muerte en más de una ocasión.) A su regreso a Europa estuvo presente en la coronación de Napoleón en París, en diciembre de 1804; las hazañas de Napoleón como libertador de Europa le sirvieron de inspiración, mientras que su decisión de erigirse en emperador le causó repugnancia. Al volver a América Latina, tras prometer entregar su vida a la liberación de las colonias españolas, empezó una carrera militar que con el tiempo lo llevó a adquirir un prestigio inconmensurable a lo largo y ancho de todo el continente que le merecería el título honorífico de «Libertador». Todos los demás líderes, incluso generales de enorme talla como San Martín, Sucre, Santander, Urdaneta y Páez, de una manera u otra acabaron, indefectiblemente, a la sombra de Bolívar.

Más allá de las batallas ganadas y perdidas, cuando uno toma en consideración la estadística de los avances de Bolívar de un extremo al otro del continente, cruzando los Andes y los poderosos ríos de aquella geografía todavía virgen, los datos y las cifras de la campaña que sostuvo durante veinte años son lisa y llanamente increíbles; sin embargo, nunca resultó herido de gravedad en combate. Llevó a cabo su primera misión en el río Magdalena, en Colombia, a la edad de veintinueve años; con treinta fue proclamado Libertador de Venezuela; a los treinta y ocho lo eligieron presidente de Colombia, que entonces incluía lo que actualmente es Venezuela y Ecuador. Durante este período elaboró algunos de los documentos más emblemáticos de la identidad latinoamericana, entre los que cabe destacar su Carta de Jamaica, de 1815, en la cual sostenía que todas las regiones de América Latina guardaban más similitudes que diferencias, que había que aceptar la identidad mestiza del continente y abrazarla.

Sin embargo, una vez derrotados los españoles, los cabecillas de cada territorio empezaron a hacer valer sus intereses locales y regionales, y dio comienzo la fragmentación de las repúblicas recién liberadas; la anarquía, el caciquismo y la desilusión aparecieron en el horizonte cual espectros trágicos; y el sueño primordial de Bolívar, la unidad de América Latina, empezó a desvanecerse. Se convirtió en un incordio, en la voz de un idealismo poco práctico; tal vez otros nunca habrían sido capaces de llevar a cabo las hazañas, prácticamente inalcanzables, que Bolívar había emprendido, pero en el escenario posterior a la emancipación simplemente creyeron ser más realistas que él. El caso más representativo fue el del colombiano Francisco de Paula Santander, el azote de Bolívar y, a ojos de García Márquez, el paradigma del cachaco. La novela arranca en el momento en que Bolívar se ha dado cuenta de que en Colombia no hay futuro para él, a pesar de todos sus logros y su prestigio aún imperante, e inicia la retirada desde Bogotá, que supone, en efecto, renunciar a la grandiosidad de su propia visión. A la edad de cuarenta y seis años, enfermo y desilusionado, el gran Libertador emprende su viaje hacia el exilio por el río Magdalena, aunque García Márquez sugiere que en realidad ni siquiera al final Bolívar perdió la esperanza, y no había abandonado el propósito de organizar, de haberle sido posible, otra campaña expedicionaria de liberación.

La novela se desarrolla en ocho capítulos divididos en dos mitades. La primera, del capítulo uno al cuatro, narra el viaje por ese gran río por el cual el propio García Márquez viajó, más de un siglo después, camino a la escuela.[33] En el caso de Bolívar, este último viaje tuvo lugar entre el 8 y el 23 de mayo de 1830. La segunda mitad, del capítulo cinco al ocho, narra los últimos seis meses de la vida de Bolívar, del 24 de mayo al 17 de diciembre de 1830, que pasó junto al mar en aquella misma costa caribeña que posteriormente sería escenario de la infancia y buena parte de la juventud de García Márquez. Uno de los poemas más queridos de España, las *Coplas a la muerte de su padre* de Jorge Manrique, compuesto a finales de la Edad Media, es conocido sobre todo por el verso «Nuestras vidas son los ríos que van a dar a la mar, que es el morir». Y por otro verso donde la muerte se equipara a la «celada» en la que caemos. O, como diría García Márquez, siguiendo al propio Bolívar, el «laberinto» en el que caemos. A pesar de que García Márquez no menciona a Manrique, su novela sigue con exactitud la lógica de ese gran poema medieval.

El motivo del título, «el general», remite al poder; pero el concepto del «laberinto» sugiere, antes incluso de que empiece la obra, que ni siquiera el poderoso puede ejercer el control sobre lo que le depara el destino. Por supuesto que esa impotencia puede también llevar implícita la exculpación del poderoso, incluso suscitar compasión por él, lo mismo que García Márquez acaso sintiera de niño cuando el coronel Nicolás Márquez era la única persona «poderosa» —protectora, influyente, respetable— que conocía. ¿Acaso está reflexionando en el conjunto de su obra acerca de la imposibilidad de aferrarse a este anciano, de la angustia de tener como «padre» a un hombre tan entrado en años y vulnerable, que hace que la lección más importante que aprendas de niño es que tu única seguridad, tu querido abuelo, debe morir «pronto»? De esa lección se extrae que, si bien todo poder es deseable, esencial, también es frágil, falso, pasajero e ilusorio. La obsesión, y desde luego la simpatía de García Márquez por los hombres de poder es prácticamente única en las letras contemporáneas. Y aunque siempre ha sido socialista, esta permanente nota de identificación aristocrática, aunque muy moderada por la ironía (o incluso la condena moral), tal vez explique por qué sus libros gozan de un poder propio en apariencia inexplicable: la tragedia, huelga decirlo, es mayor, más vasta y más profunda cuanto más engrandecidos están los protagonistas por el poder, el aislamiento, la soledad y, no menos, por su influencia en la vida de millones de personas y en la historia misma.

Cuando escribió *El general en su laberinto*, García Márquez mantenía desde hacía tiempo una estrecha relación con Fidel Castro, un indudable candidato de excepción para ocupar el segundo puesto —después de Bolívar— en la lista de los grandes hombres de América Latina. Aunque sólo sea por su longevidad política —casi medio siglo en el poder—, el récord de Fidel Castro está fuera de toda duda. Y Fidel, me dijo García Márquez en una ocasión, es «un rey». Por el contrario, el propio García Márquez ha insistido siempre en que no posee ni el talento, ni la vocación, ni el deseo —ni mucho menos la capacidad— para soportar esa soledad. La soledad del escritor es enorme, ha asegurado en reiteradas ocasiones; la soledad del gran líder político es, no obstante, de muy distinta naturaleza. En esta novela, sin embargo, aunque el personaje de Bolívar está basado en el Libertador en cuanto a los hechos se refiere, muchas de sus debilidades y vulnerabilidades son una combinación de las de Bolívar con las de Castro y las del mismo García Márquez.

El asunto central, pues, es el poder, no la tiranía. Dicho sea de otro modo: los libros de García Márquez en ocasiones se ven desde el lado de los poderosos, y en otras, desde los indefensos, pero no pretenden inspirar odio hacia los tiranos o la «clase dirigente», a diferencia de cientos de novelas de protesta escritas dentro de la corriente predominante de la narrativa en América Latina. En sus obras aparecen entrelazados una y otra vez los motivos de la ironía de la historia (sobre todo el poder que deviene impotencia, la vida que deviene muerte), el destino, el azar, la suerte, la premonición, el presentimiento, la coincidencia, la sincronicidad, los sueños, los ideales, las ambiciones, las nostalgias, los deseos, el cuerpo, la voluntad y el enigma del sujeto humano. Sus títulos suelen aludir al poder (el coronel, el patriarca, el general, la Mamá Grande), un poder que de algún modo es desafiado («no tiene quien le escriba», «soledad», «otoño», «funerales», «laberinto», «muerte anunciada», «secuestro»), y a las distintas formas de representación de la realidad en relación con las diferentes formas de concebir y organizar el tiempo en historia o narración («nadie escribe», «cien años», «tiempos de», «crónica de», «noticia de», «memoria de»). En sus obras aparece casi siempre el tema de la espera, que por descontado no es más que la otra cara del poder, la experiencia del impotente. A lo largo de toda esta novela, sin ir más lejos, Bolívar está anunciando su partida, primero de Bogotá, después de Colombia, pero es evidente que en realidad abandona el poder, mientras trata de convencerse a sí mismo que no deja nada, y mucho menos esta vida, aunque nada pueda retrasar esa marcha inevitable. Así que la espera es una vez más un tema fundamental; sin embargo, retrasar esa espera (algo que los poderosos, Castro por ejemplo, pueden hacer y hacen con gusto) es también aquí un tema importante (Bolívar retrasa su marcha de Colombia, del poder y la gloria, evitando hacer frente a la realidad, a la muerte...).

Una parte del ímpetu del libro debió de proceder de la labor de García Márquez en su discurso para el Premio Nobel; igual que les ocurrió a otros antes que a él, sintió que le correspondía hablar en representación no sólo de un país, sino de todo un continente. Buena parte de lo que dijo con motivo de aquella ocasión era tácitamente «bolivariano», y muchas de las ideas aparecen una y otra vez en la novela; de hecho, el discurso del Nobel brinda un trasfondo indispensable para una lectura y una interpretación de la obra. Tanto más irónico cuanto que García Márquez, como hemos visto, tardó mucho en adquirir una conciencia de «América Latina», incluso durante su estadía en Europa. Tan sólo después de visitar el corazón del capitalismo y el corazón del comunismo alcanzó a ver que, a pesar de sentirse moral y teóricamente atraído por el socialismo, ninguno de los dos sistemas era la respuesta que necesitaba América Latina, puesto que en la práctica ambos operaban principalmente en interés de los países que los defendían. América Latina debía cuidar de sí misma; y por ello debía unirse. El Bolívar de la novela tiene opiniones cáusticas acerca de las distintas nacionalidades europeas que, por supuesto, favorecen a los británicos, dada la ayuda que Gran Bretaña brindó en aquel entonces a los movimientos de liberación sudamericanos; los franceses salen mal parados, y Estados Unidos, en palabras del propio Bolívar, «son omnipotentes y terribles, y con el cuento de la libertad terminarán por plagarnos a todos de miserias».

Éstos son los temas que se mezclan en el libro y los asuntos centrales que lo estructuran. Sin embargo, por mucha investigación que García Márquez le hubiera dedicado, por muy coherente que fuera su esquema ideológico y la arquitectura literaria que lo sostuviera, la novela habría fracasado por completo si el personaje principal no hubiera cobrado vida. Y cobra vida. García Márquez toma al más célebre y conocido de todos los latinoamericanos y ofrece su propia versión de él, con audacia pasmosa y asombrosa naturalidad. Aunque desde luego no sea ésta su obra más lograda, bien puede considerarse su mayor logro, pues la magnitud del desafío queda expuesta a la vista de todos. Cualquier lector familiarizado con las biografías de Bolívar puede, al acabar este libro, llegar a la conclusión de que la versión que da García Márquez del hombre, plasmada en bastante menos de trescientas páginas y conteniendo toda la vida dentro del viaje que se lleva a término en los seis últimos meses de ésta, será a partir de este momento inseparable de cualquier imagen de Bolívar que quede para la posteridad.

Bolívar está vivo, aunque ya enfermo de muerte, desde la primera página, donde yace desnudo —enterrado, podría decirse— en su baño matutino. Su desnudez impactó a muchos lectores, de igual modo que les impresionaría hallarlo vomitando, peyendo, copulando y profiriendo insultos, haciendo trampas a las cartas, o mostrando un lado petulante, pueril de su carácter, muy alejado de la visión hagiográfica tan común en los discursos y ceremonias latinoamericanas. Sin embargo, es también el retrato de un hombre inyectado de una gallardía conmovedora: a todas luces abatido por los infortunios, los rechazos y la muerte que lo acecha, pero finalmente nunca derrotado, ni siquiera en el más sombrío y desesperanzado de los momentos. Bolívar se convierte en esta novela en un personaje garciamarquiano, no puede negarse; en cambio, parte de la grandeza de este escritor es precisamente que ha logrado captar y hacer eterno el «carácter latinoamericano», mucho antes de centrar su atención en Bolívar, y el gran Libertador se revela aquí como el modelo de los innumerables latinoamericanos que sufren, que luchan y que en ocasiones sucumben ante las dificultades que reinan en este mundo. A pesar de sus vanidades y su ocasional arrogancia, García Márquez, sometido a presiones que pocos escritores tienen la oportunidad de imaginar siquiera, ha reaccionado también, a su vez, a este desafío estético e histórico con una gracia y una valentía que pocos escritores serían capaces de alcanzar. De ahí la emotiva impresión que el libro deja en la mayoría de sus lectores.

El anuncio de la publicación de la novela fue cobrando intensidad semanas antes de que apareciera. García Márquez siempre ha alardeado de no asistir al lanzamiento de sus libros, y a menudo da a entender que personalmente le parece degradante tratar de vender como un producto comercial lo que para él es, en su motivación original, una creación artística indiferente al valor de cambio que finalmente se le conceda en el mercado capitalista que rodea la industria editorial. La verdad, no obstante, es que incluso *Cien años de soledad* fue promocionada desde mucho antes de su aparición. Y con cada nuevo libro el despliegue publicitario crecía. Por todo ello, años después, algunos empezarían a apodarle «García Marketing».

El 19 de febrero, en una carta nada menos que del ex presidente de Colombia, Alfonso López Michelsen, apareció la primera reacción a la novela, leída todavía del manuscrito mecanografiado: «Me devoré tu último libro». La frase, publicada en *El Tiempo*, sirvió para anunciar la novela antes incluso de que saliera a la venta.[34] López declaró que García Márquez había dado muestras de una versatilidad asombrosa: el supuesto cultivador del realismo mágico había escrito ahora una obra naturalista que Zola habría firmado de haber tenido el suficiente talento. López había sido incapaz de abandonar el libro hasta acabarlo: aseguraba que, aunque todo el mundo en América Latina conocía la historia de Bolívar, el lector quedaba absorbido como en un relato policíaco. La original tesis de García Márquez, que proponía que Bolívar aún esperaba volver a la escena política incluso desde su lecho de muerte, se hacía creíble porque «es la historia con todos aquellos que dejamos el mando». Con posterioridad se supo que también el ex presidente Betancur había leído el libro (fue menos efusivo porque, como era de esperar, la interpretación «liberal» le resultaba más difícil de aceptar a un conservador como él que a López),[35] y el por entonces presidente liberal, Virgilio Barco, había estado despierto hasta altas horas de la noche para terminarlo.[36] Incluso Fidel Castro, aquel gran admirador del aspirante a libertador de Cuba, José Martí, había leído la novela y se le había oído decir que ofrecía una «imagen pagana» de Bolívar.[37] Nadie supo con exactitud lo que esto significaba, ni siquiera si era bueno o malo.

Hubo innumerables reseñas en periódicos y revistas de todo el mundo hispanohablante. No se trataba sólo de una nueva novela del nombre más destacado de las letras en español, sino también un retrato de la figura más importante de la historia de América Latina, cuya personalidad y cuya imagen significaban mucho para millones de personas, no menos para los custodios de la llama bolivariana, ya fueran historiadores serios, ideólogos o demagogos. La mayor parte de las reseñas eran sumamente positivas, pero, cosa poco habitual en el caso de García Márquez, si bien no por ello sorprendente, hubo también algunas en que se puso todo el empeño en demolerlo. Una minoría significativa de los críticos sostenía que el desmesurado sentido que García Márquez tenía de su propia gloria se había inmiscuido en su retrato de Bolívar; según ellos, se trataba de una presentación en la que se derrochaba una pirotecnia lingüística, un virtuosismo pagado de sí mismo que suplía la posible subjetividad que le habría correspondido a Bolívar, y en la que se abusaba además de una serie de frases de repertorio y estructuras episódicas cuya verdadera función era atraer la atención sobre el sello de García Márquez, de manera que la novela se convertía en un mausoleo dedicado al escritor mismo, no tanto a su protagonista.[38]

Como tal vez era de esperar, la reacción más negativa llegó de parte de la antigua *bête noire* de García Márquez, *El Tiempo*, que en un editorial, nada menos, tildaba el libro de anticolombiano:

Pero el libro tiene un fondo político. A través de sus 284 páginas el autor no puede disimular su filosofía, sobre todo en el campo ideológico. Se le sale un odio irreprimido por Santander y una antipatía cordial por Bogotá y sus clásicos productos, los cachacos, para resaltar a su vez los atributos personales del General, atribuyéndole a su origen caribeño la mayor parte del impulso que lo llevó a la gloria. Con sutileza y habilidad va destacando la personalidad dictatorial de Bolívar y su sangre mulata, así como su talante terrígena, para crear una impalpable comparación con la de Fidel Castro.[39]

Esta inquietante diatriba da la medida de cuán ofensiva les pareció la apropiación que García Márquez hizo de Bolívar a los guardianes de la identidad nacional de Colombia: había tocado todas las teclas sin excepción, y era evidente que el editorialista había perdido la compostura. García Márquez, sin duda con la satisfacción del guerrero que ha revelado el verdadero rostro del enemigo, pagó con la misma moneda: «Ya dije una vez que *El Tiempo* es un periódico demente protegido por una impunidad descomunal ... Dice lo que le da la gana sobre lo que sea o contra quien sea, sin medir las consecuencias ni pensar en los daños políticos, sociales o personales que puede causar. Muy pocos se atreven a contestarle por temor a su inmenso poder». Y añadió: «Debemos descubrirnos a nosotros mismos, no sea que en los festejos de los quinientos años consagren de verdad a Colón como nuestro descubridor». Su reacción fue seguida, inevitablemente, por una respuesta que apareció en ese mismo periódico bajo el título «La rabieta del Nobel», el 5 de abril. Y el día 6, *El Tiempo* volvió de nuevo al ataque, diciendo que «García Márquez sólo admite loas» y refiriéndose a él como «el Barón de Macondo».[40]

Era evidente que algo estaba sucediéndole al propio García Márquez y a su reputación. Sus relaciones con los grandes y los justos seguían creciendo —estaba más claro que nunca que dirigentes políticos como Castro, Salinas y Pérez pensaban que lo necesitaban más que él a ellos—, pero el resto del mundo empezaba a advertirlo y en ciertos sectores se percibía menos indulgencia que antes. Además, daba la impresión de que García Márquez se hallara de repente sometido a una mayor presión —por su relación con Castro y Cuba, por las insinuaciones de escarceos sexuales no corroborados que aparecían en los periódicos, por el ocaso de la madurez, por el temor a que su popularidad decayera y que a la zaga fuera su influencia política— y era más propenso a reaccionar con exageración a los ataques y las críticas. Por vez primera parecía que hubiera perdido algo de su magnetismo. Los artículos colombianos dirían, y dijeron, que la fama y sus influencias se le habían subido a la cabeza y que simplemente reaccionaba desde la altanería de su vanidad, su narcisismo y su excesiva susceptibilidad.

Las cosas, por supuesto, encerraban una explicación más compleja. La verdad era que el juego de la Guerra Fría, al que García Márquez jugaba mejor que nadie, daba ya sus últimos estertores, aunque pocos observadores preveían que el final iba a llegar muy pronto, en noviembre de 1989. El clima político había cambiado enormemente y las maniobras de García Márquez eran menos confiadas y desenvueltas, y así lo intuían los periodistas que, aun cuando no pudieran ver el futuro en una bola de cristal con tanta claridad como él, respondían también a la atmósfera cambiante, como no podía ser de otro modo.

García Márquez era el autor del libro sobre Bolívar —el político más destacado de la historia de América Latina— que estaba en boca de todos y, como sin duda había previsto, se vio envuelto en una serie de debates políticos en distintos lugares y en diferentes esferas. Entretanto, su antiguo amigo Mario Vargas Llosa estaba implicado de manera aún más directa en cuestiones políticas. De hecho, era candidato a la presidencia de Perú sobre una plataforma neoliberal. García Márquez y él habían divergido radicalmente acerca de la situación peruana a finales de los años sesenta, cuando García Márquez, al igual que la mayoría de la izquierda latinoamericana, brindó su apoyo condicional al régimen militar progresista del general Juan Velasco, mientras que Vargas Llosa se opuso a él; en realidad, Vargas Llosa siempre había manifestado su disgusto por el ejército, mientras que García Márquez, siempre realista, a pesar de ser personalmente contrario a la violencia, era consciente de que ningún país, estado o régimen podía sobrevivir sin un ejército, por lo que a los militares había que concederles siempre cierta forma de respeto. A finales de marzo hubo ocasión de presenciar los buenos augurios que García Márquez dedicaba a su antiguo amigo, aunque con reservas: «En América Latina es inevitable que una persona que tenga una cierta audiencia pública termine metido en política. Pero ninguno había llevado las cosas tan lejos como Mario Vargas Llosa. Espero que no lo hayan arrastrado las circunstancias, sino que crea de verdad que puede resolver la situación de Perú. Aun con tantas diferencias ideológicas, no hay sino que desearle, si sale elegido, que le vaya bien en la presidencia, por el bien de Perú».[41] Añadió que cuando uno es famoso «no hay que ser inocente para que no lo utilicen a uno». Finalmente, para desilusión de la mayoría de los espectadores literarios, Vargas Llosa fue derrotado por el populista Alberto Fujimori, prácticamente desconocido, que se convertiría en uno de los gobernantes de más infausta memoria en la América Latina de fin de siglo.

En marzo se confirmaron los temores que un airado García Márquez llevaba meses prediciendo cuando España adoptó las regulaciones de la Comunidad Europea, que se traducían en que a los latinoamericanos ya no iban a concedérseles visados automáticos de entrada a la Península. En un arranque de despecho y monomanía similar a su fiasco sobre Pinochet, anunció: «Nunca volveré a España».[42] Huelga decir que tuvo que cambiar de parecer, pero se sintió verdaderamente afrentado. Los españoles no tenían visados cuando llegaron a América Latina en 1492, gruñó. Si incluso Franco había permitido que los latinoamericanos se convirtieran en ciudadanos españoles. Dijo a la prensa que había advertido a Felipe González que cuando España entrara en la Unión Europea «le vas a dar la espalda a América Latina». Ahora lo habían hecho.[43] Lo cierto era que su relación con González, aunque seguía siendo estrecha, se veía de continuo enturbiada por dos molestias irremediables. González había llevado a cabo la larga marcha que iba de la subversión clandestina del régimen de Franco a la pertenencia no sólo de la Comunidad Europea, sino incluso de la OTAN, y por ende los intereses de España no eran ya «complementarios» a los de América Latina, como aseguraban en la Península, sino contrarios: España, realmente por primera vez en su historia moderna, pertenecía ahora «a Occidente», como el propio González anunciaría muy pronto, cuando su país enviara fuerzas a la guerra del Golfo contra Irak en 1991. Por otra parte, no había nada que a González le hubiera gustado más que satisfacer las constantes demandas de García Márquez para que ayudara a Cuba a volver a la comunidad internacional de naciones; sin embargo, las prácticas dictatoriales de Castro le parecían inaceptables a González —así como inconvenientes— en el mundo en el que ahora se movía, y le irritaba constantemente lo que a sus ojos era la obcecación incorregible de Castro y su incapacidad para adaptarse al rumbo hacia el que el mundo se orientaba (Castro, por supuesto, cada vez estaba más convencido de que González era un traidor al socialismo internacional).

Entretanto, Cuba pasaba por sus propios dramas. A finales de 1988, el denominado «Comité de los Cien» había enviado una carta a Castro en la que se condenaban las políticas de su país en el terreno de los derechos humanos y se exigía la liberación de todos los presos políticos:

El 1 de enero de 1989 se cumplirán los treinta años de su permanencia en el poder sin que hasta la fecha se hayan celebrado elecciones para determinar si el pueblo cubano desea su continuidad como presidente de la República, como presidente del Consejo de Ministros, como presidente del Consejo de Estado y como comandante en jefe de las Fuerzas Armadas. Siguiendo el reciente ejemplo de Chile, donde después de quince años de dictadura el pueblo pudo expresar libremente su opinión acerca del futuro político del país, exigimos por la presente un plebiscito, a fin de que los cubanos, depositando su voto libre y secreto en las urnas, puedan hacer valer con un simple sí o un simple no su acuerdo o su desacuerdo con su permanencia en el poder.[44]

La carta había aparecido nueve meses después de que García Márquez publicara su retrato a pluma de Fidel Castro, el conversador adorable y buen amigo de sus amigos. Estaba firmada en París por un variopinto conjunto de celebridades e intelectuales, aunque básicamente era el grupo de *Libre* (Juan Goytisolo, Plinio Mendoza y Mario Vargas Llosa) el que se hallaba de nuevo en el centro de la iniciativa, rodeados una vez más de sus aliados, eminentemente franceses. Fue el primer gran impulso desde el caso Padilla, que había cobrado nuevo ímpetu ahora que el comunismo se tambaleaba en Europa. No destacaba la participación de personalidades norteamericanas, al margen de Susan Sontag, ni tampoco latinoamericanas (no firmaban la carta Carlos Fuentes, ni Augusto Roa Bastos, etcétera), pero en cualquier caso se trató de un poderoso desafío.

De hecho, era el ataque verbal más serio a Castro y Cuba desde el año 1971, y sumamente revelador, por cierto, puesto que no nacía a raíz de un acontecimiento ni un problema aislados, sino que se posicionaba en contra del sistema político cubano en su totalidad. Y estaba suscrito por un gran número de intelectuales influyentes que en modo alguno podían considerarse «de derechas». El virulento anticomunismo de Reagan y Thatcher, respaldado por el Papa y reforzado en grado sumo por lo que a efectos reales era la rendición de Gorbachov, alteraba con rapidez el clima político y en su debido momento cambiaría el rumbo del mundo entero. La Cuba de Fidel sería una de las víctimas más gravemente heridas. Y 1989 sería el año del apocalipsis. Era poco menos que increíble que, mientras todas estas nubes empezaban a cernirse en el horizonte,

García Márquez permaneciera buena parte del tiempo en La Habana, escribiendo una novela acerca de los últimos días de otro héroe latinoamericano —el único que podía rivalizar con Castro— que en opinión de algunos historiadores también se había convertido en un dictador en la última etapa de su carrera.

La desilusión del curso de los acontecimientos en Cuba debió espolear el deseo de García Márquez de volver a Colombia. En un momento en que Mario Vargas Llosa iniciaba su quijotesca campaña por la presidencia de Perú, el gobierno cubano arrestó (el 9 de junio) y juzgó al general Arnaldo Ochoa, el héroe militar más destacado de la campaña africana, la aventura que fue a cubrir García Márquez y que le permitió conocer de cerca a Fidel, Raúl y la Revolución. También estaban siendo procesados dos buenos amigos de García Márquez, el coronel Tony la Guardia —una suerte de James Bond a la cubana— y su hermano gemelo, Patricio. García Márquez estaba en Cuba en ese momento dando clases en la escuela de cine. Los acusados fueron declarados culpables por contrabando de narcóticos y, por ende, traidores a la Revolución cubana, y Ochoa, Tony la Guardia y otros dos hombres fueron sentenciados a muerte el 13 de julio de 1989. Patricio la Guardia fue condenado a treinta años de prisión.

Cerca del final de *El general en su laberinto*, perdido en medio de la lluvia y harto de esperar sin saber qué, Bolívar toca fondo y llora mientras duerme. Al día siguiente huye de uno de sus peores recuerdos, la ejecución del general Manuel Piar en Angostura, trece años antes. Piar, un mulato de Curaçao, se había opuesto una y otra vez a la autoridad de los blancos, incluso a la del propio Bolívar, en nombre de los negros y los mestizos. Bolívar lo condenó a muerte por insubordinación, ignorando el consejo de sus amigos más cercanos. Entonces, debatiéndose para contener las lágrimas, fue incapaz de asistir a la ejecución. El narrador comenta: «Fue el acto de poder más feroz de su vida, pero también el más oportuno, con el cual consolidó de inmediato su autoridad, unificó el mando y despejó el camino de su gloria».[45] Transcurridos todos aquellos años, Bolívar mira fijamente a su ayudante, José Palacios, y dice: «Volvería a hacerlo» (que es lo que se cuenta que dijo el coronel Márquez tras dar muerte a Medardo Pacheco en Barrancas). No había razón alguna por la que García Márquez hubiera de situar este acto de absoluta falta de misericordia motivado por razones de estado al final del penúltimo capítulo, donde se convierte irremediablemente en el último drama reseñable, en la última acción narrativa de la novela (a pesar de que ocurre trece años antes de la muerte de Bolívar y, por consiguiente, asistimos a ella en retrospectiva). Así pues, una vez más, la asombrosa capacidad de García Márquez para anticiparse a acontecimientos fundamentales de la historia no deja de ser escalofriante. Fidel Castro debió de leer este episodio apenas unas semanas antes de participar en el juicio donde se decidió la suerte de Ochoa. ¿Acaso le vino a la mente cuando tomó su decisión?[46]

Uno de los amigos cercanos de García Márquez acababa de ejecutar a otro de sus amigos (naturalmente, Castro declaró que la decisión no estaba en sus manos). Las ejecuciones fueron un gran disgusto para García Márquez, y además lo dejaron en una posición política ciertamente embarazosa. La familia de Tony la Guardia apeló a él personalmente en más de una ocasión. Dio su palabra de interceder con Fidel; si lo hizo, fue sin éxito.

Se marchó de Cuba antes de las ejecuciones y el día en que se cumplieron estaba con su amigo Álvaro Castaño en París, donde se reunió con Jessye Norman y el ministro de Cultura francés Jack Lang, que ultimaba los preparativos para el segundo centenario de otra revolución que había acabado por devorar a sus propios hijos. Al día siguiente García Márquez asistió al banquete en conmemoración del doscientos aniversario de la toma de la Bastilla. Había temido que le tocara sentarse al lado de Margaret Thatcher («ojos de Calígula, labios de Marilyn Monroe», según el anfitrión François Mitterrand), pero gozó del privilegio de disfrutar del magnetismo de la paquistaní Benazir Bhutto, en tanto que Thatcher, que había declarado que la Revolución francesa «prefiguró el lenguaje del comunismo», apareció, en palabras de un periódico británico, como «un espectro en el festín».[47] Al día siguiente García Márquez llegó a Madrid y dijo que había visto a Fidel Castro «la semana pasada», y añadió, con aire poco convincente, que le había dicho a Fidel que estaba «no sólo en contra de la pena de muerte, sino contra la muerte misma». Dijo que la ejecución de cuatro soldados de la Revolución era «algo muy doloroso, un drama que sufrimos todos». Y que obraba en su poder «muy buena información» de que «ha sido un juicio militar por el delito considerado de alta traición en todas las legislaciones del mundo donde existe la pena capital», y no por tráfico de drogas.[48]

En su nueva y ambiciosa estrategia contemplaba un regreso a Colombia —¿se estaba resignando, o acaso tomaba impulso para saltar con

más ímpetu?—, pero el país se adentraba ahora de nuevo en un período
de pesadilla sin precedentes en toda su historia. El 18 de agosto de 1989,
Luis Carlos Galán, entonces candidato oficial del Partido Liberal, y tal
vez el político colombiano más carismático desde Gaitán, siguió el mismo destino que su predecesor al ser asesinado en un mitin político a las
afueras de Bogotá por asesinos a sueldo de Pablo Escobar. Incluso en
Colombia, tan acostumbrada al horror, la noticia fue recibida con estupefacción y abatimiento generalizados.[49] Una vez más, García Márquez
no envió ningún mensaje a la viuda, Gloria Pachón, que había sido la
primera periodista en entrevistarlo a su regreso a Colombia en 1966,
pero al día siguiente declaró que el país debía «apoyar al presidente Barco». Después apeló públicamente a los narcotraficantes a «no hacer de
Colombia un país abominable en donde no pueden vivir ni ellos, ni sus
hijos, ni sus nietos».[50]

Desde el punto de vista político había sido un año extraordinario. Y
aun así el acontecimiento de mayor trascendencia estaba a punto de producirse: la caída, el 9 de noviembre, del muro de Berlín. Era posible que,
como Margaret Thatcher había insinuado y el propio García Márquez
había predicho también, doscientos años de historia occidental hubieran
tocado a su fin. Ahora, la desintegración de la Unión Soviética y del propio comunismo no tardaría en llegar. García Márquez, que con toda certeza no dejaba traslucir el verdadero contenido de sus conversaciones
con Castro, confió al mundo en diciembre que «el presidente cubano
Fidel Castro le teme a la *perestroika* no sólo por Cuba sino por todo el
tercer mundo, y teme que el camino emprendido por la Unión Soviética la contamine sin remedio de los vicios mayores del capitalismo».[51]
Dijo que era del todo imprescindible que la Unión Soviética siguiera
ejerciendo de contrapeso de Estados Unidos, y que si retiraba su apoyo
económico a Cuba —pues no era otro el gran espectro al que se enfrentaba la Revolución— sería «un segundo bloqueo». Reconoció que en
Cuba debían acometerse cambios profundos, algunos de los cuales estaban ya encaminados mucho antes de la *perestroika*. Sin embargo, los enemigos de Cuba continuaban oponiéndose a su reinserción en «su ámbito
natural» —América Latina—, porque la gente lo consideraría un triunfo
de Fidel Castro. Era una suerte, debió de pensar García Márquez, que
Felipe González y el gobierno del PSOE hubieran salido reelegidos en
España el 29 de octubre, una de las pocas buenas noticias en un panorama por lo demás desmoralizante.

Desde la perspectiva de García Márquez, uno de los puntales del pensamiento progresista y el activismo político del mundo iba camino de desaparecer. A esto le seguiría un período de cambio económico y social sin precedentes; sin embargo, mientras que en el pasado los grandes momentos de cambio, a pesar de resultar desorientadores, iban acompañados de ideologías políticas y sociales explicativas, ahora todo iba impulsado por el mero cambio económico y la ideología de la globalización asociada a él. Y, simultáneamente, los avances tecnológicos y biológicos alimentaban la sensación de que la existencia quedaba despojada de todo significado. De ahí el regreso desesperado a las religiones fundamentalistas, que nacía de la ansiedad, el miedo o incluso la desesperanza. Algo de esto pensaba, aunque dijera muy poco. Pasara lo que pasara en el mundo material, García Márquez emprendería la búsqueda de un nuevo camino hacia el optimismo. Ésa había sido por lo común su respuesta a los momentos más oscuros; ahora consideraba que era su deber para con el planeta.

23

¿De vuelta a Macondo?
Noticias de una catástrofe histórica

1990-1996

1989 había sido el año más terrible de la historia reciente de Colombia. Ernesto Samper, futuro presidente de la nación, había recibido en marzo múltiples heridas de bala en un intento de asesinato en el aeropuerto de El Dorado que por poco no le costó la vida. En mayo, los paramilitares trataron de hacer saltar por los aires a Miguel Maza Márquez, jefe del Departamento Administrativo de Seguridad (DAS), un cuerpo de policía secreta, que también sobrevivió milagrosamente. En agosto, el destacado candidato presidencial del Partido Liberal, Luis Carlos Galán, fue asesinado a la vista del público. En septiembre, las oficinas de *El Espectador* quedaron devastadas tras otro ataque, y una bomba estalló en el hotel Hilton de Cartagena. La vida del sustituto de Galán, César Gaviria, un tecnócrata del partido, había sido amenazada por los narcotraficantes en cuanto se proclamó su candidatura.[1] En una tentativa de acabar con su vida, en noviembre, una bomba estalló en un avión civil perteneciente a la aerolínea nacional Avianca y hubo 107 muertos, aunque Gaviria no estaba a bordo. En diciembre, otra bomba de gran potencia fue detonada frente a las dependencias del DAS en Bogotá y causó la muerte a decenas de transeúntes. Y hubo muchos otros episodios semejantes. Todo esto era una novedad. Claro que las víctimas no alcanzaban las cifras del auge de la Violencia, en los años cincuenta, pero la inmensa mayoría de aquéllas habían sido muertes anónimas en zonas rurales; de hecho, la queja que anteriormente muchos hacían del sistema político colombiano era que cualquiera podía ser asesinado salvo los candidatos de los dos partidos tradicionales (a excepción, como ocurrió con Gaitán y Galán, de los candidatos que hacían zozobrar el barco del consenso en el que cada partido navegaba alternativamente hacia victorias cómodas amañadas en aguas políticas tranquilas).

La diferencia, por supuesto, era la droga. Los partidos políticos tradicionales ya no ejercían el control absoluto sobre la situación, puesto que ya no disponían de una proporción significativa de los recursos nacionales que distribuir a su conveniencia con el fin de mantener la «estabilidad» del *statu quo*. Ahora había otros intereses en juego, así que eran otros los blancos en el punto de mira. El 3 de noviembre *Excelsior* informó de que García Márquez había dicho que la denominada «guerra contra el narcotráfico» (la frase acuñada en Estados Unidos, cada vez más popular) estaba «condenada al fracaso» tal y como se planteaba en las circunstancias dadas.[2] Empezó a insistir en la necesidad de dar un nuevo impulso a las conversaciones entre el gobierno, la guerrilla y los narcotraficantes. De otro modo, dijo, Colombia acabaría por ser víctima de los designios imperialistas que Estados Unidos había planeado para el resto del continente si mantenía una guerra intestina en beneficio de los intereses del vecino del norte.

Apenas seis semanas después todo el mundo pudo ser testigo, si lo deseaba, de que una vez más García Márquez había demostrado conocer a fondo su hemisferio americano. A finales de diciembre, los Estados Unidos del presidente George H. W. Bush, más envalentonados que aliviados por la caída del muro de Berlín, invadieron Panamá y provocaron cientos de víctimas inocentes, y por primera vez en la historia secuestraron al presidente latinoamericano de turno —su propio engendro, Manuel Antonio Noriega—. Claro que era un dictador y un gángster, que trataba con el narcotráfico y era un auténtico desalmado (todos éstos fueron pretextos para la invasión); pero aquel desalmado había estado a sus órdenes hasta tan sólo unos meses antes. De este modo Estados Unidos retomaba la política de las invasiones fuera de sus fronteras, precisamente el año en que los soviéticos reconocían que su gran invasión, la de Afganistán, había sido un error. García Márquez condenó la intervención en Panamá en el cubano *Granma* (el 21 de diciembre), a pesar de cuánto detestaba a Noriega; sin embargo, *Granma* no era una publicación conocida precisamente porque las autoridades estadounidenses le prestaran mucha atención. Se intuían hechos futuros apocalípticos; también, sin duda, se intuía la repetición de antiguos horrores.

En 1990 las cosas en Colombia continuaron por la misma senda del año anterior. Un grupo de «notables», figuras públicas de renombre que al parecer contaban con el apoyo del presidente Barco, publicaron una carta abierta en la que proponían penas «menos rigurosas» para los nar-

cotraficantes si ponían fin a la campaña de violencia. Elementos destacados del cártel de Medellín ofrecieron detener la carnicería y entregar
las refinerías de cocaína a cambio de que el gobierno diera ciertas garantías. Sin embargo, no todos los traficantes secundaron esta propuesta,
de modo que pronto las negociaciones fracasaron. Un segundo candidato a la presidencia, Bernardo Jaramillo, de Unión Patriótica (antiguos
militantes de las Fuerzas Armadas Revolucionarias Colombianas, o FARC),
fue asesinado por el cártel de Medellín a finales de marzo. (Las FARC
son la organización guerrillera más antigua de Colombia, cuyos creadores salieron de la facción más radical del Partido Liberal en las últimas fases de la Violencia y fundaron las FARC como el brazo armado del
Partido Comunista en los años sesenta; también es el movimiento de
guerrilla con raíces más profundas en el campesinado, en un país donde
a principios del siglo XXI se considera que hay el mayor número de campesinos desplazados del mundo. Cuando en los años ochenta trataron de
tomar la senda electoral, las FARC perdieron a alrededor de dos mil
quinientos candidatos y oficiales que fueron asesinados por escuadrones
de la muerte paramilitares, a menudo aliados con las fuerzas del gobierno. No es sorprendente que volvieran a la guerrilla con renovado ímpetu.) El ministro del Interior, Carlos Lemos Simmonds, fue acusado
por sus oponentes de haber provocado el asesinato de Jaramillo y renunció al cargo. Luego, a finales de abril, un tercer candidato a la presidencia, Carlos Pizarro, de otro antiguo movimiento guerrillero, el
M-19, fue asesinado en un vuelo interno —según alegó el hermano de
Pizarro— por un sicario a sueldo de la policía o de los escuadrones de la
muerte respaldados por el ejército. Entretanto, Pablo Escobar, el mayor
traficante de drogas del país, ofreció una recompensa de cuatro mil dólares por cada policía muerto. Estallaban bombas por todo el país que mataban a cientos de personas. Cuando se celebraron las elecciones presidenciales, César Gaviria, el antiguo jefe de gabinete de Galán, ganó con
el 47,4 por ciento de los votos. Tan sólo el 45 por ciento de los catorce
millones de electores acudió a las urnas. El nuevo gobierno rechazó otra
oferta de los narcotraficantes para poner punto final a la violencia. El
programa de Gaviria incluía la continuidad de la política de represión
firme de los cárteles de la droga, así como una reforma constitucional.

Fue en este momento cuando García Márquez decidió acometer un
nuevo intento por instalarse en Colombia. Hay que preguntarse si habría contemplado esa posibilidad en un momento tan sombrío para su

país si Cuba no lo hubiera puesto en una tesitura política tan embarazosa. Para cuando se aclimatara de nuevo y empezara a consolidar su nueva estrategia política, el objetivo ya no sería hacer progresar la Revolución cubana como tal, sino procurar salvar a Fidel —incluso de sí
mismo, si era necesario—.[3] Ahora, a pesar de que lo presentaba como
una intuición vanguardista, García Márquez admitió en varias ocasiones
que «estamos en los albores de una era nueva e impredecible», de la que
después especificó, acaso menos persuasivo, que «parece destinada a ser
la de la liberación del pensamiento».[4] Lo que no reconocía es que esta
nueva era representaba la derrota de todo en lo que siempre había creído. No optó por admitir la verdad, sino por poner la mejor cara posible y actuar como si todo lo que estaba ocurriendo fuese exactamente
lo que esperaba que ocurriera: eran los reaccionarios —por encima de
todo, los que componían el gobierno estadounidense— quienes no alcanzaban a darse cuenta de la magnitud de lo que estaba sucediendo y
las grandes oportunidades que aguardaban ahora a la humanidad.[5] Era,
ciertamente, un momento decisivo en su pensamiento.

   ¿Seguro que las cosas sólo podían ir a mejor? No, inmediatamente
fueron a peor. A finales de febrero, unas semanas después de lo ocurrido en Panamá, el gobierno sandinista de Nicaragua, que había obtenido
el poder y se aferraba a él a pesar de la furiosa reacción de la oposición
norteamericana, vio cómo se lo arrebataba en las urnas una población cansada de la guerra y pesimista sobre el futuro en un continente aún dominado por el coloso del norte. García Márquez, aunque estupefacto, se las
arregló para sacar pecho diciendo que los sandinistas ganarían las próximas elecciones.[6] Fidel Castro tal vez no se sorprendiera del revés nicaragüense, pero debió de llevarse una amarga decepción y temer por el futuro de su propio país. La verdad era que el conjunto de América Latina
era más pobre a finales de los años ochenta de lo que lo había sido en los
sesenta, y la mayoría de los países estaban enormemente endeudados. El
atraso económico y la injusticia podían verse por doquier. *Cien años de soledad* se había entendido como un monumento al subdesarrollo en el momento mismo en que el subdesarrollo, gracias a las revoluciones de los
años sesenta, iba camino de erradicarse para siempre. Nada más lejos de
ello; en los ochenta, América Latina parecía estar volviendo a Macondo.

   Los periodistas perseguían a García Márquez por toda Colombia.
Como de costumbre. Se había embarcado ya en un nuevo drama histórico en torno a la pasión erótica que se titularía *Del amor y otros demonios*,

y dejó claro su regreso con el anuncio de que pensaba hacer una adaptación de *María* (1867), de Jorge Isaacs —la novela más famosa y querida en Colombia antes de *Cien años de soledad*—, para la televisión colombiana, que se emitiría en octubre. Dijo que era un gran desafío y una responsabilidad enorme, pero que abrazaba el proyecto con mucha ilusión. Esperaba que las amas de casa de América Latina lloraran aún más con la versión televisiva de lo que sus tatarabuelas —y la suya propia— lo habían hecho con la novela original sobre sus regazos en la década de 1870. «El amor —declaró, puesto que *María* es sin duda el romance más célebre de la historia de América Latina— es el tema más importante que existe en la historia de la humanidad. Algunos dicen que es la muerte. No creo, porque todo está relacionado con el amor.»[7] No podría haber expresado más sucintamente el desplazamiento del centro de gravedad temático de su obra.

A pesar del anuncio de su «regreso» —contemplado con inevitable escepticismo por los colombianos, que ya lo habían oído muchas veces antes—, García Márquez y Mercedes pronto estuvieron camino de Chile y Brasil, antes de volver temporalmente al refugio seguro que les procuraba México. La visita a Chile fue con motivo de la toma de posesión, el día 11 de marzo, del primer presidente democrático de Chile desde 1973, Patricio Aylwin. Por fin García Márquez obtuvo cierta satisfacción de verle la espalda a Pinochet, que al igual que los sandinistas había perdido el poder por votación popular (aunque no quedó, ni mucho menos, al margen de la vida política chilena). García Márquez se había topado con él en Washington en 1977 durante la firma del Tratado del canal de Panamá, coincidiendo con la huelga literaria de García Márquez (debida, precisamente, a la permanencia de Pinochet en el poder); ahora ambos asistieron a una ceremonia en la que el general chileno tuvo que sentirse, con mucho, en la posición más incómoda de los dos (el *Financial Times* londinense comentó, con gran acierto, que Pinochet se hallaba «perdido en su laberinto»).[8] Sin duda la experiencia más gratificante para García Márquez fue participar en el gesto simbólico de reabrir la casa de Pablo Neruda en Isla Negra, un lugar de peregrinaje que la dictadura había mantenido clausurado durante diecisiete años. Lo hizo acompañado de José Donoso, Jorge Edwards, el poeta Nicanor Parra y Enrique Correa, secretario general del nuevo gobierno.

En agosto, Gaviria, que había sido elegido en mayo, asumió el poder en Colombia a la edad de cuarenta y tres años. Prácticamente su primera iniciativa política fue proponer la creación de una Asamblea Nacional Constituyente para reformar el sistema de gobierno del país —la Constitución vigente se remontaba al único presidente costeño que había tenido Colombia, Rafael Núñez, en 1886—. Por descontado, esto era exactamente lo que García Márquez, que siempre había insistido en que la antigua constitución era meramente «teórica», habría deseado que Gaviria hiciera. (El 4 de septiembre *El País* se preguntaba, a modo retórico, si García Márquez era «gavirista».[9] Todavía no, era la respuesta. Pero pronto lo sería.) Una nueva Constitución redefiniría el país y podía dar paso a un futuro completamente distinto. El 27 de agosto se propuso a García Márquez candidato a la Asamblea Constituyente que debía elaborar el nuevo documento; aunque finalmente no se presentó, en la prensa se habló interminablemente de su posible participación durante los meses siguientes, y los medios se regodearon en poner en evidencia las contradicciones de un hombre que era «amigo de dictadores» y que nunca en su vida había votado.

A pesar de su comienzo constructivo, los narcotraficantes no permitieron a Gaviria disfrutar de su luna de miel y la política continuó como de costumbre en el mismo mes de su investidura. El 30 de agosto, Diana Turbay, hija del ex presidente Julio César Turbay, y otros cinco periodistas fueron secuestrados por sicarios de Pablo Escobar. El 31 de agosto hubo un intento de raptar al periodista radiofónico Yamid Amat. Estos sucesos y otros similares servirían de base para la novela documental de García Márquez, *Noticia de un secuestro*, cuatro años después, aunque en este momento ni siquiera él pudiera formarse una idea clara del curso de los acontecimientos. El 3 de septiembre halló la segunda frase de su nuevo eslogan. La primera ya era conocida: «Los tiempos cambian y nos tenemos que adaptar». Ésta otra era: «Sólo Fidel puede transformar a Cuba; EE.UU. siempre necesita un demonio».[10] Era brillante e ingeniosa, pero que a Fidel le hubieran consultado sobre la necesidad de cambiar la situación cubana era dudoso. Desde luego, él mismo no lo decía públicamente; sin embargo, pronto no le quedaría más remedio que reconocer la orfandad económica de Cuba sin los auspicios de la Unión Soviética y con el embargo estadounidense todavía en vigor, y no tardaría en declararse el denominado «Período Especial».

En 1991, García Márquez mejoró su operación colombiana y confirmó que tenía la firme intención de dividir su vida entre México y Colombia al instalar a su prima Margarita Márquez, hija de su difunto tío Juan de Dios, en calidad de secretaria local en el espacioso apartamento de Bogotá que Mercedes y él habían adquirido para su ya mítico regreso. Sin embargo, el mes de la última visita de García Márquez fue también brutal. A la abuela Marina Montoya se la separó de otros rehenes de Escobar y fue asesinada. El ejército trató de rescatar a Diana Turbay el 25 de enero, pero la periodista murió al tratar de huir de sus secuestradores. García Márquez, por lo común reticente a hacer declaraciones de apoyo a los gobiernos colombianos, se sintió obligado a posicionarse. En una entrevista para Radio Caracol, el 26 de enero, dijo que los «extraditables» —susceptibles de ser arrestados y enviados a Estados Unidos para ser juzgados— debían «respetar la vida de los periodistas».[11] La rehén Beatriz Villamizar fue liberada el 6 de febrero, pero Maruja Pachón y Pachito Santos, miembro de la dinastía de *El Tiempo* (y futuro vicepresidente del país), seguían en cautiverio. Por si fuera poco, en los alrededores de la propia ciudad de Bogotá se registraba una intensa actividad de la guerrilla. Entretanto, el presidente Gaviria declaró públicamente en Estados Unidos que, a fin de cuentas, seguía siendo partidario de la extradición de los narcotraficantes, una decisión que garantizaba que la espiral de violencia continuara o incluso se recrudeciera. Parecía librarse una guerra a muerte entre los cárteles de la droga y la sociedad civil.

En julio, García Márquez pasó brevemente por México para atender los asuntos y compromisos que le aguardaban allí. Antes de marcharse, no obstante, el presidente Gaviria, que tal vez había escuchado a García Márquez, negoció con Pablo Escobar un acuerdo sensacional, aunque sumamente controvertido, por medio del cual el consumado criminal se entregaba a cambio de una sentencia reducida y cómodas condiciones penitenciarias (no en Estados Unidos, como temían todos los narcotraficantes, sino cerca de su Medellín natal). García Márquez describió este acuerdo, que con toda seguridad iba a ser condenado tanto por la derecha colombiana como por Estados Unidos, como el «triunfo de la inteligencia». Señaló que los propios Estados Unidos contaban con una larga trayectoria de negociaciones con gángsteres cuando había razones de estado para hacerlo.[12] No iba a ser tarea fácil apoyar todas las vueltas y los desesperantes giros que se vería obligado a tomar el gobierno en este ámbito a lo largo de los tres años siguientes, pero García Márquez haría todo cuanto estuviera en su mano para ser de utilidad.

Y Gaviria le correspondería. Cuando García Márquez volvió a Colombia, se ocupó de un asunto de gran calado que demostraría a todos los escépticos —que eran muchos— su compromiso, no sólo de regresar al país por un largo tiempo, sino también de participar en la vida política. Había decidido tomar parte en la adquisición de un noticiario televisivo vespertino, QAP Noticias («quedo a la espera» en el argot de los taxistas). La idea fue de Enrique Santos Calderón; también se implicaron en el proyecto las periodistas María Elvira Samper y María Isabel Rueda, y Julio Andrés Camacho, dueño de la revista *Cromos*, era un accionista de peso, al igual que García Márquez (aunque más adelante asegurara que él no era más que «el espíritu santo» de la empresa). Como era de esperar, el gobierno de Gaviria le concedió a QAP una licencia para que comenzara a emitirse el 1 de enero de 1992.

Entretanto, García Márquez y Mercedes mostraban su compromiso con el gran retorno del modo más tangible de todos. Tras la compra del apartamento de Bogotá, eligieron una ubicación para construir una nueva casa en Cartagena, un solar en primera línea de mar próximo a las viejas murallas de la ciudad y junto al abandonado convento de Santa Clara, uno de los edificios coloniales más bellos de la ciudad. El arquitecto de más renombre de Colombia, Rogelio Salmona, que había echado una mano a García Márquez en París en 1957, estaría al frente del proyecto. Al parecer, Cuba no era ya la primera prioridad. O cuando menos eso dejaría ver a partir de entonces.

En agosto de 1991, como parte de su proceso de adaptación al triunfo del mundo liberal capitalista, pudo al fin visitar Estados Unidos con un visado normal, por vez primera desde 1961. Las nuevas leyes sobre comunismo e inmigración habían borrado al fin a Gabriel García Márquez de la lista de individuos vetados en el país. Llevaba treinta años esperando un visado corriente y ahora entró en el país para inaugurar el Festival de Cine de Nueva York, que se celebró entre el 16 y el 30 de agosto. El hecho de que le prohibieran la entrada había irritado a García Márquez más allá de lo que estaba dispuesto a reconocer. Para empezar, al igual que la mayoría de los habitantes de la Costa, y no menos que otros miembros del grupo de Barranquilla, nunca había sentido un odio visceral hacia Estados Unidos o el altanero desdén por su cultura, tan común entre los intelectuales latinoamericanos y compartido, por supuesto, por muchos europeos, en particular los franceses. (Irónicamente, tampoco Fidel Castro albergaba prejuicios contra los estadounidenses o su cultura; su pasión por el béisbol es sólo un ejemplo de ello.)

De hecho, las objeciones de García Márquez a Estados Unidos habían sido de naturaleza sobre todo política. Enseguida se había dado cuenta de que sus lectores norteamericanos eran considerablemente más entusiastas que los europeos y que, por sorprendente que pareciera, se preocupaban mucho menos por sus posturas al margen de la literatura. Sus traducciones al inglés siempre habían cosechado buenas ventas y una buena acogida por parte de la crítica, y tanto Gregory Rabassa como Edith Grossman, sus dos principales traductores, eran norteamericanos. En los últimos años había tocado todas las teclas a su alcance para trabar relación con cineastas norteamericanos progresistas, entre los que destacaban Francis Ford Coppola, Robert Redford y Woody Allen.[13] Y había empezado a apreciar Nueva York mucho más ahora que la visitaba como turista prominente, y no bajo el asedio constante de los antirrevolucionarios cubanos. Así pues, fue un gran alivio que su situación al fin se regularizara. Durante su estancia en Nueva York tuvo lugar la tentativa golpista contra Mijail Gorbachov en Moscú, la cual llevaría a la caída del líder soviético en diciembre y a la eventual desintegración de la Unión Soviética. García Márquez siguió los acontecimientos por televisión desde la habitación de su hotel neoyorquino, y habló de estos y otros de los sucesos del mundo nada menos que con su *bête noire* en el pasado —sólo por Pinochet había manifestado un odio mayor—, el antiguo secretario de Estado estadounidense Henry Kissinger.[14] Cuba fue uno de los puntos más importantes que trató.

A finales de otoño, tras hacer las paces con Estados Unidos, el opresor más reciente de América Latina, García Márquez volvió a su colonizador original, España. El año 1992 estaba a la vuelta de la esquina y con él la celebración del quinto centenario del denominado «descubrimiento del Nuevo Mundo». Los españoles, que no siempre son plenamente conscientes de lo paternalistas que pueden parecer a ojos latinoamericanos, quedaron consternados cuando desde América Latina se alzó un sinnúmero de voces para declarar que no les había hecho falta el «descubrimiento», muchas gracias; que ellos, o sus ancestros indios, ya se habían descubierto hacía siglos, y que en modo alguno les parecía obvio que la llegada en 1492 de los españoles a las que por error denominaron «las Indias» fuera motivo de celebración. Desde España se afanaron por dar una nueva imagen a la conmemoración bajo el lema del «encuentro de dos mundos», y se emplearon a fondo en la diplomacia de crisis para, por así decirlo, volver a embarcar a todo el mundo en el proyecto. García Márquez había sido uno de los escépticos de más renombre, aunque en secreto debió de deleitarse sólo de pensarlo. Su amigo François Mitterrand había estado en el poder para la celebración del bicentenario de la Revolución francesa; ahora, su amigo español Felipe González ocupaba el poder para organizar la conmemoración de los quinientos años de la llegada de Europa al Nuevo Mundo.

Siempre en estrecha sintonía con la historia, García Márquez había estado trabajando en un proyecto literario acorde a la ocasión. Ya desde los años sesenta, y en cierto sentido tal vez desde que viviera en Europa a mediados de los cincuenta, había estado dándole vueltas a relatos que transmitiesen la experiencia inversa a la que celebraban ahora los españoles, o sea, la de los latinoamericanos que llegan a Europa y hacen frente a una cultura en última instancia ajena. En cierto modo había estado hablando de ello en los últimos tiempos en relación con la inmigración hispana de Estados Unidos, una especie de colonización simbólica a la inversa, lo que algunos consideran incluso el regreso de los reprimidos. Había esbozado decenas de argumentos con el paso de los años y ahora había decidido escoger los más prometedores, los que sobrevivieron a su matanza selectiva, para conformar un volumen que podía aparecer en 1992. Algunos de ellos databan incluso del período 1980-1984, cuando, al igual que había escrito crónicas que con el tiempo se convertirían en guiones cinematográficos para la serie de *Los amores difíciles*, también había creado relatos que podían incluirse en esta nueva colección literaria. García Márquez no se apresuraba nunca para publicar, aunque rara vez dejaba escapar una oportunidad; muchos de sus proyectos permanecían abiertos durante décadas, pero acababan por adoptar forma artística —y de libro— y, por lo común, en el momento idóneo. Así que postergó la entrega de su nueva novela, *Del amor y otros demonios*, y se concentró en sus relatos ambientados en Europa.

Viajó a Barcelona, donde ahora tenía un suntuoso apartamento en el Passeig de Gràcia, una de las calles con más clase de la ciudad, en un inmueble que había sido reformado por el prestigioso arquitecto Alfons Milà. Después viajó por Europa, como para hacer valer su reivindicación por todo el territorio otrora imperialista, parte del cual se ocupaba ahora de recordar las aventuras pretéritas en la región del mundo de la que él procedía, y entre otros países visitó Suiza y Suecia. La principal razón era que había decidido que su nuevo volumen de relatos iba a titularse *Cuentos peregrinos*. También él era un peregrino, y se sentía más ajeno que nunca al clima político que imperaba en el mundo, aunque también estaba más decidido a esmerarse cuanto le fuera posible y pen-

sar —o por lo menos hablar— en positivo. Para entonces, el volumen
de relatos que había previsto se había reducido a unos quince cuentos,
pero su visita a Europa, planeada simplemente para refrescar sus recuerdos, más un viaje sentimental que una verdadera puesta al día, lo llenó
de desazón. La Europa que él recordaba no era la Europa actual, y su libro no parecía plasmar ninguna de esas dos Europas. Tomó notas apresuradamente y después dedicó los meses siguientes a una revisión en
profundidad del compendio que, tal y como le había prometido a su
agente y a su editor, debía estar listo a tiempo para aparecer en la Exposición Universal de Sevilla, en el mes de julio.

Lamentablemente, Cuba inició el año del quinto centenario con
una nueva ejecución, la del invasor rebelde Eduardo Díaz Betancourt.
El propio García Márquez hizo un llamamiento público de clemencia,
al igual que los dirigentes de algunos de los países que más simpatizaban
con Cuba, aunque fue en vano.[15] Las autoridades cubanas juzgaron que,
en las circunstancias por las que atravesaba Cuba, desterrar la contrarrevolución y el terrorismo era una cuestión de vida o muerte. El intelectual
más destacado de México, Octavio Paz, y la derecha latinoamericana
sacaron el máximo provecho de la ejecución, y García Márquez hizo
cuanto pudo, una vez más, por justificar su relación con el líder cubano,
explicando sus logros anteriores en conseguir el perdón y la liberación
de prisioneros. Sin embargo, su popularidad no había disminuido un
ápice, por lo menos entre el pueblo latinoamericano. Cuando en febrero hizo una breve aparición en la conferencia de la Universidad Nacional Autónoma de México, a escasa distancia de su casa, todo el auditorio
se puso en pie a su llegada y le concedió una ovación de dos minutos.[16]
Ni siquiera era uno de los participantes. Ocurría lo mismo allá donde iba.
América Latina no ha sido, históricamente, un continente de ganadores,
pero García Márquez era un campeón mundial invicto e indiscutible.

Sin embargo, de improviso el campeón fue tumbado por un enemigo inesperado. Hacía un tiempo que se sentía cansado y al volver a la
atmósfera enrarecida de Bogotá de repente le costaba respirar. Decidió
someterse a un chequeo médico. Los médicos le encontraron un tumor
de un centímetro en el pulmón izquierdo, que casi con toda seguridad
se debía al tabaco negro que había fumado a lo largo de tantos años frente a todas aquellas máquinas de escribir. Los doctores le propusieron una
operación. Les comentó a los reporteros que tanto Fidel Castro como
Carlos Salinas lo habían llamado antes de su paso por el quirófano para

desearle que le fuera bien. Castro le ofreció un avión privado para ir a Cuba con su médico personal, mientras que Salinas lamentó que no regresara a México para el tratamiento. García Márquez prometió que México sería su primera parada tras la convalecencia. Podría haberse operado en Cuba, México o Estados Unidos, pero decidió hacerlo en Colombia. No se detectó metástasis y la operación se consideró un éxito; no habría secuelas respiratorias. Las perspectivas eran excelentes y dijo hallarse muy animado.

García Márquez había temido a la muerte desde siempre, y por tanto también sentía temor ante la enfermedad. Desde que había alcanzado la fama había prestado atención a los médicos y había seguido casi todos sus consejos para llevar una vida saludable. Ahora, a pesar de todas sus precauciones, había caído enfermo. Y apenas hay nada más aterrador que un cáncer de pulmón. Sin embargo, se sorprendió a sí mismo y a quienes lo rodeaban. Aceptó el desafío que se le planteaba, insistió en conocer los pormenores de la enfermedad y su posible pronóstico, y pudo presumir: «Dominé mi vida».[17] Supuestamente debía tomarse seis semanas de reposo absoluto, pero el 10 de junio se anunció su presencia en la Expo de Sevilla en el mes de julio, tal y como estaba previsto, donde no sólo inauguraría el pabellón colombiano, sino que asistiría también al lanzamiento de su nuevo libro. A estas alturas se sabía que habría doce «cuentos peregrinos» y que el libro estaba listo.

Podría decirse que García Márquez tomó el poder en la Exposición de Sevilla. Tras su llegada a la capital andaluza se enseñoreó del salón de Colombia en la muestra, a pesar de haber declarado en Madrid que no habría un «pabellón de Macondo» en Sevilla[18] («Macondo» era una palabra que no había empleado en muchos años, y el hecho de que la utilizase ahora era un indicio de lo que deparaba el futuro). Al igual que había hecho en Madrid, aprovechó cualquier ocasión que se le presentaba para promocionar su nuevo libro, *Doce cuentos peregrinos*, del que se habían impreso quinientas mil copias. Y el público clamaba por su autógrafo dondequiera que fuese. El político colombiano y futuro candidato a la presidencia Horacio Serpa, a la espera de entrar al pabellón de Colombia, oyó el comentario de dos españoles a propósito de la fotografía de García Márquez que presidía la pancarta donde se anunciaba el vigésimo quinto aniversario de *Cien años de soledad*: «¿Y quién es ese tío?». «Pues el dictador de Colombia, que lleva ya veinticinco años en el poder.»[19] Era la primera vez, de hecho, que García Márquez estaba presente en el lanzamiento de uno de sus libros —a fin de cuentas era el año 1992, ¡y en el día nacional de Colombia!—, y la policía tuvo que controlar a la multitud. García Márquez ejerció incluso de presidente por un día, porque Pablo Escobar había huido de la cárcel y Gaviria tuvo que cancelar su viaje a España. El ganador del Premio Nobel se halló inaugurando una planta embotelladora colombiana en Madrid.

Doce cuentos peregrinos era una compilación de los primeros relatos de García Márquez ambientados fuera de América Latina, y a todos ellos los recorría cierto aire autobiográfico. El autor declara en su prólogo que, salvo dos («El rastro de tu sangre en la nieve» y «El verano feliz de la señora Forbes»), todos se habían completado en abril de 1992, aunque los había empezado entre 1976 y enero de 1982 (es decir, en el período en que García Márquez trabajaba para *Alternativa* y decidió no publicar nada «literario» hasta que Pinochet cayera del poder en Chile). Visto en retrospectiva, resulta sorprendente que trabajara en estas creaciones caprichosas, y en algunos casos menores, en un momento en que mantenía ya una relación estrecha con Fidel y Raúl Castro y elaboraba diatribas políticamente comprometidas en contra de Estados Unidos y la clase dirigente colombiana.

Los relatos no siguen un orden reconocible, ni cronológico ni temático. El primero, «Buen viaje, señor Presidente», narrado en tercera persona, es el predilecto de muchos lectores, y está situado en la Ginebra de los años cincuenta, el primer lugar al que fue García Márquez en 1955 justo después de aterrizar en París. El protagonista, el ex presidente de la república caribeña de Puerto Santo, ha llegado de su exilio en Martinica para someterse a unas pruebas médicas en Suiza. Al igual que otro de los cuentos, «Maria dos Prazeres», y que su última novela, *Memoria de mis putas tristes*, cuenta la historia de alguien que descubre que la muerte siempre puede posponerse y que lo mejor es olvidarse de ella; una historia, por tanto, que probablemente adquirió mayor relevancia para el autor mientras ultimaba el volumen. En ella, un miembro entrañable, aunque sumamente cínico, de la clase dirigente logra convencer a dos obreros bienintencionados al justificar sus propias manipulaciones diciendo: «Son mentiras y no lo son. Tratándose de un presidente, las peores ignominias pueden ser las dos cosas al mismo tiempo: verdad y mentira».

García Márquez había decidido pasar el verano del quinto centenario en Europa, tras su permanencia forzosa en Bogotá. Extraño peregrinaje. Una invasión a la inversa. Todo el mundo le decía que tenía un aspecto estupendo. «Los médicos dicen que me han quitado lo único que tenía mal», declaró.[20] A continuación regresó a México. El 6 de noviembre Mercedes cumplió sesenta años y la prensa informó de que el presidente Salinas la había obsequiado con una impresionante ofrenda floral.[21] Contaba con toda una falange de admiradores entre los hombres de poder e influencias, muchos de los cuales incluso envidiaban a García Márquez por tener una compañera que evidenciaba —aunque nunca alardeaba de ello— tal compendio de cualidades y tan buen criterio, y en la cual hallaba por añadidura un apoyo a toda prueba. Era una diplomática consumada. Fue poco después de que a su marido le preguntaran qué esperaba del siglo XXI y él dijera que creía que las mujeres debían tomar las riendas del mundo para salvar a la humanidad.[22]

Después, siguiendo con su revisionismo diplomático, García Márquez dio el primer paso de su vida en contra de los representantes totémicos de la izquierda colombiana, los guerrilleros. Suscribió una carta que fue enviada a *El Tiempo* el 22 de noviembre y estaba firmada por una larga lista de intelectuales colombianos, entre los que se contaba el pintor Fernando Botero. Era, a efectos prácticos, una carta de apoyo a la reciente decisión de Gaviria de combatir por todos los medios a la guerrilla, que no había mostrado interés alguno en sus tentativas de paz.[23] La carta, qué duda cabe, acrecentó la sensación de abandono de los guerrilleros, en especial por parte de los «intelectuales pequeño burgueses», e hizo que tomaran una línea aún más dura, que se prolonga hasta el día de hoy. Para García Márquez fue una decisión de enorme calado, pero sin duda en consonancia con el resto de sus posicionamientos tras la caída del muro de Berlín. Un motivo tan de peso como cualquier otro era, probablemente, su esperanza de vivir una época más tranquila después de su enfermedad. No quería que lo apremiaran de continuo para defender lo que a duras penas era defendible. Nunca volvería a ejercer la influencia en la izquierda colombiana que había tenido hasta entonces; si bien es cierto que la izquierda colombiana no gozaría tampoco de la misma capacidad de mover la conciencia colectiva. Inevitablemente, los rumores de que pronto también se distanciaría de Castro crecieron en intensidad; al fin y al cabo, Fidel era el creador y el símbolo de la mayoría de los movimientos guerrilleros que habían recorrido América Latina desde principios de la década de los sesenta. García Márquez se tomó los rumores a broma. Nunca abandonaría a Fidel.[24]

Se había desvinculado de las guerrillas en el preciso momento que en Washington un nuevo presidente estaba a punto de entrar en la Casa Blanca. Trascendió que Bill Clinton, el primer presidente demócrata en doce años, era un «lector entusiasta de García Márquez». Quizá las cosas al fin empezaban a mejorar: era de dominio público que en casa de la familia Bush no había libros y que preferían, con mucho, la televisión.

García Márquez permaneció en Cartagena y el 11 de enero apareció fotografiado en una plaza de toros hablando con Augusto López Valencia, el presidente de la multinacional de Julio Mario Santo Domingo, Bavaria.[25] El periódico no comentaba ni ofrecía ninguna explicación sobre su encuentro. En épocas anteriores García Márquez se habría asegurado de que esa clase de reuniones pasaran desapercibidas para el público o de justificarla de algún modo, aun recurriendo a la casualidad. Ya no. Ahora también formaba parte del mundo burgués y estaba dispuesto a comprometerse con la economía de mercado. Como socialista, se había opuesto por principio a la caridad (aunque en privado siempre había tomado a su cargo personas que lo necesitaban, sin llamar nunca la atención sobre este hecho); pero, a falta de otra fuente de ingresos para causas en las que creía, volcó sus esfuerzos hacia un fenómeno que estaba volviendo al mundo occidental a una escala inédita desde el último gran triunfo del monopolio capitalista en la «época dorada» norteamericana de finales del siglo XIX: la filantropía pública (el propio Bill Clinton escribiría con el tiempo un libro sobre la importancia de «dar»).[26] En Cuba tenía una fundación dedicada al cine que sacar adelante. Y empezaba a pensar en otro proyecto de envergadura y costes similares, una escuela de periodismo. La guerra socialista abierta, tanto desde las armas como desde el intelecto, había acabado; la lucha de clases era cosa del pasado, de manera que García Márquez se había convencido de que su única aspiración era la batalla en el marco de los posicionamientos culturales y políticos, actuar del modo más progresista posible en las circunstancias dadas. Así que empezó a cultivar su relación con los ricos, los famosos y los poderosos con mayor asiduidad que antes.

Como parte de esta redefinición diplomática, había accedido a que su nombre se presentara en un «Foro de reflexión» de la Unesco, un encuentro de veintiún «sabios», tal y como los apodó la prensa colombiana, donde se discutirían los problemas que acuciaban al planeta en el llamado «nuevo orden mundial», en un momento en que la Unesco había recibido severas críticas por parte de Estados Unidos y el Reino Unido precisamente por organizar esta clase de «viajecitos» internacionales costosos, meras «tertulias», en lugar de emprender acciones concretas. Aunque, por descontado, en el Occidente liberal el mero hecho de hablar se consideraba peligroso, por primera vez en décadas, desde la llegada de Thatcher y Reagan. Hablar generaba problemas y era sobre todo un pasatiempo de la izquierda; y, a fin de cuentas, qué sentido podía tener la especulación inútil cuando, según la célebre declaración que había hecho la propia Thatcher, «la sociedad como tal no existe». García Márquez fue designado por la viuda de Luis Carlos Galán, Gloria Pachón, embajadora colombiana ante la Unesco en París, y por supuesto por su jefe, Gaviria. García Márquez aseguró que aceptaba la misión tanto por su país como por el mundo entero.[27] Entre otros miembros figuraban Vaclav Havel, Umberto Eco, Michel Serres y Edward Said. La primera reunión tuvo lugar en París el 27 de enero de 1993 y puso a García Márquez en contacto con el primer director hispano de la Unesco, el español Federico Mayor Zaragoza, con quien pronto trabaría una sólida amistad. Como para dar mayor realce a la dignidad y la respetabilidad engrosadas, y tal vez para impresionar a sus compatriotas de «la Atenas de Sudamérica», tras su visita a París, cuna de la mentalidad académica, lanzó una invectiva contra la Real Academia de la Lengua Española, responsable, según sostenía, de «un diccionario geocéntrico».[28] En el pasado, una vez más, no se habría dignado siquiera mencionar las academias. Sin embargo, a largo plazo resultó ser otro movimiento sumamente inteligente que lo puso, de nuevo, en estrecho contacto con personas —académicos, filólogos, poetas de derechas— con quienes previamente jamás habría «perdido» su tiempo. No mucho después estrechó vínculos con la Universidad de Guadalajara de México, donde recientemente había hecho amistad con su rector, Raúl Padilla López, y junto a Carlos Fuentes prestó su apoyo a la cátedra en honor a Julio Cortázar. Fuentes y García Márquez estaban ya barajando distintas estrategias de aproximación al nuevo presidente estadounidense, Bill Clinton, que se presumía harto más moderado —y culto— que sus predecesores republicanos de los últimos tiempos.

En junio, desoyendo sus propias quejas sobre todo lo que lo distraía de la escritura, estuvo en Barcelona haciendo campaña con Felipe González, y causó sensación frente a cuarenta mil militantes del PSOE en uno de los últimos mítines de González en Montjuïc. Acaso habría he-

cho mejor viajando a Venezuela, donde otro de sus amigos, Carlos Andrés Pérez, entraba en una crisis política de la que ya no se recuperaría.
El 20 de mayo Pérez fue relevado de sus funciones como presidente de
Venezuela, acusado de robar diecisiete millones de dólares de las arcas
del país cuando llegó al poder en 1989. García Márquez envió un mensaje público de apoyo donde subrayaba el valor de Pérez al resistir varios
intentos de golpe de Estado en su contra —uno de ellos por parte de un
militar llamado Hugo Chávez, que en estos momentos cumplía condena en prisión— y su «magnífico sentido de la amistad» (muchos lectores
se preguntaron qué relación guardaba eso con el asunto en cuestión), aunque no exaltaba su gran sentido de la integridad. Lamentablemente, García Márquez fue aún más lejos y tuvo el descaro de criticar a las instituciones y los representantes del país, e incluso insinuó que las acusaciones
eran un montaje; lo dejó justo antes de arremeter también contra el pueblo venezolano.[29] En Venezuela ya nunca volvería a gozar de la misma
popularidad. Sus relaciones personales con los poderosos empezaban a
costarle caras.

En octubre García Márquez conoció a la hermana de Gloria Pachón,
Maruja, por entonces ministra de Educación de Colombia, y a su esposo, Alberto Villamizar. La pareja le propuso que escribiera un libro acerca de las experiencias que habían vivido en 1990-1991, cuando Maruja
fue secuestrada. Seguía muy concentrado en la preparación de *Del amor
y otros demonios* y pidió un año para pensar en ello, pero para sorpresa del
matrimonio, al cabo de tan sólo unas semanas volvió a ponerse en contacto con ellos y aceptó. Era un hombre de sesenta y seis años que se embarcaba en otro proyecto ambicioso y extenuante. El libro se llamaría
Noticia de un secuestro. Cuando tomó su decisión, dos de los protagonistas del drama ya habían muerto: el padre Rafael García Herreros, que
había convencido a Pablo Escobar de que se entregara, había fallecido el
24 de noviembre de 1992, mientras que el propio Escobar fue tiroteado
por la policía colombiana en Medellín el 2 de diciembre de 1993, apenas semanas después de la primera conversación de García Márquez con
Maruja y Alberto, antiguas víctimas del magnate del crimen.

Sin embargo, justo antes de que la policía hallara por fin la pista de
Escobar, García Márquez pudo paladear la recompensa de todos los esfuerzos que había hecho por Gaviria. Se anunció que Colombia resta-
blecía sus lazos diplomáticos con Cuba. Castro, que volvía de asistir a la
investidura de un nuevo presidente en Bolivia, había hecho reciente-

mente una «visita privada» a Cartagena —por fin García Márquez tuvo el placer de recibir a su amigo en suelo colombiano— y ahora, sólo unas semanas más tarde, las relaciones entre ambos países se restablecieron plenamente. Fidel dentro, Escobar fuera: fue éste un mes maravilloso tanto para Gaviria como para García Márquez.

Al final del año, la familia García Márquez al completo se reunió en Cartagena por primera vez en muchos años. Hay una fotografía histórica de Luisa Santiaga rodeada de todos sus hijos. Una reunión como ésta no volvería a producirse.

García Márquez seguía ocupado, probablemente en exceso. Aunque casi nadie lo supiera, como de costumbre, ya se había puesto manos a la obra con su próximo libro antes siquiera de que el último estuviera publicado. Sin embargo, por el momento debía mantenerlo en secreto. En marzo viajó a Itagüí, cerca de Medellín, en el noroeste de Colombia, con algunos reporteros norteamericanos, entre ellos James Brooke del *New York Times*. Su objetivo era visitar a los hermanos Ochoa, los narcotraficantes más importantes después de Escobar. Brooke recordaba:

> Los presidentes van y vienen, pero el escritor sabihondo, conocido universalmente por su apodo, Gabo, perdura... Un día en compañía del señor García Márquez rápidamente dio una idea de las dimensiones del hombre. En el aeropuerto, en Cartagena, donde reside, los viajeros reconocían al autor tras sus gafas de montura negra y repetían asombrados su nombre. En una prisión de Itagüí, a las afueras de Medellín, tres traficantes de cocaína convictos conocidos como los hermanos Ochoa tropezaban unos con otros disputándose el honor de servirle el almuerzo. En un cuartel de Neiva, pilotos de helicóptero uniformados de la policía antidroga de Colombia ignoraron al comandante de la policía nacional y se daban empujones para ser los primeros en hacerse una fotografía de recuerdo con el escritor.[30]

Éste fue el único viaje que García Márquez hizo mientras se documentaba para *Noticia de un secuestro*. Dos años después desveló que había conseguido zafarse de Brooke y los demás periodistas para hablar a solas con Jorge Luis Ochoa. No quería «perjudicar» a sus fuentes ni que Ochoa diera una versión falsa de su encuentro.

De repente, justo cuando García Márquez esperaba la publicación de *Del amor y otros demonios*, México, su refugio, el lugar que le procuraba estabilidad, empezó a implosionar, y comenzaron las dificultades para su gran amigo Carlos Salinas, que en última instancia serían aún mayores de las que recientemente había padecido el desventurado Carlos Andrés Pérez en Venezuela. En primer lugar, los Zapatistas, un nuevo movimiento indigenista inspirado por un misterioso y carismático líder guerrillero conocido como el «subcomandante Marcos», empezaba a atraer los titulares de todo el mundo desde Chiapas, en el sur de México, y daba la impresión que a Salinas lo tomaba por sorpresa y que no sabía muy bien qué hacer ante aquella situación. A continuación se produjo un episodio que presentaba un cariz más dramático: el candidato oficial del PRI para el gobierno en las próximas elecciones, Luis Donaldo Colosio, buen amigo de García Márquez, fue asesinado en el norte del país; era el primer político de su estatura que moría de este modo desde el sangriento período revolucionario de la década de 1920. Muchos observadores sospecharon que el propio Salinas había planeado el asesinato de su sucesor, con lo que García Márquez quedó en una tesitura no del todo distinta a la que había afrontado cuatro años antes en La Habana, cuando su amigo Tony la Guardia fue ejecutado por otro amigo suyo, Fidel Castro. Estaba muy próximo a Colosio y albergaba grandes esperanzas en que aquel candidato, algo alejado de la ortodoxia, llevara el país en una dirección más progresista. Por vez primera García Márquez incumplió su norma personal —así como las leyes mexicanas— al emitir una declaración sobre lo sucedido y llamar a la calma en el país que tanto amaba.[31] Colombia, Cuba, Venezuela, y ahora incluso México, sus ciudadelas se desmoronaban: era un regreso a Macondo en toda regla.

Y García Márquez se preguntaba si su propio declive se había iniciado también. En marzo y abril lo entrevistó David Streitfeld, del *Washington Post*, mietras se ultimaban los preparativos para la publicación de *Del amor y otros demonios*. Streitfeld señaló que los libros de García Márquez eran tan obsesivos con la muerte como su autor, a quien le parecía que si dejaba de escribir, moriría: «En más sentidos que con el cáncer, su cuerpo empieza a traicionarlo. "Es curioso —dice— cómo uno empieza a percibir los signos de la vejez. Primero empecé a olvidar nombres y números de teléfono, luego lo fue abarcando todo. No recordaba una palabra, una cara o una melodía"».[32] Sin duda esto contribuyó a explicar por qué escribir sus memorias de un tiempo a esta parte empezaba a parecer una tarea mucho más apremiante que antes.

El 22 de abril, en medio de esta vorágine política, apareció *Del amor y otros demonios*. El lanzamiento coincidió con la Feria del Libro de Bogotá, donde su viejo amigo Gonzalo Mallarino pronunció un vehemente discurso exaltando la nueva novela de su colega. García Márquez había llegado a lo más alto de sus posibilidades, declaró.[33] La novela estaba dedicada a Carmen Balcells, «bañada en lágrimas». Y una vez más se ambientaba en Cartagena: a finales de 1949, a un joven periodista que trabaja para un periódico que edita Clemente Manuel Zabala, le encomiendan investigar una historia. El decadente convento de Santa Clara va a transformarse en un hotel de lujo y se han abierto algunas de las tumbas más antiguas para trasladar los restos a otro lugar. (García Márquez hacía las paces con su pasado en Cartagena al mencionar —reconocer— a Zabala; y, por otra parte, se imaginaba a sí mismo en una Cartagena del presente, porque su casa iba a construirse precisamente enfrente del antiguo convento.) En una de las sepulturas ha aparecido una calavera con un torrente de cabello rojo reluciente que no ha cesado de crecer durante casi dos siglos, y que ahora supera ya los veinte metros de largo. El joven periodista decide investigar el caso. El resultado es la presente novela.

La novela imagina que un mes de diciembre, en las postrimerías del período colonial, un perro rabioso muerde a varias personas en el mercado de Cartagena, entre ellas a una muchacha con una larga melena pelirroja llamada Sierva María que está a punto de cumplir doce años. Aunque su padre, el marqués de Casalduero, es uno de los hombres más ricos de la ciudad, es débil de carácter y ha consentido que Sierva María, por quien su madre no siente cariño, sea criada en el patio de los sirvientes. Aunque la rabia no la ha afectado, la Iglesia católica la considera poseída por el demonio —ocurre, simplemente, que ha asimilado las creencias africanas— y apremia al marqués a que la exorcice. La llevan al convento de Santa Clara para supervisarla, y el obispo hace acudir a uno de los expertos en posesión y exorcismo con más futuro, Cayetano Delaura, teólogo y librero destinado, según se dice, al Vaticano. La muchacha no volverá a ver las calles de Cartagena nunca más.

Delaura, que carece de experiencia en entender a las mujeres, sueña con la niña antes incluso de conocerla. Ella está en una habitación —que en el sueño es el cuarto que Delaura ocupó en su época de estudiante en Salamanca— que da a un paisaje cubierto de nieve, y come de su regazo uvas que nunca se acaban; si lo hicieran, se moriría. La chiquilla con quien se encuentra a la mañana siguiente, atada de pies y manos por sus rabietas, es exactamente como la ha soñado. Su primera reacción es decirle a la abadesa que el trato que está padeciendo haría de cualquiera un demonio. Su segunda reacción es obsesionarse con la criatura y empezar a explorar los libros prohibidos de la biblioteca a los que sólo él tiene acceso. Encuentra una entrada secreta al convento y empieza a visitar a Sierva María cada noche para recitarle poemas. Al final le declara sus verdaderos sentimientos, la abraza y duermen juntos sin culminar el acto sexual. Sin embargo, en abril, casi cinco meses después de la mordedura del perro rabioso, da comienzo el proceso de exorcismo. Le cortan el cabello y lo queman. El obispo oficia frente a todas las autoridades y las monjas, pero se desvanece; Sierva María se comporta como una posesa, como es natural. Las fechorías de Delaura salen a la luz, por lo que la Inquisición lo juzga por herejía —con sobrada razón, desde luego: el culpable es él, mientras que Sierva María es inocente— y lo condena a pasar muchos años en un sanatorio de leprosos. Sierva María lo espera en vano y, transcurridos tres días, se niega a comer. No alcanza a comprender por qué Delaura no ha vuelto a buscarla. El 29 de mayo es ella la que sueña con el campo nevado, aunque ahora come las uvas de dos en dos en su premura por llegar a la última. Muere antes del sexto exorcismo, pero su cabeza rapada vuelve a estar rebosante de cabello.

Este libro es un nuevo indicio del compromiso de García Márquez con Cartagena. *El amor en los tiempos del cólera* puede interpretarse como un reencuentro con su padre, y con el pasado de Colombia, al tiempo que es una exploración del conflicto entre el matrimonio y el aventurerismo sexual; por encima de todo, se trata de un libro sobre el barrio de Manga donde vivieron sus padres y donde hacía poco le había comprado a su madre un apartamento. *Del amor y otros demonios* se centra en la vieja ciudad amurallada, donde García Márquez estaba construyéndose su nueva «mansión» mientras lo escribía; así pues, ambas novelas tratan de manera oblicua acerca de sus propiedades y su poder. Esta vez recuperaba la historia colombiana hasta el final del período colonial. La obra posee una suerte de autoridad funesta, rotunda —similar a algunas de las obras de Álvaro Mutis—, con escasas concesiones a la ligereza. *El amor en los tiempos del cólera* se escribió antes de los desastres históricos de 1989; *Del amor y otros demonios*, en cambio, aunque situada en el período de la colonia, está concebida desde el mundo posterior a 1989, y es una obra mucho más lúgubre. A pesar de todas sus declaraciones de optimismo acerca del futuro, poco puede dudarse de que en su fuero interno García Márquez veía un mundo que, por primera vez en doscientos años, se hallaba en retroceso: iba hacia atrás, en ciertos sentidos, respecto a la Revolución francesa y la Ilustración, hacia atrás respecto a la independencia latinoamericana de España (que ahora se había invertido, por lo menos en el plano económico), y hacia atrás respecto a los sueños de la revolución socialista de 1917. Estaba escribiendo en un mundo donde ninguna revolución parecía concebible, y la idea bolivariana de que la acción política en Colombia era lisa y llanamente inútil empezó una vez más a apoderarse de su pensamiento.

El recurso de los sueños en la obra —sirviéndose de elementos de la experiencia del propio García Márquez en la adolescencia (su exilio a una escuela en un clima gélido, su maleta, su libro sin cubiertas, sus aterradoras pesadillas)— es asombroso. El final de la novela, propio de una película de De Palma inspirada por Hitchcock, hiela la sangre en las venas y le recuerda al lector que cuando este escritor se lo propone, su capacidad de evocación no conoce rival. Las últimas páginas conceden a la obra una brillantez final que tal vez en su conjunto no merezca. En particular, como ya advirtió el lector en la última página de *El general en su laberinto*, acaso el mayor milagro es constatar cómo el autor cumple nuestras expectativas —los mismos motivos, aunque con una disposición distinta, los mismos temas, la misma estructura, el estilo y la técnica narrativa de siempre—, incluso aquello que, perversa y paradójicamente, más deseábamos: asombrarnos por el modo en que, sin salirse de los márgenes de lo conocido, es capaz de volver a sorprendernos por caminos que en cierto sentido anticipábamos, y que sin embargo nunca podemos prever del todo. Igual que un viaje en una montaña rusa literaria, reservándonos el mayor nudo en el estómago para el final mismo del trayecto.

En líneas generales, el libro tuvo una buena acogida. También por parte de los académicos, a quienes les complació comprobar que García Márquez hacía suyas, de manera deliberada, preocupaciones «posmodernas» candentes en el ámbito académico, tales como el feminismo, la sexualidad, la raza, la religión, la identidad y el legado de la Ilustración en su relación con todas estas cuestiones. Jean-François Fogel declaró en *Le Monde* que García Márquez seguía siendo «uno de los pocos novelistas capaces de evocar el amor sin ironía ni vergüenza».[34] A. S. Byatt describía en *The New York Review of Books* la novela como «un *tour de force* casi didáctico, aunque no por ello menos conmovedor».[35] Peter Kemp, en *The London Sunday Times*, habló de sucesos increíbles narrados de forma imperturbable: «A un tiempo nostálgica y satírica, fábula resplandeciente a la vez que parábola sombría, *Del amor y otros demonios* es otra maravillosa manifestación del hechizo y el desencanto que su Colombia natal suscita siempre en García Márquez».[36] A pesar de todo, «Márquez», como la mayoría de reseñas de la prensa anglosajona insistían en llamarlo, había vuelto a «hechizar» una vez más.

Coincidiendo con la aparición de *Del amor y otros demonios* en Colombia, García Márquez visitó España para retomar su costumbre de estar en otra parte cuando se publicaba uno de sus libros. Estuvo de nuevo en Sevilla para la Feria y asistió a algunas de las corridas tradicionales del comienzo de la temporada taurina. Rosa Mora, de *El País*, habló con él largo y tendido en abril. Le dijo que había estado trabajando en sus memorias, en especial en torno a la historia de su regreso a Aracataca en compañía de su madre: «Creo que todo lo que soy salió de ese viaje».[37] Sin embargo, las memorias habían quedado nuevamente interrumpidas, y en cualquier caso estaba decidido a que su nuevo libro fuera una suerte de reportaje. No sólo echaba de menos el periodismo, dijo, sino que contaba con el respaldo de la Unesco para uno de los proyectos que más apreciaba, una fundación de periodismo que pusiera en entredicho el trabajo de las escuelas de comunicación modernas, que, a su parecer, estaban «destinadas a acabar con el periodismo».

En los últimos años habían muerto asesinados en Colombia más periodistas que prácticamente en cualquier otro país del mundo, y por desgracia había también muchas otras historias espectaculares, y por lo común trágicas, sobre las que informar. Ningún otro lugar contaba con un índice de homicidios más elevado; y apenas ninguna otra región podía alardear de la combinación tóxica y atroz de terrorismo, narcotráfico, guerrilla y actividad paramilitar con la que contaba Colombia, a la que se sumaban las reacciones de la policía y el ejército, a veces casi tan violentas como los males que trataban de erradicar. Tocaban a su fin los cuatro años alucinatorios de César Gaviria en el poder, durante los que había luchado heroicamente para evitar que el país cayera en la anarquía más absoluta; el siguiente gobierno, que debía elegirse en mayo, debería hacer frente también a un desafío de pesadilla. Y, por supuesto, García Márquez estaba trabajando, aún en secreto, en un libro («algún tipo de reportaje») basado en el período inmediatamente anterior. Sin embargo, todavía no estaba en concidiones de precisar más al respecto, porque en este caso era crucial ocultar y proteger a sus fuentes.

En junio, de vuelta en América Latina, estuvo presente en la IV Cumbre Iberoamericana que reunía a los dirigentes de todos los países latinoamericanos y la Península ibérica, celebrada en Cartagena. Gaviria había organizado el evento como presidente saliente de Colombia. El rey de España, Felipe González, Carlos Salinas de Gortari y Fidel Castro, así como el propio Gaviria, estuvieron presentes en la reunión, en la que ahora era a efectos prácticos la ciudad de adopción de García Márquez. A todos ellos, incluso al monarca, García Márquez los consideraba a estas alturas «amigos» personales; no obstante, algunos colombianos le criticaron que parecía más bien un miembro de la delegación cubana, y de hecho él mismo se ofreció a servir de escudo humano de Fidel Castro: «Yo estaba allí porque se rumorcaba que iban a intentar asesinar a Fidel. Y la seguridad cubana no iba a permitir que Fidel participara en el desfile, de modo que me ofrecí a acompañarlo en el coche de caballos. Les dije que aquí en Colombia, si yo iba con él, nadie se atrevería a disparar. Así que nos metimos cinco personas en el coche, apretujadas, bromeando. Cuando le comentaba a Fidel que estaba seguro de que no iba a ocurrir nada, el caballo se encabritó».[38] En esta cumbre, Salinas había propuesto la creación de una «Asociación de Estados del Caribe», a fin de incluir a Cuba. Fidel dijo que, puesto que Cuba siempre quedaba excluida de todo «por voluntad de los que más mandan en este mundo», apreciaba enormemente la invitación.[39] Y para García Márquez fue muy grato mostrarle al líder cubano algunos frutos de su enérgica actividad diplomática.

Dos semanas después se celebró la ronda definitiva de las elecciones colombianas. Los dos candidatos eran el liberal Ernesto Samper y el conservador Andrés Pastrana. Un dato revelador acerca de Colombia fue que Pastrana, antiguo alcalde de Bogotá, hijo de un antiguo presidente y conocido presentador de informativos de televisión, había sido considerado hombre muerto cuando lo secuestró uno de los cárteles de la droga en 1988, en tanto que Samper, que acababa de finalizar su etapa de embajador de Colombia en Madrid, sobrevivió de milagro a una lluvia de balas en el aeropuerto de El Dorado de Bogotá al año siguiente. Era de esperar que Samper hubiera sido un aliado natural de García Márquez. Situado a la izquierda del Partido Liberal, era hermano de su antiguo amigo Daniel Samper (periodista de *Alternativa* y *El Tiempo*), y

García Márquez lo había invitado, junto a Horacio Serpa, su segundo de a bordo, a conocer a Fidel Castro en Cuba en marzo de 1987. Aquel encuentro, sin embargo, no había ido bien.[40] Como populista, Samper era más hostil al castrismo que el político más conservador —pero también más pragmático— que Gaviria había resultado ser. Samper era, por añadidura, un político duro, escéptico, obstinado, popular en las provincias a pesar de su origen bogotano; sus prioridades distaban mucho de las de García Márquez.

Al final fue Samper quien ganó las elecciones, pero Pastrana habló enseguida de juego sucio, tras haberse hecho con una cinta grabada por los servicios secretos norteamericanos, en la que al parecer se insinuaba que el director de la campaña de Samper había recibido una contribución nada despreciable de grupos conectados directamente con los cárteles del narcotráfico. Esto creó una crisis no sólo política sino también constitucional, de las más graves de la historia de Colombia, y trajo cola durante los cuatro años de Samper como presidente. De hecho, nunca se tuvo la certeza de que fuera a arreglárselas para completar el mandato. García Márquez siempre negó haberse opuesto al nuevo presidente al comienzo de su administración. Sin embargo, nunca le concedió a Samper un apoyo incondicional, y desde luego estaba ya sentando los cimientos de su relación con políticos más jóvenes, como Juan Manuel Santos, otro «delfín» de la dinastía de *El Tiempo* que había sido ministro de Comercio Exterior durante el período de Gaviria y a quien el gobierno saliente había designado para recibir a los invitados distinguidos a su llegada a la cumbre iberoamericana. García Márquez consideraba a Santos un futuro presidente de Colombia y empezó a cultivar su amistad. Santos se convertiría en uno de los enemigos más temibles de Samper, y por añadidura, desde el interior de su propio partido.

García Márquez llevó a un equipo de *Paris Match* a visitar la casa que se estaba construyendo en Cartagena y les dijo que llevaba «treinta años a la espera de construir la casa perfecta en el lugar ideal».[41] Ahora por fin el sueño se hacía realidad. Por desgracia, una sombra había oscurecido literalmente sus planes. El convento de Santa Clara, escenario de *Del amor y otros demonios*, había sido convertido en el hotel de cinco estrellas ficticio que se mencionaba en la novela escrita en 1993, y todas las habitaciones del edificio que daban al oeste miraban directamente al nuevo hogar de García Márquez, todavía en construcción, sobre todo a la terraza y la piscina.

El 7 de agosto de 1994, el día en que Samper tomó posesión del cargo, García Márquez y Mercedes enviaron al nuevo presidente un mensaje de felicitación y sus mejores deseos. Apareció incluso publicado en la prensa, pero no hacía falta ser muy suspicaz para advertir que no se trataba de una bienvenida especialmente calurosa y que de manera tácita anunciaba tiempos difíciles para el nuevo gobierno. En efecto, tal y como revelaron los titulares de los periódicos, se trataba de una suerte de advertencia: «Querido Presidente, cuídese los sentidos».[42] Los acontecimientos tomaban, sin duda ninguna, un giro shakesperiano. Las cosas le habían ido a García Márquez viento en popa en los últimos tiempos, mientras que para Samper habían tomado mal cariz casi desde el día de su investidura, por lo que es posible que García Márquez, de ordinario circunspecto, empezara a ser excesivamente confiado desde el comienzo del mandato de Samper.

Sin embargo, en septiembre tuvo por fin acceso al centro mismo del poder del planeta cuando fue invitado junto a Carlos Fuentes por su amigo William Styron a conocer a Bill y Hillary Clinton en la casa de Styron, en Martha's Vineyard. Los propietarios del *Washington Post* y del *New York Times* también estuvieron presentes. García Márquez esperaba poder hablar sobre Cuba —justo la semana anterior había convencido a Fidel de que permitiera abandonar el país al escritor disidente Norberto Fuentes—, pero desgraciadamente para él las relaciones entre Estados Unidos y la isla pasaban por una de sus peores etapas y se dice que Clinton se negó a tratar el asunto.[43] Hablaron, no obstante, de la crisis de Colombia, y García Márquez defendió algunos aspectos de la actuación de Samper y pidió con insistencia a Clinton que no castigara a Colombia por las posibles faltas de su presidente. En lo que el presidente norteamericano y los tres escritores pudieron ponerse de acuerdo, en un encuentro sumamente cordial, era en el entusiasmo que todos ellos profesaban por la obra de William Faulkner. Fuentes y García Márquez quedaron asombrados al oír a Clinton recitar de memoria pasajes enteros de *El ruido y la furia*. En lo tocante a Cuba, Clinton se vería incapaz de soportar la presión de los exiliados de Miami y de un Senado republicano que aborrecía a los comunistas, y se vería obligado a permitir sanciones todavía más severas contra el estado isleño. No existen indicios de peso de que la relación que García Márquez entabló con el hombre más poderoso del planeta diera verdaderos frutos para Cuba o para Colombia, aunque no cabe duda de que otorgaría un mayor lustre al aura y al prestigio de García Márquez.

Al mes siguiente, César Gaviria fue nombrado secretario general de la Organización de Estados Americanos. Irónicamente, para un neoliberal situado a la derecha del centro como Gaviria no iba a ser tarea fácil mantener a flote sus inclinaciones de liberalizar las relaciones del hemisferio con Cuba ante la oposición de un presidente estadounidense demócrata, aunque no cejaría en el empeño. Así que ahora García Márquez mantenía vínculos relevantes con el secretario general de la Organización de Estados Americanos, el director general de la Unesco y los dirigentes de Estados Unidos, México, Cuba, Francia y España. Únicamente faltaba Colombia. Entretanto, con motivo de la toma de posesión de Gaviria como secretario general, Carlos Fuentes dijo, con su acostumbrada agudeza política, que Bill Clinton debía «perder Florida pero ganar el mundo», mientras que a Fidel Castro le convenía «perder a Marx pero salvar la Revolución».[44] El consejo cayó en saco roto por ambas partes.

El 20 de septiembre murió en Barranquilla Alfonso Fuenmayor, el último representante esencial —y el corazón mismo— del grupo (Germán Vargas había muerto en 1991 y Alejandro Obregón al año siguiente). Desde que su antiguo compañero y mentor cayera enfermo, García Márquez lo había eludido, diciendo que era «demasiado gallina» para verse cara a cara con su amigo en un momento tan crítico.[45] Acaso la enfermedad que él mismo padeció había alimentado su superstición de no acercarse demasiado a la muerte. El hijo de Fuenmayor, Rodrigo, y Quique Scopell y Juancho Jinete, antiguos miembros del grupo, fueron los únicos componentes del velatorio, y los tres compartieron dos botellas de whisky. Álvaro Mutis, todavía sano y en buena forma, se convirtió tras esta muerte en el amigo más antiguo de García Márquez de entre los íntimos.

En febrero se casó el hijo mayor de García Márquez, Rodrigo, con Adriana Sheinbaum en una ceremonia íntima en el Hall of Records del este de Los Ángeles. La primera hija de la pareja, Isabel, nacería el 1 de enero de 1996 y la segunda, Inés, en 1998. El mes de julio anterior, García Márquez había asegurado en *Paris Match*: «Mantengo una relación excelente con mis dos hijos. Son lo que han querido ser, y lo que yo quería que fueran».[46] La carrera de Rodrigo como cineasta de Hollywood marcharía viento en popa.

El 5 de marzo García Márquez llevó a cabo la primera entrevista para televisión de su carrera, con Jack Lang, en Cartagena. Eligió como cámara a Sergio Cabrera, director de la elogiada *La estrategia del caracol*. Lang vivía sus últimos días en el ministerio. François Mitterrand, ahora gravemente enfermo, había sobrevivido hasta el final de dos mandatos de siete años en el gobierno; moriría el 8 de enero de 1996. El Partido Socialista Francés estaba a punto de dejar el poder por mandato popular, y no volvería a ser elegido en lo que quedara de la carrera política de Jack Lang. Los vínculos de García Márquez con los políticos franceses empezaron a perder fuerza.

Fue entonces cuando inauguró formalmente la Fundación de Nuevo Periodismo Latinoamericano, que organizaría «talleres» regulares tanto en Barranquilla como en Cartagena, aunque esta última ciudad ganaría poco a poco precedencia hasta convertirse en el centro operativo. Sentía predilección por la palabra «fundación», al igual que por el término «taller», porque sin duda le recordaban a su abuelo el coronel, el hombre que se había erigido siempre en el «fundador» de Aracataca. Esta nueva fundación era el regalo de García Márquez a su ciudad adoptiva en Colombia, y el símbolo más convincente del renovado compromiso con el país y su bienestar. (Sin embargo, el joven director de la fundación, Jaime Abello, era de Barranquilla, no de Cartagena; la elección no fue accidental, sin duda.) Ofrecería cursos de corta duración a periodistas jóvenes de toda América Latina, con el incentivo de que el propio García Márquez encabezaría un número significativo de los mismos y contaría también con la participación de otros periodistas de talla mundial, tales como el polaco Ryszard Kapuściński o el estadounidense Jon Lee Anderson.

Cuando se publicó *Del amor y otros demonios*, García Márquez había perdido por completo la paciencia con el nuevo presidente colombiano. En una entrevista con la periodista mexicana Susana Cato en México, apenas trató de ocultar su frustración y desdén por Samper. Al preguntarle: «¿Qué piensan hacer los colombianos para no llegar al siglo XXI en la misma situación en la que están hoy?», García Márquez repuso:

> ¿Y cómo piensas tú que podemos pensar en el siglo XXI si todavía estamos tratando de llegar al siglo XX? Piensa que me he pasado tres años tratando de que no haya un solo dato falso en un libro para un país en el cual ya no se sabe dónde está la verdad y dónde está la mentira. ¿Qué porvenir puede quedarle a la literatura de ficción si un candidato presidencial no se da cuenta de que sus asesores sagrados reciben millones de dólares sucios para su campaña? Donde los acusadores no se toman en cuenta porque en medio de las muchas verdades que dijeron, colocaron también muchas mentiras. Donde el Presidente se constituye a su vez en acusador de sus acusadores con el argumento de que éstos sí recibieron la plata pero no la ingresaron

en la campaña porque se la robaron ... En un país así —¡qué carajo!— a los novelistas no nos queda más remedio que cambiar de oficio.[47]

Era una vuelta a los viejos argumentos por parte de un hombre que se lamentaba de que su único deseo era registrar la realidad naturalista cotidiana, pero los horrores de Colombia iban más allá del concepto común del reportaje. Macondo pervivía.

Las cosas fueron de mal en peor. García Márquez empezó a preocuparse de que sus guardaespaldas, que le habían procurado los sucesivos gobiernos desde el régimen de Betancur, ahora estaban pobre e irregularmente gestionados. Cambiaban con tanta frecuencia que al final hubo más de sesenta hombres con conocimientos de primerísima mano de su estilo de vida y detalles sobre su persona. Hallarse en esta tesitura en Colombia entrañaba graves riesgos, y le hizo cuestionarse su propia seguridad en el país. Samper y él mantenían el trato, aunque la tensión crecía entre ambos cada vez más —algunos dijeron que García Márquez hasta bebía más whisky que de costumbre—, hasta que coincidieron, por última vez, en torno a la Pascua de 1996 en casa del ex alcalde de Cartagena, Jorge Enrique Rizo. García Márquez le dijo a Samper, que estaba a punto de ser juzgado por el Congreso, que las reformas constitucionales que se estaba planteando podían considerarse un pago por anticipado a los congresistas a cambio de su absolución. Dolido, Samper replicó: «Debe ser que los gaviristas le están llenando la cabeza de cuentos...». A lo que García Márquez contestó: «Hazme el favor de respetarme. ¿Por qué cuando te doy una opinión que coincida con lo que tú quieres soy yo el que piensa, y cuando no coincide son tus opositores los que me llenan el cerebro?». Samper trató de suavizar la situación, pero a García Márquez se le oyó decir antes de marcharse: «Aquí no hay nada que hacer». A partir de ese momento empezó a dejar de participar activamente en los asuntos de la nación, y Samper y él no volverían a encontrarse hasta varios años después.[48]

El atacante, sin embargo, también podía recibir ataques. El exiliado cubano Norberto Fuentes, buen amigo de García Márquez en el pasado al que habían dejado salir de la isla recientemente después de que el colombiano convenciera a las autoridades, había escrito hacía poco el primero de una serie de artículos en los que no sólo evidenciaba su absoluta falta de gratitud hacia García Márquez, sino que además lo vilipendiaba profundamente por su papel en la situación de Cuba al tiempo que minimizaba el alcance de su influencia y sus logros.[49] Como de costumbre, García Márquez rehusó replicarle. En cambio, en abril hizo algo que sorprendió a todos los que lo conocían al dar una charla en la Escuela Superior Militar de Bogotá. Entre algunos chistes incómodos dijo, en tono alarmante, que «el presidente Samper tiene en la mano la suerte del país». Afirmó también, puede que con escaso sentido de la diplomacia: «Creo que las vidas de todos nosotros serían mejores si cada uno de ustedes llevara siempre un libro en su morral».[50] Pasó la Semana Santa en Caracas con el desacreditado Carlos Andrés Pérez. ¿Acaso a Samper le pasó por la cabeza que García Márquez había criticado a los venezolanos por tratar de deshacerse de su presidente, igual que algunos colombianos intentaban ahora deshacerse de él?

El 2 de abril, a medida que crecía el entusiasmo en torno a *Noticia de un secuestro*, cuyo lanzamiento estaba previsto para la Feria del Libro de Bogotá del mes de mayo, un grupo antes desconocido que se hacía llamar Movimiento por la Dignidad de Colombia, con sede en Cali, secuestró al arquitecto Juan Carlos Gaviria, hermano del antiguo presidente del país. El problema de Colombia, según proclamó la organización en un comunicado, no era «de legalidad» sino de «inmoralidad». Aunque se trataba a todas luces de un grupo de derechas, citaban a García Márquez al decir que el país se hallaba inmerso en una catástrofe moral y le pedían que ocupase el poder en lugar de Samper, porque, decían, era una de las pocas personas de Colombia con las «manos limpias». También exigían que César Gaviria renunciase a su puesto de secretario general de la Organización de Estados Americanos. Dado que a García Márquez le faltaba poco más de un mes para publicar un nuevo libro donde abordaría los problemas de la Colombia contemporánea, y que uno de los primeros asuntos que trataba en él era la línea de mano dura de Gaviria al resistirse a las súplicas de las familias de las víctimas de los secuestros, y teniendo en cuenta que el propio Gaviria había sido uno de los principales informantes de García Márquez, las ironías de la situación eran abrumadoras. Enrique Santos Calderón declaró en *El Tiempo*: «El mismo García Márquez dice en su entrevista con *Cambio 16 Colombia* que siente que está viviendo su propio reportaje. Y es que produce escalofrío ver hoy al ex presidente Gaviria en la misma situación de las familias de los secuestrados de entonces; o al zar de los secuestros, Alberto Villamizar, haciendo lo mismo que hacía cinco años atrás para liberar a su esposa Maruja Pachón».[51]

Villamizar y Pachón eran los protagonistas más destacados del próximo libro de García Márquez, *Noticia de un secuestro*. No había escrito un libro sobre la Colombia del momento desde la época de *El coronel no tiene quien le escriba*, *La mala hora* y *Los funerales de la Mamá Grande*, en la década de los cincuenta. La más política de sus novelas históricas, *El general en su laberinto*, le había granjeado enorme antipatía entre la clase dirigente colombiana, precisamente en el momento en que contemplaba la posibilidad de regresar a Colombia de manera estable. Irónicamente, lo más probable es que nunca se congraciara con la alta sociedad cartagenera —un costeño de clase alta jamás respetaría a alguien de origen humilde—, aunque había dedicado tres novelas seguidas a la «ciudad heroica» y a pesar de que —y en parte, desde luego, por el hecho de que— ahora fuera dueño de la casa más cara y espectacular de la ciudad.

No, Bogotá era su objetivo en Colombia, aunque nunca se hubiera sentido a gusto en la capital. Allí residía el poder. En ciertos sentidos, su próximo libro retrataba principalmente a la clase dirigente bogotana, y puede incluso que estuviera escrito para ella. Sus antiguos seguidores de la izquierda, en su mayoría, no lo hallarían de su gusto, pero era imposible que la burguesía bogotana lo rechazara. Desde la muerte de Luis Carlos Galán —que en modo alguno había sido el último, sino la culminación y el símbolo de la ola de asesinatos y secuestros que asolaban la nación—, muchos colombianos habían empezado al fin a convencerse de que ciertamente no había esperanzas para el país. Galán había rehusado en repetidas ocasiones los ofrecimientos de Pablo Escobar para unirse a su campaña y financiarla. García Márquez no había mantenido vínculos con Galán ni había profesado nunca admiración por quienes, como él, parecían creerse destinados por algún mandato espiritual o de la providencia (únicamente Fidel tenía derecho a esa pretensión). El sustituto de Galán, César Gaviria, también parecía demasiado imperturbable y serio, prolijo y convencional en exceso para García Márquez; sin embargo, en 1990 ambos habían necesitado a un aliado poderoso y cada cual tenía algo que ofrecerle al otro; por añadidura, ninguno de los dos era de Bogotá.

El nuevo libro fue, de hecho, un logro asombroso. Habría sido una proeza notable para cualquier escritor en cualquier momento, así que más aún si era un hombre de sesenta y nueve años quien lo había llevado a término. Los críticos llevaban años diciendo que el talento de García Márquez se adecuaba mejor a los dramas situados en el pasado remoto y que, al igual que la mayoría de novelistas, tal vez no estuviera preparado para escribir sobre cuestiones de actualidad. Además, a buena parte de los observadores les parecía tarea poco menos que imposible que alguien pudiera dar sentido al caos en el que estaba sumida Colombia en aquellos años, y por tanto, crear una trama coherente y hacer de ello una narración convincente parecía fuera del alcance de cualquiera. No obstante, cuando apareció el libro, incluso quienes no hallaron los posicionamientos y el punto de vista de su gusto estuvieron de acuerdo en que el gran narrador había vuelto a lograrlo, que mantenía en vilo al lector hasta la última página con una obra de primera categoría. De hecho, muchos dijeron que no habían podido irse a dormir hasta acabar el libro, y hubo quienes confesaron haber sentido que, si no leían la novela de un tirón, los rehenes que la protagonizaban no serían capaces de salir sanos y salvos de aquel calvario: tal era la fuerza del relato. Una cuestión obvia que se plantea en primer lugar, por tanto, es si García Márquez sacrificó la complejidad en aras de la claridad al llevar a cabo su radiografía del país.

Cierto es que el autor se propuso condensar la complejidad laberíntica de Colombia en los dramas de siete personajes principales. La primera es la heroína, Maruja Pachón, periodista, directora de la fundación dedicada al cine Focine, hermana de Gloria Pachón (viuda de Galán y reciente embajadora ante la Unesco). El segundo, el héroe, es el esposo de Maruja, Alberto Villamizar, hermano de la segunda rehén, Beatriz Villamizar, que es cuñada y amiga de Maruja; Alberto hace cuanto está en su mano para sacar a su hermana (liberada en primer lugar) y a su esposa de la pesadilla que están viviendo. Francisco Santos (conocido como «Pachito») es la tercera figura en orden de relevancia, uno de los periodistas más destacados de *El Tiempo* e hijo de su director, Hernando Santos (actualmente es el vicepresidente de Colombia). La cuarta es Diana Turbay, periodista de televisión, hija del ex presidente Julio César Turbay, apresada junto a varios colegas a los que van liberando gradualmente uno tras otro; entonces, trágicamente, ella muere en el curso de la infortunada operación de rescate que organiza el ejército. La quinta es Marina Montoya, hermana de una pieza clave del gobierno de Barco, la más entrada en años de los rehenes, la primera secuestrada y la única que, finalmente, muere a manos de los narcotraficantes. El sexto personaje es el presidente Gaviria, que tal vez debería ser el héroe del relato y en ciertos sentidos, dada la estrecha relación que García Márquez mantenía con él, es sorprendente que no lo sea. Y el séptimo es Pablo Escobar, que apenas aparece, pero por supuesto es el villano de la historia y el ente maligno que se oculta detrás de todo este drama, un hombre por quien García Márquez alberga sentimientos sumamente encontrados, no cabe duda, que no excluyen un punto de admiración. Por la novela desfilan además incontables familiares y sirvientes, un sinfín de traficantes secundarios y sus subordinados, y una larga lista de ministros y otros cargos públicos (entre los que aparece el general Miguel Maza Márquez, jefe de la policía secreta y primo del autor). García Márquez los reúne a todos ellos, los organiza, y con mano experta y gran sentido de la orquestación vuelve a relatar el terrible drama.

En el prólogo afirma que esta «tarea otoñal» fue la «más difícil y triste» de su vida. Resulta sorprendente, por tanto, que un libro acerca de un episodio con tan pésimo final para Colombia y para muchos de sus protagonistas (Marina, Diana, un rehén «mulato» anónimo y rápidamente olvidado) dé la impresión de acabar con un final feliz al centrarse en ciertos protagonistas y obedecer al deseo del propio García Márquez de ser «portador de buenas noticias». Parece como si su brillante trabajo de periodismo político hubiera quedado subyugado —¿secuestrado?— por otro libro que cumple todos los requisitos e ideas preconcebidas del *thriller* de Hollywood y acaba con un final de telenovela. Logra que nuestra mayor preocupación sea que Maruja sobreviva, aunque a su chófer lo maten en la cuarta página de la narración —despachado por el narrador con precisión tan clínica como la de los verdaderos asesinos— y ya no vuelva a hacerse mención de él (lo mismo ocurre con el chófer de Pachito Santos). Desde el punto de vista de la eficacia narrativa, no parece importar cuántas otras vidas de personas inferiores hagan falta siempre y cuando la estrella quede con vida. De hecho, dentro de las convenciones del *thriller*, la muerte de algunos individuos marca un contraste necesario con la ansiada supervivencia de los que más lo merecen. He aquí el arte cruel, incluso despiadado, del narrador de este libro. Se halla, sin asomo de dudas, a gran distancia de Zavattini; o incluso del Fellini de *La dolce vita*.

La concepción básica es una alternancia entre los capítulos impares, que tratan sobre los rehenes y sus secuestradores, y los capítulos pares, que se ocupan de las familias y el gobierno. La esencia dramática de la historia radica, en primer lugar, en la terrible experiencia de los rehenes y de sus esfuerzos por sobrevivir, negociando la vida con sus guardianes a diario;

en segundo lugar, en la lucha de los familiares por negociar, tanto con los secuestradores como con el gobierno, la liberación de los rehenes. En un plano más profundo, la verdadera batalla la libran los «extraditables» y el gobierno, mientras que los rehenes y sus familias son meros títeres a su antojo; sin embargo, García Márquez convierte esta lucha, en la medida de lo posible, en un relato de «interés humano». Se centra sobre todo en las cuatro figuras más destacadas de los diez rehenes: Maruja, Marina, Diana y Pachito. De los cuatro, sólo Maruja y Pachito logran sobrevivir, y serán liberados con escasas horas de diferencia el 20 mayo de 1991, al final del capítulo 11; Marina y Diana mueren en el lapso de dos días (el 23 y el 25 de enero de 1991) tras muchos meses de cautiverio, en el capítulo 6.

Concebida como una historia de amor con su correspondiente crisis (una damisela en apuros), una lucha heroica (el caballero) y un feliz regreso a casa, en realidad el libro acaba al final del capítulo 11, con el jubiloso retorno de Maruja al edificio donde reside, en el que la reciben con euforia todos sus amigos y vecinos, y por fin su extasiado esposo. Es evidente que García Márquez deseaba mostrar que incluso en Colombia —o puede que para Colombia— aún podía darse un final feliz. La rendición y la muerte de Escobar es un mero posfacio de este relato, al igual que el hecho de que los secuestradores le devuelvan a Maruja su anillo al final de la narración, y la apostilla de Maruja que cierra la novela: «Todo esto ha sido como para escribir un libro». No obstante, el tratamiento de la muerte de Escobar es enigmático. En las telenovelas y los *thrillers*, el fallecimiento del villano, en especial de un malvado de la talla de Escobar, constituye el verdadero clímax de la obra. Aquí, en cambio, uno tiene la sensación de que la muerte de Escobar, tratada someramente, trastoca las convenciones mismas que parecían obligadas a llevar al momento culminante.

Al igual que la mayor parte de las obras anteriores de García Márquez, *Noticia de un secuestro* no trata acerca de los órdenes inferiores (ya en *La mala hora* la súbita aparición de los desarraigados y los pobres del «pueblo» llegaba como un jarro de agua fría), pero esa misma ausencia tiene aquí una trascendencia más notable y digna de comentario. Éste es un libro que trata casi en exclusiva de personas de clase media alta, de entre las cuales un número significativo son conservadores (los padres de Diana Turbay y Pachito Santos habían merecido con anterioridad la oposición y la condena de García Márquez). El columnista Roberto Po-

sada García-Peña («D'Artagnan»), de *El Tiempo*, quien estaba al servicio
de esta clase dirigente, lanzó un violento ataque contra García Márquez
por pagar «peaje a la burguesía bogotana».[52]

Punto menos desconcertante es que García Márquez soslaye casi
completamente en este libro la dimensión estadounidense. El horror de
los narcotraficantes a ser extraditados a Estados Unidos —a tenor de ello
la famosa frase de Escobar: «Es mejor una tumba en Colombia que una
cárcel en Estados Unidos»— había determinado el conflicto del que nace
la fuerza motriz de los acontecimientos que aquí se narran, y que por descontado exige cierta clase de crítica antiimperialista. Sin embargo, en
una obra que llega incluso a criticar a la guerrilla —a pesar de las relaciones del autor con Cuba— por «toda clase de actos terroristas»,[53] no se
aborda en absoluto la dimensión estadounidense de la cuestión, de manera que la estructura explicativa y causal de la obra acaba pareciendo
distorsionada, carente de foco. No sería éste un libro del que su autor se
avergonzase cuando, poco después de su publicación, obsequiase con él
a Bill Clinton, y no es de extrañar que Clinton apreciara la vertiente
«humana» de la historia, pues no hay más vertiente que ésa. Con lo cual
se plantea la cuestión más peliaguda de todas: ¿este relato está escrito para
la burguesía bogotana y para Bill Clinton, y en absoluto para nosotros,
los lectores? O, por decirlo de otro modo, ¿está escrito para nosotros, los
lectores, al modo en que lo están las telenovelas, con el fin de que nos con-
tentemos con nuestra posición social y hacernos creer que los ricos y famosos son «sólo seres humanos» como usted y como yo?

Y, aun así, las cosas siempre son del color del cristal con que se miren. Era el primer libro de García Márquez centrado en Bogotá. Hacía
balance de la Colombia actual desde el momento en que García Márquez decidió «dejar» Cuba, en torno a 1990 (si bien en realidad nunca la
abandonó), y «volver» a Colombia (aunque nunca volvió del todo). Más
que hacer balance de la situación, pretendía ser también una toma de
poder. En cierto sentido fue una exhibición de destreza en estado puro
y una respuesta tácita a todos sus críticos colombianos. ¿Que no vivía
allí? De acuerdo, pero ¿qué otro colombiano contemporáneo había sido
capaz de reunir todas las complejidades de la historia reciente del país,
darles coherencia y hacerlas comprensibles, tal como había hecho él?
¿Que era un cortesano vanidoso lisonjeando al poder? Pues bien, miren
lo que las relaciones directas con el poder daban de sí: he aquí a un «periodista» que, gracias a su prestigio, disponía de «contactos» y «fuentes» en

todas las esferas, y quienes no contaran con ese acceso nunca podrían columbrar, como hacía él, la «historia completa». ¿Que su forma de escribir empezaba a estar manida, que se repetía y se citaba a sí mismo, que se permitía excesos? Pues esto era capaz de hacer este anciano casi septuagenario.

Editoriales insidiosos como los que dieron la bienvenida a *El general en su laberinto* en *El Tiempo* no habrían sido de recibo ante una obra y un escritor que con tanta rotundidad había tomado posesión simbólica del país. Así que en esta ocasión brillaron por su ausencia. García Márquez no había dejado traslucir nada, pero desde que se publicó *El general* llevaba siete años a la espera de resarcirse, aguardando colmar el grado de satisfacción que este libro ahora le procuraba. No hubo entrevistas pueriles en la prensa donde expresara su «inseguridad» sobre su nueva obra, como había ocurrido con la publicación de *Del amor y otros demonios*. «Tómate ésa», decía el torero. Por sorprendente que pudiera parecer, García Márquez, a la edad de sesenta y nueve años, se había apropiado al fin de Colombia de un modo hasta antes inaudito. *Cien años de soledad* había puesto a América Latina, o al mundo entero, a sus pies; no a Colombia. *Cien años de soledad* era «Macondo», sin duda, pero en Bogotá y las otras grandes ciudades del interior (Medellín, Cali) todo el mundo sabía que Macondo era la Costa, y no se sentían incluidos entre sus referentes. Ahora ellos no estaban tan seguros de sí mismos y eran menos complacientes; y en esta nueva novela García Márquez había abarcado al conjunto de Colombia, no sólo la Costa. Las murmuraciones no cesarían —estaba en la naturaleza misma de la vida política y social—, pero con mucha menos convicción. Ahora era un intocable. Y sería capaz de hacer prácticamente cualquier cosa que deseara.

Aun así la pregunta puede volver a formularse: al escribir *Noticia de un secuestro* para los cachacos, en parte con ojos de cachaco, ¿acaso cedía ante ellos?; ¿restó credibilidad a toda su trayectoria moral y política en el momento de la victoria (o puede que incluso a raíz de la naturaleza de esa victoria)? Tal vez se había convertido en un conservador, en el consabido y deprimente sentido en que los ancianos se vuelven conservadores. O quizá reconocía por fin la «realidad política» y, en particular, «la realidad política posterior a la caída del muro». O puede que todo lo que ahora deseara en el plano político fuera ver a Fidel y la Revolución cubana resistir simbólicamente al laberinto histórico, hasta que el gran laberinto final no les dejara más opciones. O tal vez, de nuevo, rechaza-

ba todas aquellas realidades envolventes, todas aquellas opciones e interpretaciones; quizá García Márquez mantenía vivo su propio sueño hasta el final, del único modo en que sabía hacerlo. Quizá. He aquí la verdadera cuestión, sin duda.

Como es natural, el libro se colocó en el número uno de la lista de
los más vendidos nada más publicarse. Aunque las reseñas eran positivas
en su inmensa mayoría, hubo algunas críticas demoledoras sumamente
agresivas, rayanas en el insulto, que procedían sobre todo de Estados
Unidos y adoptaban un tono muy distinto incluso al de las reseñas sobre
El general aparecidas en *El Tiempo*.[54] Pero García Márquez había contemplado sus opciones y había elegido. Podemos dar por seguro que se
sentía satisfecho.

24

García Márquez, septuagenario y más allá: memorias y putas tristes

1996-2005

Y ahora, ¿qué le quedaba por hacer? El escritor de sesenta y nueve años rebosaba aún energía, todavía barajaba un sinnúmero de proyectos, seguía fascinado por la política y decidido a dejar su impronta en el mundo. Sin embargo, ¿podía considerarse todavía un escritor de ficción? *El general en su laberinto* era una novela histórica; ficcionalizada con maestría, pero novela histórica al fin y al cabo. *Noticia de un secuestro*, de modo similar, era una novela documental; de hecho era más crónica que novela. *El general*, evidentemente, trataba del «entonces», de cómo había empezado Colombia doscientos años atrás; *Noticia de un secuestro* trataba del «ahora», ahondaba en lo que Colombia se había convertido. Ambas obras se habían escrito con innegable brío, pero ¿albergaba García Márquez en su interior otra obra ambiciosa de imaginación, o acaso aquel enorme manantial histórico estaba ya realmente seco? Tenía el mundo a sus pies, sin duda, pero ya no era el mundo en el que este escritor se había forjado. ¿Sería capaz de responder a este nuevo mundo, a este universo poscomunista, postutópico y posmoderno que ahora se extendía ante el cansado planeta en el umbral del siglo XXI?

A decir verdad, pocos habían respondido con pleno sentido a la nueva era. Era mucho lo que el mundo le estaría pidiendo a aquel anciano, aunque desde luego el propio García Márquez se lo exigiera a sí mismo. Las letras vivían un momento de relativo esplendor, pero no era una época de grandes obras literarias. De hecho, desde la Segunda Guerra Mundial eran contados los escritores —en realidad, los artistas de cualquier disciplina— que habían merecido la aprobación unánime del público y de la crítica que habían recibido, y recibían aún, los grandes artistas del período modernista, entre la década de 1880 y la de 1930. García Márquez era uno de los pocos nombres, y *Cien años de soledad*, uno de los pocos títulos, que figuraban en todas las listas de grandes autores y obras maestras de la segunda mitad del siglo XX. Y había añadido *El amor en los tiempos del cólera*, que solía aparecer también en las listas de las mejores cincuenta o cien novelas del siglo XX. ¿Podía sumarle una más? ¿Debía siquiera intentarlo?

En lo que a él respectaba, no pensaba cejar en el empeño, desde luego. Después de dos de sus libros, *Cien años de soledad* y *El amor en los tiempos del cólera*, había asegurado quedar «completamente vacío».[1] De alguna manera siempre había logrado reunir la determinación, y con el tiempo la inspiración, para hallar nuevos temas y nuevas formas y afrontar el proyecto siguiente, un libro que en un principio había deseado escribir, luego había tenido que escribir y, por último, había sentido el apremio incontenible de escribir. No fue diferente en esta ocasión: seguía en la búsqueda. De hecho comentó en algunas entrevistas que quería «volver a la ficción». Como de costumbre, había un proyecto. Había esbozado tres novelas breves que, juntas, tal vez podían componer un libro interesante, en su opinión, un nuevo libro sobre el amor. El amor y las mujeres. Dijo en *El País*: «Estoy rodeado de mujeres. Mis amistades son mujeres. Mercedes ha tenido que aprender que ésta es mi forma de ser, que todas mis relaciones con ellas son únicamente coqueteos inofensivos. Todo el mundo sabe ya cómo soy».[2]

Añadió que empezaba a perder la memoria, que siempre había sido la piedra angular de su vida y de su obra (esto le había ocurrido al protagonista de *El otoño del patriarca*, inspirado en él mismo). Aunque, irónicamente, la trituradora de papel era el electrodoméstico que más servicio daba en su casa. Últimamente, sin embargo, había indultado el borrador de *Del amor y otros demonios* y se lo había ofrecido a Mercedes como regalo. No parecía tener en cuenta que los borradores habían perdido buena parte de su magia —incluida la financiera— en la era informática, puesto que el ordenador no permite advertir las huellas genéticas. De hecho, el paso de la escritura manual a la máquina de escribir, y luego al ordenador, en parte daba cuenta del desvanecimiento del aura del autor en la mente de los lectores, y quizá incluso de una merma de la convicción en la mente de los propios autores. García Márquez había resistido este proceso mejor que la mayoría. Y la destrucción de la mayor parte de sus obras preliminares o inacabadas encajaba con su convicción de que el cometido del artista era crear obras plenamente acabadas, según el modelo clásico, aunque seguro que no le hubiera gustado expresarlo en esos términos.

La retirada de la vida pública era un asunto que estaba en el aire, y todos los augurios eran malos. Era el otoño de todos los patriarcas. Samper se negaba porfiadamente a dimitir, aunque millones de personas clamaban porque lo hiciera. A Carlos Andrés Pérez lo habían forzado a abandonar el cargo. Carlos Salinas se las había arreglado para cumplir con su mandato, pero se había visto obligado a abandonar el país ante la amenaza de ir a la cárcel, o riesgos aún peores. Nadie había sido capaz de obligar a Fidel Castro al retiro, pero pronto alcanzaría la edad de setenta años; la propia revolución estaba envejeciendo, y ¿quién podía sustituirlo? Fue revelador que García Márquez, en lugar de asistir a la presentación de su libro en Bogotá, optara por visitar a otro de sus amigos que también se había retirado a su pesar, Felipe González, quien rodeado de imputaciones y escándalos, había sido destronado en las urnas españolas tras ocupar trece años el palacio presidencial de Madrid. García Márquez se apresuró a ir a La Moncloa nada más llegar, pero el presidente no estaba en casa y el escritor lo encontró a solas con sus guardaespaldas en el parque nacional de Monfragüe, igual que un personaje más de García Márquez, despojado de su poder y de las glorias pasadas.[3] En su último encuentro, cuando se abrazaron, González le había dicho: «Vaya, hombre, creo que eres el único en España que quiera abrazar al presidente». Ahora confesó sentirse aliviado de haber dejado el cargo y empezar a planificar su jubilación. Estaba a punto de ocupar su lugar el líder conservador José María Aznar.

Tras una estancia prolongada en España, García Márquez viajó a Cuba a celebrar los setenta años de Fidel Castro con él. Fue otro acontecimiento otoñal, no muy distinto de la visita a Felipe González. Fidel no estaba pensando en retirarse, pero se hallaba inusitadamente meditabundo. Él, que tanto vivía en el futuro y por tanto debía conquistar el presente minuto a minuto para alcanzarlo, por una vez pensaba en el pasado, el suyo propio. Había advertido que no deseaba celebraciones especiales, pero Gabo le había dicho que Mercedes y él viajarían a Cuba en cualquier caso. Movido por esta insistencia, Fidel, que no pudo celebrar oficialmente su cumpleaños el día señalado —13 de agosto— por su apretada agenda de trabajo, aun así se presentó en casa de García Márquez aquella noche y recibió un regalo, un ejemplar del nuevo diccionario elaborado por el instituto de la lengua de Colombia, el Instituto Caro y Cuervo. Más adelante, al cabo de dos semanas, Fidel desveló a su vez una sorpresa: llevó a Gabo y Mercedes y a unos pocos compañeros, junto con un periodista y un camarógrafo, a Birán, su aldea natal, «un viaje a su pasado, a sus recuerdos, al lugar donde había nacido, donde había aprendido a hablar, a disparar, a criar gallos de pelea, a pescar, a boxear, donde se había educado y formado, donde no iba desde 1969 y donde, por primera vez en toda su existencia, podría pararse frente a la tumba de sus padres y ofrecerles unas flores y un homenaje póstumo que hasta entonces no había podido realizar».[4] Fidel acompañó a sus invitados a recorrer el pueblecito, volvió a entrar en la vieja escuela (se sentó en su antiguo pupitre), recordó sus andanzas de la infancia —«Yo era un cowboy, mucho más que Reagan, porque él era de película y yo de verdad»—, rememoró el carácter y las excentricidades de sus padres, y por último, satisfecho, declaró: «No he confundido los sueños con la realidad. Mis recuerdos están exentos de fantasía». A García Márquez, que en los últimos tiempos había empezado a escribir sus propias memorias —y en particular el regreso en compañía de su madre, casi cincuenta años atrás, al lugar donde nació—, esto tuvo que darle mucho que pensar.

En septiembre, de regreso a Cartagena, García Márquez pasó un tiempo en su nueva casa. A estas alturas era un secreto a voces que no se sentía a gusto allí, y no sólo porque quedara expuesta a la vista de cualquiera desde el Hotel Santa Clara; lisa y llanamente, no estaban cómodos; de hecho, no les gustaba vivir allí. Un periodista argentino, Rodolfo Braceli, que había entrevistado a Maruja Pachón a propósito de sus experiencias de 1990 y 1991 y de cómo habían quedado plasmadas en *Noticia de un secuestro*, aprovechó el contacto con ella para acceder a un irritado aunque comunicativo García Márquez, que cada vez se mostraba más reflexivo y filosófico en las entrevistas de estos tiempos, semejante a un viejo soldado que queda en situación difícil y se siente algo desorientado: interesante e informativo, incluso analítico, pero ya no centrado en la única campaña que excluye a todos los demás —la próxima—, ya no tan decidido como en el pasado.[5] Mencionó una vez más que empezaba a olvidar algunas cosas, sobre todo números de teléfono, a pesar de haber sido siempre un «profesional de la memoria». Últimamente su madre a veces le decía: «¿Y tú de quién eres hijo?». Sin embargo, había días en que la anciana recuperaba la memoria casi por completo y él le hacía preguntas sobre sus recuerdos de la niñez. «Y ahora salen más porque no los oculta, no tiene prejuicios.»[6]

Le contó a Braceli que muchos de sus amigos de buenas a primeras estaban cumpliendo setenta años y esto lo había tomado por sorpresa.

«Uno no preguntaba nunca qué edad tenían.» Su percepción personal de la muerte, dijo, era: «Rabia, rabia». Nunca había pensado seriamente acerca de su propia muerte hasta que tuvo sesenta años. «Y lo recuerdo exactamente: fue una noche, estaba leyendo un libro y de repente pensé, caray, me va a pasar, es inevitable, es así. Antes no había tenido tiempo de pensar en eso. Y de pronto ¡paf!, caray, que no hay escapatoria. Y siento una especie de escalofrío ... Sesenta años de puro irresponsable. Yo lo resolvía matando personajes.» La muerte, dijo, era como cuando la luz eléctrica se apaga. O como cuando lo anestesian a uno.

A todas luces se hallaba en un momento reflexivo, autobiográfico, aunque esa tendencia se había evidenciado, por lo menos de manera incipiente, desde el final de *Alternativa* y el comienzo de su columna semanal en *El Espectador* y *El País*. A pesar de que había destruido la mayor parte de los testimonios escritos de su vida privada, e incluso de su actividad literaria profesional, de un tiempo a esta parte pensaba más acerca de dos aspectos concretos de su obra. En primer lugar, el cómo y el cuándo, o sea, la técnica y el sentido del ritmo. Sin lugar a dudas era un artífice consumado y cada vez tomaba mayor conciencia de que no todo el mundo era capaz de contar historias del modo en que lo hacían Hemingway o él. De ahí sus «talleres» de escritura de guión en La Habana y Ciudad de México, y ahora sus talleres de periodismo en Madrid y Cartagena. Ambos versaban sobre el arte de contar historias: cómo descomponer la realidad para convertirla en relato, cómo desmontar los relatos para apreciar los componentes que los conforman, cómo narrarlos de manera que cada detalle lleve al siguiente con aparente naturalidad, y cómo engarzarlos para que el lector o el espectador se sienta incapaz de abandonar la lectura o la película. En segundo lugar, el qué y el porqué: era reacio, por su sensación de «pudor y vergüenza», a exteriorizar las emociones y a la introspección. Sin embargo, de unos años a esta parte se tomaba un interés mayor en identificar los materiales vividos en bruto que había extraído de su propia experiencia y procesado por distintos mecanismos en sus obras, con propósitos literarios y estéticos diferentes, a lo largo de los años. Era, en parte, una forma de controlar su propia historia, de asegurarse de que ningún otro pudiera darle forma sin aceptar una buena dosis del modo en que él mismo la interpretaba. Llevaba treinta años decidiendo qué imagen de sí mismo deseaba dar al mundo; ahora quería ejercer el control sobre su propia historia.

En octubre García Márquez viajó a Pasadena, California, para asistir a la 52.ª Asamblea General de la Sociedad Interamericana de Prensa (SIP), que congregó a los propietarios de doscientos periódicos, y contó además con la presencia de los premios Nobel Rigoberta Menchú y Óscar Arias, y la de Henry Kissinger. Luis Gabriel Cano, de *El Espectador*, salió elegido nuevo presidente de la organización, y se acordó que el siguiente encuentro se celebrara en Guadalajara. García Márquez, muy implicado en la dirección de su nueva fundación dedicada al periodismo, marcó con su discurso la tónica de la asamblea al declarar que «los periodistas se han extraviado en el laberinto de una tecnología disparada»; se subestimaba el trabajo en equipo y la competencia por las primicias estaba causando un daño enorme al trabajo profesional serio. Había tres áreas que precisaban atención primordial: «La prioridad de las aptitudes y las vocaciones, la certidumbre de que la investigación no es una especialidad del oficio, sino que todo el periodismo debe ser investigado por definición y la conciencia de que la ética no es una condición ocasional sino que debe acompañar siempre al periodismo como el zumbido al moscardón».[7] (Esta última frase se convertiría en el lema de su fundación, la FNPI. Su eslogan más sonado sería: «No basta con ser el mejor, sino que se sepa». Llevaba el sello GGM, no cabe duda.) El discurso de García Márquez, al igual que su nueva fundación, se ocupaba sobre todo de lo que debían hacer los periodistas a título individual para mejorar su rasero profesional y ético. De haberla creado en los años setenta, le habría interesado en primer lugar ahondar en la propiedad de la prensa; pero ahora se movía en un mundo distinto. Probablemente sólo él habría intentado llevar a cabo la hazaña de salir airoso de esta doble vida, que le permitía discutir los problemas de la prensa burguesa en países formalmente democráticos al tiempo que ofrecer su apoyo al único país del hemisferio, Cuba, donde nunca había existido una prensa libre ni la habría mientras Castro permaneciera en el poder. Y los artículos de García Márquez que se publicaban por todo el mundo con regularidad aparecían reproducidos en medios de La Habana como *Granma* y *Juventud Rebelde*. Todo era mucho más difícil en una época en la que ya no podía utilizar la excusa de los objetivos socialistas y la necesidad de construir una economía acorde a ellos. Pero de haber seguido hablando de todo aquello, en el supuesto de que lo hubiera querido, no habría podido codearse con los magnates —uno de los donantes más relevantes sería Lorenzo Zambrano, el magnate del cemento de Monterrey, México— ni convencerlos para que desembolsaran su dinero.

Samper había anunciado antes de las Navidades que implantaría una nueva ley de televisión que constituiría una comisión para decidir si las distintas cadenas cumplían con su cometido de mantenerse imparciales. Todo el mundo supuso que no pasaría mucho tiempo antes de que se cancelase la licencia de emisión de QAP —el noticiario era uno de los críticos más virulentos de Samper— y que, por consiguiente, García Márquez se hallaría a merced del poder por vez primera desde 1981. El escritor se tomó la molestia de anunciar que no pensaba celebrar su septuagésimo cumpleaños en Colombia. El 6 de marzo Mercedes y él, junto con Rodrigo y Gonzalo y sus respectivas familias, pasarían el día en un lugar secreto fuera del país.[8] Indefectiblemente, todos los periódicos del mundo hispano consignaron la fecha. También se hizo mención de los treinta años de *Cien años de soledad*. El nombre de García Márquez aparecía en la prensa a la menor oportunidad, pues vendía periódicos igual que vendía libros. Resultó que, a pesar de haber insistido en que no deseaba «homenajes póstumos en vida», se proponía hacer notar aún más su ausencia de Colombia al acceder a que se llevara a cabo una celebración múltiple en Washington —de entre todos los lugares posibles— en septiembre, cuyo punto de referencia serían los cincuenta años de la publicación de su primer relato. Por lo común, para llevar a cabo esa clase de conmemoraciones en Washington se requeriría la cooperación, la organización y la aprobación de la embajada nacional del homenajeado. Sin embargo, García Márquez no sólo había trabado relación con el inquilino de la Casa Blanca, sino que también era amigo del secretario general de la Organización de Estados Americanos, una institución en la cual incluso Estados Unidos, por hegemónico que fuera su papel, no era sino el *primus inter pares*. Y fue Gaviria, a estas alturas disgustado por la vergüenza que le provocaba el gobierno de Samper y furioso ante la dilapidación que a su juicio hacía Samper de su legado, quien utilizó sus contactos para disponer una serie de celebraciones en honor a García Márquez, que culminarían en una fiesta en su propia residencia y en una cena en la Universidad de Georgetown a la que asistirían dos novelistas premiados con el Nobel, el propio García Márquez y Toni Morrison, como invitados de honor del rector de la universidad, el padre Leo Donovan.

La tendencia a conmemorar toda clase de aniversarios iba cobrando fuerza en la cultura occidental con el paso de los años a medida que se

aproximaba el fin del milenio. 1492, 1776, 1789: en las condiciones de
la posmodernidad, estas fechas empezaban a convertirse en el equivalente temporal de los parques temáticos. Y, en este orden de cosas, García Márquez iba camino de convertirse por sí mismo en un parque temático, en un monumento sin parangón en el mundo de la literatura
desde Cervantes, Shakespeare o Tolstoi. Había tomado conciencia de
ello tras la publicación de *Cien años de soledad*, una obra que había cambiado el mundo a quienes la leyeron en América Latina, así como a
infinidad de lectores de otras partes del planeta. Poco a poco se dio cuenta
de que la gallina de los huevos de oro era precisamente él; la «vorágine
de la fama» que lo rodeaba era tan violenta, tan contagiosa, que al final,
a pesar de todos sus proyectos y estratagemas y maniobras, realmente
poco importaba lo que hiciera: estaba inmerso en el espíritu de la época, aunque también se había elevado por encima de él y lo había trascendido para alcanzar la inmortalidad, para formar parte de la eternidad.
La mercadotecnia tal vez funcionaba en los márgenes para aumentarla o
disminuirla, pero su magia era autónoma. Iba a resultarle difícil evitar
que el resto de su vida se convirtiera en una celebración permanente de
su existencia, un prolongado cumpleaños feliz. ¿Cómo escapar de este
laberinto? ¿Acaso todavía deseaba huir?

El 11 de septiembre visitó a Bill Clinton y almorzó con él en la Casa
Blanca. Clinton ya había leído el manuscrito de *Noticia de un secuestro*,
pero ahora García Márquez le obsequió con un ejemplar de la edición
inglesa con membrete individualizado y encuadernado en cuero, «para
que le duela menos». (Clinton le había enviado una nota a García Márquez cuando su editor le facilitó una copia del manuscrito de *Noticia*,
donde decía: «Anoche leí su libro de principio a fin». Uno de los editores de García Márquez quiso aprovecharse del bombo que daría el comentario en las notas publicitarias cuando finalmente lo editasen. García
Márquez contestó: «Sí, no me cabe duda de que aceptaría; pero no volvería a escribirme jamás una nota».) Hablaron de la situación política colombiana y, en un sentido más amplio, del problema de la droga que se
producía en América Latina y se consumía en Estados Unidos.[9]

Y Samper seguía sin moverse un ápice. Unas semanas antes de los
fastos de Washington, García Márquez se había reunido con el político
en alza de la familia Santos, Juan Manuel, para tratar sobre la situación de
Colombia, cada vez más deteriorada. Santos había declarado que iba a
presentar su candidatura liberal a las próximas elecciones presidenciales,

en 1997. Si conspiraban, juntos o por separado, para derrocar a Samper sólo ellos podían saberlo, pero del encuentro salió un «plan de paz» —Santos, al ser presionado, diría finalmente que fue idea de García Márquez («Aquí hay que hacer algo audaz, aquí hay que poner a todo el mundo a conversar para ver cómo se reparte la derrota, porque en esta guerra todos estamos perdiendo»)—, que planteaba la necesidad de que todos los sectores de la sociedad colombiana negociaran, ¡salvo el gobierno de Samper! Aun así, cuando el plan salió a la luz en la segunda semana de octubre, Santos negó que tuviera intención de hacer caer al gobierno. García Márquez y él volaron a España —García Márquez fue directamente de Washington a Madrid— para hablar con el ex presidente Felipe González (desairando con ello al nuevo presidente conservador, José María Aznar). No obstante, Felipe González abortó a efectos prácticos la iniciativa al decir que únicamente la respaldaría si Samper accedía a negociar y Estados Unidos y otras potencias prestaban su apoyo.

En enero de 1998, el papa Juan Pablo II, ya enfermo y anciano, visitó por fin la Cuba de Castro, tras haberlo anunciado largamente y a resultas de arduas y difíciles negociaciones. (García Márquez me había asegurado en 1997 que el Papa era «un gran hombre» cuya biografía debía leer.) Fue, claro está, el modo en que Fidel mostraba que Cuba, a pesar de mantener sus principios revolucionarios, no estaba exenta de flexibilidad —incluso había permitido retomar la celebración de la Navidad, en un gesto excepcional— y estaba preparada para tratar con los poderosos del planeta. Y quién si no Gabriel García Márquez iba a estar sentado junto a Fidel durante los actos que se organizaron con motivo de la visita del pontífice. A pesar de su dilatado historial de activismo anticomunista, sumamente eficaz, el anticapitalismo del Papa era también de sobras conocido, así como que se declaraba rotundamente contrario a los aspectos más decadentes de las nuevas sociedades de consumo, lo cual hizo que su visita se considerara un riesgo que merecía la pena correr. Lamentablemente para Cuba y Castro, el acontecimiento, que en un principio se creyó que daría pie a una oleada de publicidad favorable que alcanzaría incluso a Estados Unidos, fue barrido de las pantallas de televisión por el rompedor escándalo del *affaire* de Bill Clinton con la becaria de la Casa Blanca Monica Lewinsky. Supuso un desastre por partida doble: por un lado, la visita del Papa no causó el efecto global esperado; y por el otro, porque Clinton, amigo de García Márquez, quedaría sumamente debilitado en el terreno político por el escándalo y las consiguientes iniciativas por minar su credibilidad a que dio lugar. A Clinton no le quedaría más remedio que dejar que la tormenta amainase y mantenerse al margen, prácticamente imposibilitado, del mismo modo que estaba haciendo Samper. Las ironías de la situación eran obvias.

García Márquez decidió no regresar a Colombia para la primera ronda de las elecciones, que tuvo lugar en mayo. Sin embargo, hizo llegar un mensaje televisado desde su casa de Ciudad de México, en el cual explicaba por qué daba su apoyo por segunda vez al candidato conservador Andrés Pastrana y se comprometía a «camellar con Andrés». ¡García Márquez pidiendo el voto para un conservador! ¡Si el coronel Márquez levantara la cabeza! Desde su propia familia el gesto fue recibido con desaprobación, y desde luego con estupefacción. Se decía, no obstante, que Pastrana mantenía vínculos con los cubanos de Miami, y que tal vez García Márquez pensara que, por este y otros caminos, podía prestar su ayuda a la situación cubana. A cambio de ello, se suponía que García Márquez contribuiría en el ámbito de la educación, que era oficialmente la principal preocupación política tras la prioridad número uno, entablar un proceso de paz con las guerrillas.

García Márquez recibió críticas feroces, aunque con reservas, por parte de la prensa liberal. «D'Artagnan» escribió un artículo chispeante en *El Tiempo* que pretendía ser un epitafio para el García Márquez que había intervenido en la política colombiana hasta entonces, pero que al parecer había muerto ya. La influencia que pudo ejercer realmente en la administración de Pastrana es cuestionable. Ni a él ni a Andrés se los vio «camellando», ni juntos ni por separado.[10] Gaviria, siempre perspicaz y pragmático, intentó que se votara el regreso de Cuba a la Organización de Estados Americanos tras una ausencia de treinta y cuatro años, pero la resolución fue vetada, como era de esperar, por Estados Unidos. Esto frustró a Pastrana de antemano —aunque probablemente sintiera un inmenso alivio— y significó que la estrategia que encaraba García Márquez para el mandato de Andrés había naufragado antes de zarpar, lo cual sin duda explica por qué mostró tan poco interés en los asuntos de Colombia durante los cuatro años siguientes, a pesar de sus promesas de compromiso. Clinton no estaba interesado en mejorar las relaciones con Cuba, sino en el «proceso de paz» de Pastrana y la esperanza de que pusiera coto al comercio de la droga, y en otoño el presidente del Banco Interamericano de Desarrollo, asiduo de la casa de García Márquez de Ciudad de México, hizo un préstamo enorme a Colombia destinado a que se pudiera alcanzar «la paz a través del desarrollo».[11] A lo largo de los cuatro años siguientes, en medio de todos los dramas locales e internacionales que se daban cita, Pastrana se convertiría en uno de los invitados más honrados y agasajados de Washington. El 27 de octubre hizo la primera visita de Estado de un presidente colombiano en veintitrés años, a la que asistió García Márquez, rodeado de un grupo ecléctico de «hispanos» y «latinos» norteamericanos, en su mayoría músicos y actores.[12] Un ceremonial de estas características sería la recompensa de Pastrana por haber accedido previamente al «Plan Colombia» de Clinton, una política contra la subversión con ecos de las estrategias de la Guerra Fría, un asunto sobre el que García Márquez no hizo declaraciones públicas en esta ocasión, aunque debió de parecerle sumamente vergonzoso.

Tras verse privado de su espacio televisivo a finales de 1997,[13] García Márquez tomó casi de inmediato la decisión de adquirir *Cambio*, una revista conectada en sus inicios con la española *Cambio 16*, que tanta influencia ejerció durante la transición en los años ochenta. *Cambio* (que casualmente fue el único eslogan de Andrés Pastrana durante su campaña electoral) era una competidora directa del semanario político más seguido de Colombia, *Semana*. García Márquez se enteró de que Patricia Lara, buena amiga y colega de su hermano Eligio, estaba dispuesta a vender la revista, y junto con María Elvira Samper (antigua directora de QAP), Mauricio Vargas (hijo de Germán Vargas, que había sido miembro del gobierno de Gaviria y un conocido crítico de Samper) y Roberto Pombo (periodista de *Semana*), entre otros, decidió presentar una oferta, en la que figuraría también Mercedes a título personal. En Navidades el trato ya se había cerrado —la nueva empresa se llamó Abrenuncio S. A., en homenaje al doctor progresista y escéptico de *Del amor y otros demonios*— y a finales de enero García Márquez empezaba a escribir largos artículos de primera plana, sobre todo acerca de grandes personalidades de tanto renombre como él mismo (Chávez, Clinton, Wesley Clark, Javier Solana), con el fin de estimular las ventas. Larry Rohter, del *New York Times*, habló con él al año siguiente y contó que «la noche de finales de enero de 1999 en la que *Cambio* dio una fiesta para celebrar su resurgimiento, se quedó hasta la medianoche, saludando a los dos mil invitados. Después volvió a la oficina para trabajar toda la madrugada en un largo artículo sobre el nuevo presidente de Venezuela, Hugo Chávez, que acabó mientras salía el sol, justo antes de que cumpliera el plazo. «Hacía cuarenta años que no vivía eso —dijo con el goce traspasando sus palabras—. Fue maravilloso.»[14]

El artículo que la nueva revista dedicaba a Chávez fue especialmente revelador. El coronel Hugo Chávez era el militar que años atrás había intentado derrocar a Carlos Andrés Pérez, amigo de García Márquez. Pero era también el hombre que al llegar al poder en Venezuela acudiría al rescate de la Cuba castrista en el nuevo milenio, y mantendría a flote la cabeza de Fidel a través de la venta solvente de petróleo a bajo coste. Además, era un «bolivariano» que abogaba por la independencia y la unidad de América Latina, y estaba dispuesto a respaldar sus opiniones con hechos concretos. Puesto que García Márquez trabajaba también entre bambalinas por Cuba y la unificación de América Latina, hubiera sido de esperar que Chávez recibiera todo su apoyo, por prudente que fuera. Sin embargo, García Márquez siempre se mostró poco entusiasta con Chávez, quizá porque le comprometía su relación previa con Pastrana y Clinton, dado que el antiamericanismo de Chávez era permanente y virulento. García Márquez había coincidido con Chávez en La Habana en enero de 1999 y había volado a Venezuela con él de regreso a México. Después escribió un largo artículo que se distribuyó en medios de comunicación del mundo entero —con lo que engrosó las arcas de *Cambio*— y tuvo gran repercusión. Concluía así:

> El avión aterrizó en Caracas a las tres de la mañana. Vi por la ventanilla la ciénaga de luces de aquella ciudad inolvidable donde viví tres años cruciales de Venezuela que lo fueron también para mi vida. El presidente se despidió con su abrazo caribe y una invitación implícita: «Nos vemos aquí el 2 de febrero». Mientras se alejaba entre sus escoltas de militares condecorados y amigos de la primera hora, me estremeció la inspiración de que había viajado y conversado con dos hombres opuestos. Uno a quien la suerte empedernida le ofrecía la oportunidad de salvar a su país. Y el otro, un ilusionista, que podía pasar a la historia como un déspota más.[15]

De hecho, García Márquez había estado en Cuba con Castro —y con el ahora también ubicuo José Saramago, un galardonado con el Premio Nobel que seguía siendo comunista y un revolucionario sin pelos en la lengua— celebrando los cuarenta años de la Revolución cubana. Fidel, con gafas, leyó un discurso donde decía que el mundo, en la era del capitalismo multinacional (para los magnates) y el capitalismo de consumo (para sus clientes) era ahora un «gigantesco casino», y que los cuarenta años siguientes serían decisivos y podían tomar un rumbo u otro, dependiendo de si la gente tomaba conciencia de que la única esperanza de supervivencia para el planeta era poner fin al sistema capitalista.[16] Quién sabe lo que pensaba García Márquez de todo esto, pero sus ojos parecían los de un hombre enfermo, la mirada distante y distraída. Sin embargo, estaba dedicando un esfuerzo hercúleo a incrementar los decepcionantes resultados de *Cambio*. Un artículo con una distribución aún más amplia que el dedicado a Chávez fue «El amante inconcluso», que causó consternación entre las feministas de todo el mundo porque, en lugar de concentrarse en los aspectos maliciosos de la conspiración republicana para poner a Clinton en tela de juicio, lo presentaba como un típico hombre en busca de aventuras sexuales —igual que el resto de los hombres, se daba a entender— que simplemente trataba de ocultarlas de su esposa y del resto del mundo.

En La Habana, García Márquez había escuchado a Fidel pidiendo a gritos el fin del capitalismo, que se adentraba, según dijo, en las últimas fases de la devastación del planeta. Ahora, sin embargo, de vuelta a Europa en el último año del siglo XX para atender otro puñado de compromisos y entrevistarse con varias celebridades para sus artículos de *Cambio*, García Márquez tomó parte de un nuevo organismo, una extraña mezcla de intelectuales y potentados que se denominaría Foro Iberoamérica, en apariencia destinado a afrontar los problemas del desarrollo mundial desde nuevos ángulos. La Unesco, el Banco Interamericano de Desarrollo y el nuevo gobierno español en Madrid organizaron algo así como una reunión preliminar. En parte supuso una continuación del dúo García Márquez-Saramago. En su breve contribución, García Márquez declaró que los latinoamericanos habían vivido un destino espurio: «Terminamos por ser un laboratorio de ilusiones fallidas. Nuestra mayor virtud es la creatividad, y sin embargo no hemos hecho mucho más que vivir de doctrinas recalentadas y guerras ajenas, herederos de un Cristóbal Colón desventurado que nos encontró por casualidad cuando andaba buscando las Indias». Volvió a mencionar a Bolívar como símbolo del fracaso y repitió lo que había dicho en su discurso del Nobel: «Déjennos hacer tranquilos nuestra Edad Media». Más adelante hizo una lectura de uno de sus nuevos relatos, «En agosto nos vemos», una historia de adulterio en principio inapropiada para un foro de aquellas características.[17] Saramago, desempeñando el papel que solía representar García Márquez, profetizó que «cuando todos seamos mulatos se habrán acabado los problemas del mundo».

Semanas después, García Márquez volvía a estar en Bogotá para asistir al ingreso de Carlos Fuentes y del director de *El País*, Jesús de Polanco, como miembros honoríficos del Instituto de Filología Caro y Cuervo de Colombia. Se sentó en la tribuna, más avejentado de lo que jamás había aparecido, pero no dijo nada. Y entonces, al igual que le ocurrió en 1992, sintió que las alturas de Bogotá habían disparado un nivel de cansancio que en Europa no había sentido y sufrió un colapso. Desapareció del radar público durante varias semanas, mientras Mercedes negaba los rumores de cáncer y pedía a la prensa «paciencia» por un tiempo. Al principio se informó de que padecía una extraña dolencia denominada «síndrome de agotamiento general». Sin embargo se temía lo peor. Finalmente se le diagnosticó linfoma, o cáncer del sistema inmunológico.

Una vez más había caído enfermo en Bogotá y, una vez más, allí se le había diagnosticado la enfermedad. En esta ocasión, no obstante, dada la gravedad del diagnóstico, fue a Los Ángeles, donde vivía su hijo Rodrigo, en busca de una segunda opinión. Se confirmó que era linfoma. La familia decidió llevar a cabo el tratamiento en Los Ángeles y García Márquez alquiló un apartamento y luego un bungaló en el recinto del hospital. Nuevos tratamientos para el linfoma aparecían constantemente, y las perspectivas eran muy distintas a la época en que Álvaro Cepeda tuvo que hacer frente a un desafío similar en Nueva York. García Márquez y Mercedes visitaron a la hija de Cepeda, Patricia, traductora e intérprete y que ya los había ayudado en anteriores visitas a Estados Unidos, en especial para las reuniones con Bill Clinton. Patricia estaba casada con John O'Leary, socio de Clinton y también abogado que tiempo atrás había sido embajador en Chile. Como el propio García Márquez me dijo, cada mes, tras someterse a los tratamientos y las pruebas oportunas, «me iba a ver al doctor para saber si iba a vivir o a morir». Pero mes tras mes los resultados fueron buenos, y para el otoño volvía a estar en Ciudad de México, viajando a Los Ángeles mensualmente para los controles.

A finales de noviembre de 1999 visité a García Márquez en Ciudad de México. Estaba más delgado de lo que lo había visto jamás, y con muy poco pelo, pero lo hallé lleno de vigor. Volvió a acudir a mí el pensamiento de que él, que durante toda su vida había dicho temer a la muerte, a la hora de la verdad demostraba ser uno de los grandes luchadores. Fue un encuentro emotivo, porque él sabía que yo había padecido un linfoma cuatro años antes y que lo había superado.[18] No había hecho nada desde hacía meses, pero ahora estaba volviendo a las notas de sus memorias, y me leyó la narración de su nacimiento. Mercedes irradiaba calma y determinación, aunque alcancé a darme cuenta de que el esfuerzo ponía a prueba incluso los recursos de alguien como ella. Aun así, le sobraba temple para lidiar con esta situación y arropaba a su marido con normalidad, perseverando en su costumbre de no hacer aspavientos. Gonzalo y sus hijos pasaron de visita, y García Márquez era el abuelo de siempre.

Recientemente le había contado al periodista de *The New Yorker*, Jon Lee Anderson, que el Plan Colombia acordado entre Clinton y Pastrana «no podía funcionar» y que Estados Unidos parecía estar retrocediendo a un «modelo imperial».[19] En septiembre había amenazado con demandar a la agencia de noticias EFE y exigir diez millones de dólares por afirmar que había «gestionado ayuda militar de Estados Unidos a Colombia».[20] Es de suponer que era su manera de señalar su distanciamiento público de Pastrana y Clinton y su funesto «plan».[21] Ahora me dijo: «En cuanto a Colombia, creo que por fin me voy acostumbrando. Creo que hay que aceptar y ya. Las cosas van mucho mejor en este momento, incluso los paramilitares se han dado cuenta de que esto no puede continuar así. Pero el país será siempre el mismo. Siempre ha habido guerra civil, siempre ha habido guerrillas, y siempre las habrá. Aquí eso es una forma de vida. Mira Sucre. Allá los guerrilleros viven en casas, aunque todo el mundo sabe que son guerrilleros. Vienen a visitarme colombianos aquí o en Bogotá y me dicen: "Estoy con las FARC, ¿te apetece un café?". Es algo normal». Por sus palabras deduje que finalmente renunciaba al esfuerzo de tratar de cambiar este país incorregible a través de la actividad política directa, por no mencionar el reconocimiento implícito de que había ido demasiado lejos al poner su propia reputación en manos de los conservadores —en este caso Pastrana y los republicanos norteamericanos que habían hecho de Clinton su particular prisionero político—, como buena parte de sus familiares y muchos de sus amigos a buen seguro le advirtieron. Ironías del destino, la enfermedad le proporcionaba ahora un pretexto para retirarse discretamente de estas alianzas desafortunadas. Tal vez era el momento de dedicarse a escribir sus memorias.

Seguía publicando artículos esporádicos y se mantenía en contacto con *Cambio* y la fundación de periodismo de Cartagena, pero básicamente permanecía en Ciudad de México, alejado de los focos y con-

centrado en su recuperación y sus visitas a Los Ángeles, donde Mercedes y él aprovecharon para pasar más tiempo con Rodrigo y su familia.
Gabo y Mercedes forjaron también una estrecha relación con Roberto
Pombo, periodista de *Cambio* e inversor que se había emparentado con
la dinastía de *El Tiempo* y en esa época estaba destinado en Ciudad de
México. Sería algo así como un tercer hijo para Gabo y Mercedes durante la década siguiente. García Márquez escribía artículos de corte más
y más autobiográfico para la revista —además de llevar a cabo una entrevista con Shakira—, y contaba con la sección «Gabo contesta», donde componía un artículo inspirado por las preguntas de los lectores. Estos artículos se anunciaban repetidamente en la publicación y estaban a
disposición de quienes consultaran la versión electrónica por internet.

Sin embargo, evidentemente su principal actividad eran ahora sus
memorias. A menudo había bromeado al decir que cuando la gente se
decidía a poner sus memorias por escrito solía ser demasiado vieja para
recordar nada; sin embargo, no había mencionado que algunos morían
antes siquiera de ponerse manos a la obra. Acabar sus memorias, con el
título provisional de *Vivir para contarlo*, se convirtió en su objetivo prioritario. Tal vez se acordó del dilema de Bolívar cerca del final de *El general en su laberinto*: «Lo estremeció la revelación deslumbrante de que
la loca carrera entre sus males y sus sueños llegaba en aquel instante a la
meta final. El resto eran las tinieblas. "Carajos —suspiró—. ¡Cómo voy
a salir de este laberinto!"».

Procuraba mantenerse alejado de la política, pero de vez en cuando
Cambio volvía a arrastrarlo hacia ese terreno. En su ausencia, la revista había virado de manera notoria hacia la derecha; aunque también lo había
hecho él, podrían haber replicado los periodistas jóvenes. Chávez iba ganando terreno como líder populista del tercer mundo, pero García Márquez me comentó: «Es imposible hablar con él». Evidentemente Castro
no coincidía con él, puesto que Chávez y él se reunían y hablaban con
frecuencia. Cuando le llamé la atención sobre este punto, me dijo: «Fidel
está tratando de controlar sus excesos». A finales de 2002 Chávez dijo
que García Márquez nunca había vuelto a ponerse en contacto con él
desde el encuentro que mantuvieron a principios de 1999, muy a su pesar. Puesto que Chávez no distaba tanto del panameño Omar Torrijos
—salvo porque Chávez era mucho más poderoso, pues tenía petróleo
y había sido elegido democráticamente—, es posible que, más allá de
cuestiones personales (entre ellas la amistad con Carlos Andrés Pérez y

Teodoro Petkoff), García Márquez lo considerase demasiado imprevisible y peligroso para la nueva era y la diplomacia entre bambalinas a la que él mismo se había consagrado en la última década.

Buena muestra de sus logros fue la noticia, en noviembre de 2000, de que el industrial mexicano Lorenzo Zambrano, de Monterrey, el magnate del cemento en su país (CEMEX), pensaba donar cien mil dólares para dotar los premios de los concursos que organizaba la Fundación de Nuevo Periodismo Iberoamericano en Cartagena.[22] Semanas después se anunciaba que el gigante mediático Televisa trabajaría con *Cambio* para producir una edición mexicana dirigida por Roberto Pombo. Éste era ahora el mundo de García Márquez. La toma de posesión de Vicente Fox, el nuevo presidente conservador de México, coincidió con una reunión del Foro Iberoamérica, que en esta ocasión no sólo involucraba una vez más a García Márquez y Carlos Fuentes, en calidad de intelectuales residentes, sino también a Felipe González, ex presidente español, Jesús de Polanco, director de *El País*, la banquera internacional Ana Botín, Carlos Slim, el hombre más rico de México y destinado a convertirse por un tiempo en el hombre más rico del planeta a mediados de 2007, además de amigo personal de García Márquez, y Julio Mario Santo Domingo, el hombre más rico de Colombia y también amigo de García Márquez, actual dueño de *El Espectador* que solía hacer donaciones generosas a la fundación de Cartagena. Sin embargo, no estaba claro si era de recibo que García Márquez, que presidía una fundación dedicada al periodismo independiente, se codeara con capitalistas monopolizadores que casualmente eran propietarios, entre otros bienes, de grandes periódicos y cadenas de televisión, y es un asunto que él mismo no ha tratado nunca públicamente. Por lo general, ahora rehusaba hacer cualquier tipo de declaración a la prensa, pero comentó que no acertaba a entender lo que pintaban en aquel foro él o cualquiera de los presentes, ¡hasta que escuchó el excelente discurso de Carlos Fuentes acerca de la importancia de la interrelación entre el mundo de los negocios y el mundo de las ideas! En cuanto a México, no tenía ni la más ligera idea de lo que estaba ocurriendo. Siguió entreteniendo a los periodistas al declarar que ahora no era más que «el marido de Mercedes», lo que algunos interpretaron como un reconocimiento de su dependencia de ella y de su gratitud por cómo lo había apoyado en sus recientes trances, que todavía dejaban ver sus secuelas.[23] Había recuperado la mayor parte del pelo y quince de los veinte kilos que había perdido, aunque los observadores murmuraban que no había recobrado la agudeza de su ingenio y sus plenas capacidades de expresión. Tal vez la quimioterapia había acelerado el proceso de pérdida de memoria del que se quejaba desde hacía unos años.

Se hallaba a gusto fuera de Colombia. Su antiguo amigo Guillermo Angulo había sido secuestrado por las FARC de camino a su casa de campo, en las afueras de Bogotá. Angulo, un hombre septuagenario, sería liberado meses después; me dijo que estaba convencido de que García Márquez tuvo algo que ver con su puesta en libertad, que era un hecho excepcional: la mayoría de los rehenes de las FARC pasaban años enteros en cautividad, como en el caso de la candidata presidencial Íngrid Betancourt.[24] Hacia finales de 2000 corría la opinión generalizada de que Andrés Pastrana había sido tal vez el presidente colombiano menos convincente desde 1948. Cuando en febrero de 2001 hombres de la talla de Eric Hobsbawm, Ernesto Sábato y Enrique Santos Calderón dirigieron una carta abierta a Pastrana y a George W. Bush en la que pedían que cualquier actividad conjunta de ambos países llevada a cabo en Colombia contara con la implicación de Naciones Unidas y la Unión Europea, también estaba la firma de García Márquez.[25] Una vez más dejaba clara su oposición al «Plan Colombia»; esto significaba que quemaba sus naves no sólo con Pastrana sino también con Gaviria, que había respaldado el proyecto.

En marzo, el subcomandante Marcos condujo a sus guerrilleros zapatistas desarmados hasta Ciudad de México, tal y como llevaba largo tiempo prometiendo. García Márquez, con ayuda de Roberto Pombo, escapó fugazmente de su retiro y llevó a cabo una entrevista para *Cambio*. Los zapatistas, que se habían granjeado la simpatía y el apoyo de la izquierda en todo el mundo, con muchos peregrinajes políticos hasta Chiapas por parte de intelectuales y figuras de las artes, no eran la clase de organización a la que García Márquez dedicase su tiempo a estas alturas de la vida. De hecho, su silencio ante los padecimientos de la gente corriente, con especial atención a los campesinos desplazados de Colombia, atrapados en un mundo de pesadilla entre las guerrillas, los paramilitares, los terratenientes, la policía y el ejército, es algo que no puede por menos que desconcertar a cualquiera que haya seguido sus actividades desde 1980. Sin embargo, no era éste un hombre que hiciera declaraciones políticas para complacer a la multitud y para tranquilizar su conciencia: siempre había sido una persona sumamente política y práctica que hacía lo que consideraba necesario, y no —en contra de lo que afirmaban sus críticos— lo que pensaba que iba a granjearle popularidad.

Mientras García Márquez combatía el cáncer, su hermano más joven, Eligio, había librado también sus propias batallas. Al igual que Gabito, estaba volcando todos sus esfuerzos en terminar un libro, *Tras las claves de Melquíades: historia de «Cien años de soledad»*, en el tiempo que le dejara el tumor cerebral terminal que padecía. No logró acabar el libro como hubiera deseado, pero su familia, sus amigos y él mismo decidieron que debía aparecer antes de que muriera. Cuando se publicó, en mayo, Eligio estaba confinado a una silla de ruedas y apenas podía hablar. Era el último de los Buendía, y moriría poco después de descifrar el documento ancestral de la familia, tal y como se había predicho con precisión asombrosa en *Cien años de soledad* (Cuqui había sido el primero de los hermanos en fallecer, en octubre de 1998). Gabito no logró reunir fuerzas para viajar al funeral de Eligio, a finales de junio.

El 11 de septiembre, las torres gemelas del World Trade Center de Nueva York cayeron derribadas por aviones civiles pilotados por yihadistas de Al Qaeda y la política mundial dio un giro radical que aceleró el camino hacia la guerra que George W. Bush ya parecía decidido a emprender, aunque éste no era en modo alguno el guión que había previsto. García Márquez había ido poco antes a Cuba a ver a Fidel Castro, de cuya salud se rumoreaba que pasaba por horas bajas. Dos semanas después del horror de Nueva York, y tres semanas después de la liberación de Guillermo Angulo, el 24 de septiembre de 2001 Consuelo Araujonoguera, antigua ministra de Cultura colombiana y esposa del procurador general de la república, fue secuestrada por guerrilleros de las FARC cerca de Valledupar; seis días después, el 30 de septiembre, fue hallada muerta, al parecer tras ser alcanzada por el fuego cruzado. Conocida en todo el país como «la Cacica», era la principal promotora de Valledupar y su festival de vallenato, y contaba entre sus amigos a García Márquez, Álvaro Cepeda, Rafael Escalona (era también su biógrafa), Daniel Samper (hasta que se enemistaron por el *biopic* sobre Escalona que él escribió para televisión) y Alfonso López Michelsen. Bill Clinton la había conocido y escribiría sobre ella en sus memorias. Era una de las últimas personas que nadie hubiera imaginado muerta de aquel modo por obra de quienes se reivindicaban defensores del pueblo colombiano y su cultura.

En enero de 2002 empezaba a quedar claro que García Márquez iba a conseguirlo una vez más. Poco a poco volvía a la vida pública. Quienes lo frecuentaban advertían que estaba algo más dubitativo, en ocasiones confuso y falto de memoria, pero con buen aspecto. Para un hombre de su edad —pronto cumpliría setenta y cinco años— y con sus continuos compromisos —seguía colaborando con *Cambio* y con su fundación dedicada al periodismo—, era una recuperación notable que daba cuenta nuevamente de su extraordinaria vitalidad. Dicho esto, el retraso de sus memorias apuntaba a que no trabajaba ya con la misma eficacia de antaño. Le había enviado a Mutis una primera versión a finales de julio de 2001, pero algo había demorado el progreso y finalmente recurrió a su hijo y al escritor colombiano William Ospina para contrastar datos y que lo ayudaran a rellenar las lagunas de su memoria. Estaba dando los retoques finales al libro cuando en Cartagena murió su madre, Luisa Santiaga Márquez Iguarán, a la edad de noventa y seis años. Había sobrevivido a su marido y a dos de sus hijos. Una vez más, Gabito no asistió al funeral.[26]

El 7 de agosto, Álvaro Uribe Vélez, un liberal renegado, tomó posesión del cargo de presidente de Colombia tras dedicar su campaña a la lucha contra la guerrilla. Los guerrilleros de las FARC —los presuntos asesinos de su padre— le lanzaron misiles durante la ceremonia de investidura. Horacio Serpa, el candidato liberal y leal servidor de Ernesto Samper, había perdido en las urnas una vez más. El país se alegró de la marcha de Pastrana, aunque parecía estar asumiendo un gran riesgo con Uribe. Era un terrateniente de Antioquia de quien se rumoreaba que mantenía vínculos con las fuerzas paramilitares. Sin embargo, gobernaría con una energía extraordinaria, casi febril, y un estilo a un tiempo populista y autoritario que mantendría sus niveles de popularidad casi inquietantemente altos. Su elección hacía que —en la era de Chávez, Lula en Brasil, Morales en Bolivia, Lagos y Bachelet en Chile, Correa en Ecuador, y los Kirchner en Argentina— Colombia fuera el único país que mantenía un gobierno conservador relevante en Sudamérica, si bien los colombianos estaban acostumbrados a andar desacompasados. Uribe se convertiría en un aliado próximo de George W. Bush y le prestaría su apoyo.

Se acercaba al fin el momento de la publicación de las memorias, que abarcaban el período desde el nacimiento de García Márquez hasta 1955. En el último momento «Vivir para contarlo» (es decir, vivir para contar el acto mismo de vivir) fue cambiado por «Vivir para contarla» (o sea, vivir para contar la vida, la contemplación de la existencia).[27] Por supuesto, el título encerraba además otra lectura: estas memorias habían sido demoradas por un drama, el de la lucha de García Márquez contra la muerte, contra el cáncer, y su victoria heroica. Todo el mundo, sobre todo sus lectores, lo tenían presente.

Había estado hablando de sus memorias desde que publicara su colosal novela sobre Macondo. Eso debería haber servido para que sus lectores se hicieran una idea de la motivación más profunda que lo alentaba como escritor. Volver al pasado era lo que siempre había deseado, al igual que siempre había querido escribir sobre sí mismo. Narciso anhelaba recuperar su rostro original; pero incluso su rostro, perdido en el tiempo, en todas las épocas, cambiaba de continuo y nunca era el mismo; así que aun cuando hubiera hallado aquel rostro original —eterno, misterioso—, le habría parecido distinto en cada aparición. Sin embargo, eso era lo que deseaba. Quien en 1967 lo oyera hablar de sus memorias debió de pensar que aquel hombre no había vivido lo suficiente; pero Narciso siempre ha vivido bastante para querer comprobar que su rostro sigue siendo el mismo. Y puesto que nunca tuvo a su madre para alabar su hermosura, estaba condenado a buscarla siempre, a encontrarla, a volver con ella al pasado. Por esa razón el libro empezaría con la búsqueda de Luisa Santiaga de su hijo perdido en Barranquilla en 1950, trayendo recuerdos dolorosos de otro viaje que ella misma había hecho dieciséis años antes:

> Mi madre me pidió que la acompañara a vender la casa ... Llegó a las doce en punto. Se abrió paso con su andar ligero por entre las mesas de libros en exhibición, se me plantó enfrente, mirándome a los ojos con la sonrisa pícara de sus días mejores, y antes de que yo pudiera reaccionar, me dijo:
> —Soy tu madre.

Así pues, a la edad de setenta y cinco años, Gabriel García Márquez da comienzo a la historia de su vida con una escena en la que, una vez más, su madre teme que no la reconozca y le aclara quién es. Aquel reencuentro, según aseguraría él mismo —es el motivo central de las memorias— tuvo lugar «el día en que nací de verdad, el día en que decidí ser escritor».[28] Fue el día en que recuperó a su madre. Y con ella volvió al hogar. De vuelta al lugar donde empezó todo.

A propósito de sus memorias había hecho una declaración sorprendente ya en 1981: «Concluye García Márquez hablando de sus memorias, que espera escribir próximamente y que serán en realidad "falsas memorias", porque no contará lo que fue su vida, ni lo que hubiera podido ser, sino lo que él mismo cree que fue su vida».[29] Veintiún años después diría exactamente lo mismo. ¿Qué podía significar aquello? Bien, ahora lo aclaraba con un epígrafe: «La vida no es la que uno vivió, sino la que uno recuerda y cómo la recuerda para contarla».

Vivir para contarla resultó ser su libro más extenso. Al igual que todos los demás, está dividido —aunque con menos nitidez que de costumbre— en dos mitades, pero la prueba estructural de los graves problemas que había tenido para culminar la tarea es que cada una de las dos mitades concluye con el episodio menos interesante de todos —para él y, por desgracia, también para nosotros—, en relación con la tierra de los cachacos: en primer lugar, el apartado dedicado a Zipaquirá, entre 1943 y 1946, y en segundo lugar, el dedicado a Bogotá y *El Espectador*, entre 1954 y 1955.

Aunque buena parte de la obra posee una calidad extraordinaria, debe admitirse que la escritura se utiliza como una forma de cumplir los propios deseos: oculta cualquier atisbo de dolor, lo cual es asombroso teniendo en cuenta el arranque de las memorias. De vez en cuando hay pullas e indirectas sobre su padre, simplemente por el tipo de personaje que «es», y no porque el propio Gabito sienta hostilidad de ninguna clase hacia él ni albergue sentimientos edípicos o no se haya desprendido aún de cómo se ve el mundo desde el lado de la familia Márquez Iguarán. En general, el libro prolonga el sentido de la reconciliación —de que al fin se han hecho las paces— que se inició con *El amor en los tiempos del cólera*. Su autor se ha esmerado en mandar un pequeño cumplido —generalmente un párrafo, a veces una sola línea— a todos sus amigos, así como a sus esposas o viudas. No se revelan verdaderas intimidades ni se hacen auténticas confesiones. El libro contiene su vida pública y su vida «falsa», inventada, pero no abunda mucho en su vida «privada», y apenas aparecen aspectos de su vida «secreta».

El tema central es el narrador que se convierte en escritor, gracias tanto a una vocación creciente e irrefrenable como a una experiencia vital inusual y privilegiada. (Y no trata, por ejemplo, del narrador que se convierte en escritor al mismo tiempo que nutre una conciencia política sofisticada y profunda que informará y dará forma a lo que llegue a escribir.) La ironía, que él parece no advertir (para cuando acaba este libro carece ya de la fina perspicacia que solía caracterizarlo), es que el libro —y su vida— están moldeados y determinados por el período anterior a que tomara conciencia de la vocación, y desde luego, en sentido estricto, por el período anterior a que supiese siquiera leer y escribir. Acaso García Márquez no se halle a gusto en el género autobiográfico. Como escritor es extrovertido, tan explicativo como fabulador. Sin embargo, en lo tocante a su propia vida, cierto mecanismo psíquico lo mueve a ocultar más que a mostrar. Por añadidura, en unas memorias puede resultar nefasto afirmar que uno sabe lo que no sabe —de lo que se deriva buena parte del humor de *Cien años de soledad*, sin ir más lejos—, o reivindicar hechos contradictorios. Parecido efecto crean los sellos característicos del estilo de García Márquez —la hipérbole, la antítesis, la sentenciosidad, la transposición—, harto más problemáticos en una obra autobiográfica. A fin de cuentas, debemos hacer frente a la ironía de un García Márquez que se expuso completamente en la poco menos que impenetrable *El otoño del patriarca* y que ahora se oculta casi por completo en las memorias, en apariencia transparentes, de *Vivir para contarla*.

Sin duda es obvio, por poco que se tome en consideración, que a García Márquez le obsesionaban sus memorias no tanto por su presunta vanidad, sino porque el mejor modo de combatir su fama y su angustia era dar a conocer su historia, ofrecer una versión propia de su vida y su personalidad. A pesar de la promesa de las primeras páginas, ésta no era una obra confesional.

El 8 de octubre de 2002 se publicó *Vivir para contarla* en Ciudad de México, anunciada a bombo y platillo y con unas ventas anticipadas asombrosas. El mago había vuelto. Y esta vez, verdaderamente, de entre los muertos.

García Márquez era, se mirara por donde se mirara, un gran superviviente. No sólo había resistido a los tratamientos oncológicos física y mentalmente: había completado el primer volumen de sus memorias —en efecto, había vivido para contarla— y había dejado una imagen de sí mismo que lo satisfacía personalmente y que, como bien sabía, también perduraría. El bebé con una galleta en la mano que aparece en la cubierta era ahora un hombre de setenta y cinco años con una intensa vida a sus espaldas. Le había llevado todos aquellos años recorrer el laberinto que todos debemos andar, hecho en parte del mundo y en parte de nuestra percepción de éste. García Márquez, al volver la vista atrás, llegó a la conclusión de que había nacido para inventar historias y que había vivido, por encima de todo, para relatar su existencia tal y como la había experimentado. El niño inquieto en busca de su madre que había decidido plasmar para siempre en esa cubierta, había aguardado todos aquellos años para contarle al mundo la historia de cómo en realidad la había vuelto a encontrar, la había recuperado para siempre, y cómo a partir de entonces, renacido en la piel del escritor, había iniciado el camino que lo convertiría en un visionario que hechizaría al mundo. Vino al caso, trágicamente, que en el mismo momento en que él acometía el último impulso para acabar el trabajo ella hubiera perdido la memoria, y que en el momento en que él daba los retoques finales a un libro que era tan suyo como de él, ella abandonara la vida que su hijo relataba.

La primera parte de las memorias, en la que fue su madre quien lo encontró (no a la inversa), le dijo quién era y lo llevó de regreso a la casa donde nació, la casa que ella había abandonado mientras su hijo pasaba de ser un recién nacido a un muchacho, es realmente una pieza antológica, un exponente de la creación autobiográfica desde cualquier punto de vista, una historia contada por un gran escritor clásico de la literatura moderna. Era ésta la historia que verdaderamente deseaba contar; todas las demás palidecen en comparación con los vivos colores de aquel viaje y las pasiones que inspiraron su relato. El resto del libro era un placer de lectura, García Márquez hablando directamente, al fin, acerca de su notable vida y sus etapas, pero nada en las casi seiscientas páginas igualaría el triunfo deslumbrante de las cincuenta primeras. Como es lógico, por otra parte, de todos sus libros era el que más probabilidades tenía de decepcionar las expectativas de sus lectores. Sin embargo, una vez el público tomó conciencia de que las autobiografías —incluso las de los hechiceros literarios— rara vez encierran la misma magia que las novelas, a la mayoría le pareció una lectura satisfactoria y agradable, un libro por el que volverían a pasar, aun cuando la experiencia de leerlo fuera similar a la sensación de un baño cálido, placentero, que aliviaba los duros golpes y las magulladuras de la vida mientras se enfriaba, ay, demasiado pronto.

En tres semanas se habían comprado la friolera de un millón de libros sólo en América Latina. Ninguna de sus obras anteriores se había vendido más rápido. El 4 de noviembre García Márquez le llevó un ejemplar al presidente Fox, al palacio de Los Pinos de Ciudad de México. Chávez, en Venezuela, se había hecho con uno y mandó la enhorabuena, agitándolo ante las cámaras durante su programa televisivo semanal y apremiando a todos los venezolanos a que lo leyeran. El día 18 del mismo mes, los reyes de España aterrizaron en Ciudad de México en visita oficial; naturalmente, hallaron tiempo para García Márquez. Es de suponer que los obsequió con un ejemplar.

En diciembre viajó una vez más al Festival de Cine de La Habana, y vio a Fidel, a Birri y al resto de sus amigos. Cuando en enero volvió del festival concedió la que resultó ser su última entrevista cara a cara, que no fue una charla sentados al uso sino un improvisado paseo por su casa de Ciudad de México, por el jardín y por el estudio en compañía de un fotógrafo norteamericano, Caleb Bach. Su secretaria, Mónica Alonso Garay, estaba cerca y atenta. Dijo que su jefe tenía una memoria prodigiosa, pero fue de notar que a menudo ella intervenía para responder por él algunas preguntas. Le habló a Bach acerca de la fotografía que había elegido para la cubierta de *Vivir para contarla*, de cuando era un bebé. El resultado lo complacía. Dijo que tenía un loro de veintisiete años llamado Carlitos. Y desveló —habiendo olvidado que juró que nunca lo haría— lo que su amigo psiquiatra (Luis Feduchi) le había dicho en Barcelona en los años setenta y que le hizo dejar el tabaco aquel mismo día: que con el tiempo le provocaría pérdida de memoria...[30]

En marzo de 2003, Estados Unidos y Gran Bretaña invadieron el Irak de Saddam Hussein sin la aprobación de Naciones Unidas, bajo pretexto de que había armas de destrucción masiva (del mismo modo que los invasores las tenían, resultó que Irak no) y que albergaba militantes de Al Qaeda (lo cual no era cierto, aunque lo sería después de la invasión). Algunos decían que el 11-S había cambiado el mundo para siempre; otros argüían que la reacción de Estados Unidos al 11-S, de la cual la invasión de Irak no era más que el acto de mayor alcance, había cambiado el mundo mucho más, sólo que no del modo que habían esperado los invasores, sino como habían buscado los autores del atentado a las torres gemelas. Horror e intimidación para los iraquíes; estupefacción e incredulidad para el resto del mundo, no menos para García Márquez. La página web latinoamericana de la BBC llevaba un artículo sobre los desafíos de cubrir aquella guerra titulado «Vivir para no contarla». Estados Unidos inauguró un nuevo campo de prisioneros en la bahía cubana de Guantánamo, una zona ocupada, al igual que el canal de

Panamá, desde principios del siglo XX. Allí fueron encarcelados durante años, y posiblemente torturados, cientos de presuntos militantes de Al Qaeda arrestados en Afganistán y Pakistán sin ninguna clase de juicio, en aquella isla donde, como siempre había insistido Estados Unidos, el gobierno de Castro tenía cárceles donde se encarcelaba durante años, y posiblemente se torturaba, a sus oponentes sin ninguna clase de juicio. En la isla de Cuba, decían, no existían los derechos humanos. Jerga posmoderna. Se supo que el gobierno de Bush ahora tenía un plan oficial para invadir Cuba. En cuanto se encargaran de Corea del Norte, Irak, Irán, el «Eje del Mal»...

El 19 de julio, *El País* llevaba una fotografía del anciano escritor en Ciudad de México con un pie de foto: «García Márquez se deja ver. Cada vez es menos frecuente ver a GGM en algún acto público».[31] En las ocasiones en que aparecía, rehusaba hacer declaraciones a la prensa. Lo que *El País* quería decir en realidad, evidentemente, era: «¿Le ocurre algo a García Márquez? ¿Por qué se esconde? ¿Acaso está enfermo? ¿Por qué no habla? ¿Estará perdiendo la memoria? ¿Estará acabado?».

Entretanto, aparecían las ediciones en inglés y en francés de sus memorias. Con la misma cubierta. Las mismas fotografías de familia en la publicidad que rodeaba la obra. No cosechó el éxito del mercado hispanohablante, pero en el mundo anglosajón tuvo una acogida muy favorable, mucho mejor que en Francia. Coincidiendo con la publicación, el PEN Club de Nueva York le dedicó un homenaje especial a García Márquez el 5 de noviembre 2003. Dado que PEN protege tradicionalmente la libertad de expresión y los derechos humanos de los autores, ésta fue una decisión sorprendente a la vista de los ataques contra García Márquez, no pocos procedentes de norteamericanos, por las relaciones que había mantenido con Cuba aquel mismo año. Una de las principales organizadoras era Rose Styron, que no sólo era amiga del ex presidente Clinton —quien llevó a cabo una videopresentación—, sino que también había asistido a la legendaria cena «Camelot» que dieron el presidente Kennedy y Jackie a principios de los años sesenta.[32] Muchos de los famosos, literatos e iluminados de Nueva York asistieron al evento, y debieron de quedar enormemente decepcionados de que García Márquez no apareciera siquiera en tan sonada celebración. No se sentía del todo bien, es cierto; pero además estaba desilusionado por el rumbo que había tomado la sociedad norteamericana y la política estadounidense tanto en Colombia como en Oriente Medio durante el mandato de

George W. Bush. Para acabar de aguar la fiesta, hizo llegar un mensaje al acto de homenaje que no sólo evidenciaba falta de tacto —y de gratitud—, sino que puede considerarse además una de las declaraciones más pesimistas que jamás hayan salido de alguien tan inveteradamente optimista. No era, dijo, momento de celebraciones. A pesar de ello, en enero de 2004 *Cien años de soledad* fue uno de los libros recomendados en el programa de entrevistas de Oprah Winfrey, uno de los que cuentan con más audiencia en Estados Unidos. Saltó del puesto 3.116 en la lista de ventas al número uno.[33]

García Márquez se sentía incapaz de seguir ignorando algunos de los compromisos más perentorios que había aceptado en México, y trató de atender la mayoría de ellos, aunque siguió sin hacer declaraciones a la prensa. Se limitaba a aparecer, cual un venerable y benévolo hechicero de blancos cabellos, y a sentarse en el lugar del escenario que le correspondiera o a entregar el premio de turno. Participaba todavía en las reuniones de *Cambio* que se celebraban en México, y Roberto Pombo se ocupaba de él allí del mismo modo que hacían Carmen Balcells en España y Patricia Cepeda en Estados Unidos.

Había albergado la esperanza de recuperar energías y las ganas de nuevas aventuras. Mercedes y él habían cambiado recientemente de apartamento en París. Habían dejado el pequeño piso de la rue Stanislas y se habían comprado uno más espacioso en la rue du Bac, una de las calles más solicitadas de París, justo debajo del de Tachia. Así que ahora tenía un apartamento pegado al de ella, en una curiosa muestra de fidelidad a un amor malhadado que se había tornado en una amistad difícil e incómoda. No se presentarían muchas oportunidades de visitar el nuevo apartamento, pero su hijo Gonzalo se instaló allí con su familia durante un tiempo cuando se trasladaron de México a París en 2003. (Gonzalo deseaba volver a la pintura.)

Había dejado de lado las memorias, pero barajaba la idea de escribir una nueva novela titulada *Memoria de mis putas tristes*, que tenía en proyecto desde hacía muchos años, por lo menos un cuarto de siglo. Cuando lo vi en La Habana en 1997 era el libro al que le estaba dando vueltas, y cuando hablamos un año después, el libro estaba a todas luces bastante adelantado. Lo más probable es que se hubiera completado una primera versión mucho antes de publicar *Vivir para contarla* y que entre el otoño de 2002 y el otoño de 2004, cuando finalmente apareció, hubiera escasos cambios significativos. Concebido originalmente como un relato largo, no supera los límites de la *nouvelle*, aunque se anunció y se vendió como novela.

En octubre, mientras crecía la expectación ante la nueva obra en toda América Latina, regresó a Colombia, donde la prensa lo fotografió recorriendo las calles de Cartagena con aspecto de hallarse perdido y confuso, en compañía de Mercedes, su hermano Jaime, que ahora trabajaba para la fundación de periodismo, la mujer de Jaime, Margarita, y Jaime Abello, el director de la fundación. Muchos habían augurado que García Márquez jamás regresaría a Colombia de nuevo. Se habían equivocado. Y aun así, el venerable mago no parecía exactamente el mismo de siempre.

Cuando al fin apareció la nueva novela, la mayoría de sus lectores quedaron totalmente desconcertados. Es, en resumidas cuentas, la historia de un hombre a punto de cumplir noventa años que decide pasar una noche de sexo apasionado con una virgen adolescente y le paga a la *madame* del burdel que solía frecuentar para que se encargue de todo. Aunque no desflora a la muchacha, se obsesiona con ella, se va enamorando poco a poco y decide dejarle todos sus bienes. El hombre se presenta como un ser completamente mediocre, un periodista soltero que no ha hecho en toda su vida nada digno de interés, hasta que, a los noventa años, encuentra el amor por primera vez. Sorprendentemente es la única novela de García Márquez ambientada en Barranquilla, aunque la ciudad no se nombra.

Parece probable que en lugar de una imagen, la fuente de inspiración habitual de las novelas de este autor, ésta naciera de su impactante título, que se grabó en la conciencia de García Márquez y quedó allí impreso durante años a la espera de la oportunidad de convertirlo en una novela. Se trata, no obstante, de un título problemático. En primer lugar, obviamente, resulta chocante (y es de imaginar que lo sea a propósito). «Puta», aunque más literario que «prostituta», es también un término menos neutro y con una mayor carga peyorativa. Algunas cadenas de radio y televisión colombianas se negaron a que sus presentadores utilizaran la palabra. En segundo lugar, el título no guarda una relación precisa con el contenido del libro: la propia novela insiste en que nos hallamos ante una «historia de amor», y la única «puta» con la que el narrador mantiene algún tipo de relación sexual es la muchacha de catorce años con la que se obsesiona, y que al parecer carece de toda experiencia sexual, remunerada o no. Tampoco está «triste», por lo que alcanza a adivinarse (ni siquiera, ya que nos ponemos, está despierta en ningún momento). El título se entiende mejor si se interpreta como un verso representativo del recurso poético denominado «hipérbaton» (la alteración del orden lógico de la sintaxis en busca de un efecto conceptual), cuyo máximo exponente fue el poeta español del Siglo de Oro Luis de Góngora (1561-1627). Si el verso fuera suyo, el lector avisado lo desconstruiría, forzando la concordancia, como «Mi triste memoria de las putas», o más libérrimamente, «Triste, recuerdo las putas». No es que esto resuelva el problema del plural: las únicas dos putas en el cuerpo central de la novela son Delgadina, la muchacha ya mencionada, y Rosa Cabarcas, la *madame* (a menos que, y esto sería sumamente significativo, como veremos, que el título incluya también una breve alusión en el relato a una antigua prostituta llamada Clotilde Armenta y, más concretamente, la referencia de dos líneas a otra *madame*, Castorina, al final del libro). Un García Márquez en plena forma habría resuelto la perplejidad del lector (en este caso no genérico, pues se trata de un libro probablemente dirigido al público masculino): sentirá que lo ha engatusado un título que sugería un libro completamente subido de tono. Aunque a muchos lectores acaso se lo parezca ya suficientemente.

García Márquez siempre reconoció que la novela fue inspirada por *La casa de las bellas durmientes*, de Yasunari Kawabata, que trata sobre un establecimiento donde los hombres de edad avanzada yacen junto a prostitutas drogadas a las que no pueden siquiera tocar[34] (el epígrafe mismo pertenece a esa novela). Sin embargo, el reconocimiento de esa fuente tal vez pretenda velar el hecho de que las relaciones sexuales entre hombres maduros y adolescentes inexpertas son un motivo recurrente en la obra de García Márquez.

En este sentido, aquí se dan cita dos fenómenos sociales que por lo general coinciden pero que son distintos desde un punto de vista analítico. El primero es la atracción que sienten los hombres por la mujer como «niña», la adolescente que apenas tiene edad —o incluso no la tiene, como es el caso de Remedios en *Cien años de soledad*, por ejemplo— de mantener relaciones sexuales (por lo general, el personaje de don Juan, más convencional, prefiere seducir a mujeres mayores, sobre todo aquellas que, casadas o prometidas, pertenecen a otros hombres). La segunda es la obsesión con la virginidad. En *Crónica de una muerte anunciada*, la virginidad, o la honra y la vergüenza asociadas a ella, ocupan el centro de la novela; sin embargo, la protagonista femenina, Ángela Vicario, ha cruzado ya el umbral de la adolescencia. En *El amor en los tiempos del cóle-*

ra, en cambio, Florentino Ariza, un hombre ya septuagenario que se las arregla para conservar el cariño de la mayoría de los lectores, mantiene trato carnal con su sobrina y pupila, América Vicuña (las mismas iniciales de Ángela Vicario), aunque —para ser justos con él— mantiene relaciones sexuales con toda clase de mujer que alcancemos a imaginar.

La presentación más célebre de este motivo en la historia de la literatura es la *Lolita* de Nabokov, una obra controvertida donde las haya. Sin embargo, ¿por qué este tema es tan frecuente en la literatura latinoamericana? (y esto no quiere decir que la obsesión con las colegialas sea patrimonio exclusivo de los hombres de América Latina). A menudo se utiliza en la ficción latinoamericana como símbolo del descubrimiento y la conquista del continente mismo, como una toma de posesión de lo desconocido y lo inexplorado, un deseo de novedad, de todo lo que no no se ha explotado ni desarrollado todavía. Sin embargo, difícilmente puede explicar esto el vigor aparente del impulso en los propios hombres latinoamericanos, más allá de cualquier fantasía literaria. Una posibilidad es que, aunque las mujeres jóvenes siempre hayan sido seducidas, violadas y compradas por hombres de más edad, riqueza y poder que ellas en todas las culturas, los muchachos adolescentes en América Latina suelen vivir su primera experiencia sexual con una mujer mayor, normalmente una sirvienta o una prostituta, y que muchos de ellos ya no podrán dejar de añorar una primera vez con una muchacha inocente e inexperta cuando ellos todavía eran inocentes e inexpertos. Tradicionalmente, Romeo y Julieta no ha sido un motivo común en la literatura latinoamericana, y desde luego tampoco en la propia sociedad.[35]

García Márquez decidió quién iba a ser su esposa cuando ésta tenía nueve años (u once, o trece, la edad varía). Es evidente que le produce cierto placer irónico, o incluso perverso, el mero hecho de recalcar que Mercedes tenía sólo nueve años (al igual que a ella misma, por cierto). Pero tal vez el instinto genuino no tuviera nada que ver con la ironía ni la perversidad; tal vez deseaba reservarla para sí de antemano, mantenerla, pura e inmaculada, toda para él y para siempre (claro que Dante se sintió feliz al dejar a Beatriz intacta incluso por él).

García Márquez me habló por primera vez de esta novela cuando tenía setenta años. Pero María Jimena Duzán —una amiga de García Márquez que se inició en el periodismo en la adolescencia— recuerda que le comentó el proyecto en París cuando García Márquez tenía cincuenta años.[36] Cuando apareció el libro, estaba a punto de cumplir ochenta años. Y su protagonista, noventa. Caso prácticamente único en la literatura moderna, este extraordinario novelista escribía sobre la senectud desde que era muy joven. Y cuanto más entrado en años, más había escrito acerca de los atractivos de mujeres jovencísimas. Quizá no sorprenda que un muchacho para quienes sus abuelos fueron tan importantes se obsesionara con los contrastes de la juventud y la vejez (el mismo material del que están hechos los cuentos de hadas). Llama la atención, en cambio, la discordancia entre la cubierta de *Vivir para contarla*, con la fotografía en sepia de García Márquez con un año que apareció en las ediciones de todo el mundo, y la edición española de *Memoria de mis putas tristes*, con la fotografía de un anciano vestido de blanco de pies a cabeza marchándose con un andar cansino, probablemente de un escenario, para adentrarse tal vez en lo desconocido: como si volviera la espalda a la vida por última vez (a pesar de que la novela desafía esa interpretación). Resulta inevitable no pensar en los muchos coroneles retirados que aparecen en la obra de ficción de García Márquez a lo largo de los años; no obstante, la imagen guarda un inquietante parecido con el propio García Márquez —más delgado, el cabello raleante, sus facultades en declive— que se había dedicado a revisar aquella novela antes de que fuera distribuida a la prensa. No sabemos si alguien planeó deliberadamente este contraste.

Puesto que la novela está escrita en primera persona, posee una impenetrabilidad interesante y bastante atípica de la mayoría de las novelas de García Márquez. En este caso, la ironía —la distancia entre el narrador y el personaje— no nos impele hacia una crítica, ni siquiera hacia una interpretación fidedigna, del protagonista. Cuando el narrador —llamémosle por su apodo, Mustio Collado, puesto que nunca conocemos su verdadero nombre— escribe en la primera página que para celebrar sus noventa años decidió concederse una noche de amor desenfrenado con una virgen adolescente, nos embarga el desconcierto de no saber cómo debemos reaccionar. Cuando habla de su moralidad y de la pureza de sus principios, no sabemos si juzgarlo desde la posición en que nos hallamos o si empezar a aceptar que en la sociedad en la que vive (Barranquilla en los años cincuenta) no habría necesariamente una contradicción para que un periodista de clase media como él hablara de este modo.

Collado no ha mantenido jamás una relación sexual sin pagar por ella. No le agradan las complicaciones ni los compromisos. La muchacha que le procuran tiene sólo catorce años, setenta y seis menos que él. Es de cla-

se baja, huérfana de padre, y su madre está impedida; está claro que no
tiene hermanos mayores; es de tez muy oscura, tiene un marcado acento
de clase baja y trabaja en una fábrica textil. Collado desea pensar en ella
como una amante de fantasía, una muñeca viva, aunque inconsciente. La
llamará Delgadina —con ecos un tanto grotescos, puesto que la balada española con ese nombre trata acerca de un rey perverso y despiadado que
desea violar a su propia hija indefensa—, aunque Collado no advierte la
ironía. Una mañana la muchacha le deja un mensaje en una tarjeta junto
a un oso de peluche: «Para el papá feo».[37] No quiere saber el verdadero
nombre de la muchacha (menos aún conocer su verdadera personalidad).

Finalmente, tras una serie de melodramas desencadenados sólo por las
necesidades y las fantasías del anciano, decide que ama realmente a la muchacha y le lega todas sus posesiones en su testamento. No muere al cumplir noventa y un años, como ha llegado a temer, y a la mañana siguiente
sale pletórico a la calle, confiado en que vivirá hasta los cien (lógicamen-
te, el lector piensa que lo mejor para la niña sería que se muriera enseguida). «Era por fin la vida real, con mi corazón a salvo, y condenado a morir de buen amor en la agonía feliz de cualquier día después de mis cien
años.» Son los jóvenes los que mueren por amor en las obras de García
Márquez; a los viejos, el amor los mantiene vivos.

De hecho hay otras dos lecturas posibles que aún no han sido men-
cionadas por los críticos. En primer lugar, que el anciano antiguamente
invulnerable, explotador e inhumano, se torna ahora vulnerable por el
«amor» y cae en el engaño, con el conocimiento de la muchacha o sin él,
de la *madame* de sonrisa «maligna», Cabarcas, que ha hecho de la empobrecida Delgadina una puta; y que sigue engañándolo entre el final de la
acción de la novela (lo más probable, ahora, con conocimiento de la chica) y su escritura. La novela nunca aborda el hecho de que hasta el último
detalle que el protagonista conoce sobre Delgadina (aparte de los frutos de
sus toqueteos pornográficos y fantasías pedófilas) proviene de la mediación de la regenta del burdel, que puede haberse inventado a la muchacha
y el amor que supuestamente siente por su cliente con la misma habilidad
de un escritor de novelas rosas o de películas de Hollywood, ofreciéndole a su público —Collado— exactamente lo que desea. Y, por supuesto, Collado rechaza todos los detalles reales que rodean a la muchacha; lisa y llanamente, con toda rotundidad, no quiere saber. Si lo que
se pretende es que esta trama secundaria sea la trama primaria —o
correctiva—, entonces la novela adquiere una dimensión de autocrítica

que resulta sumamente interesante. Lo menos que puede decirse es que convierte al viejo estúpido en objeto de desprecio (que no de compasión), sin duda desde la posición del lector, y posiblemente también desde la del autor.

La otra lectura (no necesariamente excluyente de la anterior) es que la personalidad de Collado está llena de secuelas. A los once años, una mujer, también prostituta, lo inicia en el sexo contra su voluntad, en el mismo edificio —en la ficción— donde trabaja el padre del muchacho (que resulta ser el edificio —en la realidad— donde García Márquez cohabitó con prostitutas cuando trabajaba para *El Heraldo*: el «Rascacielos»). La experiencia al principio traumatiza al chico, y luego lo convierte en un adicto al sexo. Puesto que al parecer fue Gabriel Eligio quien organizó una experiencia similar, y con semejantes consecuencias traumáticas, para Gabito cuando rondaba esa edad, y dado que García Márquez ha optado por situar este episodio —¿aclaratorio, exculpatorio?— cerca del final del libro, es posible que con ello pretenda ofrecer una explicación de la incapacidad del anciano para amar o intimar, de su obsesión con las prostitutas, y de su deseo pedófilo por esa joven virgen con quien tal vez habría deseado compartir su primera experiencia sexual si de algún modo el tiempo pudiera retroceder y devolverlo a su adolescencia. Si éste fuera el caso, inevitablemente induciría al lector a preguntarse si debe aplicarse ese mismo análisis *a posteriori* a fantasías de signo parecido en todas las novelas anteriores de este autor; en cuyo caso, ésta, narrada por un protagonista que ahora se ve «por fin a salvo de una servidumbre que me mantenía subyugado desde mis trece años»,[38] sería una obra tan exhibicionista, autocrítica e implacable como lo fuera *El otoño del patriarca*, escrita treinta años antes. También sugeriría que el García Márquez que conscientemente perdonó a su padre al escribir *Vivir para contarla*, seguía culpándolo, acaso en su subconsciente (aunque tal vez no), por los traumas de infancia cuyos efectos se prolongaron a la edad adulta. En resumen, del mismo modo que en las memorias, que escribió con setenta y cinco años, volvía a la idea de que Luisa Santiaga, que lo había abandonado al poco de nacer, temía que no la reconociera, en *Memoria*, escrita a los setenta y siete años, vuelve a la idea de que el padre que apartó a su madre de él pervirtió después su ser sexual cuando apenas había traspasado el umbral de la adolescencia.

Memoria posiblemente sea la novela menos lograda de García Márquez. Sin embargo, al igual que en todas las demás, el resplandor de la

imaginación, y en ocasiones del sentido poético, logra deslumbrarnos
como si atravesara una pantalla cinematográfica incluso a través de la relativa monotonía y la banalidad de esta narración. Teniendo en cuenta
la talla de este escritor, se trata de un libro flojo, por momentos incluso
penoso; en suma, inacabado. No obstante, dada la hondura de su visión
subyacente del mundo, dado su potencial, que permite a cada lector
completar la historia del modo en que desee, posee tantos niveles de
ambigüedad, ambivalencia y complejidad como cualquiera de las otras
—más que *Del amor y otros demonios*, por ejemplo, y más incluso que
Crónica de una muerte anunciada—, pues este libro mantiene un coqueteo
manifiesto e irreductible con la fantasía y una dimensión moral convencional de la que las otras deliberadamente carecen. Es un cuento de hadas, aunque desconcertante y morboso.

Podría decirse que, en un sentido, el final de la novela lleva a García
Márquez al término de su viaje literario y filosófico a través de la vida.
Cuando con más de sesenta años tomó verdadera conciencia de que iba
a morir, decidió hacerlo todo aprisa, «sin errar un golpe». Cuando contrajo el linfoma, ya septuagenario, la compulsión fue aún más fuerte, pero
no tuvo más remedio que priorizar: puesto que el objetivo más urgente
pasó a ser, no del todo irónicamente, la escritura de sus memorias, *Vivir
para contarla*, renunció al resto de sus actividades por un tiempo y acabó
ese libro. Para entonces ya se había evidenciado que su memoria se de-
bilitaba con alarmante rapidez, de modo que hizo lo contrario, decidiendo que tras completar la autobiografía debía tomarse las cosas como vinieran. Al narrador de *Memoria de mis putas tristes* no lo apremia prisa de
ninguna clase al final —sólo nos apresuramos hacia la muerte—, pero
está decidido a vivir todo el tiempo posible y a aceptar cada día tal cual
venga. Aunque también él ha vivido para contarlo. Lo conmovedor, o lo
paradójico, es que García Márquez sólo adquirió esta sabiduría paciente
—si de sabiduría se trata— cuando la realidad física ya no le concedía
ninguna otra alternativa.

John Updike, en una reseña del libro que apareció en *The New Yorker* en 2005, rescataba las posibles motivaciones de la obra con su habitual ingenio y elocuencia:

> El instinto de erigir un monumento en memoria de los amores que
> uno vive no es patrimonio exclusivo de los vividores nonagenarios; en la
> ruina lenta de la vida, esa clase de memoria invierte la corriente por un ins-

tante y silencia la voz que murmura en nuestro oído de narrador: «Da igual lo que hagas, este año o en los cien años siguientes, habrás muerto para siempre». El septuagenario Gabriel García Márquez, mientras sigue vivo, ha compuesto, con su habitual gravedad sensual y su humor olímpico, una carta de amor a la luz mortecina.[39]

Se dio la coincidencia de que García Márquez tuviera dos razones de peso para volver a Cartagena en el momento en que apareció la novela. Iba a celebrarse otra reunión del Foro Iberoamérica (su contribución a la conferencia de Cartagena y a los ingresos que generaba el turismo era a estas alturas considerable). Y antes de eso los reyes de España visitarían la ciudad. Llegaron el 18 de noviembre y durante su visita el viejo pilluelo entró en cumplidos sociales con Sus Majestades y un presidente Uribe posiblemente avergonzado. Si le preguntaron sobre el libro, sin duda les explicó que estaba inspirado en la historia de una princesa española de la que su padre, el rey, había abusado sexualmente. Pero no habría sido más que una bufonada (ahora aparecían con regularidad en los periódicos fotografías del escritor sacando la lengua al objetivo de la cámara que se le ofreciera).

Parecía que ya no había más libros que escribir. Su nueva vida —el final de su vida, su retiro profesional— podía empezar. En abril de 2005, después de todos los temores y por primera vez desde que había caído enfermo, cruzó el Atlántico, volvió a España y Francia, y visitó sus apartamentos en Europa una vez más. Nuevamente, el viaje era con motivo de una reunión del Foro Iberoamérica en Barcelona, un compromiso que ahora parecía tener más peso que todos los demás. La prensa había estado celebrando con anticipación el regreso de García Márquez a España —ese año se conmemoraban los cuatrocientos años del *Quijote*—, y en particular a Barcelona, donde era el Año del Libro. Sin embargo, cuando llegó, los medios dijeron que parecía titubeante, e incluso —se daba a entender— desorientado.

Hacía tres años que no manteníamos contacto. Tras algunas dudas, finalmente viajé a Ciudad de México a hablar con él en octubre. Mercedes tenía gripe, así que fue él quien vino a mi hotel en dos ocasiones. Su aspecto había cambiado. Ya no parecía el típico superviviente del cáncer: cuando acabó *Vivir para contarla*, en 2002, aún estaba sumamente delgado y tenía el pelo todavía muy corto y escaso. Ahora parecía el de siempre; era lisa y llanamente una versión más entrada en años del

hombre que conocí entre 1990 y 1999. Sin embargo, estaba más olvi-
dadizo. Con los apuntes adecuados era capaz de recordar la mayoría de
las cosas del pasado distante —aunque no siempre los títulos de sus novelas— y entablar una conversación razonablemente normal, incluso di-
vertida. En cambio, su memoria a corto plazo era frágil, y esto lo angustiaba manifiestamente, así como la fase en la que parecía embarcado.
Después de que hubimos hablado durante un rato de su trabajo y sus
planes, declaró que no estaba seguro de si volvería a escribir. Luego, en
un tono casi lastimero, añadió: «Ya he escrito bastante, ¿no? La gente no
puede sentirse defraudada, no me pueden pedir más, ¿no crees?».

Estábamos sentados en unos sillones enormes tapizados en azul, en
el salón solitario del hotel, con vistas a la ronda de circunvalación del sur
de Ciudad de México. Fuera, el siglo XXI pasaba ante nuestros ojos a ve-
locidad vertiginosa. Ocho carriles de un tráfico que no cesaba nunca.

Me miró y dijo:

—¿Sabes? A veces me deprimo.

—¿Tú, Gabo, después de una vida como la tuya? No es posible,
¿qué razón puede haber?

Hizo un gesto hacia el mundo que se extendía más allá de la ventana (la gran vía urbana, la fuerza silenciosa de todos aquellos individuos
corrientes que se dirigían a sus quehaceres cotidianos en un mundo que
ya no le pertenecía), y luego me miró de nuevo y murmuró:

—Darme cuenta de que todo esto se acaba.[40]

Epílogo

La inmortalidad: el nuevo Cervantes

2006-2007

Sin embargo, la vida no había acabado aún con Gabriel García Márquez. Aunque pocas semanas después del último encuentro que mantuvimos en Ciudad de México uno pudiera haberlo creído así.

En enero de 2006 concedió por sorpresa una entrevista al periódico barcelonés *La Vanguardia*; al menos tomó por sorpresa a quienes para entonces se habían acostumbrado a que no hablara con la prensa. Sin embargo, no fue una decisión a la ligera. Al parecer, la familia se había reunido y habían decidido que, dadas las circunstacias, se ofreciera una «última declaración» formal antes de la retirada. Y luego el silencio.

Mercedes estuvo presente en la entrevista en su casa de Ciudad de México —en la anterior, tres años antes, lo había hecho Mónica, su secretaria— y fue Mercedes quien dio por terminada la conversación, como parecen indicar los reporteros en su artículo. El propio García Márquez habló poco —el reportaje era más una narración que un diálogo—, y cuando le hicieron una pregunta sobre su vida anterior, dijo: «Para eso ya está mi biógrafo oficial... Gerald Martin, quien, por cierto, ya debería haber publicado el libro, yo creo que está esperando a que me pase algo».[1] Era cierto que me estaba dilatando en acabar con mi cometido, pero aquella «ardiente paciencia» —por citar el título de la novela de Antonio Skármeta acerca del cartero de Pablo Neruda— se había visto ahora recompensada por el descubrimiento, después de quince años, de que yo era el biógrafo «oficial» del gran hombre, y no uno meramente «tolerado», como yo era dado a explicar. ¡De haberlo sabido!

Parecía cuestión de calcular cuánto tiempo iba a querer seguir apareciendo en público y en qué condiciones. No era yo experto en las distintas variantes y progresos de la pérdida de memoria, pero era duro ver a un hombre que había hecho de la memoria el eje central de toda su existencia aquejado por aquel infortunio. «Un profesional de la memoria», como él mismo se había considerado siempre. Sin embargo, su madre antes de morir no tenía conciencia de su propia persona ni de quiénes eran sus hijos. Su hermanastro Abelardo padecía de Parkinson desde hacía tres décadas. Eligio había muerto a raíz de un tumor cerebral. Gustavo había regresado de Venezuela con algo parecido al Alzheimer. Y ahora la afección de Gabito. «Problemas con el coco —me dijo Jaime—. Parece cosa de familia.»[2]

García Márquez estaba a punto de cumplir setenta y nueve años. Desde las espectaculares celebraciones de su setenta cumpleaños ya no pretendía hacer creer que había nacido en 1928 (se diría que había empezado a actuar con arreglo a su edad). A pesar de su incierto estado de salud, sobre el que nadie en su círculo íntimo tenía ganas de hablar y sobre el que los medios guardaban un silencio sorprendentemente discreto, había que hacer frente a la cuestión de sus ochenta años. Como parte del programa de difusión cultural que España llevaba a cabo, la Real Academia de la Lengua Española organizaba desde 1992 congresos trienales para conmemorar la lengua española y sus literaturas en todo el mundo hispanohablante. En el primer congreso, que se celebró con gran retraso en Zacatecas, México, en abril de 1997, García Márquez había planteado la célebre propuesta de «retirar» la gramática y la ortografía tradicionales del español.[3] Aunque esto había causado controversia, incluso se había tomado como una afrenta, la academia, tan autoritaria en el pasado, era ya una institución demasiado versada en diplomacia y decisiones estratégicas para permitir que un escritor de la talla de García Márquez se convirtiera en un renegado, de modo que lo invitaron a visitar la academia misma y a conocer a sus responsables durante su paso por Madrid en noviembre de aquel mismo año. Aun así, en 2001 declaró que no iba a asistir al segundo congreso que se celebraba en Zaragoza, en protesta contra la política de España de exigir visados a los latinoamericanos por primera vez en la historia. Dijo que España parecía declararse europea antes que hispánica. La controversia continuó en 2004, cuando no fue invitado al tercer congreso, que tuvo lugar en Rosario, Argentina (un país que siempre había evitado volver a visitar por superstición, en cualquier caso). José Saramago, el ganador portugués del Premio Nobel, terció entonces para decir que si no invitaban a García Márquez tampoco él iría, a lo que la academia se excusó diciendo que se trataba de un descuido administrativo y que, por supuesto, el premio Nobel colombiano estaba invitado. Aun así, García Márquez no asistió. Sin embargo, estaba previsto que el congreso de 2007 se celebrase en Cartagena de Indias, Colombia, la ciudad donde García Márquez se había establecido en los últimos años y que había exaltado en dos novelas memorables.

Además, en 2004 la Real Academia había lanzado una edición masiva del *Quijote* de Cervantes para conmemorar los cuatrocientos años de la publicación de la obra capital de la historia de España y sus diversas literaturas. Qué magnífica idea sería si para 2007, en Cartagena, la academia diera seguimiento a esta iniciativa con una edición similar de *Cien años de soledad*, en coincidencia con los cuarenta años de su publicación y los ochenta de García Márquez. Primero un genio español, ahora uno latinoamericano. A fin de cuentas, muchos críticos comparaban la novela del colombiano con su ilustre predecesora, y sostenían que había adquirido, y seguiría haciéndolo en el futuro inmediato, la misma relevancia para América Latina que tenía la obra de Cervantes, en primer lugar para los españoles, y por añadidura también para los hispanos de América. Por supuesto hubo voces que disintieron. Sin embargo, uno de los críticos que no siempre había sido devoto de García Márquez declaró poco después, sirviéndose de una analogía muy del siglo XXI, que *Cien años de soledad* había dejado su impronta en el «ADN» de la cultura latinoamericana y estaba inseparablemente unido a ella desde su publicación, en 1967.[4] Al igual que Cervantes, García Márquez había explorado los sueños y las falsas ilusiones de sus personajes, que en cierto momento de la historia habían sido los de la España imperial de la época dorada, y que más adelante, bajo una nueva apariencia, se habían convertido en los de la América Latina posterior a la independencia. Además, al igual que Cervantes, había creado un tono, un estado de ánimo y, de hecho, un sentido del humor propio, que al instante se hacían reconocibles y que, una vez que cobraba vida, parecía haber estado siempre ahí y ser parte integrante del mundo al que hacía referencia.

En abril de 1948, García Márquez había huido de Bogotá y había viajado a Cartagena por primera vez en su vida. En aquella ciudad colonial, de deslumbrante belleza a pesar de la decadencia y el abandono, había conocido al editor Clemente Manuel Zabala y lo habían invitado a ejercer de periodista en un diario de reciente fundación llamado, como acaso correspondiera, *El Universal*. El 20 de mayo de 1948, el recién incorporado había sido saludado en las páginas de su nuevo hogar literario. El 21 de mayo, exactamente 358 años después de que un tal

Miguel de Cervantes escribiera al rey de España para pedirle un puesto
en el extranjero, posiblemente «en Cartagena», apareció publicada la
primera columna periodística del flamante reportero.[5] Cervantes no
consiguió el puesto en Cartagena, de hecho ni siquiera viajó a las Indias:
no vio el Nuevo Mundo, aunque contribuiría a crear un mundo aún
más vasto —la modernidad occidental— en sus libros, y aquellos libros
viajarían al nuevo continente a pesar de la prohibición por parte de España de leer y escribir novelas en los dominios recién descubiertos. En
abril de 2007, coincidiendo con el congreso de la Real Academia en
Cartagena y con la llegada de los reyes de España, se instaló una nueva
estatua de Cervantes cerca del Camellón de los Mártires, en el antiguo
puerto colonial.

Durante buena parte de su vida, Cervantes no había obtenido el reconocimiento que merecía y había padecido grandes frustraciones. En
cambio García Márquez, cerca de cumplir ochenta años, en una época
muy diferente, era uno de los escritores más queridos del planeta y una
celebridad que difícilmente hubiera alcanzado una fama y un reconocimiento mayores en su propio continente de haber sido un futbolista o
una estrella del pop. El *establishment* internacional hispánico planeaba
concederle ahora la clase de reconocimiento que Cervantes únicamente había adquirido, poco a poco y con el paso de los siglos, de manera
póstuma. Cuando García Márquez ganó el Premio Nobel en 1982, la
cobertura mediática que celebró la noticia en América Latina se prolongó durante semanas, desde el instante mismo en que se anunció, en octubre, hasta el momento en que el rey de Suecia lo obsequió con el galardón, en diciembre. Cuando cumplió setenta años, en 1997, se había
organizado una semana de festejos durante el mes de marzo, acompañada de profusos artículos en la prensa, y luego otra semana en septiembre,
cuando se conmemoraron los cincuenta años de la publicación de su
primer relato en Washington, con una fiesta organizada por el secretario general de la Organización de Estados Americanos y una visita a la
Casa Blanca para verse con su amigo Bill Clinton. Ahora estaba a punto de celebrar sus ochenta años, el sexagésimo aniversario de su debut
como escritor, el cuatrigésimo aniversario de la publicación de *Cien años
de soledad* y el vigésimo quinto aniversario de la concesión del Premio
Nobel. Así que sus amigos y admiradores empezaron a planear un período de ocho semanas, entre marzo y abril de 2007, que correspondie-
ran a aquellas siete inolvidables semanas de 1982.

Muchos pasos se habían dado ya para convertir a García Márquez en un monumento vivo. El viejo lugar de encuentro del grupo de Barranquilla, La Cueva, había sido reinventado ingeniosamente por un periodista local, Heriberto Fiorillo, y funcionaba como restaurante-museo. Se había creado una iniciativa para que Aracataca se llamase Aracataca-Macondo, basada en el modelo de la proustiana Illiers-Combray; por desgracia, aunque la mayoría de los habitantes parecían estar a favor, al referendo no habían acudido todos los necesarios y la propuesta no se concretó. Ahora las autoridades locales y nacionales acordaron convertir la antigua casa del coronel Márquez en Aracataca, donde el pequeño Gabriel había venido al mundo, en una atracción turística de peso —era ya un museo destartalado, aunque evocador—, y se decidió que lo que quedaba en pie de la casa se demoliera para llevar a cabo una reconstrucción escrupulosamente documentada.

Así llegó el mes de marzo de 2007. El festival de cine anual de Cartagena estaba dedicado a García Márquez. Y, como no podía ser de otro modo, Cuba era el «país destacado». (En abril, García Márquez sería el autor en torno al que giraría la Feria del Libro de Bogotá, justo cuando la ciudad iniciaba su reinado de un año como «Capital mundial del libro». Círculos concéntricos, plenas coincidencias, igual que en un sueño.) Se mostraron casi todas las películas basadas en las obras de García Márquez y desfilaron por allí muchos de sus directores, entre ellos Fernando Birri, Miguel Littín, Jaime Hermosillo, Jorge Alí Triana y Lisandro Duque. Sin embargo, aunque el festival coincidió con la fecha de su cumpleaños, García Márquez no hizo acto de presencia. Cuando le preguntaron por qué, replicó: «Nadie me invitó». No fue una de sus bromas más ocurrentes, pero ¿cómo no perdonárselo? El 6 de marzo se organizó una fiesta de cumpleaños a ritmo de vallenato en uno de los mejores hoteles de Cartagena —como correspondía a la ocasión, el hotel se llamaba «Pasión»— sin que compareciera el invitado principal, que lo celebró más discretamente con su familia en otra parte. Después de esto, la tensión fue en aumento. En muchos de los carteles que anunciaban el Congreso de la Lengua podía verse una fotografía de García Márquez, el invitado de honor, sacando la lengua. Este reconocimiento de la guasa del famoso escritor pretendía sin duda señalar que la propia academia no carecía de sentido del humor, pero aun cuando tal cosa fuera cierta, era dudoso que se extendiera a la posibilidad de que el invitado de honor no acudiese a la celebración del homenaje que con tanto esmero le habían preparado.

A mediados de mes tuvo lugar en Cartagena otro gran acontecimiento, la reunión anual de la Sociedad Interamericana de Prensa. Hubo
dos invitados de honor: Bill Gates, el magnate de la informática y el
hombre más rico del mundo (aunque en pocos meses el billonario amigo de García Márquez, el mexicano Carlos Slim, superaría a Gates), y
el propio Gabriel García Márquez, quien, aunque no tenía intención
de hablar en público, había prometido hacer acto de presencia. Apareció el último día, pero causó la sensación de siempre y, como de costumbre, opacó al resto de los participantes. Fue un momento importante para Jaime Abello, el director de la fundación de periodismo de
García Márquez, así como para el hermano de éste, Jaime, por entonces
ayudante del director. También fue un día grande para la Real Academia Española, que, junto con toda Colombia, se permitió un discreto
suspiro de alivio.

Los allí presentes informaron de que Gabo tenía un excelente aspecto. Aunque algo titubeante, estaba de buen humor y parecía en buena
forma. Contrariamente a mis cálculos del año anterior, daba la impresión de que su dolencia se había estabilizado, y era evidente que había
decidido, si bien no conceder más entrevistas, hacer frente tanto a la enfermedad como a su público con el optimismo y la gallardía que lo habían
caracterizado en tiempos menos difíciles. Amigos y admiradores llegaban a Cartagena procedentes de todo el mundo, así como cientos de lin-
güistas y otros académicos, para asistir al congreso de la Real Academia.
Hubo conciertos multitudinarios con estrellas internacionales de la música, actuaciones de vallenato de menor envergadura, todo un abanico
de acontecimientos literarios y muchas otras actividades paralelas. El
tiempo era espléndido. Del mismo modo que tres años antes la academia había elaborado una versión actualizada del *Quijote* con un gran
despliegue de mercadotecnia para acompañar el anterior congreso, lanzó ahora una nueva edición crítica de *Cien años de soledad*. No fue ninguna sorpresa que incluyera sendos ensayos de dos de sus mejores amigos del mundo de las letras, Álvaro Mutis y Carlos Fuentes; lo que
estaba en boca de todo el mundo es que había también un largo artículo de —entre todos los posibles— Mario Vargas Llosa. ¿Acaso se habían
reconciliado? Como mínimo, para que apareciera incluido en la edición
ambos habían tenido que dar su consentimiento. Aunque no trascendió
lo que Mercedes Barcha pensaba de la decisión.

Días antes de la inauguración, Julio Mario Santo Domingo, el empresario más rico y poderoso de Colombia, propietario ahora de *El Espectador*, dio una fiesta especial —algo así como una fiesta de cumpleaños tardía— en la que Gabo y Mercedes fueron los invitados de honor. Se celebró en el ático de otro de los hoteles de lujo de Cartagena —donde los reyes de España se hospedarían a la semana siguiente—, y entre los invitados acudieron Carlos Fuentes, Tomás Eloy Martínez, el ex presidente Pastrana, Jon Lee Anderson, de *The New Yorker*, que se tomaba un paréntesis de la guerra de Irak, el ex vicepresidente de Nicaragua y novelista Sergio Ramírez, y muchas otras figuras de la élite intelectual y la gente guapa de Bogotá, Cartagena y, sobre todo, Barranquilla. El champán, el whisky y el ron corrieron en abundancia para soltar la lengua a los afortunados asistentes, y los ritmos omnipresentes del vallenato sonaron hasta bien entrada la noche. En los pasillos y en las terrazas, los invitados formulaban en un susurro la gran pregunta. ¿Pronunciaría Gabo un discurso en la ceremonia de inauguración de su homenaje, el primer día del congreso? Y en tal caso...

Por fin llegó el gran día: el 26 de marzo de 2007. Varios miles de personas hacían cola para entrar en el Centro de Convenciones de Cartagena, ubicado en el mismo lugar donde García Márquez solía comer y beber a cualquier hora de la noche tras su jornada de trabajo en *El Universal*, en 1948 y 1949.[6] Muchos de sus amigos estaban allí, y buena parte de su familia, aunque no sus hijos. Asistieron también los ex presidentes Pastrana, Gaviria y —sorprendentemente— Samper, así como el ex presidente Betancur, que compartiría escenario con el resto de los oradores, entre los que se contaba también al actual presidente, Álvaro Uribe Vélez. Hacía un calor asfixiante, pero ello no era óbice para que la mayoría de los hombres llevaran trajes oscuros, como se estilaba en Bogotá. Carlos Fuentes, generoso como siempre, era el encargado de dar comienzo a la ceremonia con una loa a su amigo; a Tomás Eloy Martínez, que se recuperaba de un tumor cerebral, también le correspondía hablar, al igual que al director de la Real Academia de la Lengua, Víctor García de la Concha, al director general del Instituto Cervantes, César Antonio Molina, y al antiguo director del Instituto Cervantes de Nueva York, Antonio Muñoz Molina. Y luego llegaría el turno del presidente de Colombia y del rey de España. Y después el de García Márquez.

Cuando García Márquez y Mercedes hicieron su entrada, todo el auditorio se puso en pie y aplaudió por espacio de varios minutos. El escritor parecía feliz y relajado. Los dos grupos que ocupaban el estrado, García Márquez y su séquito (Mercedes, Carlos Fuentes, la ministra de Cultura colombiana, Elvira Cuervo de Jaramillo) frente al séquito de la academia, se organizaron y tomaron asiento en el escenario. El público asistente al acto apenas daba crédito a su suerte por estar allí. En una inmensa pantalla que servía de telón de fondo a los protagonistas, las cámaras de televisión mostraron la llegada de los reyes de España, don Juan Carlos y doña Sofía, y los siguieron subiendo las escaleras y recorriendo los pasillos del colosal edificio hasta que se anunció su llegada al auditorio.

Se pronunciaron muchos discursos, entre ellos el del rey, y la mayoría de ellos fueron más interesantes de lo que suelen dar de sí esta clase de ocasiones. Cabe destacar el discurso de García de la Concha, cuyo cometido era entregar a García Márquez el primer ejemplar que la Real Academia había preparado de *Cien años de soledad*.[7] Con el consentimiento del rey Juan Carlos, relató una anécdota indiscreta. Ocurrió que, cuando la academia tuvo la idea de rendir homenaje a García Márquez en este congreso, García de la Concha le había pedido permiso al escritor para seguir adelante con la organización del evento. García Márquez dijo que estaba de acuerdo, pero que «a quien de verdad quiero ver es al rey». La siguiente ocasión en que García Márquez vio a don Juan Carlos, él mismo le dio el mensaje: «Tú, rey, lo que tienes que hacer es venir a Cartagena». Esta anécdota, con dos o tres lecturas, suscitó una inmensa carcajada colectiva en la que confluían ingredientes diversos —dependiendo de la interpretación de cada cual y de si quien la escuchaba era español o latinoamericano, monárquico o republicano, socialista o conservador—, seguida de una prolongada ovación. ¿Acaso este latinoamericano no sabía cuál era su lugar? Peor aún, ¿es que no sabía cómo dirigirse a un monarca? O, el colmo de los colmos, ¿se sentía superior al rey de España y por esa razón le hablaba con condescendencia? Quienes estaban sentados cerca del escenario alcanzaron a advertir que cuando García Márquez se acercó al monarca y le estrechó la mano, lo hizo con el saludo que suelen emplear los estudiantes latinoamericanos —enlazando los pulgares—, lo que hablaba más bien de un encuentro entre iguales. Los Borbones habían perdido América Latina a principios del siglo XIX; ahora don Juan Carlos hacía todo cuanto estaba a su alcance por mejorar las relaciones, tanto en el terreno diplomático como en el económico.

El momento más dramático para los más avisados fue el comienzo del discurso del propio García Márquez. Al empezar titubeó un poco y se trastabilló en las primeras frases, pero poco a poco recuperó su calma habitual. Más que un discurso, era una remembranza sentimental de la época en que Mercedes y él vivían en México en la pobreza y esperaban que algún día tuviera un golpe de suerte y publicara un gran éxito de ventas. Era un auténtico cuento de hadas —«No sé a qué hora sucedió todo»— y además, el público pudo percibirlo, un mensaje de agradecimiento y reconocimiento a la compañera que lo había apoyado en aquellos tiempos difíciles y en todos los demás, a las duras y a las maduras, a lo largo de medio siglo. Mercedes lo miraba con ansiedad y ademán grave, y rezaba porque este hombre que había superado tantos desafíos lograra vencer también éste. Así fue: acabó con la historia de cuando, en 1966, fueron juntos a despachar por correo la mitad del manuscrito desde Ciudad de México hacia Buenos Aires porque carecían de dinero para enviarlo completo.[8] La ovación con que fue recibido el final de su intervención se prolongó durante varios minutos.

Antes, en medio del acto, hubo otro anuncio que dejó al auditorio electrizado: «Damas y caballeros, el señor William Clinton, ex presidente de Estados Unidos, ha llegado al edificio». La multitud se puso en pie mientras el hombre más famoso del planeta hacía su entrada. El rey de España, cinco presidentes de Colombia, y ahora el ex presidente más popular del país más poderoso del mundo; algunos avispados observadores reflexionaron que las únicas superestrellas ausentes eran Fidel Castro, delicado de salud en Cuba, y el Papa de Roma. Una vez más se ponía en evidencia que, si García Márquez estaba obsesionado —fascinado— por el poder, el poder se veía reiterada e irresistiblemente atraído hacia él. La literatura y la política han sido los dos caminos más efectivos para alcanzar la inmortalidad en el mundo efímero que la civilización occidental ha creado para el planeta; pocos sostendrían que la gloria política es más imperecedera que la gloria que resulta de la escritura de libros memorables.

Pudimos mantener una brevísima conversación antes de mi partida de Cartagena. Era el fin de muchas cosas.

—Gabo, qué homenaje tan maravilloso —le dije.

—¿Verdad? —dijo él.

—Vi a mucha gente a mi alrededor que no podía contener las lágrimas.

—Yo también estaba llorando —repuso—, sólo que por dentro.

—En fin —alcancé a decir—, nunca olvidaré este día.

—Pues qué bueno que hayas estado —me dijo—, para que puedas contarle a la gente que no fue mentira.

Árboles genealógicos

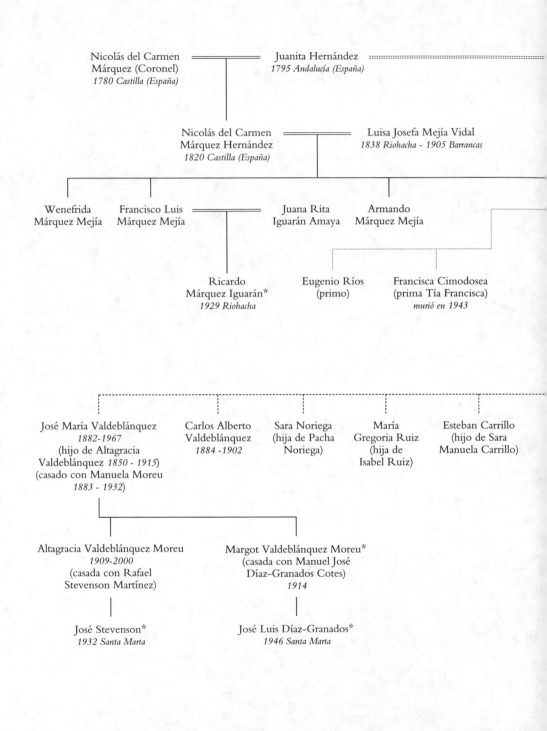

La familia Márquez Iguarán

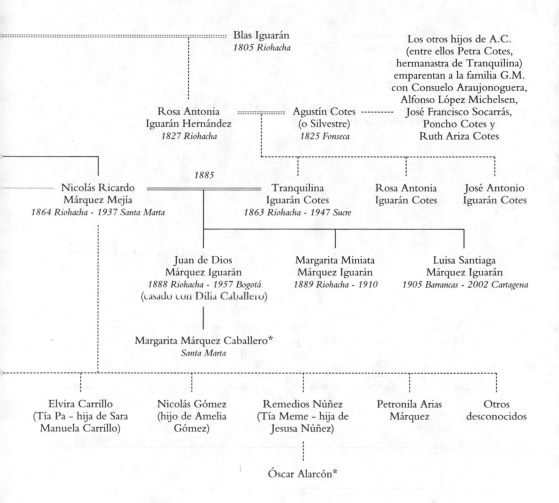

Blas Iguarán
1805 Riohacha

Los otros hijos de A.C.
(entre ellos Petra Cotes,
hermanastra de Tranquilina)
emparentan a la familia G.M.
con Consuelo Araujonoguera,
Alfonso López Michelsen,
José Francisco Socarrás,
Poncho Cotes y
Ruth Ariza Cotes

Rosa Antonia
Iguarán Hernández
1827 Riohacha

Agustín Cotes
(o Silvestre)
1825 Fonseca

1885

Nicolás Ricardo
Márquez Mejía
1864 Riohacha - 1937 Santa Marta

Tranquilina
Iguarán Cotes
1863 Riohacha - 1947 Sucre

Rosa Antonia
Iguarán Cotes

José Antonio
Iguarán Cotes

Juan de Dios
Márquez Iguarán
1888 Riohacha - 1957 Bogotá
(casado con Dilia Caballero)

Margarita Miniata
Márquez Iguarán
1889 Riohacha - 1910

Luisa Santiaga
Márquez Iguarán
1905 Barrancas - 2002 Cartagena

Margarita Márquez Caballero*
Santa Marta

Elvira Carrillo
(Tía Pa – hija de Sara
Manuela Carrillo)

Nicolás Gómez
(hijo de Amelia
Gómez)

Remedios Núñez
(Tía Meme – hija de
Jesusa Núñez)

Petronila Arias
Márquez

Otros
desconocidos

Óscar Alarcón*

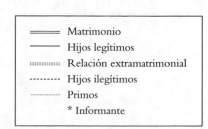

══════ Matrimonio
────── Hijos legítimos
∷∷∷∷∷ Relación extramatrimonial
------- Hijos ilegítimos
·········· Primos
* Informante

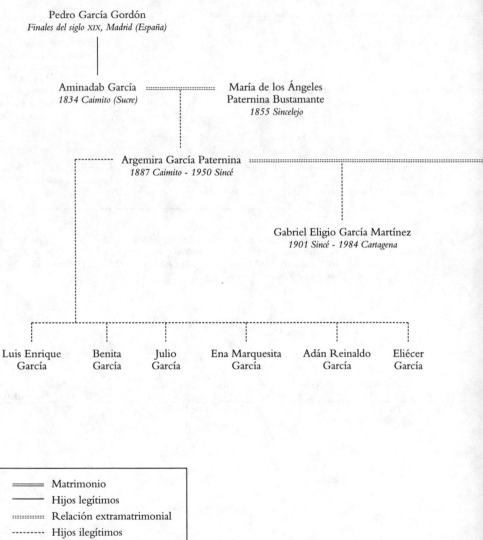

Pedro García Gordón
Finales del siglo XIX, Madrid (España)

Aminadab García   María de los Ángeles
1834 Caimito (Sucre)   Paternina Bustamante
1855 Sincelejo

Argemira García Paternina
1887 Caimito - 1950 Sincé

Gabriel Eligio García Martínez
1901 Sincé - 1984 Cartagena

Luis Enrique   Benita   Julio   Ena Marquesita   Adán Reinaldo   Eliécer
García   García   García   García   García   García

═══ Matrimonio
──── Hijos legítimos
······· Relación extramatrimonial
-------- Hijos ilegítimos
* Informante

La familia García Martínez

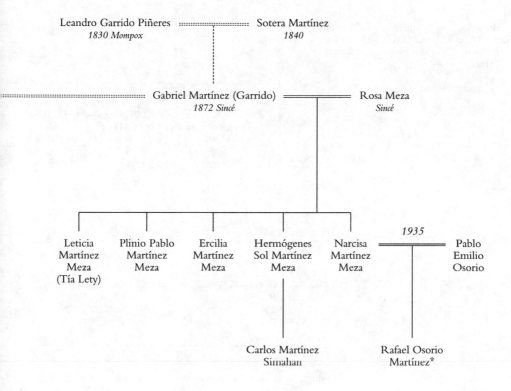

Leandro Garrido Piñeres
1830 Mompox

Sotera Martínez
1840

Gabriel Martínez (Garrido)
1872 Sincé

Rosa Meza
Sincé

Leticia
Martínez
Meza
(Tía Lety)

Plinio Pablo
Martínez
Meza

Ercilia
Martínez
Meza

Hermógenes
Sol Martínez
Meza

Narcisa
Martínez
Meza

1935

Pablo
Emilio
Osorio

Carlos Martínez
Simahan

Rafael Osorio
Martínez*

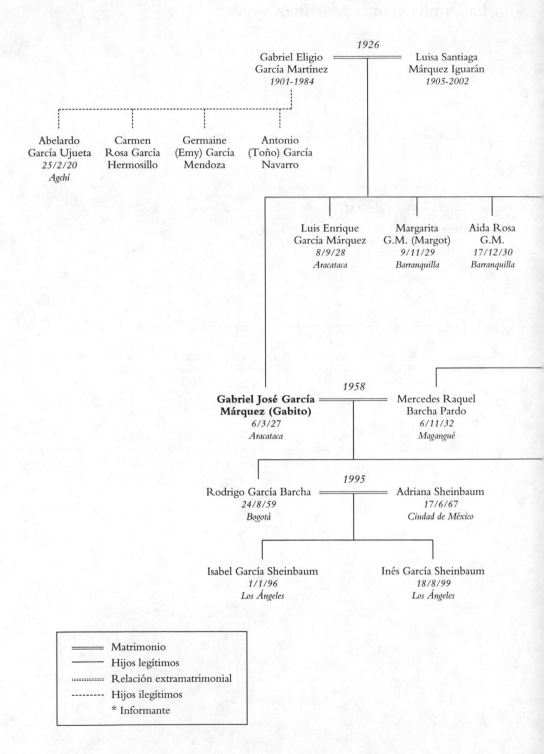

1926

Gabriel Eligio
García Martínez
1901-1984

Luisa Santiaga
Márquez Iguarán
1905-2002

Abelardo
García Ujueta
25/2/20
Agchí

Carmen
Rosa García
Hermosillo

Germaine
(Emy) García
Mendoza

Antonio
(Toño) García
Navarro

Luis Enrique
García Márquez
8/9/28
Aracataca

Margarita
G.M. (Margot)
9/11/29
Barranquilla

Aida Rosa
G.M.
17/12/30
Barranquilla

1958

**Gabriel José García
Márquez (Gabito)**
6/3/27
Aracataca

Mercedes Raquel
Barcha Pardo
6/11/32
Magangué

1995

Rodrigo García Barcha
24/8/59
Bogotá

Adriana Sheinbaum
17/6/67
Ciudad de México

Isabel García Sheinbaum
1/1/96
Los Ángeles

Inés García Sheinbaum
18/8/99
Los Ángeles

Matrimonio
Hijos legítimos
Relación extramatrimonial
Hijos ilegítimos
* Informante

Las familias García Márquez (G.M.), Barcha Pardo (B.P.) y García Barcha

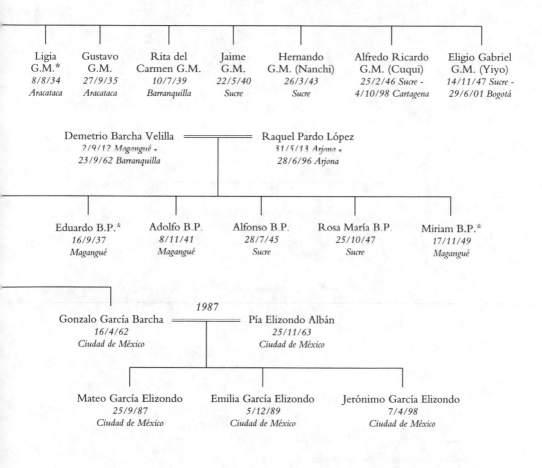

Ligia
G.M.*
8/8/34
Aracataca

Gustavo
G.M.
27/9/35
Aracataca

Rita del
Carmen G.M.
10/7/39
Barranquilla

Jaime
G.M.
22/5/40
Sucre

Hernando
G.M. (Nanchi)
26/3/43
Sucre

Alfredo Ricardo
G.M. (Cuqui)
25/2/46 Sucre -
4/10/98 Cartagena

Eligio Gabriel
G.M. (Yiyo)
14/11/47 Sucre -
29/6/01 Bogotá

Demetrio Barcha Velilla
2/9/12 Magangué -
23/9/62 Barranquilla

Raquel Pardo López
31/5/13 Arjona -
28/6/96 Arjona

Eduardo B.P.*
16/9/37
Magangué

Adolfo B.P.
8/11/41
Magangué

Alfonso B.P.
28/7/45
Sucre

Rosa María B.P.
25/10/47
Sucre

Miriam B.P.*
17/11/49
Magangué

1987

Gonzalo García Barcha
16/4/62
Ciudad de México

Pía Elizondo Albán
25/11/63
Ciudad de México

Mateo García Elizondo
25/9/87
Ciudad de México

Emilia García Elizondo
5/12/89
Ciudad de México

Jerónimo García Elizondo
7/4/98
Ciudad de México

La familia Buendía
en *Cien años de soledad*

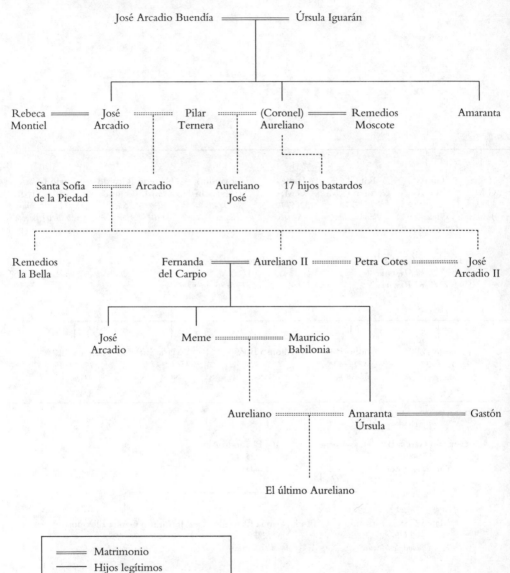

- ══════ Matrimonio
- ────── Hijos legítimos
- ⋯⋯⋯⋯ Relación extramatrimonial
- ------ Hijos ilegítimos

Notas

PRÓLOGO. DE ORÍGENES OSCUROS

1. Este capítulo, a pesar de que cultiva cierto estilo literario, está basado directamente en conversaciones con Luisa Santiaga Márquez en Cartagena en 1991 y en Barranquilla en 1993; asimismo, en los recuerdos del propio Gabriel García Márquez (en adelante, GGM) y su hermana Margarita (en adelante, Margot).

2. Este prólogo y los tres capítulos siguientes se basan en conversaciones con todos los miembros de la familia García Márquez (en adelante GM) y muchos miembros del clan familiar comprendidas en el período 1991-2008, así como en muchos viajes por la costa colombiana desde Sucre a Riohacha y más allá, algunos de los cuales realicé con hermanos de GGM. De entre los informantes más autorizados de todos los GM, destacan: Ligia, de religión mormona, que considera su deber ahondar en la historia de su familia (es a Ligia a quien le debo especialmente su ayuda para elaborar los árboles genealógicos); Margot Valdeblánquez de Díaz-Granados, que pasó largas temporadas en la casa de su abuelo, el coronel Márquez, en las décadas de 1920 y 1930; Ricardo Márquez Iguarán, que en 1993 y 2008 me ofreció datos de incalculable valor sobre las ramificaciones familiares en La Guajira, y Rafael Osorio Martínez, que en 2007 me permitió comprender con detalle el trasfondo familiar de Gabriel Eligio García en Sincé. El propio GGM nunca tuvo más que una idea general y bastante imprecisa de los detalles de la historia de su familia, si bien su conocimiento de la estructura y la dinámica subyacentes a la genealogía es extraordinaria, y las historias de parientes concretos bendecidos o malditos con vidas pintorescas o dramáticas constituyen los cimientos de su obra de ficción. Por lo general, un biógrafo de GGM depende mucho también de los retazos de información obtenidos al azar que aparecen de vez en cuando en la prensa colombiana. Las únicas obras biográficas previas son la de Óscar Collazos, *García Márquez: la soledad y la gloria* (Plaza & Janés, Barcelona, 1983), útil y perspicaz a pesar de su brevedad, y, más sustanciosa, la de Dasso Saldívar, *García Márquez: el viaje a la semilla. La biografía* (Alfaguara, Madrid, 1997), que abarca la vida de GGM hasta 1967: su aportación más útil

es la información que ofrece sobre el trasfondo genealógico de ambas partes de la familia de GGM y la relativa a su infancia y años escolares. Históricamente, el primer estudio biográfico fue el de Mario Vargas Llosa, *García Márquez: historia de un deicidio* (Seix Barral, Barcelona, 1971), que se sumerge también en la crítica literaria: aunque no muy fiable respecto a los datos, resulta especialmente esclarecedora, porque la mayor parte de la información que maneja Vargas Llosa la obtuvo directamente de GGM a finales de los años sesenta. De igual importancia es el libro del hermano de GGM, Eligio García, *Tras las claves de Melquíades: historia de «Cien años de soledad»* (Norma, Bogotá, 2001). Las reflexiones del propio GGM que se consideran más autobiográficas antes de sus brillantes, aunque no siempre precisas, memorias de 2002, *Vivir para contarla* (Mondadori, Biblioteca García Márquez, Barcelona, 2002) —su epígrafe, «La vida no es la que uno vivió, sino la que uno recuerda y cómo la recuerda para contarla», debe tomarse como advertencia—, fueron las recogidas en Plinio Apuleyo Mendoza, *El olor de la guayaba* (Mondadori, Biblioteca García Márquez, Barcelona, 1994), aunque, tomadas en su conjunto, las columnas semanales de GGM publicadas en *El Espectador* (Bogotá) y *El País* (Madrid) entre 1980 y 1984 fueron aún más informativas y esclarecedoras. La obra de Juan Luis Cebrián, *Retrato de Gabriel García Márquez* (Círculo de Lectores, Barcelona, 1989), es un ensayo biográfico con excelentes ilustraciones. *El olor de la guayaba*, de Mendoza, y *Vivir para contarla*, de GGM, son los únicos trabajos fundamentales sobre la biografía de GGM traducidos al inglés, aunque *Gabriel García Márquez: Writer of Colombia*, de Stephen Minta (Jonathan Cape, Londres, 1987), y *GM: The Man and His Work*, de Gene Bell-Villada (University of North Carolina Press, Chapel Hill, 1990), son también de utilidad. Los análisis crítico-literarios (véanse sobre todo Bell y Wood) pueden encontrarse en la Bibliografía. La *Bibliografía descriptiva* de Don Klein (véase nuestra Bibliografía) es valiosísima e imprescindible.

3. A propósito de «hijos naturales», véase GGM, «Telepatía sin hilos», *El Espectador* (Bogotá), 23 de noviembre de 1980. Pueden consultarse también los árboles genealógicos del apéndice para ver el modo en que *Cien años de soledad* replica las historias familiares de los García Martínez y los Márquez Iguarán en su oscilación entre uniones legítimas e ilegítimas.

4. Véase Guillermo Henríquez Torres, *El misterio de los Buendía: el verdadero trasfondo histórico de «Cien años de soledad»*, Nueva América, Bogotá, 2003; 2.ª edición revisada, 2006. Henríquez, oriundo de Ciénaga, cree que la familia Buendía de *Cien años de soledad* está basada en su propia familia, los Henríquez, que descendían en parte de judíos emigrados de Amsterdam al Caribe. Aunque pocos lectores comulgarán con su tesis completa, su obra ofrece una contextualización y una ambientación de enorme valía para una lectura de *Cien años de soledad*.

5. Véase *Vivir para contarla*, pp. 84-86, para una versión revisada de este

episodio. Ninguno de los hijos «naturales» de Nicolás Márquez heredó su nombre: todos llevaron el apellido de sus respectivas madres.

6. Entrevista, Barrancas, 1993.

7. José Luis Díaz-Granados explicó así su relación con GGM cuando me encontré con él en Bogotá, en 1991: «El coronel Márquez, cuando tenía dieciocho años, había tenido un hijo de Altagracia Valdeblánquez; se llamó José María y llevaba el apellido materno, Valdeblánquez: él fue el papá de mi mamá. Después, el coronel Márquez se casó con Tranquilina Iguarán Cotes, la tía de mi padre, Manuel José Díaz-Granados Cotes, y tuvo tres hijos más, entre ellos Luisa Santiaga Márquez Iguarán, mamá de GGM. En otras palabras, soy primo de GGM por partida doble». Esta historia personal era típica de los enredos con los que me topé, no solamente en La Guajira, que hay que reconocer «exótica», sino por dondequiera que viajé en Colombia en la década de 1990. De hecho, José Luis Díaz-Granados se casó con una prima suya en 1972.

8. Ligia GM, entrevista, Bogotá, 1991.

9. Hay razones para creer que Argemira fue uno de los prototipos de Pilar Ternera, un personaje central en *Cien años de soledad*.

10. Debo mi información sobre Gabriel Martínez Garrido, que debería haberse llamado Gabriel Garrido Martínez, a su nieto Rafael Osorio Martínez. Ante su caso, me di cuenta de que GGM fácilmente podría haberse llamado Gabriel Garrido Márquez (o, de hecho, Gabriel Garrido Cotes), y esto me hizo tomar conciencia del alcance de la decisión de GGM de identificarse con sus abuelos liberales de La Guajira, en lugar de los abuelos conservadores y terratenientes de Since (entonces en el departamento de Bolívar).

11. Cuando Gabriel hijo se casara en 1958 y hubiera menester el certificado de nacimiento, la familia convencería al párroco de Aracataca para que cambiara los apellidos de sus abuelos paternos y constaran como Gabriel García y Argemira Martínez.

PRIMERA PARTE

EL PAÍS NATAL: COLOMBIA

1. DE CORONELES Y CAUSAS PERDIDAS

1. Véase Ernesto González Bermejo, «Gabriel García Márquez, la imaginación al poder en Macondo», *Crisis* (Buenos Aires), 1972 (reeditado en Alfonso Rentería Mantilla, ed., *García Márquez habla de García Márquez en 33 grandes reportajes*, Rentería Editores, Bogotá, 1987, pp. 111-117), donde GGM expresa su

deseo de que las revoluciones latinoamericanas dejen de ser «martirologías»: quiere que el continente y su gente empiecen a ganar. Su propia vida se erige en un monumento de esta ambición.

2. Véanse David Bushnell, *The Making of Modern Colombia. A Nation in Spite of Itself* (University of California Press, Berkeley y Los Ángeles, 1993), Eduardo Posada-Carbó, *The Colombian Caribbean: A Regional History, 1870-1950* (Clarendon Press, Oxford, 1996), y Frank Safford y Marco Palacios, *Colombia: Framented Land, Divided Society* (Oxford University Press, Oxford, 2001).

3. «Margarita era dieciséis años mayor que mi mamá. Entre ella y mi mamá hubo varios hijos, casi todos fallecidos. Una niña que murió al nacer; después, vinieron unas gemelas que también murieron ... Así que mi tío Juanito y mi mamá fueron los únicos sobrevivientes. Como él le llevaba diecisiete años, lo nombraron padrino de mi mamá. Ella le decía padrino a su hermano.» Ligia citada en Silvia Galvis, *Los García Márquez* (Arango, Bogotá, 1996), p. 152.

4. La relación más estrecha de la familia Márquez Iguarán era la que mantenían con Eugenio Ríos, sobrino y socio de Nicolás. Su hija Ana Ríos sólo tenía dos años cuando Luisa murió, pero recuerda todo lo que su madre, Arsenia Carrillo, le contaba acerca de aquellos tiempos legendarios. Cuando nació su hermana, Francisca Luisa Ríos Carrillo, el 25 de agosto de 1925, Luisa la «bautizó» dos semanas después del alumbramiento, y así se convirtió en su ahijada.

5. Mi agradecimiento a Gustavo Adolfo Ramírez Ariza por un ejemplar de la *Gaceta Departamental* de Magdalena correspondiente a noviembre de 1908, en el cual se expone que Nicolás fue encarcelado en Santa Marta por «homicidio» el 7 de noviembre de 1908, si bien todavía no había sido juzgado.

6. Saldívar, *García Márquez: el viaje a la semilla*, p. 44.

7. Véase Mario Vargas Llosa y GGM, *La novela en América Latina: diálogo*, Milla Batres, Lima, 1968, p. 14. En *Cien años de soledad*, el papel de Nicolás viene desempeñado por José Arcadio Buendía, y Medardo se convierte en Prudencio Aguilar.

8. GGM en conversación, Ciudad de México, 1999.

9. Véase *Vivir para contarla*, p. 53, para la versión que da GGM de este suceso.

10. En *La hojarasca*, pp. 39-41, el propio GGM da una versión romántica, faulkneriana, de lo que podríamos considerar el mito fundacional de la familia GM, que culpa del éxodo a «la guerra» (y que de hecho es mucho menos franco e «histórico» que la versión, aún idealizada, que más tarde ofrecería en *Cien años de soledad*).

11. Henríquez, *El misterio*, contradice la versión que Saldívar da de los acontecimientos que siguen a la saga familiar de los GM.

12. Aracataca se encuentra a 40 metros sobre el nivel del mar, a 88 kiló-

metros de Santa Marta, y la temperatura media es de 28 grados centígrados (razón de que sea ésta la temperatura ambiente preferida por GGM para trabajar).

13. Véase Lázaro Diago Julio, *Aracataca ... una historia para contar* (Aracataca, 1989, manuscrito inédito), una inestimable obra sobre la historia local, a pesar de su tendencia a considerar las obras literarias de GGM pruebas historiográficas por derecho propio.

14. Estos dos términos son muy controvertidos en Colombia, y para un foráneo, inmiscuirse es una temeridad. Por lo general se acepta que los costeños son los habitantes de las tierras bajas del norte del país que da al Caribe o al Atlántico. Los cachacos eran en origen los habitantes de Bogotá de clase alta, pero muchos costeños han acabado por considerar cachacos a todos los habitantes del «interior» (sobre todo andino) del país, y por ello incluyen incluso a los «paisas» o habitantes de Antioquia.

15. Judith White, *Historia de una ignominia: la United Fruit Company en Colombia*, Editorial Presencia, Bogotá, 1978, pp. 19-20. A pesar de ello, el coronel Márquez fue sin lugar a dudas uno de los liberales destacados de la ciudad (de joven había presidido la Sociedad Liberal de Riohacha).

16. Véanse Saldívar, *García Márquez: el viaje a la semilla*, p. 50; White, *Historia*; y Catherine C. LeGrand, *Frontier Expansion and Peasant Protest in Colombia, 1850-1936*, New Mexico University Press, Albuquerque, 1986, p. 73.

17. Véase *Vivir para contarla*, p. 24, donde GGM afirma, erróneamente, que su abuelo fue en dos ocasiones alcalde de Aracataca.

18. *Ibid.*, p. 56, para la narración de GGM de este episodio.

19. *Ibid.*, pp. 58-75, acerca del noviazgo, una narración de sorprendente extensión si se tiene en cuenta que GGM ya había contado la historia, de otro modo, en *El amor en los tiempos del cólera* (1985).

20. Ligia GM, en Galvis, *Los García Márquez*, pp. 151-152.

21. GGM no menciona directamente el apellido de su padre en sus memorias, lo cual es, cuando menos, digno de nota.

22. El propio GGM conocería a Pareja cuando estudiaba en Bogotá, donde éste era profesor de derecho y dueño de una librería, y desempeñó un papel destacado en el «Bogotazo» de 1948.

23. Citado por José Font Castro, «El padre de García Márquez», *El Nacional* (Caracas), julio de 1972. Véase también J. Font Castro, «Las claves reales de *El amor en los tiempos del cólera*», *El País* (Madrid), 19 de enero de 1986.

24. Ésta es la versión que reconstruye GGM en su primera novela, *La hojarasca* (1955).

25. Todo puede verse hoy en día, con excepción de la casa, que fue derribada a comienzos de 2007 para dar paso a una réplica reconstruida y a un museo.

26. Tanto Vargas Llosa como Saldívar usan esta expresión.

27. La gente en Aracataca me contaba que en la década de 1920 nunca veía a Luisa por la calle.

28. *El amor en los tiempos del cólera* se basa significativamente, como se ha mencionado con anterioridad, en el noviazgo de Gabriel Eligio y Luisa Santiaga. GGM relata en *Vivir para contarla* que la tía Francisca era cómplice de la joven pareja; en cambio, Gabriel Eligio insistió siempre en que ella fue su peor enemigo, y la llamaba «la cancerbera».

29. Leonel Giraldo, «Siete Días en Aracataca, el pueblo de "Gabo" García Márquez», *Siete Días* (Buenos Aires), 808, 8-14 de diciembre de 1982. Gabriel Eligio no cambiaría nunca. Muchos años después, en una entrevista les preguntaron a él y a su esposa cuál era su recuerdo más grato. Para Luisa fue el momento en que Gabriel Eligio le dio el anillo. Gabriel Eligio, en cambio, recordaba sus días de soltero, cómo los había disfrutado.

30. Ligia GM, en Galvis, *Los García Márquez*. Entrevista con Ruth Ariza Cotes, Bogotá, 2007.

31. Entrevista, José Font Castro, Madrid, 1997.

32. Vargas Llosa, *Historia de un deicidio*, p. 14.

33. Véase *Vivir para contarla*, pp. 75-76. De hecho, la casa en la que pasaron la luna de miel era el hogar de la familia Márquez Iguarán junto a la aduana de Riohacha. Fue allí, según Ricardo Márquez Iguarán, que me llevó a visitarla en junio de 2008, donde la «excelente puntería» de Gabriel Eligio hizo posible la concepción de GGM, la noche del 12 al 13 de junio de 1926. Dos semanas después, la pareja se mudó a una casa más modesta en la calle de al lado.

34. A todas luces hay misterios con relación a cuáles fueron las razones por las que Nicolás aceptó con renuencia el matrimonio y que explicarían por qué la fecha de nacimiento de GGM siempre ha planteado problemas. La explicación más evidente, aquí como en cualquier parte del mundo, en todas las épocas y lugares, es que Luisa Santiaga quedó encinta antes del matrimonio y, puesto que la fecha de la boda no parece ponerse en duda, que Gabito nació antes del 6 de marzo (o el 6 de marzo, pero ya bien fuera de cuentas) y que por esa razón no fue bautizado e inscrito (por una familia, a fin de cuentas, muy respetable, oficial, respetuosa de la ley y temerosa de Dios) hasta los tres años. La insistencia de Luisa Santiaga en casarse con Gabriel Eligio, hijo ilegítimo y sin titulaciones, a pesar de la oposición de sus padres, es una historia extraordinaria. Puesto que su amor por Gabriel Eligio no encierra dudas, es posible que el único modo a su alcance de garantizar el consentimiento de sus padres, aun a regañadientes, fuera quedarse embarazada. Sin embargo, esta hipótesis está sustentada sólo por pruebas circunstanciales.

2. La casa de Aracataca

1. Citado por Plinio Apuleyo Mendoza en *El olor de la guayaba: conversaciones con Gabriel García Márquez*, Oveja Negra, Bogotá, 1982, p. 15.

2. John Archer, «Revelling in the fantastic», *Sunday Telegraph Magazine* (Londres), 8 de febrero de 1981. «Una de las formas de mantenerme quieto por las noches era decirme que si me movía saldrían muertos de todas las habitaciones. Así que cuando se hacía oscuro, estaba aterrorizado.» Véase además Germán Castro Caycedo, «"Gabo" cuenta la novela de su vida», *El Espectador*, 23 de marzo de 1977. «No temo a la oscuridad. Temo las casas grandes, porque los muertos sólo se aparecen en las casas grandes ... Me compro casas pequeñas porque en ellas los muertos no se aparecen.»

3. Aida GM, en Galvis, *Los García Márquez*, p. 99: «Entonces ocurrió que el nieto se fue quedando, se fue quedando a vivir en la casa de los abuelos». En una entrevista (Eduardo Azcarrunz, «García Márquez y su vida en México», *El Nacional* [México], 22 de diciembre de 1982), el propio nieto le dijo a un periodista: «A mí me criaron mis abuelos porque mis padres querían halagar a mis abuelos y les regalaron su primer hijo: yo» Una versión que reconcilia contradicciones de otras anteriores.

4. Luis Enrique GM, en Galvis, *Los García Márquez*, p. 123.

5. Véase *Vivir para contarla*, pp. 44-49, para la evocación que GGM hace de la casa. Mi descripción se basa en una minuciosa comparación entre los recuerdos de GGM, el estudio de los arquitectos citados en Saldívar, *García Márquez: el viaje a la semilla*, y la versión establecida por los arquitectos responsables de la reconstrucción de 2008.

6. *Ibid.*, p. 34, donde GGM dice que en la habitación estaba inscrita la fecha, «1925», que corresponde al año en que se terminó.

7. Margot GM, en Galvis, *Los García Márquez*, p. 65.

8. Véase *La hojarasca*, y *Vivir para contarla*, p. 47.

9. El propio GGM «recordaría» más tarde una visita de Uribe Uribe, aunque el general fue asesinado catorce años antes de que él naciera.

10. Al igual que el personaje de *La hojarasca* basado en su persona, Nicolás siempre paseaba por la casa en busca de pequeñas tareas, como ajustar tornillos o retocar la pintura. GGM también adoptaría esta costumbre en años venideros como medio de relajarse entre tirada y tirada de escritura; en esa época escribía enfundado en un mono de trabajo.

11. En *Vivir para contarla*, p. 92, GGM dice que era la ¡«hermana mayor de mi abuelo»!

12. Véase GGM, «Watching the Rain in Galicia», *The Best of Granta Travel* (Granta/Penguin, Londres, 1991), pp. 1-5, donde GGM describe la buena

mano que Tranquilina tenía con el pan y los jamones, que nunca volvieron a saberle igual hasta que visitó Galicia; sin embargo, comer algo similar en Barcelona en la década de 1960 —lacón— le trajo un recuerdo de los placeres, pero sobre todo de las angustias y la soledad, de su infancia.

13. Ligia GM, en Galvis, *Los García Márquez*, p. 152.

14. GGM, «Vuelta a la semilla», *El Espectador*, 18 de diciembre de 1983.

15. Véase *Growing Up in Macondo: Gabriel García Márquez*, de la serie *Writers and Places*, transcripción (película de la BBC2, emitida el 12 de febrero de 1981, producida por John Archer).

16. Mario Vargas Llosa y GGM, *La novela en América Latina: diálogo*, Milla Batres, Lima, 1968, p. 15. Véase también Germán Castro Caycedo, «"Gabo" cuenta la novela de su vida. 6», *El Espectador*, 23 de marzo de 1977, para la imagen del niño inmóvil, atenazado de miedo, y la obsesión en su obra por los entierros.

17. BBC2, *Growing Up in Macondo*: «Todos en la familia son caribeños, y el caribeño es supersticioso. Mi madre lo es aún hoy, hay todavía muchos sistemas de creencias africanos e indios que operan dentro del catolicismo... Yo mismo creo en la telepatía, las premoniciones, el poder de los sueños por caminos que aún no alcanzamos a comprender... Me crié en ese mundo, y sigo siendo profundamente supersticioso, sigo interpretando mis propios sueños, y funciono en buena medida por instinto».

18. De mis conversaciones con Margot Valdeblánquez, basadas en sus recuerdos y fotografías de familia; véase también Saldívar, *García Márquez: el viaje a la semilla*, pp. 96-97, basado en los recuerdos de Sara Emilia Márquez.

19. BBC2, *Growing Up in Macondo*.

20. «Recuerdos de la maestra de García Márquez», *El Espectador*, 31 de octubre de 1982.

21. Historia que Gabriel Eligio contó a José Font Castro.

22. Véase Mendoza, *El olor de la guayaba*, p. 20.

23. Véase GGM, «La vaina de los diccionarios», *El Espectador*, 16 de mayo de 1982, en el que recuerda el respeto desproporcionado que su abuelo sentía por los diccionarios, y confiesa el placer que a él mismo le proporciona cazar gazapos en ellos.

24. De mis conversaciones con Margot Valdeblánquez, basadas en sus recuerdos y fotografías de familia; véase también Saldívar, *García Márquez: el viaje a la semilla*, pp. 103-104, basado en los recuerdos de Sara Emilia Márquez.

25. White, *Historia*, pp. 19-20.

26. Véase Gabriel Fonnegra, *Bananeras: testimonio vivo de una epopeya*, Bogotá, Tercer Mundo, s.f., pp. 27-28.

27. *Ibid.*, p. 191.

28. *Ibid.*, p. 26.

29. Véase Catherine C. LeGrand, «Living in Macondo: Economy and Culture in a United Fruit Company Banana Enclave in Colombia», en Gilbert M. Joseph, Catherine C. LeGrand y Ricardo D. Salvatore, eds., *Close Encounters of Empire: Writing the Cultural History of US-Latin American Relations*, N. C. Duke University Press, Durham, 1998, pp. 333-368 (p. 348).

30. GGM, *Vivir para contarla*, p. 27.

31. Saldívar, *García Márquez: el viaje a la semilla*, pp. 54, 522.

32. No hay una versión definitiva de este suceso, ni se llega a un consenso en cuanto al número de civiles asesinados por el ejército. Inevitablemente, la mayoría de los escritores ven la cuestión desde su propio prisma ideológico.

33. Carlos Arango, *Sobrevivientes de las bananeras*, ECOE, Bogotá, 2.ª edición, 1985, p. 54.

34. Véase María Tila Uribe, *Los años escondidos: sueños y rebeldías en la década del veinte*, CESTRA, Bogotá, 1994, p. 265.

35. Véase Carlos Cortés Vargas, *Los sucesos de las bananeras*, en R. Herrera Soto, ed., Editorial Desarrollo, Bogotá, 2.ª edición, 1979, p. 79.

36. Roberto Herrera Soto y Rafael Romero Castañeda, *La zona bananera del Magdalena: historia y léxico*, Instituto Caro y Cuervo, Bogotá, 1979, pp. 48, 65.

37. White, *Historia*, p. 99.

38. Herrera y Castañeda, *La zona bananera*, p. 52.

39. Arango, *Sobrevivientes*, pp. 84-86.

40. Fonnegra, *Bananeras*, pp. 136-137.

41. *Ibid.*, p. 138.

42. *Ibid.*, p. 154.

43. José Maldonado, citado en Arango, *Sobrevivientes*, p. 94.

44. White, *Historia*, p. 101.

45. Véase GGM, «Vuelta a la semilla», *El Espectador*, 18 de diciembre de 1983, en el cual confiesa que «hace apenas unos años supe que [Angarita] había asumido una posición muy definida y consecuente durante la huelga y la matanza de los trabajadores del banano». Es extraordinario descubrir que GGM no conocía muchos de los hechos relacionados con la huelga —sin excluir las acciones de su abuelo, Durán, Angarita y otros próximos a él— en la época en que escribió *Cien años de soledad*.

46. Cortés Vargas, *Los sucesos de las bananeras*, pp. 170-171, 174, 182-183, 201, 225. ¿Acaso tuvo alguna vez noticia GGM de que se escribieran estas cartas?

47. Las transcripciones de los documentos, incluido el testimonio de Angarita, pueden encontrarse en *1928: La masacre en las bananeras*, Los Comuneros, Bogotá, s.f.

3. DE LA MANO DE SU ABUELO

1. Véase *Vivir para contarla*, pp. 18-20, 101 y 151-153, para los recuerdos de estas dos visitas.

2. *Ibid.*, p. 152, le atribuye haber dicho: «Ya no te acuerdas de mí», pero esto debiera tomarse probablemente como un ejemplo de licencia poética.

3. Margot era una chiquilla con trastornos que se empeñó en comer tierra hasta los ocho o nueve años. Sería fuente de inspiración para los personajes de Amaranta y Rebeca en *Cien años de soledad*.

4. BBC2, *Growing Up in Macondo*.

5. «El microcosmos de García Márquez», *Excelsior* (Ciudad de México), 12 de abril de 1971.

6. LeGrand, *Frontier Expansion*, p. 73.

7. Margot GM, en Galvis, *Los García Márquez*, pp. 60-61. Evidentemente, Margot y Gabito estaban completamente consentidos, como él mismo reconoce en «La conduerma de las palabras», *El Espectador*, 16 de mayo de 1981.

8. La creencia generalizada en Aracataca es que Nicolás compraba y luego alquilaba locales comerciales en la zona que se conoce como Cataquita, que se convirtieron en una de las «academias», o salas de baile, donde tanto el licor como el sexo eran moneda más que corriente. Véase Venancio Aramis Bermúdez Gutiérrez, «Aportes socioculturales de las migraciones en la Zona Bananera del Magdalena» (Bogotá, noviembre de 1995, Beca Colcultura 1994, primer semestre, manuscrito inédito).

9. BBC2, *Growing Up in Macondo*.

10. Véase *Vivir para contarla*, p. 102, sobre su miedo a la oscuridad, que le acompañaría toda la vida.

11. Véase Carlota de Olier, «Habla la madre de García Márquez: "Quisiera volar a verlo... pero le tengo terror al avión"». *El Espectador*, 22 de octubre de 1982: «Si mi papá viviera —dice doña Luisa— estaría feliz. Él siempre pensó que la muerte no le permitiría disfrutar los triunfos de Gabito. Él presentía que Gabito alcanzaría, con el tiempo, una posición destacada y decía frecuentemente: "Qué lástima que yo no vaya a ver adónde llega este niño con toda su inteligencia"».

12. Véase GGM, «¿Manos arriba?», *El Espectador*, 20 de marzo de 1983, en el cual se advierte que la mayoría de quienes visitaban la casa llevaban revólver.

13. Véase Nicolás Suescún, «El prestidigitador de Aracataca», *Cromos* (Bogotá), 26 de octubre de 1982, pp. 24-27, que comienza su semblanza del niño GGM parpadeando como una cámara de cine, y absorbiendo y procesando así el mundo y convirtiéndolo en historias.

14. Margot GM, en Galvis, *Los García Márquez*, pp. 64-65.

15. «La memoria de Gabriel», *La Nación* (Guadalajara), 1996, p. 9.

16. Elena Poniatowska, «Los *Cien años de soledad* se iniciaron con sólo 20 dólares» (entrevista, septiembre de 1973), en su *Todo México*, I (Diana, Ciudad de México, 1990).

17. GGM le dijo a Germán Castro Caycedo, en «"Gabo" cuenta la novela de su vida», *El Espectador*, 23 de marzo de 1977, que hasta que él mismo aguardaba un envío de dinero en París, siempre había considerado que en este ritual había algo de comedia.

18. Galvis, *Los García Márquez*, p. 64. El coronel también escribía con frecuencia a su hijo mayor, José María Valdeblánquez.

19. Véase GGM, «Vuelta a la semilla», *El Espectador*, 18 de diciembre de 1983, donde GGM habla con gran familiaridad —por primera vez— de la casa del general José Rosario Durán, por la que él y el coronel tuvieron que pasar, o incluso visitar, en muchas ocasiones.

20. BBC2, *Growing Up in Macondo*. Véase GGM, *Vivir para contarla*, p. 105, a propósito del padre Angarita.

21. Véase GGM, «Memoria feliz de Caracas», *El Espectador*, 7 marzo de 1982; también *Vivir para contarla*, p. 43, a propósito de los venezolanos de Aracataca.

22. Véase GGM, *Vivir para contarla*, pp. 24-32.

23. Saldívar, *García Márquez: el viaje a la semilla*, pp. 67, 71-72.

24. Entrevista con Antonio Daconte (nieto), Aracataca, noviembre de 2006. Véase GGM, *Vivir para contarla*, pp. 26 y 108-109.

25. Véase GGM, *Vivir para contarla*, pp. 109-110 y 113-115.

26. GGM, «La nostalgia de las almendras amargas», *Cambio* (Bogotá), 23 de junio de 2000. También sobre don Emilio, véase «El personaje equívoco», *Cambio*, 19-26 de junio de 2000.

27. BBC2, *Growing Up in Macondo*.

28. Véase Henríquez, *El misterio*, pp. 283-284.

29. Entrevista con Margot Valdeblánquez de Díaz-Granados, Bogotá, 1993.

30. Véase *Cien años de soledad* y *Vivir para contarla*, pp. 66-67, sobre la llegada de los diecisiete bastardos con ceniza en la frente.

31. BBC2, *Growing Up in Macondo*.

32. Véase GGM, *Vivir para contarla*, pp. 79-81.

33. Véase Galvis, *Los García Márquez*, p. 59.

34. Ésta fue una experiencia traumáticamente confusa, cuando menos. GGM siempre ha dicho que no «conoció» a su madre hasta los siete años de edad. Claro está que debe referirse a «recordarla», porque tuvo que verla al menos en una de las dos visitas que hizo a Barranquilla. En cualquier caso, su primer recuerdo, por muy condicionado que estuviera por la memoria y el deseo, fue un momento decisivo de su vida, que más tarde recogería en *La hojarasca* y

Vivir para contarla. A la conciencia de la existencia de su abuela, sus tías y las sirvientas se sumó ahora, por consiguiente, la conciencia concreta de este nuevo personaje: su madre.

35. GGM, «¿Cuánto cuesta hacer un escritor?», *Cambio 16*, Colombia, 11 de diciembre de 1995. Véase *Vivir para contarla*, pp. 94-95, para los recuerdos y la actitud de GGM hacia la escuela.

36. Según Fonnegra, *Bananeras*, pp. 96-97, un tal Pedro Fergusson fue alcalde de Aracataca en 1929.

37. Véase GGM, «La poesía al alcance de los niños», *El Espectador*, 25 de enero de 1981.

38. Saldívar, *García Márquez: el viaje a la semilla*, p. 120.

39. «Recuerdos de la maestra de García Márquez», *El Espectador*, 31 de octubre de 1982.

40. Margot Valdeblánquez, entrevista, Bogotá, 1991.

41. Saldívar, *García Márquez: el viaje a la semilla*, p. 120.

42. Véase Saldívar, «García Márquez: "La novela que estoy escribiendo está localizada en Cartagena de Indias, durante el siglo xviii"», *Diario 16*, 1 de abril de 1989.

43. Véase Rita Guibert, *Seven Voices* (Vintage, Nueva York, 1973), pp. 317-320, sobre la relación entre la temprana afición de GGM a dibujar tiras cómicas y su deseo de actuar en público, para lo que en última instancia lo vencía su sentido del ridículo.

44. BBC2, *Growing Up in Macondo*.

45. GGM, «La vaina de los diccionarios», *El Espectador*, mayo de 1982.

46. Luis Enrique GM, en Galvis, *Los García Márquez*, pp. 123-124.

47. Nacimientos de la familia: Gabito, Aracataca, marzo de 1927; Luis Enrique, Aracataca, septiembre de 1928; Margot, Barranquilla, noviembre de 1929; Aida Rosa, Barranquilla, diciembre de 1930; Ligia, Aracataca, agosto de 1934 (recuerda la casa de Aracataca en Galvis, *Los García Márquez*, p. 152); Gustavo, Aracataca, septiembre de 1935; después Rita, Barranquilla, julio de 1939; Jaime, Sucre, mayo de 1940; Hernando («Nanchi»), Sucre, marzo de 1943; Alfredo («Cuqui»), Sucre, febrero de 1945, y Eligio Gabriel («Yiyo»), Sucre, noviembre de 1947.

48. Mendoza, *El olor de la guayaba*, p. 25.

49. Véase GGM, «La túnica fosforescente», *El Tiempo*, diciembre de 1992; también «Estas Navidades siniestras», *El Espectador*, diciembre de 1980, donde afirma que tenía cinco años cuando todo esto ocurrió. En *Vivir para contarla*, p. 70, dice que tenía diez en esta ocasión, no siete, como sugerirían las leyes de la cronología.

50. En *La hojarasca*, Martín, el personaje basado en parte en Gabriel Eligio, es a un tiempo siniestro (emplea la magia guajira, incluido clavar alfileres en los

ojos de los muñecos) y anodino; evidentemente nunca amó a Isabel (el personaje basado en parte en Luisa), sino que sólo deseaba entrar en contacto con la
influencia y el dinero del coronel; y se marchó antes de que su hijo (el personaje basado en parte en GGM) pudiera tener recuerdos de él, lo cual por supuesto es cierto según la experiencia del propio GGM, salvo porque en su caso
Gabriel Eligio también se llevó a Luisa consigo; en cambio, en *La hojarasca*,
GGM, satisfaciendo tal vez sus deseos con la fantasía, se queda al lado de la madre y destierra al padre para siempre.

51. «Recuerdos de la maestra de García Márquez», *El Espectador*, 31 de octubre de 1982.

52. Margot GM, en Galvis, *Los García Márquez*, p. 61.

53. Véase *Vivir para contarla*, p. 106.

54. Véase Leonel Giraldo, «Siete Días en Aracataca, el pueblo de "Gabo"
García Márquez», *Siete Días* (Buenos Aires), 808, 8-14 de diciembre de 1982.

55. GGM aborda esta cuestión en *Vivir para contarla*, pp. 102-104.

56. Margot GM, en Galvis, *Los García Márquez*, p. 62. Véase *Vivir para contarla*, pp. 105-106, a propósito de las reflexiones de GGM sobre el regreso de sus
padres; adviértase en particular que, aunque rehúsa criticar abiertamente a su padre, enseguida empieza a hablar de palizas, lo que demuestra que relaciona a su
padre con la violencia (de la que, según dice, Gabriel Eligio se disculpó más tarde). Cierto es que la mayoría de los padres inflingían castigos físicos a sus hijos
en aquellos tiempos.

57. Véanse los recuerdos de Margot en Galvis, *Los García Márquez*, p. 68.

58. GGM, *Los cuentos de mi abuelo el coronel*, Juan Gustavo Cobo Borda,
ed., Smurfit Cartón de Colombia, 1988.

59. Véase GGM, *Vivir para contarla*, pp. 118-119.

60. Ramiro de la Espriella, «De "La casa" fue saliendo todo», *Imagen* (Caracas), 1972.

61. Véanse los graciosísimos recuerdos de Luis Enrique sobre el viaje a
Sincé en Galvis, *Los García Márquez*, pp. 124-125; también GGM, *Vivir para
contarla*, pp. 119-121.

62. Entrevista con GGM, Ciudad de México, 1999.

63. Visité Sincé con el cuñado de GGM, Alfonso Torres (casado con la
hermana de GGM, Rita, que había vivido allí) en 1998.

64. Margot GM, en Galvis, *Los García Márquez*, p. 68.

65. Saldívar, «GM: La novela que estoy escribiendo está localizada en Cartagena de Indias, durante el siglo XVIII», *Diario 16*, 1 de abril de 1989. Sin duda
éstas son declaraciones importantes. Las historias y las novelas de GGM dejan
traslucir una obsesión con los cadáveres, pero el mismo GGM al parecer nunca había visto a difuntos allegados a él hasta la muerte de su padre, en 1984. En

su primer relato, «La tercera resignación» (1947), el propio narrador muere, pero su cuerpo no se descompone ni recibe sepultura.

66. Guillermo Ochoa, «Los seres que inspiraron a Gabito», *Excelsior* (Ciudad de México), 13 de abril de 1971. Por supuesto, no tenía ocho años, sino diez, cuando murió su abuelo (en «El personaje equívoco», *Cambio*, 19-26 de junio de 2000, dice que ocurrió «cuando tenía poco más de cinco años»); pero en efecto tenía ocho cuando su abuelo padeció el fatídico accidente y fue entonces cuando la vida que había llevado hasta aquel momento, ya amenazada por el retorno de sus padres y hermanos, tocó a su fin a efectos prácticos.

67. Luisa Márquez, entrevista, Barranquilla, 1993.

68. Margot GM, en Galvis, *Los García Márquez*, p. 69.

69. Luis Enrique, en Galvis, *Los García Márquez*, p. 130. ¿Acaso el pícaro Luis Enrique supo siempre más acerca de la «academia» y sus antecedentes de lo que dice?

70. GGM, «Regreso a la guayaba», *El Espectador*, 10 de abril de 1983. Acerca de su relación con Aracataca, véase también GGM, «Vuelta a la semilla», *El Espectador*, 18 de diciembre de 1983.

4. AÑOS DE COLEGIO: BARRANQUILLA, SUCRE, ZIPAQUIRÁ

1. GGM, *Vivir para contarla*, pp. 157-158.

2. *Ibid.*, p. 162.

3. *Ibid.*, p. 174.

4. Mendoza, *El olor de la guayaba*, p. 23.

5. GGM, *Vivir para contarla*, p. 173.

6. *Ibid.*, p. 163. El hecho de que sobreviviera siempre lo atribuyó Luisa Santiaga al aceite de hígado de bacalao que le daba cada día. Véase también Guillermo Ochoa, «El microcosmos de García Márquez», *Excelsior* (Ciudad de México), 12 de abril de 1971: «"El chico olía a pescado todo el día", dice su padre».

7. Los siguientes episodios sobre Sucre se inspiran en mis entrevistas con la señora Luisa Márquez de García en Cartagena y Barranquilla, 1991 y 1993, en una conversación con el propio GGM en Ciudad de México en 1999, y en muchas conversaciones con todos sus hermanos y hermanas mantenidas a lo largo de estos años, así como en las fuentes publicadas que se consignan en estas notas.

8. Gustavo GM, en Galvis, *Los García Márquez*, p. 185.

9. GGM, *Vivir para contarla*, p. 188.

10. *Ibid.*

11. Juan Gossaín, citado por Heriberto Fiorillo, *La Cueva: crónica del grupo de Barranquilla*, Planeta, Bogotá, 2002, pp. 87-88.

12. Saldívar, *García Márquez: el viaje a la semilla*, es la fuente más completa sobre la época de GGM en el Colegio San Juan. Sin embargo, véase también José A. Núñez Segura, «Gabriel García Márquez (Gabo-Gabito)», *Revista Javeriana* (Bogotá), 352, marzo de 1969, pp. 31-36, en el cual uno de los profesores jesuitas del colegio recupera algunas de las redacciones de juventud de GGM.

13. Galvis, *Los García Márquez*, p. 70.

14. GGM menciona este asesinato en *Vivir para contarla*, pp. 273-274.

15. El más pequeño de los hermanos, Yiyo, no estaba del todo de acuerdo: en una ocasión me contó que todos los hijos menores, los nacidos en Sucre, eran «inútiles», incluido él, precisamente porque eran los únicos a los que su padre había asistido en el parto.

16. Véase Harley D. Oberhelman, «Gabriel Eligio García habla de Gabito», en Peter G. Earle, ed., *Gabriel García Márquez*, Taurus, Madrid, 1981, pp. 281-283. Oberhelman entrevistó a Gabriel Eligio acerca de su formación y experiencia médicas.

17. Guillermo Ochoa, «El microcosmos de García Márquez», *Excelsior*, 12 de abril de 1971.

18. GGM, *Vivir para contarla*, pp. 269-267.

19. GGM en conversación, Ciudad de México, 1999.

20. Rosario Agudelo, «Conversaciones con GM», *Pueblo*, suplemento "Sábado Literario" (Madrid), 2 de mayo de 1981. En otras versiones, GGM se ríe de esta experiencia traumática: *Vivir para contarla* ofrece algo así como una versión intermedia; y *Memoria de mis putas tristes* ofrece una crónica ficcionalizada.

21. Roberto Ruiz, «Eligio García en Cartagena. El abuelo de Macondo», *El Siglo*, 31 de octubre de 1969.

22. Citado por Gossaín en Fiorillo, *La Cueva*, p. 88. Gabriel Eligio negó posteriormente que tuviera intención de trepanarle el cráneo.

23. Véase GGM, «El cuento del cuento. (Conclusión)», *El Espectador*, 2 de septiembre de 1981, donde recuerda sus años de adolescencia en Sucre (que no se nombra) y declara que fueron «los años más libres de mi vida». A propósito de su actitud hacia las prostitutas, véase Claudia Dreifus, «Gabriel García Márquez», *Playboy*, 30:2, febrero de 1983.

24. GGM, *Vivir para contarla*, p. 202.

25. *Ibid.*, pp. 204-208.

26. *Ibid.*, p. 211.

27. Véase GGM, «Bogotá 1947», *El Espectador*, 21 de octubre de 1981, y «El río de nuestra vida», *El Espectador*, 22 de marzo de 1981. El escritor Christopher Isherwood visitó Colombia en la década de 1940 y viajó en el *David Arango*. Véase su evocación del viaje en *The Condor and the Cows*, Methuen, Londres, 1949.

28. GGM, *El otoño del patriarca*, Mondadori (Biblioteca García Márquez), Barcelona, 1996, p. 23.

29. GGM, *Vivir para contarla*, p. 218.

30. La mejor evocación de todo este periplo y de la llegada a Bogotá se encuentra en Germán Castro Caycedo, «"Gabo" cuenta la novela de su vida. 1 y 2», *El Espectador*, 23 de marzo de 1977.

31. GGM, «Bogotá 1947», *El Espectador*, 18 de octubre de 1981.

32. GGM, *Vivir para contarla*, p. 220.

33. La mejor fuente a propósito de la escuela en Zipaquirá es Saldívar, *García Márquez: el viaje a la semilla*. Buena parte de mis datos se basan en una entrevista con un compañero de clase de GGM, José Espinosa, Bogotá, 1998.

34. Rosario Agudelo, «Conversaciones con García Márquez», *Pueblo*, suplemento «Sábado Literario» (Madrid), 2 de mayo de 1981.

35. Véase Aline Helg, *La educación en Colombia 1918-1957: una historia social, económica y política*, CEREC, Bogotá, 1987.

36. GGM, «"Estoy comprometido hasta el tuétano con el periodismo político." *Alternativa* entrevista a Gabriel García Márquez», *Alternativa* (Bogotá), 29, 31 de marzo-13 de abril de 1975, p. 3.

37. Véase Juan Gustavo Cobo Borda, «Cuatro horas de comadreo literario con GGM» (entrevista del 23 de marzo de 1981), en su *Silva, Arciniegas, Mutis y García Márquez*, Presidencia de la República, Bogotá, 1997, pp. 469-482 (p. 475).

38. GGM, *Vivir para contarla*, p. 236.

39. Citado por Carlos Rincón, «Gabriel García Márquez entra en los 65 años. Tres o cuatro cosas que querría saber de él», *El Espectador*, 1 de marzo de 1992.

40. Margot GM me dijo en 1993: «Volvió a pasar cuando mamá estaba embarazada de Nanchi. Esta vez hasta mamá se puso brava. Estaba en la cama, en la casa de dos pisos de la plaza de Sucre, y ni siquiera se levantó. Esa vez hasta le gritó. Y mamá siempre estaba muy enferma, vomitaba siempre en los embarazos, bajaba de peso, parece increíble pero era así. Y yo me preocupaba mucho por ella y quería hacer algo, pero ella no me dejó».

41. Luis Enrique GM, Galvis, *Los García Márquez*, p. 146.

42. GGM, *Vivir para contarla*, pp. 260-262.

43. Saldívar, *García Márquez: el viaje a la semilla*, p. 156.

44. Darío también procedía de un pequeño pueblo del Caribe, y además se crió lejos de su madre, y asimismo había escuchado a un viejo coronel contando historias sobre la guerra. Treinta años después, *El otoño del patriarca* de GGM sería, entre otras cosas, un tributo afectuoso al lenguaje poético de Darío.

45. GGM, *Vivir para contarla*, p. 247.

46. «La ex-novia del Nobel colombiano», *El País* (Madrid), 7 de octubre de 2002.

47. GGM, *Vivir para contarla*, p. 241.

48. Véase GGM, *Cien años de soledad*, Mondadori (Biblioteca García Márquez), Barcelona, 1999, pp. 39-41.

49. GGM, *Vivir para contarla*, p. 246.

50. *Ibid.* p. 233.

51. *Ibid.*

52. Véase Saldívar, *García Márquez: el viaje a la semilla*, p. 166; también GGM, *Vivir para contarla*, pp. 233-234.

53. Véase Germán Santamaría, «Carlos Julio Calderón Hermida, el profesor de GM», *Gaceta*, Colcultura, Bogotá, 39, 1983, pp. 4-5.

54. En entrevistas posteriores a que alcanzara la celebridad, con frecuencia negaba haber escrito poesía: véase, por ejemplo, su conversación con María Esther Gilio, «Escribir bien es un deber revolucionario», *Triunfo* (Madrid), 1977, incluida en Rentería, ed., *García Márquez habla de García Márquez en 33 grandes reportajes.*

55. Véase *La Casa Grande* (Ciudad de México/Bogotá), 1:3, febrero-abril de 1997, p. 45, donde el poema se publica «gracias a Dasso Saldívar y Luis Villar Borda».

56. GGM, *Vivir para contarla*, p. 246.

57. Ligia GM, en Galvis, *Los García Márquez*, p. 165: «Gabito se enamoró de Mercedes en Sucre. Ella era una peladita de ocho años, con un delantalcito con adornos de paticos».

58. Véase Beatriz López de Barcha, «Gabito esperó a que yo creciera», *Carrusel*, Revista de *El Tiempo*, 10 de diciembre de 1982.

59. Ésta fue reeditada por Héctor Abad Gómez, «¿García Márquez poeta?», *El Tiempo* (Bogotá), *Lecturas Dominicales*, diciembre de 1982. Véase también Donald McGrady, «Dos sonetos atribuidos a Gabriel García Márquez», *Hispanic Review*, 51 (1983), pp. 429-434. La cumbia más popular en Colombia, compuesta años después, se llama «Colegiala».

60. Véase GGM, «Memorias de un fumador retirado», *El Espectador*, 13 de febrero de 1983.

61. GGM, *Vivir para contarla*, pp. 240-241.

62. *Ibid.*, p. 281. Véase también GGM, «El cuento del cuento. (Conclusión)», *El Espectador*, 2 de septiembre de 1981, donde recuerda cómo descubrió que el burdel de María Alejandrina Cervantes se había convertido en una escuela de monjas cuando regresó quince años después.

63. GGM, *Vivir para contarla*, pp. 285-286.

64. GGM, *Cien años de soledad*, p. 451.

65. Entrevista, Cartagena, 1991.

66. En Mompox, Mercedes mantenía una estrecha relación con una compañera de escuela llamada Margarita Chica Salas, que también vivía en Sucre;

652 GABRIEL GARCÍA MÁRQUEZ

poco después estaría involucrada en el drama que rodeó el asesinato de Cayetano Gentile, un amigo íntimo de GGM y su familia.

67. Gertrudis Prasca de Amín, entrevista, Magangué, 1991.

68. GGM, *Crónica de una muerte anunciada*, Mondadori (Biblioteca García Márquez), Barcelona, 1999, p. 49.

69. GGM, «El río de la vida», *El Espectador*, 22 de marzo de 1981, menciona al «irrecuperable José Palencia». Véase *Vivir para contarla*, pp. 287.

70. GGM, *Vivir para contarla*, pp. 291-292.

71. Saldívar, «García Márquez: La novela que estoy escribiendo está localizada en Cartagena de Indias, durante el siglo XVIII», *Diario 16*, 1 de abril de 1989.

72. Ligia GM, en Galvis, *Los García Márquez*, p. 158.

73. Véase GGM, «Telepatía sin hilos», *El Espectador*, 16 de noviembre de 1980, donde declara que Tranquilina murió con «casi cien años».

74. Aida Rosa GM, en Galvis, *Los García Márquez*, p. 99.

5. El estudiante universitario y el Bogotazo

1. Este capítulo hace uso de un amplio abanico de fuentes y conversaciones, pero en especial de entrevistas con Gonzalo Mallarino (Bogotá, 1991), Luis Villar Borda (Bogotá, 1998), Margarita Márquez Caballero (Bogotá, 1998), Jacques Gilard (Toulouse, 1999, 2004) y Gustavo Adolfo Ramírez Ariza (Bogotá, 2007).

2. En M. Fernández-Braso, *GGM: una conversación infinita*, Azur, Madrid, 1969, p. 102, GGM observa que la Academia Colombiana considera a la Real Academia Española «progresista» y habla de «proteger» la lengua (¡incluso de la propia España!).

3. Kafka, «Carta al padre» (noviembre de 1919). El padre de Kafka nunca leyó esta carta.

4. Entrevista, Bogotá, 1993. Alfredo López Michelsen era de hecho un pariente lejano a través de un bisabuelo común de la familia Cotes, como más adelante se descubriría cuando se hicieran amigos.

5. Luis Villar Borda, entrevista, 1998. Sobre este período, véase también GGM, «Bogotá, 1947», *El Espectador*, 18 de octubre de 1981.

6. Véase Juan B. Fernández, «Cuando García Márquez era Gabito», *El Tiempo, Lecturas Dominicales*, octubre de 1982. Uno de sus compañeros clave en esta época fue el estudiante de medicina afrocolombiano Manuel Zapata Olivella, que más tarde intervendría en su destino de forma decisiva en más de una ocasión. Otros estudiantes costeños relevantes fueron Jorge Álvaro Espinosa, que le habló por primera vez a GGM del *Ulises* de Joyce, y Domingo Manuel Vega, que le prestó *La metamorfosis* de Kafka.

7. Álvaro Mutis, «Apuntes sobre un viaje que no era para contar», en *Aura Lucía Mera*, ed., *Aracataca/Estocolmo*, Instituto Colombiano de Cultura, Bogotá, 1983, pp. 19-20, describe a Mallarino en el viaje de 1982 con motivo del Nobel como «nuestro decano», el cachaco con el que GGM mantenía una amistad más antigua, del período de Bogotá.

8. Para detalles relevantes sobre Camilo Torres, su decisión de hacerse sacerdote y su subsiguiente marcha, véase Germán Castro Caycedo, «"Gabo" cuenta la novela de su vida. 2», *El Espectador*, 23 de marzo de 1977.

9. Plinio Apuleyo Mendoza, *La llama y el hielo*, Gamma, Bogotá, 3.ª edición, 1989, pp. 9-10.

10. Aunque podría entenderse como «sarcasmo», la expresión literal evoca la imagen del dueño del gallo de pelea que mira irónica y provocativamente a su adversario por encima de la cresta del animal, mientras lo calma y lo acaricia con los labios.

11. Véase GGM, «Bogotá, 1947», *El Espectador*, 18 de octubre de 1981; y «El frenesí del viernes», *El Espectador*, 13 de noviembre de 1983, donde recuerda sus domingos desolados en Bogotá.

12. Gonzalo Mallarino, entrevista, Bogotá, 1991.

13. El segundo, «Geografía celeste», se publicó el 1 de julio de 1947.

14. Véase Germán Castro Caycedo, «"Gabo" cuenta la novela de su vida. 2», *El Espectador*, 23 de marzo de 1977, a propósito de la despedida de GGM a Camilo Torres.

15. *La Vida Universitaria*, suplemento del martes de *La Razón*, Bogotá, 22 de junio de 1947. Véase *La Casa Grande* (Ciudad de México/Bogotá), 1:3, febrero-abril de 1997, p. 45, donde este poema se reedita «gracias a Dasso Saldívar y Luis Villar Borda».

16. Véase Juan Gustavo Cobo Borda, «Cuatro horas de comadreo literario con Gabriel García Márquez», en su *Silva, Arciniegas, Mutis y García Márquez*, Presidencia de la República, Bogotá, 1997, pp. 469-482, para una de las muchas versiones de esta historia. Borges diría con posterioridad que *La metamorfosis* era el único relato del volumen que en realidad no había traducido él mismo.

17. Por supuesto, no es el modo en que hablaba la abuela de Kafka. Ésa, precisamente, era la diferencia.

18. Véase la reseña de John Updike de *Memoria de mis putas tristes* en *The New Yorker*, 7 de noviembre de 2005: «Un placer aterciopelado de leer, aunque algo desagradable de contemplar; posee las tendencias necrófilas de los cuentos precoces, obsesionados con muertos vivientes, que GM publicó con poco más de veinte años».

19. GGM, *Ojos de perro azul*, Mondadori (Biblioteca García Márquez), Barcelona, 1987, p. 19.

20. *Ibid.*, pp. 17-18.

21. *Ibid.*, p. 20.

22. GGM le cuenta toda la historia a Germán Castro Caycedo, «"Gabo" cuenta la novela de su vida. 3», *El Espectador*, 23 de marzo de 1977.

23. GGM, *Ojos de perro azul*, p. 24.

24. «La Ciudad y el Mundo», *El Espectador*, 28 de octubre de 1947.

25. GGM, *Vivir para contarla*, p. 324.

26. Gustavo Adolfo Ramírez Ariza está preparando un trabajo revisionista fundamental sobre la relación de GGM con Bogotá y sus experiencias en la capital colombiana.

27. GGM, *Ojos de perro azul*, p. 59.

28. Luis Enrique GM, en Galvis, *Los García Márquez*, pp. 132-133.

29. Véase Gonzalo Sánchez, «La Violencia in Colombia: New research, new questions», *Hispanic American Historical Review*, 65:4, 1985, pp. 789-807.

30. Entrevista, Bogotá, 1998. En «Bogotá, 1947», *El Espectador*, 18 de octubre de 1981, GGM afirma categóricamente que sus papeles se perdieron en el incendio que destruyó la pensión en que vivía (con referencia explícita a «El fauno en el tranvía»). En *Vivir para contarla*, pp. 340-342, cuenta una historia distinta.

31. Véase Herbert Braun, *Mataron a Gaitán: vida pública y violencia urbana en Colombia*, Norma, Bogotá, 1998, p. 326.

32. Irónicamente, su primer acto revolucionario fue ayudar a un saqueador a destrozar una máquina de escribir. ¡García Márquez le aseguraría a Castro más adelante que la máquina era suya!

33. Véase Arturo Alape, *El Bogotazo: memorias del olvido*, Universidad Central, Bogotá, 1983.

34. Margarita Márquez Caballero, entrevista, Bogotá, 1998.

35. Rita GM, en Galvis, *Los García Márquez*, p. 237.

6. REGRESO A LA COSTA: UN APRENDIZ DE PERIODISTA EN CARTAGENA

1. GGM, *Vivir para contarla*, p. 365. Este capítulo está basado en entrevistas con la familia GM, con Ramiro de la Espriella (Bogotá, 1991), Carlos Alemán (Bogotá, 1991), Manuel Zapata Olivella (Bogotá, 1991), Juan Zapata Olivella (Cartagena, 1991), Jacques Gilard (Toulouse, 1999, 2004), Héctor Rojas Herazo (Barranquilla, 1998) y Marta Yances (Cartagena, 2007), entre muchos otros.

2. Existen dos libros excelentes sobre la época de GM en Cartagena: Gustavo Arango, *Un ramo de nomeolvides: García Márquez en «El Universal»* (El Universal, Cartagena, 1995) y Jorge García Usta, *Cómo aprendió a escribir García Márquez* (Lealon, Medellín, 1995), que apareció en una edición revisada y con

un título ligeramente menos incendiario en 2007: *García Márquez en Cartagena: sus inicios literarios* (Planeta, Bogotá, 2007). Ambos reivindican que la influencia que la ciudad tuvo en su evolución como escritor fue mayor de lo que quizá sostengan las evidencias, pero también ejercen de correctivos de la opinión mayoritaria, según la cual el subsiguiente período de Barranquilla (1950-1953) sería el decisivo. Reaccionan sobre todo contra el trabajo del académico francés Jacques Gilard, que en la década de 1970 recopiló toda la obra periodística de GGM en *El Universal* (Cartagena), *El Heraldo* (Barranquilla), *El Espectador* (Bogotá) y demás medios. Cualquiera que sea la postura que se adopte sobre esta polémica, aún viva, la contribución de Gilard a los estudios sobre GGM no ha sido superada, y sus prólogos a los volúmenes de la *Obra periodística* de GGM son indispensables. Apenas un puñado del más del millar de artículos, ensayos y piezas literarias breves que GGM publicó en la prensa entre 1948 y 2008 han aparecido en inglés. Sobre este período concreto, véase Jacques Gilard, ed., Gabriel García Márquez, *Textos costeños: Obra periodística 1*, Mondadori (Biblioteca García Márquez), Barcelona, 1982.

3. GGM, *Vivir para contarla*, pp. 365-379, cuenta la historia de estos días y semanas con gran detalle.

4. Véase el perfil de Rojas Herazo a cargo de GGM, *El Heraldo* (Barranquilla), 14 de marzo de 1950.

5. GGM, *Vivir para contarla*, pp. 375-376 y pp. 384-385.

6. Véase «Un domingo de delirio», *El Espectador*, 8 de marzo de 1981, en el que GGM, de regreso a Cartagena, habla de su magia y revela que su lugar predilecto solía ser el muelle de la bahía de las Ánimas, donde estaba el mercado. Véase también «Un payaso pintado detrás de una puerta», *El Espectador*, 1 de mayo de 1982.

7. Aunque en Cartagena se cree que GGM no reconoció a Zabala precisamente porque aprendió muchísimo de él, en 1980 GGM le dijo a un periodista, Donaldo Bossa Herazo: «Zabala es un señor al que le debo gran parte de lo que soy» (Arango, *Un ramo de nomeolvides*, p. 136).

8. Los dos artículos, ambos sin título, aparecieron en *El Universal* bajo el epígrafe «Punto y Aparte» el 21 y el 22 de mayo de 1948, seis semanas después del Bogotazo.

9. Éste y todos los demás artículos de este período pueden encontrarse en Gilard, ed., *Textos costeños*.

10. Véase Gilard, ed., *Textos costeños*, pp. 94-95.

11. GGM, *Vivir para contarla*, pp. 389-391.

12. Ligia GM, en Galvis, *Los García Márquez*, p. 169.

13. Arango, *Un ramo de nomeolvides*, p. 178.

14. García Usta, *Cómo aprendió a escribir García Márquez*, p. 49.

15. Arango, *Un ramo de nomeolvides*, p. 67.

16. *Ibid.*, p. 275.

17. Franco Múnera, citado en *ibid.*, p. 178. El detalle es relevante: en la racista Colombia de los años cuarenta, sobre todo en Bogotá, el tambor era un indicio codificado de la cultura costeña en general y la cultura negra en particular; la adhesión explícita de GGM a ese instrumento fue, del mismo modo, un signo de apego a su cultura regional así como un gesto desafiante a la visión del mundo de los cachacos.

18. *El Universal*, 27 de junio de 1948.

19. Véase el artículo de GGM acerca de Poe en *El Universal*, 7 de octubre de 1949. A propósito de su relación con Ibarra Merlano, véase Cobo Borda, «Cuatro horas de comadreo literario con Gabriel García Márquez», *op. cit.*

20. *El Universal*, 4 de julio de 1948; véase Arango, *Un ramo de nomeolvides*, p. 149. El artículo fue reeditado en *El Heraldo* (Barranquilla), 16 de febrero de 1950, con el añadido del nombre «Álbaniña».

21. Arango, *Un ramo de nomeolvides*, pp. 208, 222.

22. Luis Enrique GM, entrevista, Barranquilla, 1998.

23. Luis Enrique GM, entrevista, Barranquilla, 1993.

24. GGM, *Vivir para contarla*, pp. 399-406.

25. Véase GGM, «El viaje de Ramiro de la Espriella», *El Universal*, 26 de julio de 1949, donde se menciona a ambos escritores.

26. Véase Virginia Woolf, *Orlando*, Vintage, Nueva York, 2000, p. 176: «*But love - as the male novelists define it - and who, after all, speak with greater authority? - has nothing whatever to do with kindness, fidelity, generosity, or poetry. Love is slipping off one's petticoat and - But we all know what love is. Did Orlando do that?*».

27. Véase Arango, *Un ramo de nomeolvides*, p. 220.

28. Rafael Betancourt Bustillo, citado por García Ustal, pp. 52-53.

29. Arango, *Un ramo de nomeolvides*, p. 231.

30. Sin embargo, esto habría implicado, de nuevo, inventar el llamado «realismo mágico» por su cuenta, y escritores que doblaban su edad como Miguel Ángel Asturias (*Hombres de maíz*, 1949) y Alejo Carpentier (*El reino de este mundo*, 1949) justamente estaban llegando a esta idea cuando GGM empezaba a lidiar con «La casa», en un país cuya obra de ficción estaba tremendamente atrasada incluso según los parámetros latinoamericanos de la época.

31. GGM, *Vivir para contarla*, p. 411.

32. Véanse los artículos de GGM sobre La Sierpe en Gilard, ed., *Textos costeños*.

33. Véase Eligio García, *La tercera muerte de Santiago Nasar*, Oveja Negra, Bogotá, 1987, p. 61.

34. Véase GGM, «La cándida Eréndira y su abuela Irene Papas», *El Espectador*, 3 de noviembre de 1982.

35. Fiorillo, *La Cueva*, p. 95.

36. En *Vivir para contarla* (p. 419) dice que fue entonces cuando la empezó. En la p. 428 afirma que, en cualquier caso, nunca fueron más que «fragmentos».

37. Arango, *Un ramo de nomeolvides*, p. 266.

38. *Ibid.*, p. 243. Jaime Angulo Bossa recuerda que en Cartagena, en aquellos tiempos, GGM y él siempre se estrechaban la mano izquierda (*ibid.*, p. 302). Resulta irónico que aunque los críticos han discutido interminablemente sobre si la lectura de las novelas modernistas se originó en Cartagena o en Barranquilla para GGM, ninguno de ellos parece haber advertido que su formación política activa se inició sin duda justo entonces en Cartagena, en primer lugar gracias a Zabala y después a Ramiro de la Espriella; la política nunca fue la principal preocupación del grupo de Barranquilla.

39. Véase Juan Gossaín, «A Cayetano lo mató todo el pueblo», *El Espectador*, 13 de mayo de 1981, en el que Luis Enrique GM cuenta la extraordinaria historia de María Alejandrina Cervantes: su improvisado burdel de Sucre era «una especie de oficina en la que nos reuníamos, durante las vacaciones, todos los estudiantes... Mi mamá, por ejemplo, decía que ella no se preocupaba mucho si era muy tarde y Gabito no había llegado a la casa, porque sabía que estaba en casa de María Alejandrina. Yo no sé si la gente puede comprender, sin escandalizarse, lo que significaban estas cosas hace más de treinta años...».

40. GGM, «Viernes», *El Universal*, 24 de junio de 1949. La importancia que le concede al libro era tal que más tarde, sin duda exagerando, atribuiría su manera de entender la naturaleza del tiempo, tanto en la vida como en la ficción, a haber leído *La señora Dalloway*.

41. Gilard, ed., *Textos costeños*, pp. 16-17. Saldívar, *García Márquez*, pp. 556-557.

42. GGM, «Abelito Villa, Escalona & Co.», *El Heraldo*, 14 de marzo de 1950.

43. Arango, *Un ramo de nomeolvides*, p. 237.

44. Tanto Arango como García Usta citan esta mención.

7. BARRANQUILLA, UN LIBRERO Y UN GRUPO BOHEMIO

1. Arango, *Un ramo de nomeolvides*, p. 222.

2. *Ibid.*, p. 311. Este capítulo está basado en entrevistas con los hermanos y hermanas de GGM, Alfonso Fuenmayor (Barranquilla, 1991, 1993), Germán Vargas (Barranquilla, 1991), Alejandro Obregón (Cartagena, 1991), Tita Cepeda (Barranquilla, 1991), Susy Linares de Vargas (Barranquilla, 1991), Heliodoro García (Barranquilla, 1991), Guillermo Marín (Barranquilla, 1991), Quique Sco-

pell (Barranquilla, 1993), Katya González (Barranquilla, 1991), Pacho Bottía (Barranquilla, 1991), Ben Woolford (Londres, 1991), Ramón Illán Bacca (Barranquilla, 1991, 2007), Antonio María Peñaloza Cervantes (Aracataca, 1991), Otto Garzón Patiño (Barranquilla, 1993), Alberto Assa (Barranquilla, 1993), Juan Antonio Roda y María Fornaguera de Roda (Bogotá, 1993), Jacques Gilard (Toulouse, 1999, 2004), Guillermo Henríquez (Barranquilla, 2007), Meira Delmar (Barranquilla, 2007), Jaime Abello (Barranquilla, 2007), y muchos otros.

3. En conversación, Ciudad de México, 1993.

4. A propósito del grupo de Barranquilla, véase sobre todo Alfonso Fuenmayor, *Crónicas sobre el grupo de Barranquilla* (Instituto Colombiano de Cultura, Bogotá, 1978) y Fiorillo, *La Cueva*, que contiene ilustraciones excepcionales. Fiorillo ha llevado a cabo otras obras de gran valor sobre las cuestiones culturales que rodeaban al grupo. Acerca de Vinyes, véase Jacques Gilard, *Entre los Andes y el Caribe: la obra americana de Ramón Vinyes* (Universidad de Antioquia, Medellín, 1989) y Jordi Lladó, *Ramon Vinyes: un home de lletres entre Catalunya i el Carib* (Generalitat de Catalunya, Barcelona, 2006).

5. «¿[Usted es] Subirats? ¿Subirats, el mediocre traductor de Joyce?» (Fuenmayor, *Crónicas sobre el grupo*, p. 43).

6. Fiorillo, *La Cueva*, pp. 46, 98.

7. Véase Álvaro Mutis, «Apuntes sobre un viaje que no era para contar», en Mera, ed., *Aracataca-Estocolmo*, pp. 19-20, para hallar ejemplos.

8. Véase Fiorillo, *La Cueva*, p. 108.

9. Daniel Samper, prólogo a la *Antología de Álvaro Cepeda Samudio*, Biblioteca Colombiana de Cultura, Bogotá, 1977; también Plinio Mendoza, «Réquiem», *La llama y el hielo*.

10. Véase GGM, «Obregón, o la vocación desaforada», *El Espectador*, 20 de octubre de 1982.

11. «El grupo de Barranquilla», *Vanguardia Liberal*, Bucaramanga, 22 de enero de 1956.

12. Fiorillo, *La Cueva*, p. 96.

13. *Ibid.*, pp. 136-137.

14. *Ibid.*, p. 58; en épocas más recientes, el padre de la cantante Shakira puso allí una joyería.

15. Quien esto escribe tuvo el privilegio inolvidable de recorrer esta zona acompañado por Alfonso Fuenmayor en 1993, poco antes de que muriera; Jaime Abello, director de la Fundación GGM de Nuevo Periodismo Iberoamericano, me hizo una espléndida puesta al día en 2006.

16. Pudo haber sido Rondón quien introdujo en primera instancia a GGM en el mundo del comunismo. Véase «"Estoy comprometido hasta el tuétano con el periodismo político": *Alternativa* entrevista a Gabriel García Márquez»,

Alternativa (Bogotá), 29, 31 de marzo-13 de abril de 1975, p. 3, donde menciona que perteneció a una célula comunista «a la edad de veintidós años».

17. Véase el primer párrafo de *Vivir para contarla.*

18. Fiorillo, *La Cueva,* p. 74. El burdel de Eufemia es otro lugar que adquirió categoría mítica a través de las referencias del relato «La noche de los alcaravanes» y de *Cien años de soledad.* Muchas de las aventuras del grupo quedaron inmortalizadas posteriormente en la literatura y en la leyenda local, como la ocasión en que Alfonso Fuenmayor espantó a un loro de un árbol y el pájaro cayó en el guiso de sancocho que siempre cuece en las anécdotas de los burdeles costeños de la época; GGM, sin pensarlo, levantó la tapa de la gran olla y el loro encontró la muerte en el guiso aromático y borboteante, en sustitución del pollo. Sobre prostitución y literatura en Barranquilla, véase Adlai Stevenson Samper, *Polvos en La Arenosa: cultura y burdeles en Barranquilla,* La Iguana Ciega, Barranquilla, 2005.

19. Fiorillo, *La Cueva,* p. 93.

20. GGM me contó esto en La Habana en 1997.

21. Véase *Vivir para contarla,* p. 435. En *Memorias de mis putas tristes* será trasunto de Castorina.

22. En *Vivir para contarla* no se llama Dámaso, sino Lácides.

23. Faulkner dijo esto en su célebre entrevista del *Paris Review,* lo cual dejó en GGM una honda impresión. Para una descripción temprana del «Rascacielos» y sus habitantes, véase Plinio Mendoza, «Entrevista con Gabriel García Márquez», *Libre* (París), 3, marzo-mayo de 1972, pp. 7-8.

24. «Una mujer con importancia», *El Heraldo,* 11 de enero de 1950.

25. «El barbero presidencial», *El Heraldo,* 16 de marzo de 1950.

26. «Illya en Londres», *El Heraldo,* 29 de julio de 1950.

27. «Memorias de un aprendiz de antropófago», *El Heraldo,* 9 de febrero de 1951.

28. «La peregrinación de la jirafa», *El Heraldo,* 30 de mayo de 1950.

29. Saldívar, *García Márquez: el viaje a la semilla,* refuta la historia de GGM y afirma categóricamente que la visita a Aracataca con su madre fue en 1952 y que GGM sólo dijo que había sido en 1950 para que Barranquilla fuera el lugar donde escribió *La hojarasca,* así como hacer del viaje con su madre su fuente de inspiración para ésta; pero que de hecho, según Saldívar, *La hojarasca* fue escrita en Cartagena nada menos que entre 1948 y 1949. Dado que en el momento en que Saldívar afirmó esto GGM planeaba hacer del viaje con su madre el punto de partida de todas sus memorias y la confirmación definitiva de su vocación literaria, la hipótesis es especialmente imprudente y, a mi juicio, equivocada.

30. Más tarde se valdría de este recuerdo para crear su relato «La siesta del

martes», acerca de la madre y la hermana de un ladrón muerto que tienen que recorrer las calles hostiles de Macondo para visitar su tumba. Quienes hayan leído *Pedro Páramo*, de Juan Rulfo (1955), cuya enorme influencia en GGM se deja notar desde la primera frase de *Cien años de soledad*, habrán advertido que tanto el estilo como el contenido de este capítulo de *Vivir para contarla* recuerdan la llegada de Juan Preciado a Comala, al comienzo de la obra de Rulfo. A propósito de Aracataca en esta época, véase Lázaro Diago Julio, *Aracataca... una historia para contar* (Aracataca, 1989, inédito), pp. 198-212.

31. Por irónico que parezca, el historiador local Diago Julio dice que 1950 fue el año más próspero de Aracataca desde la década de 1920 (*ibid.*, p. 215).

32. GGM, *Vivir para contarla*, p. 36.

33. GGM, entrevistado por Peter Stone para *Paris Review* en 1981. Véase Philip Gourevitch, ed., *The «Paris Review» Interviews*, vol. II, Canongate, Londres, 2007, pp. 185-186.

34. Me lo dijo en 1999; y véase Anthony Day y Marjorie Miller, «Gabo talks: GGM on the misfortunes of Latin America, his friendship with Fidel Castro and his terror of the blank page», *Los Angeles Times Magazine*, 2 de septiembre de 1990, p. 33.

35. En *Vivir para contarla*, GGM afirma que apenas habló con su madre en el viaje de vuelta; en cambio, en Juan Gustavo Cobo Borda, «Cuatro horas de comadreo literario con Gabriel García Márquez», dice que inmediatamente empezó a preguntarle por «la historia de mi abuelo, de la familia, de donde habían venido».

36. GGM, «¿Problemas de la novela?», *El Heraldo*, 24 de abril de 1950.

37. Fiorillo, *La Cueva*, pp. 20-21.

38. *El Heraldo*, 14 de marzo de 1950.

39. Escalona siguió siendo el compositor de vallenatos más célebre y una verdadera institución nacional. Véase Consuelo Araujonoguera, *Rafael Escalona: el hombre y el mito* (Planeta, Bogotá, 1988), una biografía de la mano de la mujer que organizó los festivales del vallenato hoy tradicional en Valledupar, hasta que murió asesinada, al parecer, en un tiroteo entre el ejército y las FARC en septiembre de 2001. Escalona murió en mayo de 2009.

40. Véase Fiorillo, *La Cueva*, p. 36.

41. Véase GGM, *Vivir para contarla*; Fuenmayor, *Crónicas sobre el Grupo*, y Gilard, ed., *Textos costeños*.

42. Véase Fiorillo, *La Cueva*, pp. 186-187.

43. Acerca de GGM y Hemingway, véase William Kennedy, «The Yellow Trolley Car in Barcelona: An Interview» (1972), en *Riding the Yellow Trolley Car*, Viking, Nueva York, 1993, p. 261.

44. GGM, «Faulkner, Premio Nobel», *El Heraldo*, 13 de noviembre de 1950.

45. Eligio García, *Tras las claves de Melquíades*, pp. 360-361.

46. Carlos Alemán me dio una copia de la carta cuando nos encontramos en Bogotá en 1991. Volvió a imprimirse posteriormente en Arango, *Un ramo de nomeolvides*, pp. 271-273.

47. Curiosamente, dos años antes Gaitán había sido enterrado en el patio de su casa de Bogotá, pues se temía que su sepulcro atraería una atención malsana tanto de sus admiradores como de sus enemigos.

48. «Caricatura de Kafka», *El Heraldo*, 23 de agosto de 1950.

49. Martín es a un tiempo siniestro (utiliza la brujería guajira, incluido clavar alfileres en los ojos de los muñecos fetiche) y anodino: una curiosa combinación.

50. «El viaje a la semilla», *El Manifiesto* (Bogotá, 1977), en Rentería, ed., p. 161.

51. GGM le contó a Elena Poniatowska (entrevista, septiembre de 1973, *Todo México*, p. 224) que «nunca ha podido ir más lejos en su aprovechamiento literario [de Mercedes], porque ha llegado a conocerla tanto que ya no tiene la menor idea de cómo es en realidad».

52. Hablé con Meira Delmar acerca de esta época en noviembre de 2006.

53. Ligia GM, en Galvis, *Los García Márquez*, pp. 165-166. Mercedes me dijo lo mismo en 1991.

54. Véase Antonio Andrade, «Cuando Macondo era una redacción», *Excelsior* (Ciudad de México), 11 de octubre de 1970.

55. Aida GM, entrevista, Barranquilla, 1993.

56. Véase «El día que Mompox se volvió Macondo», *El Tiempo*, 11 de diciembre de 2002. Margarita Chica murió en Sincelejo en mayo de 2003. La mejor fuente sobre las causas de este asesinato y sus consecuencias es Eligio García, *La tercera muerte de Santiago Nasar*, Oveja Negra, Bogotá, 1987.

57. Véase *Vivir para contarla*, pp. 461-463.

58. Ligia GM, en Galvis, *Los García Márquez*, p. 154.

59. Véase Ángel Romero, «Cuando GM dormía en *El Universal*», *El Universal*, 8 de marzo de 1983, que devendría una fuente importante para el libro de Arango.

60. Gilard, ed., *Textos costeños*, p. 31.

61. Gustavo GM, en Galvis, *Los García Márquez*, p. 211; GGM menciona el incidente en «El cuento del cuento», *El Espectador*, 23 de agosto de 1981.

62. GGM, *Vivir para contarla*, p. 468.

63. García Usta, *Cómo aprendió a escribir García Márquez*, pp. 34-35.

64. Arango, *Un ramo de nomeolvides*, p. 274.

65. *Ibid.*, p. 211.

66. Gustavo GM, en Galvis, *Los García Márquez*, p. 194.

67. *El Espectador*, 18 de marzo de 1951.

68. Es también manifiestamente «faulkeriano».

69. Saldívar dice que esta visita se produjo en 1949. Esto parece basarse en un falso recuerdo, debido a que GGM viviera en Cartagena en dos ocasiones: en 1948-1949 y en 1951-1952. El propio Mutis siempre ha manifestado sin ambajes que utilizaba su puesto en la aerolínea LANSA para viajar a Cartagena y encontrarse con GGM, y no empezó a trabajar en LANSA hasta 1950.

70. GGM, «Mi amigo Mutis», *El País* (Madrid), 30 de octubre de 1993. El hecho de que no conociera a Mutis hasta 1951 no le impide a GGM declarar que solía contar a Mutis y a Mallarino sus relatos en Bogotá en 1947-1948: véase «Bogotá 1947», *El Espectador*, 18 de octubre de 1981.

71. Véase Santiago Mutis, *Tras las rutas de Maqroll el Gaviero*, Proartes, Cali, 1988, p. 366.

72. Véase Fernando Quiroz, *El reino que estaba para mí: conversaciones con Álvaro Mutis*, Norma, Bogotá, 1993, pp. 68-70.

73. Del colombianismo «vaina» podría escribirse toda una disertación, pues es parte integrante del carácter nacional. A primera vista, parecería que se utiliza cuando quien habla no puede o no desea molestarse en hallar una palabra precisa. En un país, no obstante, donde el habla suele ser de una exactitud inusual, el empleo de «vaina» es casi siempre deliberado (aunque finja espontaneidad), en una especie de costumbre nacional, o incluso adicción, un modo de que las cosas queden imprecisas, incluso una manera de mostrar que uno desea ser libre, poco pomposo, o incluso —en el país donde se habla «el mejor español del mundo»— transgresor. La palabra la usan abrumadoramente los hombres, posiblemente porque las mujeres son conscientes de que proviene del latín *vagina*.

74. GGM, *Vivir para contarla*, p. 481.

75. En una entrevista de 1968, GGM dijo que Vinyes lo consoló por el rechazo: véase Leopoldo Anzacot, «García Márquez habla de política y literatura», *Índice* (Madrid), 237, noviembre de 1968; pero, claro está, Vinyes se había marchado en abril de 1950.

76. Hubo todavía algunos momentos excepcionales. Uno de los más memorables fue «El bebedor de Coca-Cola», 24 de mayo de 1952, su reconocimiento a Ramón Vinyes tras su muerte en Barcelona el 5 de mayo, justo antes de su septuagésimo cumpleaños. Es un testimonio del «sabio catalán», pero también de la visión y originalidad del propio Gabito, su último discípulo, que halló un modo de decirle adiós que era a un tiempo irreverente, burlón consigo mismo y conmovedor. Acababa así: «De allá nos mandaron a decir, el sábado, que ha muerto. Y yo me he puesto a recordar estas cosas; por si acaso es verdad».

77. Entrevisté a Poncho Cotes en Valledupar en 1993. Véase Rafael Esca-

lona Martínez, «Estocolmo, Escalona y Gabo», en Mera, ed., *Aracataca-Estocolmo*, pp. 88-90, acerca de su relación.

78. Manuel Zapata Olivella, entrevista, Bogotá, 1991. Véase Zapata Olivella, «Enfoque antropológico: Nobel para la tradición oral», *El Tiempo*, *Lecturas Dominicales*, diciembre de 1982.

79. Véase Ciro Quiroz Otero, *Vallenato, hombre y canto*, Ícaro, Bogotá, 1983.

80. Esta canción ganó el premio de composición en el Festival de Vallenato de 1977. El conocimiento de GGM del vallenato, un género prácticamente desconocido en los años cuarenta, se había hecho más profundo gracias a Clemente Manuel Zabala y Manuel Zapata Olivella (ambos del lado de Bolívar de la Costa) aun antes de conocer a Escalona, pero siempre fue un amante de la música popular de su región.

81. Véase GGM, «Cuando Escalona me daba de comer», *Coralibe* (Bogotá), abril de 1981.

82. Véase, por ejemplo, «La cercanía con el pueblo encumbró la novela de América Latina», *Excelsior* (Ciudad de México), 25 de enero de 1988.

83. GGM, *Vivir para contarla*, p. 499.

84. Cobo Borda, *Silva, Arciniegas, Mutis y García Márquez*, p. 479.

85. Véase Plinio Mendoza, «Entrevista con Gabriel García Márquez», *Libre* (París), 3, marzo-mayo de 1972, p. 9, donde GGM cita estas líneas y confiesa que pudieron inspirar *El otoño del patriarca*.

86. En *Crónica de una muerte anunciada* (Mondadori, Biblioteca García Márquez, Barcelona, pp. 94-95) su yo en la ficción también se convertiría en un vendedor de enciclopedias, «en una época incierta en que trataba de entender algo de mí mismo».

87. Véase el mapa de la costa colombiana atlántica y caribeña.

88. Véase Gilard, ed., *Textos costeños*, p. 66.

89. Recordado en una carta de GGM desde Barcelona a Álvaro Cepeda Samudio, Barranquilla, el 26 de marzo de 1970. Mi agradecimiento para con Tita Cepeda por permitirme ver esta carta.

90. GGM, *Vivir para contarla*, p. 504; aunque Gilard fue informado de que GGM se marchó antes (*Textos costeños*, p. 37).

91. Este trabajo ganó el Premio Nacional de Relatos de 1954. Véase *Vivir para contarla*, p. 543, donde, como de costumbre, GGM adopta un aire de indiferencia tanto hacia el dinero como hacia la gloria.

92. Cobo Borda, *Silva, Arciniegas, Mutis y García Márquez*, p. 480. GGM dice también aquí que el novelista que más disfruta, que realmente hace volar su imaginación, es Conrad; nuevamente, gracias a Mutis.

93. GGM, *Vivir para contarla*, p. 506.

8. De regreso a Bogotá: el reportero estrella

1. Entrevistas con Álvaro Mutis, Ciudad de México, 1992, 1994. Para este capítulo, hablé también con José Salgar (Bogotá, 1991; Cartagena, 2007), Germán Arciniegas (Bogotá, 1991), Juan Gustavo Cobo Borda (Bogotá, 1991), Ana María Busquets de Cano (Bogotá, 1991), Alfonso y Fernando Cano (Bogotá, 1993), Álvaro Castaño (Bogotá, 1991, 1998 y 2007), Nancy Vicens (Ciudad de México, 1994), José Font Castro (Madrid, 1997) y Jacques Gilard (Toulouse, 1999, 2004), entre muchos otros. En 1993, Patricia Castaño me guió por un recorrido especializado por todos los lugares relacionados con GGM en el centro de Bogotá.

2. Véase Alfredo Barnechea y José Miguel Oviedo, «La historia como estética» (entrevista, México, 1974), reproducida en Álvaro Mutis, *Poesía y prosa* (Instituto Colombiano de Cultura, Bogotá, 1982), pp. 576-597 (p. 584).

3. *Vivir para contarla*, pp. 525-526.

4. Óscar Alarcón, *El Espectador*, 24 de octubre de 1982, p. 2A. Entrevisté a Óscar Alarcón, un primo de Santa Marta a quien GGM introdujo en *El Espectador*, en 2007. El apodo «Mono» en Colombia alude, además de al animal, al cabello rubio.

5. De mi entrevista con Salgar, 1991.

6. «La reina sola», *El Espectador*, 18 de febrero de 1954.

7. Gilard, ed., *Obra periodística 2: Entre cachacos*, Mondadori (Biblioteca García Márquez), Barcelona, 1992, pp. 17-18. El trabajo de Gilard es, de nuevo, indispensable para este período.

8. Véase Sorela, *El otro García Márquez*, p. 88. Sorela, antiguamente colaborador de *El País*, hace una serie de análisis muy reveladores de la obra periodística de GGM.

9. Gilard, ed., *Entre cachacos*, es particularmente severo al juzgar las críticas cinematográficas de GGM.

10. Esta coherencia, confianza y —sí— humanidad es lo que lo conecta de manera tan irresistible con su precursor inmortal, Cervantes.

11. Mientras que mucho más adelante estaría más que gustoso de hacerlo de manera indirecta, a través de «talleres» de cine y periodismo.

12. GGM, *Vivir para contarla*, pp. 538-539. Véase también José Font Castro, «Gabo, 70 años: "No quiero homenajes póstumos en vida"», *El Tiempo*, 23 de febrero de 1997, para recuerdos de este período.

13. Entrevistas con Nancy Vicens, Ciudad de México, 1994 y 1997; acerca de Luis Vicens, véase E. García Riera, *El cine es mejor que la vida*, Cal y Arena, México, 1990, pp. 50-53.

14. Citado por Fiorillo, *La Cueva*, p. 262.

15. Véase Diego León Giraldo, «La increíble y triste historia de GGM y la cinematografía desalmada», *El Tiempo*, *Lecturas Dominicales*, 15 de diciembre de 1982, sobre *La langosta azul* y sobre su crítica cinematográfica en Barranquilla y Bogotá. Gustavo Adolfo Ramírez Ariza ha señalado que los amigos costeños de GGM hicieron visitas —aún más— frecuentes a Bogotá.

16. GGM, *Vivir para contarla*, pp. 555-556.

17. Gilard, ed., *Entre cachacos*, pp. 69-71.

18. GGM, «Hace sesenta años comenzó la tragedia», *El Espectador*, 2 de agosto de 1954.

19. Publicados el 2, 3 y 4 de agosto de 1954, respectivamente.

20. GGM recuerda este viaje a «Urabá» en «Seamos machos: hablemos del miedo al avión», *El Espectador*, 26 de octubre de 1980. Una de sus crónicas más detalladas de sus manipulaciones se halla, no obstante, en Germán Castro Caycedo, «"Gabo" cuenta la novela de su vida. 4», *El Espectador*, 23 de marzo de 1977. Véase también *Vivir para contarla*, pp. 535-538. Daniel Samper, «Gabriel García Márquez se dedicará a la música», 1968, en *Rentería*, pp. 21-27, ofrece una versión particularmente escandalosa de esta anécdota: p. 26, «Y así fue como se salvó al Chocó». Véase «Gabriel García Márquez: "Tengo permanente germen de infelicidad: atender a la fama"», *Cromos*, 1 de enero de 1980, donde va todavía más allá («trataba de modificar la realidad»), para el lógico asombro de algunos de los periodistas de *El País*.

21. «Hemingway, Premio Nobel», *El Espectador*, 29 de octubre de 1954. El artículo no está firmado, pero Gilard sin duda está en lo cierto al creer que el autor es GGM.

22. *Vivir para contarla*, p. 565, dice que fue en el despacho de GGM en *El Espectador*.

23. GGM, conferencia dictada en el curso de periodismo de *El País*, Universidad Autónoma de Madrid, 28 de abril de 1994.

24. Entrevista con José Font Castro, Madrid, 1997.

25. Véase «La desgracia de ser escritor joven», *El Espectador*, 6 de septiembre de 1981. Doce años después de su primera aparición, cuando GGM regresó fugazmente a Bogotá tras la publicación de *Cien años de soledad*, halló decenas de ejemplares de esta primera edición a la venta en librerías de segunda mano por la módica cantidad de un peso, y compró cuantos pudo.

26. Véase *Vivir para contarla*, pp. 575-576.

27. Véase Claude Couffon, «A Bogotá chez García Márquez», *L'Express* (París), 17-23 de enero de 1977, pp. 70-78, especialmente p. 74.

28. Véase Dante, *Vita Nuova*, capítulo segundo.

29. Mercedes fue una excelente alumna en secundaria y había pensado estudiar bacteriología en la universidad, pero parece que la interminable inmi-

nencia de su hipotético matrimonio con Gabito al final le hizo aparcar tales proyectos.

30. Véase *Vivir para contarla*, pp. 559-561, 563.

31. Véase Juan Ruiz, Arcipreste de Hita, *El libro de buen amor* (siglo xiv), muy influyente en la cultura y la psicología españolas. El motivo del «amor loco» se menciona tanto en la primera como —implícitamente, por referencia a su opuesto, el «buen amor»— en la última página de *Memoria de mis putas tristes*, su última novela, que GGM publicó con setenta y siete años.

32. Entrevista, Ciudad de México, 1997.

33. Véase por ejemplo Claudia Dreifus, «GGM», *Playboy* 30:2, febrero de 1983, donde declara que Mercedes dijo que lo mejor era que se marchara, o la culparía para el resto de sus vidas (p. 178).

SEGUNDA PARTE

EN EL EXTRANJERO: EUROPA Y AMÉRICA LATINA

9. EL DESCUBRIMIENTO DE EUROPA: ROMA

1. «"Los 4 grandes" en Tecnicolor», *El Espectador*, 22 de julio de 1955.

2. Este capítulo se basa en entrevistas con Fernando Gómez Agudelo (que hizo Patricia Castaño en Bogotá en 1991), Guillermo Angulo (Bogotá, 1991, 2007), Fernando Birri (Cartagena, 2007; Londres, 2008) y Jacques Gilard (Toulouse, 1999, 2004), y discusiones con muchos otros informantes, entre los que cabe destacar a John Kraniauskas.

3. «"Los 4 grandes" en Tecnicolor». Para un recuerdo distinto de su viaje, véase «Regreso a la guayaba», *El Espectador*, 10 de abril de 1983, en donde afirma, una vez más, que su intención era «regresar a Colombia unas semanas después».

4. Germán Castro Caycedo, «"Gabo" cuenta la novela de su vida. 4», *El Espectador*, 23 de marzo de 1977. Castro Caycedo 4 y 5 ofrecen una de las mejores crónicas de las experiencias de GGM en Ginebra.

5. De nuevo, la obra de Gilard es imprescindible: véase *Gabriel García Márquez, De Europa y América: Obra periodística 3*, Mondadori (Biblioteca García Márquez), Barcelona, 1992, p. 30.

6. *Ibid.*

7. Sorela, *El otro García Márquez*, p. 115.

8. De hecho, la crisis del pontífice, que se había presentado cuando GGM estaba todavía en Bogotá, había quedado ya muy atrás. Véase, sin embargo,

«Roma en verano», *El Espectador*, 6 de junio de 1982, donde GGM insiste en esta historia y entra en detalles.

9. *Ibid*. En Germán Castro Caycedo, «"Gabo" cuenta la novela de su vida. 5», *El Espectador*, 23 de marzo de 1977, declara que estuvo en Roma «ocho meses, o un año».

10. *Excelsior* (Ciudad de México), 19 de marzo de 1988, informó de que *La Stampa* de Turín dijo que los artículos de GGM sobre Montesi no arrojaban nueva luz sobre el caso. Más a colación vendría, dadas las desventajas de GGM, saber si el caso fue sintetizado mejor por cualquier otro periodista.

11. *El Espectador*, 16 de septiembre de 1955, p. 1.

12. Karen Pinkus, *The Montesi Scandal: The Death of Wilma Montesi and the Birth of the Paparazzi in Fellini's Rome*, ¡Chicago University Press, Chicago, 2003, p. 2.

13. Véase *ibid*., p. 36 acerca de *¿Qué es el cine?*, de Bazin.

14. GGM, «Domingo en el Lido de Venecia. Un tremendo drama de ricos y pobres», *El Espectador*, 13 de septiembre de 1955.

15. «Roma en verano», *El Espectador*, 6 de junio de 1982.

16. GGM, «Confusión en la Babel del cine», *El Espectador*, 8 de septiembre de 1955. Más de un cuarto de siglo después, Rosi, con quien mantenía por entonces una sólida amistad, viajaría a Colombia para hacer una película de la novela de GGM, *Crónica de una muerte anunciada*.

17. Véase Gilard, ed., *De Europa y América*, pp. 15-16.

18. Véase GGM, «Me alquilo para soñar», *El Espectador*, 4 de septiembre de 1983. La historia de Frida es similar a la de Rafael Ribero Silva en Roma (mencionada en este capítulo); fue a Europa para convertirse en cantante de música clásica.

19. Cf. GGM, «El mar de mis cuentos perdidos», *El Espectador*, 22 de agosto de 1982, donde relata la súbita superstición que lo llevó a abandonar Cadaqués y nunca volver allí por miedo a morir.

20. Pero véase «Polonia: verdades que duelen», *El Espectador*, 27 de diciembre de 1981, en el que, ahora que podía hacerlo sin riesgos, afirma categóricamente que su primer y único viaje a Polonia duró dos semanas en el otoño de 1955.

21. «90 días en la Cortina de Hierro. VI. Con los ojos abiertos sobre Polonia en ebullición», *Cromos* (Bogotá), 2, 203, 31 de agosto de 1959.

22. *Ibid*.

23. «La batalla de las medidas. III. La batalla la decidirá el público», *El Espectador*, 28 de diciembre de 1955.

24. GGM, «Triunfo lírico en Ginebra», *El Espectador*, 11 de diciembre de 1955.

25. GGM, «Roma en verano», *El Espectador*, 6 de junio de 1982. GGM caracteriza a la muchacha como una de esas «putas tristes» de la Villa Borghese: «putas tristes» aparecería en el título de su última novela, más de cincuenta años después.

26. Véase «La penumbra del escritor de cine», *El Espectador*, 14 de noviembre de 1982, donde ofrece una valoración pormenorizada del papel de los guionistas, prácticamente todos anónimos a excepción de Zavattini.

27. Citado por Eligio García, *Tras las claves de Melquíades*, pp. 408-409.

28. *Ibid.*, p. 432: GGM comentaría, muchos años después, y no a propósito de Fellini, sino de Zavattini: «En América Latina el arte debe tener también la capacidad de "visión", porque con frecuencia nuestra realidad es alucinante y alucinada. ¿A alguien le ha surgido la sospecha de que *Milagro en Milán* sea la raíz más probable del "realismo mágico" de la novela latinoamericana?».

29. Guillermo Angulo, entrevista, 1991. Véase también Guillermo Angulo, «En busca del Gabo perdido», en Mera, ed., *Aracataca-Estocolmo*, p. 85.

30. Eligio García, *Tras las claves de Melquíades*, p. 408.

31. Claude Couffon, «A Bogotá chez García Márquez», *L'Express* (París), 17-23 de enero de 1977, pp. 70-78 (p. 75). GGM le dice a Couffon que fue directamente al Hôtel de Flandre la primera noche.

10. Hambre en París: «La Bohème»

1. Este capítulo se basa en entrevistas con Plinio Apuleyo Mendoza (Bogotá, 1991), Hernán Vieco (Bogotá, 1991), Germán Vargas (Barranquilla, 1991), Guillermo Angulo (Bogotá, 1991, 2007), Tachia Quintana (De Rosoff, París, 1993, 1996, 2004), Ramón Chao (París, 1993), Claude Couffon (París, 1993), Luis Villar Borda (Bogotá, 1998), Jacques Gilard (Toulouse, 1999, 2004) y muchos otros informantes.

2. Ambos hoteles siguen aún en pie, aunque el Hôtel de Flandre se llama ahora Hôtel des Trois Collèges. La estadía de GGM allí se conmemoró con una placa en 2007. Su hijo Gonzalo y Tachia Quintana asistieron al acto.

3. Plinio Apuleyo Mendoza, «Retrato de García Márquez (fragmento)», en Ángel Rama, *Novísimos narradores hispanoamericanos* en «*Marcha*» 1964-1980, Marcha Editores, México, 1981, pp. 128-139.

4. *Ibid.*, p. 137. Véase también «18 años atrás», *Triunfo* (Madrid), 1974, reeditado en *El Espectador*, 27 de febrero de 1974.

5. Plinio Mendoza, *La llama y el hielo*; Plinio Apuleyo Mendoza, «García Márquez 18 años atrás», *Triunfo* (Madrid), 597, 9 de marzo de 1974, pp. 34-35.

6. Por increíble que parezca, cuatro años después otro gran escritor latino-

americano, el futuro amigo de GGM, Mario Vargas Llosa, acabaría en la buhardilla que alquilaba madame Lacroix, y por la misma razón.

7. A propósito de Otero Silva, véase GGM, «Un cuento de horror para el día de los Inocentes», *El Espectador*, 28 de diciembre de 1980.

8. Mendoza, *La llama y el hielo*, Gamma, Bogotá, 3.ª edición, 1989, pp. 49-51. (*La llama y el hielo* causaría un distanciamiento entre Mendoza y GGM, y sobre todo entre Mendoza y Mercedes, que consideraron algunas de las revelaciones una traición a su confianza y su amistad.)

9. Véase Antonio Núñez Jiménez, «García Márquez y la perla de las Antillas (o Qué conversan Gabo y Fidel)», La Habana, 1984, manuscrito inédito. Núñez Jiménez me brindó acceso privilegiado a este manuscrito cuando visité La Habana en 1997. La historia sobre Guillén se cuenta también en GGM, «Desde París con amor», *El Espectador*, 26 de diciembre de 1982. De hecho, Perón —en ningún caso un dictador— había caído en septiembre de 1955, y por eso parece probable que el grito fuera en referencia al peruano Odría, que abandonó el poder contra su voluntad el 28 de julio, o al nicaragüense Somoza, que fue asesinado el 21 de septiembre.

10. GGM, «El proceso de los secretos de Francia. XII. El ministro Mitterrand hace estremecer la sala», *El Independiente* (Bogotá), 31 de marzo de 1956. Estos artículos están recogidos en Gilard, ed., *De Europa y América*.

11. Mendoza, *La llama y el hielo*, pp. 19-20.

12. Véase Consuelo Mendoza de Riaño, «La Gaba», *Revista Diners* (Bogotá), noviembre de 1980, que recoge que GGM escribía a Mercedes tres veces por semana, pero «alguien contaba que Gabo en París había tenido una novia española que hacía teatro y a quien tal vez quiso muchísimo».

13. Peter Stone, «García Márquez» (*Paris Review*, 1981), en Gourevitch, ed., *The «Paris Review» Interviews*, p. 188.

14. Véase Mendoza, *El olor de la guayaba*, p. 56.

15. Citado por Eligio García, *Tras las claves de Melquíades*, p. 403.

16. Véase Juan Goytisolo, *Coto vedado*, Seix Barral, Barcelona, 1985, pp. 209-212, acerca del Mabillon y otros cafés y sus contactos.

17. Este relato está basado en una extensa entrevista en París en marzo de 1993.

18. Posiblemente, la versión más completa de los padecimientos de GGM en París sea la de Jean Michel Fossey, «Entrevista a Gabriel García Márquez», *Imagen* (Caracas), 27 de abril de 1969. Pero véase también Germán Castro Caycedo, «"Gabo" cuenta la novela de su vida. 5», *El Espectador*, 23 de marzo de 1977, para detalles relevantes.

19. Los tres amigos de Agustín, todos ellos sastres, se llaman Alfonso, Álvaro y Germán, los nombres de los mejores amigos de GGM en Barranquilla.

20. Mendoza, *El olor de la guayaba*, p. 26.

21. Su tío José María Valdeblánquez pasó décadas en la burocracia gubernamental de Bogotá; en 1993 me tomé varios whiskys generosos en Riohacha con el irónico primo de García Márquez, Ricardo Márquez Iguarán, que trabajó durante años con Valdeblánquez en el departamento de pensiones a finales de los años cuarenta: «Años y años, ¡y nunca pagamos una sola pensión!».

22. La narración de *El coronel no tiene quien le escriba* se desarrolla desde principios de octubre hasta comienzos de diciembre de 1956 (lo sabemos por las referencias a Suez). Esto significa que fue escrita al tiempo que tenían lugar en Colombia y Oriente Medio los acontecimientos que describe y, cómo no, durante el período en que García Márquez y Tachia Quintana estuvieron juntos (del 21 de marzo hasta mediados de diciembre de 1956).

23. Sorela, *El otro García Márquez*, p. 133.

24. La historia está planteada del mismo modo en que lo estaría su contemporánea, *Crónica de una muerte anunciada*: un narrador que suena a GGM habla con Billy en Cartagena muchos años después, y luego, en París, investiga los registros del hospital para ver cuándo ingresó Nena, y habla con un funcionario al que Billy consultó en la embajada colombiana.

25. Véase GGM, «El argentino que se hizo querer de todos», *El Espectador*, 22 de febrero de 1984.

26. Gustavo GM, en Galvis, *Los García Márquez*, p. 206.

27. Fuenmayor habla de este episodio en *Crónicas sobre el grupo de Barranquilla*. La primera novela de GGM, *La hojarasca*, estaba dedicada a Germán Vargas; los amigos de *El coronel no tiene quien le escriba* se llaman Alfonso, Álvaro y Germán: los tres aparecerán en *Cien años de soledad*, junto con Ramón Vinyes (y Mercedes...). No es de extrañar que GGM les dijera a los periodistas repetidamente que escribía «para que mis amigos me quieran más». Y quién puede sorprenderse de que un hombre con su experiencia de la vida familiar en la infancia se aferrase luego a los amigos con quienes se había sentido a gusto.

28. Citado en Silvana Paternostro, «Three Days with Gabo», *Paris Review*, 141, invierno de 1996.

29. GGM, «Georges Brassens», *El Espectador*, 8 de noviembre de 1981.

30. GGM, «Desde París, con amor», *El Espectador*, 26 de diciembre de 1982, en el cual recuerda trabajar para el Frente de Liberación Nacional Argelino. (Veinticinco años después, en la conmemoración de la independencia, diría que fue la única lucha por la que jamás lo habían puesto en prisión.)

31. GGM, «Desde París, con amor», *El Espectador*, 26 de diciembre de 1982.

32. Couffon, «A Bogotá chez García Márquez», *L'Express* (París), 17-23 de enero de 1977, p. 76.

33. Plinio Mendoza, en Mera, ed., *Aracataca-Estocolmo*, pp. 100-101.

34. GGM, «Mi Hemingway personal», *El Espectador*, 26 de julio de 1981.

11. Tras el telón de acero: Europa del Este durante la Guerra Fría

1. Mendoza, *La llama y el hielo*, p. 21. Este capítulo está basado en entrevistas con Plinio Mendoza (Bogotá, 1991), Luis Villar Borda (Bogotá, 1998), Guillermo Angulo (Bogotá, 1991, 2007), Hernán Vieco (Bogotá, 1991), Tachia Quintana (París, 1993), Manuel Zapata Olivella (Bogotá, 1991), Jacques Gilard (Toulouse, 1999, 2004) y otros.

2. Incluso en los artículos publicados a propósito de este viaje, que revisó en 1959, García Márquez enmascararía a Soledad como «Jacqueline», una artista gráfica francesa originaria de Vietnam, mientras que Plinio sería «Franco», un periodista italiano nómada. En los años cincuenta era imposible para un colombiano traspasar siquiera el telón de acero sin arriesgarse a padecer gravísimas consecuencias políticas y personales. Véase Gilard, ed., *De Europa y América*, p. 7.

3. GGM, «90 días en la Cortina de Hierro. I. La "Cortina de Hierro" es un palo pintado de rojo y blanco». *Cromos* (Bogotá), 2, 198, 27 de julio de 1959. Todos estos artículos están recogidos en Gilard, ed., *De Europa y América*.

4. GGM, «90 días en la Cortina de Hierro. VI. Con los ojos abiertos sobre Polonia en ebullición», *Cromos* (Bogotá), 2, 199, 3 de agosto de 1959

5. GGM, «90 días en la Cortina de Hierro. II. Berlín es un disparate», *Cromos*, 2, 199, 3 de agosto de 1959.

6. GGM, «90 días en la Cortina de Hierro. III. Los expropiados se reúnen para contarse sus penas», *Cromos* (Bogotá), 2, 200, 10 de agosto de 1959.

7. Muchos años después, Villar Borda sería el último embajador colombiano del Berlín Oriental.

8. En julio de 2004, Jacques Gilard me dijo: «En una ocasión GGM me contó que no estaba seguro de si era comunista en Bogotá, pero creía que sí. Desde luego, cuando llegó a Viena en 1955 y se encontró con Jorge Zalamea, que asistía a una conferencia comunista, sin duda se consideraba comunista». Lo cual no quiere decir que fuera miembro del partido, por supuesto.

9. GGM, «90 días en la Cortina de Hierro. III. Los expropiados se reúnen para contarse sus penas».

10. GGM, «90 días en la Cortina de Hierro. II. Berlín es un disparate», *Cromos* (Bogotá), 2, 199, 3 de agosto de 1959.

11. *Ibid.*

12. *Ibid.*

13. GGM declaró en sus artículos que solamente «Jacqueline» regresó a París, y que él y «Franco» se quedaron en Berlín y dejaron el coche allí, pues siguieron a Praga en tren. Esto le sirvió para facilitar no sólo la incorporación de la visita a Alemania de mayo de 1957, sino también la visita de 1955 a Checoslovaquia y Polonia en la ulterior visita de julio y agosto de 1957 a la Unión

Soviética y Hungría. De este modo tres viajes distintos se solapan, finalmente, en un supuesto viaje de «noventa días en la cortina de hierro».

14. Arango, *Un ramo de nomeolvides*, p. 88. La troupe era el grupo de folclore de Delia Zapata, sobre el cual GGM había escrito un artículo en Bogotá («Danza cruda», *El Espectador*, 4 de agosto de 1954), y quiso el destino que en la banda faltaran un acordeonista y un saxofonista.

15. GGM, París, a Tachia Quintana, Madrid, verano de 1957.

16. El viaje queda descrito en GGM, «Allá por los tiempos de la Coca-Cola», *El Espectador*, 11 de octubre de 1981.

17. GGM, «90 días en la Cortina de Hierro. VII. URSS: 22. 400.000 kilómetros cuadrados sin un solo aviso de Coca-Cola», *Cromos* (Bogotá), 2, 204, 7 de septiembre de 1959. Los cuatro artículos sobre la Unión Soviética que se publicarían en *Cromos*, Bogotá, en 1959, se publicaron anteriormente en forma de dos artículos: «Yo visité Rusia», 1 y 2, en *Momento* (Caracas), 22 y 29 de noviembre de 1957. Ambas series están incluidas en Gilard, ed., *De Europa y América*, pero aquí cito de la serie de 1959, porque los artículos están más completos y están integrados en una perspectiva de conjunto.

18. Molotov sería derrocado el 1 de junio de 1957.

19. GGM, «90 días en la Cortina de Hierro. VIII. Moscú, la aldea más grande del mundo, *Cromos* (Bogotá), 2, 205, 14 de septiembre de 1959.

20. *Ibid*.

21. GGM, «Para una checa las medias de nylon son una joya», en Gilard, ed., *De Europa y América*, p. 587.

22. GGM, «90 días en la Cortina de Hierro. VIII. Moscú, la aldea más grande del mundo, *Cromos* (Bogotá), 2, 205, 14 de septiembre de 1959.

23. GGM, «90 días en la Cortina de Hierro. IX. En el Mausoleo de la plaza Roja Stalin duerme sin remordimientos», *Cromos* (Bogotá), 2, 206, 21 de septiembre de 1959.

24. *Ibid*. Cf. GGM, «El destino de los embalsamados», *El Espectador*, 12 de septiembre de 1982, donde se habla de los cuerpos de Lenin y Stalin, se menciona a Evita Perón, santa Ana y Obregón, y se comparan las delicadas manos de Stalin, Fidel Castro y el Che.

25. Mendoza, *La llama y el hielo*, p. 30.

26. Con posterioridad, GGM conocería a otro presunto dictador con manos exquisitamente delicadas, el comandante Castro, conocido en el mundo como «Fidel»; no «tío», pero el amigo y camarada de todo el mundo. Para entonces, el propio GGM también sería el amigo de todos: «Gabo».

27. GGM, «90 días en la Cortina de Hierro. IX. En el Mausoleo de la plaza Roja Stalin duerme sin remordimientos», *Cromos* (Bogotá), 2, 206, 21 de septiembre de 1959.

28. GGM «90 días en la Cortina de Hierro. X. El hombre soviético empieza a cansarse de los contrastes», *Cromos* (Bogotá), 2, 207, 28 de septiembre de 1959 (citado en Gilard, ed. *De Europa y América*, p. 642).

29. *Ibid.*

30. GGM, «Yo visité Hungría», *Momento* (Caracas), 15 de noviembre de 1957.

31. *Ibid.*

32. *Ibid.*

33. *Ibid.*

34. Mendoza, *La llama y el hielo*, p. 32.

35. GGM, Londres a Luisa Santiaga Márquez, Cartagena (a través de Mercedes, en Barranquilla), 3 de diciembre de 1957.

36. Claude Couffon, «A Bogotá chez García Márquez», *L'Express* (París), 17-23 de enero de 1977, p. 76.

37. Véase Gilard, ed., *De Europa y América*, pp. 44-50.

38. Véase Anthony Day y Marjorie Miller, «Gabo talks: GGM on the misfortunes of Latin America, his friendship with Fidel Castro and his terror of the blank page», *Los Ángeles Times Magazine*, 2 de septiembre de 1990: «"Entre el liceo y mi primer viaje a los países socialistas fui, de algún modo, víctima de la propaganda", dice. "Cuando regresé [de Europa del Este en 1957], me quedó muy claro que, en teoría, el socialismo era un sistema mucho más justo que el capitalismo. Pero que en la práctica, eso no era socialismo. En ese momento, tuvo lugar la Revolución Cubana", dice» (pp. 33-34).

39. El 15 de noviembre de 1957, GGM publicó «Yo visité Hungría» en *Momento*, y el 22 y el 29 de noviembre «Yo estuve en Rusia» 1 y 2, también en *Momento*. Casi dos años después, desde finales de julio hasta finales de septiembre de 1959, aparecieron otros diez artículos recogidos en el título «90 días en la Cortina de Hierro» en el semanario *Cromos*, Bogotá —tres sobre Alemania, tres sobre Checoslovaquia, una sobre Polonia y cuatro a propósito de la Unión Soviética (en efecto repitiendo los artículos de 1957); curiosamente, no repite el artículo húngaro. Para una reconstrucción detallada de la secuencia de escritura y publicación, véase Gilard, ed., *De Europa y América*, pp. 44-50.

40. Tachia Quintana, entrevista, París, 1993.

41. GGM, Londres, a Luisa Santiaga Márquez, Cartagena (por mediación de Mercedes, Barranquilla), 3 de diciembre de 1957.

42. Gilard, ed., *De Europa y América*, p. 55.

43. GGM, «Un sábado en Londres», *El Nacional* (Caracas), 6 de enero de 1958.

44. GGM, Ciudad de México a Mario Vargas Llosa, Londres, 1 de octubre de 1966.

45. GGM, Londres, a Luisa Santiaga Márquez, Cartagena (por mediación de Mercedes, Barranquilla), 3 de diciembre de 1957. Véase Claudia Dreifus, «Gabriel García Márquez», *Playboy*, 30:2, febrero de 1983, pp. 65-77, 172-178: *Playboy*: «¿Cómo reaccionó Mercedes [ante su marcha a Europa]?». GGM: «Ése es uno de los misterios de su personalidad que nunca se me revelarán con claridad, ni siquiera ahora. Tenía la absoluta certeza de que yo regresaría. Todo el mundo le decía que estaba loca, que yo conocería a alguien en Europa. Y de hecho en París llevé una vida totalmente libre. Sin embargo, sabía que cuando acabara, volvería a ella. No era una cuestión de honor, más bien algo parecido a un destino natural, como algo que ya hubiera ocurrido».

46. Conversación, Ciudad de México, 1999.

47. Conversación, Ciudad de México, 1993.

12. Venezuela y Colombia: el nacimiento de la Mamá Grande

1. Véase GGM, «Caribe mágico», *El Espectador*, 18 de enero de 1981. Este capítulo, así como el siguiente, se basan en conversaciones con Plinio Mendoza (Bogotá, 1991), Consuelo y Elvira Mendoza (Bogotá, 2007), José Font Castro (Madrid, 1997), Domingo Miliani (Pittsburgh, 1998), Alejandro Bruzual (Pittsburgh, 2005), Juan Antonio Hernández (Pittsburgh, 2004, 2008), que leyó el manuscrito de este libro, Luis Harss (Pittsburgh, 1993), José Luis Díaz-Granados (Bogotá, 1991 y después), José («Pepe») Stevenson (Bogotá, 1991; Cartagena, 2007), Malcolm Deas (Oxford y Bogotá, 1991), Eduardo Posada Carbó (Oxford, 1991), Eduardo Barcha Pardo (Arjona, 2008), Alfonso López Michelsen (Bogotá, 1993), Germán Arciniegas (Bogotá, 1991), Ramiro de la Espriella (Bogotá, 1991), Jacques Gilard (Toulouse, 1999, 2004), Rafael Gutiérrez Girardot (Barcelona, 1992), Jesús Martín Barbero (Pittsburgh, 2000), Luis Villar Borda (Bogotá, 1998), Rita GM y muchos otros.

2. Mendoza, *La llama y el hielo*, pp. 35-36. Véase también GGM, «Memoria feliz de Caracas», *El Espectador*, 7 de marzo de 1982.

3. Mendoza, *La llama y el hielo*, p. 89.

4. GGM, «No se me ocurre ningún título», *Casa de las Américas* (La Habana), 100, enero-febrero de 1977, pp. 85-89.

5. Véase la conclusión de *El otoño del patriarca*, que sin lugar a dudas estuvo inspirado por estos festejos de Caracas.

6. Véase Mendoza, *El olor de la guayaba*, pp. 84-85; GGM vuelve a este episodio en «Los idus de marzo», *El Espectador*, 1 de noviembre de 1981, y lo relaciona tanto con *El otoño del patriarca* como con *Crónica de una muerte anunciada*.

7. Entonces, al igual que haría más adelante, ignoraría *El señor presidente* de

Miguel Ángel Asturias, basada en el tirano guatemalteco Manuel Estrada Cabrera; una novela que causó sensación cuando se publicó en Buenos Aires en 1948 —por Losada, la editorial que había rechazado *La hojarasca*— y mereció un premio literario internacional cuando apareció en francés en 1952.

8. Véase Mendoza, *El olor de la guayaba*, pp. 103-114; y Ernesto González Bermejo, «García Márquez: ahora doscientos años de soledad», *Triunfo* (Madrid), 44, 14 de noviembre de 1970.

9. Véase Gilard, ed., *De Europa y América*, p. 62.

10. GGM, «El clero en la lucha», *Momento*, 7 de febrero de 1958.

11. José Font Castro, entrevista, Madrid, 1997.

12. Eligio García, *Tras las claves de Melquíades*, p. 232.

13. Rita GM, en *Los García Márquez*, p. 243.

14. Fiorillo, *La Cueva*, p. 266.

15. Mercedes Barcha, entrevista, Cartagena, 1991. Cf. Beatriz López de Barcha, «"Gabito esperó a que yo creciera"», *Carrusel*, revista de *El Tiempo* (Bogotá), 10 de diciembre de 1982: «En 1958 García Márquez se vino de París a Caracas y "un día apareció en casa". A los dos días, el 21 de marzo de 1958, "nos casamos a las diez de la mañana"».

16. Véase Castro Caycedo, «Gabo cuenta la novela de su vida»: incluye un breve intercambio de opiniones con Mercedes.

17. Véase Alfonso Fuenmayor, «El día en que se casó Gabito», *Fin de Semana del Caribe*, s.f. (véase Fiorillo, *La Cueva*, pp. 265-267).

18. Rita GM, en Galvis, *Los García Márquez*, pp. 46-47.

19. Eligio García, «Gabriel José visto por Eligio Gabriel, el benjamín», *Cromos* (Bogotá), 26 de octubre de 1982, pp. 20-21.

20. Germán Castro Caycedo, «"Gabo" cuenta la novela de su vida. 3», *El Espectador*, 23 de marzo de 1977.

21. Consuelo Mendoza de Riaño, «La Gaba», *Revista Diners* (Bogotá), noviembre de 1980.

22. Domingo Miliani, «Diálogo mexicano con Gabriel García Márquez», *Papel Literario, El Nacional* (Caracas), 31 de octubre de 1965.

23. Mario Vargas Llosa, en conversación, Stratford, Inglaterra, 1990.

24. Mercedes Barcha, en conversación, Ciudad de México, octubre de 1993.

25. Mendoza, *La llama y el hielo*, p. 46.

26. Mercedes Barcha, entrevista, Cartagena, 1991.

27. María Esther Gilio, «Escribir bien es un deber revolucionario», *Triunfo* (Madrid), 1977.

28. Eligio García, *Tras las claves de Melquíades*, p. 424.

29. Mendoza, *La llama y el hielo*, p. 44.

30. Domingo Miliani, «Diálogo mexicano con Gabriel García Márquez», *Papel Literario*, *El Nacional* (Caracas), 31 de octubre de 1965.

31. Véase Consuelo Mendoza de Riaño, «La Gaba», *Revista Diners* (Bogotá), noviembre de 1980; Beatriz López de Barcha, «"Gabito esperó a que yo creciera"», *Carrusel*, revista de *El Tiempo* (Bogotá), 10 de diciembre de 1982, y Claudia Dreifus, «Gabriel García Márquez», *Playboy*, 30:2, febrero de 1983, p. 178.

32. Sorela, *El otro GM*, p. 185.

33. Eligio García, *Tras las claves de Melquíades*, p. 366.

34. GGM, «Mi hermano Fidel», *Momento* (Caracas), 18 de abril de 1958.

35. Núñez Jiménez, «García Márquez y la perla de las Antillas».

36. GGM, «No se me ocurre ningún título», *Casa de las Américas* (La Habana), 100, enero-febrero de 1977.

37. Mendoza, *La llama y el hielo*, p. 60.

38. Antonio Núñez Jiménez, *En marcha con Fidel* (Letras Cubanas, La Habana, 1982), reproduce este discurso.

39. Mendoza, *La llama y el hielo*, p. 67.

40. Véase Gilard, ed., *De Europa y América*, p. 64, y Mendoza, *La llama y el hielo*, pp. 67-68.

41. Mendoza, *La llama y el hielo*, pp. 75-77.

42. La versión de Mendoza y la de GGM difieren sustancialmente. La de Angulo parece revestida de mayor autoridad.

43. Núñez Jiménez, «García Márquez y la perla de las Antillas».

44. Mendoza, *La llama y el hielo*, p. 71.

45. José Stevenson, entrevista, Cartagena, marzo de 2007. Hablé también con Eduardo Barcha Pardo, el hermano de Mercedes, en Arjona, en 2008. En aquella época estudiaba en Bogotá, fue reclutado por Prensa Latina, y se instaló en casa de su hermana y el marido de ésta en su apartamento de Bogotá.

46. GGM, «Colombia: al fin hablan los votos», *Momento* (Caracas), 21 de marzo de 1958.

47. José Luis Díaz Granados, entrevista, Bogotá, 1991; véase también Consuelo Mendoza de Riaño, «La Gaba», *Revista Diners*, noviembre de 1980.

48. Mendoza, *La llama y el hielo*, p. 72.

49. GGM, «Nagy, ¿héroe o traidor?», *Elite* (Caracas), 28 de junio de 1958.

50. Véase Mendoza, «Entrevista con Gabriel García Márquez», *Libre* (París), 3, marzo-mayo de 1972, pp. 13-14, donde Mendoza y GGM rememoran los viejos tiempos a propósito de Torres.

51. Mendoza, *La llama y el hielo*, p. 74.

52. *Ibid.*, p. 71.

53. GGM, *Los funerales de la Mamá Grande*, Mondadori (Biblioteca García Márquez), Barcelona, 2000, p. 131.

54. *Ibid*, pp. 154-155.

55. Véase el retrato que Hernán Díaz hace de GGM en la época en que trabajaba para Prensa Latina. El cambio de comportamiento es palmario y asombroso.

56. Véase Gilard, ed., *De Europa y América*, pp. 73-74.

57. *Ibid*., pp. 66-68. Véase también Gilard, «García Márquez: un projet d'école de cinéma (1960)», *Cinémas d'Amérique latine* (Toulouse), 3, 1995, pp. 24-38, y «"Un carnaval para toda la vida", de Cepeda Samudio, ou quand García Márquez faisait du montage», *Cinémas d'Amérique latine* (Toulouse), 3, 1995, pp. 39-44.

58. Véase Saldívar, *García Márquez: el viaje a la semilla*, pp. 389-390, y también Daniel Samper, «Gabriel García Márquez se dedicará a la música», *El Tiempo*, diciembre de 1968, en Rentería, p. 24.

13. LA REVOLUCIÓN CUBANA Y ESTADOS UNIDOS

1. Mendoza, *La llama y el hielo*, pp. 87-88.

2. Véase E. González Bermejo, «Ahora doscientos años de soledad...», *Triunfo*, noviembre de 1971 (en Rentería, ed., *García Márquez habla de García Márquez en 33 grandes reportajes*, p. 50); también Ángel Augier, «García Márquez en La Habana», *Mensajes* (UNEAC, La Habana), I:17, 10 de septiembre de 1970. Aroldo Wall sería posteriormente un importante vínculo entre Julio Cortázar y la Revolución cubana.

3. Mendoza, *La llama y el hielo*, p. 88.

4. Dieciséis años después, el irreductible Walsh sería torturado y asesinado en Buenos Aires por los militares argentinos por su valerosa oposición durante la llamada «guerra sucia». Cf. GGM, «Rodolfo Walsh, el escritor que se le adelantó a la CIA», *Alternativa*, 124, 25 de julio-1 de agosto de 1977. Véase también GGM, «Recuerdos de periodista», *El Espectador*, 14 de diciembre de 1981.

5. Núñez Jiménez, «García Márquez y la perla de las Antillas». Véase también GGM, «Recuerdos de periodista», *El Espectador*, 14 de diciembre de 1981, para más señas.

6. Mendoza, *La llama y el hielo*, pp. 84-86.

7. *Ibid*., p. 81.

8. Arango, *Un ramo de nomeolvides*. p. 179.

9. Véase Eligio García, *Tras las claves de Melquíades*, pp. 474-479.

10. Véase Orlando Castellanos, entrevista con GGM en «Formalmente Informal», Radio La Habana, reeditada en *Prisma del meridiano* (La Habana), 80, 1-15 de octubre de 1976.

11. GGM, «Regreso a México», *El Espectador*, 23 de enero de 1983.

12. Kennedy, «The Yellow Trolley Car in Barcelona», p. 258.

13. GGM, «Nueva York 1961: el drama de las dos Cubas», *Areíto*, 21, junio de 1979, pp. 31-33.

14. Miguel Fernández-Braso, *Gabriel García Márquez (Una conversación infinita)*, p. 31.

15. GGM, «El fantasma para el progreso», *El Espectador*, 28 de febrero de 1982.

16. Núñez Jiménez, «García Márquez y la perla de las Antillas».

17. GGM, «Nueva York 1961: el drama de las dos Cubas», *Areíto*, 21, junio de 1979, p. 33.

18. GGM, Nueva York, a Álvaro Cepeda, Barranquilla, 26 de abril de 1961, menciona las «invasiones» únicamente al final mismo de la carta.

19. Por descontado que los contrarrevolucionarios lo acusarían en cualquier caso. Véase Guillermo Cabrera Infante, «Nuestro prohombre en La Habana», *El País* (Madrid), 3 de febrero de 1983. Afirma ser uno de «los que conocemos su biografía verdadera» y luego, inadvertidamente, demuestra que tal cosa es falsa (a no ser que con deliberación tergiverse) cuando afirma que GGM huyó a Nueva York en cuanto tuvo noticia de la invasión de bahía de Cochinos, temiendo que tuviera éxito. Esta historia ha sido divulgada por otros escritores influyentes contrarios a la Revolución cubana, como Carlos Franqui y Carlos Alberto Montaner, y puede demostrarse que es falsa.

20. Mendoza, *La llama y el hielo*, p. 104.

21. Núñez Jiménez, «García Márquez y la perla de las Antillas».

22. Mendoza, *La llama y el hielo*, pp. 75-106.

23. GGM, Nueva York, a Álvaro Cepeda, Barranquilla, 23 de mayo de 1961.

24. GGM, Nueva York, a Plinio Mendoza, 29 de mayo de 1961.

25. *Ibid.*

26. Mendoza, *La llama y el hielo*, p. 106.

27. Ernesto Schóo, «Los viajes de Simbad», *Primera Plana* (Buenos Aires), 234, 20-26 de junio de 1967.

28. GGM, «Regreso a México», *El Espectador*, 23 de enero de 1983.

29. GGM, Ciudad de México, a Plinio Mendoza, Bogotá, 30 de junio de 1961.

14. Evasión a México

1. Véase GGM, «Regreso a México», *El Espectador*, 23 de enero de 1983, donde declara que nunca olvidará la fecha de su llegada (dice que fue el 2 de

julio de 1961), porque un amigo lo llamó al día siguiente para avisarle de la muerte de Hemingway. Sin embargo, una carta de GGM a Plinio Mendoza en Bogotá del 30 de junio de 1961 desmiente una de las leyendas más queridas a propósito de GGM, que llegó a Ciudad de México el día en que murió Hemingway. No fue así. Véase también «Breves nostalgias sobre Juan Rulfo», *El Espectador*, 7 de diciembre de 1980, donde vuelve a ofrecer erróneamente la mayor parte de las fechas y cálculos de su temporada en México. Incluso las memorias más prodigiosas son falibles.

2. Este capítulo y los dos siguientes se basan en entrevistas con Plinio Mendoza (Bogotá, 1991), Álvaro Mutis (Ciudad de México, 1992, 1994), María Luis Elío (Ciudad de México, 1992), Carlos Monsiváis (Ciudad de México, 1992), Francisco («Paco») Porrúa (Barcelona, 1992), Carmen Balcells (Barcelona, 1991, 1992, 2000), Berta Navarro (Ciudad de México, 1992), María Luisa («La China») Mendoza (Ciudad de México, 1994), Carlos Fuentes (Ciudad de México, 1992), James Papworth (Ciudad de México, 1992), Gonzalo García Barcha (Ciudad de México, 1992, 1994; París, 2004), Berta («La Chaneca») Hernández (Ciudad de México, 1993), Aline Mackissack Maldonado (Ciudad de México, 1993), Tulio Aguilera Garramuño (Pittsburgh, 1993), Manuel Barbachano (Ciudad de México, 1994), Margo Glantz (Ciudad de México, 1994), Augusto («Tito») Monterroso y Barbara Jacobs (Ciudad de México, 1994), Elena Poniatowska (Ciudad de México, 1994), Jorge Sánchez (Ciudad de México, 1994), Juan y Virginia Reinoso (Ciudad de México, 1994), Luis Coudurier (Ciudad de México, 1994), Vicente y Albita Rojo (Ciudad de México, 1994), Nancy Vicens (Ciudad de México, 1994), Ignacio («Nacho») Durán (Ciudad de México, 1994; Londres, 2005), Guillermo Sheridan (Guadalajara y Ciudad de México, 1997), entre muchos otros.

3. GGM, «Regreso a México», *El Espectador*, 23 de enero de 1983.

4. GGM, «Un hombre ha muerto de muerte natural», *México en la Cultura*, *Novedades* (Ciudad de México), 9 de julio de 1961; en la conversación con Núñez Jiménez, GGM dice que fue la gente de *Novedades* quien le dijo que Hemingway había muerto, que es lo que le dice a Plinio Mendoza en su carta del 10 de julio de 1961.

5. A propósito de sus sentimientos hacia Hemingway, véanse los comentarios de GGM en Alejandro Cueva Ramírez, «García Márquez: "El gallo no es más que un gallo"», *Pluma 52* (Colombia), marzo-abril de 1985. Véase también «Mi Hemingway personal», *El Espectador*, 26 de julio de 1981.

6. GGM, Ciudad de México, a Plinio Mendoza, Bogotá, 9 de agosto de 1961. Véase «Breves nostalgias sobre Juan Rulfo», *El Espectador*, 7 de diciembre de 1980, que ofrece una descripción similar del edificio sin ascensor y el apartamento.

7. GGM, Ciudad de México, a Plinio Mendoza, Bogotá, 13 de agosto de 1961.

8. GGM, Ciudad de México, a Plinio Mendoza, Bogotá, 26 de septiembre de 1961. GGM, Ciudad de México, a Álvaro Cepeda, Barranquilla, 4 de diciembre de 1961, escribe: «En mayo tienes que venir a bautizar a Alejandra, que nacerá a finales de abril. Y no pierdas la oportunidad, que ésta es la última ahijada que podemos ofrecerle. Después de ésta cerramos la tienda».

9. GGM, «Mi otro yo», *El Espectador*, 14 de febrero de 1982.

10. GGM, Ciudad de México, a Plinio Mendoza, Bogotá, 9 de agosto de 1961.

11. Véase GGM, «Breves nostalgias sobre Juan Rulfo», acerca de Rulfo; también Eligio García, *Tras las claves de Melquíades*, pp. 592-599.

12. GGM, Ciudad de México, a Plinio Mendoza, Bogotá, 13 de agosto de 1961.

13. *La increíble y triste historia de la cándida Eréndira y de su abuela desalmada*, Mondadori (Biblioteca García Márquez), Barcelona, p. 30.

14. GGM había trabajado recientemente en Nueva York, sobre todo de noche, en la película de Álvaro Cepeda acerca del carnaval anual de Barranquilla, subvencionada por la marca de cerveza Águila, del grupo Santo Domingo.

15. Véase Darío Arizmendi Posada, «El mundo de Gabo. 4: Cuando Gabo era pobre», *El Mundo* (Medellín), 29 de octubre de 1982.

16. Fiorillo, *La Cueva*, p. 105.

17. El futuro hijo de GGM se casaría un día con la futura hija de Elizondo; Juan García Ponce viviría más adelante con la ex mujer de Elizondo, la madre de la hija con la que el hijo de GGM se casaría un día.

18. Eduardo García Aguilar, «Entrevista a Emilio García Riera», *Gaceta* (Colcultura, Bogotá), 6:39, 1983.

19. GGM, Ciudad de México, a Plinio Mendoza, Barraquilla, principios de diciembre de 1961.

20. GGM, Ciudad de México, a Plinio Mendoza, Barranquilla, abril de 1962.

21. Véase en particular «La desgracia de ser escritor joven», *El Espectador*, 6 de septiembre de 1981, donde afirma que haber aceptado este premio y el anterior por «Un día después del sábado» en 1954 son los únicos hechos que lamenta de su carrera de escritor.

22. GGM, *Vivir para contarla*, p. 277.

23. Véase Bernardo Marques, «Reportaje desde Cuba (I). Gabriel García Márquez: pasado y presente de una obra», *Alternativa* (Bogotá), 93, 9-16 de agosto de 1976.

24. GGM, Ciudad de México, a Plinio Mendoza, Barranquilla, 16 de junio de 1962. En una carta de GGM, Ciudad de México, a Álvaro Cepeda, Barranquilla, primavera de 1963, confiesa que tuvo el accidente de coche mientras estaba borracho como una cuba.

25. GGM, Ciudad de México, a Álvaro Cepeda, Barranquilla, 20 de marzo de 1962.

26. En Saldívar, *García Márquez: el viaje a la semilla*, p. 429, se cita a Mutis para sugerir que GGM nunca trabajó en *El otoño del patriarca* en México; sin embargo, GGM, Ciudad de México, a Plinio Mendoza, Barranquilla, 1 de julio de 1964, despeja cualquier duda al respecto de esta cuestión.

27. José Font Castro, «Anecdotario de una Semana Santa con Gabriel García Márquez en Caracas», *Momento* (Caracas), 771, abril de 1971, pp. 34-37, dice que GGM le leyó la primera parte de *El otoño del patriarca* en 1963 (p. 37).

28. GGM, Ciudad de México, a Plinio Mendoza, Barranquilla, finales de septiembre de 1962.

29. GGM, Ciudad de México, a Plinio Mendoza, Bogotá, 4 de abril de 1962.

30. No en septiembre de 1963, como cuenta todo el mundo —incluido Saldívar—. Véase GGM, Ciudad de México, a Plinio Mendoza, Barranquilla, 17 de abril de 1963.

31. Antonio Andrade, «Cuando Macondo era una redacción», *Excelsior* (Ciudad de México), 11 de octubre de 1970, ofrece una versión diferente, al decir que Alatriste despidió a GGM y, en respuesta a sus ruegos desesperados, le pagó algún dinero por *El charro*.

32. Raúl Renán, «Renán 21», en José Francisco Conde Ortega, *et al.*, ed., *Gabriel García Márquez: celebración. 25.º aniversario de «Cien años de soledad»*, Universidad Autónoma Metropolitana, México, 1992, p. 96.

33. *Ibid.*, p. 95.

34. Rodrigo García Barcha me dijo: «Siempre fuimos a colegios ingleses. Es una de las obsesiones de mi padre, tiene un gran complejo por no saber hablar inglés y estaba decidido a que nosotros lo hiciéramos».

35. GGM, Ciudad de México, a Plinio Mendoza, Barranquilla, 8 de diciembre de 1963: GGM dice que acabó el guión «esta mañana».

36. GGM dice que conoció a Fuentes en 1961; Eligio García habla de 1962; el propio Fuentes dice que fue en 1963; Julio Ortega, en *Retrato de Carlos Fuentes* (Círculo de Lectores, Madrid, 1995), p. 108, menciona 1964.

37. Carlos Fuentes, *El Nacional* (Ciudad de México), 26 de marzo de 1992. En México, como en cualquier otro lugar, las relaciones más estrechas de GGM serían las que entabló con los escritores más relevantes del momento (con la salvedad de Octavio Paz, que por lo general fue hostil con él). Sus re-

laciones más afectuosas, entre esos autores destacados, serían con Fuentes y con Carlos Monsiváis.

38. Miguel Torres, «El novelista que quiso hacer cine», *Revista de Cine Cubano* (La Habana), 1969.

39. GGM, Ciudad de Panamá, a Plinio Mendoza, Barranquilla, finales de octubre de 1964.

40. GGM, Ciudad de México, a Plinio Mendoza, Barranquilla, finales de noviembre de 1994.

41. GGM, «Sí, la nostalgia sigue siendo igual que antes», *El Espectador*, 16 de diciembre de 1980.

42. Emir Rodríguez Monegal, «Novedad y anacronismo de *Cien años de soledad*», *Revista Nacional de Cultura* (Caracas), 185, julio-septiembre de 1968.

43. GGM, Ciudad de México, a Plinio Mendoza, Barranquilla, 22 de mayo de 1965, dice que acabó el guión «hace una semana» y que ahora tiene un título definitivo, *Tiempo de morir*.

44. Miguel Torres, «El novelista que quiso hacer cine», *Revista de Cine Cubano* (La Habana), 1969; Emilio García Riera, *Historia documental del cine mexicano* (Universidad de Guadalajara, Ciudad de México, 1994), 12 (1964-1965), pp. 229-233.

45. Véase Plinio Mendoza, «Entrevista con Gabriel García Márquez», *Libre* (París), 3, marzo-mayo de 1972, donde dice que en México escribió guiones («muy malos, según dicen los que saben») y aprendió todo lo que había que saber acerca de la industria del cine y sus limitaciones (p. 13). Declaró que los directores por los que profesaba una mayor admiración eran Wells y Kurosawa, pero que las películas que más había disfrutado eran *Il Generale della Rovere* y *Jules et Jim*.

46. Emilio García Riera, *Historia documental del cine mexicano*, 12 (1964-1965), pp. 160-165.

47. Miguel Torres, «El novelista que quiso hacer cine», *Revista de Cine Cubano* (La Habana), 1969.

48. José Donoso, *Historia personal del «Boom»*, Seix Barral, Barcelona, 1983, p. 80.

49. Su libro se titularía en español *Los nuestros*, pero el título en inglés adquiere mayor significación histórica: *Into the Mainstream*, literalmente, «Dentro de la corriente dominante».

50. Eligio García, *Tras las claves de Melquíades*, pp. 55-56 y 469.

51. Luis Harss, *Los nuestros*, Sudamericana, Buenos Aires, 1966, pp. 381-382.

52. *Ibid.*, pp. 389-390.

53. Eligio García, *Tras las claves de Melquíades*, pp. 68-69.

54. Carme Riera, «Carmen Balcells, alquimista del libro», *Quimera*, 27 de enero de 1983, p. 25.

55. Eligio García, *Tras las claves de Melquíades*, p. 608.

56. ¡Le diría a Mendoza en una carta que dio con la primera frase cuando tenía diecisiete años!

57. Dos ejemplos: en *El olor de la guayaba*, GGM le asegura categóricamente a Plinio Mendoza que pegó media vuelta con el coche («Es cierto, nunca llegué a Acapulco», p. 96), pero en «La novela detrás de la novela», *Cambio* (Bogotá), 20 de abril de 2002, declara que llegó en coche a Acapulco para pasar el fin de semana («No tuve un momento de sosiego en la playa») y volvió a Ciudad de México «el martes».

15. MELQUÍADES EL MAGO: «CIEN AÑOS DE SOLEDAD»

1. GGM, «La penumbra del escritor de cine», *El Espectador*, 17 de noviembre de 1982.

2. Mendoza, *El olor de la guayaba*, p. 80.

3. Poniatowska, entrevista de septiembre de 1973, *Todo México*, pp. 218-219.

4. Véase Alastair Reid, «Basilisk's Eggs», en *Whereabouts. Notes on being a Foreigner*, North Point Press, San Francisco, 1987, pp. 94-128. Reid hace un excelente análisis acerca de la veracidad y la verosimilitud en GGM.

5. Eligio García, *Tras las claves de Melquíades*, p. 59. En una carta, Paco Porrúa me dijo: «La experiencia de Gabo en Buenos Aires, vivida como en un arrebato de comunión y entusiasmo, fue sin duda muy excepcional. El libro en la calle: el teatro en la calle ... Gabo era un personaje popular en las calles y en las *parties* que se sucedían noche tras noche. Hubo escenas casi histéricas: era sorprendente el número de señoras porteñas que decían tener un tío o abuelo idénticos a Aureliano Buendía» (Barcelona, 6 de mayo de 1993).

6. Carlos Fuentes, *La Cultura en México (¡Siempre!)* (Ciudad de México), 29 de septiembre de 1965.

7. Saldívar, *García Márquez: el viaje a la semilla*, p. 433.

8. Véase José Font Castro, «Anecdotario de una Semana Santa con Gabriel García Márquez en Caracas», *Momento* (Caracas), 771, abril de 1971, pp. 34-37.

9. Eligio García, *Tras las claves de Melquíades*, p. 617.

10. Poniatowska, entrevista de septiembre de 1973, *Todo México*, p. 195.

11. Hablé de esto con María Luisa Elío en 1992 y con GGM en 1993.

12. Poniatowska, entrevista de septiembre de 1973, *Todo México*, p. 197.

13. Claude Couffon, «A Bogotá chez García Márquez», *L'Express* (Bogotá), 17-23 de enero de 1977, p. 77.

14. José Font Castro, «Anecdotario de una Semana Santa con Gabriel García Márquez en Caracas», p. 36.

15. Mendoza, *La llama y el hielo*, pp. 110-111.

16. Eligio García, *Tras las claves de Melquíades*, pp. 88-91. Véase también GGM, «Valledupar, la parranda del siglo», *El Espectador*, 19 de junio de 1983.

17. Eligio García, *Tras las claves de Melquíades*, p. 505 y siguientes.

18. *Ibid.*, pp. 570-571.

19. Carlos Fuentes, «García Márquez: *Cien años de soledad*», *La Cultura en México* (*¡Siempre!*) (Ciudad de México), 679, 29 de junio de 1966.

20. Mendoza, *El olor de la guayaba*, p. 100.

21. Fiorillo, *La Cueva*, pp. 105-106.

22. *Ibid.*, pp. 268-269.

23. Tal y como ha señalado con gran acierto Jorge Ruffinelli, el único modo de explicar la historia de la escritura, la publicación y la recepción de este libro (y así se ha hecho casi siempre) es como si se tratara de un cuento de hadas. (*La viuda de Montiel*, Xalapa, Veracruz, 1979.)

24. James Papworth, entrevista, Ciudad de México, 1994.

25. GGM, «Desventuras de un escritor de libros», *El Espectador*, *Magazín Dominical*, 7 de agosto de 1966.

26. GGM, Ciudad de México, a Plinio Mendoza, Barranquilla, 22 de julio de 1966.

27. Claude Couffon, «A Bogotá chez García Márquez», *L'Express* (París), 17-23 de enero de 1977, p. 77. En Mendoza, *El olor de la guayaba*, sin embargo, GGM dice que Mercedes fue sola a la oficina de correos (p. 96) (¿se tratará tal vez del segundo envío?).

16. LA FAMA, AL FIN

1. Álvaro Mutis, citado por Saldívar, *García Márquez: el viaje a la semilla*, p. 498. Este capítulo se basa particularmente en conversaciones con Mutis (Ciudad de México, 1992, 1994), Tomás Eloy Martínez (Washington, 1997; Warwick, 2006; Cartagena, 2007), Paco Porrúa (Barcelona, 1992 y por correspondencia), Eligio GM, José («Pepe») Stevenson, así como en otras muchas.

2. Eligio García, *Tras las claves de Melquíades*, pp. 618-619.

3. Véase Claudia Dreifus, «Gabriel García Márquez», Playboy 30:2, febrero de 1983, p. 174.

4. Véase Eligio García, *Tras las claves de Melquíades*, pp. 32-33.

5. Tal como se reeditó en A. D'Amico y S. Facio, *Retratos y autorretratos*, Crisis, Buenos Aires, 1973, en el cual se incluían fotos de GGM tomadas en Buenos Aires en 1967.

6. Ernesto Schóo, «Los viajes de Simbad», *Primera Plana* (Buenos Aires), 234, 20-26 de junio de 1967.

7. Mario Vargas Llosa, «*Cien años de soledad*: el Amadís en América», Amaru (Lima), 3, julio-septiembre de 1967, pp. 71-74.

8. Véase GGM, «La poesía al alcance de los niños», *El Espectador*, 25 de enero de 1981, donde GGM, clamando contra los críticos literarios, dice que ni siquiera Rojo sabe por qué invirtió la letra en la portada.

9. «Cien años de un pueblo», *Visión*, 21 de julio de 1967, pp. 27-29.

10. Véase, por ejemplo, «De cómo García Márquez caza un león», *Ercilla* (Chile), 168, 20 de septiembre de 1967, p. 29.

11. José Emilio Pacheco, «Muchos años después», *Casa de las Américas* (La Habana), 165, julio-diciembre de 1987.

12. Citado por Paternostro, *Paris Review, op. cit.*, p. 141.

13. Véase Vargas Llosa, *Historia de un deicidio*, p. 80.

14. *Ibid.*

15. Emir Rodríguez Monegal, «Diario de Caracas», *Mundo Nuevo* (París), 17, noviembre de 1967, pp. 4-24 (p. 11).

16. *Semana* (Bogotá), 19 de mayo de 1987, advierte que en la prensa colombiana de este período apenas se mencionó *Cien años de soledad*.

17. Mendoza, *La llama y el hielo*, p. 111.

18. GGM, Ciudad de México, a Plinio Mendoza, Barranquilla, 30 de mayo de 1967.

19. Saldívar, *García Márquez: el viaje a la semilla*, p. 500.

20. Carlos Gabetta, *El Periodista* (Buenos Aires), 20-26 de diciembre de 1985.

21. Tomás Eloy Martínez, «El día en que empezó todo», en Juan Gustavo Cobo Borda, ed., *«Para que mis amigos me quieran más...» Homenaje a Gabriel García Márquez*, Siglo del Hombre, Bogotá, 1992, p. 24.

22. Saldívar, *García Márquez: el viaje a la semilla*, p. 501.

23. Tomás Eloy Martínez, «El día en que empezó todo», p. 25.

24. *Ibid.*

25. Eligio GM, en Galvis, *Los García Márquez*, p. 257.

26. Véase, por ejemplo, Félix Grande, «Con García Márquez en un miércoles de ceniza», *Cuadernos Hispanoamericanos* (Madrid), junio de 1968, pp. 632-641.

27. Iáder Giraldo, «Hay persecución a la cultura en Colombia», *El Espectador*, 2 de noviembre de 1967.

28. Alfonso Monsalve, «El deber revolucionario de un escritor es escribir bien», *Enfoque Internacional* (Bogotá), 8, diciembre de 1967, pp. 39-41; reeditado en *El Tiempo*, «Lecturas Dominicales», 14 de enero de 1968, p. 4.

Tercera parte

HOMBRE DE MUNDO: FAMA Y POLÍTICA

17. Barcelona y el Boom latinoamericano:
    entre la literatura y la política

1. GGM, Bogotá, a Emir Rodríguez Monegal, París, 30 de octubre de 1967.

2. GGM, Barcelona, a Plinio Mendoza, Barranquilla, 21 de noviembre de 1967.

3. Este capítulo y los dos siguientes se basan en entrevistas con Juan Goytisolo (Londres, 1990), Luis y Leticia Feduchi (Barcelona, 1991, 2000), Paul Giles (Barcelona, 1992), Germán Arciniegas (Bogotá, 1991), Germán Vargas (Barranquilla, 1991), Margot GM (1993), Eligio GM (1991, 1998), Jaime GM (Santa Marta, 1993), Mario Vargas Llosa (Washington, 1994), Jorge Edwards (Barcelona, 1992), Plinio Mendoza (Bogotá, 1991), Nieves Arrazola de Muñoz Suay (Barcelona, 1992, 2000), Carmen Balcells (Barcelona, 1992, 2000), Rosa Regás (La Habana, 1995), Beatriz de Moura (Barcelona, 2000), Juan Marsé (Barcelona, 2000), José María Castellet (Barcelona, 2000), Tachia Quintana (París, 1993), Ramón Chao (París, 1993), Claude Couffon (París, 1993), Jacques Gilard (Toulouse, 1999, 2004), Roberto Fernández Retamar (La Habana, 1995), Víctor Flores Olea (Providence, Rhode Island, 1994), Rafael Gutiérrez Girardot (Barcelona, 1992), Joaquín Marco (Barcelona, 1992), Annie Morvan (París, 1993), Paco Porrúa (Barcelona, 1992, y por correspondencia), Juan Antonio Roda y María Fornaguera de Roda (Bogotá, 1993), Alfonso López Michelsen (Bogotá, 1993), así como en muchas conversaciones con otros informantes.

4. A propósito de esto y de España en general, véase GGM, «España: la nostalgia de la nostalgia», *El Espectador*, 13 de enero de 1982.

5. Adviértase que en fechas tan tardías como 1978 GGM le confesó a Ángel Harguindey, de *El País*, que, de ser español, pertenecería al Partido Comunista (véase Rentería, ed., p. 172). Debería hacerse hincapié en que siempre insistió en que esa clase de decisiones dependían de las circunstancias específicas del caso.

6. Rosa Regás, entrevista, La Habana, enero de 1995.

7. Luis y Leticia Feduchi, entrevistas, Barcelona, 1992 y 2000.

8. Tanto Rodrigo como Gonzalo García Barcha me dijeron esto.

9. Paul Giles, entrevista, Barcelona, 1992.

10. Carmen Balcells, entrevista, Barcelona, 1991.

11. Francisco Urondo, «La buena hora de García Márquez», *Cuadernos Hispanoamericanos* (Madrid), 232, abril de 1969, pp. 163-168 (p. 163).

12. La displicencia ante los críticos devendría poco menos que una obsesión para este hombre que había ejercido la crítica ocasionalmente en su obra periodística desde 1947 en adelante, y en ocasiones con crueldad (su reseña del libro de Biswell Cotes, *Neblina azul* en *El Universal*, a finales de 1949, es un ejemplo típico: véase Gilard, ed., *Textos costeños*).

13. En 1973, el director de cine Pier Paolo Pasolini estaría de acuerdo con GGM acerca de *Cien años de soledad* y la concepción de la novela, e iría aún más allá en lo que tal vez pueda considerarse el ataque más feroz lanzado jamás contra el autor y su libro. Véase «Gabriel García Márquez: un escritor indigno», *Tempo*, 22 de julio de 1973, un artículo característico del fanatismo y la exageración propios de Pasolini.

14. En el prólogo a *Doce cuentos peregrinos* (1992), GGM escribe que cuando llevaba unos pocos años en Barcelona tuvo un sueño que le cambió la vida: estaba en su propio entierro, y pasaba un rato muy ameno charlando con sus viejos amigos hasta el momento en que se dio cuenta de que ellos se marchaban de la ceremonia y que él no podía hacerlo.

15. GGM habló de esto en reiteradas ocasiones después de 1967, para irritación de muchos críticos, ninguno de los cuales, huelga decirlo, eran tan famosos como él. Sin embargo, compárese con lo que dice Bob Dylan en sus *Crónicas (Volumen I)* (Global Rhythm Press, Barcelona, 2005): «Al cabo de un tiempo aprendes que la privacidad es algo que puedes vender, pero que no puedes volver a comprar ... ¿La prensa? Llegué a la conclusión de que había que mentirle» (pp. 125 y 131).

16. La aversión de GGM hacia *Cien años de soledad* pudo en cierto grado haberse extendido a Buenos Aires, donde sintió el peso de la fama por primera vez. En una carta, Paco Porrúa, que asistió al nacimiento de su celebridad, me dijo: «Cuando a fines de 1969 volví a encontrarme con Gabo en Barcelona, noté algunos cambios. Ante todo tuve la impresión de que Gabo ya no hablaba con la inspirada espontaneidad de antes y que de algún modo estaba construyéndose una nueva persona. Años más tarde, en 1977, volví a verlo en Barcelona y tuve una conversación con él y Mercedes sobre los días en Buenos Aires. Bueno, emití un monólogo sobre la maravilla que había sido Buenos Aires. Gabo y Mercedes me escucharon de mala gana, casi con aire de desaprobación. Pensé más tarde que el famoso sueño de Barcelona en el que Gabo asiste a su propio entierro había apuntado sin duda a otras muertes» (Barcelona, 6 de mayo de 1993).

17. Véase Franco Moretti, *Modern Epic: The World System from Goethe to García Márquez*, Verso, Londres, 1996. Compárese y contrástese la reacción de Pasolini, anteriormente consignada, con la reivindicación de Moretti de la importancia trascendental del libro.

18. Miguel Fernández-Braso, *Gabriel García Márquez (Una conversación infinita)*, p. 27.

19. Carlos Fuentes, *París: la revolución de mayo*, Era, México, 1968.

20. GGM, Barcelona, a Plinio Mendoza, Barranquilla, 28 de octubre de 1968.

21. *Ibid*.

22. Al parecer, GGM nunca hizo comentario alguno acerca de los sucesos de Tlatelolco ni siquiera en su correspondencia privada. A primera vista es algo extraordinario si tenemos en cuenta que había vivido en México durante seis años (aunque probablemente puede explicarse en el sentido de que tenía la intención de volver allí), y más aún considerando la similitud con la matanza de Ciénaga de 1928, sin duda el episodio más conocido y controvertido al que se hace alusión en toda la obra de GGM.

23. Beatriz de Moura, entrevista, Barcelona, 2000.

24. Juan Marsé, entrevista, Barcelona, 2000.

25. Julio Cortázar a Paco Porrúa, 23 de septiembre de 1968. Véase Julio Cortázar, *Cartas*, en Aurora Bernárdez, ed., 3 vol., Alfaguara, Buenos Aires, 2000.

26. GGM, «El argentino que se hizo querer de todos», *El Espectador*, 22 de febrero de 1984.

27. Carlos Fuentes, *Geografía de la novela*, Fondo de Cultura Económica, México, 1993, p. 99. Durante su estancia en Praga, el escritor japonés Yasunari Kawabata recibió el Premio Nobel de Literatura en Estocolmo. GGM sería un lector entusiasta de sus obras.

28. Carmen Balcells, entrevista, Barcelona, 1991.

29. El primer hijo de Gonzalo, Mateo, nació en 1987.

30. Véase Régis Debray, *Les Masques* (Gallimard, París, 1987) para una magnífica aproximación al pensamiento de la izquierda bienpensante de los años setenta.

31. Rodrigo García Barcha, entrevista, Nueva York, 1996.

32. Véase «Memorias de un fumador retirado», *El Espectador*, 16 de febrero de 1983, donde GGM recuerda haber dejado de fumar «hace ahora catorce años».

33. Véase la crónica de Eligio GM en *Aracataca-Estocolmo* (pp. 22-24): «Feduchi, el analista de las mil pipas, marido de Leticia, que lo asesoró en el análisis de las motivaciones profundas de los asesinos de la *Crónica de una muerte anunciada* y también, ironía-ironía, en su irrevocable renuncia al cigarrillo». Irónicamente, él no predicó con el ejemplo.

34. Véase E. González Bermejo, «Ahora doscientos años de soledad...», *Triunfo*, noviembre de 1971; en Rentería, ed., p. 50.

35. John Leonard, *New York Times Book Review*, 3 de marzo de 1970. El

New York Times publicó una reseña favorable el 8 de marzo, que fue incluida en 1996 como una de las reseñas que formaban la antología conmemorativa del centenario del periódico.

36. Véase José Donoso, *Historia personal del «Boom»*; 2.ª edición revisada con apéndice de M.ª Pilar Serrano, «El boom doméstico».

37. Esta relación fue un drama de principio a fin. Véanse Jacques Gilard y Fabio Rodríguez Amaya, *La obra de Marvel Moreno* (Viareggio-Lucca, Mauro Baroni, 1997); también la novela de Plinio Mendoza *Años de fuga* (1985), además de *La llama y el hielo*.

38. Mendoza, *La llama y el hielo*, p. 120. A propósito de Barcelona y las relaciones que GGM cultivó allí, véanse especialmente las pp. 120-125.

39. Véase Adam Feinstein, *Pablo Neruda: A Passion for Life*, Bloomsbury, Londres, 2004, p. 351.

40. GGM, Barcelona, a Plinio Mendoza, verano (¿agosto?) de 1970.

41. «GGM evoca a Pablo Neruda», *Cromos*, 1973 (citado en Rentería, ed., p. 95.)

42. Julio Cortázar, carta a Eduardo Jonquières, 15 de agosto de 1970, *Cartas*, p. 1419.

43. María Pilar Serrano de Donoso, en José Donoso, *Historia personal del «Boom»*, p. 134.

44. *Ibid.*

18. EL AUTOR SOLITARIO ESCRIBE LENTAMENTE: «EL OTOÑO DEL PATRIARCA» Y EL ANCHO MUNDO

1. Fiorillo, *La Cueva*, p. 271.

2. Juan Gossaín, «Regresó García Márquez: "Vine a recordar el olor de la guayaba"», *El Espectador*, 15 de enero de 1971.

3. Resultó que se refería específicamente al juicio de algunos miembros del grupo independentista vasco ETA en Burgos, en el cual tres supuestos terroristas habían sido sentenciados a muerte.

4. Juan Gossaín, «Ni yo mismo sé quién soy: Gabo», *El Espectador*, 17 de enero de 1971.

5. Guillermo Ochoa, «Los seres que inspiraron a Gabito», *Excelsior*, 13 de abril de 1971.

6. Gonzalo García Barcha, entrevista, París, 2004.

7. Véase Lourdes Casal, ed., *El caso Padilla: literatura y revolución en Cuba. Documentos*, Nueva Atlántida, Miami, Universal y Nueva York, 1972, p. 9; y Jorge Edwards, *Persona Non Grata*, Barral, Barcelona, 1973.

8. La protesta fue publicada en periódicos de todo el mundo occidental, incluido, por ejemplo, *The New York Review of Books* del 6 de mayo de 1971.

9. En 2007 permitió a la Academia de la Lengua Española que incluyera un fragmento de su obra en la edición especial de *Cien años de soledad* que se publicó ese mismo año.

10. Esta entrevista apareció en *El Tiempo* el 29 de mayo de 1971. Su importancia fue reconocida al ser reproducida de inmediato en Prensa Latina (aunque con estatus «limitado»/«no apto para publicación»), donde debió de suscitar reacciones muy diversas, y más adelante en el primer número de *Libre*.

11. Véase *En los reinos de taifa: 1957-1982* (Seix Barral, Barcelona, 1986), p. 181.

12. Véase Guibert, *Seven Voices*, pp. 330-332.

13. Entrevista con Julio Roca, *Diario del Caribe*, 29 de mayo de 1971.

14. «"*Cien años de soledad* es un plagio": Asturias», *La República*, 20 de junio de 1971.

15. Cf. Francisco Urondo, "La buena hora de García Márquez", *Cuadernos Hispanoamericanos* 232, Madrid, abril de 1969, pp. 163-168.

16. «Gabo pasea con *Excelsior* y come tacos», *Excelsior* (Ciudad de México), 12 de julio de 1971.

17. Documento del archivo de la Casa de las Américas, La Habana.

18. Véase la lectura que Vargas Llosa hace de este cuento en *Historia de un deicidio*, pp. 457-477.

19. En junio de 1973, «La increíble y triste historia de la cándida Eréndira» aparecería en inglés en *Esquire*. Para una lectura de «Eréndira», véase A. Benítez Rojo, «Private Reflections on García Márquez's Eréndira», en *The Repeating Island: The Caribbean and the Postmodern Perspective*, Duke University Press, Durham, N. C., 1996, pp. 276-293.

20. Véase Jaime Mejía Duque, «La peste del macondismo», *El Tiempo*, «Lecturas Dominicales», 4 de marzo de 1973.

21. Juan Bosch, perpetuo candidato a la presidencia en la República Dominicana, y derrocado por los norteamericanos en 1965, también comparó a GGM con Cervantes en junio de 1971.

22. Poniatowska, entrevista, septiembre de 1973, *Todo México*, pp. 202-203.

23. Carmen Balcells, entrevista, Barcelona, 2000. Cf. Ricardo A. Setti, *Diálogo con Vargas Llosa*, Kosmos, Costa Rica, 1989, pp. 147-150.

24. Eligio García, *El Tiempo*, 15 de agosto de 1972.

25. Myriam Garzón, en conversación, 1993.

26. Véase *Excelsior*, 5 de agosto de 1972: «En vez de yate, donativo político: García Márquez cedió su premio».

27. Véase la entrevista del 17 de agosto de 1972 en *Excelsior*: «García Már-

quez es muy embustero, dice su padre. Lo era de chiquito, siempre inventaba cuentos».

28. Véase la entrevista concedida a *Cromos* tras la muerte de Neruda: «Gabriel García Márquez evoca a Pablo Neruda», *Cromos*, 1973 (citado en Rentería, ed., *op. cit.*).

29. Incluso el dirigente del MAS, Pompeyo Márquez, en su artículo para *Libre*, 3 (marzo-mayo de 1972), «Del dogmatismo al marxismo crítico», pp. 29-34, había dicho que formaba parte de la política del MAS no «descender a ningún terreno antisoviético» (p. 33).

30. Mendoza, *La llama y el hielo*, pp. 196-197.

31. Fiorillo, *La Cueva*, pp. 161-162.

32. Gabriel García Márquez, Barcelona, a Fuenmayor, Barranquilla, principios de noviembre de 1972 (véase Fiorillo, *La Cueva*, pp. 162-163).

33. «GGM evoca a Pablo Neruda», *Cromos*, 1973, p. 96.

34. *Excelsior*, 13 de mayo de 1973. Para una apreciación sobria del proceso de escritura, los objetivos y los logros de este libro más de un cuarto de siglo después, véase GGM, «Hoja por hoja y diente por diente», *Cambio*, 2001.

35. A este respecto puede compararse directamente con *El señor presidente* de Asturias (1946).

36. Véase Emir Rodríguez Monegal, «Novedad y anacronismo de *Cien años de soledad*», en su *Narradores de esta América*, tomo II, Alfadil, Caracas, 1992.

37. Guillermo Sheridan y Armando Pereira, «García Márquez en México (entrevista)», *Revista de la Universidad de México*, 30:6, febrero de 1976.

38. *Ibid.*

39. GGM ofrece su mejor explicación de la escala temporal en Odete Lara, «García Márquez», *El Escarabajo de Oro* (Buenos Aires), 47, diciembre de 1973-febrero de 1974, pp. 18-21.

40. Véase la idea de Northrop Frye sobre personajes arquetípicos y temporadas (fases simbólicas) en *Anatomía de la crítica* (1957).

41. Sheridan y Pereira, «García Márquez en México (entrevista)», *op. cit.*

42. Juan Gossaín, «El regreso a Macondo», *El Espectador*, enero de 1971. Cf. El *Nostromo* de Conrad (del cual esta obra de GGM es, deliberada y grotescamente, una descendiente distorsionada), donde el protagonista muere «de soledad».

43. GGM, *El otoño del patriarca*, Mondadori (Biblioteca García Márquez), Barcelona, 1999, p. 65.

44. *Ibid.*, pp. 106-107.

45. *Ibid.*, p. 261.

46. *Ibid.*, p. 57.

47. *Ibid.*, p. 288.

48. *Ibid.*, p. 293.

49. *Ibid.* Asturias había mostrado con anterioridad en *El señor presidente* que el carácter de su dictador (Estrada Cabrera) era fruto de una infancia llena de privaciones que tan sólo mitigaban los incesantes esfuerzos de una devota madre de clase baja.

50. Carmen Balcells, entrevista, Barcelona, 2000.

51. Tachia Quintana (De Rosoff), entrevista, París, 1973.

52. El premio se había anunciado en noviembre del año anterior. Véase *Excelsior*, 19 de noviembre de 1972.

53. Poniatowska, entrevista, septiembre de 1973, *Todo México*, p. 194.

54. *Excelsior*, 10 de septiembre de 1973. Fue entorno a estas fechas cuando al parecer GGM llegó a un acuerdo con los periodistas de *Excelsior*. Supuestamente, ellos obtenían pistas acerca de sus movimientos en esta época, y él recibiría más cobertura —y, desde luego, un trato más favorable— de ellos que cualquier escritor mexicano durante los quince años siguientes.

19. CHILE Y CUBA: GARCÍA MÁRQUEZ OPTA POR LA REVOLUCIÓN

1. Véase Plinio Mendoza, «Fina», en *Gentes, lugares* (Planeta, Bogotá, 1986), donde hace una crónica extraordinaria de su viaje a Chile, vía Arica, en compañía de Fina Torres, entonces fotógrafa, justo después del golpe. Mendoza fue el único periodista extranjero que logró acceder a la casa de Neruda y vio su cadáver apenas cuatro horas después de su muerte, y las fotografías de Fina Torres se reprodujeron a lo largo y ancho de América Latina.

2. Reproducido en *Excelsior* (Ciudad de México), 8 de octubre de 1973.

3 Ernesto González Bermejo, «La imaginación al poder en Macondo», *Crisis* (Buenos Aires), 1975. En esta entrevista, llevada a cabo en 1970, GGM había dicho: «Me importa que haga su socialismo tomando en cuenta sus propias condiciones, un socialismo que se parezca a Cuba y nada más que a Cuba: humano, imaginativo, alegre, sin óxido burocrático».

4. Juan Gossaín, «Ni yo mismo sé quién soy: Gabo», *El Espectador*, 17 de enero de 1971.

5. Guibert, *Seven Voices*, p. 333. En la p. 329, sin embargo, GGM dice que está sumamente decepcionado con la Unión Soviética, cuyo sistema «no es socialismo».

6. Véase Luis Suárez, «El periodismo me dio conciencia política», *La Calle* (Madrid), 1978 (en Rentería, ed., pp. 195-200).

7. En una carta de GGM a Plinio Mendoza, fechada en abril de 1962, expone la teoría de que los lectores de *El Tiempo* son la clave de las elecciones colombianas.

8. Este capítulo se basa en parte en las entrevistas mantenidas, respectivamente, con estos tres periodistas: Antonio Caballero (Madrid, 1991; Bogotá, 1993), Daniel Samper (Madrid, 1991) y Enrique Santos Calderón (Bogotá, 1991, 2007); así como también en entrevistas con José Vicente Kataraín (Bogotá, 1993), Alfonso López Michelsen (Bogotá, 1991), Belisario Betancur (Bogotá, 1991), Hernando Corral (Bogotá, 1998), Julio Andrés Camacho (Cartagena, 1991), José Salgar (Bogotá, 1991), José Stevenson (Bogotá, 1991; Cartagena, 2007), Fernando Gómez Agudelo (Bogotá, 1993), Felipe López Caballero (Bogotá, 1993), Laura Restrepo (Bogotá, 1991), Jaime Osorio (Bogotá, 1993), Luis Villar Borda (Bogotá, 1998), Jesús Martín Barbero (Pittsburgh, 2000), María Luisa Mendoza (Ciudad de México, 1994), Elena Poniatowska (Ciudad de México, 1994), y muchas otras.

9. Véase Margarita Vidal, «Gabriel García Márquez», entrevista de *Cromos*, 1981, reeditada en *Viaje a la memoria (entrevistas)*, Espasa Calpe, Bogotá, 1997, pp. 128-139.

10. Enrique Santos Calderón, «Seis años de compromiso: breve historia de esta revista y de las realidades que determinan su cierre», *Alternativa*, 257, 27 de marzo de 1980 (último número).

11. El primer número corresponde al 15-28 de febrero de 1974. El número 2, del 1 al 15 de marzo de 1974, incluyó el artículo de GGM «El golpe en Chile (II). Pilotos gringos bombardearon La Moneda».

12. «Chile, el golpe y los gringos», *Por la libre. Obra periodística 4*, Mondadori (Biblioteca García Márquez), Barcelona, 1999, p. 22.

13. Ambos serían publicados en 1975.

14. Véase Rafael Humberto Moreno Durán, *Como el halcón peregrino*, Santillana, Bogotá, 1995, p. 117. Moreno Durán dice que GGM llegó con retraso a la fiesta porque «ese mismo día el escritor se desplazó a Madrid para asistir a los funerales de Miguel Ángel Asturias». Le pregunté a GGM a este respecto en 2002 y lo negó. Las fechas coinciden, pero no pude consultar al propio Moreno Durán antes de su muerte, en 2005, por qué había hecho tal afirmación. Véase también Julia Urquidi Illanes, *Lo que Varguitas no dijo*, Khana Cruz, La Paz, 1983.

15. Véase Donoso, *Historia personal del «Boom»*, pp. 148-149.

16. «Resultó tan extraño, siempre habíamos viajado juntos a todas partes» (Rodrigo García Barcha, entrevista, Nueva York, 1996).

17. Núñez Jiménez, «García Márquez y la perla de las Antillas».

18. «Gabriel García Márquez: de la ficción a la política», *Visión*, 30 de enero de 1975.

19. Enrique Santos Calderón, entrevista, Bogotá, 1991.

20. La entrevista fue reproducida en el *New York Review of Books* el 7 de

agosto de 1975 en forma de una reseña del libro de Agee (*Inside the Company: CIA Diary*, Penguin, Harmondsworth, 1975).

21. Sin embargo, en Sorela, *El otro García Márquez*, se adopta una visión muy crítica de la relación de GGM con López Michelsen en el transcurso de los años.

22. Una de las reacciones más furibundas vino de parte del crítico colombiano de izquierdas Jaime Mejía Duque, en *«El otoño del patriarca» o la crisis de la desmesura*, que publicó en Medellín en julio de 1975 nada menos que Oveja Negra, la futura editorial en que publicaría el propio GGM en el futuro.

23. Lisandro Otero, *Llover sobre mojado: una reflexión sobre la historia*, Letras Cubanas, La Habana, 1997, p. 208.

24. *Alternativa*, 40, 30 de junio-7 de julio, GGM, «Portugal, territorio libre de Europa»; 41, 7-14 julio, «Portugal, territorio libre de Europa (II). ¿Pero qué carajo piensa el pueblo?», y 42, 14-21 de julio, «Portugal, territorio libre de Europa (III). El socialismo al alcance de los militares».

25. Véase *Excelsior*, 5 de junio de 1975, en que se cita el *Diário Popular* lisboeta.

26. *Excelsior*, 30 de junio de 1975.

27. *Excelsior*, 17 de junio de 1975.

28. Véase *Alternativa*, 38, 16-23 de junio de 1975, «Gabriel García Márquez entrevista a Torrijos: "No descartamos la violencia"».

29. Núñez Jiménez, «García Márquez y la perla de las Antillas». Véase también GGM, «Allá por los tiempos de la Coca-Cola», *El Espectador*, 11 de octubre de 1981, que también es una crónica sobre el bloqueo que aborda los intentos del Che Guevara de hallar un sustituto de la Coca-Cola en los primeros tiempos de la Revolución.

30. Véase *Alternativa*, 51, 15-22 de septiembre de 1975, «Cuba de cabo a rabo (I)»; 52, 22-29 de septiembre de 1975, «Cuba de cabo a rabo (II). La necesidad hace parir gemelos»; 53, 29 de septiembre-6 de octubre de 1975, «Cuba de cabo a rabo (III). Final, si no me creen, vayan a verlo».

31. Rodrigo García Barcha, entrevista, Nueva York, 1997.

32. Enrique Santos Calderón, entrevista, Bogotá, 1991.

33. Véase, por ejemplo, María Luisa Mendoza, «La verdad embarazada», *Excelsior*, 8 de julio de 1981.

34. Ésta es la cuestión de los sesenta y cuatro mil dólares que la mayoría de periodistas y muchos lectores desean tratar con el desventurado biógrafo de GM en cuanto lo conocen.

35. Ninguno de los dos ha deseado hablar del asunto, pero he hablado con diversos testigos del incidente, entre ellos Mercedes Barcha, y con personas estrechamente vinculadas a ambos. En 2008 el propio Mario Vargas Llosa publicó

una obra, *Al pie del Támesis*, cuyo protagonista reflexiona por haberle dado un puñetazo a su mejor amigo treinta y cinco años atrás y no haberlo vuelto a ver.

36. Véase Perry Anderson, «A magical realist and his reality», *The Nation*, 26 de enero de 2004, una virtuosa comparación de los dos hombres basada en una lectura de sus memorias. Una vez más, GGM sale victorioso.

37. Núñez Jiménez, «García Márquez y la perla de las Antillas».

38. *Ibid.*

39. Véase su testimonio personal, *Y Fidel creó el Punto* X, Miami, Saeta, 1987.

40. Núñez Jiménez, «García Márquez y la perla de las Antillas».

41. *Alternativa*, 129, 29 de agosto-5 de septiembre de 1977.

42. Véase «Felipe», *El Espectador*, 2 de enero de 1983, donde GGM recuerda su primer encuentro con él en Bogotá.

43. «Gabriel García Márquez entrevista a Régis Debray: "Revolución se escribe sin Mayúsculas"», *Alternativa*, 146-147, 26 de diciembre-20 de enero de 1977-1978.

44. GGM, *Alternativa*, 117, 5-12 de junio de 1977.

45. GGM, «Torrijos, cruce de mula y tigre», *Alternativa*, 126, 8-15 de agosto de 1977.

46. Véase Graham Greene, *Getting to Know the General: The Story of an Involvement*, Bodley Head, Londres, 1984. Dedicado a «Los amigos de mi amigo Omar Torrijos en Nicaragua, El Salvador y Panamá».

47. Véase GGM, «Graham Greene: la ruleta rusa de la literatura», *El Espectador*, 27 de enero de 1982, y «Las veinte horas de Graham Greene en La Habana», *El Espectador*, 16 de enero de 1983.

48. Véase Ramón Chao, «García Márquez: El caso Reynold González», *Triunfo* (Madrid), 29 de abril de 1978, pp. 54-56.

49. Fidel Castro, entrevista, La Habana, enero de 1997.

50. Véase, por ejemplo, *Alternativa*, 94, 23-30 de agosto de 1978, «Turbay, el candidato enmascarado».

51. Véase Sorela, *El otro García Márquez*, p. 249, acerca de las relaciones de GGM con la dirigencia sandinista.

52. Véase GGM, «Edén Pastora», *El Espectador*, 19 de julio de 1981.

53. Véase GGM, «Locura maestra, tomar palacio», *Excelsior*, 1 de septiembre de 1978: éste fue el artículo de fondo de la primera página del periódico aquel día.

54. Véase GGM, «Edén Pastora».

55. *Excelsior*, 21 de diciembre de 1978.

56. Véase «Habeas: de verdad por los derechos humanos», *Alternativa*, 194, 25 de diciembre de 1978-22 de enero de 1979.

57. En una entrevista en París con Ramón Chao e Ignacio Ramonet en octubre de 1979, «La guerra de la información. Tres casos: Nicaragua, Vietnam

y Cuba», *Alternativa*, 237, 1-8 de noviembre de 1979. GGM señalaría que Lolita Lebrón y sus camaradas portorriqueños ahora habían sido liberados por Carter, «para tratar de conquistar los votos de los portorriqueños con un gran impacto periodístico».

58. Véase «Habeas y los derechos humanos: despegue por lo alto», *Alternativa*, 201, 26 de febrero de 1979, donde se anuncia que GGM ha conocido al papa Juan Pablo II el 19 de enero y a los reyes de España el 3 de febrero.

59. Citado en *El Tiempo* el 8 de febrero de 1979.

60. «Gobierno de post-guerra: Gabriel García Márquez entrevista a Sergio Ramírez», *Alternativa*, 218, 21-28 de junio de 1979.

61. Esto fue en torno a la época en que se publicó el guión cinematográfico de GGM, *Viva Sandino*, más tarde conocido como *El secuestro* y *El asalto*.

62. Ramón Chao e Ignacio Ramonet, «La guerra de la información. Tres casos: Nicaragua, Vietnam y Cuba», *Alternativa*, 201, 26 de febrero de 1979.

63. Acerca del Informe McBride, véase GGM, «La comisión de Babel», *El Espectador*, 2 de noviembre de 1980. Véase también Sorela, *El otro García Márquez*, p. 250, quien afirma que entre 1980 y 1981 hubo ocho reuniones: cuatro en París y una en Estocolmo, Dubrovnik, Delhi y Acapulco, respectivamente.

64. Al final GGM y su colega chileno Juan Somavía, posteriormente secretario general de la Organización International del Trabajo, no satisfechos con el compromiso que alcanzó la comisión, enviaron un comentario conjunto de oposición.

65. Estos comentarios salieron a colación durante un almuerzo en Ciudad de México que la Federación Latinoamericana de Periodistas ofreció al presidente mexicano José López Portillo.

66. GGM, «Del malo conocido al peor por conocer», *El Espectador*, 9 de noviembre de 1980.

67. Véase «La Revolución Cubana me libró de todos los honores detestables de este mundo», *Bohemia* (La Habana), 1979, en Rentería, ed., pp. 201-209: «No tengo más temas. ¡Qué maravilla el día que los vuelva a tener!».

20. REGRESO A LA LITERATURA: «CRÓNICA DE UNA MUERTE ANUNCIADA» Y EL PREMIO NOBEL

1. Véase GGM, «La comisión de Babel», *El Espectador*, 2 de noviembre de 1980.

2. Carmen Galindo y Carlos Vanella, «Soy más peligroso como literato que como político: García Márquez», el segundo de dos artículos, *El Día* (Ciudad de México), 7 de septiembre de 1981.

3. Véase GGM, «Georges Brassens», *El Espectador*, 8 de noviembre de 1981, y «Desde París con amor», *El Espectador*, 26 de diciembre de 1982. Muchos de los artículos de este período abordan motivos parisinos.

4. María Jimena Duzán, entrevista, Bogotá, 1991.

5. Enrique Santos Calderón, entrevista, Bogotá, 1991.

6. Consuelo Mendoza de Riaño, «La Gaba», *Revista Diners* (Bogotá), noviembre de 1980.

7. *Excelsior*, 20 de marzo de 1980.

8. «Gabriel García Márquez. ¿Esbirro o es burro?», *El Universal*, 17 de mayo de 1980.

9. Alan Riding, «For García Márquez, revolution is a major theme», *New York Times*, 22 de mayo de 1980.

10. Véase Juan Gossaín, «A Cayetano lo mató todo el pueblo», *El Espectador*, 13 de mayo de 1981, p. 7a, una entrevista con Luis Enrique GM.

11. Véase *Crónica de la crónica* de Eligio García, que compara los acontecimientos originales con la novela, y la novela y los hechos con la película y los avatares de la producción.

12. Véase GGM, «El cuento del cuento», *El Espectador*, 23 de agosto de 1981, y «El cuento del cuento. (Conclusión)», *El Espectador*, 30 de agosto de 1981.

13. Véase Sorela, *El otro García Márquez*, p. 255, sobre los artículos entre 1980 y 1984.

14. GGM escribió una carta a Plinio Mendoza el 22 de julio de 1966 en la que dice —¡en 1966, justo después de terminar *Cien años de soledad*, pero antes siquiera de que se publicara!— que le gustaría hacer exactamente esta clase de periodismo.

15. Véase John Benson, «Notas sobre *Notas de prensa 1980-1984*», *Revista de Estudios Colombianos*, 18 (1998), pp. 27-37.

16. Los cuatro artículos aparecieron en *El Espectador* entre mediados de septiembre y principios de octubre de 1980.

17. Es el nombre y el subtítulo de una antigua serie de televisión estadounidense de una época posterior.

18. «Sí, la nostalgia sigue siendo igual que antes», *El Espectador*, 16 de diciembre de 1980.

19. GGM, «Un domingo de delirio», *El Espectador*, 8 de marzo de 1981.

20. Cobo Borda, «Crónica de una muerte anunciada: García Márquez sólo escribió su nueva novela cuando su mamá le dio permiso» (1981: publicado posteriormente en Cobo Borda, *Silva, Arciniegas, Mutis y García Márquez*, pp. 419-427).

21. Véase Sorela, *El otro García Márquez*, pp. 259-262, a propósito de este incidente: dice que sabe con total certeza que GGM estaba en lo cierto sobre la amenaza.

22. Véase *Cromos*, «El viaje de García Márquez: crónica de una salida anticipada», 31 de marzo de 1981.

23. Véase Vidal, *Viaje a la memoria*, pp. 128-139.

24. «Gabriel García Márquez y su nuevo libro vistos a través de su editor», *El Espectador*, 3 de mayo de 1981.

25. Véase *Excelsior*, 12 de mayo de 1981.

26. *Excelsior*, 7 de mayo de 1981.

27. Véase GGM, «Mitterrand, el otro: el presidente», *El Espectador*, 24 de mayo de 1981.

28. Felipe González, entrevista, Madrid, 1997.

29. *Excelsior*, 4 de agosto de 1981.

30. «Torrijos», *El Espectador*, 9 de agosto de 1981.

31. Véase Beatriz López de Barcha, «"Gabito esperó a que yo creciera"», *Carrusel*, Revista de *El Tiempo*, 10 de diciembre de 1982.

32. Citado por José Pulido, «No quiero convertirme en la estatua del Premio Nobel», *Muro de confesiones*, El Libro Menor, Academia Nacional de la Historia, Caracas (1985), pp. 9-18.

33. Véase también «Habla García Márquez: "Votaré por primera vez en mi vida por López"», *El Tiempo*, 23 de mayo de 1982.

34. GGM, «Crónica de mi muerte anunciada», *El Espectador*, 14 de marzo de 1982.

35. *El Espectador*, 11 de abril de 1982.

36. «Otra vez del avión a la mula... ¡Qué dicha!», *El Espectador*, 31 de enero de 1982.

37. «Bangkok la horrible», *El Espectador*, 28 de marzo de 1982.

38. *El Espectador*, 4 de abril de 1982.

39. «Cómo sufrimos las flores», *El Espectador*, 6 de diciembre de 1981.

40. Claudia Dreifus, «Gabriel García Márquez», *Playboy* 30:2, febrero de 1983, pp. 65-77, 172-178.

41. Plinio Apuleyo Mendoza, ed., *El olor de la guayaba*, Bruguera, Barcelona, abril de 1982.

42. María Esther Gilio, «Escribir bien es un deber revolucionario», *Triunfo* (Madrid), 1977, en Rentería, ed., pp. 141-146.

43. Este episodio está basado en Núñez Jiménez, «García Márquez y la perla de las Antillas», pp. 69-103.

44. *Ibid*.

45. «Beguin y Sharon, premios "Nobel de la muerte"», *El Espectador*, 29 de septiembre de 1982.

46. Alfonso Fuenmayor, «Transparencia de un Nobel», en Mera, ed., *Aracataca-Estocolmo*, pp. 30-33.

47. Véase «Gabriel José visto por Eligio Gabriel, el benjamín», *Cromos*, 26 de octubre de 1982, pp. 20-21.

48. Véase GGM, «William Golding, visto por sus vecinos», *El Espectador*, 9 de octubre de 1983, en el que GGM rememora el momento en que tuvo conocimiento de su propio galardón en 1982.

49. Eligio García, «Así se recibió el Nobel», *Revista Diners* (Bogotá), noviembre de 1982.

50. GGM, «Obregón o la vocación desaforada», *El Espectador*, 20 de octubre de 1982.

51. GGM, «USA: mejor cerrado que entreabierto», *El Espectador*, 7 de noviembre de 1982.

52. Véase, por ejemplo, la edición latinoamericana de *Times* de diciembre de 1982, tema de portada.

53. Joseph Harmes, «A spellbinding storyteller», *Newsweek*, 1 de noviembre de 1982.

54. Salman Rushdie, «Márquez the Magician», *Sunday Times* (Londres), 24 de octubre de 1982.

55. Véase Mera, ed., *Aracataca-Estocolmo*, para el mejor análisis de la experiencia del Nobel y lo que significó para Colombia.

56. Plinio Mendoza, «Postales de Estocolmo», en *ibid.*, pp. 96-103.

57. Véase Guillermo Cano, «Crónica anticipada de unas ceremonias», *El Espectador*, 5 de diciembre de 1982.

58. Anthony Day y Marjorie Miller, «Gabo talks: Gabriel García Márquez on the misfortunes of Latin America, his friendship with Fidel Castro and his terror of the blank page», *Los Angeles Times Magazine*, 2 de septiembre de 1990.

59. Mera, ed., *Aracataca-Estocolmo*, p. 30.

60. Mendoza, «Postales de Estocolmo», en *ibid.*, p. 96.

61. Eligio García, «Gabriel José visto por Eligio Gabriel», *Cromos*, 14 de diciembre de 1982.

62. GGM, «Cena de paz en Harpsund», *El Espectador*, 19 de diciembre de 1982.

63. Beatriz López de Barcha, «"Gabito esperó a que yo creciera"», *Carrusel*, Revista de *El Tiempo*, 10 de diciembre de 1982.

64. Véase *El Espectador*, 11 de diciembre de 1982.

65. Mendoza, «Postales de Estocolmo», en Mera, ed., *Aracataca-Estocolmo*, p. 98.

66. Ana María Cano, «Para leer en la mañana: El arrugado liquiliqui», *El Espectador*, 13 de diciembre de 1982.

67. Plinio Mendoza, «La entrega del Nobel: un día inolvidable», *El Tiempo*, 12 de diciembre de 1982.

68. Mendoza, «Postales de Estocolmo», en Mera, ed., *Aracataca-Estocolmo*, p. 103.

69. «La cumbia del Nobel», *Gente* (Buenos Aires), diciembre de 1982.

70. Véase Tom Maschler, *Publisher*, Picador, Londres, 2005, pp. 128-129.

71. Nereo López, «Humanas y hermosas anécdotas de la delegación folklórica colombiana en Estocolmo», en Mera, ed., *Aracataca-Estocolmo*, pp. 91-95.

72. Véase Gloria Triana, «Hasta la Reina Silvia se divirtió», *El Espectador*, 6 de octubre de 2002.

73. GGM, «El brindis por la poesía», *El Espectador*, 12 de diciembre de 1982.

74. Alexandra Pineda, «El Nobel Gabo piensa en *El Otro*», *El Espectador*, 12 de diciembre de 1982.

75. *El Espectador*, 10 de diciembre de 1982.

76. Rita GM, en Galvis, *Los García Márquez*, p. 249.

77. Eligio García, «La entrega del Nobel: Estocolmo fue una fiesta y una rosa amarilla», *El Mundo al Vuelo* (Avianca), 64, febrero-marzo de 1983.

78. Álvaro Mutis, «Apuntes sobre un viaje que no era para contar», en Mera, ed., *Aracataca-Estocolmo*, pp. 19-20.

79. *El Tiempo*, 12 de diciembre de 1982.

21. La vorágine de la fama y el olor de la guayaba: «El amor en los tiempos del cólera»

1. GGM, «Felipe», *El Espectador*, 2 de enero de 1983.

2. «Diálogo de Gabo con Felipe González», *El Tiempo*, 27 de diciembre de 1982.

3. Traducción del título, inédito en castellano, de Leo Braudy, *The Frenzy of Renown: Fame and Its History*, Vintage, Nueva York, 1986; 1997.

4. Sorcla, *El otro García Márquez*, p. 259.

5. Roberto Pombo, «El año de García Márquez», *Semana* (Bogotá), enero de 1997.

6. David Streitfeld, «The intricate solitude of Gabriel García Márquez», *Washington Post*, 10 de abril de 1994.

7. Juan Cruz, «Relato de un tímido», *El País* (Madrid), 11 de enero de 1993.

8. Rodolfo Braceli, «El genio en su laberinto», *Gente* (Buenos Aires), 15 de enero de 1997.

9. GGM, «Las veinte horas de Graham Greene en La Habana», *El Espectador*, 16 de enero de 1983.

10. *El País*, 3 de febrero de 1983.

11. GGM, «Regreso a México», *El Espectador*, 23 de enero de 1983.

12. GGM, *El Espectador*, 30 de enero de 1983.

13. Véase Alfonso Botero Miranda, *Colombia, ¿no alineada? De la confrontación a la cooperación: la nueva tendencia en los No Alineados* (Tercer Mundo, Bogotá, 1995).

14. Núñez Jiménez, «García Márquez y la perla de las Antillas».

15. GGM, «Regreso a la guayaba», *El Espectador*, 10 de abril de 1983.

16. Muy en contra de su costumbre, GGM devolvió el golpe en «Con amor, desde el mejor oficio del mundo», *El Espectador*, 24 de abril de 1983.

17. GGM, «Cartagena: una cometa en la muchedumbre», *El Espectador*, 5 de junio de 1983.

18. GGM, «Contadora, cinco meses después», *El Espectador*, 10 de julio de 1983.

19. Tomás Eloy Martínez, «El día en que empezó todo», *Página 12* (Buenos Aires), 21 de agosto de 1988.

20. Véase GGM, «Bishop», *El Espectador*, 26 de octubre de 1983.

21. Véase María Teresa Herrán, «García Márquez ante el mito de Gabo», *El Espectador*, 5 de noviembre de 1983.

22. Laura Restrepo, entrevista, Bogotá, 1991.

23. GGM, «Vuelta a la semilla», *El Espectador*, 18 de diciembre de 1983.

24. Véase Claudia Dreifus, «Gabriel García Márquez», *Playboy* 30:2, febrero de 1983, p. 172.

25. Régis Debray, *Les Masques*, Gallimard, París, 1987, pp. 26-28.

26. Véase Arango, *Un ramo de nomeolvides*, p. 247.

27. *Ibid.*, p. 120.

28. Véase Marlise Simons, «The best years of his life: an interview with Gabriel García Márquez», *New York Times Book Review*, 10 de abril de 1988.

29. «Gabriel García Márquez usa escritura computarizada», *Excelsior*, 16 de octubre de 1984.

30. GGM, *Crónica de una muerte anunciada*, p. 98.

31. Arango, *Un ramo de nomeolvides*, p. 136.

32. Eric Nepomuceno, «Gabriel García Márquez afronta en su nueva obra los peligros de la novela rosa», *El País*, 28 de agosto de 1984.

33. Margot GM, en Galvis, *Los García Márquez*, p. 67.

34. Eligio GM, en *ibid.*, pp. 285-286. Sorprendentemente, la tía Pa, presente en aquel momento, moriría también un año después.

35. Jaime GM, en *ibid.*, p. 55.

36. Eligio GM, en *ibid.*, p. 286.

37. GGM, «La vejez juvenil de don Luis Buñuel», *El Espectador*, 1 de agosto de 1982. No sólo *El amor en los tiempos del cólera* (1985), sino también el germen de *Memoria de mis putas tristes* (2004), se halla en este artículo.

38. Marlise Simons (del *New York Times*), «Sexo y vejez: una charla con García Márquez», *El Tiempo*, 14 de abril de 1985. En 1988, Simons volvería a entrevistarlo: Marlise Simons, «The best years of his life: an interview with Gabriel García Márquez», *op. cit.*

39. Yasunari Kawabata, *La casa de las bellas durmientes,* Luis de Caralt, Barcelona, 2001, p. 79.

40. María Elvira Samper, «Habla Gabo», *Semana*, 13 de mayo de 1985.

41. El punto de referencia más evidente es la *Fermina Marquez* de Valéry Larbaud (París, 1911), acerca de una hermosa muchacha colombiana en Francia y los amores que inspira. Su título no pudo por menos que llamar la atención de GGM; después, la trama apresó su imaginación.

42. *Semana*, 9 de diciembre de 1985.

43. Hernán Díaz, «Una historia trivial antes del huracán», *Revista Diners* (Bogotá), septiembre de 1985.

44. Belisario Betancur, entrevista, Bogotá, 1991. Sobre estas circunstancias volverá el posterior libro de GGM, *Noticia de un secuestro* (1996), a fin de situar el contexto político de los acontecimientos (1990-1993) que él mismo narra.

45. «Necesité medio siglo para escribir de amor», *Excelsior*, 17 de enero de 1986.

46. Thomas Pynchon, «The heart's eternal vow», *New York Times Book Review*, 10 de abril de 1988.

47. GGM, en conversación, Ciudad de México, 1999.

22. CONTRA LA HISTORIA OFICIAL: BOLÍVAR SEGÚN GARCÍA MÁRQUEZ
     («EL GENERAL EN SU LABERINTO»)

1. «"Colombia está al borde del holocausto": García Márquez», *Excelsior*, 28 de julio de 1986.

2. En la edición brasileña de *Playboy*, entre otros lugares; también en un debate con Günter Grass al cierre del cuadragésimo quinto Congreso de PEN en Nueva York que se celebró en enero de 1986.

3. Núñez Jiménez, «García Márquez y la perla de las Antillas».

4. Entrevistas con Fidel Castro, Tomás Gutiérrez Alea, Fernando Birri, Alquimia Peña, Cacho Pallero, María Luisa Bemberg, Eliseo Alberto, Jorge Alí Triana, Lisandro Duque, Jaime Humberto Hermosillo, Jorge Sánchez, Ignacio Durán, Mario García Joya, Berta Navarro; conversaciones con Julio García Espinosa, Dolores Calviño, Stella Malagón, Martha Bossío y Miguel Littín.

5. Littín era más conocido por *El chacal de Nahueltoro*, 1971; sin embargo, también había llevado al cine en México el relato de GM «La viuda de Montiel», en 1978, con Geraldine Chaplin de protagonista.

6. GGM, *La aventura de Miguel Littín clandestino en Chile*, DeBolsillo, Barcelona, 1998.

7. Este punto había distanciado a GGM de Mitterrand. Francia seguía llevando a cabo ensayos en el Pacífico Sur. En julio de 1985, el barco de Greenpeace *Rainbow Warrior* había sido hundido en el puerto de Auckland por agentes franceses, por orden, ahora lo sabemos, del propio Mitterrand.

8. «Con emotivo discurso de Gabo se instaló "reunión de los 6"», *El Tiempo*, 7 de agosto de 1986. Véase el discurso de GGM, «El cataclismo de Damocles». Conferencia Ixtapa, 1986 (Oveja Negra, Bogotá, 1986).

9. Gonzalo y Pía se casaron en 1987 y a finales de septiembre nació el primer hijo del matrimonio, Mateo, también el primer nieto de GGM.

10. Véase Andrew Paxman, «On the lot with Gabriel García Márquez» (entrevista), *Variety*, 25-31 de marzo de 1996.

11. Michel Brandeau, «Le tournage de *Chronique d'une mort annoncée*», *Le Monde*, julio de 1986.

12. Véase *La Razón* (Buenos Aires), 7 de diciembre de 1986, para el texto del discurso de GGM.

13. María Jimena Duzán, entrevista, Bogotá, 1991.

14. Véase especialmente Marlise Simons, «García Márquez on love, plagues and politics», *New York Times*, 21 de febrero de 1988.

15. Véase Hugo Colmenares, «El demonio persigue las cosas de mi vida», *El Nacional* (Caracas), 22 de febrero de 1989.

16. Véase «Robert Redford es un admirador de García Márquez», *Excelsior*, 15 de octubre de 1988.

17. Elías Miguel Muñoz, «Into the writer's labyrinth: storytelling days with Gabo», *Michigan Quarterly Review*, 34:2, 1995, pp. 173-193, a propósito del trabajo de GGM en Sundance, agosto de 1989.

18. Véase GGM, «Una tontería de Anthony Quinn», *El Espectador*, 21 de abril de 1982.

19. Entre las películas anteriores de Newell se cuentan *Cuatro bodas y un funeral*, *Donnie Brasco* y *Harry Potter y el cáliz de fuego*.

20. Véase, por ejemplo, Larry Rohter, «García Márquez: words into film», *New York Times*, 13 de agosto de 1989.

21. Véase *El coronel no tiene quien le escriba*, guión cinematográfico por Paz Alicia Garciadiego, Universidad Veracruzana, México, 1999.

22. *Excelsior*, 7 de agosto de 1990: el *New York Times* hace una reseña de la adaptación de Salvador Távora de *Crónica de una muerte anunciada* en el Festival Latino. Mel Gussow dijo que se requeriría un director con el genio de Buñuel para adaptar a GGM.

23. GGM, «Fidel Castro, el oficio de la palabra», *El País*, 6 de marzo de 1988.

24. GGM, *Diatriba de amor contra un hombre sentado*, Arango, Bogotá, 1994.

25. Osvaldo Soriano, «La desgracia de ser feliz», *Página 12* (Buenos Aires), 21 de agosto de 1988.

26. Osvaldo Quiroga, «Soledades de un poeta que no acudió a la cita», *La Nación* (Buenos Aires), 21 de agosto de 1988.

27. Se dijo entonces que Monica Vitti se había planteado llevar la obra a escena en Roma aquel año. Más adelante se estrenó en Bogotá, con Laura García como Graciela; en 2005, la actriz y cantante Ana Belén hizo el papel en España, y en enero de 2006, Graciela Dufau, a pesar de sus muchos padecimientos, reestrenó la obra en Buenos Aires. Aunque los críticos mostraron reservas, es evidente que las actrices han disfrutado encarnando este papel.

28. «García Márquez sólo quiere hablar de cine», *Occidente*, 3 de diciembre de 1989.

29. «Cordial entrevista en Moscú de García Márquez con Gorbachov», *El Espectador*, 11 de julio de 1987.

30. *Excelsior*, 21 de julio de 1987.

31. Véanse sus voluminosas «gratitudes» en las ediciones publicadas.

32. Véase Susana Cato, «El Gabo: "Desnudé a Bolívar"», *Proceso* (Ciudad de México), 3 de abril de 1989.

33. Véase GGM, «El río de la vida», *El Espectador*, 25 de marzo de 1981.

34. «"Me devoré tu último libro": López a Gabo», *El Tiempo*, 19 de febrero de 1989. El 29 de julio de 1975, cuando se cumplían cuatrocientos cincuenta años de la fundación de Santa Marta, López Michelsen, presidente de Colombia, se encontró con Carlos Andrés Pérez de Venezuela y Omar Torrijos de Panamá en San Pedro Alejandrino y rindió homenaje a Bolívar, que había muerto allí en 1830. Una placa conmemora el acontecimiento. Los tres dirigentes serían amigos íntimos y aliados de GGM en el curso de la década siguiente.

35. Belisario Betancur, *Página 12* (Buenos Aires), 2 de abril de 1989.

36. *Excelsior*, 21 de marzo de 1989.

37. María Elvira Samper, «*El general en su laberinto*: un libro vengativo. Entrevista exclusiva con Gabriel García Márquez», *Excelsior*, 5 de abril de 1989.

38. Véase, por ejemplo, Óscar Piedrahita González, «El laberinto de la decrepitud», *La República* (Colombia), 14 de mayo de 1989, y Diego Mileo, «En torno al disfraz literario», *Clarín* (Buenos Aires), 22 de junio de 1989.

39. «El libro» (editorial), *El Tiempo*, 19 de marzo de 1989.

40. «La rabieta del Nobel» (editorial), *El Tiempo*, 5 de abril de 1989.

41. *Excelsior*, 28 de marzo de 1989. Véase también «"Mario ha ido demasiado lejos": García Márquez. "Admiro el valor de Vargas Llosa"», *Excelsior*, 28 de junio de 1989.

42. «García Márquez no volverá a España», *El Espectador*, 28 de marzo de 1989.

43. *Excelsior*, 28 de marzo de 1989.

44. Comité de la Carta de los Cien, «Open Letter to Fidel Castro, President of the Republic of Cuba», *The New York Times*, 27 de diciembre de 1988.

45. GGM, *El general en su laberinto*, Mondadori (Biblioteca García Márquez), Barcelona, 2000, p. 218.

46. Fue una decisión colectiva, aunque los enemigos de Castro dieron por sentado que él había desempeñado un papel destacado; también sostuvieron que Ochoa tuvo que ser asesinado para ocultar la propia implicación de Fidel y Raúl Castro en el tráfico de drogas en el Caribe.

47. El 16 de julio, el titular del *Sunday Mirror*, «Shabby ghost at the feast» («Espectro desaliñado en el banquete»), la comparaba a María Antonieta.

48. «El narco-escándalo cubano. Siguen rodando cabezas militares», *El Espectador*, 15 de julio de 1989.

49. Véase Geoffrey Matthews, «Plague of violence scars land of magical beauty», *The Guardian* (Londres), 3 de septiembre de 1989.

50. Véase «García Márquez: "Hay que apoyar al Presidente Barco"», *El Tiempo*, 20 de agosto de 1989.

51. «García Márquez: "Castro le teme a la Perestroika"», *Excelsior*, 22 de diciembre de 1989.

23. ¿DE VUELTA A MACONDO? NOTICIAS DE UNA CATÁSTROFE HISTÓRICA

1. La mayoría de estos acontecimientos se mencionan, en mayor o menor extensión, en GGM, *Noticia de un secuestro*, Debolsillo, Barcelona, 1999.

2. «Condenada al fracaso, la guerra contra la droga: García Márquez», *Excelsior*, 3 de noviembre de 1989.

3. Véase Anthony Day y Marjorie Miller, «Gabo talks: Gabriel García Márquez on the misfortunes of Latin America, his friendship with Fidel Castro and his terror of the blank page», *Los Angeles Times Magazine*, 2 de septiembre de 1990, pp. 10-35, donde declara que Estados Unidos tiene una «obsesión casi pornográfica con Castro» (p. 34). De no ser por Castro, añade, «Estados Unidos se habría metido en América Latina hasta la Patagonia».

4. Véase *Excelsior*, 9 de febrero de 1989.

5. Day y Miller, «Gabo talks», p. 33.

6. *Excelsior*, 10 de marzo de 1990.

7. Véase José Hernández, «*María* es un texto sagrado», *El Tiempo*, 10 de marzo de 1990.

8. Imogen Mark, «Pinochet adrift in his labyrinth», *Financial Times*, 25 de noviembre de 1990.

9. Aparecido en *La Prensa*, 5 de septiembre de 1990.

10. «García Márquez: sólo Fidel puede transformar a Cuba; EE.UU. siempre necesita un demonio», *Excelsior*, 3 de septiembre de 1990.

11. *Excelsior*, 27 de enero de 1991; también «Llamamiento de Gabo por secuestrados», *El Tiempo*, 27 de enero de 1991.

12. «Gabo: "Es un triunfo de la inteligencia"», *El Tiempo*, 20 de junio de 1991.

13. «Redford: "Gabo es un zorro viejo"», *El Espectador*, 3 de marzo de 1991.

14. Renato Ravelo, «El taller de García Márquez», *La Jornada*, 25 de octubre de 1998.

15. «Pide García Márquez perdonar la vida a los dos infiltrados», *La Jornada*, 18 de enero de 1992.

16. *Excelsior*, 15 de febrero de 1992.

17. «Gabriel García Márquez: "L'amour est ma seule idéologie"», *Paris Match*, 14 de julio de 1994.

18. *Excelsior*, 31 de julio de 1992.

19. *Semana*, 14 de julio de 1992.

20. «García Márquez descubre la literatura y le gusta», *El Nacional*, 10 de agosto de 1992.

21. *Semana*, 17 de noviembre de 1992.

22. *Semana*, 29 de septiembre de 1992.

23. «Nunca es tarde», *El Tiempo*, 23 de noviembre de 1992.

24. «García Márquez desmiente en Cuba el rumor de discrepancias con Castro», *El País*, 14 de diciembre de 1992.

25. *El Espectador*, 11 de enero de 1993.

26. Bill Clinton, *Giving: How Each of Us Can Change the World*, Hutchinson, Londres, 2007.

27. *El Espectador*, 28 de enero de 1993.

28. *Excelsior*, 29 de enero de 1993.

29. «Gabriel García Márquez exalta "el talento"de CAP», *Excelsior*, 18 de junio de 1993.

30. James Brooke, «Cocaine's reality, by García Márquez», *The New York Times*, 11 de marzo de 1994.

31. 24 de marzo de 1994. La declaración apareció en forma de comunicado de prensa.

32. David Streitfeld, «The intricate solitude of Gabriel García Márquez», *The Washington Post*, 10 de abril de 1994.

33. Discurso de Gonzalo Mallarino en la Feria del Libro de Bogotá en el

que elogia el nuevo libro de GGM (22 de abril de 1994), publicado en *El Espectador*, 25 de abril de 1994.

34. Jean-François Fogel, «Revolution of the heart», *Le Monde*, 27 de enero de 1995.

35. A. S. Byatt, «By love possessed», *New York Review of Books*, 28 de mayo de 1995.

36. Peter Kemp, «The hair and the dog», *Sunday Times* (Londres), 2 de julio de 1995.

37. Rosa Mora, «El fin de un ayuno», reproducido en *El Espectador*, 17 de abril de 1994.

38. Véase Silvana Paternostro, «Tres días con Gabo», *Letra Internacional* (Madrid), mayo-junio de 1997, p. 13. El propio Castro rememoraría este acontecimiento en *Granma*, en julio de 2008.

39. *Unomasuno* (Ciudad de México), 25 de julio de 1994.

40. Véase Ernesto Samper, «Apuntes de viaje», *Semana*, 3 de marzo de 1987. Entrevisté a Samper en Bogotá en abril de 2007.

41. «Gabriel García Márquez: "L'amour est ma seule idéologie"», *Paris Match*, 14 de julio de 1994.

42. «Querido Presidente, cuídese los sentidos», *El Tiempo*, 8 de agosto de 1994.

43. «Una charla informal», *Semana*, 6 de septiembre de 1994. En abril de 2009 García Márquez conoció al presidente Obama en una recepción en la Ciudad de México. Obama le comentó que era «un admirador suyo» y que había leído «todos sus libros».

44. *La Jornada* (Ciudad de México), 14 de septiembre de 1994.

45. Fiorillo, *La Cueva*, p. 85.

46. «Gabriel García Márquez: "L'amour est ma seule idéologie"», *Paris Match*, 14 de julio de 1994.

47. Susana Cato, «Gabo cambia de oficio», *Cambio 16*, 6-13 de mayo de 1996.

48. Véase «Por qué Gabo no vuelve al país», *Cambio 16*, 24 de febrero de 1997.

49. Norberto Fuentes, «De La Habana traigo un mensaje», 13 de marzo de 1996. *Dulces guerrilleros cubanos*, de Fuentes, aparecería en 1999 y GGM cobraría en ella un sombrío protagonismo.

50. Pilar Lozano, «Gabo da una lección a los "milicos"», *El País*, 16 de abril de 1996.

51. Enrique Santos Calderón, «Noticia», *El Tiempo*, 5 de mayo de 1996. Santos Calderón comenta que *Newsweek* ha dicho recientemente que GGM tiene fijación con Pablo Escobar porque representa el poder, que es la verdadera obsesión de GGM, no la política. Véase Virginia Vallejo, *Amando a Pablo, odian-*

do a Escobar (Random House Mondadori, Ciudad de México, 2007) para una notable radiografía de la política y la sociedad colombianas en la era de Escobar.

52. Roberto Posada García-Peña («D'Artagnan»), «Las Cozas del Gavo», *El Tiempo*, 22 de mayo de 1998.

53. GGM, *Noticia de un secuestro*, p. 151. Las FARC, en particular, darían crédito a esta afirmación con la práctica del secuestro a cambio de un rescate en los próximos años. En 2008 sufrieron una serie de golpes devastadores, entre ellos la muerte de su líder, Manuel Marulanda («Tirofijo»), la muerte en un bombardeo del segundo al mando, Raúl Reyes, y la liberación de Íngrid Betancourt por parte de las fuerzas armadas colombianas.

54. Véanse, por ejemplo, Joseph A. Page, «Unmagical realism», *Commonweal*, 16, 26 de septiembre de 1997, y Charles Lane, «The writer in his labyrinth», *New Republic*, 217, 25 de agosto de 1997. Véase, además, Malcolm Deas, «Moths of Ill Omen», *London Review of Books*, 30 de octubre de 1997.

24. García Márquez, septuagenario y más allá: memorias y putas tristes

1. Darío Arizmendi, «Gabo revela sus secretos de escritor», *Cromos*, 13 de junio de 1994.

2. «La nostalgia es la materia prima de mi escritura», *El País*, 5 de mayo de 1996.

3. Rosa Mora, «He escrito mi libro más duro, y el más triste», *El País*, 20 de mayo de 1996.

4. Ricardo Santamaría, «Cumpleaños con Fidel», *Semana*, 27 de agosto de 1996.

5. Rodolfo Braceli, «El genio en su laberinto», *Gente* (Buenos Aires), 15 de enero de 1997.

6. Jean-François Fogel, «The revision thing», *Le Monde*, 27 de enero de 1995.

7. *El País*, 9 de octubre de 1996.

8. Pilar Lozano, «Autoexilio de Gabo», *El País*, 3 de marzo de 1997.

9. «Clinton y García Márquez en el Ala Oeste», *El Espectador*, 12 de septiembre de 1997.

10. *El Tiempo*, 7 de junio de 1998.

11. «Pastrana desnarcotiza la paz. Con apoyo del BID se constituye Fondo de Inversión para la Paz (FIP)», *El Espectador*, 23 de octubre de 1998.

12. «Salsa Soirée: fete for Colombian president, a strange brew», *The Washington Post*, 29 de octubre de 1998.

13. GGM y sus colegas retiraron su oferta, convencidos de que Samper la rechazaría. En la entrevista que le hice en abril de 2007, Samper negó que la decisión hubiera sido tomada, pero dijo con rotundidad que «ningún gobierno de cualquier lugar del mundo democrático está obligado a favorecer a sus adversarios».

14. Larry Rohter, «Gabriel García Márquez embraces old love (that's news!)», *The New York Times*, 3 de marzo de 1999.

15. GGM, «El enigma de los dos Chávez», *Cambio*, febrero de 1999.

16. «Castro augura el fin del capitalismo en el mundo», *El País*, 3 de enero de 1999.

17. Rosa Mora, «Gabriel García Márquez seduce al público con la lectura de un cuento inédito», *El País*, 19 de marzo de 1999.

18. Estaba en Inglaterra y GGM me llamó desde Bogotá el 28 de junio, tras conocer el diagnóstico. Sabía que yo había padecido un linfoma en 1995. Dijo: «Nunca en toda mi vida me había sentido tan agotado como cuando esto empezó. No me quedaba ni una pizca de energía». Hablamos del curso de la enfermedad y de lo que uno puede hacer para combatirla de la manera más eficaz posible; cómo alimentarse, cómo pensar, cómo vivir. «Bueno —dijo—, ahora somos colegas.» Noté que estaba conmocionado, pero decidido a luchar. Sin embargo, también tomé conciencia de que era un hombre de setenta y dos años.

19. Jon Lee Anderson, «The Power of García Márquez», *The New Yorker*, 27 de septiembre de 1999.

20. *El Tiempo*, 23 de septiembre de 1999.

21. Véase este ejemplo de clarividencia en *El otoño del patriarca* (1975), p. 272: «Se enfrentó a las razones de los ministros estériles que clamaban que vuelvan los infantes, general, que vuelvan con sus máquinas de fumigar pestíferos a cambio de lo que ellos quieran».

22. *Semana*, 14 de noviembre de 2000.

23. Juan Cruz, «El marido de Mercedes», *El País*, 2 de diciembre de 2000.

24. Guillermo Angulo, entrevista, Bogotá, abril de 2007.

25. 27 de febrero de 2001. La carta fue divulgada por periódicos de todo el mundo.

26. Freud llegó tarde al entierro de su padre y tenía un sueño de culpabilidad por ello; más adelante no asistió al funeral de su madre con la excusa de hallarse delicado de salud.

27. Véase Richard Ellman a propósito de Joyce: «La vida de un artista, pero en particular la de Joyce, dista de las vidas de otras personas en que los acontecimientos que las componen se convierten en fuentes artísticas aun cuando cuentan con la atención del artista en el presente» (*James Joyce*, edición nueva y revisada, Oxford University Press, Nueva York, 1983, p. 3).

28. Matilde Sánchez, «Gabriel García Márquez presentó en México sus

memorias: "Es el gran libro de ficción que busqué durante toda la vida"», *Clarín* (Buenos Aires), 24 de marzo de 1998.

29. *Excelsior*, 12 de noviembre de 1981.

30. Caleb Bach, «Closeups of Gabriel García Márquez», *Americas*, mayo-junio de 2003.

31. *El País*, 19 de julio de 2003.

32. *Semana*, noviembre de 2003.

33. Más adelante, *El amor en los tiempos del cólera* también sería destacada por el programa de Oprah Winfrey.

34. Véase GGM, «El avión de la bella durmiente», *El Espectador*, 19 de agosto de 1982, que con posterioridad fue adaptado en forma de relato para los *Doce cuentos peregrinos*.

35. La *María* de Isaacs es, en parte, una excepción.

36. María Jimena Duzán, entrevista, Bogotá, 1991.

37. GGM, *Memoria de mis putas tristes*, Mondadori (Biblioteca García Márquez), Barcelona, 2004, p. 74.

38. *Ibid.*, p. 47.

39. John Updike, «Dying for love: A new novel by García Márquez», *The New Yorker*, 7 de noviembre de 2005.

40. Cuando llegué a casa y reflexioné sobre esta conversación, ojeé *El general en su laberinto* para corroborar mi impresión de que las últimas líneas de la novela eran también un himno al resplandor de la existencia. En ellas, un Bolívar moribundo está encandilado por «los últimos fulgores de la vida que nunca más, por los siglos de los siglos, volvería a repetirse». Cf. GGM, «Un payaso pintado detrás de una puerta», *El Espectador*, 1 de mayo de 1982, donde GGM evoca las emociones de su propia juventud radiante cuando cada mañana despuntaba el alba en Cartagena.

EPÍLOGO. LA INMORTALIDAD: EL NUEVO CERVANTES

1. Xavi Ayén, «Rebeldía de Nobel. García Márquez: "He dejado de escribir"», *La Vanguardia* (Barcelona), 29 de enero de 2006.

2. Jaime GM, en conversación, Cartagena, marzo de 2007.

3. *La Jornada*, 8 de abril de 1997, edita el texto de GGM, «Botella al mar para el dios de las palabras».

4. Ilan Stavans, «García Márquez's "Total" novel», *Chronicle of Higher Education*, 15 de junio de 2007. Dos años antes del texto de Stavans, Christopher Domínguez en la mexicana *Letras Libres* (diciembre de 2004) repitió algo que ya había reivindicado anteriormente: que GGM era el «Homero» de Amé-

rica Latina. De modo parecido, Roberto González Echevarría, en un artículo notable en *Primera Revista Latinoamericana de Libros* (Nueva York), diciembre de 2007-enero de 2008, comentó que en *Cien años de soledad* se reconocía de inmediato «algo perfecto... un clásico», un libro que había marcado tanto su vida como su carrera. Los tres son críticos rigurosos, escépticos, cuyo temperamento no los lleva a escribir cheques críticos en blanco, ni desde luego a conceder alabanzas efusivas a escritores de izquierdas.

5. Arango, *Un ramo de nomeolvides*, p. 91.

6. Véase GGM, «Un domingo de delirio», *El Espectador*, 10 de marzo de 1981, donde satiriza la idea de construir un centro de convenciones en Cartagena. Las ironías no son pocas.

7. GGM, *Cien años de soledad*. Edición conmemorativa de la Real Academia Española y la Asociación de las Academias de la Lengua Española, Madrid, 2007.

8. En esta versión declaró que Mercedes y él habían enviado primero la segunda mitad y que Paco Porrúa, el editor, ansioso por leer la primera mitad, les había mandado el dinero que necesitaban a vuelta de correo. Con este homenaje, la academia lo había asociado definitivamente a la novela de la que había tratado de escapar con todas sus fuerzas, y su discurso no fue únicamente un agradecimiento hacia su esposa, sino una suerte de reconciliación con el libro que había transformado las vidas de ambos cuarenta años atrás.

Bibliografía

Obras de Gabriel García Márquez

Periodismo, entrevistas, memorias, etcétera

Textos costeños: Obra periodística 1 (1948-1952), edición de Jacques Gilard, Mondadori (Biblioteca García Márquez), Barcelona, 1991.

Entre cachacos: Obra periodística 2 (1954-1955), edición de Jacques Gilard, Mondadori (Biblioteca García Márquez), Barcelona, 1992.

De Europa y América: Obra periodística 3 (1955-1960), edición de Jacques Gilard, Mondadori (Biblioteca García Márquez), Barcelona, 1992.

Por la libre: Obra periodística 4 (1974-1995), edición de Jacques Gilard, Mondadori (Biblioteca García Márquez), Barcelona, 1999.

Notas de prensa: Obra periodística 5 (1961-1984), edición de Jacques Gilard, Mondadori (Biblioteca García Márquez), Barcelona, 1999.

Periodismo militante (edición pirata de periodismo político), Bogotá, Son de Máquina, 1978.

Notas de prensa 1980-1984, Mondadori, Madrid, 1991.

El secuestro (guión para documental, 1982, también conocido como *Viva Sandino. El asalto*), Oveja Negra, Bogotá, 1984.

Relato de un náufrago (relato documental) 1970; Mondadori (Biblioteca García Márquez), Barcelona, 1999.

La novela en América Latina: diálogo (en colaboración con Mario Vargas Llosa), Milla Batres, Lima, 1968.

El olor de la guayaba. Conversaciones con Plinio Apuleyo Mendoza, Mondadori (Biblioteca García Márquez), Barcelona, 1994.

«La soledad de América Latina»/«Brindis por la poesía» (discursos de las ceremonias con motivo del Premio Nobel, Estocolmo, diciembre de 1982).

«El cataclismo de Damocles», Conferencia Ixtapa, 1986. Discurso sobre los peligros de la escalada nuclear, Oveja Negra, Bogotá, 1986.

La aventura de Miguel Littín clandestino en Chile (relato documental), DeBolsillo, Barcelona, 2008.

«Un manual para ser niño» (ensayo sobre las necesidades educativas de los niños), *El Tiempo*, Bogotá, 9 de octubre de 1995.

Noticia de un secuestro (relato documental), DeBolsillo, Barcelona, 2007.

Taller de guión de Gabriel García Márquez. «Cómo se cuenta un cuento», EICTV Cuba/Ollero & Ramos, Madrid, 1995.

Taller de guión de Gabriel García Márquez. «Me aquilo para soñar», EICTV Cuba/Ollero & Ramos, Madrid, 1997.

Taller de guión de Gabriel García Márquez. «La bendita manía de contar», EICTV Cuba/Ollero & Ramos, Madrid, 1998.

Vivir para contarla (memorias), Mondadori (Biblioteca García Márquez), Barcelona, 2002.

Obras literarias (fecha de publicación, seguida por la edición utilizada)

La hojarasca (1955), Mondadori (Biblioteca García Márquez), Barcelona, 2000.

El coronel no tiene quien le escriba (1961), Mondadori (Biblioteca García Márquez), Barcelona, 1999.

La mala hora (1962), Mondadori (Biblioteca García Márquez), Barcelona, 2000.

Los funerales de la Mamá Grande (1962), Mondadori (Biblioteca García Márquez), Barcelona, 2000.

Cien años de soledad (1967), Mondadori (Biblioteca García Márquez), Barcelona, 1999.

La increíble y triste historia de la cándida Eréndira y de su abuela desalmada (1972), Mondadori (Biblioteca García Márquez), Barcelona, 2000.

Ojos de perro azul (1974), Mondadori (Biblioteca García Márquez), Barcelona, 1999.

El otoño del patriarca (1975), Mondadori (Biblioteca García Márquez), Barcelona, 1999.

Todos los cuentos 1947-1972 (1975), Plaza & Janés, Barcelona, 3.ª edición, 1976.

Crónica de una muerte anunciada (1981), Mondadori (Biblioteca García Márquez), Barcelona, 1999.

El amor en los tiempos del cólera (1985), Mondadori (Biblioteca García Márquez), Barcelona, 1999.

Diatriba de amor contra un hombre sentado (1988), Plaza & Janés, Barcelona, 2004.

El general en su laberinto (1989), Mondadori (Biblioteca García Márquez), Barcelona, 2000.

Doce cuentos peregrinos (1992), Mondadori (Biblioteca García Márquez), Barcelona, 2000.

Del amor y otros demonios (1994), Mondadori (Biblioteca García Márquez), Barcelona, 2000.

Memoria de mis putas tristes (2004), Mondadori (Biblioteca García Márquez), Barcelona, 2004.

Estudios sobre Gabriel García Márquez

Obras bibliográficas

Cobo Borda, Juan Gustavo, *Gabriel García Márquez: crítica y bibliografía,* Embajada de Colombia en España, Madrid, 1994.

Fau, Margaret E., *Gabriel García Márquez. An Annotated Bibliography* vol. 1 1947-1979, y vol. 2 1979-1985, Greenwood Press, Westport, Connecticut, 1980.

Klein, Don, *Gabriel García Márquez: una bibliografía descriptiva,* 2 vol., Norma, Bogotá, 2003.

Sfeir de González, Nelly, *Bibliographic Guide to Gabriel García Márquez, 1986-1992,* Greenwood Press, Westport, Connecticut, 1994.

Obras biográficas

Álvarez Jaraba, Isidro, *El país de las aguas: revelaciones y voces de La Mojana en la vida y obra de Gabo,* Multigráficas, Sincelejo, 2007.

Anderson, Jon Lee, «The Power of García Márquez», *The New Yorker,* 27 de septiembre de 1999, pp. 56-71.

Arango, Gustavo, *Un ramo de nomeolvides: García Márquez en «El Universal»,* El Universal, Cartagena, 1995.

Aylett, Holly, *Tales Beyond Solitude. Profile of a Writer: Gabriel García Márquez* (documental), ITV, South Bank Show, Londres, 1989.

Bell-Villada, Gene, *García Márquez: The Man and His Work,* University of North Carolina Press, Chapel Hill, 1990.

Billon, Yves, *García Márquez: A Witch Writing* (documental), Zarafa Films, France 3, 1998.

Books Abroad, 47:3 (verano de 1973) [sobre la concesión del Premio Neustadt a GGM].

Bottía, Pacho, *Buscando a Gabo* (documental), Colombia, 2007.

Bravo Mendoza, Víctor, *La Guajira en la obra de Gabriel García Márquez,* Gobernación de La Guajira, Riohacha, 2007.

Cebrián, Juan Luis, *Retrato de Gabriel García Márquez*, Círculo de Lectores, Barcelona, 1989.

Collazos, Óscar, *García Márquez: la soledad y la gloria*, Plaza & Janés, Barcelona, 1983.

Conde Ortega, José Francisco; Óscar Mata y Arturo Trejo Villafuerte, eds., *Gabriel García Márquez: celebración. 25.º aniversario de «Cien años de soledad»*, Universidad Autónoma Metropolitana, Ciudad de México, 1991.

Darío Jiménez, Rafael, *La nostalgia del coronel* (en preparación), Aracataca, 2006.

Esteban, Ángel, y Stéphanie Panichelli, *Gabo y Fidel: el paisaje de una amistad*, Espasa, Bogotá, 2004.

Esteban, Ángel, y Ana Gallegos, *De Gabo a Mario: la estirpe del boom*, Espasa-Calpe, Madrid, 2009.

Facio, Sara, y Alicia D'Amico, *Retratos y autorretratos*, Crisis, Buenos Aires, 1973.

Fernández-Braso, Miguel, *Gabriel García Márquez (Una conversación infinita)*, Azur, Madrid, 1969.

—, *La soledad de Gabriel García Márquez*, Planeta, Barcelona, 1972.

Fiorillo, Heriberto, *La Cueva: crónica del grupo de Barranquilla*, Planeta, Bogotá, 2002.

Fiorillo, Heriberto, ed., *La Cueva: Catálogo Reinaugural, 50 años 1954-2004*, La Cueva, Barranquilla, 2004.

Fuenmayor, Alfonso, *Crónicas sobre el grupo de Barranquilla*, Instituto Colombiano de Cultura, Bogotá, 1978.

Galvis, Silvia, *Los García Márquez*, Arango, Bogotá, 1996.

García, Eligio, *Son así: reportaje a nueve escritores latinoamericanos*, Oveja Negra, Bogotá, 1983.

—, *La tercera muerte de Santiago Nasar. Crónica de La crónica*, Mondadori, Madrid, 1987.

—, *Tras las claves de Melquíades: historia de «Cien años de soledad»*, Norma, Bogotá, 2001.

García Usta, Jorge, *Cómo aprendió a escribir García Márquez*, Lealon, Medellín, 1995.

—, *García Márquez en Cartagena: sus inicios literarios*, Planeta, Bogotá, 2007.

Gilard, Jacques, «García Márquez: un project d'école de cinéma (1960)», *Cinéma d'Amérique Latine 3*, 1995, pp. 24-45.

Guibert, Rita, *Seven Voices*, Vintage, Nueva York, 1973.

Harss, Luis, *Los nuestros*, Sudamericana, Buenos Aires, 1968.

Henríquez Torres, Guillermo, *García Márquez, el piano de cola y otras historias* 2003 (inédito).

—, *El misterio de los Buendía: el verdadero trasfondo histórico de «Cien años de soledad»*, Nueva América, Bogotá, 2003; 2.ª edición revisada, 2006.

Leante, César, *Gabriel García Márquez, el hechicero*, Pliegos, Madrid, 1996.

Mendoza, Plinio Apuleyo, *La llama y el hielo*, Gamma, Bogotá, 3.ª edición, 1989.

—, *Aquellos tiempos con Gabo*, Plaza & Janés, Barcelona, 2000.

Mera, Aura Lucía, ed., *Aracataca/Estocolmo*, Instituto Colombiano de Cultura, Bogotá, 1983.

Minta, Stephen, *Gabriel García Márquez: Writer of Colombia*, Jonathan Cape, Londres, 1987.

Moreno Durán, Rafael Humberto, *Como el halcón peregrino*, Santillana, Bogotá, 1995.

Muñoz, Elías Miguel, «Into the writer's labyrinth: storytelling days with Gabo», *Michigan Quarterly Review* 34:2, primavera de 1995, pp. 171-193.

Núñez Jiménez, Antonio, «García Márquez y la perla de las Antillas (O "Qué conversan Gabo y Fidel")», La Habana, 1984 (inédito).

Plimpton, George, *Writers at Work: The «Paris Review» Interviews. Sixth Series*, Viking Press, Nueva York, 1984.

Ploetz, Dagmar, *Gabriel García Márquez*, Editorial Edaf, Madrid, 2004.

Rentería Mantilla, Alfonso, ed., *García Márquez habla de García Márquez en 33 grandes reportajes*, Rentería Editores, Bogotá, 1979.

Saldívar, Dasso, *García Márquez: el viaje a la semilla. La biografía*, Santillana, Madrid, 1997.

Sorela, Pedro, *El otro García Márquez: los años difíciles*, Mondadori, Madrid, 1988.

Stavans, Ilan, «Gabo in decline», *Transition* 62, octubre de 1994, pp. 58-78.

Timossi, Jorge, *De buena fuente: reportajes alrededor del mundo*, C & C, Caracas, 1988.

Valenzuela, Lídice, *Realidad y nostalgia de García Márquez*, Editorial Pablo la Torriente, La Habana, 1989.

Vargas Llosa, Mario, *García Márquez: historia de un deicidio*, Barral, Barcelona, 1971.

Wallrafen, Hannes, *The World of Márquez* (introducción de GGM), Ryan, Londres, 1991.

Woolford, Ben, y Dan Weldon, *Macondo mío* (documental), Londres, 1990.

Writers and Places, «Growing Up in Macondo», transcripción, BBC2, 11 de febrero de 1981.

Obras de crítica literaria

Barth, John, «The Literature of Exhaustion», *Atlantic Monthly*, 220:2, agosto de 1967, pp. 29-34; «The Literature of Replenishment», *Atlantic Monthly*, 245, enero de 1980, pp. 65-71.

Bell, Michael, *Gabriel García Márquez: Solitude and Solidarity*, St. Martin's Press, Nueva York, 1993.

Bell-Villada, Gene, *Gabriel García Márquez's «One Hundred Years of Solitude»: A Casebook*, Oxford University Press, Oxford, 2002.

Benítez-Rojo, Antonio, *The Repeating Island: The Caribbean and the Postmodern Perspective*, Duke University Press, Durham, Carolina del Norte, 1996 (en especial, «Private Reflections on García Márquez's Eréndira», pp. 276-293).

Benson, John, «Gabriel García Márquez en *Alternativa* 1974-1979. Una bibliografía comentada», *Chasqui*, 8:3, mayo de 1979, pp. 69-81.

—, «Notas sobre *Notas de prensa 1980-1984*», *Revista de Estudios Colombianos*, 18, 1998, pp. 27-37.

Bhalla, Alok, *García Márquez and Latin America*, Envoy Press, Nueva York, 1987.

Bloom, Harold, ed., *Gabriel García Márquez*, Chelsea House, Nueva York, 1989.

Bodtorf Clark, Gloria J., *A Synergy of Styles: Art and Artifacts in Gabriel García Márquez*, University Press of America, Lanham, Md./Nueva York/Oxford, 1999.

Cobo Borda, Juan Gustavo, «Vueltas en redondo en torno a Gabriel García Márquez», *Letras de esta América*, Universidad Nacional de Colombia, Bogotá, 1986, pp. 249-99.

—, *Silva, Arciniegas, Mutis y García Márquez*, Presidencia de la República, Bogotá, 1997.

—, *Para llegar a García Márquez*, Temas de Hoy, Bogotá, 1997.

—, *Lecturas convergentes* [GGM y Álvaro Mutis], Taurus, Bogotá, 2006.

Cobo Borda, Juan Gustavo, ed., *«Para que mis amigos me quieran más...»: homenaje a Gabriel García Márquez*, Siglo del Hombre, Bogotá, 1992.

—, *Repertorio crítico sobre Gabriel García Márquez*, vol. 1 y 2, Instituto Caro y Cuervo, Bogotá, 1995.

—, *El arte de leer a García Márquez*, Norma, Bogotá, 2007.

Deas, Malcolm, *Del poder y la gramática y otros ensayos sobre historia, política y literatura colombianas*, Tercer Mundo, Bogotá, 1993.

Debray, Régis, «Cinco maneras de abordar lo inabordable; o algunas consideraciones a propósito de *El otoño del patriarca*», *Nueva Política* 1, enero-marzo de 1976, pp. 253-260.

Detjens, W. E., *Home as Creation (The Influence of Early Childhood Experience in the Literary Creation of Gabriel García Márquez, Agustín Yáñez and Juan Rulfo)*, Peter Lang, Nueva York, 1993.

Díaz Arenas, Ángel, *La aventura de una lectura en «El otoño del patriarca» de Gabriel García Márquez, I Textos intertextualizados, II Música intertextualizada*, Reichenberger, Kassel, 1991.

Dolan, Sean, *Gabriel García Márquez (Hispanics of Achievement)*, Chelsea House, Nueva York, 1994.

Donoso, José, *Historia personal del «Boom»*, Seix Barral, Barcelona, 1983. Apéndice de María Pilar Serrano.

Fiddian, Robin, ed., *García Márquez*, Longman, Londres, 1995.

Fuentes, Carlos, *Myself with Others*, Deutsch, Londres, 1988.

—, *Valiente mundo nuevo: épica, utopía y mito en la novela hispanoamericana*, Fondo de Cultura Económica, Ciudad de México, 1990.

—, *Geografía de la novela*, Fondo de Cultura Económica, Ciudad de México, 1993.

García Aguilar, Eduardo, *García Márquez: la tentación cinematográfica*, UNAM, Ciudad de México, 1985.

Gilard, Jacques, *Veinte y cuarenta años de algo peor que la soledad*, Centre Culturel Colombien, París, 1988.

Giraldo, Luz Mary, *Más allá de Macondo: tradición y rupturas literarias*, Universidad Externado de Colombia, Bogotá, 2006.

González Bermejo, Ernesto, *Cosas de escritores: Gabriel García Márquez, Mario Vargas Llosa, Julio Cortázar*, Biblioteca de Marcha (sin lugar ni fecha de edición).

Janes, Regina, *Gabriel García Márquez. Revolutions in Wonderland*, University of Missouri Press, Columbia, 1981.

Joset, Jacques, *Gabriel García Márquez, coetáneo de la eternidad*, Rodopi, Amsterdam, 1984.

Kennedy, William, *Riding the Yellow Trolley Car*, Viking, Nueva York, 1993.

Kline, Carmenza, *Fiction and Reality in the Works of Gabriel García Márquez*, Ediciones Universidad de Salamanca, Salamanca, 2002.

—, *Violencia en Macondo: tema recurrente en la obra de Gabriel García Márquez*, Fundación General de la Universidad de Colombia, Sede Colombia, Bogotá, 2001.

Latin American Literary Review, 25, número especial: «Gabriel García Márquez», Pittsburgh, enero–junio de 1985.

Levine, Suzanne Jill, *El espejo hablado. Un estudio de «Cien años de soledad»*, Monte Ávila, Caracas, 1975.

Ludmer, Josefina, *«Cien años de soledad»: una interpretación*, Trabajo Crítico, Buenos Aires, 1971.

Martínez, Pedro Simón, ed., *Recopilación de textos sobre Gabriel García Márquez*, Casa de las Américas, La Habana, 1969.

McGuirk, Bernard, y Richard Cardwell, eds., *Gabriel García Márquez: New Readings*, Cambridge University Press, Cambridge, 1987.

McMurray, George R., *Gabriel García Márquez: Life, Work and Criticism*, York Press, Fredericton, Canadá, 1987.

Mejía Duque, Jaime, *«El otoño del patriarca» o la crisis de la desmesura*, Oveja Negra, Bogotá, 1975.

Mellen, Joan, *Literary Masters, Volume 5: Gabriel García Márquez*, The Gale Group, Farmington Hills, Michigan, 2000.

Moretti, Franco, *Modern Epic: The World System from Goethe to García Márquez*, Verso, Londres, 1996.

Oberhelman, Harley D., *The Presence of Faulkner in the Writings of García Márquez*, Texas Tech University, Lubbock, 1980.

—, *Gabriel García Márquez. A Study of the Short Fiction*, Twayne, Boston, 1991.

—, *The Presence of Hemingway in the Short Fiction of Gabriel García Márquez*, York Press, Fredericton, Canadá, 1994.

—, *García Márquez and Cuba: A Study of its Presence in his Fiction, Journalism, and Cinema*, York Press, Fredericton, Canadá, 1995.

Ortega, Julio, ed., *Gabriel García Márquez and the Powers of Fiction*, University of Texas Press, Austin, 1988.

Oyarzún, Kemy, y William W. Megenney, eds., *Essays on Gabriel García Márquez*, University of California, Riverside, 1984.

Palencia-Roth, Michael, *La línea, el círculo y las metamorfosis del mito*, Gredos, Madrid, 1984.

Penuel, Arnold M., *Intertextuality in García Márquez*, S. C., Spanish Literary Publications Company, York, 1994.

Rama, Ángel, *Los dictadores latinoamericanos*, Fondo de Cultura Económica, Ciudad de México, 1976.

—, *García Márquez: edificación de un arte nacional y popular*, Universidad Nacional, Facultad de Humanidades, Montevideo, 1987.

Reid, Alastair, *Whereabouts. Notes on Being a Foreigner*, North Point Press, San Francisco, 1987. [Véase especialmente: «Basilisk's Eggs», pp. 94-118.]

Review 70 (Centro de Relaciones Interamericanas, Nueva York), «Supplement on Gabriel García Márquez». [Reseñas de las traducciones de *Cien años de soledad*; 1971.]

Revista Iberoamericana 118-119, «Literatura colombiana de los últimos 60 años»/ «Homenaje a Gabriel García Márquez», Pittsburgh, julio-diciembre de 1984.

Rincón, Carlos, *La no simultaneidad de lo simultáneo*, Editorial Universidad Nacional, Bogotá, 1995.

—, *Mapas y pliegues: ensayos de cartografía cultural y de lectura del Neobarroco*, Colcultura, Bogotá, 1996.

Rodman, Selden, *South America of the Poets*, Hawthorn Books, Nueva York, 1970.

Rodríguez Monegal, Emir, *El Boom de la novela latinoamericana*, Tiempo Nuevo, Caracas, 1972.

Rodríguez Vergara, Isabel, *Haunting Demons: Critical Essays on the Works of Gabriel García Márquez*, OAS, Washington, 1998.

Ruffinelli, Jorge, ed., *La viuda de Montiel*, Veracruz, Xalapa, 1979.

Shaw, Bradley A., y N. Vera-Godwin, eds., *Critical Perspectives on Gabriel García Márquez*, Society of Spanish and Spanish American Studies, Lincoln, Nebraska, 1986.

Sims, Robert L., *El primer García Márquez. Un estudio de su periodismo 1948 a 1955*, Scripta Humanistica, Potomac, Maryland, 1991.

Solanet, Mariana, *García Márquez for Beginners*, Writers and Readers, Londres, 2001.

Stavans, Ilan, «The Master of Aracataca», *Michigan Quarterly Review* 34:2, primavera de 1995, pp. 149-171.

Tobin, Patricia, «García Márquez and the Genealogical Imperative», *Diacritics*, verano de 1974, pp. 51-55.

Von der Walde, Erna, «El macondismo como latinoamericanismo», *Cuadernos Americanos* 12:1, enero de 1998, pp. 223-237.

Williams, Raymond, *Gabriel García Márquez*, Twayne, Boston, 1984.

Wood, Michael, *García Márquez: «One Hundred Years of Solitude»*, Cambridge University Press, Cambridge, 1990.

Zuluaga Osorio, Conrado, *Puerta abierta a García Márquez y otras puertas*, La Editora, Bogotá, 1982.

—, *Gabriel García Márquez: el vicio incurable de contar*, Panamericana, Bogotá, 2005.

OTRAS OBRAS

Agee, Philip, *Inside the Company: CIA Diary*, Penguin, Harmondsworth, 1975.

Alape, Arturo, *El Bogotazo: memorias del olvido*, Universidad Central, Bogotá, 1983.

Ali, Tariq, *Pirates of the Caribbean: Axis of Hope (Evo Morales, Fidel Castro, Hugo Chávez)*, Verso, Londres, 2006.

Arango, Carlos, *Sobrevivientes de las bananeras*, ECOE, Bogotá, 2.ª edición, 1985.

Araujonoguera, Consuelo, *Rafael Escalona: el hombre y el mito*, Planeta, Bogotá, 1988.

Bagley, Bruce Michael, y Juan Gabriel Tokatlian, *Contadora: The Limits of Negotiation*, Johns Hopkins Foreign Policy Institute, Washington, 1987.

Balzac, Honoré de, *The Quest of the Absolute*, Dent, Everyman, Londres (sin fecha).

Birri, Fernando, *Por un nuevo nuevo cine latinoamericano 1956-1991*, Cátedra, Madrid, 1996.

Braudy, Leo, *The Frenzy of Renown: Fame and its History*, Vintage, Nueva York, 1986.

Braun, Herbert, *The Assassination of Gaitán: Public Life and Urban Violence in Colombia*, University of Wisconsin Press, Madison, 1985.

Broderick, Walter J., *Camilo Torres: A Biography of the Priest-Guerrillero*, Doubleday, Nueva York, 1975.

Bushnell, David, *The Making of Modern Colombia. A Nation In Spite of Itself*, University of California Press, Berkeley y Los Ángeles, 1993.

—, *Simón Bolívar: Liberation and Disappointment*, Longman, Nueva York, 2004.

—, «What is the problem with Santander?», *Revista de Estudios Colombianos*, 29 (2006), pp. 12-18.

Cabrera Infante, Guillermo, *Mea Cuba*, Faber & Faber, Londres, 1994.

Carter, Jimmy, *Keeping Faith: Memoirs of a President*, Bantam, Nueva York, 1981.

Casal, Lourdes, ed., *El caso Padilla: literatura y revolución en Cuba. Documentos*, Nueva Atlántida, Miami, Universal y Nueva York, 1972.

Castañeda, Jorge G., *Utopia Unarmed: The Latin American Left After the Cold War*, Vintage, Nueva York, 1994.

Castrillón R., Alberto, *120 días bajo el terror militar*, Tupac Amaru, Bogotá, 1974.

Cepeda Samudio, Álvaro, *La casa grande,* Plaza & Janés, Barcelona, 1979.

Clinton, Bill, *Giving: How Each of Us Can Change the World*, Hutchinson, Londres, 2007.

Comisión independiente de investigación de la invasión estadounidense de Panamá, *The US Invasion of Panama: the Truth Behind Operation «Just Cause»*, South End Press, Boston, 1991.

Conrad, Joseph, *Nostromo*, ed. Ruth Nadelhaft, Broadview Press, Peterborough, Canadá, 1997 [hay trad. cast.: *Nostromo: relato del litoral*, Alianza, Madrid, 2008].

Cortés Vargas, Carlos, *Los sucesos de las bananeras*, ed. R. Herrera Soto, Editorial Desarrollo, Bogotá, 2.ª edición, 1979.

Dante Alighieri, *Vita Nuova*, Oxford University Press, Oxford, 1991 [hay trad. cast.: *La vita nuova. La vida nueva*, Bosch, Barcelona, 1987].

Darío, Rubén, *Autobiografía*, Ministerio de Educación, San Salvador (sin fecha).

Debray, Régis, *Les Masques*, Gallimard, París, 1987.

—, *Praised Be Our Lords: The Autobiography*, Verso, Londres, 2007.

Diago Julio, Lázaro, *Aracataca... una historia para contar*, Aracataca, 1989 (inédito).

Díaz-Granados, José Luis, *Los años extraviados*, Planeta, Bogotá, 2006.

Donoso, José, *El jardín de al lado*, Seix Barral, Barcelona, 1981.

Duzán, María Jimena, *Death Beat*, Harper Collins, Nueva York, 1994.

Edwards, Jorge, *Persona Non Grata*, Barral, Barcelona, 1973.

Ellner, Steve, *Venezuela's «Movimiento al Socialismo»: From Guerrilla Defeat to Innovative Politics*, Duke University Press, Durham, Carolina del Norte, y Londres, 1988.

Feinstein, Adam, *Pablo Neruda: A Passion for Life*, Bloomsbury, Londres, 2004.

Fluharty, Vernon L., *Dance of the Millions: Military Rule and the Social Revolution in Colombia, 1930-1956*, University of Pittsburgh Press, Pittsburgh, 1957.

Fonnegra, Gabriel, *Bananeras: testimonio vivo de una epopeya*, Tercer Mundo, Bogotá (sin fecha).

Fuentes, Norberto, *Dulces guerreros cubanos*, Seix Barral, Barcelona, 1999.

Fundación del Nuevo Periodismo Iberoamericano, *La ética periodística*; *El reportaje*; *Ediciones dominicales*, La Patria, Manizales, 1999.

Gerassi, John, *Revolutionary Priest. The Complete Writings and Messages of Camilo Torres*, Jonathan Cape, Londres, 1971.

Giesbert, François, *Dying Without God: François Mitterrand's Meditations on Living and Dying* (Introducción de William Styron), Arcade, Nueva York, 1996.

Gilard, Jacques, *Entre los Andes y el Caribe: la obra americana de Ramón Vinyes*, Universidad de Antioquia, Medellín, 1989.

Giraldo, Luz Mary, ed., *Cuentos y relatos de la literatura colombiana*, 2 vol., Fondo de Cultura Económica, Bogotá, 2005.

Gleijeses, Piero, *Conflicting Missions: La Habana, Washington and Africa, 1959-1976*, North Carolina University Press, Chapel Hill, 2002.

González, Felipe, y Juan Luis Cebrián, *El futuro no es lo que era: una conversación*, Santillana, Madrid, 2001.

González, Reinol, *Y Fidel creó el Punto X*, Saeta, Miami, 1987.

Gott, Richard, *In the Shadow of the Liberator: Hugo Chávez and the Transformation of Venezuela*, Verso, Londres, 2000.

—, *Cuba: A New History*, Yale Nota Bene, New Haven, 2005.

Goytisolo, Juan, *En los reinos de taifa: 1957-1982*, Seix Barral, Barcelona, 1986.

Greene, Graham, *Getting to Know the General*, Penguin, Harmondsworth, 1984. [hay trad. cast.: *Descubriendo al general*, Plaza & Janés, Barcelona, 1985].

Guerra Curvelo, Weildler, *La disputa y la palabra: la ley en la sociedad wayuu*, Ministerio de Cultura, Bogotá, 2002.

—, *El poblamiento del territorio*, I/M Editores, Bogotá, 2007.

Guillermoprieto, Alma, *The Heart that Bleeds: Latin America Now*, Vintage, Nueva York, 1994.

Gutiérrez Hinojosa, Tomás Darío, *Cultura vallenata: origen, teoría y pruebas*, Plaza & Janés, Bogotá, 1992.

Guzmán Campos, Germán, Orlando Fals Borda, y Eduardo Umaña Luna, *La violencia en Colombia*, vol. 1 y 2, Tercer Mundo, Bogotá, 1961 y 1964.

Helg, Aline, *La educación en Colombia 1918-1957: una historia social, económica y política*, CEREC, Bogotá, 1987.

Herrera Soto, Roberto, y Rafael Romero Castañeda, *La zona bananera del Magdalena: historia y léxico*, Instituto Caro y Cuervo, Bogotá, 1979.

Hinckle, Warren, y William Turner, *The Fish is Red: The Story of the Secret War Against Castro*, Harper & Row, Nueva York, 1981.

Hudson, Rex A., *Castro's Americas Department*, Cuban American National Foundation, Washington, D. C., 1988.

Hylton, Forrest, *Evil Hour in Colombia*, Verso, Londres, 2006.

Illán Bacca, Ramón, *Escribir en Barranquilla*, Uninorte, Barranquilla, 2.ª edición revisada, 2005.

Isherwood, Christopher, *The Condor and the Cows: A South American Travel-Diary*, Methuen, Londres, 1949.

Kagan, Robert, *A Twilight Struggle: American Power and Nicaragua, 1977-1990*, Free Press, Nueva York, 1996.

Kapuściński, Ryszard, *Los cinco sentidos del periodista (estar, ver, oír, compartir, pensar)*, Fundación para un Nuevo Periodismo Iberoamericano y Fondo de Cultura Económica, Bogotá, 2003.

Kawabata, Yasunari, *La casa de las bellas durmientes*, Luis de Caralt, Barcelona, 2001.

King, John, *Magical Reels: A History of Cinema in Latin America*, Verso, Londres, 2000.

Kissinger, Henry, *The White House Years*, Little, Brown & Co., Nueva York, 1979.

La masacre en las bananeras: 1928, Los Comuneros, Bogotá (sin fecha).

Lara, Patricia, *Siembra vientos y recogerás tempestades: la historia de M-19*, Planeta, Bogotá, 6.ª edición, 1991.

Larbaud, Valery, *Fermina Márquez*, Gallimard, París, 1956.

LeGrand, Catherine C., *Frontier Expansion and Peasant Protest in Colombia, 1850-1936*, New Mexico University Press, Albuquerque, Nuevo México, 1986.

—, «Living in Macondo: Economy and Culture in a UFC Banana Enclave in Colombia», en Gilbert M. Joseph, Catherine C. LeGrand y Ricardo D. Salvatore, eds., *Close Encounters of Empire: Writing the Cultural History of US-Latin American Relations*, Duke University Press, Durham, Carolina del Norte, 1998, pp. 333-368.

Lemaitre, Eduardo, *Historia general de Cartagena, vol. II: la Colonia*, Banco de la República, Bogotá, 1983.

LeoGrande, William M., *Our Own Backyard: The United States in Central America, 1977-1991*, North Carolina University Press, Chapel Hill, 1998.

Libre, Revista de crítica literaria (1971-1972). Edición facsímil (n.ᵒˢ 1-4), con introducción de Plinio Apuleyo Mendoza, El Equilibrista y Ediciones Turner, Ciudad de México y Madrid, Quinto Centenario.

Lladó, Jordi, *Ramon Vinyes: un home de lletres entre Catalunya i el Carib*, Generalitat de Catalunya, Barcelona, 2006.

Llerena Villalobos, «Rito», *Memoria cultural en el vallenato*, Universidad de Antioquia, Medellín, 1985.

López Michelsen, Alfonso, *Palabras pendientes: conversaciones con Enrique Santos Calderón*, El Áncora, Bogotá, 2001.

Luna Cárdenas, Alberto Luna, *Un año y otros días con el General Benjamín Herrera en las Bananeras de Aracataca*, Bedout, Medellín, 1915.

Lundkvist, Artur, *Journeys in Dream and Imagination*, prólogo de Carlos Fuentes, Four Walls Eight Windows, Nueva York, 1991.

Lynch, John, *Simón Bolívar: A Life*, Yale University Press, New Haven, 2006.

MacBride, Sean, *Many Voices, One World: Communication and Society, Today and Tomorrow. Towards a New, More Just and More Efficient World Information and Communication Order*, Unesco, Londres, 1981.

Marambio, Max, *Las armas de ayer*, Debate, Barcelona, 2008.

Martínez, José de Jesús, *Mi general Torrijos (Testimonio)*, Oveja Negra, Bogotá, 1987.

Martínez, Tomás Eloy, ed., *Lo mejor del periodismo de América Latina: textos enviados al Premio Nuevo Periodismo CEMEX FNPI*, Fundación para un Nuevo Periodismo Iberoamericano y Fondo de Cultura Económica, Ciudad de México, 2006.

Maschler, Tom, *Publisher*, Picador, Londres, 2005.

Maya, Maureén, y Gustavo Petro, *Prohibido olvidar: dos miradas sobre la toma del Palacio de Justicia*, Casa Editorial Pisando Callos, Bogotá, 2006.

Mendoza, Plinio Apuleyo, *Gentes, lugares*, Planeta, Bogotá, 1986.

Miranda, Roger, y William Ratliff, *The Civil War in Nicaragua: Inside the Sandinistas*, Transaction, New Brunswick y Londres, 1993.

Mitterrand, François, y Elie Wiesel, *Memoir in Two Voices*, Arcade, Nueva York, 1995.

Mundo Nuevo, París y Buenos Aires, 1966-1971.

Mutis, Álvaro, *Poesía y prosa*, Colcultura, Bogotá, 1981.

—, *Empresas y tribulaciones de Maqroll el Gaviero*, Alfaguara, Madrid, 2002.

Núñez Jiménez, Antonio, *En Marcha con Fidel*, Letras Cubanas, La Habana, 1981.

Ortega, Julio, *Retrato de Carlos Fuentes*, Círculo de Lectores, Madrid, 1995.

Otero, Lisandro, *Llover sobre mojado: una reflexión sobre la historia*, Letras Cubanas, La Habana, 1997; 2.ª edición, Planeta, Ciudad de México, 1999.

Palacios, Marco, *Between Legitimacy and Violence: A History of Colombia, 1875-2002*, Duke University Press, Durham, Carolina del Norte, 2006.

Pastrana, Andrés, *La palabra bajo fuego*, prólogo de Bill Clinton, en colaboración con Camilo Gómez, Planeta, Bogotá, 2005.

Paternostro, Silvana, *In the Land of God and Man: A Latin American Woman's Journey*, Plume/Penguin, Nueva York, 1998.

Petras, James, y Morris Morley, *Latin America in the Time of Cholera: Electoral Politics, Market Economies and Permanent Crisis*, Routledge, Nueva York, 1991.

Pinkus, Karen, *The Montesi Scandal: The Death of Wilma Montesi and the Birth of the Paparazzi in Fellini's Rome*, Chicago University Press, Chicago, 2003.

Poniatowska, Elena, *Todo México*, vol. I, Diana, Ciudad de México, 1990.

Posada-Carbó, Eduardo, *The Colombian Caribbean: A Regional History, 1870-1950*, Clarendon Press, Oxford, 1996.

Quiroz Otero, Ciro, *Vallenato: hombre y canto*, Ícaro, Bogotá, 1981.

Rabassa, Gregory, *If This Be Treason. Translation and its Dyscontents: A Memoir*, New Directions, Nueva York, 2005.

Ramírez, Sergio, *Hatful of Tigers: Reflections on Art, Culture and Politics*, Curbstone Press, Willimantic, Connecticut, 1995.

—, *Adiós muchachos: una memoria de la revolución sandinista*, Aguilar, Ciudad de México, 1999.

Ramonet, Ignacio, *Fidel Castro, biografía a dos voces*, Debate, Barcelona, 2007.

Restrepo, Laura, *Historia de una traición*, Plaza & Janés, Bogotá, 1986.

Safford, Frank, y Marco Palacios, *Colombia: Fragmented Land, Divided Society*, Oxford University Press, Oxford, 2002.

Salinas de Gortari, Carlos, *México: un paso difícil a la modernidad*, Plaza & Janés, Ciudad de México, 4.ª edición, marzo de 2002.

Samper Pizano, Ernesto, *Aquí estoy y aquí me quedo: testimonio de un gobierno*, El Áncora, Bogotá, 2000.

Santos Calderón, Enrique, *La guerra por la paz*, prólogo de Gabriel García Márquez, CEREC, Bogotá, 1985.

Saunders, Frances Stonor, *Who Paid the Piper: The CIA and the Cultural Cold War*, Granta, Londres, 1999.

Setti, Ricardo A., *Diálogo con Vargas Llosa*, Kosmos, Costa Rica, 1989.

Stevenson, José, *Nostalgia boom*, Medio Pliego, Bogotá, 1977.

Stevenson Samper, Adlai, *Polvos en La Arenosa: cultura y burdeles en Barranquilla*, La Iguana Ciega, Barranquilla, 2005.

Tarver, H. Michael, *The Rise and Fall of Venezuelan President Carlos Andrés Pérez. II: The Later Years, 1973-2004*, Edwin Mellen, Lewiston, Nueva York, 2004.

Tila Uribe, María, *Los años escondidos: sueños y rebeldías en la década del veinte*, CESTRA, Bogotá, 1994.

Tusell, Javier, *Retrato de Mario Vargas Llosa*, Círculo de Lectores, Barcelona, 1990.

Urquidi Illanes, Julia, *Lo que Varguitas no dijo*, Khana Cruz, La Paz, 1983.

Valdeblánquez, José María, *Historia del Departamento del Magdalena y del Territorio de la Guajira, 1895-1963*, El Voto Nacional, Bogotá, 1964.

Vallejo, Virginia, *Amando a Pablo, odiando a Escobar*, Random House Mondadori, México, 2007.

Vargas, Mauricio, Jorge Lesmes y Edgar Téllez, *El presidente que se iba a caer: diario secreto de tres periodistas sobre el 8.000*, Planeta, Bogotá, 1996.

Vargas, Mauricio, *Memorias secretas del Revolcón: la historia íntima del polémico gobierno de César Gaviria revelada por uno de sus protagonistas*, Tercer Mundo, Bogotá, 1993.

Vázquez Montalbán, Manuel, *Y Dios entró en La Habana*, Santillana, Madrid, 1998.

Vidal, Margarita, *Viaje a la memoria (entrevistas)*, Espasa Calpe, Bogotá, 1997.

Villegas, Jorge, y José Yunis, *La guerra de los mil días*, Carlos Valencia, Bogotá, 1979.

Vindicación de Cuba, Editora Política, La Habana, 1989.

Vinyes, Ramón, *Selección de textos*, ed. Jacques Gilard, 2 vol., Instituto Colombiano de Cultura, Bogotá, 1981.

Wade, Peter, *Blackness and Race Mixture: The Dynamics of Racial Identity in Colombia*, Johns Hopkins University Press, Baltimore, 1993.

—, *Music, Race and Nation: «Música Tropical» in Colombia*, University of Chicago Press, Chicago, 2000.

White, Judith, *Historia de una ignominia: la UFC en Colombia*, Editorial Presencia, Bogotá, 1978.

Wilder, Thornton, *The Ides of March*, Perennial/HarperCollins, Nueva York, 2003.

Williams, Raymond L., *The Colombian Novel, 1844-1987*, University of Texas Press, Austin, 1991.

Woolf, Virginia, *Orlando*, Vintage, Nueva York, 2000.

Zalamea, Jorge, *El Gran Burundún-Burundá ha muerto*, Carlos Valencia, Bogotá, 1979.

Referencias de las ilustraciones
y los textos citados

El coronel Nicolás R. Márquez. (Archivo de la familia-Margarita Márquez Caballero)

Tranquilina Iguarán Cotes de Márquez. (Archivo de la familia-Margarita Márquez Caballero)

El coronel Nicolás R. Márquez, de excursión, al estilo del trópico en los años veinte. (Archivo de la familia-Margarita Márquez Caballero)

Luisa Santiaga Márquez Iguarán. (Archivo de la familia-Margarita Márquez Caballero)

Gabriel Eligio García y Luisa Santiaga, el día de su boda. Santa Marta, 11 de junio de 1926. (Gustavo Adolfo Ramírez Ariza [Archivo de GARA])

GGM en su primer cumpleaños. (Archivo de la familia-Margarita Márquez Caballero)

El viejo caserón del coronel en Aracataca. (Archivo de GARA)

Elvira Carrillo, «tía Pa». (Archivo de GARA)

Aida GM, Luis Enrique GM, Gabito, el primo Eduardo Márquez Caballero, Margot GM y la pequeña Ligia GM, 1936. (Fotografía de Gabriel Eligio García, por cortesía de Archivo de la familia-Margarita Márquez Caballero)

Gabito en el Colegio San José, Barranquilla, 1941. (Archivo de GARA)

El Liceo Nacional de Zipaquirá donde GGM estudió entre 1943 y 1946. (Archivo de GARA)

Los hermanos GM, Luis Enrique y Gabito, con primos y amigos, Magangué, c. 1945. (Archivo de la familia-Ligia García Márquez)

Argemira García y su hija Ena, a principios de los años cuarenta. (Archivo de la familia-Ligia García Márquez)

GGM, a mediados de los años cuarenta. (Archivo de GARA)

Berenice Martínez, a mediados de los años cuarenta. (Archivo de GARA)

Mercedes Barcha en la escuela de Medellín, a finales de los años cuarenta. (Archivo de la familia GM)

Barco de vapor *David Arango*. (Fotografía de William Caskey)

Fidel Castro y otros líderes estudiantiles durante el Bogotazo, abril de 1948. (www.latinamericanstudies.org)

Barranquilla, abril de 1950: despedida a Ramón Vinyes. (Archivo de GARA)

Barranquilla, en la oficina de *El Heraldo*, 1950. (Fotografía de Quique Scopell, por cortesía de *El Heraldo*)

GGM, Bogotá, 1954. (*El Espectador*)

GGM, París, 1957. (© Guillermo Angulo)

Tachia Quintana en París. (Fotografía de Yossi Bal, por cortesía de Tachia Rosoff)

GGM y amigos, Plaza Roja, Moscú, verano de 1957. (Archivo de GARA)

Invasión soviética de Hungría, Budapest, 1956. (Colección Hulton-Deutsch/ CORBIS)

Caracas, 13 de mayo de 1958. (Bettmann/CORBIS)

GGM trabajando para Prensa Latina, Bogotá, 1959. (© Hernán Díaz)

Mercedes Barcha en Barranquilla. (Archivo de GARA)

Cuba, diciembre de 1958: el Che Guevara y algunos compañeros descansando. (Popperfoto/Getty Images)

GGM y Plinio Mendoza trabajando para Prensa Latina, Bogotá, 1959. (*El Tiempo*)

GGM y Mercedes, en la Séptima de Bogotá, años sesenta. (Archivo de GARA)

La Habana, enero de 1961. (Getty Images)

La Habana, 21 de abril de 1961. (Bettmann/CORBIS)

México, 1964. GGM, con gafas. (Archivo de GARA)

GGM cn Aracataca, 1966. (Archivo de GARA)

Valledupar, Colombia, 1967. (Fotografía de Gustavo Vásquez, por cortesía de María Elena Castro de Quintero)

Camilo Torres. (Archivo de GARA)

¿Hechicero o burro? GGM en Barcelona, coronado con la famosa cubierta cabalística de *Cien años de soledad*, 1969. (Colita/CORBIS)

Mercedes, Gabo, Gonzalo y Rodrigo, Barcelona, a finales de los años sesenta. (Archivo de la familia GM)

Invasión soviética de Checoslovaquia, agosto de 1968. (epa/CORBIS)

GGM, Barcelona, a finales de los años sesenta. (Archivo de GARA)

GGM y Pablo Neruda, 1972. (Archivo de GARA)
Parejas del Boom, Barcelona, a principios de los setenta. (Fotografía de Colita)

GGM, Barcelona, años setenta. (Fotografía de Rodrigo García)
GGM y Carlos Fuentes, Ciudad de México, 1971. (*Excelsior*)
GGM y Mercedes, años setenta. (*Excelsior*)
Cartagena, 1971: GGM visita a sus padres. (*Excelsior*)

Escritores del Boom. (Fotografía de Silvia Lemus)
Julio Cortázar, Miguel Ángel Asturias y GGM, Alemania Occidental, 1970. (Archivo de GARA)
París, 1973. Boda de Charles Rosoff y Tachia Quintana. (Tachia Rosoff, archivo personal)
Santiago de Chile, 11 de septiembre de 1973. El presidente Salvador Allende. (Dmitri Baltermants/Colección Dmitri Baltermants/CORBIS)
Santiago de Chile, 11 de septiembre de 1973. El general Pinochet y sus secuaces. (Ullsteinbild - dpa)

Tropas cubanas en Angola, febrero de 1976. (AFP/Getty Images)
Castro, presidente de Cuba, años ochenta. (*Excelsior*)
El general Omar Torrijos, años setenta. (AFP/Getty)
GGM entrevista a Felipe González en Bogotá, 1977. (*Alternativa*)
Bogotá, 1977: GGM, Consuelo Araujonoguera («la Cacica») y Guillermo Cano, editor de *El Espectador*. (*El Espectador*)
GGM, Carmen Balcells y Manuel Zapata Olivella, 1977. (Archivo de GARA)

Ciudad de México, 1981: GGM ahogado por los medios tras emprender su exilio voluntario de Colombia. (Bettmann/CORBIS)
Álvaro Mutis se ocupa de GGM. (Archivo de GARA)
Estocolmo, diciembre de 1982: Jaime Castro, Germán Vargas, GGM, Charles Rosoff, Alfonso Fuenmayor, Plinio Mendoza, Eligio García y Hernán Vieco. (Tachia Rosoff)
Estocolmo, diciembre de 1982: GGM con el sombrero *vueltiao* costeño. (Fotografía de Nereo López, por cortesía de la Biblioteca Nacional de Colombia)
Estocolmo, diciembre de 1982: GGM en el círculo de tiza. (Archivo de GARA)

Cartagena, 1993. Luisa Santiaga y sus hijos. (Archivo de la familia-Ligia García Márquez)

GGM y Fidel Castro, a orillas del Caribe, 1983. (Fotografía de Rodrigo Castaño)

La Habana, 1988: GGM y Robert Redford. (*Excelsior*)

Bogotá, a mediados de los ochenta: GGM y Mercedes con el presidente Betancur y su esposa. (Archivo de GARA)

El Palacio de Justicia de Bogotá, en llamas, 6 de noviembre de 1985. (www.alvaroduque.wordpress.com)

Berlín, noviembre de 1989. (Regis Bossu/Sygma/Corbis)

Bogotá, 1992: GGM saluda a sus admiradores en el Teatro Jorge Eliécer Gaitán. (Archivo de GARA)

GGM, 1999. (Archivo de GARA)

Gabo y Mercedes, octubre de 1993. (Archivo de GARA)

Barcelona, *c.* 2005: Carmen Balcells en su oficina. (© Carlos González Armesto)

La Habana, 2007: GGM y Fidel Castro. (*Diario El Tiempo*/epa/Corbis)

Cartagena, marzo de 2007: GGM y Bill Clinton. (César Carrión/epa/Corbis)

Cartagena, marzo de 2007: GGM y el rey Juan Carlos I de España. (AFP/Getty Images)

Cartagena, marzo de 2007: GGM saluda a sus admiradores durante las celebraciones de su ochenta cumpleaños. (STR/AFP/Getty Images)

•   •   •

El autor y los editores desean hacer constar su agradecimiento a Gabriel García Márquez y la Agencia Literaria Carmen Balcells, S.A., por dar su consentimiento para que se citaran extractos de material protegido por derechos de autor de la obra de Gabriel García Márquez a lo largo de este libro.

Asimismo, el autor y los editores agradecen el permiso de los titulares de los derechos de los siguientes textos: Plinio Apuleyo Mendoza, ed., *El olor de la guayaba. Conversaciones con Plinio Apuleyo Mendoza*, Mondadori (Biblioteca García Márquez), Barcelona, 1994; Plinio Apuleyo Mendoza, *La llama y el hielo* (Gamma, Bogotá, 1989). Con permiso del autor; Gustavo Arango, *Un ramo de nomeolvides* (El Universal, Cartagena, 1996). Con permiso del autor; Guillermo Cabrera Infante, *Mea Cuba* (Faber & Faber, Londres, 1994); José Donoso, *The Boom in Spanish American Literature: A Personal History* (© Columbia University Press, 1977). Reimpreso con permiso del editor; Claudia Dreifus, «Gabriel García Márquez», *Playboy*, febrero de 1983 (© Playboy, 1982). Reimpreso con permiso; Heriberto Fiorillo, *La Cueva: crónica del grupo de Barranquilla* (Planeta, Bogotá, 2002). Con permiso del autor; Silvia Galvis, *Los García Márquez* (Arango Editores, Bogotá, 1996). Con permiso del autor; Eligio García, *Tras las claves de Melquíades* (Norma, Bogotá, 2001). Con permiso de la Agencia Literaria Carmen Balcells, S. A.; Rita Guibert, *Seven Voices* (Vintage, Nueva York, 1973); Luis Harss y Barbara Dohmann, *Into the Mainstream: Conversations with Latin-American Writers* (Harper and Row, Nueva York, 1967). Con permiso del autor; Antonio Núñez Jiménez, «García Márquez y la perla de las Antillas (o "Qué conversan Gabo y Fidel")» (manuscrito inédito, La Habana, 1984). Con permiso del autor; Gabriel García Márquez, entrevista de *Paris Review* de la serie «Writers at Work», de Peter H. Stone, n.º 82, invierno de 1981, y «Solitude and Company: An Oral Biography of Gabriel García Márquez», de Silvana Paternostro, *Paris Review*, n.º 166, verano de 2003. Reeditado con permiso de la agencia Wylie; Elena Poniatowska, «Los *Cien años de soledad* se iniciaron con sólo 20 dólares» (entrevista, septiembre de 1973), en *Todo México*, n.º 1 (Diana, Ciudad de México, 1990).

Índice alfabético